KB071450

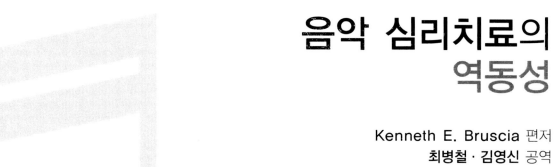

음악 심리치료의
역동성

Kenneth E. Bruscia 편저
최병철 · 김영신 공역

The Dynamics of Music Psychotherapy

학지사

The Dynamics of Music Psychotherapy

Edited by Kenneth E. Bruscia

▌ 서 문

  이 책의 목적은 세 가지 형태의 음악 심리치료, 즉 즉흥연주, 노래, 유도된 심상과 음악(GIM)에서 나타난 전이와 역전이 방식을 통찰한 것이다. 처음 여섯 장은 그 후에 제시된 임상적 에세이를 이해하기 위한 이론적인 틀을 제공하기 위해 씌었다. 앞의 개론적인 장에서는 음악 심리치료와 이 책에서 강조한 세 가지 형태가 정의되고, 전이와 역전이의 구성 요소를 상당히 구체적으로 다루어졌다. 문헌에 기초하여 다양한 관점의 전통이 제시되고, 이 두 가지 구성 요소에 대한 폭넓고 포괄적인 정의가 제공된다. 제7장은 음악치료에서 저항이 나타나는 방식에 대해 설명하고, 제8장은 음악의 가장 미적인 특질이 우리가 역전이를 이해하는 데 어떠한 영향을 미치는지에 관한 통찰을 제공한다. 제9, 10, 11장은 즉흥연주 음악치료의 대표적인 두 모델인 Nordoff-Robbins 접근방식(창조적 음악치료라고도 부름)과 Mary Priestley 접근방식(분석적 음악치료라고도 부름)에서 전이와 역전이를 탐구한다. 제12장과 제13장에서는 정신역동적인 오리엔테이션 안에서 저자들이 즉흥연주와 노래를 접목시켜 창조한 모델을 상세히 다룬다. 다음의 세 개 장에서는 노래가 임상적으로 사용될 때 전이와 역전이가 그 안에서 어떻게 내포되는가에 관해 살펴본다. 특별히 제15장과 제16장은 유도된 노래 회상기법에, 제17장은 노래 만들기에 초점을 맞춘다. 마지막 일곱 개 장(제18장~제24장)은 한결같이 변형된 의식상태에서 클라이언트가 음악을 듣고 심상을 떠올리며, 이를 치료사와 대화하는 형식의 심리치료인, Helen Bonny에 의해 개발된 GIM 안에서 전이와 역전이의 역동성을 다룬다.

  18개의 임상적 에세이의 가장 중요한 특징은 음악치료에서 전이와 역전이가 어떻게 나타나는지에 대한 실제 임상사례를 제공하였다는 것이다. 더 중요하게는 일과 삶에 대한 저자들의 매우 사적인 측면을 드러냈다는 것이다. 이런 방식 외에 우리가 어떻게 전이와 역전이에 관해 이야기할 수 있을까? 특별히 Hadley와 Pellitteri가 쓴 장은 클라이언트로서 그들 자신의 경험을 설명하고 있는데, 그들을 치료한 음악치료사들도 이 책의 다른 장을 저술하였다.

이 책을 자세히 들여다본 독자들은 왜 이 책의 제목이 '음악 심리치료에서 전이와 역전이'가 아닌지에 대해 의문을 제기할 수 있다. 이와 같은 질문은 이 책의 주요 주제가 무엇인지에 관한 좀 더 구체적인 정보를 제공한다. 나는 이 책의 제목을 『음악 심리치료의 역동성』이라고 정하였다. 이것은 각 장을 저술한 저자와 정신역동적인 전통을 인정하는 모든 치료사에게 이 책의 기본적 전제가 치료의 역동성이 곧 전이-역전이의 역동성이라는 것을 전달하기 위해서다. 전이는 치료사와 관련된 클라이언트의 의식적이고 무의식적인 정신구조의 역동이며, 역전이는 클라이언트와 관련된 치료사의 의식적이고 무의식적인 정신구조의 역동이다. 전이와 역전이는 정신역동적 치료에서 클라이언트와 치료사 간의 의사소통과 관계의 핵심적인 양식이다.

이와 같은 전제를 염두에 두고 이제 편집인으로서 내가 이 책의 범위를 제한하는 데 사용한 몇 가지 주의사항을 살펴본다. 첫째, 전이와 역전이는 실재가 아닌 구성 요소다. 이것은 단지 심리치료에서 발생하는 관계 속에서 설명되고 의미관계를 맺는 방식이다. 또한 이것은 객관적인 사실이나 증명할 수 있는 진실이 아니다. 어떤 치료사라도 전이와 역전이가 실제로 존재한다는 것을 증명하거나, 치료 시 발생한 어떤 특정한 사건이 전이나 역전이 반응이라는 것을 증명할 수는 없다. 이는 임상적 상황에서 발생하는 것을 분석하고 해석하기 위해 치료사가 사용하는 구성 요소일 뿐이다. 좀 더 정확히 말하면, 이는 클라이언트-치료사 간의 관계를 위한 심상과 은유다. 이것이 이 책을 읽을 때 명심해야 할 중요한 점이다. 그렇지 않으면 전이와 역전이를 정의하고 적용하는 방식에서 저자 간의 무수한 차이는 혼란을 유발할 수 있을 것이다. 이 책을 읽는 독자들은 모든 임상 상황에서 모든 클라이언트와 일하는 모든 치료사에게 수용될 수 있는 보편적인 전이나 역전이의 정의가 존재하지 않는다는 것을 유념해야 한다. 그러므로 각 저자들 간에 또한 각 임상사례 간에 불일치가 일어날 수 있다. 이는 한 저자가 어떤 치료적 사건을 전이나 역전이로 정의한다고 해서 이것이 그렇다는 것은 아니라는 점을 우리가 명심하도록 돕는다. 이것은 그 상황 속에서 자신이 정의 내린 전이와 역전이에 기초하여 사건을 바라보는 저자의 방식일 뿐이다. 따라서 구성 요소 자체는 각각의 독특한 임상 상황에 맞추어 재구성되어야 한다.

둘째는 전이와 역전이가 모든 치료적 사건을 설명하는 데 적절한 구성 요소는 아니라는 점이다. 전이와 역전이가 치료 세팅 안에서 언제나 작동하고 있다고 말하는 것이 발생한 모든 상황이 이런 방식으로 정의되거나 설명될 수 있다는 의미는 아니다. 이 두 구성 요소를 정의하는 데 기본적인 의문 중 하나는 이들의 존재가 드러나는 사건과 이런 방식으로는 해석될 수 없는 사건들 사이를 구별하는 것이다.

셋째는 전이와 역전이가 정신역동적인 오리엔테이션에서 벗어나 다른 이론적 시스템에 쉽게 적용할 수 있는 구성 요소가 아니며, 나아가 모든 치료사가 이런 구성 요소를 사용하는 데 적당한 것은 아니라는 것이다. 전이와 역전이를 의미 있게 적용하기 위해서는 특정한 가정이 필요하다. 가정이란 증명할 수 없지만 세상 속에서 특정한 존재방식을 위한 기반을 형성하는 기본적 신념이나 원칙이다. 똑같은 세계관을 공유하기 위해 우리는 어떤 것에 대해 똑같은 가정을 설정해야만 하기 때문에 그것들은 중요하다. 즉, 우리가 일시적으로 또한 상상적으로 한다 할지라도, 우리는 이러한 가정이나 상상이 마치 그 순간에는 진실인 것처럼 여겨야만 한다. 이것이 구성 요소를 분석하는 과정의 본질이다. 이와 관련된 가정은 다음과 같다.

- 인간은 과거에 경험한 자신의 가족 구성원, 그리고 그들의 대리인 간의 상호작용과 관계에 기초하여 세계와 관련된 독특한 패턴을 발전시킨다.
- 인간은 과거의 관계를, 현재에 존재하는 비슷하게(때때로 부정확하게) 느껴지는 사람들에게 되풀이함으로써, 혹은 한 사람에 기인한 기본적 관계 패턴을 현재의 다른 사람에게 일반화함으로써 이러한 관계 패턴을 반복적으로 사용한다. 과거의 관계를 재현하고 일반화하는 과정은 창조적인 것으로 음악과 매우 유사하다. 우리는 똑같은 작품을 정확하게 똑같은 방식으로 매번 연주하지는 않는다(불가능하다). 우리는 상황에 따라 매번 다르게 이를 재창조하거나 우리가 과거에 학습하였던 기법 또는 개인적인 스타일을 사용하여 하나의 새로운 작품을 창조한다.
- 인간은 무의식에서 전의식, 의식의 층에 이르기까지 다양한 수준의 의식을 가지고 세계와 상호작용하고 관계를 맺는다. 따라서 상호작용을 하거나 우리가 발달

시켜 온 관계 패턴을 사용할 때마다, 우리는 의식의 다양한 수준에서 그렇게 행한다. 때때로 우리는 우리 자신이 특정한 관계를 재현하거나 상호작용 패턴을 일반화하고 있다는 것을 깨닫는다. 그러나 때로는 그렇지 않은 경우도 있다.

- 클라이언트와 치료사 모두는 자신의 경향과 인생 경험에 따라 그들 자신만의 독특한 세계와 관계 패턴을 인간관계에 부여한다. 이러한 패턴은 완전하거나 부분적으로, 의도적이거나 의도하지 않게, 의식적이거나 무의식적으로 관계 속에서 재현되거나 일반화될 수 있다.

마지막 주의사항은 전이와 역전이가 모든 클라이언트 집단과 모든 음악치료 접근방법에 적용될 수 있거나 관련된 것은 아니라는 것이다. 이러한 구성 요소를 사용하기에는 관계를 숙고하거나 분석하는 데 필요한 자아구조가 부족한 클라이언트와 작업하거나, 이러한 기법을 사용하는 것이 금기시되는 경우에는 세심한 주의가 있어야 한다. 유사하게 전이와 역전이는 활동중심의 접근방식이나 행동주의적, 교육적, 오락적 목적을 위한 음악치료에는 쉽게 적용되지 않는다. 이것은 또한 본질적으로 치료적이지 않은 작업과는 관련이 없다. 요컨대, 전이와 역전이는 본질상 목적이 심리치료적이고, 치료사가 음악 심리치료라는 형식을 훈련받고 이를 시행할 역량이 충분하며, 그 방법이 전이와 역전이에 접근할 수 있으며, 치료 계약이 클라이언트와 치료사에게 역동을 처리할 수 있는 충분한 시간과 기회를 제공할 때 가장 적합하게 다룰 수 있다.

나는 인간으로서 또한 치료사로서 자신을 나누어 준 이들의 용기와 인자함에 이 책을 저술한 저자들에게 감사를 돌린다. 집단적으로 이들은 전이와 역전이라는 주제를 다룬 첫 번째 책에 기여함으로써 음악치료를 발전시켰고, 이렇게 하여 음악적 현상을 포함한 정신역동이론의 지평을 확장하였다.

Kenneth E. Bruscia

차 례

제18장 유도된 심상과 음악에서 전이의 징후   393

제19장 유도된 심상과 음악에서 순수 음악 전이   417

제23장 클라이언트의 심상을 재상상하는 것
– 유도된 심상과 음악에서 전이와 역전이 탐구 기법　　505

제24장 클라이언트의 심상을 재상상하는 것
– 투사적 동일시를 밝혀 내는 기법　　527

제1장
음악 심리치료 개관

Kenneth E. Bruscia

이 장의 목적은 음악 심리치료의 전이(transference)와 역전이(countertransference)를 검토하기 위한 이론적 배경을 제공하는 것이다. 그러기 위해서는 다음의 세 가지 기본적인 질문을 검토하는 것이 필요하다. 심리치료란 무엇인가? 심리치료적 목적을 위해 음악이 어떻게 사용되는가? 음악치료에 정신역동적 소재의 특성을 부여하는 것은 무엇인가? 음악과 심리치료는 모두 정의를 내리기가 쉽지 않고 그에 대한 의견도 다양하기 때문에 이러한 질문에 대한 최종적인 해답은 찾을 수 없을지도 모른다. 하지만 앞으로 전개될 내용은 독자들에게 이 책의 구체적인 내용을 이해하는 데 도움이 되도록 이런 질문을 바탕으로 한 이슈들을 다룰 것이다.

심리치료와 음악

'심리'와 '치료'라는 두 단어로 이루어진 '심리치료'는 정신에 혼란을 겪는 사람을 위한 치료 형태를 뜻한다. 이는 정신적 안녕에 도달하기 위해 필요한 심리적 변화를 일으키도록 도와주는 것을 최우선으로 한다. 심리치료의 목적은 치료사와 클라이언트가 변화시키려는 데 필요한 것이 무엇인가에 따라 다양해질 수 있다. 이 특정한 목적에는 자기인식 향상, 내적 갈등 해결, 정서적 안정, 자기표현, 감정과 태도의 변화, 대인교류 기술의 향상, 대인관계적 문제 해결, 건강한 관계의 발전, 감정적 상처의 치료, 직관력의 심화, 현실 인식, 인지적 재구조화, 행동 변화, 삶의 의미 부여와 충족, 또는 영적 발달 등이 있다.

심리학적 본질의 문제와는 별개로 심리치료가 다른 치료와 구별되는 기준은 치료를 위한 가장 중요한 조건이 치료사와 클라이언트 간의 발전되는 관계에 있다는 것이다. 심리치료는 필수적으로 상호 교류적 과정으로 클라이언트와 치료사의 관계를 통해 치료가 이루어진다. 본질적으로 치료란(간단히 말할 수 있을 정도로 쉬운 일은 아니지만) 클라이언트가 심리적 변화를 일으키는 데 필수적인 관계에 있다.

전통적으로 심리치료를 위해서는 대화의 경험이 필수적인 것으로 알려져 있다. 즉, 치료사와 클라이언트는 의사교환을 통해서 관계를 발전시키고 합의한 목적을 이루어 가는 주요 수단으로 대화를 사용한다. 이에 반해 음악 심리치료는 대화라는 전통적인 방법에 추가하거나 그것을 대신하여 음악 경험을 사용하는 것이라고 할 수 있다. 특히, 치료사와 클라이언트는 의사소통, 서로 간의 관계 형성, 목적 달성을 위한 주요 수단으로 음악을 감상하고 만들어 간다. 또 필요한 경우에는 말을 사용하기도 한다. 다시 말하면, 음악 심리치료란 치료적 변화과정 자체에서, 그리고 치료사와 클라이언트 간의 관계 형성과정을 촉진하기 위해서 음악 경험을 사용하는 것이다.

음악 경험과 언어적 경험 간의 상대적인 중요성은 임상적 상황과 치료사의 성향에 따라 아주 다양할 수 있다. 기본적으로 음악 심리치료에 사용하는 방법에는 네 가지 수준이 있는데, 이것은 음악만 사용하는 방법에서 언어만 사용하는 방법까지 모든 범위를 망라한다. 각 수준은 단일 세션의 일부일 수도 있고 전체 세션을 구성할 수도 있으며, 치료 기간 또는 접근 방법 자체일 수도 있다. 이 네 가지 수준은 다음과 같다.

- **심리치료로서 음악**(music as psychotherapy): 치료적 이슈는 음악을 만들거나 감상하는 과정을 통해 제기되고 역동적으로 변화하며 해소된다. 이때 말을 사용할 필요는 없다.
- **음악 중심의 심리치료**(music-centered psychotherapy): 치료적 이슈는 음악을

만들거나 감상하는 과정을 통해 제기되고 변화하며 해결된다. 말은 클라이언트와 치료과정의 관련성과 음악 경험에 대한 가이드의 역할을 하거나 이해를 돕거나 관련성과 경험을 증진시킬 때 사용된다.

- **심리치료에서 음악**(music in psychotherapy): 치료적 이슈는 음악과 대화 경험이 번갈아 일어나거나 동시에 일어남으로써 제기되고 변화하며 해결된다. 음악은 자체의 고유한 특성으로 치료적 이슈와 치료에 밀접한 관련이 있다. 또한 말은 치료과정 중에 얻은 내관을 규명하고 강화하기 위해 사용된다.

- **음악을 사용하는 언어적 심리치료**(verbal psychotherapy with music): 치료적 이슈는 상담을 통해 제기되고 변화하며 해소된다. 음악 경험은 토론을 돕거나 강화하려고 이와 연계해 사용되지만, 치료적 이슈나 치료 자체와 밀접한 관련성이 있지는 않다.

나아가 치료가 경험을 위주로 하느냐, 상담에만 국한되느냐에 따라 치료 형태를 구분할 수도 있다. 경험적 치료는 클라이언트가 그들이 가진 이슈를 재생하여 처리할 수 있도록 돕는 활동이나 (토론 이외의) 경험을 특별히 만들어 사용한다. 더욱이 여기서의 활동이나 경험은 클라이언트와 치료사가 그들의 관계를 드러내고 틀을 형성하는 데 중요한 매개 역할을 한다. 앞서 음악 심리치료의 수준 중 첫 번째부터 세 번째까지는 미술치료, 무용치료, 시(poetry)치료, 드라마치료 등과 같은 치료 형태에서 실례를 찾아볼 수 있다. 이 방법들은 클라이언트의 문제와 클라이언트–치료사의 관계 형성을 분석하고 반영하기 위해 오직 대화에만 의존하는 언어적 형태의 치료와는 구별된다.

좀 더 세분화하여 구분하면, 경험적 변화가 목적인 변형적 치료(transformative therapy)라는 음악 심리치료의 형태와 언어적 중재를 통한 인식력을 지원하려는 목적의 내관치료(insight therapy) 형태가 있다. 이러한 구분은 매우 중요하다. 왜냐하면 이러한 치료 형태가 치료의 진행과정과 도출되는 결과에 차이를 보이고 있으며, 그 차이점은 음악의 본질적인 속성과 치료적 잠재력을 이해하는 데 중요한 의미를 가지기 때문이다.

변형적 음악 심리치료에서 변화를 주도하는 것은 음악 경험 자체다. 이는 앞서 제시한 첫 번째와 두 번째 수준의 특성을 나타낸다(심리치료로서 음악, 음악 중심의 심리치료). 이 수준에서는 음악 경험이 치료적 변화며, 그 안에서 자체로 완성된다. 이 치료의 전제는 음악적 과정이 외부 세계와 상호작용하는 클라이언트의 개인적 과정이라는 것이다. 또한 음악적 결과는 기대된 치료적 성과로 간주되며 과정과 결과를 분리할 수 없음을 의미한다.

반면, 내관치료에서는 클라이언트가 언어가 아닌 다른 매개를 통해 문제를 경험하거나 해결할 수도 있고 그렇지 않을 수도 있다. 다만, 어느 경우든지 목적은 언제나 언어적으로 중재된 내관 형성이다. 이 목적은 앞의 세 번째, 네 번째 수준(심리치료에서 음악, 음악을 사용하는 언어적 심리치료)의 특징이다. 앞의 목적 중 상위 두 가지는 비언어적 음악 경험에 많이 의존하며 언어적 강화는 거의 필요 없지만 세 번째, 네 번째 수준은 언어적 확장과 비언어적 음악 경험을 통합하는 것임을 주목해야 한다. 그 차이는 치료적 또는 삶의 변화가 경험에 기인한 것인지 내관에 기인한 것인지, 자발적인 삶을 통해서인지 현재의 문제를 다시 상기하면서인지(언어적 또는 비언어적으로), 아니면 과거에 경험하였던 것으로 현재에 그 문제를 언어적으로 반영하는 것인지에 따라 다르게 나타난다.

방 법

다음으로 중요한 질문은 심리치료에서 사용되는 음악 경험의 본질이 무엇인가 하는 것이다. 여기에서는 음악 심리치료의 세 가지 일반적인 접근, 즉 즉흥연주, 노래, 음악 심상의 특징을 기술할 것인데, 클라이언트는 각기 다른 음악의 종류를 경험한다. 물론, 이런 접근만 있는 것은 아니다. 이 밖에도 사용할 수 있는 많은 종류의 음악 경험이 있고, 이러한 세 가지 유형의 음악 경험을 충족시킬 만한 변형된 방법도 무수히 많다. 여기에서 즉흥연주, 노래, 음악 심상을 언급하는 것은 단지 그것이 정신역동적 성향의 치료에서 가장 널리 사용되는 유형들이기 때문이다.

다음은 각 유형의 음악 경험이 심리치료에서 어떻게 사용되는지에 대한 간단한 설명이다. 더 자세한 사항은 다른 장에서 다룰 것이다.

즉흥연주

심리치료에서 즉흥연주를 할 경우 클라이언트는 악기를 연주하거나 노래를 부르는 동안 즉석에서 소리나 멜로디, 리듬 또는 일체의 음악을 '만들어' 간다. 클라이언트는 그의 능력 안에서 음악적 매개 수단(예를 들면 목소리, 신체 소리, 타악기, 현악기, 키보드, 목관악기)을 선택하고 치료사의 지시나 시범에 따라 즉석에서 소리를 만들어 나가는 것을 배우게 된다. 소리가 만들어지면서 클라이언트는 좀 더 많은 소리를 점진적으로 추가하여 박, 리듬, 멜로디, 음색, 화음과 같은 의미 있는 소리로 만들어 간다. 즉석에서 음악을 만드는 이러한 과정은 자신을 표현하고 심미적인 방식으로 소리를 창조하고 소리에 반응하는 모든 인간의 타고난 성향에 부합하는 것이다. 물론 여기에는 음악적 훈련이 필요하지 않다. 즉흥연주에서는 자신이 원하는 형태의 어떤 패턴이나 형태 또는 구조를 만들거나 의도하고자 하는 어떤 것을 표현할 수 있을 때까지 단순히 소리를 만들어 간다. 이와 같이 즉흥연주는 자기 자신을 자연스럽게 소리와 연계하거나 자신을 소리에 투사한다.

클라이언트가 즉흥연주 경험을 구성하는 데는 다음의 세 가지 점을 고려해야 한다.

- 상호관계적 상황
- 사용되는 음악 수단
- 관련성

각 변인은 전이와 역전이가 어떻게 나타나는지와 음악을 투사적으로 사용하는 고유한 방식을 제시하는 데 영향을 미친다.

상호관계적 상황　즉흥연주 상황에서 고려해야 할 첫 번째 변인은 클라이언트 혼자 즉흥연주를 해야 하는지, 치료사와 같이 해야 하는지, 아니면 집단으로 해야 하는지에 대한 것이다. 이는 클라이언트가 음악을 만드는 상호관계적 형태를 결정한다. 클라이언트가 혼자 즉흥연주를 할 때는 주변의 다른 사람 소리에 신경을 쓸 필요 없이 자신이 원하는 소리를 만들어 가는 데만 집중하면 된다. 대신 자신의 목적을 이루어 가는 자유로운 과정에 따르는 모든 책임이나 위험은 다른 사람의 (감정적 또는 음악적) 지지나 도움 없이 혼자서 감당해야 한다. 이와 대조적으로 치료사나 집단 구성원과 함께 즉흥연주를 할 경우에 클라이언트는 다른 사람의 음악적, 감정적 지지를 즐기면서 음악을 만드는 데 따르는 책임과 위험을 공유한다. 이런 상황에서 중요한 과제는 다른 사람과 상호 교류를 하면서도 자신만의 고유한 정체성을 계속 유지해야 한다는 것이다.

이 같은 설정의 차이는 말할 필요도 없이 전이와 역전이에 영향을 미치게 된다. 혼자서 그리고 두 사람이 즉흥연주를 할 때 전이와 역전이가 어떻게 나타나는지에 대한 예는 이 책의 Alan Turry, Benedikte B. Scheiby, Louise Montello, Diane S. Austin의 장을, 집단 즉흥연주의 예는 Janice M. Dvorkin과 Riordan-Bruscia 모델(Bruscia, 1987)의 장을 참조하기 바란다.

수단   두 번째 변인은 클라이언트가 소리를 내기 위하여 목소리를 사용하는가, 악기 또는 신체를 사용하는가에 관한 것이다. 각각의 방식은 투사적인 의미에서 중요성을 가지며 전이와 역전이 현상을 표현하는 다른 수단을 제공한다.

음성의 경우 인간의 신체가 소리를 생산하는 주체가 된다. 신체는 진동과 공명을 일으켜 스스로에게 감각적인 피드백을 즉시 제공한다. 다른 수단과 달리 음성은 눈에 보이지 않는 자신의 일부를 사용한다. 인간의 신체는 보이는 자아의 피드백을 따라 내면의 자아를 소리 내기 위하여 보이지 않는 신체적 자아를 움직인다. 개인적 신체 악기로써 음성은 신체적 자아를 확장시키며 내적 자아를 소리라는 정체성으로 투사한다(Bruscia, 1987, p. 516).

음성과 달리 악기는 소리를 만들기 위해 외부적으로 보이는 신체 부분을 사용한다. 다양한 자세와 동작을 통해 악기를 쥐고, 들고, 다루는 까닭에 악기는 형식과 기능 면에서 눈에 보이는 신체의 연장의 역할을 수행한다. 또한 악기는 음성을 대신하는 공명체로써 자아를 대신해 진동을 받아들인다. 악기는 신체보다 훨씬 다양하기 때문에 소리의 용량도 확장된다. 그래서 악기는 '눈에 보이는 자아'를 넘어 '느끼는 자아', '들리는 자아'로 심화된다. 악기는 자아를 외부 세계에 투사하고, 비자아를 내적 자아로 대체하고, 내면의 자아(목소리)를 확장시켜 다른 소리의 정체성으로 투사한다. 악기를 다루는 신체는 대상에게 감정을 치환하기 위하여 외부적 자아로 확장되고, 다양한 소리 정체성을 통해 내면의 자아를 투사한다.

악기를 사용할 때 신체는 소리를 내기 위해 자신의 외적인 부분을 사용한다. 하지만 음성을 사용할 때 신체는 외형적 물체 대신에 진동을 공명시키고 받아들인다. 따라서 신체는 스스로 확장하고 대신한다(p. 517).

이 책에서 음성 즉흥연주의 예는 Diane S. Austin의 장에서, 악기 즉흥연주는 Alan Turry, Benedikte B. Scheiby, Louise Montello, Janice M. Dvorkin의 장에서, 그리고 신체소리 즉흥연주는 Bruscia(1987)의 장에서 참조하기 바란다.

관련성　　세 번째 변인은 음악적 즉흥연주가 관련적이냐 비관련적이냐다. 관련적 즉흥연주는 아이디어, 느낌, 이미지, 이야기와 같이 비음악적인 무언가를 묘사하거나 재현한다. 소리는 소리 외의 다른 것과 연관되어 만들어지기 때문에 즉흥연주의 의미는 소리와 어떤 목적을 가지고 그려지는 소리 간의 관계에서 도출된다. 대부분의 경우 관련적 즉흥연주는 말로 전달된다. 소리로 묘사되는 것은 즉흥연주를 둘러싼 구두 표현으로 단어나 구문 혹은 진술을 통해 알게 된다. 따라서 관련적 즉흥연주는 대개 말로 표현된 경험에 소리를 투사하는 것이다.

대조적으로 비관련적 즉흥연주는 엄격하게 음악적인 의도로 조직되고 이루어진다. 그것은 음악 자체에서 나오며 그 속에 의미를 재현하고 연관시킨다. 즉흥연주는 음악 이외의 다른 것을 묘사하려고 하지 않으며, 단지 소리 자체만을 탐색하고 형성한다. 따라서 비관련적 즉흥연주는 완전히 비언어적 경험일 수 있는데, 그것은 (설령 비관련적 즉흥연주에 앞서 가진 대화에 영향을 받을 수 있다 하더라도) 언어로 표현한 사전 경험에 기초할 필요가 없으며, 치료적이기 위해(비록 세션 후에 토론이 이루어진다 하더라도) 언어로 분석될 필요도 없다.

관련적, 비관련적 즉흥연주는 투사를 위한 다른 기회를 제공한다. 클라이언트가 이전에 말로 표현한 적이 있는 느낌과 관련하여 즉흥연주를 하는 경우(관련적 즉흥연주), 연주는 그가 단어에 담긴 느낌을 음악으로 투사하도록 한다. 음악은 억압된 감정이나 언어로 고착되어 버린 경험이 실시간 살아 있는 역동적인 형태로 나타나도록 돕는다. 이러한 변화를 통해 클라이언트는 비언어적으로 느낌을 되살리는 과정을 재경험한다. 느낌의 역동성과 과정을 살펴봄으로써 느낌의 내용이 말을 통해 명확해질 수 있다.

클라이언트가 느낌과 연계시켜 아무런 말도 하지 않은 채 즉흥연주를 하는 경우에는 내용에 제약을 받지 않는다. 그러한 즉흥연주는 감정적인 모호함이나 개방된 상황을 나타내는데, 이는 클라이언트가 자신의 선호나 필요에 따라 그 시간에 음악을 조직하도록 한다. 이 같은 즉흥연주는 음악이 허용하는 당시 그의 생각이나 느낌을 반영하는 역동적 과정으로 클라이언트의 특성을 비언어적으로 투사한다. 그래서 비관련적 즉흥연주는 클라이언트가 말로 표현한 느낌이나 감정과는 특별한 관련을 갖지 않는 사물이나 자신을 탐색하고, 현재 자신에게 일어나는 경험의 역동성과 과정을 검토할 수 있도록 한다. 이것은 클라이언트 자신의 감정 내용을 명확히 하도록 도와준다.

즉흥연주 후에 토론을 할 때는 투사를 하는 듯한 일련의 과정이 거꾸로 이루어진다. 토론은 즉흥연주자가 음악적으로 표현한 느낌을 단어로 투사하고 그것을 보다 명료하게 다룰 수 있는 형태로 통합하도록 해 준다(Bruscia, 1987, pp. 561-562).

여기서 언급한 관련적 즉흥연주와 비관련적 즉흥연주의 구분은 그것들이 정확하게 언어적이냐 비언어적이냐 혹은 내관 지향이냐 변형적 지향이냐로 따로 분류할 수 있음을 의미하지는 않는다. 비관련적 즉흥연주가 좀 더 음악적이고 필수적으로 변형적인 것처럼 보일 수도 있겠으나 반드시 그런 것은 아니다. 치료사는 변화를 유도해 낼 토의를 위해 클라이언트를 준비시키는 데 비관련적 즉흥연주를 사용할 수 있고, 언어적 토론을 향상시키기 위해 비관련적 즉흥연주를 사용할 수 있기 때문이다. 반대로 관련적 즉흥연주가 좀 더 말에 의존하고 본질적으로 내관 지향적인 경향을 보일 수 있으나 이 역시 반드시 그런 것은 아니다. 왜냐하면 치료사는 스스로 변화를 유도해 낼 즉흥연주를 유발하기 위해 언어로 된 제목을 사용할 수도 있고, 클라이언트가 변형적 즉흥연주에 대한 언어적 통찰을 형성하도록 도울 수도 있기 때문이다.

아마도 관련적 즉흥연주와 비관련적 즉흥연주가 어떻게 서로 협력하여 작용하는지는 언어적 · 비언어적 치료적 경험의 채널과 연관시켜 이해하는 것이 좋을 것이다.

음악은 비언어적 수단으로 자기 표현과 소통의 방법을 제공하며, 비언어적 · 언어적 의사소통의 채널을 연결하는 교량의 기능을 한다. 음악이 비언어적으로 사용될 때 즉흥연주는 언어의 필요를 대신할 수 있기 때문에, 말로 표현하기 힘든 감정이나 갈등을 표현하는 데 안전하고 허용할 만한 방법을 제공한다. 비언어적·언어적 채널이 함께 사용될 때는 언어적 의사소통이 음악적 즉흥연주를 규명하고 강화하며 명료하게 하는 반면, 즉흥연주는 언어적 의사소통 기술의 강도를 높이고 도우며 자극하는 역할을 한다(Bruscia, 1987, p. 561).

이 책에서 비관련적 즉흥연주의 예는 Alan Turry, Janice M. Dvorkin, Louise Montello의 장을, 관련적 즉흥연주의 예는 Benedikte B. Scheiby의 장을 참조할 수 있다.

노 래

노래는 인간이 감정을 탐구하는 방법이다. 그것은 우리가 누구며 무엇을 느끼는지를 표현하고, 다른 사람에게 좀 더 다가갈 수 있게 하며, 외로울 때 동반자로서 함께한다. 노래는 우리의 신념과 가치를 명확히 표현해 준다. 세월이 흐르면서 노래는 우리의 삶을 증언한다. 우리에게 과거를 상기시켜 주고 현재를 고찰하게 하며 미래를 위한 꿈을 표현하게 한다. 노래는 기쁨과 슬픔을 이야기로 엮고, 가장 깊은 내면의 비밀을 드러내며, 희망과 좌절, 그리고 두려움과 승리를 표현한다. 그것은 음악적 일기이며, 우리 삶의 이야기이자 우리 개인의 변천에 관한 소리이기도 하다. 이런 무수한 연결 고리에 의해 노래는 사람의 감정 세계와 감정에서 나온 생각, 태도, 가치, 행동에 쉽게 접근하도록 한다. 심리치료의 목적을 고려할 때 노래는 감정 변화를 위한 매우 효과적인 수단을 제공하고 그 과정을 훌륭히 촉진시킬 수 있다. 심리치료 세션에 노래를 도입하는 데는 여러 가지 방법이 있을 수 있는데, 그 주요 방법은 다음과 같다.

- **노래 연주**(song performance): 클라이언트나 치료사 또는 모두가 그들 내면에 담긴 감정과 생각을 경험하고 표현하며 탐구하는 수단으로서 미리 작곡된 노래를 부른다. 그 예로는 이 책의 Janice M. Dvorkin, Diane S. Austin, Louise Montello의 장을 참조하라.
- **노래 즉흥연주**(song improvisation): 클라이언트나 치료사 또는 모두가 클라이언

트가 무엇을 느끼고 경험하는지, 또는 치료과정에서 도출되는 이슈가 무엇인지를 묘사한 운율을 가진 노래나 멜로디를 즉석에서 만든다. 이에 대한 예는 Diane S. Austin의 장을 참조하라.

- **유도된 노래 회상**(induced song recall): Cora, L. Díaz de Chumaceiro(이 책의 15, 16장)는 의식적으로 유도된 노래 회상과 무의식적으로 유도된 노래 회상을 구별하였다. 의식적으로 유도된 노래 회상에서 치료사는 클라이언트에게 치료과정 중에 나타난 특별한 주제나 이슈와 관련하여 어떤 노래가 떠오르는지를 묻는다. 무의식적으로 유도된 노래 회상에서는 치료과정에서 일어나는 특정한 주제나 이슈와 관련하여 치료사나 클라이언트의 의식에 어떤 노래가 예기치 않게 발현하게 된다.

- **노래 교류**(song communication): 치료사는 클라이언트에게 자기 자신에 대해 대화하기를 원하는 녹음된 음악을 선곡하거나 가져오게 한다. 또는 치료사가 클라이언트와 관련된 녹음 음악을 직접 가져온다. 전자든 후자든 간에 노래를 들은 후 치료과정에 대해 노래가 무엇을 전달하였는지 클라이언트와 함께 탐색한다. 여기에는 노래 선곡, 음악감상 경험, 그 후의 처리과정의 세 가지 요소가 있다.

  선곡과정은 Díaz de Chumaceiro가 기술하듯이 유도된 노래 회상에 속할 수도 있고, 치료사와 클라이언트가 이전에 몰랐던 새로운 노래를 적극적으로 찾는 활동(이것은 회상이 아님)에 속할 수도 있다. 두 번째 요소인 감상 경험은 이 방법의 중추적 역할을 하며 유도된 노래 회상과 좀 더 구별되는 요소다. 클라이언트가 언어로만 이슈나 느낌을 반영하도록 하기보다는 노래가 표현하는 이슈와 느낌을 재경험하는 기회를 줄 수 있도록 노래를 감상한다. 세 번째 요소인 노래 경험 후에 이루어지는 처리과정은 선곡된 연주나 음악 자체의 구체적인 특징을 분석하기 위해 노래의 언어적 요소 해석을 넘어선다는 면에서 유도된 노래 회상과 구별된다. '노래 교류'는 감상 경험 자체에서 일어나는 느낌에는 별로 주목하지 않는 대신, 가사가 클라이언트에게 어떤 의미를 주었는지에 중점을 두는 기법인 노래나 가사 분석을 포함할 뿐 아니라 그 이상이라는 점에 주목한다.

- **노래 만들기**(song writing): 치료사는 클라이언트가 치료적 이슈에 적합한 노래를 만들도록 돕는다. 클라이언트의 능력과 치료사의 보조 정도에 따라 클라이언

트는 가사를 쓸 수도 있고 즉흥곡을 만들 수도 있으며, 음악 반주를 작곡할 수도 있다. 이에 관한 예는 Paul Nolan의 장을 참조하도록 한다.

음악 심상

여기서 말하는 음악 심상(music imaging)은 음악을 듣고 이미지화(자유연상, 투사적 이야기, 이미지, 느낌, 신체 감각, 기억 등을 통해) 하는 모든 경험을 일컫는 광의적인 용어다. 음악 심상의 경험은 음악의 다른 스타일과 특징에 따라, 음악이 전경(前景)에 오는지 배경에 깔리는지에 따라, 의식의 상태가 변화된 이완 상태인지 보통의 긴장 상태인지에 따라, 치료사가 클라이언트가 따라야 할 구체적인 지시나 이미지를 제공하였는지의 여부에 따라, 그리고 경험하는 동안 클라이언트가 치료사와 대화를 하였는지의 여부에 따라 많은 방법을 고안할 수 있다.

이 책에서는 유도된 심상과 음악(Guided Imagery and Music: GIM)이라 부르는 매우 구체적인 접근에 대해 주로 언급하고자 한다. GIM은 Helen Bonny(1978a)가 개발한 심리치료 모델로서, 클라이언트는 변형된 의식 상태에서 특별하게 구성된 음악 프로그램을 따라 심상을 경험하며 치료사와 대화한다. 매 GIM 세션에는 다음과 같은 주요한 구성 요소가 있다.

도입(prelude)　　도입부에서 치료사는 클라이언트가 관심을 갖거나 치료과정에 중요한 이슈나 감정 또는 사건을 규명하고 고찰하도록 돕는다. 이것은 언어적 대화나 만달라(원에 색으로 상징을 그림), 음악 즉흥연주, 그 밖의 적합한 치료 기술을 통해 이루어진다. 도입부에서 나타난 것을 기초로 하여 치료사는 클라이언트의 심상을 유도하기 위해 사용할 음악 프로그램을 선택한다. 각 프로그램은 다양한 클래식 곡으로 구성되는데, 이것은 각자의 고유한 정서 테마나 과정을 탐색하기 위해 특별하게 선택되고 정렬된다(Bonny, 1978b). 프로그램은 20~45분까지 그 길이가 다양하며, 클라이언트의 필요에 따라 연장할 수도 있고 짧아질 수도 있다.

유도(induction)　　유도 단계에서 치료사는 다양한 이완 기술을 사용하여 클라이언트가 의식의 전환 또는 비일상적 의식 단계로 유입되도록 돕는다. 그 후에 치료사는 클라이언트에게 심상 경험의 초점을 제시한다. 그 초점은 이미지나 감정 또는 도입부에서 발생한 상징이 될 수도 있으며, 선정된 음악 프로그램의 무드나 성격과 일치하는 것이 될 수도 있다.

음악 심상(music imaging)   이 단계에서 클라이언트는 음악에 따라 심상을 떠올리며 자신이 경험하고 있는 것을 치료사에게 일정한 시간 간격으로 보고한다. 치료사는 특별한 방법으로 지시하거나 주도하지 않으면서도 음악과 이미지에 대한 클라이언트의 경험을 지원하고 심화하기 위해 노력한다. GIM에서 심상은 신체 감각, 환영, 느낌, 기억, 환상, 이야기, 비유, 상징, 또는 다양한 내적 경험으로 구성된다. 이러한 내용은 세션에서 그 경험이 어떤 종결에 이를 때까지 지속된다.

귀환(return)   이 부분에서 치료사는 클라이언트가 심상적 경험에서 빠져나와 실시간의 보통 의식 상태로 돌아오도록 돕는다.

종결(postlude)   종결부에서 클라이언트와 치료사는 경험 전반을 숙고하며, 클라이언트와 치료과정에서의 중요성을 모색한다. 전반부에서 사용된 기법을 종결부에서 다시 사용할 수 있다.

GIM의 예로는 Kenneth E. Bruscia, Lisa Summer, Connie Isenberg-Grzeda의 장을 참조한다.

정신역동적 동향

이 책의 목적에 따라 음악치료에서 정신분석적 그리고 정신역동적 동향의 특징은 다음과 같은 전제에 기초함을 밝힌다.

- 정신(psyche)은 무의식에서 전의식(의식에서 벗어났지만 의식할 수 있는 정도의 층), 의식에 이르는 다양한 의식 수준을 나타낸다.
- 무의식층(unconscious layer)은 개인과 인류의 모든 기억과 본능을 포함하며, 개인의 모든 부분에 상당한 영향을 미친다.
- 과거는 현재에 영향을 준다. 개인은 과거에서 현재까지 그가 습득한 것을 소유

하고 일반화하는 모든 경험을 통해 배운다.

- 의식은 무의식의 요구, 실재의 요구, 인간의 안전과 만족의 요구, 그리고 도덕적 기준 사이에서 완화된다.
- 정신은 억압을 통해 무의식의 영역과 영향력에 제한을 둔다. 억압은 무의식에서 수용할 수 없고 위협적인 유형이 의식화되거나 의식에 잔류하는 것을 막기 위한 정신의 노력이다.
- 방어기제는 억압된 경험과 의식 사이의 미세한 균형을 파괴하려고 위협할 때마다 사람이 사용하는 특별한 대처 방안이다. 결국 방어는 억압이 실패하고 의식이 무의식의 혼란스러운 내용을 처리해야만 하는 염려에서 벗어나려는 노력이다. 전형적인 방어기제는 다음과 같다.

  - 저항: 저항은 "클라이언트가 억압된 유형이 의식"에 나타날 두려움 때문에 치료과정을 회피하거나 방해하려는 시도. 일반적으로 이는 방어기제를 통해 이루어진다. 이 둘 사이의 차이점을 보자면, 방어기제는 빈번히, 그리고 특징적으로 일상에서 사용되는 반면, 저항은 이러한 방어를 치료 상황에서 구체적으로 적용한 것이라고 할 수 있다.
  - 전이: 전이는 치료적 환경에서 클라이언트가 과거에 맺은 의미 있는 관계를 재경험하는 것이다. 반면에 역전이는 치료사가 보여 주는 전이에 상응하는 역동성이다.

이러한 전제를 모두 고려해 볼 때 심리치료의 두 가지 주요한 목적은 다음과 같다. 첫째, 방어와 저항을 통해 무의식 속에 억압되어 남아 있거나 현재에 부정적인 심리적 영향을 끼치는 클라이언트의 의식 경험을 끌어내고, 둘째 교정적인 감정적 경험에 클라이언트를 참여시키기 위해 전이와 역전이라는 과정을 통해 작업하는 것이다.

참고문헌

Bonny, H. (1978a). *Facilitating GIM sessions* (GIM monograph 1). Salina, KS: The Bonny Foundation.

Bonny, H. (1978b). *The role of taped music programs in the GIM process* (GIM monograph 2). Salina, KS: Bonny Foundation.

Bruscia, K. E. (1987). *Improvisational models of music therapy*. Springfield IL: Charles C Thomas Publishers.

제2장
전이의 특질*

Kenneth E. Bruscia

'만일 무의식으로 가는 지름길이 꿈이라면, 분석적 치료로 가는 지름길은 '전이'다. 분석적 치료에서 전이는 핵심이며 원동력이 된다. 전이에 대한 이해와 사용 없이는 인격적 변화의 기본도 없을 것이며, 정신분석도 없을 것이며, 부모의 상(象)과 관계 재현도, 새로운 결론을 가질 수 있는 기회도 없을 것이다'(Hammer, 1994). Kahn(1997)은 더 나아가 전이는 클라이언트 및 치료사와 연관될 뿐만 아니라 우리 모두의 관계에 적용된다고 하였다. 어디에 가든지 우리는 지배관계, 로맨스, 우정, 사업적 거래 등에서 어떠한 관념이나 과거를 끊임없이 재현하고 있다는 것이다(p. 28). 그는 전이를 음악의 소나타 알레그로 형식에 비유하였다. 소나타에서 표현될 모든 주제는 도입부에 나타난다. 거기서부터 시작해 형식에서 나타나는 모든 것이 변주나 전개, 발전, 재현부를 통해 드러난다. ……어떤 사람은 모든 주제에 대한 발전과 재현처럼 자신의 상호 교류적인 삶과 다른 모든 사람과의 관계를 떠올릴지 모른다(p. 29).

....

*Modified from Bruscia, K. E. (1995). The many dimensions of transference. *Journal of the Association for Music and Imagery IV:3-16*의 허가를 받음.

정 의

전이에 대한 방대한 문헌은 대부분의 심리치료에서 전이가 핵심 이슈임을 보여 주는 동시에, 오랜 세월 동안 전이라는 용어 자체를 정의하는 데 어려움이 있었음을 단적으로 보여 주는 것이기도 하다. 전이의 개념을 좀 더 적극적인 방식에서 정의하기 위해 지나칠 정도로 다양한 해석이 존재하였는데, 그것은 전이의 개념을 많은 임상가와 이론가가 오랜 세월 동안 아주 다른 각도에서 정의하였기 때문이다. 정의를 내리는 데서의 이러한 다양한 해석의 근원에는 다음과 같은 질문이 잠재되어 있다. 전이는 임상적 사건에서 발생한 특정한 조건에만 국한하여 정의되는가, 임상 상황의 안팎에서의 인간 현상 모두를 포함하는가? 저술가는 이 두 극단을 연결하는 방법을 찾음으로써 문제에 대한 해답을 얻으려 노력해 왔다. 그들 대부분은 오랜 세월 동안 전이에 관련된 무수한 특질과 다각적 측면의 방대한 증거에서 임상적 상황 내의 전이 발생에 필수적인 조건만을 선택해 그 경계선 안에서 전이를 정의해 왔다.

여기서 제안하는 전이의 정의는 포괄적인 의미다. 왜냐하면 제한된 조건으로 모든 전이를 정의하기보다는 어떠한 전이에서도 보게 되는 특질적인 변인을 구분하여 각 전이가 구성하는 차원을 검토할 수 있도록 해 주기 때문이다.

전이는 현재 진행하는 치료 상황에서 클라이언트가 과거의 실제 삶에서 의미 있는 사람 또는 사물과 형성하였던 관계 형태와 유사한 방식으로 상호작용할 때마다 일어난다. 이는 과거에 습득한 관계 형태가 현재에 반영된 것임을 암시하며, 의미 있는 사람이나 사물, 실제 생활에서 치료사, 치료 상황에 이르는 모든 관계에서 일반화되어 나타난다. 근본적으로 클라이언트는 과거에 의미 있는 사람이나 사물에게 하였던 것처럼, 또는 그런 느낌이나 사람 또는 상황을 처리하고 회피하였던 방식을 반복하면서 현재 일어나는 동일하거나 유사한 감정, 갈등, 충동, 동기, 환상을 재경험하는 것이다.

이런 포괄적인 정의를 고려하여 지금부터는 오랜 세월 동안 전이를 구성해 온 다양한 측면을 검토해 보고자 한다. 어떤 특정한 측면이나 한 극단으로 제한하여 전이를 정의하기보다는 각각의 측면이 연속선상에서 전이를 개인적인 표상으로 묘사하는 것을 상상해 보기로 하자. 그래서 전이를 꼭 이것이다라고 단정짓지 말고 각 사례를 특정한 측면과 양 극단의 독특한 혼합으로 보는 것이다.

과거와 현재

전이는 항상 한 시점에서 다른 시점으로 '이동(transfer)' 함을 뜻한다. 클라이언트는 과거와 현재가 뒤섞이는 것을 허용하면서 과거에서 현재로, 현재에서 과거로 이동한다. 그러나 Michels(1985)는 전이에 대해, '현재에 영향을 미치는 과거는 이미 완료된 과거 과거(past past)가 아니라 현재 과거(present past)다. 이 과거는 비록 '과거'라고 명명되고 인식되지만 활발하게 활동하는 능동적인 힘으로 현재에 살아 있다.' (p. 13)고 지적하였다. 따라서 전이를 이해하는 것은 과거가 현재에 어떻게 숨어 있으며, 그 과거가 과거와 현재를 연결하는 연속선상에 어떻게 위치하고 있는지를 알아내는 것이다(Schwaber, 1985).

전이는 한 시점이 다른 시점을 지배하는 비중에 따라 매우 달라질 수 있다. 어떤 클라이언트는 이전의 관계를 끊임없이 회상하거나 상기하면서, 또는 현재의 관계를 과거처럼 만들려고 노력하면서 과거의 관계가 현재를 지배하게 한다. 또 어떤 클라이언트는 이전의 관계를 망각하거나 현재와 절연시킴으로써 과거를 묻어 두려 한다.

클라이언트가 어느 한 시점에서 다른 시점으로 이동하는 정도는 당연히 중요한 의미를 가진다. 그것은 치료의 초점과 목적을 결정할 뿐만 아니라 클라이언트와 치료사 간에 발전하는 관계 유형을 결정짓는다. 또한 클라이언트의 갈등에 관한 많은 것을 부각시킨다. 클라이언트가 치료사와 교류하면서 과거(또는 현재)관계에 절박하게 얽매여 있다면 이는 어떤 문제겠는가? 어떠한 상처가 클라이언트가 과거(또는 현재)의 관계 방식을 완전히 버리도록 하였는가? 이러한 질문은 클라이언트가 왜 과거나 현재를 왜곡할 필요가 있었는지와 그러한 결과로 말미암아 나타나는 병리상의 유형에 대해 탐구하게 한다.

적절성과 부적절성

클라이언트가 한 시점에서 다른 시점으로 전이할 때마다 과거에 발생하였던 일이나 현재에 발생하는 일이 왜곡될 가능성이 언제나 도사리고 있다. 진행 중인 치료 상황은 어쩌면 재현되고 있는 과거의 실제적 상황과 비슷할 수도 있고 그렇지 않을 수도 있다. 바꾸어 말하면, 전이의 현재 대상(예를 들어, 치료사)이 과거에 있었던 중요한 인물(예를 들어, 어머니, 아버지)과 닮을 수도 있고 그렇지 않을 수도 있다. 따라서 클라이언트가 과거와 현재 사이의 유사성에 대한 지각을 제대로 하는가 그렇지 않은가에 따라 진행되는 치료 상황에 반응할 수도 있으며, 현재 진행되는 상황에 어떤 유사점이 있는지의 여부와는 상관없이 과거의 반응 패턴을 일반화할 수도 있다.

최근의 견해는 전이가 현재 상황의 적절성을 변화하는 수준으로 반영하는 것이라는 것과 과거와 관련하여 왜곡의 변화하는 정도를 반영한다는 것이다. 원래 Freud는 클라이언트가 자신이 전달하는 느낌이 치료사와 맞지 않는다 하더라도 치료사를 자신의 인생에서 중요한 인물로 적용하여 그에게 자신의 느낌을 전달시킨다고 믿고 있었다. 당시 Freud에게 전이 반응은 '과거' 상황에 부합시키기 위해 언제나 왜곡된 '현재' 상황을 가지는 것이었다. 그는 다음과 같이 말했다.

> 우리는 치료 상황이 그 같은 느낌의 기원을 설명해 줄 수 있다고 생각하지 않는다. 우리는 그런 느낌을 발달시킬 준비가 다른 원인에서 좀 더 기인될 수 있다고 생각한다. 다른 원인은 과거에 형성된 것으로 그것을 치료사에게 전이시키기 위한 치료 중에 포착된다(Freud, 1920, pp. 449-450).

이렇게 전이를 과거의 무분별한 반복, 현실 인식의 왜곡(Greenson, 1967)으로, 그리고 예전의 대상과 현재의 대상의 혼돈(Kohut, 1951)이라는 단순한 방식으로 제한하여 정의할 때 일부 병리적 현상(적어도 노이로제)은 이에 해당된다. 전이가 병리 현상으로 간주될 수 있는지의 여부는 치료 목적과 향후 치료의 과정에 지대한 영향을 미친다. 만약 전이가 병리적이라고 한다면, 클라이언트와 치료사는 치료과정을 발전시키기 전에 심리적 미성숙의 징후, 치료사의 노력에 저항하려는 습관, 치료과정의 장애물을 제거하거나 파기하는 방법을 찾아내야 한다. 반면에 전이를 병리적으로 보지 않는다면, 치료사와 클라이언트는 전반적인 인간관계의 특징과 심리적 성숙을 위한 필수적 조건을 병리적일 때처럼 제거해 버리기보다는 그들의 관계를 강화하고 치료과정을 촉진시키며 치료의 발전을 도모하는 데 사용할 수 있다.

최근의 정의에 따라 우리는 특정 전이 현상이 치료과정에 적절하면서도 자연스러운 현상으로 클라이언트의 성장에 기여할 수 있는 매개라고 생각하게 되었다. 그리고 다른 전이는 클라이언트의 인간관계 또는 클라이언트와 치료사 간의 관계에서 과거의 무분별한 반복, 현재에 대한 왜곡, 치료와 치료사에 대한 저항, 궁극적으로는 왜곡의 심각한 정도에 따라 병리적 신호로 간주하게 되었다. 정리하자면, 어떤 종류의 전이는 비병리적인 것으로 치료 관계와 과정에 도움이 되는가 하면, 다른 종류의 전이는 병리적인 것으로 치료 관계와 과정을 방해하는 요소라는 것이다.

개인적 그리고 상호적

병리-비병리 문제의 핵심에는 전이가 개인적인가 상호적인가의 문제가 자리 잡고 있다고 말할 수 있다. 전이가 병리적이라면(클라이언트가 치료에 반응하는 방법이 부적합하다면), 전이는 대인관계의 환경이나 클라이언트-치료사의 관계에서 실제적으로 일어나는 것과는 상관없이 클라이언트의 심리적 기질 내부에 존재할 가능성이 크다. 그것은 세상에 대해 '개인 내면적(intrapersonally)'으로 반응하는 방식이다. 반대로 전이가 비병리적이라면(치료와 클라이언트-치료사의 관계에서 일반적으로 일어나는 일들에 적합한 방법으로 반응한다면), 자기 내면의 기질이나 경향에 의해서만 반응하는 것이 아니라 대인관계에서 일어나는 사건이나 상황에 대한 클라이언트의 자유로운 선택으로 보아야 한다. 그러므로 양 극단의 선상에서 볼 때 한쪽 끝은 결정론적인, 즉 환경과는 독립된 클라이언트의 개인적 구조로, 다른 한쪽 끝은 결정론적이기보다는 개인의 내면적 한계 안에서 각 개인이 창조적으로 형성하고 다른 사람에 의해 형성되는 상호적 교류의 부분으로 조명될 수 있다.

원래 Freud는 전이 현상을 클라이언트에게 내재된 동력이나 정신구조, 엄밀히 말해서 개인 내면의 것으로 설명하려 하였다. 하지만 현대의 치료사들은 전이를 치료사와 클라이언트의 특별한 관계 설정 내에서 그들 모두가 현재에 유도하고 창조하고 형성한 현상으로 바라본다. Gill(1985)은 전이가 양자택일의 문제는 아니라고 믿었다.

> 전이는 환자의 관계에 대한 자기 내면심리 구성 패턴과 심리분석가 간의 상호작용을 결합한 산물이다. 이 두 가지 원천에서 파생된 영역은 환자-분석가의 양자관계에서 다른 사람과의 관계까지, 그리고 한 상황에서 또 다른 상황까지 아주 다양하다(p. 100).

Valenstein(1985)은 개인적 전이와 상호적 전이의 개념을 다음과 같이 구분하였다. 개인의 심리 상태에서 전이는 과거와 현재 사이의 상호작용과 기억의 흔적, 갈등 속에 자리 잡고 미래를 붙들고 있는 과거의 감동과 사건이 주는 심각한 의미와 연관된다(p. 140). 이에 반해 상호적인 전이는 다음과 같다.

> 초기의 대상, 즉 부모와 자식이 만든 경험에서 시작하여 좀 더 깊은 관계를 맺고 복잡해지는 오이디푸스 콤플렉스 상황과 전개, 강화, 해결을 포함한 인간관계의 사건, 경험, 감정 속에서 지속된다. 이러한 측면에서 전이는 정상과 노이로제 모두에서 발달의 연속과 변화를 반영한다(Valenstein, 1985, p. 140).

나아가 여러 저술가들은 역전이 현상에 대한 언급 없이 전이 현상을 이해하는 것은 불가능하다고 지적한다. 역전이란 용어는 말 그대로 클라이언트의 전이에 반응하는 치료사의 개인적인 반응이다. Kohut(1984)은 '자기대상' 전이의 세 단계를 명시하였는데, 각각은 치료사의 특정한 반응을 얻기 위한 클라이언트의 행위를 나타낸다. 각 단계를 살펴보면, '반사하기(mirroring)', 즉 클라이언트가 치료사의 사랑과 칭찬을 필요로 하는 경우, '이상화하기(idealizing)', 즉 치료사가 자신의 이상적인 부모가 되어 주기를 요망하는 경우, '결합하기(twinning)', 즉 같은 동일체로서 치료사와 시간을 보내고 싶어 하는 경우로 구성된다. 본질적으로 Kohut은 이런 자기대상 관계에서 클라이언트가 온전한 전인격체가 되기 위해 자신의 부족함을 보완할 부분을 발전시키고자 치료사를 이용한다고 주장하였다. Marshall과 Marshall(1988)은 전이와 역전이의 전례와 결과가 상호 의존적 관계의 기반을 만들기 위해 어떻게 일치하고 교류하는가에 대한 이론을 전개하였다. Natterson(1991)은 전이와 역전이를 의식과 무의식 모두에서 다양한 교환과 교류를 통해 클라이언트와 치료사가 서로 영향을 미치는 상호 주관적 관계의 양면이라고 하였다. Dosamentes(1992)는 이런 클라이언트와 치료사 간의 상호 주관성을 모자관계로 비유하였다.

무의식과 의식

지금까지 논의되었던 모든 측면은 또 다른 주요한 측면과 맞물리는데, 이는 전이 현상이 발생하고 표현되어 나타날 수 있는 의식의 단계에 대한 것이다. 전이는 무의식 또는 의식에서, 아니면 두 단계 모두에서 보이는가? 이 문제에 대해 고전적인 심리분석가들은 지엽적인 견해를 취해 왔고, 최근의 학자들은 이를 폭넓게 보려고 노력하고 있다. 원래 전이는 본질상 과거의 침범, 현재의 왜곡, 그리고 역동성에서 개인적이고 병리적인(혹은 노이로제에서만은) 것으로 간주되었다. 또한 이 모두는 무의식적 현상으로서 전이의 개념에 부합한다. 그러나 최근에는 전이 현상을 과거와 현재, 왜곡과 비왜곡, 개인과 상호관계 사이를 이동하는 다양한 연속체로 간주하고 있어 결과적으로 의식과 무의식 단계 모두에서 일어날 수 있다고 주장한다.

전이가 의식의 다양한 수준을 따라 존재한다는 사실은 대부분의 정신분석학적 치료사의 목적과 그 목적을 클라이언트의 인식으로 가져오는 과정과 일치한다. 클라이언트의 의식에 유입된 전이는 의식 세계에 있기 때문에 바로 없어지지 않는다. 이러한 전이는 오히려 지속되어 클라이언트–치료사의 관계에 따라 새로운 형태로 재형성되고 재조율된다. 따라서 치료과정의 어느 한 시점에서 무의식 수준에 있는 전이를 의식 수준으로 불러오는 동안 클라이언트는 어떤 전이나 양상을 의식 수준에서 처리해 갈 수 있다.

전(前) 오이디푸스 콤플렉스와 오이디푸스 콤플렉스

전이가 이 같은 다양한 연속체 선상에 있다는 개념은 매우 중요한 질문을 제기하게 한다. 앞에서 기술한 여러 측면에서 볼 때 과연 전이의 본질을 결정하는 것은 무엇인가? 무엇이 어떤 클라이언트에게는 어떤 종류의 전이를 일으키고, 또 어떤 클라이언트에게는 다른 종류의 전이를 일으키도록 만드는가? 이 질문에 대한 고전적인 학자들과 현대 이론가들의 견해는 비교적 일치한다. 지금까지 묘사한 바대로 전이가 다양한 연속선상에서 존재하도록 결정하는 주된 요인은 바로 전이가 고착화된 발달단계에 있기 때문이다. 정신분석 발달적 이론에서는 기본적 차이를 전(前) 오이디푸스 콤플렉스의 발달단계에 근원한 전이인가, 아니면 오이디푸스 콤플렉스의 단계에서 유래된 전이인가로 본다.

전 오이디푸스 콤플렉스

Valenstein(1985)에 따르면, 전 오이디푸스 콤플렉스 전이는 언어 사용 이전의 단계로서 아동이 '일차적' 과정을 통해 기본적인 기능을 하며, 주요한 상호작용 방법이 엄마-유아 연합의 상징적인 양자관계인 생의 초기(생후 2~3세)에 발생한다. 이런 발달단계의 전이는 믿음과 불신, 자기와 타인의 분리, 양자적 상호성 등에 집중된다. 여기에는 다음의 두 가지 유형이 있다.

신경증적 유형   신경증적인(neurotic, 잠재적으로 병리적인) 전 오이디푸스 콤플렉스 전이는 치료사를 단순히 자아 또는 자기 욕구의 반영체로 간주하려는 나르시즘적 경향과 타인에 대한 감정이입의 결핍, 클라이언트-치료사 관계의 상호성 결여, 치료사에 대한 과도하고 혼란스러운 투사, 영역의 혼돈, 이러한 경향을 언어적으로 의식하거나 표현으로 명확히 하지 못하는 현상, 심리치료에 대한 거부 등으로 특징지어진다(Valenstein, 1985).

기본적 유형   반대로 '기본적인(basic)' 전 오이디푸스 콤플렉스 전이는 치료사에게 좀 더 건강한 감정을 느끼게 하므로 성공적인 치료에 필수적이다. 이 경우 클라이언트는 믿음과 안정감을 느끼며, 존중감과 자신을 지지하는 환경 조성을 위한 치료사의 능력에 기본적인 확신을 갖는다. 또한 '확신' 전이와 '치료적' 혹은 '작업협력'으로 부르기도 하는 전 오이디푸스 콤플렉스 유형의 전이는 클라이언트가 설정된 치료 목적을 치료사와 상호적으로 추구하면서 치료사에게 협력할 수 있도록 한다. 또한 이러한 전이는 생의 초기단계 동안 엄마-아기 관계에서 긍정적인 경험을 통해 발생한다(Valenstein, 1985).

오이디푸스 단계

오이디푸스적 전이는 아이가 말을 하고 '이차적' 과정 수준에서 기능을 하기 위해 잘 발달된 자아와 초자아를 보유하고 있으며, 상호작용의 주요 방법이 양자관계보다는 삼자관계(아이-엄마-아빠)인 발달단계(3세 이후) 시기에 나온다. Ornstein(1985)에 의하면, 오이디푸스적 전이는 '기본적으로 잘 분간되고 묘사할 수 있기에 자율적인 대부분의 사람(클라이언트)은 치료사를 확실히 분리된, 자주적인 대상으로 지각할 것이다' (pp. 152-153). 이런 발달단계에서 전이는 전형적으로 오이디푸스적 감정, 즉 사랑, 공격성, 성욕, 승인, 죄책감을 통해 표출된다. 그러나 일반적으로 전 오이디푸스적 전이처럼 이러한 전이도 치료과정에 방해가 되거나 도움이 될 수 있다. 이는 그 목적하는 바가 저항인지 아닌지, 그 원인이 병리적인지 아닌지에 달려 있다. 그러나 일반적으로 전 오이디푸스 콤플렉스 전이와 비교해 볼 때 오이디푸스 콤플렉스 전이는 말로 표현하기가 더 수월하며 인지할 수 있어서 중재하기에 보다 용이하다.

근 원

전이의 '근원(sources)'이란 클라이언트의 과거에 의미 있는 사람이나 사물로서 전이적인 관계에서 원형으로 작용한다. 어머니, 아버지와 같은 보호자가 전이의 주된 부모적 근원이지만, 이모, 삼촌, 조부모, 교사, 나이 많은 형제 역시 부모적 원형의 역할을 할 수 있다. 부모적 전이의 특징은 아이로서의 클라이언트와 부양자나 위안자 또는 권위주의적 대상 간의 수직적인 관계와 분리다.

형제, 자매, 배우자, 동료, 친구는 주된 비부모적(nonparental) 근원의 대상이다. 이런 부류의 전이가 가지는 특징에는 평등을 기반으로 한 수평적인 관계, 상호성, 동료 간의 경쟁이 있다.

또한 과거의 의미 있는 사물이나 자료 역시 전이에서 부모적 또는 비부모적 근원이 될 수 있다. 악기, 어린 시절의 노래, 장난감, 아기용 담요 등이 이에 해당될 수 있다.

대 상

전이의 '대상'은 전이를 수용하는, 현재 진행 중인 치료 상황에 있는 어떤 사람이나 사물이다. 대상에는 클라이언트에게 영향을 미치는 치료사나 다른 클라이언트 혹은 다른 어떤(예를 들어 작곡된 음악, 악기, 예술작품 등) 것이 포함될 수 있다.

Freud가 원래 정의한 전이에서 중요한 점은 그가 처음에 전이를 치료 상황 내부의 다른 요소나 관계자와는 상관없이 오직 치료사에게만 국한되어 나타난다고 생각하였다는 점이다. 당시의 심리치료는 주로 대화를 통해 이루어졌다. 따라서 Freud는 비언어적이며 경험적인 방법을 통한 치료가 적용되고, 음악이나 미술 또는 춤과 같은 형태의 대상이 전이를 일으키거나 수용하는 주체가 되는 전이의 형태를 예상하지 못하였던 것 같다. 최근에는 전이가 사람과 무생물 모두에서 나타날 수 있다고 본다.

전이의 상황에서 다양한 '근원'은 이러한 '대상'과 동일시되어 전이를 일으킨다. 그렇지만 보편적으로는 부모, 부양자, 권위 있는 인물, 안정적이며 힘 있는 사물 등은 수직적인 관계를 이끄는 치료사와 대상에게 전이된다. 이와 달리 형제, 동료, 친구 또는 놀이 대상 등은 동료 클라이언트나 수평적이고 평등한 관계를 유도하는 대상에게 전이된다. 물론 모든 전이가 치료사가 조성한 어떤 종류의 관계와 상호 교류적 환경에 전적으로 의존되어 발생하는 것은 아니다. 알다시피 음악과 같은 것은 부모나 형제를 상징할 수도 있어 수직적 관계와 수평적 관계 사이를 쉽게 오갈 수 있다.

단수와 다수

전이 현상에서는 근원이 단수일 수도 있고 다수일 수도 있으며, 대상 또한 단수이거나 다수일 수 있다. 즉, 클라이언트는 어머니 한 사람을 치료사에게 전이할 수 있고(하나의 근원을 한 대상에게만), 어머니와 아버지를 치료사에게 전이할 수도 있으며(다수의 근원을 한 대상에게), 어머니라는 하나의 상(象)을 치료사와 음악에 전이할 수도 있고(하나의 근원을 다수의 대상에게), 어머니와 아버지를 치료사와 음악 모두에 전이할 수 있다(다수의 근원을 다수의 대상에게).

언어적 의사소통을 하는 개인치료는 단수 근원과 다수 근원의 형태를 모두 허용하지만 대상은 오직 한 사람(즉, 치료사)이어야 한다. 반면 그룹치료에서는 동시에 여러 사람을 대상(치료사와 그룹 구성원)으로 하는 단일 근원, 다수 근원의 전이를 허용한다. 비언어적 치료에서는 개인치료든 그룹치료든 간에 사람뿐 아니라 다른 것(즉, 치료사, 그룹 구성원, 음악, 악기, 심상 등)을 동시에 대상으로 하는 단수 근원, 다수 근원 전이가 동시에 이루어질 수 있다.

긍정과 부정

클라이언트가 근원에서 대상까지 존경심이나 애정 또는 신뢰와 같은 긍정적인 느낌을 전달할 때 이것은 긍정적인 전이로 간주된다. 반대로 클라이언트가 적개심이나 미움, 두려움이나 불신과 같은 부정적 느낌을 전달할 때의 전이는 부정적인 것으로 간주된다. 전이는 긍정적이거나 부정적인 감정 또는 두 감정의 조합일 수 있다. 이렇게 전달된 느낌이 서로 뒤섞여 상극적이고 모순적일 수 있는 것처럼 근원이나 대상이 다양할 때 전이는 아주 복잡해질 수 있다.

치료에서 긍정적 전이는 항상 긍정적 효과를, 부정적 전이는 항상 부정적인 효과를 낸다고만은 말할 수 없다. 물론 긍정적 전이는 클라이언트를 치료활동에 참여하도록 동기를 유발시킨다. 그러나 긍정적인 감정이 너무 지나치면, 클라이언트가 자신의 성적인 부분을 부각시켜 치료사와의 관계 형성을 방해하거나, 치료사의 승인 여부에 지나치게 의존하거나, 치료에 대한 저항적 정서를 형성하는 등의 위험한 결과를 초래할 수도 있다. 반대로 부정적 전이는 클라이언트가 치료에 저항하거나 치료를 더 이상 진행하지 못하게 할 수 있다. 그렇지만 부정적인 감정을 치료사와 함께 고찰하고 해결해 간다면 그것은 치료적인 성장을 위한 중요한 매개체가 될 수도 있다.

구체화와 일반화

Marshall과 Marshall(1988)은 전이를 이해하는 핵심 요인을 전이가 임상 상황에 구체적으로 연관되고 제한되는 정도라고 제안하였다. 또한 '차별(differentiation)' 요인으로 부르는 이 영역은 치료적 상황에서 발생한 전이가 치료 상황 밖에서 클라이언트의 인간관계까지 어느 정도로 영향을 미치는가와 관련된다. 적어도 차별의 차원에는 다음의 세 가지 수준이 있다고 볼 수 있다.

- 클라이언트의 전이가 치료 상황에서만 구체적인 경우. 세션 동안에 현저히 나타나고 치료실 외의 상황에서는 최소한, 그리고 적절한 정도로 일반화되는 수준
- 치료 환경 내에서 보인 클라이언트의 전이를 세션이 진행되지 않을 때 같은 사람이나 사물에게 일반화하는 수준
- 치료 상황 내의 전이를 치료 이외의 클라이언트 개인적인 생활 영역에서 다른 사람과 사물에 가리지 않고 일반화하는 수준

차별 요인은 종종 전이의 강도, 경직성, 전형성(stereotype), 그리고 그 기원의 발달적 단계까지 보여 준다(Marshall & Marshall, 1988). 이에 따르면, 전 오이디푸스 단계의 전이는 오이디푸스적 단계에 비해 더 일반화되고, 강도가 높으며, 고착화되려는 것이 특징이다.

개입과 부재

전이 반응은 클라이언트가 대상과 교류하는 동안이나, 대상이 부재 중이거나, 클라이언트에게 영향을 행사하지 않을 때도 일어날 수 있다. 예를 들어, 클라이언트는 치료사가 치료적 상황에 있을 경우 그를 지원적 대상으로 인지하기도 하지만 그렇지 않거나 부재 중일 때도 그를 지원적 존재로 인식한다. 비슷한 경우로 전이 반응을 하고 있는 동안이나 전혀 그렇지 않을 때도 클라이언트는 행동으로 반응할 수 있다. 예를 들어, 치료사가 자리에 있지만 평소와는 전혀 다르게 반응하려고 할 때도 클라이언트는 치료사를 지원적인 역할로 인지한다. 정리하자면, 클라이언트는 항상 논리적이거나 시기적절하게 전이를 일으키고 표현하는 것은 아니다. 사실 전이는 완전히 다른 시간에, 다른 상황에서, 심지어 대상을 포함하지 않고도 경험되고 표현될 수 있다. 전이의 적절한 시기는 무의식적 동기의 영향, 그 동기를 의식으로 유도하는 클라

이언트의 준비, 그 의식에서 클라이언트가 활동할 수 있는 필요조건에 의해 크게 좌우된다.

또한 대상을 향해 지시된 전이가 항상 그 대상에게만 쉽게 표현되는 것은 아니라고 말할 수 있다. 특히, 이것은 전이의 대상이 다수일 때 더욱 그러하다. 예를 들어, 치료사에게 전이적 감정을 가지고 있는 클라이언트가 그것을 치료사에게 표현하지 못하고 대신 음악을 통해 표현하는 경우다.

언어적 그리고 비언어적

전이는 언어적으로나 비언어적으로 혹은 두 방법 모두로 표현될 수 있다. 언어적으로 표현할 때 클라이언트는 문장이나 코멘트, 농담을 사용하거나, 클라이언트에게 있어 과거에 중요한 사람이나 사물에 고착된 느낌을 표현하는 현재 치료 상황에 관해 질문을 던지기도 한다. 한 예로 무관심한 어머니를 가진 클라이언트는 치료사에게 '제대로 해 주지 않는다.'고 불만을 토로한다. 이러한 느낌이 비언어적으로 표현될 때 클라이언트는 과거의 중요한 사람이나 사물에 고착된 감정을 신체 언어, 동작, 행동을 통해 현재 진행되고 있는 치료 상황의 반응으로 나타낸다. 예를 들어, 성적 학대를 당한 클라이언트는 치료사와의 신체적 접촉에 매우 강한 거부 반응을 보인다.

결 론

전이는 클라이언트가 과거 자신의 삶에서 중요했던 사람이나 사물과 맺었던 관계와 유사한 방법으로 진행되는 현재의 치료 상황 안에서 교류하는 경우에 발생한다. 전이의 근원은 치료 상황에서 재창조되는 클라이언트의 과거에 존재하였던 인물이나 사물이 되며, 그에 대한 대상은 치료 상황에서 그와 동일시되는 인물이나 사물이 된다.

전이는 매우 다양한 방식으로 표현되며 고유한 특성을 갖는다. 다음의 관점은 전이를 이해하는 데 도움을 줄 것이다.

- 과거와 현재가 얼마만큼의 비중으로 나타나는가?
- 전이가 전 오이디푸스 단계에서 발생한 것인가, 오이디푸스적 발달단계에 기인한 것인가?
- 진행 중인 치료 상황에 대한 클라이언트의 인지와 반응의 왜곡 정도는 어떠한가?
- 전이를 이끌어 내는 데 클라이언트의 개인 내적 구조화 대 치료사와 교류하는 상황의 비중 정도는 어떠한가?
- 전이에 대한 클라이언트의 인식은 어떠한가?
- 클라이언트 전이의 근원은 무엇인가?
- 전이는 누구 혹은 무엇에 대한 것이며, 그 대상은 나타나 있는가?
- 전이가 긍정적 또는 부정적 감정을 가지는가?
- 전이는 치료에서만 일어나는가, 다른 상황에서도 일어나는가?

참고문헌

Dosamentes, I. (1992). The intersubjective relationship between therapist and patient: a key to understanding denied and denigrated aspects of the patient's self. *The Arts in Psychotherapy, 19,* 359-365.

Freud, S. (1920). *A General Introduction to Psychoanalysis.* New York: Washington Square Press.

Gill, M. (1985). The interactional aspect of transference: Range of application (pp. 87-102). In E. Schwaber (Ed.), *The transference in psychotherapy: clinical management.* New York: International Universities Press.

Greenson, R. (1967). *The technique and practice of psychoanalysis.* New York: International Universities Press.

Hammer, E. (1994). Book cover statement. In G.P. Bauer (Ed.), *Essential papers on transference analysis.* Northvale, NJ: Jason Aronson.

Kahn, M. (1997). *Between therapist and client* (Revised ed.). New York: W. H. Freeman & Co.

Kohut, H. (1951). Discussion on "the function of the analyst in the therapeutic process" by Samuel D. Lipton (pp. 159-166). In P. Ornstein (Ed.), *The Search of th self* (Vol. 1) New York: International Universities Press.

Kohut, H. (1984). *How does analysis cure?* Chicago: University of Chicago Press.

Marshall, R., & Marshall, S. (1988). *The transference-countertransference matrix.* New York: Columbia University of Chicago Press.

Michels, R. (1985). Transference: an introduction to the concept (pp. 13-20) In E. Schwaber (Ed.), *The transference in psychotherapy: clinical management.* New York: International Universities Press.

Natterson, J. (1991). *Beyond countertransference.* Northvale, NJ: Jason Aronson.

Ornstein, P. (1985). The thwarted need to grow: clinical-theoretical issues in selfobject transferences (pp. 33-50). In E. Schwaber (Ed.), *The transference in psychotherapy: clinical management.* New York: International Universities Press.

Schwaber, E., (Ed.) (1985). The transference in psychotherapy: clinical management. New York: International Universities Press.

Valenstein, A. (1985). A developmental approach to transference: diagnostic and treatment considerations (pp. 21-32). In E. Schwaber (Ed.), *The transference in psychotherapy: clinical management.* New York: International Universities Press.

제3장
전이의 역동성

Kenneth E. Bruscia

앞 장에서는 전이를 정의하고 각 전이 현상의 독특한 특성과 임상적인 절차를 결정하는 여러 측면을 분석하기 위한 다양한 내용을 살펴보았다. 이 장에서는 전이의 역동성에 근거한 기본적인 심리적 메커니즘에 대해 살펴본 후 임상적 조절을 위한 임상적 목표를 제시할 것이다.

관련된 메커니즘

전이는 내사(introjection), 투사(projection), 투사적 동일시(projective identification), 내사적 동일시(introjective identification), 저항(resistance)과 같은 꽤 많은 기본 방어기제와 연관되어 있다고 할 수 있다. 이는 전이라는 것이 언제나 방어적이라거나 어느 특정한 방어기제 또는 몇 가지를 결합한 것과 동일할 수 있다는 의미는 아니다. 물론 클라이언트는 방어나 저항의 수단으로 전이를 사용할 수 있지만, 동시에 방어를 제거하고 저항을 극복하기 위해서도 전이를 사용할 수 있다. 마찬가지로 전이가 내사, 투사, 동일시, 그 밖의 다양한 방어기제에 포함될 수 있지만 이는 방어기제와는 다르다. 이에 대해 좀 더 잘 이해하기 위하여 기본적 정의를 살펴보자.

내 사

내사는 다른 사람이나 사물 같은 외부 대상의 상(像)을 자신의 내적 정신에 형상화하여 그러한 상을 개인 내면의 정신구조(intrapsychic structure)와 결합하는 것을 말한다. 정상적인 발달단계에서 '아이들은 그들 부모의 나쁘거나 좋은 면 등 모든 이미지를 내사화하여 초자아를 형성하기 위해 결합한다'(Priestley, 1994, p. 173). 또한 아이들은 상실했거나 관계가 절연된 사랑하는 대상의 이미지를 내사화하여 자아 속에 대체하기도 한다(Scharff, 1991). 이렇게 내사는 아동이 부모와 그 관계의 추이를 다루어 가는 하나의 방법이다. 그렇기 때문에 자아와 초자아의 발달에서, 그리고 심리치료의 상황에서는 과거를 탐색하고 전이를 사용하는 데 매우 필수적이고 중요한 수단으로서 내사를 고려한다.

정신분석이론이 발달하면서 내사의 메커니즘은 다른 사람이나 사물에 대한 내적 형상화뿐만 아니라 자아의 내적 형상화까지를 포함하는 것으로 확장되었다. '자기' 표상화(self representation)란 자기 자신을 내사화하거나 개인 내의 심리적 구조의 일부였던 과거 자아의 내적 모델에 대한 내사를 말한다. 이것은 또 다른 '대상'(자신이 아닌 다른 사람 또는 사물)에 연관되어 축적된 경험에 그 바탕을 둔다. '대상' 표상화(object representation)는 다른 사람 또는 사물의 내사화나 대상과 연관되어 축적된 경험에 기초한 내면적 정신구조의 일부가 된 과거의 다른 대상이 내재화된 모델이다. 이처럼 우리는 내사를 인간 내면 정신구조의 일부로서 외부 세상과 교류할 수 있는 토대를 마련하는 자신과 대상의 완전한 상을 형성하는 정상적 발달과정으로 볼 수 있다.

투 사

내사가 외부의 대상을 내면화하는 것이라면, 투사는 그 반대 의미를 가진다. 그것은 내면의 대상에 대한 외면화를 뜻한다. Lindzey(1961)는 투사의 두 가지 유형을 규명하고 정의하였다. 고전적 투사는 자기 자신의 불만스러운 면들이 외부 대상 때문이라고 생각하면서 그것들을 거부하고 부정하는 무의식적이며 병적인 과정이다. 그러나 일반화된 투사는 자신의 내면 세계가 외부 대상을 인식하는 데 영향을 미치는 정상적인 과정이다. Freud는 고전적 투사라는 개념을 고안하고 클라이언트를 분석하기 위해 사용하였기 때문에 투사가 정상적일 수도 있고 병리적일 수도 있다고 보았다. 또한 그는 자유연상이나 실언, 농담, 꿈이 클라이언트의 무의식 중 중요한 면을 드러내는 이유를 설명하는 방법으로 일반화된 정의를 사용하였다.

투사의 두 유형을 인지하는 것은 전이를 이해하는 데 필요하므로 중요하다. 앞으로도 살펴보겠지만 일반화된 투사는 모든 전이의 일부인 반면, 고전적 투사는 전이의 독특한 유형으로 간주된다. 또한 투사적 도구(즉, 음악을 만드는 사람이나 감상자를 이해하는 수단)로써 음악의 사용은 일반화된 투사의 개념에 근거한다는 것을 알아야 한다.

전이는 내사와 투사의 메커니즘을 통해 형성되고 유지된다. 치료에 임하였을 때 클라이언트는 자신의 여러 면을 외부 세계에 투사하는 동시에, 자신과 과거의 의미 있는 대상에 대한 완벽한 형태를 갖춘 내사를 가지고 들어온다. 그가 치료사와 교류하기 시작할 때 클라이언트는 본능적으로 내사화한 개념에 회귀하여 그것들을 자연스럽게 끄집어내고 과거에 경험하였던 관계에서 특정한 역할을 치료사에게 부여한다. 따라서 역동적으로 말하자면 전이는 내사화된 것에 대한 일반화된 투사로 볼 수 있다.

동일시

내사와 투사가 전이의 발전에 기본적인 메커니즘이라면, 동일시는 그들 내에서 끝없이 변종(variations)을 만들어 내는 과정이다. 일상적인 용어로서 동일시란 다른 사람을 자기 자신의 모델로 삼거나 다른 방법으로 그 사람을 모방하고 흉내 내려는 시도다. 좀 더 기술적인 의미로서 동일시는 다른 사람의 일면을 자신의 것으로 동화시킨 후 그러한 유형에 부합하기 위해 자신을 변화시키는 과정이다. 전이의 정의를 내사의 일반적 투사로 간주한다면, 동일시는 교류 중인 클라이언트-치료사 관계에서 클라이언트가 어떤 내사를 재현할 것인가를 선택하는 과정이다. 즉, 클라이언트가 과거의 자신 또는 대상 내사를 동일시할 것인가, 아니면 자신 또는 대상내사를 치료사에게 투사할 것인가? 예를 들어, 클라이언트가 전이에서 가학성의 관계를 재현하고 있다면, 그는 피학자(자신의 자기내사)의 역할을 할 것인가 가학자(자신의 대상내사)

의 역할을 할 것인가 또는 치료사와 피학자(자기내사)로서 관계를 맺을 것인가 가학자
(대상내사)로서 관계를 맺을 것인가 등이다.

　단순한 전이에서는 클라이언트가 자기내사를 재현하고 대상내사를 치료사에게 투
사하여 이를 치료사가 재현하도록 한다. 이 형태에서는 동일시가 명백하고 뚜렷하
다. 다시 말해, 클라이언트는 자신의 역할을 맡고 치료사에게 가장 논리적인 상대역
을 부여한다. 둘은 서로 확실히 구분되며, 피학자와 가학자의 경험 사이에는 명백한
경계가 있다. 그러나 좀 더 복잡한 전이, 특히 전 오이디푸스 단계에서 발달된 전이
에서는 동일시 과정이 그다지 명료하거나 단순하지 않다. 그것은 발달 초기단계의
특성을 나타내는 불분명한 인격적 경계(또는 자아의 결핍)에 의해 확실한 동일시 과정
을 만드는 데 어려움을 가지기 때문이다. 구분된 존재로 인식되지 못하는 사람과 어
떻게 동일시할 수 있겠는가? 자신과 타인 사이에 차이를 가지지 못하면 타인 모두가
바로 자신이기 때문이다.

　클라이언트가 전 오이디푸스 단계의 문제를 가지고 치료를 받는 경우 분명치 못한
영역은 전이 현상을 상당히 복잡하게 만들 것이다. 사실 이런 경우에 과거를 재현하
는 방법은 전이구조의 범위를 초월한 것으로 논의될 수 있다. 이것이 투사적 동일시
와 내사적 동일시라는 용어가 발전하게 된 이유다. 혹자는 이들을 전이의 변종으로
취급하고, 혹자는 이들을 별개의 현상으로 간주한다. 그러나 어느 경우든 전 오이디
푸스 단계의 관계가 클라이언트-치료사 관계에서 재현될 때 치료에 어떤 일이 일어
날 것인지를 이해하도록 돕는다.

투사적 동일시

　투사적 동일시란, 첫째 개인 내 심리적 경험의 불만스러운 내용을 대상에게 투사
하고, 둘째 투사된 것에 대해 감정이입을 유지하며, 셋째 불만스러운 심리적 경험에
대치하는 방어 노력을 지속하여 대상을 통제하려는 시도를 하고, 넷째 실제 대상과의
교류에서 투사된 것을 무의식적으로 대상의 것으로 귀납시키는 행위로 이루어진 원
시적인 방어기제다(Kernberg, 1987, p. 94). 여기에 사용된 투사의 유형은 일반화된
형태라기보다는 고전적 형태다. 즉, 이는 자아의 불만스럽거나 부인하고픈 면들의
무의식적 외면화다.

일례로 학대받은 클라이언트는 학대에 대한 죄책감과 수치심을 억압해 왔고, 무의식적으로 이러한 감정을 치료사에게 투사하며, 그 후 치료 세션에서 치료사가 하는 행동에 대해 난폭하게 대함으로써 무의식적으로 치료사에게서 자신이 받은 학대의 느낌을 유도한다.

투사적 동일시를 정의하고 전이 현상과 이를 구별해 주는 두 가지 주요한 특성이 있다. 첫째는, 클라이언트가 자아경계선의 상실을 경험하고 그 같은 상실을 치료사에게도 유도한다는 점이다. 클라이언트는 피학자와 가학자의 경험을 구별하지 못하며, 어린 시절의 자신과 과거의 자신을 학대한 인물, 그리고 현재 진행 중인 관계에서 자신과 치료사 사이를 구분하지 못한다. 그래서 결과적으로 클라이언트는 치료사에게도 그와 같은 경계 혼동이 일어나도록 야기한다. 치료사는 클라이언트에게 가학자로 취급당하는 동시에 피학자처럼 느끼기 시작할 것이다. 결국 클라이언트의 투사적 동일시가 강한 경우, 클라이언트 자신은 가학자와 피학자가 되고 치료사도 가학자와 피학자가 될 것이며, 양자는 서로 연합하여 학대, 죄책감, 수치, 절망의 올가미에 사로잡히게 될 것이다.

투사적 동일시로 정의되는 두 번째 특성은 클라이언트가 치료적 과정과 관계를 방해하기 위해 치료사와의 상호 교류의 진행에서 발생하는 것을 왜곡시킨다는 점이다. 예를 들어, 클라이언트는 치료사가 하는 모든 행동, 즉 하품에서 자신의 손을 바라보는 것까지 포착해 그것의 의도나 의미를 왜곡한 다음, 치료사가 자신이 한 행동에 죄책감이나 수치를 느끼도록 하는 방식으로 치료사와 맞설 수 있다. 투사적 동일시는 이렇게 클라이언트와 치료사 모두에게 왜곡되는 강력한 경험으로 다가와 유익한 전이가 되든 그렇지 않든 간에 그 상황에서 발생한 모든 것을 중단하는 결과를 초래한다. 투사적 동일시의 일차적 목적은 치료과정에서 위협적으로 보이는 면을 중단시킴으로써 억압된 요소가 의식 세계로 들어서지 못하게 저지하는 것이다. 따라서 이는 언제나 저항의 한 형태라 할 수 있다.

내사적 동일시

내사적 동일시는 문헌에서 다소 소외되어 왔는데(Scharff, 1991), 이는 아마도 용어에 대한 혼동 때문인 것 같다. 어떤 이들은 이것을 투사적 동일시의 하위 범주로 간주하였고, 다른 이들은 그에 상응하는 반대 개념으로서, 하지만 여전히 본질적으로 클라이언트 현상으로 정의하였다. 또 어떤 이들은 클라이언트의 투사적 동일시에 대한 치료사의 보완적인 반응으로 정의하였다. 이러한 모든 경우에 내사적 동일시는 일차적 초점으로서 대상-내사와 함께하는 동일시를 포함한다. 이와 같은 동일시에 대한 세 가지 주요 가능성을 클라이언트와 치료사의 상호 교류에서 살펴보도록 하자.

- 내사적 동일시는 클라이언트의 투사적 동일시의 두 번째 단계가 될 수 있다. 이 경우에 클라이언트는 피학자로서 자기내사 동일시로 시작하지만(투사적 동일시), 불가피하게도 가학자의 대상내사로 동일시하게 된다(내사적 동일시).
- 내사적 동일시는 또한 클라이언트의 투사적 동일시의 초기단계일 수도 있다. 여기서 클라이언트는 가학자와 자신을 동일시(대상내사)하는 것으로 시작하지만 결국 피학자(자기내사)와 동일시하게 된다.
- 내사적 동일시는 클라이언트의 내사적 혹은 투사적 동일시에 대한 치료사의 반응일 수 있다. 이 경우 클라이언트가 그 과정을 시작하고, 치료사는 자기내사(피학자) 또는 대상내사(가학자)와 동일시하는 것으로 반응할 수 있다. 이러한 두 가지 내사적 동일시를 일으키는 원동력은 클라이언트의 내사와 동일시하려는 치료사와 관련이 있다.

한 가지 용어가 이렇게 상이한 의미를 가질 수 있다는 것은 유감스런 일이다. 이 주제에 대해 더 잘 이해하기 위해서는 Scharff(1991)를 참조하라. 내사적 동일시를 이해하는 열쇠는 주체가 항상 대상내사형과 자신을 동일시한다는 점이다. 클라이언트는 자신의 삶에서 의미 있는 대상과 동일시하려 하고, 치료사는 치료 상황의 대상으로서 클라이언트의 내사형과 동일시한다. 투사적 동일시와 같이 내사적 동일시 역시 상호 교류과정에서 다른 쪽과 공모하므로 전이를 더욱 혼동시키며 복잡하게 만든다. 이렇게 내사적 동일시는 언제나 무의식적인 저항의 한 형태로 간주된다.

저 항

투사적, 내사적 동일시는 클라이언트가 저항하는 형태이기는 하지만, 앞에서 열거한 다른 모든 메커니즘도 치료 상황을 향상시키거나 방해하는 데 쓰일 수 있다. 저항이란 치료과정의 어떤 일면에 참여하거나 연관되는 것을 거부함으로써 의식 세계에 억압된 요소가 들어오지 못하게 하는 시도라고 정의할 수 있다. 억압이 모든 개인에게 나타나는 것처럼 저항도 모든 사람에게서 발견할 수 있음을 깨달아야 한다. 저항도 방어기제처럼 억압이 덜 성숙한 상태로 표출되는 것에서 클라이언트를 보호하는 작용을 한다면 매우 건전할 수 있으나, 치료가 주는 최상의 유익이나 온전한 생활을 영위하는 것을 방해할 때는 해로운 것이 된다.

저항과 전이는 필수불가결한 관련성을 맺고 있다. 이와 관련하여 Freud는 다음과 같이 설명한다.

> 정신분석이론은 과거 삶의 근원으로 돌아가려는 신경적 증상을 추적할 때마다 관찰되는 예기치 않은 두 가지 사실, 즉 전이와 저항을 설명하려는 시도다. 자신을 정신분석학자라고 불러 주기를 고집하면서 이 두 가지 가정을 부정하고 다른 문제를 생각하려는 사람은 상황에 맞지 않는 우를 범하는 것과 같다고 할 수 있다(1914, p. 16).

Kahn의 설명은 보다 구체적이다.

> 클라이언트가 치료사에 대한 감정의 자각에 저항하는 것처럼, 이러한 감정이 전이의 현상으로 보이는 것에도 역시 저항한다. 우리의 감정과 지각을 결정하는 요소가 반드시 가시적으로 보이는 것만이 아니라는 사실이 우리를 혼란스럽게 하기 때문에 우리는 그런 사실에 저항하려는 경향이 있다. 심지어 숨어 있는 원인이 과거에 몹시 고통스럽고 두려웠던 문제에서 불거졌다면 우리는 더욱더 강하게 그것들에 대해 저항하게 될 것이다(1997, p. 74).

전이와 저항은 두 가지 주요한 방법에서 상호 의존적인 연관관계를 갖는다(Greenson, 1967). 이 두 가지 방법은 클라이언트가 전이에 저항하거나 그것을 부인하려는 노력에도 불구하고 전이가 항상 치료에 존재하고 있음을 가정한다. 첫 번째 방법려는 전이를 인식하는 데 대한 저항이라고 부른다(Gill, 1994). 이것은 전이 자체에 대한 저항이나 방어로 보일 수 있다. 이는 클라이언트가 일반적으로 전치(displacements)나 왜곡된 동일시를 통해 치료사나 그와의 관계에 대한 감정 처리를 회피할 때 가장 분명하게 나타난다. 흔히 클라이언트는 치료사에 대한 느낌을 자신의 삶 속의 다른 사람에게 대치하거나 치료사의 특성을 자기 자신의 것이라고 생각한다 (Gill, 1994). 예를 들면, 학대받은 클라이언트는 치료사에게 친구가 자신의 감정을 무시해서 매우 화가 났다고(과거에 가학자가 했던 것처럼 치료사가 그녀의 감정을 무시하는 것에 무의식적으로 화가 날 때) 보고하거나 자신은 항상 자녀를 무조건 수용하였다고 말한다(치료사가 자신을 무조건 받아 주기를 무의식적으로 바랄 때). 이러한 형태의 저항은 클라이언트가 암시적인 전이를 명백하게 한 치료사의 코멘트를 잊어버릴 때, 또는 치료에서 일어나는 일이 과거에 대한 재현이라고 지적하는 토의에 관여하지 않으려고 할 때 명확하게 드러난다.

두 번째 연결 고리는 전이의 해결에 대한 저항(Gill, 1994) 혹은 단순한 저항으로서 전이다. 이것은 특정한 전이 형태에 계속 남아 있으려고 머뭇거리거나 클라이언트-치료사 관계 본질에서 어떠한 변화도 회피하려는 경우를 포함한다. 여기서 클라이언트는 항상 해 왔던 방식대로 과거의 관계를 반복적으로 기억하거나 재생하는 데 얽매인다. 궁극적으로 이런 저항은 어떤 경우에는 클라이언트가 인식하는 단 하나의 통로일 수 있는 전이를 경험하지 않으려는 클라이언트의 방식이다. 예를 들어, 클라이언트는 가학자가 아닌 한쪽 부모와의 전이에 머물기를 선택할 수 있다. 이러한 형태의 전이에서 클라이언트는 다른 부모에게 받은 학대를 은폐하는 데 치료사가 동참해 주기를 바라며, 학대를 비난하는 대신 사랑받는 것으로 회피하려는 그 은폐의 대가를 기꺼이 치르려고 한다.

임상적 목표

정신역동적 동향에서 기본적 전제는 클라이언트와 치료사가 함께하는 목적, 시간, 환경과 상관없이 전이가 항상 그들의 관계에서 발전한다는 것이다. 물론 관계 자체가 전이에 바탕을 둔다는 사실은 클라이언트와 치료사 사이의 모든 상호 교류가 저절로 전이적이 되어 버리고, 모든 설명도 이와 관련시켜 할 수 있다는 말은 아니다. 클라이언트의 과거가 묘사되는 정도에 따라 어떤 상호작용은 전이적이지만 어떤 경우는 그렇지 않을 수도 있다.

전이가 불가피하지만 표현에서는 변동적이라는 점을 인식한다면, 치료사에게 주요 질문은 전이를 일어나게 하는가 일어나지 않게 하는가가 아니라 그것을 어떻게 이해하고 처리하는가가 된다. 그것을 어떻게 할 것인가의 방법은 개인의 견해와 임상적인 동향에 달려 있다. 또한 많은 부분이 전이의 본질, 근원, 의미와 중재의 예후, 치료의 종류와 기간에 의해 좌우된다.

전이를 이해해야만 그것을 적절하게 조절할 수 있기 때문에 모든 정신역동적 치료는 전이 현상에 대한 이해와 연관된다. 물론 이 이해에 대한 필요는 단순한 전이의 조절 수준을 넘어선다. 치료에서 클라이언트의 반응을 평가하는 구조를 사용함으로써 중요한 통찰을 얻을 수 있다. 그러나 치료사가 클라이언트의 문제나 치료 요구에 대한 이해를 할 수 있는 것은 전이를 통해서 이루어질 수 있다. 다시 말해, 전이를 통해 치료사는 자기 자신의 역전이를 예리하게 파악하게 된다. 그러므로 치료사가 실제로 전이를 어떻게 다루느냐와는 상관없이 전이를 관찰하고 분석하는 일은 언제나 유용하다. 이 장과 이전 장에서도 전이를 관찰하고 분석하기 위해 필요한 정보를 제공하려 할 것이다.

이제 남아 있는 마지막 주제는 전이를 다루는 방법이다. 각각에 가장 적합한 조건을 서술하면서 전이를 조절하는 중재의 세 가지 단계를 소개할 것이다. 각 단계는 전이가 직접적이거나 간접적으로 처리되는 것과는 상관없이 전이가 치료의 결과와 과정 전반에 중대한 영향을 미친다는 가정에 기초한다. 각 단계를 구분하는 변인은 전이를 해석하고 경험적으로 탐구하는 방법이다.

전이의 수용

전이를 상대하는 가장 낮은 중재의 단계는 전이의 발달과 탐색활동을 제한하는 것이다. 이 단계는 지원적 형태의 심리치료나 단기치료, 워크숍 경험이나 정신과적 문제, 그리고 정신장애나 자아발달에서 미성숙한 클라이언트와의 개인치료에 적합하다. 이런 경우는 클라이언트가 가지고 있는 문제의 감정적 근원을 드러내는 것이 최우선적인 목적이 아니다. 실제로 이러한 목적은 클라이언트-치료사 관계의 본질로 볼 때 제한된 클라이언트의 조건에서는 성취될 수가 없다. 사실 전이가 정신역동적 성향의 모든 치료 형태에서 필수적인 내용은 아니며, 모든 클라이언트 집단과 관련되는 것도 아니다.

전이를 수용하는 데는 네 가지 절차가 있다. 첫 번째 절차는 작업동맹적 관계 형성을 촉진하는 것이다. '작업동맹적 관계는 상대적으로 비신경증적이고 합리적인 관계인데, 치료의 목적을 이루기 위해 클라이언트가 치료사와 형성하는 것이다. ……이는 클라이언트가 자신의 문제를 해결하고 치료과정에서 가능한 모든 이익을 도출시키기 위한 책임을 부여받은 동료로서, 또는 성인 대 성인으로서의 관계다'(Bruscia, 1987, p. 151). 이런 유형의 동맹을 촉진하는 작업에서 치료사는 자기 자신을 돕기 위해 클라이언트가 할 수 있는 것과 할 수 없는 것, 그리고 치료사가 클라이언트를 돕기 위해 할 수 있는 것과 할 수 없는 것에 대한 현실적인 견해를 가지고 있어야 한다. 다시 말하면, 치료에서 '예후'는 치료가 진행되는 과정에서 치료사와 클라이언트 모두에게 적합한 역할과 책임을 결정짓는 요소다. 예후의 많은 부분은 클라이언트의 문제점, 자원이나 성숙도, 그리고 기능 수준에 의해 좌우되지만, 다른 한편으로는 치료사 스스로의 환상에 의존하기도 한다. 클라이언트를 구원하고 완치시키려는 환상을 가진 치료사들은 대개 작업동맹보다는 클라이언트의 진보에 지나친 책임을 가지려는 의존적 경향을 가지게 된다.

전이를 수용하는 두 번째 절차는, 치료사가 부정적 전이보다는 긍정적 전이를 만들기 위해, 또는 부정적 전이보다 더 강한 긍정적 전이를 만들기 위해 가능한 무엇이든 하는 것이다. 이를 달성하기 위해서는 주의 깊게 듣고 관찰해야 한다. 아주 단기간의 작업에서도 클라이언트는 자신이 좋아하고 싫어하는 대상에 대한 행동과 특성을 한결같이 드러낸다. 어떤 경우에는 이러한 표출이 클라이언트의 삶 또는 경험에서 중요한 인물에 대한 정확한 표현이기도 하지만, 어떤 경우에는 투사이기도 하고 또 어떤 경우에는 진행 중인 치료과정 자체에서 파생한 대체화 또는 동일시이기도 하다. 그러나 모든 경우에 이런 행동과 특성은 클라이언트 전이의 필수적인 부분을 반영한다. 일단 치료사가 이런 행동과 특성이 무엇인지를 알게 되었다면, 먼저 해야 할 일은 근거가 있는 긍정적 특성을 가시화하고 다른 나머지가 확장되는 것을 가능한 한 막는 것이다. 이 외에 해야 할 일은 차후에도 계속적으로 살아남아 발전해 나갈 부정적 전이를 완화하는 것이다.

전이를 수용하는 세 번째 절차는 '지금-여기라는 해석(here-now interpretation)'

을 이용하여 클라이언트에게 전이가 과거의 재현이라는 인식을 하지 않도록 하는 것이다. 지금-여기라는 해석은 Gill이 정의하였듯이(1982), 특정한 반응패턴이 어쩔 수 없는 것이 아니라 달리 반응할 방법도 있다는 사실을 클라이언트가 인식하도록 돕기 위해 현재 치료의 교류나 지금 상황에서 발생하는 일을 이용하는 것이다. 이런 유형의 해석은 치료사가 치료 밖 환경에서 삶이나 과거를 언급하지 않음으로써 클라이언트의 이해를 돕거나 고착된 반응패턴을 바꾸는 데 있다. 오히려 치료사는 지금-여기에만 집중하도록 하고, 클라이언트의 반응패턴이 치료 밖 상황에 근원을 두고 있다고 하더라도 세션에서는 그러한 근원을 특별히 탐구하지 않는다. 또한 지금-여기에서의 해석이 항상 언어적으로 이루어지지 않는다는 점도 주목해야 한다. 클라이언트의 고착된 반응패턴에 대해 치료사는 비언어적 혹은 음악적 피드백을 주거나 가능한 대체 수단을 제시할 수 있다.

전이를 수용하는 네 번째 절차는 어떠한 유형이든지 그 대상 내에서 일어나는 전이를 수용하는 것이다. 음악 심리치료에서 대상을 수용하는 주체는 바로 음악이다. 음악을 창조해 가는 작업에서 클라이언트와 치료사는 전이된 내용을 대상에게 쏟아 부을 수 있는 기회를 갖게 된다. 그 결과물로 창조된 즉흥연주나 작곡은 고착된 반응을 수용하고 구체화하는 역할을 하며, 다음 음악 창조를 위한 비교의 논점이 된다. 여기서 클라이언트와 치료사는 서로에게 반응할 수 있는 새로운 방식을 찾을 수 있다. 음악을 함께 감상하면서 클라이언트와 치료사는 같은 대상에 대해 반응할 수 있는 기존의 방식과 새로운 방식을 탐구해 나갈 수 있다.

클라이언트가 전이를 인식하도록 지원

중재의 두 번째 단계는 전이의 특정한 양상만을 클라이언트의 인식에 불러와, 이른바 Gill(1982)이 언급한 '당시 생활(comtemporary life)'의 해석이라는 틀 안에서 작업하는 것이다. 치료사는 당시 생활 해석에서 특정한 반응패턴은 치료실 밖, 즉 일상적 삶에서 클라이언트와 인연을 맺는 중요한 인물과의 삶에서도 일어날 수 있다는 것을 클라이언트가 깨달을 수 있도록 해야 한다. 여기서 치료사는 부정적 전이를 회피하지 말고 그것들을 적당한 경계선 안에서 발전시키고 명확해질 수 있도록 한다. 음악 심리치료에서 음악은 전이가 일어나는 공간이 될 수 있을 뿐 아니라 전이 저변의 감정을 클라이언트가 구체화하고 포용해서 피드백할 수 있는 대상이 될 수도 있다.

전이 조절의 이 단계는 클라이언트가 적절한 자원과 내관을 가질 수 있는 정도의 자아, 그리고 그것들을 지속적인 지원과 도움으로 자신의 생활에 적용할 수 있는 경우에 적합하다. 이 집단에 속할 수 있는 사람들은 정신병적인 문제를 가지고 있지 않은 높은 기능의 클라이언트, 정신적 문제를 가지면서 다른 형태의 치료를 함께 받고 있는 높은 기능의 클라이언트, 장기치료 중에 있으면서 낮은 구어적 기능을 보이는 클라이언트 등이다.

전이를 통한 재경험과 작업

중재의 세 번째 단계는 전이에서 마지막 탐구자 해결의 단계다. 치료사는 여기서 클라이언트가 과거를 기억하고, 치료사와 함께 과거의 중요한 관계를 부활시키고, 자신의 과거가 어떻게 현재에 영향을 미치고 있는가에 관한 통찰력을 얻도록 돕는다. 또한 자신과 타인 간의 관계 변화를 인식하며, 과거의 관계를 이전과는 다른 변환된 방법(즉, 클라이언트를 고정된 반응패턴에서 해방시키는 방법)을 통해 재경험하도록 돕는다. 이 단계에서 치료사는 클라이언트가 현재와 과거가 연관되어 있는 방법을 인식하고, 자신과 치료사의 관계가 다른 중요한 사람들과의 관계 주변에 어떻게 자리 잡았는지를 인식하도록 돕기 위해 '발생론적인 해석(genetic interpretations)' (Gill, 1982)을 사용한다.

이 단계의 중재는 자아재구성(self-reconstruction)과 생활의 변화를 위해 필요한 통찰력과 역량, 그것에 필수적인 자질과 자아력을 가진 클라이언트에게만 적합하다. 또한 충분한 기간(적어도 주 1회 6개월, 2주에 1회 1년 동안)에 정기적이며 심층적인 치료가 요구된다.

결 론

전이의 형성과 명시를 위해서는 세 가지 기본적인 심리학적 메커니즘이 적용된다.

• 내사 메커니즘을 통하여 클라이언트는 축척되어 있는 자기 표상화(과거 관계에서

의 자신의 내면적 모델)와 대상 표상화(과거 관계에서 다른 이들의 내면적 모델)의 내면적 정신 기억을 쌓아 올린다.

- 투사 기제를 통하여 클라이언트는 치료사에게 자기 자신 또는 다른 사람의 내사된 모습을 할당한다. 여기서 전이는 내사시킨 자신 또는 대상내사의 일반화된 투사로 묘사된다.
- 동일시의 기제를 통하여 클라이언트는 치료사에게 재현할 내사형을 결정한다.

연관성은 있으나 전이와는 다른 두 가지 기제가 바로 투사적 동일시와 내사적 동일시다. 투사적 동일시에서 클라이언트는 내사화한 자신의 수용할 수 없는 모습을 치료사에게 투사시키고, 치료사가 그렇게 내사시킨 것을 자신의 일부로 받아들이도록 권유한다. 내사적 동일시에서 클라이언트는 내사화한 대상을 치료사에게 투사하고, 치료사가 그 형상과 동일시되도록 하거나 클라이언트의 내사형과 동일시되도록 권유한다.

전이와 저항은 두 가지 면에서 서로 관련성이 있다. 전이의 인식에 대한 저항을 할 경우에 클라이언트는 서로의 관계 속에서 나타나는 전이를 연구하려는 치료사의 어떤 행동에도 저항하는 태도를 보인다. 전이의 해결에 대해 저항할 경우에 클라이언트는 전이를 통한 치료를 회피해 치료적 변화에 저항하기 위해 전이를 이용한다.

전이는 세 가지 단계에서 다루어질 수 있다. 지금-여기에서의 해석을 통해 전이의 형성을 수용하거나 제한하는 것, 클라이언트가 당시 생활의 해석을 통해 전이를 인식하도록 하는 것, 그리고 발생론적인 해석을 통해 전이를 해결하는 것이 그것이다.

참고문헌

Bruscia, K. E. (1987). *Improvisational models of music therapy*. Springfield, IL: Charles C Thomas Publishers.

Freud, S. (1914). On the history of the psycho-analytic movement (pp. 7-66). In J. Strachey (Ed. and Transl.), *The standard edition of the complete psychological works of Sigmund Freud* (Vol. 14).

Gill, M. (1994). The analysis of transference (pp. 109-138). In G. Bauer (Ed.), *Essential* papers on transference analysis. Northvale, NJ: Jason Aronson.

Gill, M. (1982). *The analysis of transference* (Vol. 1). New York: International Universities Press.

Greenson, R. (1967). *The technique and practice of psychoanalysis*. New York: International Universities Press.

Kahn, M. (1997). *Between therapist and client* (Revised ed.). New York: W. H. Freeman and Company.

Kernberg, O. (1987). An ego psychology-object relations theory approach to the transference. *Psychoanalytic Quarterly, 56,* 197-221.

Lindzey, G. (1961). *Projective techniques and cross-cultural research*. New York: Appleton-Century-Crofts.

Priesyley, M. (1994). *Essays on analytical music therapy*. Gilsum, NH: Barcelona Publishers.

Scharff, J. (1991). Projective and introjective identification and the use of the therapist's self. Northvale, NJ: Jason Aronson.

제4장
역전이의 이해

Kenneth E. Bruscia

정의의 역사적 변천

역전이는 파트너인 전이처럼 수십 년에 걸쳐 셀 수 없이, 그리고 끊임없이 재정의되어 왔다. 그 결과 매우 구체적이고 제한된 치료 상황에서 설명되던 역전이는 지금에 이르러서는 다면적이고 모든 임상 현상을 포괄하는 의미로 해석된다. 이제는 여러 다른 이론적 배경을 가진 치료사들도 역전이를 매우 유용한 구성 개념으로 인식하고 있다.

Freud의 초창기(1910) 또는 고전적 시각에서는 역전이를 클라이언트의 전이에 반응하는 치료사의 무의식적인 반작용으로 아주 구체적으로 정의하였다. 이렇게 역전이는 치료과정에서 치료사 개인의 무의식에 의해 치료과정을 오염시키는 원인이기 때문에 일어날 때마다 통제되어야 하고 처리되어야 하는 불순물과 같은 개념으로 간주되었다. 그러나 그 후 Freud(1912)는 클라이언트를 잘 이해하기 위해 치료사의 무의식을 잘 활용할 수 있다면 역전이도 유용할 수 있음을 깨달았다.

'총체적(totalist)' 견해에서는(Heiman, 1950; Little, 1951; Racker, 1968) 역전이를

유용한 것이든 해로운 것이든, 긍정적인 것이든 부정적인 것이든 간에 모두 치료사가 한 인간으로서 치료과정에 영향을 미치는 것으로 매우 광범위하게 정의하였다. 역전이는 클라이언트와 활동하는 치료사가 누구인지, 그 치료사가 치료과정에 영향을 미치는 인간 존재 방식이 무엇인지와 연관된다. 그러므로 역전이는 치료사의 심리적 기질, 즉 과거와 현재, 의식과 무의식 모두를 포괄하는 믿음, 태도, 사고, 동기, 감정, 직관, 행동, 신체적 반응 등의 모든 면을 통해 클라이언트와 일하는 과정에서 기능을 하게 된다. 그러므로 역전이는 초기에 규정되었던 것처럼 무의식 단계에서 클라이언트에게 단순히 반응하는 것 이상이며, 치료사가 인간으로서 클라이언트-치료사 관계를 만드는 데 총체적으로 공헌하는 매개가 된다. 이 견해는 치료사를 그저 수동적인 반응자가 아니라 적극적인 동참자로 간주하고 있음을 함축하고 있다.

가장 최근의 원리는 역전이를 더 이상 전이와 동떨어져 있는 개념이 아니라고 주장한다. '상호 주관적(intersubjective)' 견해에서는 전이와 역전이를 클라이언트-치료사 관계에서 불가분의 관계로, 상호 의존적이고 보완적인 개념으로 조망한다(Gill, 1982, 1988, 1994; Langs, 1979; Stolorow, et al., 1987). 이러한 개념에서 클라이언트와 치료사는 각 개인의 과거와 치료 환경에서 공유하는 경험을 바탕으로 자신의 관계와 위치를 재창출할 수 있는 상호 주관적인 영역을 형성한다.

이전의 장에서 제시한 전이의 정의를 염두에 두면서 이번에는 최근의 역전이의 정의를 살펴보자.

> 역전이는 치료사가 클라이언트의 생활이나 자신의 생활과 유사한 관계 패턴으로 클라이언트와 교류할 때 일어난다. 즉, 과거의 관계에 의해 만들어진 패턴을 현재에서 재현, 한 사람에서 다른 사람으로, 또 현실 상황에서 치료 상황으로의 패턴 일반화, 과거 관계 속에서의 클라이언트와 치료사의 역할 설정, 동일시를 통한 같거나 유사한 감정, 갈등, 충동, 욕구, 환상의 재경험 등의 모든 의미를 함축한다.

이 정의는 Langs의 '상호 주관적' 이론과 부합한다. 여기서는 전이와 역전이를 '양자 구역(bipersonal field)', 즉 '분석적 상호 교류가 발생하는 일시적이고 물리적인 공간'에 함께 둔다(Langs, 1979, p. 72). 이것은 역전이가 클라이언트와의 교류에서 순간순간 발생하는 것에 의해 활성화되고 형성되며 그 둘 사이에 발생하는 것에 영향을 미친다는 의미다. 이렇게 치료사와 그의 역전이는 형성하기도 하고 클라이언트와 클라이언트의 전이에 의해 형성되기도 한다. 그리고 클라이언트와 그의 전이 역시 형성하기도 하고 치료사와 치료사의 역전이에 의해 형성되기도 한다. 이것이 바로 총체적 견해와 상호 주관적 견해를 구별짓는 핵심 개념이다.

진행 중인 교류의 중요성을 인식하는 것이 양자 영역이 역전이의 근원으로 해석되는 것을 의미하는 것은 아님을 유념해야 한다. 여기서 정의되었듯이 과거의 잔재에서 시작된 역전이는 현재 상황에 치료사와 클라이언트 모두에 의해 활성화되며, 다음의 두 가지 방식 중 하나로 진행된다. 클라이언트와 치료사가 진행 중인 양자 영역에 대한 언급 없이 과거는 과거로 놓아 주거나 진행 중인 양자 영역에 기초하여 새로운 방식으로 과거를 재창조한다.

명확히 하기 위해 역전이를 다음의 다섯 가지 구성 용어로 해석하고 설명해 보자.

- **근원**: 과거의 최초 근원적 경험 또는 관계로서 클라이언트와 치료사 모두의 역전이의 바탕을 형성
- **활성제**: 역전이를 유발할 수 있는 치료과정에서 치료사가 직면하는 모든 경험
- **동일시**: 치료사가 현재에 자기 자신의 방식으로 재현하는 과거의 인물 또는 사물
- **대상**: 치료사의 역전이 상대가 되는 인물 또는 사물
- **결과**: 치료사가 치료를 촉진하기 위해 역전이를 이용한 영역의 범위

근 원

역전이의 근원은 그것이 기원한 장소다. 즉, 클라이언트에 대한 치료사의 반응의 근본을 형성한 과거의 경험과 인간관계를 말한다. 역전이에서는 그 근원이 전이보다 훨씬 광범위하며 복잡하다. 그 이유는 클라이언트와 비교하였을 때, 치료사는 자기 자신의 삶뿐만 아니라 클라이언트의 삶까지 포함하여 과거부터 보다 많은 관계 패턴을 형성해 왔기 때문이다. 그 결과로 치료사는 자신 또는 클라이언트 혹은 둘 다 경험하였던 관계 패턴 속에서 다양한 역할과 위치를 동일시할 수 있다.

전이와 마찬가지로 역전이의 근원은 내사의 기제, 즉 외부 대상을 정신 속에 내면

화하여 그 형상을 개인 내의 정신구조 속에 통합하는 과정을 통해 형성되고 유지된다. 이러한 정신적 표상은 두 가지 유형을 갖는다. 즉, 자기 표상화(self-representation)는 다양한 관계적 경험을 통해 발전하여 자기 내부구조의 일부분이 된, 내면화된 모델로 자기내사(self-introject)라고도 부른다. 대상 표상화(object representation)는 과거와 관련된 축적된 경험을 바탕으로 내부 심리구조의 일부가 된 과거의 타인 또는 사물이 내면화된 모델로 대상내사(object-introject)라고도 부른다.

클라이언트와 치료사 모두는 자신만의 내력을 바탕으로 하는 자기, 그리고 대상 내사형을 가지고 치료에 참여한다. 더불어 치료과정 동안 클라이언트와 치료사는 각자의 자기와 대상의 내사형을 함께 발전시킨다. 즉, 클라이언트는 치료사와의 관계에서 자신의 내사형을 발전시키기도 하고 치료사의 내사형을 발전시키기도 한다. 마찬가지로 치료사 역시 자기 자신과 클라이언트의 내사형을 발전시킨다.

그리하여 우리는 역전이의 주요한 근원이 다음과 같은 내면적인 모델 혹은 정신적 표상이라고 말할 수 있다.

- 자신의 과거 관계 속의 클라이언트
- 치료사와의 관계 속의 클라이언트
- 클라이언트의 삶에서 중요한 인물과 사물
- 자신의 과거 관계 속의 치료사
- 클라이언트와의 관계 속의 치료사
- 치료사의 삶에서 중요한 인물과 사물

활성제

활성제는 치료사가 치료과정의 결과나 그런 과정에서 역전이 반응을 불러일으키는 모든 경험을 의미한다. 활성제는 치료사가 어떤 형태로든 클라이언트나 자기의 내사화한 형태를 재현하도록 하는 모든 사건, 상황, 행동, 감정을 포괄한다. 활성제는 치료사가 직면하는 인물이나 사물에 기초한 네 가지 주된 범주로 나눌 수 있는데, 그것은 클라이언트, 치료사 자신, 환경, 그리고 음악이다.

클라이언트와의 만남

역전이는 클라이언트와 두 가지 유형이 만나는 것으로 활성화될 수 있다. 즉, 클라이언트의 전이와 클라이언트의 투사적 동일시다.

전이   전이에서 클라이언트는 치료사를 마치 자신의 삶에서 중요했던 인물 또는 사물로 받아들여 그와 교류한다. 클라이언트는 자신의 과거 모습을 재현하거나 치료사에게 당시의 또 다른 인물이나 사물의 역할을 부여함으로써 과거의 관계 패턴과 경험을 표출하려고 한다. 게다가 클라이언트는 자기내사형을 표출하여 치료사의 대상내사형의 하나인 것처럼 치료사와 관련한다. 이를 설명하기 위해 아동기에 학대받았던 클라이언트의 예를 들어 보자. 전이에서 그 클라이언트는 치료 상황에서 '학대받은 아동' 을 재현할 것이며 치료사에 대해서는 마치 가학자 또는 학대의 경험과 관련된 또 다른 대상으로 간주할 것이다.

이처럼 클라이언트가 부여하는 다양한 역할에 참여하는 것은 치료사에게 매우 감정적인 경험일 수 있다. 이것은 역전이를 일으키는 요소로 작용한다. 사실상 역전이는 근본적으로 클라이언트의 전이에 대한 치료사의 반응을 설명하기 위해 나온 것이다.

투사적 동일시   투사적 동일시는 클라이언트가 자신이 수용할 수 없는 부분을 치료사에게 투사하고, 진행되는 교류에서 치료사에게 클라이언트 자신의 그러한 부분을 경험하도록 조정하여 치료사의 그 부분에 감정이입을 유지하는 초기적인 방어기제다(Kernberg, 1987). 예를 들었던 것처럼 학대받은 경험 때문에 자기 스스로를 무의식적으로 비난하는 클라이언트는 그 감정의 직면을 회피하기 위해 이를 부인하고 대신 치료사에게 투사한다. 또한 이를 강화하기 위해 클라이언트는 치료사 역시 자신이 한 일에 대하여 죄책감을 느끼도록 하여, 무의식 단계에서 클라이언트 자신이 치료사와의 동일시와 감정이입을 유지하도록 한다.

투사적 동일시는 자신과 타인, 클라이언트와 치료사 사이의 영역이 실종되거나 혼동된다는 점에서 전이와 다르다. 그리고 투사적 동일시는 진행 중인 치료 상황에 어떤 특정한 방식으로 그것을 수용하고 반응하려는 치료사의 무의식적인 조작과 결부된다. 그렇기 때문에 투사적 동일시는 치료사에게 보다 내면적인 충돌을 가져오며 전이보다도 치료과정에 훨씬 더 해로울 수 있다. 클라이언트의 무의식이 치료사의 무의식에 상처를 입히는 것은 그들의 정체성, 관계, 그리고 함께하는 작업 모두에 영향을 미칠 수 있다.

전이와 투사적 동일시가 이렇게 임상적으로 다르게 나타나기 때문에 나는 그들에 대한 치료사의 반응을 구분하기 위해 서로 다른 용어를 사용한다. 그래서 이 장에서는 클라이언트의 투사적 동일시에 대한 치료사의 반응을 내사적 동일시, 클라이언트의 전이에 대한 치료사의 반응을 역전이로 규정할 것이다. 여기서는 역전이를 이렇게 지엽적인 용어로 사용하고 있지만, 실제로는 치료사의 모든 형태의 반응을 포함한 포괄적인 의미로 사용된다.

자신과의 만남

역전이는 또한 치료사가 다음과 같이 과거와 현재에 걸쳐 자신의 어떤 측면과 만날 때 활성화될 수 있다.

- 신체적 자기: 유전적 체질, 몸의 상태, 감각, 신체적 불편이나 필요, 질병을 포함한다.
- 심리적 자기: 치료사의 과거 경험, 감정적 필요, 개성, 신념, 가치관, 태도, 인지적 유형, 자아상, 과거와 현재의 관계 패턴을 포함한다.
- 전문적 자기: 전문인으로서 치료사의 정체성, 철학적 지향, 임상적 스타일, 훈련, 전문 경력 등을 말한다.
- 음악적 자기: 치료사의 과거 음악적 경험, 현재 음악과의 관련, 음악적 지식, 기술, 능력, 선호와 불안감을 포함한다.
- 문화적 자기: 치료사의 인종, 문화, 민족적 배경, 종교, 정치적 신념, 관습을 포함한다.

물론 현재 치료사의 개인적인 삶의 사건도 중요하게 고려하여야 할 문제다. 치료사는 언제나 즐겁거나 유감스러운 감정을 경험하면서 개인적인 문제에 대처하기 때문에, 비록 개인적인 문제나 감정이 치료에 개입되지 않도록 노력하더라도 이는 결코 쉬운 일이 아니다. 치료라는 드라마가 클라이언트와 함께 이루어짐에 따라 치료사는 클라이언트로 말미암아 야기된 현재 자신의 삶의 측면과 만나게 된다.

환경적 만남

클라이언트나 자기 자신과의 만남과는 별개로 치료사의 역전이는 치료가 이루어지는 다양한 환경과 상황, 이를테면 세션의 물리적 환경, 클라이언트-치료사 관계의 상호적 구조, 치료기관의 교육적이고 사회적인 여건, 치료사의 임상 경험의 전문성 등에 의해 활성화되기도 한다.

음악적 만남

음악 심리치료의 특성은 바로 이러한 만남이 음악에 의해 이끌리며 클라이언트와 치료사가 공유하는 음악 경험의 구조에서 발생한다는 데 있다. 치료사는 클라이언트의 음악, 함께 만드는 음악, 또는 함께 들었던 녹음 음악을 통해 클라이언트, 자기 자신 혹은 환경과 직면한다. 이러한 음악적 만남은 전이, 투사적 동일시, 그리고 역전이를 위한 독특한 구조를 제공하며 대화와 함께 평행적인 발전을 이루고 상호 보완하기도 한다.

동일시

주어진 역전이의 다양한 근원과 그것을 활성화하는 다양한 만남에 대해 치료사가 선택할 수 있는 반응은 무수히 많다. 이들 반응의 가장 핵심적인 부분은 동일시에 대한 치료사의 선택이다. 동일시는 치료사가 치료 상황에서 재현되는 관계 속에서 자신을 어딘가에 배치할 때 발생한다. 이는 클라이언트의 과거로 불거진 인물 또는 사물이거나 클라이언트와 현재 교류 중에 치료사가 부닥치고 모방하며 닮아 가고 재창조하는 자기 자신이 될 수도 있다.

여기에는 네 가지 주된 형태가 있으며 각각 많은 변형을 가진다. 치료사는 첫째 클라이언트, 둘째 클라이언트 속에 내사되거나 동일시되는 클라이언트의 삶에서 중요한 대상, 셋째 자기 자신, 넷째 치료사 자신의 삶에서 중요한 대상과 동일시하게 될 것이다. 클라이언트의 내사형과의 동일시는 클라이언트의 전이에 의해 촉진되는데,

이것을 치료사의 역전이 동일시라 한다. 또한 클라이언트의 투사적 동일시에 의한 것은 치료사의 내사적 동일시라고 한다. 대조적으로 치료사의 내사형과의 동일시는 치료과정을 통한 왜곡이나 클라이언트에 대한 치료사의 전이에 의해 촉발된다.

이렇게 치료사가 클라이언트 또는 클라이언트의 삶에서 중요한 대상에 대해 동일시하는 경우, 치료사는 대부분 전이나 투사적 동일시를 통해 클라이언트가 그에게 부여한 역할을 떠맡게 된다. 그렇지만 자기 자신이나 자신의 삶에서 중요한 대상과 동일시할 경우, 치료사는 아마도 클라이언트의 행동과는 상관없이 왜곡의 형태 또는 클라이언트에 대한 자신의 전이의 결과를 통해 자신이 직접 선택한 역할을 맡게 될 것이다. 이 형태들의 복잡성을 고려하면서 각각을 분리하여 살펴보자.

역전이 동일시   역전이 동일시는 치료사가 클라이언트의 전이에 대한 반응으로 일으키는 것이다. 여기에는 기본적으로 두 가지 유형이 있는데(Racker, 1968), 일치적(concordant) 역전이와 보완적(complementary) 역전이가 그것이다.

일치적 역전이 동일시는 치료사가 클라이언트의 자기내사형, 즉 지금 현재 치료에서 재현되고 있는 과거의 관계 속에서 클라이언트가 행동하고 느꼈던 방식을 동일시하고 감정을 이입할 때 발생한다. 이러한 동일시에서 치료사는 클라이언트의 느낌, 갈등, 충동, 욕구, 그리고 환상을 이입함으로써 클라이언트가 과거에 경험하였던 것을 경험한다. 앞서 예로 든 것처럼 학대받는 아동으로서 클라이언트가 자신을 재현할 때(클라이언트의 전이), 치료사는 피학자로서 클라이언트가 느끼고 행동했던 방식에 감정을 이입함으로써 반응한다(치료사의 동일시).

반면, 보완적 역전이 동일시는 치료사가 클라이언트의 대상내사형, 즉 전이를 통해 클라이언트가 표현하는 중요한 인물이나 사물에 자신을 동일시하고 감정을 이입할 경우에 나타난다. 이러한 동일시에서 치료사는 클라이언트의 삶에서 경험하였던 사람이나 사물을 그들의 특성을 드러내는 방식으로 재현하고 느낌으로써 그들이 경험하였던 것을 경험하게 된다. 예를 들어, 클라이언트는 학대받았던 아동을 재현하고(클라이언트의 전이), 치료사는 가학성 부모나 그 외 다른 부모 또는 클라이언트의 학대 경험과 연관되는 다른 것에 감정을 이입한다(치료사의 동일시).

내사적 동일시   이전에는 내사적 동일시를 클라이언트의 메커니즘을 설명하기 위해 사용하였지만, 여기서는 이 용어를 클라이언트의 투사적 동일시에 대한 치료사의 반응으로 정의한다. Tansey와 Burke(1989)는 치료사에게 발생하는 방식에 대해 Racker가 분류하였던(1968) 동일시의 두 가지 기본적 형태를 똑같이 사용하여 일치적 내사 동일시와 보완적 내사 동일시로 간단하게 요약하였다.

일치적 내사 동일시에서는 클라이언트가 치료사에게 투사하는 감정에 치료사가 그 자신의 경험으로 반응한다. 예를 들어, 학대받았던 클라이언트는 자신이 부인하고픈 죄책감을 치료사에게 투사하고, 치료사는 피학자에 대한 죄책감을 어떤 면으로든 느끼도록 조정하는 클라이언트의 상황에 반응한다.

보완적 내사 동일시에서는 클라이언트가 치료사에게 투사할 때 치료사가 클라이언트의 대상이 가졌던 감정을 경험하면서 클라이언트의 투사적 동일시에 반응한다. 그 예로 학대받았던 클라이언트는 가학자의 힘과 지배성을 치료사에게 투사한다. 대부분의 경우 클라이언트는 치료사에게 유순하게 대하는 동시에 치료사가 클라이언트의 의지에 맞서 클라이언트를 유순하게 행동하도록 강요하는 것으로 느끼게끔 한다. 그리하여 치료사는 지배적이고 강압적인 감정을 느끼면서 마치 가학자가 하였던 것처럼 반응한다.

치료사의 왜곡   치료사는 클라이언트의 전이와 투사적 동일시에 반응할 뿐 아니라 클라이언트와는 독립적이고 관련되지 않은 동일시에 반응한다. 구체적으로 치료사는 클라이언트, 자기 자신, 환경, 그리고 음악과 부딪힐 때 자신의 과거를 회상하여 자기와 대상이 내사된 형상의 동일시 과정을 겪는다. 바로 이런 경우가 치료사의 무의식에 의한 치료과정의 왜곡이다.

학대받았던 클라이언트의 예에서 살펴본 바와 같이, 이런 왜곡 현상은 치료사가 어릴 적에 학대받았던 경험이 있을 때 일어난다. 이 경우 세 가지 왜곡 가능성이 존재한다. 첫째, 치료사는 학대받았던 자신의 경험을 재현하여 자신의 감정을 클라이언트에게 투사하고 자신의 자기내사형을 클라이언트의 것과 혼동한다. 둘째, 치료사는 학대받았던 자신의 경험을 재현하고 자신의 가학자와 클라이언트의 가학자를 혼동한다. 셋째, 치료사는 가학자의 경험을 통하여 어떤 방식으로든 클라이언트를 학대함으로써 그 경험을 재현한다. 즉, 스스로의 희생을 클라이언트의 것과 혼동한다.

　물론 이러한 세 가지 유형의 반응은 크게 왜곡된 동일시로 클라이언트와의 치료과정에 매우 위험하다. 따라서 이러한 일이 발생할 조짐이 있을 때 치료사는 철저한 슈퍼비전을 필히 거치면서 치료를 수행해 가도록 한다.

　치료사 전이　간혹 클라이언트와 치료사는 클라이언트가 치료사에게 전이하기보다는 치료사가 클라이언트에게 전이하기 쉬운 과거 경험이나 특성을 가지고 있는 경우가 있다. 전형적으로 이는 클라이언트가 어떤 식으로든 치료사의 대상내사형과 유사한 경우에 발생한다. 다시 말해, 만약 클라이언트가 가학자며 치료사가 어릴 적 학대받았던 경험이 있다고 가정한다면 이런 경험은 두말 할 나위도 없이 너무 쉽게 치료사가 클라이언트에게 전이하도록 할 것이다. 이 경우 치료사의 동일시에는 적어도 세 가지 가능성이 있다. 첫째, 치료사는 클라이언트에게 학대받았던 사람과 자신을 동일시하고, 마치 클라이언트가 자신의 가학자인 것처럼 그와 관계를 형성한다. 둘째, 치료사는 클라이언트를 학대함으로써 자신의 가학자에게 보복하려고 한다. 셋째, 치료사는 자신의 학대 경험에 관련된 다른 사람(예를 들어, 학대를 의심하긴 하였지만 아무런 행동도 취하지 못한 부모 중 한 명)과 동일시하고 클라이언트를 학대받던 과거에 직시하도록 압박하거나 자신의 과거를 숨기기 위해 클라이언트의 과거와 공모하기도 한다. 이러한 치료사의 반응은 클라이언트에게 극히 해로우며 치료사의 역할에 즉각적인 교정이 필요하다는 것을 보여 준다.

대 상

　역전이의 대상은 치료 현장에서 치료사가 반응하는 인물이나 사물일 것이다. 대개의 경우 클라이언트가 일차적 대상이 된다. 한편, Grayer와 Sax(1986)는 치료사 자신도 대상이 될 수 있으며, 나아가 치료사의 자기경험이 역전이에서 매우 중요한 대상이라는 사실을 발견하였다. 그들은 클라이언트와 함께 일하면서 자신이 부적합하고 무력하다고 느끼기 시작하며, 그런 감정에 대한 반응으로 클라이언트에게 다른 치료사를 알아보도록 하는 치료사의 예를 제시하였다. 치료사는 그런 방식으로 자기 자신을 보살피고 안심시킴으로써 그의 역전이 반응을 스스로에게 돌린다. 역전이의 원천이 클라이언트에게서 기인한 것이라 할지라도 역전이의 대상은 바로 자기 자신인 것이다.

음악 심리치료에서 음악과 음악 경험은 치료사의 역전이를 위한 추가적이고 중요한 대상으로 기능한다. 구체적으로 치료사는 클라이언트를 위해 또는 클라이언트와 함께 라이브 음악을 창조하는 과정에서 자신의 역전이를 경험하거나, 자기 혹은 클라이언트가 음악 감상이나 토의를 위해 치료 상황에 사용한 음악 작품에 자신의 역전이 반응을 나타낼 수 있다.

여기서 중요한 것은 역전이의 원천과 대상이 같은 것처럼 보이지만 그렇지 않다는 것이다. 근원이란 역전이의 원천이자 활성제며, 대상은 임상적 상황에서 치료사가 역전이 감정에 대한 반응을 보이는 지향점이다. 따라서 역전이 반응은 근원과 대상이 같을 수도 있고 다를 수도 있다. 예를 들어, 클라이언트는 치료사의 역전이 감정을 야기할 수 있지만 치료사는 음악을 달리 변경하거나 자신의 감정을 전환하는 방법으로 반응할 수 있다. 또한 치료사는 그의 과거 음악적 경험에 기인한 역전이 감정을 느낄 수 있는데, 클라이언트와 이에 대해 언어적인 토론을 시작하는 것으로 반응할 수도 있다.

결 과

역전이는 치료과정을 방해하기보다는 촉진하기 위해 사용하는 치료사의 반응과 능력의 정도에 따라 긍정적 혹은 부정적 성과를 가져올 수 있다. 그렇다면 치료사의 역전이가 건전하고 적절하며 유용하다는 것 또는 신경증적이고 왜곡되었으며, 해로운 것임을 결정하는 요인은 무엇인가?

이 질문에 답하기 전에 무엇이 역전이고 무엇은 아닌지, 그리고 긍정적이거나 부정적인 결과와 어떻게 연관되어 있는지에 관련된 몇몇 기본적인 이슈를 정리해야 한다. Freud가 처음 역전이를 정의할 때 기본적인 가정은 역전이는 간헐적으로 발생하는데, 그것이 발생하였을 때는 언제나 치료 진보에 방해가 된다고 하였다. 그렇게 추론해 본다면, 역전이가 발생하지 않았을 때 치료는 본래 목표한 대로 방해받지 않고 진행된다는 것이다. 즉, 초기에는 단순히 역전이의 존재 여부 자체가 그것의 유용함과 해로움을 결정짓는 주된 요인이었다.

그 후 총체적 견해를 제창하였던 시기에 와서는 역전이를 치료사가 치료과정에 수반하는 불가피하면서도 지속되는 관련 구조로 조망하였다. 이렇게 역전이가 존재하는 상황에서 과제는 어떠한 반응이 유용할 것인지 방해가 될 것인지를 구별하는 것이다.

상호 주관적 이론가들은 치료사가 클라이언트와 교류하는 지금-여기의 현실에 적절하게 반응한다면 역전이 상태가 아니며, 치료사가 과거에 대해 반응할 때만 역전이가 작용하는 것이라는 의견을 가진다. 이런 여러 가지 견해를 모두 살펴보았지만, 원론적인 질문인 무엇이 역전이며, 무엇은 아닌가로 다시 돌아가게 된다.

최근의 정의에서 역전이의 존재 여부는 하나의 주된 변인, 즉 치료사가 반응하는 과거 대 현재의 범위로 결정된다. 역전이는 치료사가 과거에 반응할 경우 발생하며, 현재에만 반응할 때는 존재하지 않는다. 치료사가 일단 자신이 역전이 경험을 통해 움직이고 있다는 점을 인식하게 되면, 적합하고 비신경증적이며 유용한 경험과 이에 대응하여 부적합하고 신경증적이며 해로운 경험을 구별하기 위한 몇 가지 기준을 사용할 수 있다. 초점화된 시간, 치료사의 자각 정도, 역전이 경험의 강도와 지속 시간, 그리고 경험의 왜곡된 정도가 그 기준이 된다.

과거 대 현재

현재 정의의 핵심은 전이와 역전이는 시간이 경과하면서 클라이언트와 치료사 모두에게 일어난다는 것이다. 클라이언트의 전이는 언제나 그의 과거가 현재에 재현되는 것이며, 치료사의 역전이는 자신의 과거나 클라이언트의 과거를 재현하는 것과 연관된다.

물론 과거와 현재가 중복되는 정도는 매우 다양할 수 있는데, 이것은 전이와 역전이의 본질에 큰 영향을 미친다. 특히, 치료사와 클라이언트의 상호 교류가 지금-여기 상황에서 의식적으로 이루어지는 것이 아니라 클라이언트 또는 치료사의 무의식적 과거에 기초할수록 그 왜곡의 정도는 더 커진다. 바꾸어 말하면, 상호 교류가 무의식적 과거보다는 의식적 현재와 지금-여기에 기반을 가질수록 왜곡의 정도는 감소한다. 예를 들어, 치료사의 역전이 근원이 클라이언트의 과거일 때, 치료사는 대부분의 경우 클라이언트가 경험하였던 것이나 클라이언트의 삶에서 중요한 사람이 경험하였던 것을 재현하려고 할 것이다. 이 때문에 현재 치료사와 클라이언트가 직면하게 되는 상황이 무시당할 커다란 위험을 안게 되는 더 큰 위험 요소가 된다. 이와 비슷하게 치료사의 역전이 근원이 주로 자신의 과거에 의해 불거진 것이라면, 치료사는 현재 클라이언트와의 교류가 아닌 자신의 관계 패턴을 재현하려고 할 것이다. 그리고 거기에는 클라이언트와 관련된 현 상황의 중요한 사건이나 질적 부분이 간과되거나 오염될 수 있는 위험이 발생한다. 차후에 논의하게 되겠지만, Gill(1988)은 왜곡을 결정하는 것은 상호 교류의 패턴이 상대방과 진행되는 상황에 의해 유연하게 수정되는지의 여부에 달려 있다고 믿었다.

의식 대 무의식

역전이는 의식, 무의식의 모든 단계에서 활성화되고 전개될 수 있다. 구체적으로 클라이언트는 역전이 반응을 무의식적으로나 의식적으로 유도할 수 있고, 이에 대해 치료사는 의식적으로나 무의식적으로 반응할 수 있다. 또한 치료사의 무의식에서 역전이가 발생하여 치료사와 클라이언트는 다양한 인식의 단계에서 그에 반응하게 될 것이다. 여기서 중요한 것은 역전이가 치료사의 의식단계에 머무르는 비중이 클수록 치료적 양자, 즉 클라이언트와 치료사, 그리고 치료과정에 더 유용한 기회가 될 수 있다는 점이다.

강 도

역전이 반응은 강도와 지속 시간에 따라 매우 다양하게 나타날 수 있다. 어떤 경우에는 강한 느낌과 신체적 반응이 수반되며, 어떤 경우에는 강한 정서적 감정보다는 사고나 환상과 연관된다. 또 어떤 경우에는 치료사가 과거에 강하게 끌리기도 하지만, 다른 경우에는 그런 경험이 낯설고 상관이 없는 것처럼 느껴지기도 한다. 어떤 경우에는 치료사에게 매우 편안하지만, 어떤 경우에는 불편할 수도 있다. 어떤 경우 상대적으로 짧은 시간에 일시적으로 반응하지만, 다른 경우 치료적 관계 속에서 뿌리 깊이 지속되기도 한다.

Racker(1968)는 짧은 반응을 '역전이 사고(countertransference thoughts)', 깊은 반응 패턴을 '역전이 상태(countertransference position)'라고 부르며 다음과 같이 설명하였다.

> 둘 사이의 뚜렷한 차이점은 (분석가의) 자아가 과거 경험에 연관된 정도에 있다. 어떤 경우에는 반응의 강도나 빈도가 높지 않은 상태에서 사고나 자유연상 또는 환상으로써 경험되어 마치 그것들이 다소 자아에 낯선 것처럼 느껴진다. 다른 경우에는 분석가의 역전이 경험과 관련되고 그 경험이 강하게, 정말 현실인 것처럼 느껴진다. 이런 경우에 (분석가는) 자신의 경험에 '몰입'할 위험이 있다(p. 144).

얼핏 보기에는 이러한 기준이 명확하고 직설적인 것으로 보이지만 정서나 관련성, 그리고 자아 관여의 결핍이 치료사에게 긍정적일지 부정적일지는 논란의 소지가 있다. 그러나 Racker가 역전이에 대한 생각을 체계화한 때가 대부분의 정신분석가들이 클라이언트가 투사할 수 있도록 공백의 중립적인 스크린을 제공하는 것이 치료사의 주된 역할이자 가장 적합한 방법이라고 생각하였던 시기임을 기억해야만 한다.

더 강한 반응이 치료사의 자아가 덜 관여되어 있는 경우보다 해롭고 왜곡된 역전이를 일으킬 수 있다는 가정은 상당히 논리적으로 보이지만 아직도 논란의 여지가 남아 있다. 강한 반응은 치료사의 주의를 더 끄는 것처럼 보여 자기분석과 같은 것이 요청되고, 강하지 않은 반응은 무시되고 방치될 수도 있다는 것이다. 또한 치료사의 자아가 관여되지 않았을 때 그것을 치료사의 분리(splitting)되고 부정(denial)적인 방어기제로 기능을 할 수 있다는 논란이 생길 수도 있다. 강도와 자아 관여성이 결핍된 반응이 그렇지 않은 경우보다 더 건강하고 유용하다고 확신할 수 있을까? 공백의 중립적인 스크린이 정서적으로 연관된 치료사보다 더 훌륭하고 더 건강한 치료사라고 확신할 수 있을까? 도대체 무엇이 더 유용한 역전이 상태일까?

왜곡의 정도

Langs(1979)는 전이와 역전이 모두를 평가하는 데서 왜곡의 역할에 대한 전반적인 입장을 제시한 사람이다. 그는 치료과정에는 전이나 역전이가 아닌 다른 사건과 현상이 포함되는데 주된 결정은 경험에서의 왜곡 정도임을 주장하였던 이론가 중의 하나였다는 점을 주목해야 한다.

> 양자 간의 영역에서 분석가와 환자의 관계는 전이와 비전이 요소를 모두 가진
> 다. 전자(전이 요소)는 필연적으로 왜곡되며 병리적이고 내부 정신세계의 무의식
> 적 환상, 기억, 내사에 근거한다. 이에 반해 후자(비전이 요소)는 본질적으로 왜곡
> 되지 아니하며 분석가의 유효한 무의식적 인식과 내사, 그의 의식적 · 무의식적 정
> 신 상태와의 커뮤니케이션, 그리고 교류하는 방식에 기초한다. ……환자와 분석가
> 의 관계는 역전이와 비역전이에서 유사하게 구성된다. 전자(역전이)는 그 근원이
> 어떻든 간에 환자의 부적절하고 왜곡된 반응을 수반하며 과거의 병리적인 투사와
> 내사의 기제로부터의 전치에 바탕을 둘 수 있다. ……분석가의 기능에서 비역전이
> 의 범위는 구조를 조절하고 환자의 상징적 커뮤니케이션을 이해하며, 의미 있는 해
> 석과 환자의 투사적 동일시를 상징적으로 해석하고 은유할 수 있는 능력을 요구한
> 다(p. 74).

Langs가 정의한 비전이와 비역전이는 양자역학 내에서 일어나기 때문에 이러한
상호적 사건을 Freud가 생각하였던 '작업동맹(working alliance)'이라고 부르지 못
할 이유는 없는 듯하다.

Langs가 제시한 기준의 문제점은 클라이언트와 치료사의 관계, 특히 평등하고 상
호적이어야 하는 그들의 관계에서 무엇이 부적절한 왜곡이고 무엇이 적절한 현실이
냐를 누가 결정하는가 하는 것이다. Gill(1988)은 전이 – 비전이, 역전이 – 비역전이
를 구분하는 것은 변경가능력(modifiability)이라고 함으로써 이 문제에서 한 발 물러
났다. 그의 말을 인용하면, "차이점은 현실과 왜곡에 있는 것이 아니라 오히려 상호
관계 태도의 경직과 유연함에 있다. 즉, 외부의 영향을 받아들일 수 있는가 없는가에
따르는 것이다"(p. 320). 이렇게 관계에서 전이의 개념은 변하지 않지만 비전이의 개
념은 치료사와 상황에 따라 수정된다. 역전이의 경우도 마찬가지다.

이상의 내용을 종합해 보면, 역전이는 치료사가 현실 속에서 과거를 재현할 경우
에 발생한다고 말할 수 있다. 이는 치료사가 그 근원에 대한 지각 없이, 그리고 클라
이언트의 치료적 요구와 지금–여기에서의 교류에 대해 반응을 보이지 않고 지속적
으로 반복한다면 해로운 것이 된다.

결 론

역전이는, 첫째 클라이언트의 전이에 대한 치료사의 무의식적 반응이며, 둘째 치료사가 한 인간으로서 치료적 상황에 초래하는 모든 것이며, 셋째 클라이언트와의 관계 속에서 치료사의 과거를 재현하는 것이라고 정의되었다.

역전이의 근원 또는 원천은 클라이언트나 치료사가 과거의 관계 혹은 경험을 바탕으로 발전시킨 자기 자신이나 타인의 내면화된 모델(또는 내사형)일 것이다. 그중 가장 중요한 근원은 클라이언트의 자기내사형과 자신의 개인 내력에서 유래한 다른 사람, 클라이언트와의 치료를 통해 이끌어진 치료사의 자기내사형 또는 개인 내력을 통한 대상내사형이다.

역전이는 치료사가 어떤 가능한 내사형을 이끌어 내는 방식으로 클라이언트, 자기 자신, 환경 혹은 음악과 직면할 때 활성화된다. 클라이언트는 전이(치료사가 클라이언트의 대상내사형 중의 하나로 간주하여 관련할 때)와 투사적 동일시(클라이언트가 치료사에게 자기의 자기/대상내사형의 하나로 경험하도록 야기할 때)를 통해 만난다. 자신과 직면하는 경우는 과거와 현재의 자기 자신, 즉 신체적, 심리적, 전문적, 음악적, 문화적 정체성의 형태 등을 통해서다. 치료사에게 영향을 줄 수 있는 치료의 다양한 환경과 구조는 환경적인 활성제다. 또한 음악적으로는 역전이의 원인이 될 수 있는 세션 중에 치료사와 교류하게 되는 모든 음악 형태로 치료사와 만나게 된다.

치료사의 역전이 반응에서 가장 중요한 부분은 어떤 형태의 동일시를 선택하느냐다. 치료사는 클라이언트의 삶의 과거 경험과 관계를 재현할 때, 클라이언트와의 동일시를 선택할 수 있으며(일치적 동일시), 클라이언트의 삶에서 중요한 대상에 대한 동일시를 선택할 수도 있다(보완적 동일시). 이러한 동일시는 나아가서 그것이 클라이언트의 전이에 의해 야기되었는지(순수한 역전이 동일시), 클라이언트의 투사적 동일시에 의해 유도되었는지(내사적 동일시)에 따라 구분된다. 또한 치료사는 자신의 과거 경험과 관계를 자기와 대상의 내사형과 동일시하여 재현하기도 한다. 이는 치료적 상황의 무의식적 변질이나 클라이언트에 대한 치료사 전이의 존재를 의미하는 신호다. 두 경우 다 모든 상황에서 피해야 되며, 무의식적 변형이나 치료사의 전이가 발생하는 경우에는 즉각적인 교정이 필요하다.

역전이의 대상은 치료 상황에서 치료사가 반응을 나타내는 인물이나 사물이다. 여기에는 클라이언트, 치료사 자신 혹은 음악이 포함될 수 있다.

역전이는 치료사 반응의 본질과 치료과정을 촉진시키기 위해 역전이를 사용하는 그의 능력에 따라 긍정적 혹은 부정적 결과를 가져올 수 있다. 치료사가 클라이언트와 현재의 상호 교류에 반응하지 않고 역전이에 대한 인식을 하지 않은 상태에서 자기와 자신의 과거에 지속적으로 반응한다면 역전이는 해로울 수 있다. 반면, 치료사가 자신과 클라이언트의 과거가 재현되는 상황을 이해하고 인지한 상태에서 현재 발생하는 현상과 클라이언트에 대해 적절한 반응을 취한다면 역전이는 치료에서 긍정적인 결과를 촉진시킨다.

참고문헌

Freud, S. (1912). The dynamics of transference (pp. 97-108). In J. Strachey (Ed. and Transl.), *The standard edition of the complete psychological works of Sigmund Freud* (Vol. 12). London: Hogarth.

Freud, S. (1910). The future prospects of psycho-analytic therapy (pp. 3-12). In J. Strachey (Ed. and Transl.), *The standard edition of the complete psychological works of Sigmund Freud* (Vol. 7). London: Hogarth.

Gill, M. (1994). *Psychoanalysis in transition.* Hillsdale, NJ: Analytic Press.

Gill, M. (1988). The international paradigm and the degree of therapist's involvement (pp. 304-338). In B. Wolstein (Ed.), *Essential papers on countertransference.* New York: New York University Press.

Gill, M. (1982). *The analysis of transference* (Vol. 1). New York: International Universities Press.

Grayer, E., & Sax, P. (1986). A model for the diagnostic and therapeutic use of countertransference. *Clinical Social Work Journal, 14*(4), 295-309.

Heiman, P. (1950). On countertransference. *International Journal of Psychoanalysis, 31,* 81-84.

Kernberg, O. (1987). An ego psychology-object relations theory approach to transference. *Psychoanalytic Quarterly,* 56, 197-221

Langs, R. (1979). The international dimension of countertransference. In L. Epstein & A. Feiner (Eds.), *Countertransference.* New York: Jason Aronson.

Little, M. (1951). Countertransference and the patient's response to it. *International Journal of Psychoanalysis,* 32, 32-40.

Racker, H. (1968). *Transference and countertransference.* New York: International Universities Press.

Racker, H. (1953). The meaning and uses of countertransference (pp. 158-201). In B. Wolstein (Ed.), *Essential papers on countertransference.* New York: New York University Press, 1988.

Stolorow, R., Brandchaft, B., & Atwood, G. (1987). *Psychoanalytic treatment: An intersubjective approach.* Hillsdale, NJ: Analytic Press.

Tansey, W., & Burke, M. (1989). *Understanding countertransference: From projective identification to empathy.* Hillsdale, NJ: Analytic Press.

제5장
역전이의 징후

Kenneth E. Bruscia

앞의 장에서는 역전이의 기본적인 측면을 정의하였는데, 이는 역전이의 임상적 분석을 위한 개념적인 틀을 제공한 것이다. 이 장에서는 매 순간 클라이언트와의 대응에서, 그리고 치료사로서 발전시키고자 하는 방향에서 역전이가 실제로 어떻게 발생하는지를 알아보려 한다.

앞에서 설명하였듯이 역전이는 포괄적으로 보아 치료사가 한 인간으로서 임상적 상황에 가져오는 모든 것, 구체적으로는 치료사와 클라이언트가 함께하는 과거의 재현으로 보았다. 이렇게 클라이언트와 대면하기 전에 한 인간으로서, 그리고 전문인으로서의 치료사뿐 아니라 클라이언트와 함께하면서 어떤 치료사가 되어 가는지를 포괄하는 것이 역전이라고 말할 수 있다. 이 장에서는 클라이언트와의 경험을 기초로 하지 않고 치료사가 독립적으로 형성한 모든 이슈에는 개인주관적 역전이(intrasubjective countertransference)라는 용어를 사용하고, 치료사가 특정한 클라이언트와 함께 일하는 과정에서 발생하는 이슈에는 상호 주관적 역전이(intersubjective countertransference)란 용어를 사용하고자 한다. 이렇게 역전이가 치료사(과거나 현재)의 자아에서 비롯되었을 경우는 개인주관적이며, 클라이언트와의 교류를 통한 경우에는 상호 주관적이 된다. 그럼, 각 영역에서 발생하는 역전이의 징후에 대하여 살펴보기로 하자.

개인주관적 역전이의 징후

역전이를 살펴보기 위한 첫 번째 징후는 치료사의 전문적 정체성이다. 이는 상당한 시간 동안 치료사의 임상 작업을 통해 나타나는 특성이다. 이것은 임상적 전공 분야나 이론적 지향점, 전문가로서 기준, 방법론적 선호, 상호적 유형을 포함한다. 치료사의 모든 정체성 양상은 그것이 무엇보다도 치료사 자신의 개인적이고 전문적인 내력을 통해 형성되었다는 점에서 개인주관적이다. 비록, 그것이 특정한 클라이언트나 임상적 상황에 대한 반응으로 일시적으로 변환될 수는 있지만 전문 치료사로서 활동하는 동안에는 상당 기간 유지되는 경향이 있다.

임상적 전공 분야

모든 치료사는 선호하는 특정 클라이언트 집단이 있으며 그 외 다른 집단에 대해서는 두려움, 심지어 혐오감을 느끼기도 한다. 이와 비슷한 이야기로 모든 치료사는 특정한 임상적 상황에서는 보다 편안하게 일하기도 한다. 암으로 죽어 가는 아이들을 위해 병원에서 일하는 치료사와 개인치료실에서 성인 신경증 클라이언트와 함께 일하는 치료사가 가지는 도전과 역할을 비교해 보면 그에 대한 보상의 차이가 어떤지 알 수 있다. 한 유형이나 다른 유형에 대한 이런 편향심을 자연스럽게 유도하는 것은 무엇일까? 무엇이 치료사가 한쪽은 즐기고 다른 한쪽은 그렇지 못하도록 하는 것일까? 이에 대해 여러 가지로 설명할 수 있겠지만, 가장 주된 이유는 치료사의 심리적 구조와 내력을 거슬러 올라가야 찾을 수 있다. 이 중 어떤 부분은 의식적이고, 어떤 부분은 무의식적일 수 있다.

특정 집단 클라이언트에 대한 치료사의 선호를 결정하는 데는 두 가지 변인이 작용하는 것으로 보인다. 이는 클라이언트의 가시적 특성(나이, 성별, 인종, 종교, 사회경제적 지위)과 임상적 특성(진단, 증상, 목표, 예후)이다. 어떤 치료사는 자신과 비슷한 나이의 클라이언트와 일하기를 좋아하는 반면, 어떤 치료사는 자신보다 어리거나 나이든 클라이언트를 선호한다. 또한 성별, 인종 혹은 사회경제적 수준이 비슷한 클라이언트와 더 잘 일하는 치료사가 있는 반면 그렇지 않은 경우도 있다. 치료에서도 아주 심각한 문제나 더딘 예후를 보이는 클라이언트를 좋아하는 치료사가 있는 반면, 어떤 치료사는 덜 심각하거나 예후가 좋은 클라이언트를 선호한다.

대부분의 경우는 다양한 클라이언트 집단과 다른 치료 환경에서 일할 때 치료사로서 가지는 느낌을 잘 인식하고 있다. 하지만 두려움이나 혐오에서 벗어나기가 쉽지 않다. 왜 그런지는 대답하기 매우 어렵다. 무엇으로 이런 편애와 성향을 설명할 수 있겠는가? 치료사로서 우리가 임상적 전공 분야를 결정하는 동기를 밝힐 수 있을 것인가?

나는 광범위한 질문보다는 한 가지를 깊이 고민하는 것이 더 도움이 됨을 알게 되었다. 내가 선호하거나 선호하지 않는 클라이언트의 특성과 요구를 나 자신의 내사형의 특성이나 요구와 비교할 수 있을까? 나는 어린 시절에 내가 가졌던 성향을 요구하는 클라이언트를 선택하는가, 아니면 내 부모가 소유하길 바라던 성향을 닮은 클라이언트를 선택하는가? 어느 집단이 나와 비슷한 문제나 요구를 가지고 있는가 — 내가 선호하는 클라이언트인가, 선호하지 않는 클라이언트인가? 어느 집단이 내 삶 속에서 중요한 인물들과 비슷한 문제나 요구를 가지고 있는가?

치료사가 자신의 내사형과 클라이언트를 맞추어 가는 방식은 크게 다를 수 있다. 어떤 치료사는 자신의 자기내사형과 닮은 클라이언트를 치료하기를 원하며, 어떤 치료사는 자신의 대상내사형과 유사한 클라이언트를 치료하기를 더 바란다. 일례로 어떤 치료사는 자신이 또는 자신이 사랑했던 사람이 암에 걸린 적이 있었다는 이유로 암 환자를 치료하기를 원할지 모른다. 반면에 어떤 이는 같은 이유로 암 환자를 꺼릴지도 모른다. 때때로 클라이언트와 치료사의 내사 사이의 유사함은 명확하지 않다. 이것은 거기에 또 다른 변인이 존재하기 때문이다. 예를 들어, 알코올 중독을 극복한 치료사는 알코올 중독 상태의 클라이언트 중에서 자신보다 나이가 어린 클라이언트일 경우에만 편안히 치료할 수 있다. 같은 경우로 그 치료사는 자신과 나이는 같지만 다른 성별이나 사회경제적 지위가 다른 알코올 중독 클라이언트하고만 편안히 일할 수도 있는 것이다.

스스로를 치료하여야 치료사가 될 수 있다는 격언을 수용한다면 치료사가 특정한 클라이언트 집단이나 임상적 환경을 선택할 때 그는 아마도 그 자신의 문제를 해결하거나 어쩌면 회피하려 노력할 것이고, 자신을 위해 그 문제를 해결해 줄 다른 사람을 구하려고 노력할 것이라는 결론을 내릴 수 있다. 어떤 경우라도 치료사의 내사형이 개입되며 역전이 또한 깊이 연관된다.

이론적 지향

역전이와 관련된 이슈는 각 치료사가 자신의 직업을 통해 발전시킨 그들만의 독특한 철학적 지향을 내포하고 있다. 이 같은 철학적 지향에는 최소한 건강과 질병, 즉 건강을 회복하기 위해 클라이언트에게 요구되는 변화의 유형, 클라이언트를 위해 치료사가 제공해야 할 도움의 유형이 포함되어 있다. 이 지향에 따라 각 치료사는 필연적으로 자신의 임상적 직무를 개발하게 된다. 조건적인 방법으로 음악을 사용하여 클라이언트의 부적절한 대인행동을 변화시키려는 치료사와 즉흥연주를 통하여 클라이언트 상호관계 유형의 무의식적 근원을 탐구하려는 치료사를 비교할 때 그들의 세계관이 얼마나 다를지를 상상해 볼 수 있다. 전자의 경우는 건강과 질병을 실험적, 기능적 관점에서, 치료를 외부에서 내부 상황으로, 특정한 것에서 일반적인 것으로 넘어가는 과정으로 바라볼 것이다. 반면에 후자의 경우는 건강과 질병을 현상학적이며 경험적인 의미로, 치료를 내부에서 외부 상황으로, 일반적인 것에서 구체적인 과정으로 처리해 가는 것으로 인식할 것이다.

이러한 신념과 접근은 치료사가 받은 훈련의 종류에 의해 상당 부분 좌우되기는 해도 여기에는 역전이가 관련되어 있다. 건강과 질병에 대한 신념, 그리고 자신의 삶을 변화시키기 위해 사람들이 무엇을 해야 할 것인가에 대한 신념은 전문적인 훈련과정을 통해서만이 아니라 치료사 훈련에서 함께하는 총체적인 개인 경험을 통해 발전하게 된다. 혹자는 훈련을 받기 이전의 치료사의 존재가 그가 추구하는 훈련의 유형과 그 훈련에 반응하는 방식을 결정한다고 주장할 수도 있다. 같은 훈련을 받았다고 모든 치료사가 같은 철학적 지향을 발달시키지는 않는다. 나아가 치료사가 전문성에서나 삶에 대한 기본적 신뢰에서 성숙해 가면서 치료에 대한 그의 철학도 계속 변하게 된다.

모든 치료사는 심층적 수준에서 전문인으로서 자신의 관념이 자기 개인의 경험을 통해 이루어졌음을 숙지하여야 한다. 클라이언트의 문제가 무엇인가에 대한 시각은 교과서에서 나오는 지식을 포함하여, 스스로의 삶에서 경험하는 문제나 사랑하는 사람이 겪었던 개인의 경험을 관찰하는 데서부터 나오게 된다. 건강하기 위해 클라이언트가 무엇을 해야만 하는가에 대한 시각은 치료 이론과 연구를 통해 형성될 뿐 아니라 스스로를 치유하려 하였던 자신의 경험과 사랑하는 사람들이 그렇게 하던 것을 관찰함으로써 구축된다. 치료사가 클라이언트를 어떻게 도울 수 있는가에 대한 시각도 치료사로서의 훈련과 함께, 건강한 삶을 향해 가도록 다른 이들이 어떻게 도왔는지에 대한 경험에서 출발한다.

직무 스타일

역전이는 다양한 치료 작업에서 치료사가 어떻게 대처하는가에서도 확연히 드러난다. 어떤 치료사는 진단평가를 통해 구체적인 목적을 세우는 일에 철저한 반면, 어떤 치료사는 클라이언트가 스스로 공개할 수 있도록 이해하고 대처해 가도록 하는 것을 우리는 어떻게 설명할 수 있을 것인가? 어떤 치료사는 대부분의 세션을 구조화하고 통제하는 것을 필요로 하는 반면에 어떤 치료사는 그렇지 않은 것을 우리는 어떻게 설명할 수 있을 것인가? 어떤 치료사는 모든 클라이언트에게서 같은 증상과 문제를 발견하고 그들을 같은 이론적 구조로 설명하여 같은 치료과정을 적용하는 반면, 다른 치료사는 병리적 형태를 찾고 클라이언트의 언행을 해석하기를 꺼리는 것을 어떻게 설명할 수 있겠는가? 어떤 치료사는 클라이언트의 중재에 문헌과 연구에 기초한 실증적인 접근을 하는 반면, 다른 이는 개인적이고 전문적인 경험과 직관에 의한 보다 임상적 접근을 시도하는 것을 어떻게 설명할 수 있겠는가? 어떤 치료사는 클라이언트의 진보와 치료의 효과를 지속적으로 평가하는 반면, 다른 이는 그런 문제에 대해서는 언급하지 않는 것, 또 유사한 경우로 어떤 치료사는 클라이언트의 향상에 실증적인 증거를 필요로 하는 반면, 다른 이는 자연스러운 관찰이나 클라이언트의 진술에 의존하는 것을 어떻게 설명할 수 있겠는가?

음악의 사용

음악 심리치료는 클라이언트와 치료사, 그리고 음악이라는 세 가지 역동적인 요인을 포함한다. 이 삼자 역학관계 속에서 치료사와 음악은 마치 두 명의 부모가 한마음으로 아이를 기르면서도 가끔은 경쟁자로 갈등하듯이 클라이언트를 돕기 위해 유사한 기능적 역할을 함께 수행한다. 이렇게 치료사와 음악은 전이와 역전이를 위한 근원, 활성제, 그리고 대상이 되며, 이들 모두 삼자관계에서 이루어지는 다양한 관계의 역할을 수행하기 위해 요구되는 변환적인 공간을 제공한다. 그 예로 전이의 과정에서 마치 클라이언트의 어머니와 클라이언트와 아버지 사이에 완충적인 역할을 하듯이 치료사는 클라이언트와 음악 사이에서 완충적인 역할을 수행한다. 역으로 음악은 클라이언트와 치료사(아버지의 전이) 사이에 완충적인 역할(어머니의 전이)을 수행한다. 역전이의 경우에서도 치료사는 마치 그의 아버지와 어머니 사이에 그가 완충적 역할을 하듯이 클라이언트와 음악 사이에 완충적인 역할을 한다. 역으로 그와 어머니 사이에서 아버지가 완충적 역할을 하듯 치료사는 음악을 완충적 역할로 만들 수 있다. 이 모든 시나리오에서 음악은 가족의 근원적 역동을 재현하고 재형성하는 또 다른 매개체 또는 공간이 된다.

　이 삼자관계가 역동적으로 형성되어 가는 데는 상당 부분 클라이언트의 영향도 있지만 주된 책임은 치료사에게 있다. 여기에는 세 가지 주요한 결정이 관여된다. 첫째, 클라이언트의 작업에서 음악을 가져오는 사람이 치료사라는 것이 중요하다. 그것이 어떤 상황이든 치료사는 이 책의 첫 장에서 정의하였던 바와 같이 치료로서의 음악, 음악 기반의 치료, 음악에서의 치료 혹은 언어적 치료 중의 어떤 방식으로 음악을 사용할 것이다. 역전이 반응행동의 지속 기간이 그것의 적합함을 결정하는 결정 요인이라는 Racker의 견해에서, 클라이언트 집단과 임상적 징후와 상관없이 앞의 방식 중 특정 방식만을 선택해 사용하는 음악치료사는 아마도 과거에 비슷하게 형성된 삼자관계를 재현하고 있는 것이다. 예를 들어, 치료사가 치료로서 음악만을 사용하는 경우라면 한쪽 부모의 역할(음악)이 아동에 대한 대부분의 책임을 지게 되고 나머지 부모(치료사)는 차선의, 즉 지원적인 역할을 부여하는 형식을 가지게 될 것이다. 클라이언트를 위한 모든 치료적 책임을 음악에 부여하고 전적으로 그에 의존하는 경우보다 음악치료사가 거의 언어적인 치료에 의존하는 경우에도 같은 역동성이 나타난다. 두 가지 경우에서 혹자는 치료사의 배경에 대해 한쪽 부모는 수동적이고 비효율적이며 다른 부모는 보호자로서 거의 모든 책임을 맡았던 가정인지 물어보아야 한다. 클라이언트와 관련하여서는 더욱더 그러하다. 왜 치료사는 책임 있는 보호자로서 부모적 내사형에 그렇게 집착하는 것일까?

　반대로 치료사가 자신과 음악에 주어진 역할과 책임성에서 균형을 이루면서 그 사이를 자유롭게 이동할 수 있다면 역전이 현상이 치료과정에 방해가 될 위험은 줄어들게 될 것이다. 해로운 역전이를 피하기 위해 Gill(1988)의 변경가능력(modifiability)에 대한 견해로 돌아가는 이유는, 치료사는 클라이언트가 그 순간에 무엇을 필요로 하든 간에 그에 따라 역할과 책임을 수정해 가면서 자신과 음악을 융통성 있게 사용해야만 하기 때문이다.

　두 번째 주요한 결정은 치료사가 치료의 방법으로 어떤 음악 경험을 사용할 것인가다. 즉, 치료사가 클라이언트를 즉흥연주로, 작곡으로, 재창조로, 혹은 음악감상의 경험으로 참여시키느냐에 관한 것이다. 같은 경우로 치료사가 클라이언트의 문제나 필요 혹은 징후와 상관없이 한 종류의 음악 경험만을 배타적으로 사용할 때 해로운 역전이가 일어날 위험성이 있다. 그 이유는 모든 사람의 문제가 각기 다른 데도 치료사가 무의식적으로 모든 문제가 같은 방식으로 해결될 수 있다고 간주하기 때문이다. 여기에 한 가지 의문이 제기되는데, 그것은 치료사가 자신의 문제를 클라이언트에게 투사하여 그들에게 자기 자신이 필요로 하는 처치를 하는 것은 아닌가다. 치료사가 각기 다른 치료 매개체(예를 들면, 성악, 기악, 동작, 미술), 기법(예를 들면, 반영, 전환, 유지), 음악 스타일(예를 들면, 록, 컨츄리, 클래식), 그리고 실제 음악 선곡(예를 들면, Pachelbel의 Canon, Streisand의 People)을 얼마나 배타적으로 또는 유동적으로 사용하는지와 관련하여서도 마찬가지다.

　세 번째 결정 요인은 치료사가 자신을 위해 택하고 전이와 역전이 속에서 음악에게 위임한 구체적인 역할이다. 흔히 클라이언트는 전이나 투사적 동일시 반응 안에서 연관된 역할을 치료사와 음악에게 지정한다. 그렇지만 치료사는 궁극적으로 그러한 역할 선임에 어떻게 반응할 것인가를 결정해야만 한다. 이전에 들었던 예와 같이 클라이언트가 치료사에게 자신과 음악 사이의 완충제 역할을 맡긴다면 치료사는 완충제 역할과 전이, 투사된 동일시의 보상 역할을 회피해야 할지, 올바른 정서적 경험을 제공하는 역할을 수행해야 할지를 결정해야 한다. 가끔 이런 결정은 의식적으로 또는 무의식적으로 내려지는데, 그 모든 경우에서 역전이가 연루된다. 그 이유는 무엇일까? 그것은 치료사가 자신의 부모뿐 아니라 음악과 연관된 과거의 경험에 의존하기 때문이다. 클라이언트, 음악, 그리고 자신을 포함한 삼자구도를 치료사가 알아내는 것은 부모와 자식이라는 삼자관계의 구성원으로서 자신의 내력과 음악과 관계하였던 자신의 과거에서 나온다.

역전이의 위험성은 어느 한쪽을 상대적으로 더 선호하는 데 있다기보다는 그에 따른 임상 실행을 제한한다는 점에서 유념할 필요가 있다. 즉흥연주만을 사용하는 치료사는 클라이언트의 징후나 금기사항 등을 잘 살펴 즉흥연주가 필요한 사람하고만 일해야 하며, 다른 경우에는 다른 방법을 사용하는 치료사에게 인계해야 한다. 성악 또는 음악심상이나 동작만을 사용하는 치료사의 경우도 마찬가지다. 문제는 특정한 방법에서 전문성을 가지는 데 있는 것이 아니라 그것을 필요의 차이에 상관없이 모든 클라이언트와 모든 임상적 상황에 적용하려는 데 있는 것이다.

상호관계의 유형

모든 치료사는 클라이어트와 관계를 맺고 그들과 교류하는 자신의 고유한 스타일을 개발한다. 역전이와 함께 고려되어야 할 세 가지 주요 요소는 다음과 같다.

- 신체 감각: 신체적 수준에 따라 치료사가 클라이언트와 연관되는 정도다. 여기에는 치료사가 남성과 여성 클라이언트에게 얼마나 가까이 또는 멀리 하는가와 연관된다. 그리고 각 성별과의 신체적 접촉에서 느끼는 편안함의 수준, 표현과 의사소통의 방법으로서 신체를 사용하는 정도 등이 포함된다. 내가 남성이나 여성 클라이언트와 어떤 종류의 댄스를 선택하는가의 질문은 이에 대한 좋은 예가 된다.
- 정서적 활동성: 클라이언트와 함께할 때 치료사가 정서적으로 표현하고 반응하는 정도다. 여기에는 치료사가 클라이언트와 함께할 때 자신의 감정과 반응을 경험하는 수준, 클라이언트에게 보여 주는 감정의 범위 등이 포함된다. 이에 대한 좋은 질문은 나는 클라이언트와 정서적으로 얼마만큼 공감하고 얼마만큼 그들이 나의 감정을 인식하고 있는가다.
- 역할 입장: 치료사가 클라이언트와 함께할 때 전형적으로 맡는 역할이다. 이에 대한 중요한 질문은 다음과 같다. 나는 클라이언트에 대응하기보다는 지원하는

편인가, 그와는 반대의 성향인가? 나는 클라이언트를 전문가적 권위로 대하는가, 개인적인 친구처럼 대하는가? 나는 친밀감과 거리감 중 어느 쪽을 선호하는가?

상호 주관적 역전이의 징후

역전이는 의식의 여러 단계에서 일어나기 때문에 치료사가 실제로 클라이언트를 치료할 때 역전이의 영향력을 언제나 인식할 수 있는 것은 아니다. 이러한 이유로 그것의 보편적인 징후를 주의 깊게 살필 필요가 있다. 다음에 제시될 내용은 내가 일해 오면서, 그리고 지도해 온 임상에서 목격하였던 역전이의 징후를 논의한 것이다. 물론 여기에 나열한 것보다 훨씬 더 많은 징후가 있겠지만 이 모든 징후는 클라이언트와의 상호 교류를 통해 형성되었기에 상호 주관적인 것으로 간주한다.

신체화 반응

신체는 역전이에서 치료사의 가장 정확한 척도 중 하나가 될 수 있다. Priestley (1944)는 클라이언트의 즉흥연주나 그들에게 고착된 이미지에 대해 치료사의 신체적인 반응이 어떻게 일어나는가에 대한 인상적인 사례를 제시하였다. 그녀는 클라이언트가 느끼는 감정을 치료사가 느꼈을 때의 반응을 동조나 반향의 역전이 형태로 논의하고 있지만, 치료사 역시 보완적 동일시 안에서 신체적인 반응을 가질 수 있다. 나는 클라이언트와 즉흥연주를 해 가면서 온몸에 통증을 느꼈던 경험을 기억한다. 마치 기(氣)가 완전히 빠져 나간 듯한 느낌이었는데, 의자에 앉아 연주를 계속해 가기에는 몹시 힘든 상황이었다. 우리 두 사람이 연주하는 즉흥연주를 주의 깊게 들었을 때 내가 왜 그런 상황에 놓였는지를 알 수 있었다. 클라이언트는 아주 불확실하고 희미하게 연주를 하고 있었고, 때로는 폭발하듯이 충동적으로 연주를 하기도 하였다. 이때 나는 클라이언트가 음악적으로 자신을 형성하는 데 필요한 지원과 음악적 접합을 제공하려고 몹시 애쓰고 있었다. 이것은 결과적으로 클라이언트가 한 번도 가져 보지 못했던 부모로서 내가 과도하게 동일시되었고, 그래서 클라이언트는 자신의 미래 인생을 위해 필요한 지지와 지원을 줄 것으로 내게 의지하고 있음을 알게 되었다. 나의 몸은 그녀의 요구 정도에 대해 알려 주었고, 그러한 요구에 부응해 주려고 하는 것이 얼마나 부담스러운지를 알려 준 것이다.

일반적으로 나는 두 가지의 주요한 신체 척도를 발견하였는데, 이는 신체 에너지나 긴장의 변화 혹은 갑작스런 신체적 불편함의 발생이다. 몹시 피곤하거나 이완됨을 느끼기 시작할 경우, 매우 힘이 넘치거나 긴장됨을 느낄 경우, 혹은 움직임이나 말하는 것이 매우 느리거나 빠를 경우, 나는 자신이 역전이 반응의 한가운데 있다는 것을 알게 된다. 이와 비슷하게 나의 머리나 등에 통증이 올 경우, 내 신체의 일부가 기묘한 감각 혹은 통증을 느끼는 것을 감지하였을 경우에도 나는 역전이의 상황을 읽기 시작한다. 신체 일부의 반응이 역전이의 감정 실체에 대한 은유를 제공하기도 한다. 예를 들면, 등이 아플 때 나는 내 클라이언트나 나 자신 혹은 모두에게 어떠한 문제가 있어 서로의 믿음과 안전이 위태로움을 알게 된다. 물론 이는 단지 나 자신의 연상과 은유다. 치료사마다 스스로 느끼는 반응이 있다. 중요한 것은 치료사가 그러한 신체적 반응을 인식하고 그 근원을 탐구해야 한다는 것이다.

양극화된 정서적 반응

모든 치료사는 클라이언트와 함께할 때 정서적 반응을 하게 된다. 그러나 이러한 반응의 본질과 의도는 궁극적으로 치료사가 치료과정을 촉진하기 위하여 자신의 정서를 사용할 수 있는지의 여부를 결정짓는다. 제18장에서는 클라이언트가 치료사와의 관계에서 자주 경험하는 기본적인 정서적 이슈를 다룰 예정이다. 이러한 것이 클라이언트와의 관계 속에서 경험하는 것과 같은 이슈라는 점은 그리 놀랄 일이 아니다. 그 이유는 클라이언트들이 정서적 이슈를 보여 주기 때문만이 아니라 치료사의 개인적 삶에서 같은 이슈와 직면하기 때문이다. 이러한 이슈는 경계, 의존과 신뢰, 통제와 힘, 사랑과 승인 등이다. 더불어 치료사는 성취, 인정, 자신감, 확신과 같은 돕는 자의 역할과 관련된 구체적인 다른 이슈로 힘들어한다.

여기서의 초점은 강렬한 반응에 맞춰졌기 때문에 우리는 이러한 각 영역 내에서 양극단을 주목하여 논의할 것이다. 비록, 이러한 극단이 다소 받아들이기 힘들 수는 있으나 주의 깊게 관찰한다면 두 반대 현상은 함께 일어날 뿐 아니라 모든 치료사가 언젠가는 그런 반응을 보인다는 사실을 알게 될 것이다.

경계   치료사는 지속적으로 클라이언트의 세계에 잠입하여 클라이언트의 경험에 동조되기를 요구받다. 이러한 노력은 클라이언트-치료사 관계에서 핵심이다. 심리학적 단계에서 이러한 동조적 동일시는 치료사에게 개인의 경계를 억제하고 중지하도록 계속 요청한다. 이러한 과정에서 치료사는 자신의 인생, 문제, 그리고 자신의 감정과 클라이언트의 감정 사이에 명확한 구분을 짓도록 끊임없이 요청받는다.

치료사가 자기 스스로의 경계적 이슈를 가질 때 양극적 반응이 일어날 수 있다. 치료사는 클라이언트와 지나치게 동일시하거나 완벽하게 감정이입을 하게 되면 자신의 감정적 경계를 잃어버린다. 이런 일이 발생하면 치료사는 자신의 감정과 클라이언트의 감정 혹은 클라이언트의 상황과 자신의 상황을 잘 구분하지 못하며 자신의 경계를 재확립할 수 없을 정도로 헤매게 된다. 이런 경우에 음악을 만드는 작업을 할 때는 치료사와 클라이언트의 음악이 융합되어 구조적으로나 정서적으로 구분할 수가 없으며 상태가 좀처럼 변화되지 않고 지속된다.

반대의 반응은 오랜 기간 동안 클라이언트와 단절됨을 느끼거나 클리이언트의 경험에 공감하지 못하게 되는 경우다. 이런 경우가 발생하면 치료사는 종종 자신과 클라이언트 사이에 감정적 경계가 끼어들지 않도록 하는 것으로 클라이언트와 거리를 두려 한다. 이런 경우에 음악을 만드는 작업을 할 때는 클라이언트와 치료사의 파트가 완전히 다른 부조화적인 방식을 취하며, 이 상태가 오랜 기간 지속된다.

의존과 신뢰   클라이언트는 도움을 청하기 위해 치료사를 찾으며, 도움을 주는 과정에서 치료사는 누가 누구의 요구를 무엇 때문에 만족시키고 있는지, 그리고 그들이 그렇게 함으로써 서로 신뢰하고 있는지를 지속적으로 검토해야 한다. 클라이언트-치료사 관계 속에서 이러한 질문은 끊이지 않고 제기된다. 치료사가 필요한 시점은 언제며, 클라이언트의 요구를 무시해야 하는 시점은 언제인가? 어느 시점에서 치료사는 클라이언트가 요구하는 것 이상으로 그들의 요구를 들어주어야 하는가? 반대로 언제 치료사는 클라이언트가 요구하더라도 그들의 요구를 무시해야 하는가?

치료사가 의존과 신뢰의 이슈를 경험할 때 대부분의 경우에 발생하는 양극적 반응은 클라이언트에 대한 과도한 책임감이다. 이때 치료사는 클라이언트의 모든 문제를 해결하고 모든 심리적 요구사항에 부응하려고 애쓴다. 필연적으로 치료사는 클라이언트 치료에 대한 완전한 책임감을 가지지만 클라이언트나 음악에는 책임감을 거의 느끼지 못한다. 그리고 치료과정에서 클라이언트의 완전한 의존과 신뢰를 조성한다.

반대의 반응은 치료사가 클라이언트를 돕는 것에 별로 책임감을 느끼지 않는 경우다. 이런 시나리오에서 치료사는 클라이언트의 심리적 필요를 충족시키는 것을 억제하는 데 대단히 민감하다. 대부분 치료사는 클라이언트의 독립성이나 자기 의존력을 키운다는 교묘한 말로 가장하여 지원이나 지지를 보류한다.

이 양 극단은 역시 음악을 만드는 작업을 하게 될 때 명확하게 관찰할 수 있다. 이는 치료사가 클라이언트의 음악을 협조적으로, 표현적으로, 미적으로 만들기 위해 지속적으로 필요한 모든 음악적 구조나 지원을 제공해 주거나 반대로 그러한 구조나 지원을 거의 제공하지 않는 경우다.

통제와 힘   클라이언트와 치료사가 함께 일할 때 초점을 두어야 할 클라이언트의 문제, 그에 대한 치료 방법과 같은 실제 세션에서 내려야 할 많은 결정이 있다. 역전이로서 통제와 힘의 이슈가 나타날 경우, 클라이언트와 치료사는 다음과 같은 몇 가지 질문 때문에 고민하게 된다. 클라이언트에게 필요한 것이 무엇인지, 어떻게 해야 할지를 가장 잘 아는 사람이 누구인가? 세션에서 발생하는 것을 통제하기 위해 힘, 권위 혹은 전문성을 누가 주장할 것인가? 세션의 어느 부분을 치료사가 지시적 또는 비지시적으로 이끌 수 있겠는가? 세션의 어떤 측면을 클라이언트가 통제할 수 있을까? 치료사가 클라이언트의 요구를 따라가는 상황은 어떠한 상황일까?

역시 역전이의 확실한 신호는 치료사가 양극적인 반응을 보일 경우다. 그는 클라이언트의 지나친 의존성을 가장하여 클라이언트가 원하는 것은 뒤로 돌리고 매우 지시적이며 권위적이 되기도 하고 과도하게 전문성을 주장하기도 한다. 반대로 그런 결정을 내리는 데 혼돈을 느끼거나 매우 수동적으로 클라이언트의 모든 요구를 고분고분하게 따를지도 모른다. 음악치료 안에서 이러한 이슈는 치료사가 자신의 세션 계획, 이를테면 누가 음악과 매체를 선택하고 누가 음악 경험의 종류를 결정하는지, 그 경험 속에서 누가 어떤 역할을 할 것인지 등을 얼마나 엄격하게 또는 융통성 있게 해 가는가를 통해 관찰될 수 있다.

사랑   치료는 한 사람이 다른 사람을 돕는 것이다. 여기에는 클라이언트와 치료사 간의 어떤 종류의 사랑이 내재되어 있다. 대등한 입장에서 서로를 돕는다는 것은 그 사람을 사랑한다는 것이며, 다른 사람에게 도움을 받는다는 것은 그 사람에게 사랑받거나 사랑을 주는 것을 의미한다. 심지어 이러한 측면에서 사랑은 치료적 교류의 가장 필수적 요소라고까지 말할 수 있다. 사랑은 관계를 형성하면서 각 사람이 주고받는 것이며, 모든 치료적 드라마의 주제이고, 모든 감정적 경험을 교정하는 데 핵심적인 요소가 된다. 사랑이 없다면 치료는 공허하며, 피상적일 수밖에 없다. 사랑이 있어야만 치료가 즐겁고 발전한다.

흥미롭게도 미움 또한 같은 식으로 풀이할 수 있다. 미움 역시 모든 클라이언트-치료사 관계에서 필수적 요소며, 치료의 역동성에 불을 지피는 중요한 요소다. 미움이 없으면 치료는 공허하며, 피상적이고 충돌도 결핍된다. 미움이 있어야 치료가 생기 있고 현실적이며, 이 때문에 완성될 수 있다.

역전이의 위험은 치료사가 클라이언트만큼이나 사랑하고 사랑받기를 원한다는 점에서 비롯되며, 치료의 과정에서 이러한 요구가 성취되고, 좌절되고, 과장되며, 완성되고 강화된다. 역시 이 영역에서 가장 명백한 문제의 징후는 양극적인 반응이다. 이는 사랑과 보호가 너무 지나치거나, 미워하고 배려를 충분히 못하거나, 클라이언트의 사랑을 지나치게 요구하거나, 이 모든 것을 아예 거부 또는 배척하는 것으로 나타난다.

현실의 삶과 마찬가지로 치료에서도 많은 형태의 사랑이 존재한다. 부모와 자식의 사랑, 성적인 사랑, 그리고 친구로서 사랑이다. 물론 가장 문제가 되는 것은 성적인 사랑으로서 클라이언트-치료사 관계와 치료과정에 가장 큰 위협을 준다. 또한 성적인 끌림이 클라이언트와 치료사의 성별과 성적 성향에 관계없이 직면할 수밖에 없는 실제적인 부분이기에 문제가 된다. 예외 없이 클라이언트와 치료사 간의 성적 요소는 전이와 역전이 모두에서 불가피한 부분이기도 하다.

성취, 인정, 자신감　　역전이는 사랑에 대한 치료사의 요구와 밀접하게 관련되어 성취나 인정, 자신감 같은 것으로 한데 겹쳐져 혼란을 일으킨다. 성취감이 역전이의 이슈가 될 때 치료사는 얼마나 많은 일을 하였는가, 혹은 성공적인 치료를 위해 클라이언트가 얼마나 많이 변화해야 하는가를 고려한다. 두 가지 극단성은 치료사가 클라이언트와 자신에 대한 많은 수고와 변화를 요구하는가, 별 노력을 요구하지 않는가로 나타난다. 치료란 어려워야만 하는가, 수월할 수도 있는가? '고통 없이는 성취도 없다.'란 옛 격언이 치료에도 적용되는가?

대부분의 치료사는 클라이언트가 보다 건강한 상태가 될 수 있도록 최선을 다하려 한다. 이것이 마땅한 윤리고 바람직한 태도지만 이 역시 문제를 야기할 수 있다. 치료사는 자신이 클라이언트의 삶 속에서 지나치게 의미 있는 역할 또는 위치로서 고착되지 않도록 항상 조심해야 한다. 치료사가 인정을 받으려는 강한 욕구를 느낄 때, 그는 클라이언트의 삶 속에서 자신의 중요성을 클라이언트가 지속적으로 인지하기를 원할 것이다. 이것은 대부분 클라이언트의 변화를 유도하는 치료사를 힘들게 하는 동기가 된다. 극단적 경우에 치료사는 클라이언트를 구출하거나 그들의 변화과정에 자신이 필수적인 인물이라는 환상을 품게 되고, 클라이언트의 문제점을 해결하기 위한 지나친 책임감을 느낌으로 말미암아 그러한 환상을 실행에 옮긴다. 반대의 경우, 즉 치료사가 인정받으려는 욕구가 거의 없는 경우에는 클라이언트의 세계에 그리 적극적이거나 의미를 두지 않고 그들의 문제를 해결하기 위해 필요한 책임감과 의무를 느끼지 못할 위험이 있다.

물론 인정받으려는 치료사의 욕구는 클라이언트뿐만이 아니라 동료에게도 확장될 수 있다. 일부 치료사는 같은 분야나 다른 전공 분야의 동료가 임상가로서 자신의 가치를 인정해 주기를 바란다. 이 경우에 해당하는 치료사는 자신의 클라이언트가 얼마나 향상되었는지, 몹시 힘든 클라이언트의 문제를 자신이 어떻게 잘 처리하였는지, 혹은 자신의 처치가 얼마나 영향력 있는지를 다른 이에게 끊임없이 얘기하곤 한다.

이러한 이슈를 취급할 때 물어볼 좋은 질문은 다음과 같다. 어느 시점을 충분하다고 말할 수 있는가? 어느 시점까지 내가 클라이언트를 충분히 사랑하고 클라이언트도 나를 충분히 사랑할 수 있는가? 어느 시점이 내가 클라이언트를 위해 충분할 만큼 열심히 일하고 클라이언트가 자신을 위해 충분할 만큼 열심히 일한 시점인가? 나의 노력과 배려가 충분히 인정되고 클라이언트가 자신을 충분히 인정할 수 있는 시점은 언제인가?

이러한 질문을 확장하면 다음과 같이 물을 수 있다. 내가 치료사로서 클라이언트를 돕기 위한 충분한 지식, 기술, 능력을 갖추게 되는 시점은 언제인가? 또 그렇지 않은 때는 언제인가를 물어보아야만 한다. 클라이언트가 치료에서 성공하기 위해 자신이 원하는 모든 것을 이룰 수 있는 때는 언제이며 그렇지 않은 때는 언제인가? 역시 극단적 상황은 클라이언트와 치료사가 자신의 실제보다 더 유능하거나 덜 유능한 경우로 나타난다. 치료사가 클라이언트와의 치료에서 편안함을 느끼기 위해서는 어느 정도의 훈련이 필요한가?

자신감은 여러 이유로 음악치료에 특히 만연한 역전이 문제다. 음악치료사가 되는 데는 넓고 깊은 지식, 능력, 그리고 기술이 필요하기 때문에 이 모든 영역에 걸쳐 충분한 자격을 가질 수 있는 사람은 소수일 수밖에 없다. 또한 음악치료는 신생 영역이므로 아직 전문성이 불안정한 상태다. 따라서 자신감의 이슈는 치료의 질과 효과에 널리 영향을 미칠 수 있다. 그러므로 음악치료사는 자신의 능력에 대해 스스로 규명하고 제한하고 또 확신을 가지고 일할 필요가 있다.

부적절하거나 불가사의한 반응

역전이적 혼돈의 신호로 두 가지 부적절한 반응이 있다. 첫 번째는 치료사가 클라이언트나 진행되는 상황에 대한 인식을 하고 있지만 그와는 상관이 없고 적절하지 못한 방식으로 반응하는 경우다. 전형적으로 치료사는 상황을 받아들이는 그의 지각에는 왜곡이 없음을 즉각적으로 인식하면서도 자신의 반응이 난데없는 엉뚱한 행동이라는 것을 느낀다. 이를 역전이적 혼란으로 해석할 경우 그의 반응은 자신의 무의식 어딘가에서 온 것이다. 그 반응을 좀 더 세밀히 연구한다면, 그 상황에서 그러한 반응이 결코 엉뚱한 것이 아니라는 사실이 명백해진다. 그런 엉뚱한 행동은 클라이언트나 현재 상황보다는 치료사의 정신 상태와 관련하여 설명할 수 있다.

부적절한 반응의 두 번째 유형은 치료사가 개인적, 전문적 혹은 음악적으로 자신답지 않은 방식으로 행동하는 경우다. 이런 유형의 반응에서 치료사는 말 그대로 한 순간이나마 '그답지 않은' 점을 보인다. 예를 들어, 시간을 엄격히 준수하는 치료사가 세션에 늦거나 일찍 마친다든지, 수용적이었던 치료사가 갑자기 클라이언트에 대해 비판적으로 바뀐다든지, 클라이언트의 향상을 위해 그의 의견을 지지하며 따라가던 치료사가 갑자기 앞서 가며 이끌어 가는 역할을 취하는 경우다. 역전이적 혼란으로 해석할 때 이러한 유형의 반응은 종종 클라이언트의 투사적 동일시의 결과로 보인다. 클라이언트는 대부분 자신의 감정을 치료사에게 투사하고 치료사가 그것을 경험하도록 유도한다. 이러한 클라이언트의 감정이 치료사에게 낯선 것이라면 치료사는 때로는 다르게 혹은 엉뚱하게 행동할 것이다. 이런 경우에 치료사는 이러한 느낌이 어디서 비롯되었는지를 늘 자문해 보아야 한다.

충동적인 결정

부적절한 반응과 밀접하게 관련하여 충동적인 결정은 치료사가 완전히 다른 방식으로 세션을 이끌어 가도록 한다. 예를 들어, 치료사가 대화의 주제를 갑자기 바꾸거나, 음악 경험을 순리적이지 않게 급작스레 변경하거나 계획을 전면 수정하는 것이다. 물론 어떤 때는 진행 상황의 필요에 따라 치료사가 빠른 대처를 해야겠지만, 이런 경우는 임상적으로 적합하지 않은 충동적 결정이라고 할 수 있다.

꼭 그래야 할 뚜렷한 이유가 없는 데도 치료사가 세션의 방향을 갑자기 바꿀 때나 그러한 변화가 갑작스러운 경우에는 항상 역전이적 혼돈이 내재되어 있다. 흔히 이런 혼란은 세션이 만일 계속될 경우 치료사에게 매우 위협적인 조짐이 있어 자신의 억압된 요소와 직면할 수밖에 없음을 가리킨다. 이런 점에서 충동적이며 부적절한 결정은 치료사의 역전이에 대한 방어적 회피의 신호가 된다.

음악 사용의 과감한 변화

앞서 말한 논의에서 제안한 것처럼 치료사는 실제 사용하는 음악에 대해 자신만의 접근 방식을 개발한다. 이 방식은 자신이 전공하는 특정한 음악 경험의 유형에 따라 치료사가 음악에 부여하는 역동적 역할과 의미를 포함한다. 그러한 접근 방식의 한 양식이 클라이언트 한 사람에게서나 일반적인 클라이언트와 일을 하면서 갑작스럽게 변화한다면 치료사가 역전이 혼란을 경험한다고 추측해 볼 수 있다. 예를 들어, 치료사가 자신의 특성대로 '치료로서의 음악'을 사용하다가 갑자기 언어적 심리치료를 시작하거나 음악을 전혀 사용하지 않는다면, 그것은 무의식적 단계에서 무슨 일인가 발생한 것이다. 그러므로 치료사는 역전이의 어떤 이슈가 그러한 변화에 내재되어 있는가를 생각해 볼 필요가 있다. 이와 비슷하게 즉흥연주 음악치료사가 갑자기 클라이언트에게 음악-심상활동을 시작한다면 보다 정서적 탐구를 요청하는 무엇인가가 발생하고 있음을 의미한다.

부적절한 역할과 관계

심리치료의 이론은 치료사의 특정한 역할과 클라이언트-치료사 관계의 필수적인 본질을 정의하는 방식에 따라 다양하게 변한다. 그렇지만 치료사에게는 전문가로서 부적절하고 비윤리적인 역할행동에 대한 보편적인 견해가 있다. 여기에는 클라이언 트-치료사의 성적인 관계, 치료사이자 친구인 이중적 관계, 치료적 계약을 넘어설 정도의 책임을 보이는 태도나 치료 환경 밖에서 클라이언트와의 접촉하기를 요구 등 이 포함된다. 자세한 내용은 치료사의 직업윤리규정 안에 이미 규정되어 있다. 여기 서의 주된 관심은 전문적으로 부적절하거나 비윤리적인 행동은 언제나 역전이적 혼 란에서 기인한다는 것이다. 따라서 그에 대한 수정과 교정은 혼란의 무의식적 근원을 밝히고 해결하지 않는 이상 불완전할 수밖에 없다.

습관과 일과성

치료사가 클라이언트와 일하고 그에 반응하는 패턴을 고착시킬 때, 그들은 흔히 클라이언트, 그리고 치료의 본질에 관한 어떤 측면을 일반화하게 마련이다. 치료사가 특정 클라이언트에 대해 특정한 습관적 행동을 할 때 그는 다음과 같은 통념을 만들 게 될지도 모른다. '이 클라이언트는 내가 무엇을 하건 언제나 똑같이 반응한다. 이 클라이언트는 절대로 변하지 않는다. 내가 해 줄 수 있는 것은 더 이상 없다.' 습관과 일과성이 여러 클라이언트에게 해당되는 경우에는 다음과 같은 통념을 만들 수 있다. '나의 모든 클라이언트는 똑같다. 그들 모두는 같은 문제와 필요를 가지고 있다. 그 들은 모두 이 방법에 가장 좋은 반응을 보인다. 그러므로 나는 그들을 모두 똑같은 방 식으로 치료할 수 있다. 나는 언제나 그들의 문제나 요구에 같은 방식으로 응하고 언 제나 같은 방법을 사용할 수 있다.'

'자극'과 '반응'에 대한 이런 일반화는 치료사의 업무를 수월하게 하는 것처럼 보 인다. 그렇지만 이런 일반화는 언제나 역전이적 혼란의 신호가 된다. 이런 일반화된 논리를 만들고 지속하기 위해서 치료사는 클라이언트와 그들의 치료적 요구 간의 개 인적 차등성을 최소화하거나 부정하고 또는 무시하도록 요청받는다. 따라서 치료사 는 실제로 나타내고 치료에서 클라이언트가 보여 주는 행동에 반응하기보다는 상황 의 특이성과 다르게 반응하려는 클라이언트의 욕구를 최소화한 일반화에 따라 반응하게 된다. 이런 행동의 동기는 단순한 게으름이 아니라 궁극적으로 일반화가 치료사의 방어적 자기회피(self-avoidance)로 나타나는 것이다. 이는 치료사가 치료에서 직면하게 되는 문제에 대해 잘 알고 있을 때 표면적으로 부상하게 될 그 자신의 억제된 요인에서 자신을 방어하는 한 방법이다.

탈 진

치료는 매우 힘든 작업이다. 치료사도 사람이기 때문에 탈진하는 것이 이상한 일은 아니다. 탈진은 많은 이유 때문에 해롭고 두려운 경험이다. 치료사의 커리어와 생활을 위협할 뿐만 아니라 매우 어려운 존재적 이슈를 불러오기 때문이다.

탈진은 상호 의존적 감정, 태도, 신념, 그리고 행동을 포함하는 다층 반응행동이다. 탈진이 가장 분명하게 드러나는 단계에서 치료사는 피곤함을 느끼며 동기부여를 하지 못하거나 자신의 일에 비관적이 된다. 심지어 자신의 직업을 싫어하게 되며 출근이나 시간을 지키는 데도 문제를 야기할 수 있다. 흔히 이러한 에너지나 동기의 상실에는 클라이언트의 능력이나 향상에 대한 기대, 음악치료의 효과나 치료사로서 자신의 능력에 대한 심각한 회의를 동반하게 된다. 치료사는 클라이언트에 대한 희망이 없거나, 그들은 향상되지 않을 것이며, 더 좋아질 가능성도 없을 뿐더러, 어쩌면 진보하고 싶어 하지도 않으며 음악치료나 자신을 필요로 하지 않는다고 느끼기 시작할 것이다. 이에 따라 클라이언트에 대한 치료사의 생각도 안이한 수준으로 달라지기 시작한다. 그러는 도중에 치료사 역시 이러한 클라이언트에게 음악치료가 효과적일지, 심지어는 음악치료 자체의 효과에도 의문을 가지게 될 것이다. 그리고 좀 더 원론적으로 자신이 치료사로서 자질과 가치가 있는지, 특별히 음악치료사로서 자신이 이 일을 할 만한 자질을 소유하고 있는지를 의심하게 된다.

탈진과 역전이는 상호 연관된다. 탈진은 역전이의 징후며, 역전이는 이러한 탈진을 유도한다. 우리는 탈진할 때 점점 역전이적 혼돈에 감염되기 쉬워지며, 역전이적 혼란을 느낄수록 점점 더 탈진하게 된다. 면역체계가 제대로 가동하지 못하면 질병에 잘 대처하지 못하듯이 역전이 혼란은 감염 가능성을 증가시키는 면역체계의 손상과도 유사하다. 역으로 탈진이 없다는 것은 역전이 혼란에 대항할 수 있는 더 나은 능력의 면역체계가 있다는 것을 반영하는 것이다. 따라서 건강한 임상을 통해 치료사의 면역 체계를 더 강화한다면 질병의 공격을 더 잘 물리칠 수 있을 것이다. 이와 마찬가지로 우리가 치료사와 한 인간으로서 우리 자신을 더 잘 돌볼수록 탈진과 그 결과로 나타나는 역전이적 혼란의 침투를 보다 잘 차단할 수 있을 것이다.

결 론

역전이의 징후는 개인주관적(클라이언트와의 경험에 관계없이 치료사가 독립적으로 발전시키는), 그리고 상호 주관적(클라이언트와 함께하는 과정 안에서 발생하는) 반응의 두 종류로 나눌 수 있다.

개인주관적 역전이의 징후는 클라이언트 대상이나 근무 상황에 대한 치료사의 편견이나 선호, 건강이나 병리, 치료의 본질에 대해 치료사가 발전시킨 철학적 지향, 치료사의 사정, 치료, 평가의 스타일이나 음악에 대해 부여하는 치료사 역할의 중요성, 치료사가 치료에 사용하는 음악 경험의 유형, 치료사가 클라이언트와의 관계에서 가지는 상호관계의 유형 등을 포함한다.

상호주관적 역전이의 징후에는 신체적 반응, 양극적 정서 반응, 부적절하고 불명확한 반응행동, 충동적인 결정, 부적절한 역할과 관계, 습관과 일과성, 탈진 등이 있다.

참고문헌

Gill, M. (1988). The interpersonal paradigm and the degree of therapists' involvement (pp. 304-338). In B. Wolstein (Ed.), *Essential papers on countertransference.* New York: New York University Press.

Priestley, M. (1994). *Essays on analytical music therapy.* Gilsum, NH: Barcelona Publishers.

Racker, H. (1968). *Transference and countertransference.* New York: International University Press.

제6장
역전이의 노출과 처리 기술

Kenneth E. Bruscia

역전이를 이롭게 이용하는 데는 다음의 세 가지 과제가 필요하다. 즉, 역전이의 징후를 인식하는 것(제5장 참조), 인식 밖에 있는 역전이의 이슈를 노출하는 것, 역전이에 동반되는 수많은 감정과 반응패턴을 통해 작업하는 것이다. 이 장의 목적은 역전이를 드러내고 처리하기 위한 다양한 기법을 살펴보는 데 있다. 우리는 실제 세션 동안에 사용할 수 있는 기술에서 치료사가 클라이언트에게서 멀리 있을 때 사용할 수 있는 다양한 수단까지 살펴볼 것이다.

그에 앞서 모든 치료사는 자신의 치료에 가장 적합하고 유용한 기법을 개인적으로 선택해야만 하며 모든 기법을 다 사용한다는 것이 불가능하다는 것도 알아야 한다. 치료사의 제한된 근무시간과 지나친 자기 탐구를 세션 중에나 세션 이후에 하게 될 때 야기되는 위험성을 고려할 때, 치료사는 여기서 소개하는 모든 유형의 방법을 다 실행하기보다는 한두 가지를 규칙적으로 사용하고 필요할 때는 다른 방법도 적절히 사용할 수 있어야 한다.

세션적 기법

치료사와 클라이언트가 치료실에 들어서면 강렬하면서도 복잡한 흐름에 직면하게 된다. 그 흐름은 바로 치료사가 거쳐야 할 과정에 대한 클라이언트의 메시지이자 신호일 수 있다. 치료사는 언제나 클라이언트와 함께해야 하며, 여러 임상적인 결정을 위한 마음의 준비를 하고, 음악과 언어를 통해 자신의 생각을 의사소통하도록 노력해야 한다. 혹자는 이렇게 임상의 광범위한 경험에서 역전이는 시간적 여유가 있을 때 상대할 단지 또 하나의 걱정거리로 취급하기도 한다. 그러나 사실상 치료사의 모든 경험 요소를 이해하고 그것을 추적해 가는 것은 대단히 유용한 일이다. 다음에 묘사하는 기법을 통해 우리는 이렇게 부딪히는 흐름을 명확히 하고, 따르고, 지향하는 데 역전이가 얼마나 유용한지를 알게 될 것이다.

자기 정화

역전이를 다루는 가장 효율적인 기법의 하나는 바로 세션 시작 전에 시간을 내어 자신을 정화하는 것이다. 나는 여기서 '도움이 필요한 사람과 함께 여행하는 승객께서는 자신의 마스크를 먼저 착용한 후 다른 사람을 도와주십시오.' 라는 만일의 사태에 대비하여 비행기에서 산소 마스크를 착용할 때의 지침이 생각난다. 치료사로서 당신은 치료실에 들어가기 전에 당신 스스로의 요구를 먼저 처리해야 한다. 그렇지 않다면 클라이언트의 요구에 대해 도움을 주지 못할 수도 있다. 만일 당신이 신체적으로 불편한 상황이라면 세션을 시작하기 전에 그것부터 해결하여야 한다. 만일 어떤 일로 걱정하거나 그 걱정에 마음이 사로잡힌 상태라면 그러한 걱정으로부터 자신을 먼저 비워야 한다. 강한 감정을 느끼고 있다면 그것들을 떨쳐 내거나 나중으로 미룰 수 있도록 해야 한다.

자기 정화를 하는 좋은 방법은 세션을 시작하기 전에 몇 분 동안 조용히 앉아서 마음을 가라앉히는 것이다. 아주 짧은 시간 동안의 명상이나 긴장 이완의 과정도 곧 있을 세션을 위해 몸과 마음을 재정화하기에 충분하다. 나는 세션 전에 즉흥연주나 그림을 그려 보는 것이 자신을 정서적으로 정화시키고 지금 현재의 상태를 정서적으로

나 신체적으로 전환하는 데 도움이 된다는 것을 깨달았다.

물론 이 모든 것은 세션 시간에 쫓기지 않고 어느 정도의 시간을 전체 스케줄 속에 확보하는 것을 전제로 한다. 세션 전에 허둥대고 흥분하는 것은 클라이언트가 보는 당신의 능력을 손상시킬 수 있다.

의식의 이동

세션에서 직면하는 지속적인 흐름 속을 항해하는 것은 치료사가 자신의 의식을 꾸준히 확장하고, 집중하고, 전환하도록 요구한다. 클라이언트와 교류하는 동안 치료사는 클라이언트의 세계, 자신의 개인적 세계, 그리고 치료사로서 그의 세계라는 세 가지 경험적 공간 안팎을 끊임없이 넘나든다. 치료사가 클라이언트의 세계 속에 들어갈 때는 클라이언트가 경험하는 모든 것에 동조한다. 치료사의 개인적인 세계에 들어갈 때는 자신의 개인적인 인식에 초점을 맞추고 최대한의 범위까지 스스로 할 수 있는 모든 것을 경험할 수 있도록 자신을 허용한다. 그리고 치료사의 세계로 들어가서는 각자의 특정한 역할과 책임감을 가지고 전문적인 관계 속에서 상호 수혜적으로 자신과 클라이언트를 함께 경험한다.

각 세계 속에서 나의 경험은 더 나아가 감각, 정서, 반영, 그리고 통찰이라는 네 개의 층 사이를 이동한다. 감각층에서 나는 감각 정보 이상의 다른 어떤 경험을 혼합하거나 반영하지 않고 '목이 뻐근하게 느껴진다.' 처럼 단순히 내 몸을 경험한다. 정서적인 층에서는 '나는 슬프다.' 처럼 내 감정을 경험하고 그것을 즉각적이고도 반사적으로 규명하여 규합하는 표현을 한다. 반영의 단계에서 나는 감각과 정서적 경험을 인지적 영역 안에서 분석하여 의미를 파악하려고 한다. 이는 그것에 대한 통찰을 얻기 위해 나 자신을 관찰하는 경험으로 확장된다. 예를 들면, '클라이언트에게 슬픔을 느낀 탓에 내 목이 아프구나.' 로 기술할 수 있다. 통찰적 단계에서 나는 감각 데이터와 느낌, 그리고 사고를 넘어 내면적 의미에 도달한다. 예를 들어, '그 클라이언트는 돌이켜 자신의 뒤를 돌아보지 못하는 것이 슬프다. 이제 그는 손해만 볼 것이 자명하다.' 처럼 느끼는 것이다. 경험의 이러한 세계와 층의 안팎을 이동하는 것에 대한 더욱 세부적인 내용은 제22장에 기술되어 있다.

개인의 의식을 또 다른 공간과 층으로 옮길 수 있다는 것은 효율적인 치료사가 되기 위해서는 필수적인 사안이다. 왜냐하면 궁극적으로 자신의 역전이를 노출시켜 가장 이롭게 이용할 수 있는지의 여부가 그것으로 판단되기 때문이다. 나는 치료사가 이러한 공간 혹은 층의 한 부분에만 갇혀 있다면 역전이는 해롭고, 반대로 치료사가 유동성과 목적을 가지고 여기저기를 이동할 수 있다면 역전이가 이로운 것이 될 수 있다고 믿는다. 예를 들어, 내가 클라이언트의 세계로 들어가 감정을 이입하는 과정에서 클라이언트의 감정에 갇혀 버린다면 치료사로서 무엇을 해야 할지 아마도 확신할 수 없을 것이다. 반면에 클라이언트의 세계에 들어가서 그의 감정과 동조하고, 그러면서도 나 자신의 세계로 복귀하여 내 느낌과 클라이언트의 느낌을 비교하고 반영할 수 있을 때 치료사로서 보다 충분한 정보로 분명한 결정을 내릴 수 있다. 첫 번째 각본에서 의식이 한 방향 속에 고착화된 현상은 치료의 과정에 해를 가져다주는 반면, 의식의 한 공간에서 다른 공간으로 이동하는 두 번째 각본의 능력은 치료과정에 도움을 준다. 이렇게 이동하는 자유는 충분한 시간을 가지고 많은 경험과 연관됨으로써 균형을 이루어야 한다. 자신의 의식 안에서만 이동하는 행위로는 효율적인 치료사가 될 수 없다. 치료를 효율적으로 만드는 것은 자신의 의식을 필요할 때 전환시킬 수 있는 치료사의 능력에 있다. 다른 모든 인생의 경우처럼 치료사는 한 경험에 어느 정도로 머물러야 하는지, 경험에 대한 자신의 시각을 언제 바꾸어야 하는지, 그리고 경험에서 완전히 떠나야 할 때는 언제인지를 배워야만 한다.

절차상의 주기 수행

치료사가 의식의 특정 모드에 고착되지 않는 좋은 방법은 경험의 이동을 보증하는 절차상의 순환주기를 이용하는 것이다. 이는 현재 진행 중인 경험 속에서 클라이언트와 현실 간의 관계를 최대화하고 그 상태를 지속하는 데 매우 유용하다. 본질적으로 음악 경험의 모든 유형에 같은 절차가 적용될 수는 없으므로 모든 치료사가 같은 절차에 똑같이 능숙하다고 기대하기는 힘들다. 치료사는 자신의 스타일과 주변 환경에 기초하여 일정한 주기를 구성해야 한다. 유도된 심상과 음악(Guided Imagery and Music: GIM), 그리고 즉흥연주에서 내게 가장 유용했던 절차를 소개하고자 한다. 각 절차는 몇 초나 몇 분 또는 그보다 긴 시간이 소요되며, 경우에 따라 반복되거나 변형되고, 필요하다면 중단될 수도 있다.

유동성   먼저 나는 순간순간 일어나는 모든 일에 나 자신을 개방하려고 노력한다. 그리하여 클라이언트와 음악이 나의 경험을 이끌도록 허용하면서 자연적이고 자발적인 내 방식에서 나타나는 모든 것을 수용하고 관여한다. 이것은 내가 경험의 조류에 주목하거나 안착 혹은 지향하지 않으면서 경험의 다양한 세계와 층을 떠돌며 오갈 수 있도록 나 자신을 허용하는 수동적 제시단계다.

즉흥연주를 할 때 유동성(floating)은 나의 음악적 지각과 충동이 자연스럽게 일어나도록 하고 순간순간 음악의 끊임없는 공간을 통해 이동하며, 때로는 클라이언트의 소리에 반응하고, 때로는 단순히 나 자신을 따르고, 어떤 때는 다른 곳의 소리를 받아들이기도 하면서 때로는 침묵 속에서 기다리기도 한다.

음악감상의 경험에서 유동성은 나의 상상력이 음악과 함께하는 인식의 조류를 따라다닐 수 있게 하여 클라이언트의 심상을 넘나들고, 나 자신의 심상에 근접하거나 멀어지기도 하며, 내 귀에 들리는 모든 리듬이나 멜로디, 화성을 따라갈 수 있도록 허용한다.

이러한 유동성의 단계는 치료사가 현재 상황의 윤곽을 잡고, 어떤 경험적 공간이 다음의 과정에 적합한지를 결정할 수 있을 만큼의 시간을 필요로 한다. 이는 너무 오랫동안 이 단계에 머물지 않도록 하기 위해 이동하는 간격을 통제하고 시간의 제한을 두는 것이다. 이 간격의 길이는 직접적으로 음악 경험의 유형과 음악 자체의 빠르기에 달려 있다. 즉흥연주 경험은 음악이 빠른 경우 활동이 전반적으로 빠르게 진행되기 때문에 시간 간격 또한 상대적으로 짧아야 한다. 감상의 경험에서는 간격이 좀 더 길어야 하지만 여기서도 음악이 얼마나 환기적이며 변화하는가에 따라 그 간격은 조절되어야 한다.

안주   현재의 상황을 파악하고 내 의식이 나아갈 방향을 결정한 후에 특정한 경험적 공간에 나 자신을 정착시키기 위해 나는 '안주(checking in)'를 한다. 나는 안주하기 위해 의도적으로 나의 의식을 클라이언트의 세계나 나 자신의 개인적 세계에 두어 감각이나 정서 혹은 반영적 경험층 중 하나에 주목한다. 클라이언트의 세계에 들어섰을 때 나의 목적은 어떤 특정한 층에서 클라이언트가 경험하는 것에 감정을 이입하는 것이며, 개인적 세계에서 나의 목적은 내 경험을 보다 큰 의식으로 가져가는 것이다.

유동성에서 안주로 나아가면서 나는 현재의 나 자신과 클라이언트를 통한 경험을 심화시키려는 목적으로 직접적이고 능동적인 단계로 들어서게 된다. 즉흥연주 활동에서 나는 클라이언트의 음악에 빠져 그의 몸이 소리를 만들어 내는 것을 느끼고, 그 소리가 표현하는 감정을 느끼며, 소리를 구조화하여 클라이언트가 사용하는 기본적인 관념을 이해할 때까지 그 과정을 따라간다. 나는 클라이언트의 리듬과 멜로디 속에서 그 경로를 따라가거나 나 자신의 음악세계에 들어가 내가 지향하는 음악적 방향을 따르고 리듬과 멜로디 혹은 화성이 이끄는 대로 내 몸의 방향을 잡고, 내 감정을 느끼고, 내 생각을 인지할 수 있도록 한다. 안주하는 동안 나는 내가 있는 곳, 내가 경험하는 방법을 완전히 인식할 수 있을 만큼의 경험적 공간 속에 충분히 머물게 된다.

감상의 경험에서 나는 클라이언트나 나 자신의 인식의 흐름에서 어떤 심상을 선택하고, 그것이 이끄는 경로를 따라간다. 그 심상은 이야기, 움직임, 비전, 기억 혹은 음악으로서 클라이언트와 내게 제시되는 어떤 종류의 경험적 모티브가 될 수 있다. 이러한 심상을 따라가면서 나는 감각, 정서 혹은 반영의 층에서 그것을 충분히 경험할 수 있을 때까지, 그리고 심상 자체가 특정한 방향으로 발전되고 심화될 수 있을 때까지 그 경험에 참여한다.

안주의 단계에서는 두 가지 주목해야 할 부분이 있다. 첫째는 치료사의 세계나 경험의 직관적 층에 안주하는 것에서 시작하지 않는다는 점이다. 치료사의 세계는 궁극적으로 모든 데이터가 수집되어야 하는 곳이며 때때로 가장 동떨어진 위치에 있기 때문에 먼저 시작하지 않는 것이다. 또한 직관이란 노력이나 의도 없이 갑작스럽고 즉각적으로 나타나는 것이기에 직관의 단계로 들어가려고 애쓰지 않는다. 둘째는 개인이 안주할 수 있도록 유도하는 효과적인 방법은 몇 분마다 몸의 위치를 계속 바꾸어 주는 것이라는 점이다.

치료사들은 세션 중에 발생하는 일에 지나치게 몰두하여 자신의 신체 특정 부분을 매우 적극적으로 움직이는 것처럼 보이지만, 자신도 모르는 사이에 꽤 오랜 시간 동안 같은 자세를 유지하고 있는 경우가 많다. 예를 들어, 드럼 즉흥연주를 하는 동안 치료사는 자신의 팔과 손을 계속 움직이지만 엉덩이는 의자에서 좀처럼 움직이지 않고 팔은 의자 밑에 고정된다. 여기서 내가 발견한 것은 움직이는 신체 부분은 '유동성'의 단면이며 움직이지 않는 신체 부분은 '정착'의 단면이라는 것이다. 고정되었던 신체 부분을 움직이는 순간 움직이던 내 신체 부분은 '유동성'을 멈추며 내 의도에 따라 조정된다. 이러한 조정의 기간은 내 인지를 확장하고 전환하기 위한 완벽한 기회다. 왜냐하면 내 신체를 재조정함으로써 나는 내 경험을 재조정하고 다른 양식의 인지로 이동할 수 있기 때문이다.

전환   치료사가 자신의 인식을 심화하기 위해 필요한 얼마간의 시간 동안 하나의 경험층에 머무른 후에는 한 세계에서 다른 세계로, 또는 같은 세계 내에서라도 층 간 전환(shifting)을 해야 한다.

다른 세계로 전환할 경우, 나는 클라이언트와 나의 경험 또는 내 개인의 경험과 치료사로서 내 경험을 비교해 보려고 노력한다. 클라이언트의 경험과 내 경험을 비교하는 것은 내가 현실에 머물면서 클라이언트와 관계를 지속하도록 돕는다. 나 자신의 경험과 치료사로서 내 경험을 비교하는 것은 클라이언트를 위한 최고의 치료 방식에서 자신의 기대와 필요를 찾도록 도와준다.

같은 세계 내에서 다른 경험의 층으로 전환할 경우, 나는 같은 경험 내에서 내 신체 감각(body sensation), 느낌, 그리고 사고를 연결하는 것으로 내 경험을 확장하고 풍요롭게 하려고 한다. 이렇게 내가 클라이언트의 세계 속에 있다면 클라이언트의 신체에서 현재 일어나는 것을 감지할 수 있어 그의 감정에 대한 내 경험을 확장시킬 수 있다. 또는 클라이언트가 나타내는 사상과 감정을 주의 깊게 들음으로써 그의 경험에 대한 내 신체 감각(somatic sense)을 확장시킬 수 있다.

반영   다음 단계는 아주 구체적이다. 다른 세 단계가 종결되면 치료사는 경험의 반영적 층에 거하면서 자신의 세계로 이동해야 한다. 이것을 위해 치료사는 자신이 경험해 온 모든 세계와 층에서 빠져나와 전문적 관찰자의 위치로 이동해 가야 한다. 이는 내가 클라이언트나 내 개인이 아닌 치료사의 입장에서 무슨 일이 일어나고 있는지를 고찰해야 하는 시기다. 그 목적은 현실 점검에 있다. 지금—여기에서 클라이언트가 경험하는 것의 본질은 무엇인가? 내가 경험하고 있는 것이 정말 여기서 발생하고 있는 것인가? 지금—여기의 현실에 우리 모두는 얼마나 가까이 연관되어 있는가? 이러한 정보를 기본으로 나는 무엇을 탐구하고 또 무엇을 해야 할지를 결정한다.

이는 세션의 즉각적인 목표나 중재가 매순간 설정되는 결정의 시기다.

실행   모든 절차적 주기의 궁극적인 결과는 실행하기 위한 것이다. 이는 이전 시기에 결정한 사항을 치료사가 실행에 옮기는 순간이다. 즉흥연주에서는 치료사가 원하는 즉흥연주로 나아가기 위해 필요한 음악적 절차를 밟는 순간이다. 감상 세션에서는 치료사가 언어적으로 중재하거나 다음 감상할 곡을 선정해야 할 순간이다. 언어적 토론에서는 치료사가 대화의 화제를 선정하거나 바꾸고, 혹은 또 다른 질문을 묻는 대신 클라이언트가 말하는 바를 반영해 주어야 할 순간이다.

유용한 심상의 창조

Priestley(1975)가 제안한 역전이 처리 기법은 치료사가 원치 않거나 부적절한 반응을 조절하도록 돕는 그 자신의 심상을 형성하는 것이다. 여기에 치료사 자신의 개인적이고 전문적인 정체성을 명확하게 구별하기 위해 사용하였던 심상을 적어 본다.

치료사로서 나는 나 자신을 하나의 확고한 실체로 융합시켜 나 자신이 클라이언트에 초점을 맞춘 커다란 오목 반사경의 형상이라고 상상한다. 이 반사경은 나 자신이 가진 부적절한 사고와 느낌, 그리고 반응과의 관계를 걸러 내는 동안 클라이언트에 대한 가능한 많은 것을 수용하기 위한 목적을 가진다. 힘과 사랑의 느낌이 그곳에 있다. 나는 이런 특질이 내 것이라기보다는 치료 기간 동안 잠시 빌려 온 것이라 느낀다(p. 230).

자신의 표준적인 심상을 가지고 세션에 임하는 것 외에 치료사는 세션 동안 클라이언트가 창조한 심상을 확장시킬 수 있다. 이것은 치료사가 매우 섬세하거나 해 보고 싶은 역할을 맡은 경우에 특히 도움이 될 수 있다. 예를 들어, AIDS 바이러스를 보유하고 있던 나의 몇몇 클라이언트들은 GIM 치료 시 타인의 방문을 경험한다(Bruscia, 1992). 이러한 방문은 이미 고인이 된, 클라이언트가 사랑했던 사람이 어떤 식으로든 도움을 주거나 같이 있는 장면으로 나타난다. 이러한 장면은 클라이언트에게 매우 친숙하였기 때문에 나 자신은 살짝 비켜서서 지원적인 존재로 역할을 하는 것이 중요하였다. 이를 성취하는 데 가장 유용하다고 여겼던 것은 클라이언트의 심상 속에 내 심상의 역할을 창조하는 것이었다. 예를 들어, 방문에 맞추어 파티를 열고 있는 클라이언트를 위해 나는 요리사(그가 오락을 싫어하였기 때문에)로서 나를 상상하였다. 다른 사람의 경우, 방문 시간에 나는 클라이언트의 방에 함께 있는 누이의 역할을 하였다. 이 모든 경우에서 나는 언제나 곁에 서 있는 것이 내 자리란 것을 알고 주인으로서 클라이언트의 요구를 예상하고 지원해 주면서 방문자를 집에서처럼 편안하게 해 주도록 클라이언트의 동반자가 되려고 노력하였다.

치료사는 또한 치료의 절차적 단면을 촉진하는 심상을 발달시킬 수 있다. 앞서 열거한 절차적 주기에서 각각의 시기는 유용한 심상에 부합될 수 있다. 예를 들어, 유동성의 단계에서 나는 보트 위에서 강을 자유롭게 떠다니고 주변을 두루 살피며 정박할 수 있는 좋은 장소를 찾는 장면을 상상할 수 있다. 안주의 시기에서는 강의 한편(나 또는 클라이언트) 선창에 배를 댄다. 변환의 단계에서는 한 경로에서 빠져나와 선창에서 멀어진다. 반영의 단계에서는 다시 선창으로 돌아가 지도를 살피고 강의 가장 좋은 위치와 내가 가고자 하는 곳으로 인도해 줄 경로를 결정한다. 마지막으로 실행의 시기에서는 선택한 경로를 잡는다.

경험적 자기 탐구

음악치료는 본질적인 면에서 대개 경험적이다. 클라이언트는 다양한 음악 경험을 통하여 자신의 내면 세계를 탐구하며, 클라이언트와 치료사가 서로 관계를 발전시키는 것 또한 같은 경험을 통해 이루어진다. 그렇기 때문에 치료사가 이러한 경험을 이용하여 자신의 내면과 클라이언트의 내면 세계가 상호적으로 연관되는 방법을 탐구하고, 클라이언트-치료사 관계에 기여하는 자신의 성향을 연구하는 것은 당연한 일이다.

경험적 자기 탐구는 치료사가 음악이나 다른 예술치료 방법을 역전이 이슈를 노출시키기 위한 매개로 사용하는 것을 포함한다. 심리치료에서 보편적으로 사용되는 예술 경험의 광범위한 다양성을 생각해 볼 때, 이런 경험적 자기 탐구를 구상하기 위한 가능성은 헤아릴 수 없을 만큼 많다. 주어진 시간 내에 가장 적합한 활동을 고려하는 데는 중요한 두 가지 변인이 있다. 그 첫 번째 변인은 클라이언트에 대한 일치된 동일시를 탐구해야 하느냐, 보완적 동일시를 탐구해야 하느냐다. 두 번째 변인은 그 자신의 치료 방법(음악)이나 활동 방법(예를 들면, 즉흥연주) 혹은 다른 치료 방법(예를 들면, 무용, 미술, 시)을 사용하느냐다.

즉흥적인 음악적 초상

음악적 초상(musical portrait)은 소리를 통하여 자신을 표현하는 즉흥연주다. 치료사는 클라이언트나 스스로의 즉흥적인 음악적 초상을 통해 자신의 직무와 그 속에 내재된 역전이에 대해 많은 것을 배울 수 있다. 각 초상은 치료사 혹은 클라이언트 각각을 주목하면서 한 번의 기회만을 준다. 여기에는 다음과 같은 두 가지 기본적인 접근 방법이 있다.

- 음악적 패러디: 치료사는 자기와 클라이언트를 즉석에서 모방하는 음악 즉흥연주를 하면서 차후에 다시 듣기 위해 이를 녹음한다. 이러한 패러디는 세션 녹음 테이프나 이전 세션의 음악을 전시한 것, 개인의 음악적 성향과 특성을 기록한 치료사의 로그북(log book) 혹은 치료사의 회상에 기초한다. 가장 좋은 음악적 패러디는 이전의 세션에서 개인이 실제로 제공한 음악적 자료를 가지고 그 사람이 주로 어떻게 다양한 음악적 요소를 요리해 가는지를 모방해 보는 것이다. 이 음악적 패러디의 주된 발상은 즉흥연주자로서 그 사람이 만들어 내는 음악에만 주목하는 것이다. 이는 음악적 모방일 뿐이지 심리적인 풍자는 아니다. 이런 유형의 패러디는 클라이언트가 음악 만들기에 적극적으로 참여할 경우에만 가능하다.

- 음악적 반영: 치료사는 특정한 세션이나 상황에서 어떤 개인의 느낌이나 기분을 보디 랭귀지나 말 혹은 음악을 통해 표현한 것을 곰곰이 생각해 본 후에 그러한 느낌이나 기분을 반영하는 음악을 즉흥적으로 연주한다. 여기서 치료사는 클라이언트가 어떻게 음악을 만드는가를 흉내 내기보다는 그 사람의 내면 세계를 묘사하고 그들의 심리를 자신이 느끼는 대로 소리로 표현하기 위하여 자신의 모든 음악적 소스를 불러온다. 반영은 모방이 아니라 해석이다. 그렇기 때문에 클라

이언트가 실제로 연주하는 음악과는 완전히 다른 소리로 나타날 수 있다.

이 모두를 접목해 보면 네 가지 음악적 초상이 존재한다. 즉, 클라이언트와 치료사의 음악적 패러디, 그리고 클라이언트와 치료사의 음악적 반영이다. 각각은 서로 다른 초점과 목적을 가진다. 패러디는 마치 개인의 모습을 재현한 그림과 같다. 또한 반영은 개인의 정체성에 대한 추상적인 해석이다. 패러디는 어떤 유형의 음악을 즉흥연주할 때의 느낌을 추론하도록 하기 위해 클라이언트의 음악을 재생하는 작업이다. 이것은 음악으로 시작하여 심리학적인 내재성으로 이동한다. 반영은 그 유형의 음악을 만든 사람의 존재에 대한 인상을 표현하는 것이다. 이것은 심리학적 내재성에서 출발하여 음악으로 이동한다.

클라이언트의 초상은 그에 대한 감정을 이입할 수 있는 치료사의 능력에 대한 정보를 제공해 줌과 동시에 치료사가 클라이언트를 어떻게 지각하고 있는가를 나타낸다. 치료사의 초상은 클라이언트와 관련하여서 치료사가 자신을 어떻게 경험하는지를 드러내고, 그럼으로써 일어날 수 있는 역전이 이슈에 대한 중요한 정보를 제공한다.

이러한 묘사는 몇 가지 방식으로 진행되는데, 첫 번째 고려해야 할 사항은 분석에 초점을 맞추는 방식이다. 모든 초상은 실제 즉흥연주나 녹음된 즉흥연주의 청취 같은 두 가지 개별적 경험을 제공한다. 전자는 과정 내에서 클라이언트나 치료사의 자발적인 경험이고, 후자는 음악연주에 대해 치료과정 밖에서 이루어지는 음악적 생산품에 대한 반응이다. 따라서 분석의 초점은 과정 그리고(혹은) 생산품일 수 있다.

두 번째 고려해야 할 사항은 치료사가 초상에 반응하는 방식이다. 반응에 대한 언어적 수단을 통하여 즉흥연주 과정이나 과정이 끝난 후의 감정을 말이나 글로써 묘사할 수도 있고, 치료과정이나 녹음된 것에 대한 반응을 일기로 적거나 자유연상을 할 수도 있다. 녹음된 초상에 따라 즉흥연주를 하거나 표현적으로 몸을 움직이는 비언어적인 방식으로 반응하는 것도 도움이 될 수 있다. 언어적인 반응은 치료사가 자신의 무의식적 감정을 인식의 상태로 가져가도록 돕는다. 비언어적인 반응은 치료사가 초상에서 클라이언트에게 귀착하였던 감정적 에너지를 활성화하고 방출할 수 있는 기회를 제공한다.

세 번째 고려해야 할 사항은 각 초상 간에 만들 수 있는 여러 다른 비교와 그 비교를 통해 도출할 수 있는 정보다.

- **치료사와 클라이언트 간**: 모든 비교 중에서도 가장 중요한 것은 치료사가 보는 클라이언트의 초상과 클라이언트와 함께할 때의 치료사 스스로의 초상 간에 있다. 이들 묘사가 비교될 경우 치료사는 전이와 역전이가 형성되는 방식을 (적어도 자신의 무의식에서는) 들을 수 있으며, 일치적 동일시와 보완적 동일시 중 어느 쪽을 더 선호하는지를 파악할 수 있다.

- **동일한 클라이언트**: 치료사는 동일한 클라이언트를 치료과정 내의 각기 다른 단계의 초상을 통해 클라이언트에 대한 자신의 인상이 변화하였는지, 같은 상태에 머물렀는지를 비교할 수 있다. 이는 또한 클라이언트가 어떠한 진보를 나타내었는가를 적어도 치료사의 관점에서 보여 주며 치료사가 가장 주목하고 있는 클라이언트의 측면을 보여 준다.

- **클라이언트 간**: 치료사가 여러 명의 클라이언트의 초상을 비교할 때 클라이언트에 따라 달라지는 그의 경험 양상과 일반적으로 클라이언트를 대하는 그의 방식의 특징이라고 볼 수 있는 양상을 들을 수 있다. 이는 개개인의 클라이언트에 대한 치료사 자신의 구체적인 반응을 통하여 역전이적 입장을 구별하도록 한다. 이러한 구별을 하는 것은 클라이언트를 지각하는 치료사의 방식에 근본적인 변화를 가져올 수 있다.

- **치료사 간**: 치료사의 동료나 슈퍼바이저가 어떤 클라이언트에 대해 음악적이고 임상적인 지식을 충분히 가진 경우, 그 클라이언트에 대해 만든 초상과 클라이언트의 치료사가 만든 클라이언트 초상을 비교할 수 있다. 이는 치료사가 간과하거나 왜곡하였던 클라이언트의 많은 측면을 나타낼 수 있으며, 클라이언트에 대한 치료사의 시각을 풍성하게 하는 데 매우 유익하다. 치료사 자신의 초상과 비교하기 위해 치료사의 동료나 슈퍼바이저가 치료사의 초상을 즉흥연주하는 것은 또 다른 깨달음을 가져다줄 수 있다.

끝으로 음악적 초상이 분석되고 비교되는 상황을 고려해 본다. 초상은 치료사나 슈퍼바이저 동료들과 함께 즉흥적으로 연주하거나 연구할 수 있다. 당연히 치료사는 그 자신의 탐구를 계속해야 하지만 이것만으로는 충분하지 않다. 많은 역전이 이슈가 무의식 속에 잠재되어 있으므로 그것을 밝히기 위해서는 종종 동료와 슈퍼바이저의 도움이 필요하다.

클라이언트 심상의 재상상

재상상은 내가 GIM을 하면서 클라이언트에 대한 치료사의 경험을 탐구하기 위해 개발한 기법이다. GIM에서 클라이언트는 치료사와 대화하면서 의식의 변형된 단계 속에서 음악에 따라 상상을 한다. 재상상 기법에서 치료사는 같은 일을 하지만 자신의 심상을 창조하기보다는 클라이언트가 이미 경험하였던 심상에 대한 자신의 심상에 초점을 맞춘다. 구체적으로 동료를 가이드할 경우 치료사는 클라이언트가 경험하였던 것과 같은 음악을 감상하면서 변형된 의식 상태에서 클라이언트의 심상 중 하나를 다시 찾는다. 치료사는 여기서 클라이언트와 똑같은 심상을 재경험하려는 것이 아니라, 클라이언트의 심상 속에서 그것들이 자유롭게 도출되는 것을 허용하면서 사건과 성향을 심화하기 위해 자기만의 상상활동을 한다. 한마디로 치료사는 자신의 상상을 허용하여 클라이언트의 세계에 들어가고 자신의 심상을 클라이언트의 심상에 자유롭게 투사한다. 이 발상은 치료사의 무의식이 클라이언트의 무의식에 반응하고 그것을 탐구할 수 있도록 허용하는 것이다.

이 책은 재심상의 기술에 대한 세 가지 분석 방법을 제시하고 있는데, 제23장과 제24장에서 각각의 방법인 역전이, 투사적 동일시, 그리고 전이에 관하여 살펴볼 것이다.

클라이언트와 치료사의 만다라

만다라는 원에서 자유로이 그리는 그림이다. 이것은 35×43cm의 흰 종이 위에 연필로 그린 28cm의 원일 때 효율성이 높다. 오일파스텔, 초크, 마커, 연필, 페인트 등을 사용한다. 사람들은 종이의 어디에서든 시작하고 끝맺을 수 있으며, 어떤 색이든 사용할 수 있고, 원의 안팎 어느 곳에든 그릴 수 있다.

만다라는 그 심리학적 의미 때문에 치료사에게는 매우 중요한 도구가 된다. 원은 전체를 뜻하는 보편적 기호이며, 원과 관련하여 사람들은 색상, 디자인, 그리고 구조를 통해 전체를 향한 여정을 드러낸다. 이러한 이유로 나는 만다라가 역전이의 현상을 드러내는 데 대단히 유용하다는 것을 발견하였다.

역전이적 만다라를 행하기 위해서 치료사는 평소보다 더 구조화된 접근을 시도하여야 한다. 치료사는 클라이언트와 연관되는 두세 가지 색상을 선택하여 만다라를 그리기 시작한다. 그리고 그 색상만을 사용하여 클라이언트를 묘사한다. 여기서 핵심은 클라이언트의 실제 외모에 대한 초상을 그리는 것이 아니라 치료사가 지각한 클라이언트의 성향을 상징적으로 표현할 수 있는 초상을 창조하는 데 있다. 이러한 그리기 작업이 완료되면 치료사는 또 다른 두세 가지 색상을 선택하여 그것으로 클라이언트와 연관된 자기 자신을 묘사한다. 그리기가 종료되면 만다라는 어떻게 클라이언트와 치료사가 서로 관련되고, 전체가 되기 위해 어떻게 일해야 하는지에 대한 치료사의 생각을 나타낸다.

만다라의 표현을 해석하는 방법을 배우는 가장 좋은 방법은 미술치료사나 만다라 평가를 훈련받은 사람에게 자문을 구하는 것이다. 그러나 이 모두가 여의치 않을 때는 슈퍼바이저에게 의탁하거나 음악적 초상을 위해 추천된 만다라와 비교하는 방법을 사용한다. 이 주제에 관한 보다 세부적인 내용은 Kellogg(1978), Fincher(1991)의 연구를 살펴보기 바란다. 내가 만다라를 여기에 포함시킨 것은 그것이 음악적 초상과 매우 비슷하며, 또 다른 치료양식으로 전환할 수 있기 때문이다. 가끔 이러한 전환은 역전이를 찾아내는 데 필요하고도 매우 유용하다.

음악적 감정 일기

Priestley(1975)는 감정적 스펙트럼(Emotional Spectrum)이라 부르는 클라이언트 사정 도구를 개발하였다. 이것은 일기 형식으로 이루어져 치료사가 자기 탐구를 하는 데 매우 유용하다. 초기에는 클라이언트가 긍정적이고 부정적인 형태의 일곱 가지 기본 감정의 음악적 초상을 즉흥연주하는 것으로 고안되었다. 여기서 일곱 가지 감정이란 얼어 버린 공포, 음습하는 공포, 방어적 공포, 분노, 죄책감, 슬픔, 그리고 사랑, 기쁨, 평온함의 삼화음이다. 치료사가 이를 자기 탐구의 도구로 이용하는 경우처럼 즉흥연주를 하여 그것을 각기 다른 테이프에 녹음할 것을 권한다. 그런 다음 2~4개월 정도의 규칙적인 기간에 각 감정에 관한 초상을 또다시 즉흥연주하여 덧붙인다(이전 것을 듣지 않고 새로운 즉흥연주를 행하는 것이 좋다). 시간이 흐르면 각 테이프는 치료사가 일곱 가지 감정을 소리로 느끼고, 듣고, 표현한 음악적 일기가 된다. 이 테이프의 감상을 통해 치료사의 정서적 삶이 변화하는 방식과 그들 감정의 발전에 대한 음악적 이해 방식을 통찰할 수 있다. 이러한 일기는 치료사 스스로 분석할 수도 있으나 언제나 동료 집단 혹은 슈퍼바이저와 함께 그 자료를 공유할 것을 권한다.

음악적 소리일대기

음악적 소리일대기(Musical Audiobiography)는 언어 대신 소리를 사용하는, 철자를 약간 변화시킨 자서전(autobiography)이다. 이것은 임상적 사정평가란 과목의 과제로 1985년에 개발한 기법인데, 자신의 삶에 대하여 연대순으로 의미 있는 소리를 담아낸 테이프다. 음악적 소리일대기를 설명하면 다음과 같다.

> 당신의 과거에 있었던 다양한 사건, 기간, 사람, 관계 혹은 감정을 연관시킨 소리와 음악으로 구성된 테이프를 만든다. 당신의 가장 최초의 기억에서 시작하여 연대순으로 지금 현재까지 거쳐 온다. 그리하면 그 테이프는 소리 혹은 음악의 자서전이 된다. 테이프는 당신이 해당 시점에서 실제로 들었던 것이나 그 시간과 당신이 결부된 혹은 그 시간에 가졌던 당신의 느낌을 표현하는 소리, 노래, 음악으로 구성된다. 소리/음악은 사물, 타인 혹은 당신에게 속한 실제일 수도 있고 모방된 것일 수도 있으며, 음악적이거나 비음악적일 수도 있고, 성악적, 기악적 혹은 전자음일 수도 있다. 또한 작곡한 것이거나 즉흥연주한 것일 수도 있고, 기존의 것일 수도 있고, 창조된 것일 수도 있다. 어떤 스타일이건 상관없다. 그리고 당신은 제목을 말하거나 한마디 덧붙일 수도 있다. 당신의 삶에 대한 음악적 콜라주(collage)로 음악적 소리일대기를 생각해 보라. 테이프 각 부분은 5~60초 정도의 길이로 구성하되 그보다 더 길지는 않게 한다. 침묵을 넣어야 할 특별한 이유가 있지 않는 한 각 부분이 서로 연결되도록 한다.

학생들과 몇 년을 일해 오면서 나는 녹음테이프를 만드는 작업이 그 자체로 영혼을 탐색하는 경험이며, 그것을 혼자 감상하는 것도 매우 정서적인 경험이 될 수 있지만 전체 내용을 다른 사람들과 공유하는 것이 가장 정화적이고 자기 성찰적인 경험이라는 것을 깨달았다. 테이프의 제작이 삶의 각 기간을 회고하여 재현하는 것처럼 완성된 테이프를 감상하는 것은 당신의 전체 삶을 순서대로 다시 듣는 것과 같다. 또한 테이프를 남들과 공유하는 것은 당신이 자신을 다른 사람들의 견해에 귀 기울일 수 있게 허락하는 것과 같다. 이러한 과정에서 당신 내면의 감춰졌던 동심이 이끌려 나오며, 당신 안의 다양한 부분이 도출되어 각각의 요구를 조망하고 경청하게 한다. 대부분의 이런 연습은 역전이를 적용하여 토론하기에는 너무도 광범위한 사항들이 함축되기 때문에 직접적인 연습의 경험을 통해서만이 완전하게 깨달을 수 있다. 음악적 소리일대기를 만들 경우, 당신은 그것이 당신에게 의미하는 바를 이해하고 음악치료사로서 당신의 직무에 관하여 그것이 함축하고 있는 것을 깨닫게 될 것이다.

인생담 즉흥연주

음악적 소리일대기와 유사하게 인생담 즉흥연주(Life Story Improvisation)는 임상적 상황과 교육, 그리고 슈퍼비전에서 사용하기 위해 개발한 기법이다. 그 지침은 다음과 같다.

당신의 삶을 단계 혹은 기간별로 구분한다(최소 6단계). 각 단계는 당신이 특정한 정체성을 가졌거나, 특정한 기질 혹은 행동을 보였거나, 특정한 환경 속에서 살았거나, 혹은 특별한 목적이나 문제가 있었던 어떠한 시기라도 상관없다. 각각의 단계에 이름이나 제목을 붙인다. 각 단계와 그 시기 동안의 당신의 경험을 묘사하는 즉흥연주를 만든다. 그리고 즉흥연주를 각각 녹음하여 한 테이프에 연대순으로 녹음한다.

인생담 즉흥연주의 과정에는 다양한 기법이 사용된다. 테이프는 우선 아무런 개입 없이 처음부터 끝까지 감상한 후 각 부분으로 감상한다. 즉흥연주자는 그것을 혼자 감상하거나 동료, 슈퍼바이저와 함께 들을 수 있다. 다른 사람과 함께 테이프를 공유하고 토론하는 것은 언제나 자기 분석에서 부가적이고 가치 있는 측면을 제시한다. 나는 또한 전체 테이프를 감동을 느끼며 감상할 것을 제안한다. 이런 방법은 각 요소를 무의식 속에 심화시키고 감상 경험 자체를 확장하는 것을 도와준다.

가족 즉흥연주

가족 즉흥연주에서 치료사는 가족의 각 구성원과 자신의 삶에서 중요한 역할을 하였던 사람에 대하여 음악적 초상을 만든다. 테이프가 완성된 후에는 각 사람을 따로 구분하여 감상한 후 다른 테이프에 그 사람과 관련된 사람으로서 자신의 분리된 초상을 즉흥적으로 연주한다. 각각의 자기 초상에서 치료사는 자신의 존재와 자신의 삶에서 중요했던 각 인물에 대해 반응하였던 자신의 방식을 소리 속에서 포착한다. 그리고 치료사가 할당한 각 즉흥연주의 테이프에 제목을 붙인다.

이 방법은 치료사의 자아와 사물의 내사화에 대한 묘사를 제공한다. 이는 내사 분석과 만다라와 함께 사용할 수도 있다.

반영적 자기 탐구

반영적 자기 탐구는 치료사로서 자기 스스로의 태도, 신념, 감정을 이해하는 데 목적을 둔 신중하고 반영적인 연구 형태다.

클라이언트 로그

클라이언트 로그(log)는 치료사가 클라이언트와의 세션 후에 작성하는 모든 기록을 담고 있다. 전형적으로 이러한 기록에는 어떤 일이 있었는지를 요약하고, 치료적 진보를 평가하고, 사용된 기법을 정리하고, 치료 중과 치료 후에 치료사가 가지는 반응 등을 기술한다. 클라이언트 로그의 일차적인 목적은 치료과정 속에 일어났던 중요한 사건을 치료사가 기억할 수 있도록 돕는 것이다. 이차적인 목적은 클라이언트의 진보와 다양한 치료적 중재의 효과를 평가하는 비공식적인 방법의 역할을 수행하는 것이다.

로그는 클라이언트 개인을 중심으로 한 것이므로 클라이언트마다 따로 작성한다. 이러한 기록은 역전이에 대한 훌륭한 자료가 된다. 이를 통해 같은 클라이언트에 대한 연속적인 기록이나 특정 기간 동안 여러 명의 클라이언트 기록을 서로 비교해 볼 수 있다. 비교의 목적은 각 클라이언트의 어떠한 반응이 구체적이며 독특하였는지, 그리고 일반적으로 클라이언트를 대하는 치료사의 성향이 어떠하였는지를 확인하기 위함이다.

치료사 저널

치료사 저널은 일반적인 치료사의 직무나 그것에 영향을 줄 가능성 있는 모든 것에 관하여 자신의 사적인 생각이나 느낌을 기록한 개인적인 일기다. 내용에는 클라이언트에 대한 개인적인 반응, 특정 클라이언트에 대한 갈등, 자신의 접근 방식이나 자신감에 관한 느낌, 자신의 직무에 영향을 미칠 수 있는 치료 밖 사건, 전이와 역전이의 패턴 등이 포함된다. 로그가 개개인의 클라이언트와 치료과정의 특이한 사건을 기록하는 전문적인 기록이라면, 치료사 저널은 모든 클라이언트를 대하는 치료사의 개인적인 반영이다. 간단히 말해, 저널은 치료사가 중심이 되고 개인적이며 필요할 때(매일, 매주, 매월, 혹은 간간이)마다 기록하는 것이다. 한편, 로그는 클라이언트를 중심으로 하여 전문적으로 매번의 치료 세션을 끝내고 기록한다.

저널을 적어 가는 것은 두 가지 측면에서 도움이 된다. 우선 저널을 쓰도록 하는 일차적인 느낌을 즉각적으로 해소할 수 있게 한다. 글을 쓰고 느낌을 해소하는 것은 느낌을 글에 실음으로써 확고히 하는데, 이는 느낌을 보다 객관적으로 검토할 수 있는 여유를 제공한다. 두 번째로 기술한 내용을 시간 순으로 분석할 때 저널은 치료사 개인적인 갈등 대립과 치료사로서 성취에 관한 역사적인 사실을 제공해 준다. 저널은 그 자체로 치료사의 역전이적 혼란과 승리의 이야기며, 개인적이고 전문적인 성장에 관한 기록이다.

음악적 자서전

음악적 자서전(Musical Autobiography)은 내가 심포지엄에서 발표한 미발행 연구의 결과로서, 나는 음악적 자서전이 자기 탐구와 연구의 형태로 사용될 수 있음을 처음으로 깨달았다(Bruscia, 1982). 그 후로 내가 가르치는 수업에도 이것을 필수 코스로 넣었으며, Even Ruud 역시 같은 발상을 가지고 많은 연구를 수행하였다(Ruud, in press).

음악적 자서전은 여러 방식으로 쓰일 수 있다. 가장 쉽게 시작하는 방법은 당신의 생(life)을 몇 단계의 기간으로 나누어 각 기간 안에 무슨 일이 있었는지를 음악적으로 묘사하는 것이다. 여기서 기간은 일반적인 발달적 단계일 수도 있고 당신 삶에서 특별한 음악적 사건일 수도 있다. 기록할 때는 언제나 연주, 즉흥, 작곡, 감상의 경험과 이러한 음악 경험이 당신의 삶에 미친 중요성을 포함하는 삶에서 음악적인 면이 주요 초점이 된다. 따라서 음악 외적인 삶에서 중요한 사건을 묘사할 때는 그 사건이 음악에 대한 당신의 관계에 어떻게 영향을 미치고 영향을 받아왔는지를 주목하는 것이다. 이는 음악 그 자체의 실체로, 하나의 대상내사로, 당신의 삶에서 존재해 왔고, 당신의 생애에서 중요한 인물만큼이나 당신에게 영향을 준 어떤 것이다. 그리고 당신과 음악이 함께해 온 여정의 이야기로서 이 자서전을 생각하도록 해 준다.

일단 시작하게 되면 음악적 자서전은 주기적으로 갱신되어야 한다. 그것을 읽고 반영하는 작업은 개인적으로 할 수도 있고 동료나 슈퍼바이저와 함께할 수도 있다. 그러나 개인적으로 하든 동료와 함께 공유하여 분석하든 간에 역전이를 암시한다는 사실은 분명하다.

구성 분석

클라이언트에 대한 구성 분석(construct analysis)이야말로 내가 이제껏 해 온 자기 탐구의 방법 중 가장 많은 정보를 제공해 주는 유형이라 할 수 있다. 이 분석은 나의 동료인 David Aldridge가 Kelly(1955)의 구성 이론과 그에 기초한 구성 분석 컴퓨터 소프트웨어 장치를 사용하여 실행하였다(방법에 대한 자세한 묘사는 Aldridge, 1996, pp. 126-147을 보라).

나는 음악치료사로서 나와 관련을 가진 클라이언트 그룹을 규명하는 데서 이 작업을 시작하였는데, 여기에는 과거에 함께하였던 클라이언트와 최근에 내가 맡은 클라이언트가 포함되어 있었다. 이 12명의 클라이언트의 이름을 확인한 후, 나는 컴퓨터 화면에 무작위로 제시된 세 명의 클라이언트 중에서 누가 다른 두 명과 차이점이 있는지 또 어떤 점에서 다른지를 대답해야 했다. 내가 응답을 하면 컴퓨터는 다시 나에게 다른 2명의 클라이언트는 어떤 방식으로 유사한가를 물었다. 예를 들면, 나는 첫 질문에서 클라이언트 B가 클라이언트 A와 C에 비해 다른데, 그 이유는 B가 "수다스럽기 때문이다."라고 대답할 것이다. 그 다음에는 클라이언트 A와 C가 유사한 점으로 "개인적인 것은 절대 공개하기를 거부했다."라고 말할 것이다. 그런 다음 나는 클라이언트 B와 나머지 두 사람 간에 또 다른 차이점이 있는지, 클라이언트 A와 C 간에 또 다른 유사점이 있는지를 답해야 했다. 그래서 B는 "보다 안정적이고 성숙하다."라하고, A와 C는 "보다 어리다."라고 덧붙였다. 이러한 과정이 이후에도 계속적으로 반복되어 나는 12명의 표본에서 나올 수 있는 모든 조합의 클라이언트에게 동일한 질문을 던지면서 그에 대한 모든 적합한 비교를 하였다.

이 데이터는 컴퓨터로 분석되어 나는 내 클라이언트에게 내린 가장 높은 가치와 가장 낮은 가치, 그러한 특질 간의 유사성과 주제, 그리고 각각의 특질에 따라 각 클라이언트가 어떻게 등수 매겨졌는지를 볼 수 있었다. 그런 후에 나는 결과를 작성 · 설명 · 해석할 기회를 가지게 되어 결과적으로 클라이언트와 관련하여 내가 사용했던 구조 시스템에 관한 묘사를 이해 가능하도록 형식화할 수 있었다. Aldridge가 말했듯이, '이 방법의 이점은 Kelly도 언급한 대로, 전(前) 언어적일 수 있는 구성을 언어적으로 명명할 수 있도록 유발한다는 점이다' (1996, p. 128). 정신분석적 용어로 말하자면, 자기 탐구에서 이 방식은 개개인의 클라이언트와 클라이언트 일반에 대한 무의식적, 전의식적 느낌을 치료사의 의식 속으로 이끌어 낼 수 있는 것이다.

내사 분석: 사과와 나무

사과와 나무의 내사 분석은 언제나 나를 놀라게 한다. 첫 단계는 종이 한 장을 둘로 나누는 것이다. 그 다음 당신의 의식 속에 특정한 클라이언트와 세션을 떠올린다. 그런 다음 지각하지 않는 상태로 당신의 강점과 클라이언트를 치료할 때의 단점을 적어 본다. 종이의 왼쪽에는 떠오른 단상과 관련하여 클라이언트와 함께하였을 때 실수했거나 부적절하고 부정적으로 보였던 성향과 기질이라 생각되는 일이나 말을 적는다. 오른쪽은 당신이 긍정적이라 생각하는 당신 자신의 모습, 즉 클라이언트와의 관계에서 당신이 행하거나 말한 것 중 효과적이고 칭찬할 만한 성향이나 기질, 그리고 클라이언트에 대해 당신이 가지고 있던 모든 긍정적인 사고와 감정 등을 위한 공간으로 남겨 둔다. 한 명의 클라이언트와 세션에 대해 이러한 작업을 마쳤으면, 계속해서 다른 클라이언트와 세션에 대한 과정을 반복해 간다. 이 과정은 같은 내용으로 되풀이될 때까지 계속한다. 이제 각 경우에 대한 모든 메모로 돌아가서 요약본을 적는다. 이 정도면 절반이 종결된 것이다. 즉, 사과를 묘사한 것이다.

이제는 다른 종이를 집어 들어 4등분한다. 그 다음 당신의 어머니를 의식 속에 끌어들인다. 그리고는 지각하지 않는 상태로 어머니의 장점과 당신과 관련된 단상을 적는다. 어머니와 관련된 감정에 할당된 종이의 위쪽 절반 중 당신 어머니와 관련하여 오른쪽에 장점을 적고 왼쪽에는 단점을 적는다. 그리고 그녀가 한 일과 말한 것, 당신이 느낀 그녀, 그녀의 사고와 신념 및 습관, 사랑하고 미워하는 방법 등을 적어 본다. 여기에는 어머니에 관한 긍정적이거나 부정적인 모든 것을 적을 수 있다. 당신의 어머니에 관한 절차가 끝났으면 아버지와 관련하여 같은 과정을 반복한다. 종이의 하단 절반 중 아버지와 관련하여 장점은 오른쪽에, 단점은 왼쪽에 적는다. 이제는 그 결과물을 명확하게 해석하여 분류하고 요약하여 써내려간다. 이제 당신은 나무까지 묘사한 것이다.

이 두 장의 종이를 나란히 배치할 경우 치료사로서 자신에 관한 묘사를 부모님에 관한 묘사 옆에 둔다. 그 즉시 당신은 두 장의 종이를 통해 무엇을 배울 수 있는지를 깨닫게 된다. 오랜 격언에 '사과는 사과나무 아래에 떨어진다.'는 말이 있다.

이 방법은 같은 과정을 음악에 초점을 맞추어 가는 경우 보다 명확하게 나타나게 할 수 있다. 세 번째 종이를 이등분하여, 음악과 관련된 당신의 긍정적 경험과 감정을 오른쪽에 적고 부정적 측면을 왼쪽에 적는다. 마찬가지로 음악이 당신에게 미친 긍정적, 부정적 영향 모두를 포함시킨다. 이를 다른 두 종이와 비교하면, 클라이언트와 관련하여 특정한 음악을 사용하는 데 내포되어 있는 역전이적 이슈가 드러날 것이다.

슈퍼비전

슈퍼비전은 동료가 하든, 경험이 많은 임상가가 하든 모든 경우에서 역전이를 노출하는 가장 효과적이고 능률적인 방법이다. 왜냐하면 음악치료란 아주 주관적인 과정이기 때문에 자신의 임상적 경험에 관한 타인의 견해를 듣는 것은 물론 단순히 떠오르는 어떤 내용으로 서로 이야기할 수 있는 기회를 가지는 것도 매우 유용하다. 물론 역전이를 다루는 슈퍼비전의 종류는 일반적인 기술이나 통상적인 수준을 넘어서야만 한다. 여기에는 클라이언트와 관련된 치료사의 느낌과 반응을 검토하는 것을 포함해야만 한다.

정신역동적 슈퍼비전의 형식에서 가장 중요한 문제는 지도받는 치료사와 클라이언트 간에 어떻게 전이와 역전이가 배치되는가다. 종종 이것은 그들의 세션 동안 슈퍼바이저와 지도받는 사람 간에 발생하는 '평형적 과정(parallel processes)'을 탐구함으로써 살펴볼 수 있다. 평형적 과정에서 지도를 받는 치료사는 슈퍼바이저와 함께 자신과 자신의 클라이언트 간에 일어나는 일을 재현한다. 대부분의 경우 지도받는 사람 자신이 클라이언트 역할을 맡고 치료사로서 자기 역할을 슈퍼바이저에게 투사한다. 그리고 나서 투사적 동일시의 방법과 마찬가지로 슈퍼바이저가 치료사로서 자신이 느끼는 것을 느끼도록 유도한다. 반대의 경우 또한 지도받는 사람이 치료사로서 자신의 역할을 재현하여 슈퍼바이저를 자신의 클라이언트의 한 명처럼 다루는 경우도 있을 수 있다. 그러나 이 경우는 자신의 클라이언트와 슈퍼바이저 사이에 정말 유사한 점이 존재하지 않는 한 일상적으로 일어날 수 있는 상황과는 거리가 멀다.

음악 심리치료의 자기경험

치료사가 자신의 역전이를 탐구하고 이해하는 가장 효과적인 방법은 아마도 자신이 클라이언트가 되어 음악 심리치료를 경험하는 방법일 것이다. 이것을 보편적으로 '자기경험(self-experiences)'이라 일컫는다. 음악치료사는 자신이 즉흥연주를 하고 노래하고 악기를 연주하거나 작곡 혹은 음악감상을 할 경우에 어떤 개인적 문제가 발생하는지를 인지해야만 한다. 이는 바로 그러한 경험 속에서 클라이언트와의 가장 중요한 교류가 일어나기 때문이다. 치료사가 클라이언트와의 관계를 정립하는 것, 클라이언트를 사정하고 처치하고 평가하는 것 또한 음악을 통해서다. 그리고 치료사가 클라이언트에게 자신을 가장 잘 드러내고 자기 개인적 욕구에 부응하기 위해 계속 노력하는 것도 바로 음악을 통해서기 때문이다.

이러한 이유로 나는 음악 심리치료에서 자기경험은 교육적 혹은 전문적 이익뿐 아니라 이런 경험에 동반되는 개인적 성장을 위해서도 교육, 훈련, 그리고 슈퍼비전의 통합적 부분이 되어야 한다고 믿는다. 여기서 내가 정의하는 자기경험은 수업에서 경험하는 것과 클라이언트로서 역할을 맡는 세션, 그리고 슈퍼비전의 경험 등을 훨씬 벗어난 것임을 밝힌다. 이러한 자기경험 외에도 모든 음악 심리치료사는 자신이 실행할 음악 심리치료의 형태가 무엇이건 간에 일정 기간 동안 집중적으로 개인적 체험을 하기를 제안한다. 즉, 즉흥연주 음악치료사는 즉흥연주 음악치료를 경험해야 한다.

Nordoff-Robbins 음악치료사는 Nordoff-Robbins 음악치료를 경험해야 한다. 분석적 음악치료사는 분석적 음악치료를 직접 경험해야 하며, 노래를 사용하는 음악치료를 하는 치료사는 자신의 심리치료에서 노래를 경험해야 한다. GIM을 실행하는 치료사 또한 GIM을 경험해야 한다. 이는 모든 경우에서 마찬가지다. '집중적인 개인 세션'이란 적어도 매주 1년 동안 같은 치료사에게서 의식적, 무의식적 요소를 탐구하는 보다 심화된 기술을 사용하는 것을 의미한다.

'의사는 자신부터 치료하라!'는 오랜 격언처럼 음악치료사는 자신을 치료해야 할 뿐만 아니라 자기 스스로 처방을 받아야 할 필요도 있다. 어떠한 음악치료사라도 클라이언트로서 음악치료를 경험하지 못했거나 경험할 수 없거나 경험하지 않을 사람은 직업을 바꿀 필요가 있다.

나아가 치료사의 훈련 기간 동안 이러한 양질의 집중적 개인훈련이 시행되는 것이 합당하다면 그것은 한 번으로는 부족하다. 음악 심리치료를 어느 정도의 기간 동안 실행하기 위하여 치료사는 개인적인 이익을 위해서뿐만 아니라 역전이 이슈를 자신의 의식 전방에 간직하기 위해서라도 클라이언트로서 어떤 형태의 치료를 받겠다는 기본 입장을 필수적으로 지녀야 한다.

음악적 자기의 자양분 공급

음악치료사는 음악의 치료적 잠재력이 필요한 사람에게 음악이라는 선물을 가져다주는 전문적 삶을 살기 위해 헌신한 사람이다. 이러한 선물의 일차적인 원천은 치료사 자신의 음악적 존재에서 도출된다는 사실을 기억하는 것이 중요하다. 모든 음악치료의 형태는 그것이 능동적이든 수동적이든 치료사가 클라이언트와 함께 자신의 음악적 자기를 공유하도록 되어 있다. 우리는 사실상 음악치료를 클라이언트가 치료사와 함께하는 음악적 만남이라고까지 표현할 수 있을지도 모른다. 음악을 이처럼 치료에서 강력한 매개체가 될 수 있도록 하는 것은 바로 치료사와 클라이언트 간의 쌍방향 교류다. 치료사가 클라이언트의 음악세계 속으로 들어가는 것과 같이 클라이언트 역시 치료사의 음악세계 속으로 들어간다. 이러한 음악적 공유 속에서 치료사와 클라이언트는 모두에게 가장 친밀한 방법으로 스스로를 드러내는 것이다.

이러한 방식을 인식할 때 치료사의 음악적 자기는 치료과정의 핵심적인 요소가 된다. 바로 이것이 클라이언트가 음악 경험 속에서 만나는 대상이다. 이는 클라이언트가 궁극적으로는 음악과 치료적 과정 자체에서 무엇을 이끌어 낼 수 있을지, 그리고 치료사와 클라이언트에 대한 혜택과 위험성까지를 결정한다. 치료사는 자신이 음악적으로 나눌 수 있는 것만큼만 클라이언트와 나눌 수 있다. Paul Nordoff는 음악치료사가 음악을 통하여 자신의 내면적 삶을 살지우고 자기 안에 있는 '음악아(music child)'를 발달시킬 것을 요구한다. 특히, 그는 모든 전문인에게 '살아 있는 음악'으로서 당신의 몸, 손가락, 마음, 심장 속에 가지고 있는 것 이상은 클라이언트에게 제공해 줄 수 없을 것이라며 매우 신랄하고 통렬하게 경고한다(Bruscia, 1987, p. 62).

음악이 그 속에 살아 있지 않은 이상 그 누구도 음악치료사가 될 수 없다. 이러한 이유로 자기 스스로의 음악적 자기를 꾸준히 발달시키고 살지우는 것은 당연한 일이다. 이것은 자신의 전공 악기를 즐겁게 계속 연습하거나 연주하고 모든 종류의 음악을 즐기는 기회를 가지는 것일 수 있다. 여기서 강조하는 것은 그것이 '일'이 아닌 '놀이'라는 것이다. 즉, 우리 삶 속에서 항상 음악을 즐기라는 것이다. 이렇게 함으로써 쇠약해진 음악적 자기로부터 우리의 클라이언트를 보호해 줄 수 있을 뿐 아니라 바로 우리 자신에게 살아 있고 건강하고 성장하는 음악치료를 가져다줄 수 있다.

결론

역전이에 주목하기 위한 두 가지 기법의 범주가 제시되었다. 여기에는 클라이언트와의 치료에서 사용할 수 있는 것과 클라이언트와 함께 있지 않을 때 할 수 있는 기법이 있다.

클라이언트와 함께할 경우에 할 수 있는 제안은 다음과 같다.

• 세션 시작 전 스스로를 정화하기
• 자신의 인지를 클라이언트의 세계, 자기 개인 세계, 치료사로서 자신의 세계 속으로 이동하기, 그리고 임상적인 모든 의도를 가지고 감각, 정서, 반영, 통찰의 경험층 간을 이동하기

- 유동성과 목적을 가지고 이러한 의식의 방법을 통해 이동하도록 자신을 돕는 절차적 주기를 설정하기
- 자신의 일에서 자주 발생하는 역전이 이슈를 다루는 데 도움이 되는 심상을 창조하기

치료사가 클라이언트와 함께 있지 않을 때 할 수 있는 역전이 훈련에는 다양한 방법이 있는데, 이는 다음과 같다.

- 경험적 자기 탐구: 치료사는 직접적인 경험의 형태를 통해 역전이 이슈를 탐구하기 위해 음악이나 어떤 예술 형태를 사용한다. 여기에는 다음과 같은 구체적인 기법이 있다.
  - 자기와 클라이언트의 구분된 음악적 초상을 즉흥연주하기
  - 클라이언트 심상을 재상상하기
  - 자신과 클라이언트의 관계에 대한 만다라를 제작하기
  - 일곱 가지 감정을 묘사하는 즉흥연주하기
  - 음악적 자서전 만들기
  - 개인적 인생 이야기를 즉흥연주하기
  - 자기와 의미 있는 타인에 대한 음악적 초상 즉흥연주하기
- 반영적 자기 탐구: 치료사는 자기 자신의 태도, 신념, 감정을 이해할 목적으로 묵상하는 등의 형식을 사용한다. 구체적 기술은 다음과 같다.
  - 클라이언트 로그를 작성하기
  - 자신의 전문적 저널에 반영하기
  - 음악적 자서전을 기술하기
  - 구성 분석을 시행하기
  - 내사 분석을 시행하기
  - 그 외에 다음과 같은 여러 방면의 제안이 있다.
    - 슈퍼비전 받기
    - 자신의 고유한 음악 심리치료 형식을 정규적으로 경험하기
    - 개인의 음악적 자아를 살지우기

참고문헌

Aldridge, D. (1996). *Music therapy research and practice in medicine: From out of the silence.* London: Jessica Kingsley Publishers.

Bruscia, K. (1992). Visits from the other side: healing persons with AIDS through Guided Imagery and Music (pp. 195-207). In D. Campbell (Ed.), *Music and miracles.* Wheaton, IL: Quest Books.

Bruscia, K. (1997). *Improvisational models of music therapy.* Springfield, IL: Charles C Thomas.

Bruscia, K. (1982). Music in the life of one man: ontogenetic foundations for music therapy. Unpublished paper presented at the International Symposium on Music in the Life of Man, sponsored by New York University.

Fincher, S. (1991). *Creating mandalas.* Boston: Shambhala.

Kellogg, J. (1978). *Mandala: Path of beauty.* Lightfoot, VA: MARI.

Kelly, G. (1955). *The psychology of personal constructs* (Vols. I and II). New York: Norton.

Priestley, M. (1975). *Music therapy in action.* London: Constable.

Ruud, E. (in press). *Music therapy: improvisation, communication, and culture.* Gilsum, NH: Barcelona Publishers.

제7장

개별 음악치료에서 저항*

Diane S. Austin & Janice M. Dvorkin

저항은 치료과정의 자연스런 일부분이다. 많은 정신분석학 문헌은 저항이 상담과정에서 어떻게 나타나는지를 기술해 왔다. 우리는 여기서 음악치료에 저항이 드러나는 방식을 소개하려고 한다. 음악치료 개념에서 우리는 음악이 치료과정에 필수적인 부분임을 알고 있다. 그렇기 때문에 저항은 세션 중의 대화에서만 나타나는 것이 아니라 음악적인 부분에도 당연히 나타날 것이다. 이 장은 저항을 음악 속에서, 그리고 음악에 반응하여 관찰할 수 있는 방법의 예를 싣고 있다. 더불어 치료과정을 촉진하기 위해 음악과 함께 저항을 어떻게 처리해 갈 수 있는지를 제안할 것이다. 우리는 임상가로서 그리고 인턴과정과 실습생들의 임상 슈퍼바이저의 경험을 통해 음악치료사와 치료과정의 숨겨진 부분에서 발생할 수 있는 저항을 다루려 한다.

성인을 대상으로 하는 개인치료실에서 우리는 저항을 표현의 상징적 형식으로 간주하고 다양한 방식으로 탐구해 왔다. 물론 이 작업은 다른 대상 집단의 세션에서

*Austin, D. S., & Dvorkin, J. M. (1993): Resistance in individual music therapy. *The Arts in Psychotherapy, 20*, 423-429, Elsevier Science에 의해 허가받았음.

도 적용할 수 있다. 우리의 연구는 대상관계 심리분석 이론과 융 심리학에 기초하고 있다.

저항의 정의

'저항'이란 단어는 정신분석적 용어다. Moore와 Fine(1990, p. 168)에 따르면, 저항이란 '내관 지향적 심리치료의 과정에서 주기적으로 직면하게 되는 역설적 현상인데…… 환자는…… 변화의 목표를 좌절시키려는 여러 가지 방식으로 대항한다. 저항은 이전 경험과의 연결이나 무의식적인 갈등의 본질에 대한 성찰을 돕는 지각이나 발상, 기억, 느낌 혹은 그런 요소의 종합적인 인식을 방해하려는 태도나 말, 행동의 형태를 취할 수 있다.'

Greenson은 저항을 '노출과 변화로부터 오래되고 친근하고 유아적인 것을 방어하는' 것이라 지적하였다(Milman & Goldman, 1987, p. 135). 그에 따르면, 저항은 분석적 상황에서 야기되는 것에 대한 모든 방어적 작용을 일컫는다. 그는 또한 자아 동조적 저항과 자아 이질적 저항을 구분하였다. "만일 환자가 저항을 자신과 이질적인 것이라고 느낀다면 저항을 분석적으로 작업할 준비가 된 것이다. 그러나 자아 동조적 저항이라면 환자는 저항의 존재를 부인하고, 그것의 중요성을 축소하거나 멀리하려고 합리화할 수 있다"(Milman & Goldman, 1987, p. 134).

Bugental(1965)은 치료사가 저항과 클라이언트의 입장, 반항 혹은 적대감 간에 구분을 지을 필요가 있다고 주장한다. 저항이란 '인간이 존재적 위협을 인지하는 것을 회피하기 위해 자신의 인식을 스스로 왜곡하는 현상'을 일컫는다. 그는 저항의 여러 개념 중 하나로 저항이 '계층을 이루면서 연속성을 가지는 조합'임을 지적하였다(Bugental, 1965, p. 93). 또한 Reich의 연구에 기초하여 그는 '양파껍질 벗기기'로 저항을 표현했다. 즉, 치료사의 임무는 겹겹이 쌓이는 가정을 인식하고 포기할 수 있도록 환자를 돕는 것이라 하였다. 이는 방어의 계층으로 볼 수 있다.

음악치료 문헌

음악치료 문헌을 재고하면서 우리는 음악이 주로 상담 심리치료에서 저항을 다루기 위한 촉진제로서 도움을 준다는 사실을 발견하였다. 음악치료 과정에서 언급할 때 저항은 때때로 Austin과 Boone의 임상 사례(Bruscia, 1991), Heimlich의 임상 사례(Bruscia, 1987), Katsh와 Merle Fishman의 임상 사례(Bruscia, 1987), Moreno(1985), Tyson(1981)처럼 치료사가 유익하다고 여기지 않는 행동을 묘사하는 용어로 언급되고 있다. 저항적 행동은 문헌에서 방어적 혹은 분노 표출의 행위로서 자주 묘사되지만 구체적으로 저항이 정신분석적 용어로 간주되지 않는다는 점을 알게 되었다.

Díaz de Chumaceiro(1992)는 클라이언트가 전체 노래를 회상하는 데 머뭇거리는 정도를 '갈등을 의식적으로 인지하려는 것에 대한 억압과 저항의 정도를 가리키는 것' 이라고 기록하였다.

Kaser(1991)는 변화에 대한 저항을 극복하기 위해서는 '음악치료에 참석' 하려는 클라이언트의 의지를 북돋워 주어야 한다고 기술하였다. 그는 이 임무를 수행하기 위해서 '초기에는 음악적 기술과 연주 능력을 발달시키는 음악치료에 클라이언트가 정기적으로 참석할 수 있도록 한다.' (p. 100)고 하였다. 그렇기 때문에 세션은 보편적인 치료 세션과 흡사하지 않다. 덧붙여 Kaser는 불안의 승화를 위한 매개체로 악기를 사용할 수 있다고 기술하였는데, 긴장이완 단계를 해결하면 저항적 클라이언트가 다음 세션에 참석하는 것을 돕는다고 설명하였다.

Alvin(Bruscia, 1987)은 '비직접적이고 비권위적인' 그녀의 스타일을 묘사하면서 그것이 음악적 파트너십에서 동등함을 가지게 한다고 하였다. 그녀는 이러한 동등함이 클라이언트의 저항을 감소시킨다고 하였으며, '갈등적 감정은 악기에 전이되며 악기 연주에서 경험하는 신체적 저항을 통해…… 클라이언트는 치료에 대한 자신의 저항을 통해 상징적으로 작업할 수 있다.' 고 지적하였다(p. 100).

Steele(1984)은 정서장애를 가진 초등학교 아동에 대한 음악치료에서 발생하는 저항에 초점을 맞추었다. 그녀는 '감상, 반영, 구조화, 그리고 변주를 소개하는 것' 등으로 클라이언트의 저항에 부응할 수 있는 기법을 제안하였다.

Simpkins(Bruscia, 1987)는 음악 즉흥연주와 함께 저항을 다루면서 음악에서의 저항을 '다루기 힘든 극도로 결핍된 활동 혹은 과잉활동'의 성격으로 규정하였다. 그는 '클라이언트의 에너지 수준에 따라 음악을 맞추고, 점차 그 수준을 반대 에너지 수준으로 증가 혹은 감소시켜 가면서 일정한 상태와 균형을 이루도록 하는' 기본적인 접근 방식을 가진다. 그는 저항을 '클라이언트가 음악과 치료사와의 관계를 회피 · 파괴함으로써 자기 노출에서 자신을 애써 보호하려는 것'이라 정의하였다(Bruscia, 1987, p. 373). 또한 그는 '저항은 흔히 클라이언트가 에너지를 사용하고 이끄는 방식으로 나타난다.'고 믿었다. 종종 그는 드러나지 않는 매개를 통해 저항을 우회하기도 하였다.

Priestley는 저항을 다루는 데 고전적인 정신분석 모델을 기초로 삼았던 몇 안 되는 음악치료사 중의 한 사람이다. 그녀는 음악적으로나 언어적으로 표출할 수 있는 저항을 여러 단계로 구분하였다. 그녀는 저항 진공상태(resistance vacuum), 저항 에너지(resistance energy)라는 용어를 사용하여 저항이 어떻게 소리 나는지를 묘사하고 진단의 목적을 위해 어떻게 사용될 수 있는지를 기술하였다. 그러나 이러한 단계가 정규 진단평가 모델이 되기 위해서는 좀 더 연구할 필요가 있다고 하였다.

저항의 또 다른 음악치료 진단평가는 Nordoff—Robbins(1977)가 고안하였다. 그들은 저항감(resistiveness)이라는 용어를 사용하여 저항감의 양은 아동과 치료사 간의 친밀한 관계, 그리고 음악적인 '절정의 경험'을 공유하며 증대되는 친밀감의 경험을 소화시키는 데 필요한 시간을 얻는 것과 밀접한 관계가 있음을 지적하였다. 또한 그들은 음악 참여에 대한 아동의 거부반응으로서 저항감을 강조하고, 이것이 나타나는 행동적 형태의 차이를 묘사하였다.

음악에 대한 저항

음악치료에서 거의 모든 클라이언트는 음악 연주, 감상, 느낌, 음악에 관한 토론 등에 저항을 가지는 것으로 관찰된다. 동시에 음악치료사로서 우리는 치료과정에서 음악을 사용하기를 거부하는 것에 대한 면역성을 가지고 있지 않다. 다음의 실례와 결론은 따로 언급하지 않은 이상 우리의 경험에 의한 것이다.

클라이언트의 저항

클라이언트는 종종 음악을 만들거나 노래하는 것에 거부감을 느낀다. 이것은 음악이 언어보다 느낌을 더 효율적으로 도출하고 방어적 장벽을 뛰어넘는다는 것을 그들의 경험을 통해서 짐작하기 때문이다. 이는 특히 대화를 하면서는 자신을 잘 통제할 수 있지만, 성악·기악 즉흥연주를 하면서는 자신을 통제할 수 없게 되지는 않을까 두려워하는 클라이언트에게는 맞는 말이다. 음악은 억압되었던 것을 노출하고 어린 시절의 개인적 성향을 불러일으키기 때문에 클라이언트는 그런 자신의 부분이 드러나는 것에 두려움을 가진다. 음악이 가진 자발성 때문에 혹 완고한 성격을 가진 사람이나 '위선된' 자아 체계를 가진 사람, 그리고 진짜 자신의 느낌이 올바르지 않다고 느끼는 사람 모두에게 두려움으로 느껴질 수 있다.

감정적 표출로 음악에 대한 클라이언트의 최초 매력은 억제된 감정을 표현하기 위한 자유를 경험하는 것이다. 음악은 감정이 필요로 하는 만족감을 들려주고 반영해 주는 도구로 발달한다. 음악적 경험은 대중 속에서 일어날 수 있지만 감각은 개인적이며 내면적인 것이다. 이 같은 개인적 순간을 음악의 감정적 의미를 즐길 수 있도록 훈련된 치료사와 함께 나눌 때는 상당한 친밀감을 느낄 수가 있다. 저항은 클라이언트가 타인과 친밀감을 경험하는 것에 대해 두려움을 느낄 때 발생한다. 이러한 개인적 만족감을 다른 사람 앞에서 나누는 것은 수치심, 당황스러움, 즐거움을 경험하는 데 따른 죄책감, 필요의 만족, 친밀감을 넘어선 양가감정(몰입의 두려움, 휘말림, 고립) 등을 유도할 수 있다. 이러한 충동은 무의식적으로 일어나므로 음악이 가지는 무의식적 사고와 느낌의 표출을 촉진하는 특성 때문에 음악에 저항하는 경우가 있음을 기억하는 것은 중요하다.

발달적인 측면에서 볼 때 클라이언트는 음악을 연주하면서 그들이 만나는 저항을 이해하기 위해 추상적 사고의 과정을 이용할 필요가 있다. 그들은 종종 음악 사용을 거부한다. 그 이유는 두려움을 느끼거나 존재의 비합리적이며 과정 지향적인 방식(융의 심리학에서 남자와 여자 모두에게 내재된 여성성의 개념)에 더 이상 가치를 느끼지 못하기 때문이다. 이러한 클라이언트는 현실과 관련하여 보다 이성적이고 목적 지향적인 방식(융의 심리학에서 남자와 여자에게 내재된 남성성의 개념)에 더 안정감을 가진다.

저항은 클라이언트가 계속해서 특정한 악기를 사용하려 하거나 사용하기를 회피하는 것으로 관찰할 수 있다. 이것은 악기에 대해 가지고 있는 관념과 이로 말미암은 상처를 받는 것일 수 있다. 개인이 지나칠 정도로 악기와 융합되어 나타나고 그럼으로써 자기 가치의 모든 관념이 연주에 편승된다. 저항은 또한 자신의 한 측면을 특정한 악기에 투사하는 것으로 나타날 수 있다(예를 들어, 화난 아이가 드럼에 투사하는 것 등). 이러한 두 가지 저항 모두 성악을 도구로 사용하는 경우 강도를 더욱 고조시킨다. 목소리는 특히 많은 사람에게 두려움을 주는데, 이는 그것이 일순간에 사라지지 않으며 개개인의 호흡, 신체, 그리고 그 안의 감정과 밀접하게 연결되기 때문이다.

한 클라이언트는 자주 자신의 고립감과 다른 사람의 느낌이 전이되는 것을 막는 '장벽' 같은 감각에 대해 말한다. 그 장벽에 구멍을 뚫는 가장 효율적인 방법이 바로 치료사와 함께 노래하는 것이다. 그녀에게 노래하는 것은 친밀감을 위해 장벽을 허무는 강력한 도구였기에 그녀는 종종 세션 동안 노래하기를 거부한다. 그녀는 침범당하고 버림받는 느낌을 항상 연상한다. 여기서 노래 부르기의 자기 위로적 성향은 어릴 때의 경험과 모성과의 연계를 재현한다. 이렇게 역행적인 방식으로 치료사와 관련을 가지는 것은 음악을 통한 유아기의 희망과 필요를 드러낼 수 있는지와 관련하여 두려움과 주저함을 가지게 한다.

음악치료에서 또 다른 저항의 형태는 자발적으로 음악을 연주하지만 음악적 내용에 대해 말하기를 회피하는 클라이언트에게서 관찰할 수 있다. 이러한 클라이언트는 무의식의 표현을 의식 상태로 드러내게 하는 연결을 만들지 않고 음악의 느낌 안에 푹 잠겨 있는 것을 더 좋아한다. 이런 방식에서 클라이언트는 치료사가 수용하고 이해한 자신의 사고와 느낌이 음악을 통해 소통된다는 사실에 만족한다. 그래서 그들은 이러한 경험을 말로 되풀이할 필요를 느끼지 못한다. 이러한 반응 유형은 클라이언트가 치료사와 합일됨을 느끼며 최소한의 의식적 소통만이 필요하다는 가정을 의미할 수 있다. 더불어 음악적 표현의 모호성에 대한 집착과 보다 세부적 경험을 말하는 것에 대한 클라이언트의 거부감은 그들이 자신의 약한 자아감을 음악 속에 숨김으로써 스스로를 보호하려 한다는 것을 의미하는 것일 수 있다. 이러한 방어는 히스테리성 성향을 지니는 사람에게서 특히 두드러진다. 이런 행동의 반복은 또한 클라이언트가 느낌과 부합하는 단어를 찾으려는 노력을 회피한다는 사실을 말해 준다. 이는 대부분의 경우 자기 주체성과 관련된 문제를 가진 클라이언트의 특성이라 할 수 있다.

　　음악에서의 저항　　상담치료에서와 마찬가지로 저항은 클라이언트가 협조적이며 지속적인 음악적·언어적 표현을 하는 경우에도 존재할 수 있다. 음악 속에서 저항은 흔히 정서의 결핍이나 음악적 정서와 클라이언트의 정서 사이의 연계가 결핍되는 것으로 치료사는 분명히 알 수 있다. 가장 전형적인 예는 분명히 클라이언트가 화가 나 있는데도 행복하고 평화스런 음악을 연주하거나 감정적으로 안정된 음악을 만들어 온 경우다. 또 다른 예는 가장 편안하다는 이유로 특정한 코드 진행만을 사용하는 클라이언트나 세션에 참여하여 피곤하다고 말하는 것을 거부하는 클라이언트다. 음악을 연주하라는 제의에 대한 반응으로 그들은 자신이 음악적인 감정이 없다고 대답하거나, 실례로 한 클라이언트는 '덜컹함'을 느낀다고 말하기도 하였다. 이 '덜컹함'을 연주해 보자는 제의에 그녀는 자일로폰(아프리카의 토속악기)을 선택하여 매우 빠르게 연주하기 시작하였고, 연주가 진행되면서는 그 속도가 더욱 빨라졌다. 그녀의 멜로디는 매우 혼란스러웠다. 여유가 없었고 치료사는 밖으로 밀쳐지는 느낌을 받았다. 이 음악을 녹음한 테이프를 다시 재생하자, 클라이언트는 그것이 말을 많이 하는 사람과 전혀 말하지 않는 어떤 사람을 연상시킨다고 하였다. 그녀는 자신의 음악에 여유가 없고 느낌이 결핍되어 있다는 것을 들을 수가 있었다. 마치 밖으로 밀어내는 듯한 기분이 들었다고 치료사가 자신의 느낌을 나누었을 때 클라이언트는 그것을 인정하고 치료사가 그녀의 과도한 감정에 반응하지 않고 대신 그녀가 원하는 대로 함께 있어 주었던 것을 기쁘게 생각한다고 말하였다. 이는 치료사와의 친근감에 대한 클라이언트의 모호한 감정에 관한 토의로 이끌었다.

　　또한 저항은 클라이언트가 연주를 멈추거나 노래를 일찍 끝마칠 때 알게 된다. 만일 치료사가 클라이언트 음악에 민감하게 주의를 기울인다면 클라이언트의 음악이 끝난 것이 아니라는 사실을 알게 된다. 이 클라이언트는 이제 막 '도입의 시점'(두려움, 불안감이 깨우는 감정과 인식을 의식하게 되는 상태)에 들어서고 있을 수도 있다. 이

때는 클라이언트가 '그만하고 싶다.' 혹은 '더 이상 연주할 것이 없다.' 는 말을 하기도 한다. 그러나 그런 경험을 더 탐색해 나가다 보면 종종 음악적인 발전으로 나아가는 경우가 많다. 마치 클라이언트가 의식적으로 그만하고 싶은 것처럼 저항이 나타나는 경우다.

Simpkins는 극단적인 템포가 저항의 징후가 될 수 있다고 지적하였다. 클라이언트는 종종 음악의 영향력에서 도피하기 위해 지나치게 빠른 속도로 연주하기도 하고, 모든 소리의 생성을 통제하는 듯 지나치게 느리게 연주하기도 한다. 두 경우 모두 자신의 감정이 감정적으로 드러나는 것을 회피하는 것이다(Bruscia, 1987).

여기서 우리는 많은 음악치료 문헌이 제안해 왔던 것과는 반대로, 저항이란 제거되어야 할 것이라기보다 클라이언트를 이해하기 위한 수단이 될 수 있다는 점을 알게 된다. 저항은 커뮤니케이션의 한 형태로 보아야 하며 동등하게 인정되어야 한다. 단순히 음악을 '저항' 이라 이름 붙이기보다는 치료사가 그것을 클라이언트의 상징적 표현의 형태로 해석해야 한다. 예를 들어, 치료사가 변화의 기회를 계속 만들어 주는데도 클라이언트가 같은 음악을 계속하여 연주하는 경우, 이는 클라이언트가 아직 이해하지 못하고 있으며, 지금의 경험이나 느낌의 상태에 남아 있고 싶어 하는 욕구를 치료사에게 전달하고 있는 것일 수 있다(Steele, 1984, p. 69). 이는 또한 치료사가 클라이언트의 음악 사용을 잘못 해석하고 있음을 지적할 수 있다. Wang(Charlesworth, 1982)은 이러한 가능성을 언급하면서 클라이언트가 위협적인 느낌과 사고에 대처하기 위하여 자아와 초자아를 지원해 줄 음악적 필요를 느낄 때 '이드 음악(id music)' 의 사용을 조심스럽게 촉발할 필요가 있음을 지적하였다.

저항을 통한 작업   저항적 행동을 처리하기 위한 작업에서 치료사는 초기에 저항으로 인식되는 행동이나 음악이 있는지를 알아보아야 한다. 그 후에는 그것을 어떻게 해석하고 다루어 나갈 것인지를 결정해야 한다. 어떤 행동을 저항이라고 확신한다면 치료사는 클라이언트와 의사소통하기 위한 가장 효과적 방법에 대해 생각할 수 있다. 여기에는 그 행위를 치료에 방해되는 요소로 인정하는 것과 그것을 치료 상황에 끌어들여 현재의 느낌이나 생각을 탐구하는 것 등을 포함할 수 있다(예를 들어, '오늘 여기에 있기 싫어하는 어떤 이유가 있는 듯이 보인다.' 고 클라이언트에게 말하는 등). 만약 클라이언트가 이러한 느낌을 인정한다면 치료사는 클라이언트가 그러한 이유에 대해 연주하거나 노래하기를 격려하여 그것이 드러날 수 있는 공간을 만들어 줄 수 있다. 우리는 음악 속에서 탐구함으로써 저항에 대해 작업하는 것이 더 바람직한 방법이라고 믿는다.

반복은 탐구를 더 진전시키는 형태로서 경험을 심화시킬 수 있다. Simpkins(Bruscia, 1987)가 언급하였던 바와 같이 치료사는 템포를 통제할 수 있는 방법을 제안할 수 있다. 또한 치료사는 음악적 표현을 바꾸는 방법을 제안할 수 있다. 그리하여그들의 경험을 수용하는 새로운 방법을 제시할 수 있다. 이러한 변화에는 템포, 역동 혹은 악기를 바꾸는 것 등이 포함된다. 또 다른 변화로 치료사와 함께하는 솔로 연주의 기회를 가지는 방법도 있다. 때로는 클라이언트가 자신의 저항을 스스로 들도록 하기 위해 음악을 녹음하여 사용할 수 있다. 여기까지의 예는 '음악에서의 저항' 상황에서 보이는 예다. 이 경우에 클라이언트는 녹음된 자신의 음악을 재차 들으면서 자신의 저항을 해석한다. 그리고 결국 치료사와 관련한 친밀감에 대한 자신의 모호한 느낌과 직면할 수 있다.

템포와 악기를 변화시킴으로써 저항을 다루는 예는 자신의 느낌을 의도적으로 방어하려고 하였던 41세 클라이언트에게서 나타났다. 그녀는 종종 세션 내내 자신의 행동을 과도하게 해석하여 말하였다. 어떤 원 곡조를 단조에서 빠른 템포로 연주하는 것으로 '능력적(powerful)' 이란 개념을 탐구할 때 치료사는 그녀의 음악 속에서 정서가 결핍되어 있음을 알아차리고 같은 노래를 좀 더 느리게 연주해 보도록 권유하였다. 그 결과 느리게 연주하였을 때 상당히 다른 노래가 되었다. 클라이언트는 세션 중 처음으로 평온하고 조용해졌다. 그녀는 '슬픔'을 경험하고 있었다고 말했다. 그 후 그녀는 자신의 어린 시절 경험하였던 슬픔에 관하여 말할 수 있게 되었다. 치료사는 세 번째 연주를 권유하였고 마찬가지로 느린 템포로 마치 어린 소녀에게 노래를 불러주는 것처럼 노래하도록 제안하였다. 치료사는 그녀의 느낌을 지원하기 위해 함께 노래하였다. 노래의 막바지에 클라이언트는 울기 시작하였다. 그녀는 '이 노래가 자장가라는 것을 한 번도 깨닫지 못했다.' 고 하면서 자신이 이 노래를 어린 시절에 스스로를 위로하기 위해 썼음을 밝혔다. 음악적 중재에 의해 그녀는 자신의 사고와 느낌을 연결할 수 있게 되었다. 그 후의 연상은 그녀가 자신의 느낌과 그것이 불러오는 내관에 대해 방어해야 할 필요가 없음을 알려 주는 것이었다.

저항을 처리하는 또 다른 사례로 권위를 받아들이지 못하는 문제를 안고 있는 32세 음악가의 경우를 들 수 있다. 그녀의 문제는 계속되는 여러 세션의 음악 연주 모두에서 저항에 의한 전이로 나타났다. 그녀는 말하는 것과 비교한다면 자신의 연주는 '피상적'이라 하였다. 이러한 행동의 저항을 인지하면서 치료사는 (클라이언트가 음악적으로 접근할 수 있도록 몇 차례 시도한 후에) 이 행동을 말로 탐색하기로 결정하였다. 이 클라이언트는 학교를 다니던 시절 자신의 선생님에 관한 기억을 묘사하기 시작하였다. 그 기억은 상처였으며 기억하기를 마쳤을 때 치료사는 그때 그녀가 느꼈던 감정을 피아노로 연주해 볼 것을 권유하였다. 클라이언트는 이제는 연주할 수 있겠다면서 약 15분 동안 즉흥연주를 하였다. 연주를 끝마치고 그녀는 눈물을 흘렸고 분노하면서 치료사에게 '왜 그는 나를 버렸을까요? 나의 아버지도 나를 그렇게 대한 적이 없었는데!'라며 물었다. 말과 음악을 함께 도입하여 저항을 다루는 것은 클라이언트가 상처의 반복에 대한 두려움을 받아들일 수 있도록 한다. 음악의 힘에 대한 치료사의 신념은 클라이언트의 연주에 대한 저항감에 직면하는 데 필수적인 것이었다.

저항 처리의 마지막 사례는 저항이 개인 성향의 부분적 양상으로 나온 한 20대 후반의 자주 철회 현상을 보이는 여성이다. 그녀는 세션에 항상 늦었으며 그러다가 여러 달 동안 세션을 취소하였다. 최근에 지각한 이유를 물어보았을 때 그녀는 "내 속의 일부는 치료받는 것을 원치 않아요."라고 말하였다. 그녀는 이 부분이 치료사를 떨쳐 버리기를 바라는 사춘기적 개념과 연관되어 있는 것으로 느꼈다. 치료사는 그러한 관념을 피아노로 연주하며 탐색해 볼 것을 제안하였으나 클라이언트는 '하고 싶지 않다.'고 답하였다(음악과 느낌에 대해 저항). 치료사는 그녀에게 '하고 싶지 않다.'를 연주해 보도록 요청하였다(저항을 연주). 클라이언트가 그것을 연주할 방법이 생각나지 않는다고 하였을 때 치료사는 "무엇이 도움이 될 수 있을까요?"라고 물었다. 클라이언트는 "내 옆에 당신이 앉아 있다가 당신을 초청할 때 연주해 주세요."라고 답하였다. 그러고서는 C장조에서 임의적인 멜로디를 느리게 연주하였다. 치료사는 이 음악을 듣고 어떤 단절과 방황의 느낌, 다시 말해 가정으로 돌아가려 하는 심상을 가졌다. 음악이 약간 느려졌고 몇 분 후 그녀는 치료사를 연주로 초대하였다. 치료사는 두 음의 화성을 연주하는 것으로(반영과 지지) 클라이언트의 연주를 지지하였다. 조금 지난 후 클라이언트는 울기 시작하였으나 연주는 계속 진행하면서 어느 순간 페달에서 발을 떼었다. 음악에 대한 치료사의 느낌은 어리고 여린 어떤 사람에 대한 것이었다. 연주를 녹음한 테이프를 들은 후에 함께 토론하면서 즉흥연주 중에 클라이언트가 가졌던 감정에 대해 이야기하였는데, 클라이언트는 자신이 처음에는 '혼돈스럽고 갈피를 잡지 못했다.'고 하였다. 자신이 음악의 속도를 느리게 하였던 시점에서는 고독감을 느끼고 있음을 깨달았으며, 바로 그때 치료사에게 함께 연주하기를 요청했다고 하였다. 또한 클라이언트는 '처음으로' 치료사의 소리를 듣기 시작하였음을 주목하였다. 그녀는 울면서 "나는 당신을 들어오도록 했어요."라고 말했다. 그리고 그녀가 페달에서 발을 뗄 때 '우리 두 사람의 파트가 명백해짐을 알게 되었다.'고 하였다. 그녀는 치료사가 자신의 말과 음악적 표현을 반영해 주는 것을 들을 수 있었는데, 이것이 그녀의 마음을 움직였다. 그러고는 자신이 치료사와 친밀해지는 것, 자신에 의해 치료사가 영향을 받는다는 것, 치료사가 자신에게 영향을 주는 것을 얼마나 두려워했던가를 말할 수 있게 된 것이다. 그녀의 저항은 분리의 결과로 예상되는 것, 즉 고독, 평가받는 데 대한 상처, 거절에 대한 두려움을 수용하는 데 대한 저항이었음이 명백해졌다. 그녀가 마무리하면서 한 말인 '나는 두려움을 느꼈다. 우리는 함께 연주하며 아름다운 무엇을 함께 만들어 갔다.'에서 그녀는 음악이 분리되지만 연합되는 경험을 주었다고 말했다.

많은 클라이언트와 함께하면서 우리는 자기 표현, 노출, 그리고 변화에 대한 두려움을 극복하기 위한 동기로서 음악을 만드는 즐거움과 창의적인 과정의 기쁨을 목격한다. 발달적으로 치료사는 치료과정에서 클라이언트에게 나타나는 저항의 유형을 통해 클라이언트의 진보와 퇴보를 감지할 수 있다. 어느 정도의 저항은 언제나 존재할 것이다. 이런 저항을 처리하고 작업관계를 세워감으로써 클라이언트는 자신의 저항을 점점 더 볼 수 있게 된다. 이는 치료사의 역할이 내면화되고 있으며, 클라이언트 또한 스스로가 하는 일의 비중을 증가시킬 수 있음을 보여 준다. 또한 이는 자기 이해, 수용, 자발성의 수준이 높아졌음을 가리키는 것이기도 하다.

치료사의 저항

음악연주가 치료과정에 대한 치료사의 저항을 보여 주는 경우도 있다. 이 경우는 클라이언트의 임상적 요구를 충족시키기 위해 치료사가 음악적 교류의 수위를 선택하는 것이라기보다 치료사가 그 자신의 필요를 충족시키기 위해 음악적 의사소통을 사용하는 것이다. 이는 치료사가 인정받고 싶은 나르시스적 요구를 가지고 있기 때문일 수 있다. 따라서 이 경우 치료사는 클라이언트에게 감동을 주고 개인적인 나르시시즘을 만족시키기 위해 음악을 만든다. 이러한 요인을 인지함으로써 치료사는 자신의 만족을 위한 음악연주 시간을 가지거나 자신을 위한 치료의 기회를 통해 인정받음에 관한 욕구를 처리할 수 있는 기회를 가지게 된다.

또한 치료사는 치료과정이 심화되는 것에 대한 저항으로서 방어적으로 음악을 사용할 수 있다. 이것은 상담과정에서 지식과 훈련의 부족에 의한 것일 수 있다. 치료사는 자신 있게 잘할 수 있는 활동만을 충동적으로 내세움으로써 부적절한 감정에 맞서 방어하고 있는 것일 수 있다. 이러한 치료사는 다른 무엇을 할지는 모르겠고 또 반응은 해야겠다는 충동을 느끼기 때문에 연주하기를 선택한다.

치료사는 또한 클라이언트의 저항을 통한 작업을 피하기 위해 자신의 음악을 사용하기도 한다. 대신 음악은 클라이언트의 저항적 행동에 대한 치료사의 불쾌함과 불편함을 전달하는 데 사용된다. Steele(1984)은 지속되는 클라이언트의 저항에 대해 부정적 느낌을 강하게 가지는 치료사의 성향을 언급하였다.

음악치료사는 주어진 순간마다 왜, 그리고 어떻게 음악을 사용하고 있는지를 언제나 인식해야 한다. 해결되지 않은 치료사 자신의 이슈는 어떤 방식으로든 그들의 객관성에 부정적인 영향을 미치거나 역전이 반응을 가지는 식으로 나타난다. 한 예로 역할극을 할 때 치료사가 클라이언트의 억압적 어머니의 역할을 음악적으로 재현하도록 한 경우, 어느 시점에 이르러 치료사의 음악은 클라이언트 어머니의 모방을 중단하고 무의식적으로 자기 자신의 감정을 표출하게 된다. 이를 통해 알 수 있듯이 그때는 이미 치료사가 클라이언트의 유익을 반영하기보다는 치료사 스스로의 억압된 대상에 대한 자기 내면의 이슈를 반영하는 것일 수 있다.

음악을 연주하지 않는 것이 치료과정에 대한 치료사의 저항을 보여 주는 경우도 있다. 이에 대한 이유 중 하나는 치료사가 세션에서 클라이언트가 제시한 음악을 이해하거나 해석할 수 있는 능력이나 이에 대한 자신감이 부족한 것일 수 있다. 이는 훈련 부족에서 기인한 것일 수 있겠으나 음악적 표현의 해석에 대한 연구 부족 때문일 것이라고 생각한다.

음악치료사는 또한 스스로 음악적인 자질이 없다는 생각 때문에 연주를 회피하는 경우도 있다. 이러한 방어는 특별히 클라이언트가 자신보다 음악적으로 더 뛰어나거나 치료사가 위협을 느낄 경우에 나타날 수 있다. 또한 클라이언트의 저항처럼 비판에 대한 두려움 때문에 회피하는 것일 수도 있다. 이 경우는 치료사가 특정한 악기를 동일시할 때 뚜렷이 나타난다. 따라서 치료사가 그 악기를 실제로 서툴게 연주하거나 그렇다고 여길 때, 그는 자존감이나 자기응집력을 상실할 것에 대한 두려움과 그 악기를 통해 자신이 노출될 것에 대한 두려움 때문에 그 악기를 선택하지 않게 된다.

때로 치료사는 말을 할 때 더 편안해짐을 느끼기도 한다. 이는 언어가 가지고 있는 통제와 지배적인 느낌 때문이다. 클라이언트와 마찬가지로 치료사는 음악에서 경험하게 되는 비합리적이고 무의식적인 '여성성'의 세계에 대한 불신을 가지고 있을 수 있다. 융의 이론에서 보면 그러한 여성성의 두려움은 개인적 또는 원형적인 어머니 그리고 자신의 상처받은 여성성의 본질에 대한 이슈와 연관된다.

연주를 지나치게 많이 하는 경우처럼 치료사는 충분히 연주하지 않음으로써 클라이언트의 이슈에 더 깊이 관여하는 것을 피할 수도 있다. 이 역시 앞서 언급하였던 이유일 수 있고 혹은 치료사가 문제를 처리하지 않기로 클라이언트와 결탁하는 것일 수도 있다. 치료사는 클라이언트의 저항이 치료사의 자아와 동조하는 것이기에 클라이언트의 저항을 보려 하지 않을 수도 있다. 치료사의 치료과정에 대한 저항은 지나치게 연주를 하든 음악을 회피하든 간에 극복되어야 한다. 이러한 가능성을 감찰하기 위해 우리는 지속적인 슈퍼비전의 중요성을 강조하고 싶다.

결 론

이 장에서는 개별 음악치료에서 나타나는 저항의 요소에 대해 알아보았다. 음악치료사는 저항에 관한 지식과 치료 세션 전반에 걸쳐 음악적, 그리고 비음악적 행동에서 저항이 나타나는 방식 및 저항에 관한 지식을 높여야 한다. 클라이언트의 저항을 인식하는 것과 더불어 음악치료사는 자기 자신의 저항적 행동을 인식할 필요가 있다. 이는 음악을 연주하는 데 대한 주저나 지나친 음악적 소모성 모두를 포함한다. 어떤 행동이 저항으로 인식될 때 음악을 통해 처리할 수 있는 많은 방법을 소개하였다.

우리는 음악치료가 그 발전에서 새로운 시점에 이르렀음을 믿는다. 점점 더 많은 치료사들이 주 치료사로 일하고 있고 개인치료실을 운영하고 있다. 기관에서 일하고 있는 치료사 역시 '활동(activities)' 치료에만 머무르지 않고 그 치료 영역을 점차 넓혀 가고 있다. 그들은 보다 강도 높고 심화된 음악치료의 경험을 하면서 이러한 경험을 동료나 타분야의 전문가와 의사소통할 수 있는 방안을 모색하고 있다. 이러한 발전적인 모습에서 우리는 정신분석적 접근에서 상담치료 세션과는 완전히 구분되는 음악치료 세션의 고유한 상황을 주목할 필요성을 느꼈다. 정신분석에 근원을 두고 있는 다른 음악치료사들과 함께 우리는 정신분석학과 음악치료의 이론 및 기술을 접목하려는 시도를 지속적으로 하고 있다.

참고문헌

Baumel, L. (1973). Psychiatrist as music therapist. *Journal of Music Therapy, 10*, 83-85.

Bruscia, K. (Ed.). (1991). *Case studies in music therapy*. Gilsum, NH: Barcelona Publishers.

Bruscia, K. (1987). *Improvisational models of music therapy*. Sprinfield, IL: Charles C Thomas.

Bugental, J. F. T. (1965). *The search for authenticity*. Toronto, Canada: Holt, Rinehart and Winston.

Charlesworth, E. (1982). Music, psychology, and psychotherapy. *The Arts in Psychotherapy, 9*(3), 191-202.

Díaz de Chumaceiro, C. (1992). Induced song recall. *The Arts in Psychotherapy, 19*(5), 325-332.

Kaser, V. (1991). Music therapy treatment of pedophilia using the drum set. *The Arts in Psychotherapy, 18*(1), 7-15.

Milman, D., & Goldman, G. (1987). *Techniques of working with resistance*. Northvale, NJ: Jason Aronson.

Moore, B., Fine, B. (1990). *Psychoanalytic terms and concepts*. New Haven, CT: Yale

University Press.

Moreno, J. (1985). Music play therapy: An integrated approach. *The Arts in Psychotherapy* *12*(1), 17-23.

Nordoff, P., & Robbins, C. (1977). Creative music therapy. New York: John Day.

Robbins, A. (1986). *Expressive therapy*. New York: Human Sciences Press.

Steele, P. (1984). Aspects of resistance in music therapy: theory and technique. *Music Therapy, 4*(1), 64-72.

Tyson, F. (1981). *Psychiatric music therapy*. New York: Fred Weidner & Son.

제8장
역전이에서 심미의 역할
- 적극적 · 수용적 음악치료 간의 비교

Edith Lecourt

이 장에서는 적극적 · 수용적 음악치료 간의 심미적 관련성이 어떻게 역전이 현상에 기여하며 영향을 미치는지를 알아보려 한다. 이 내용은 분석적 음악치료에 대한 Mary Priestley의 저서(1994), 역전이와 관련한 Racker의 저서(1968), 그리고 특정한 음악 감상의 치료적 효과에 초점을 맞추어 진행되고 있는 많은 논의에서 비롯된 것이다.

그에 앞서 몇 가지 용어를 정의해야 할 것이다. 이 장에서는 '심미'를 아름다움과 예술적 현상이 결부된 인간 경험의 영역이라 규정한다. 음악치료에서 연주, 즉흥연주 혹은 작곡활동은 적극적 음악치료로, 환자가 녹음된 음악을 감상하고 반응할 때는 수용적 음악치료로 명명한다.

Racker(1968)는 역전이 형태를 세 가지로 구분하고 있는데, 이는 Priestley(1994)에 의해서도 요약되었다. 첫 번째는 역전이에 대한 Freud의 초기 정의에 기초한 것이다. 이는 '환자와의 관계에서 나타나는 치료사 전이의 왜곡'으로 정의된다. 이 정의를 여기서는 고전적 역전이(classical countertransference)라 칭하려 한다. 두 번째 역전이 형태는 환자의 내면적 대상에 대한 치료사의 동일시다(내면적 대상은 환자의 인생에 있어 중요한 사람에 대한 내면적 혹은 내사된 표상이다). Racker는 이러한 형태를 보완적 동일시(complementary identification)라 칭하였고, Priestley는 이를 'c-역전이'라 하였다. 세 번째 역전이 형태는 '환자에게서 느껴진 감정이입'으로 말미암아 분석가 내면에서 발생하여 환자의 심리적 요소를 현실적으로 반영하고 재현하는 심리학적 요소를 포함한다. Racker는 이를 '일치적 동일시(concordant identification)'라고 불렀으며, Priestley는 '이입(empathy)'이라는 의미에 역점을 두어 'e-역전이'라 하였다.

역전이에서 심미의 역할에 관해 이 장에서 논의하는 것은 앞의 세 가지 역전이 형태를 중심으로 이루어질 것이다.

고전적 역전이의 심미적 요소

고전적 역전이란 환자와의 관계에서 치료사 자신의 전이 왜곡이라 할 수 있다. 음악치료에서 이러한 왜곡은 작업의 미학적 본질 밖에서 일어날 수 있다.

전통적 심리치료 양식과 비교하였을 때 음악치료의 독특한 특성은 치료과정의 필수적 부분으로서 음악(그리고 예술 형식의 심미적 요소)에 의존한다는 점이다. 우리가 이를 '음악' 치료라 일컫는다는 사실과 환자를 치료하기 위해 '음악'을 사용한다는 사실은 우리의 작업에서 심미적 영역이 중심을 이룬다는 뜻이다. 흥미롭게도 음악을 만드는 것이 치료의 목적은 아니어도 '음악'이라 규정지을 수 없을 정도의 소음이나 소리까지도 수용하고, 치료과정에 언어적 토론을 포함시키는 경우에도 심미적 요소가 중요한 것은 마찬가지다.

작업의 심미적 본질을 강조하면서 역전이의 왜곡을 검토할 때 몇 가지 의문이 생긴다. 치료사의 일생에서 음악이란 어떤 의미인가? 치료사는 왜 음악을 치료 수단으로 선택하였을까? 치료사는 자신의 고유한 문제를 특정한 유형의 음악에 어느 정도까지 투사하며, 그러한 자신의 투사를 토대로 하여 환자를 위해 음악을 선택하거나 만드는 것인가? 이 장에서 가장 중점적인 문제는 다음과 같은 질문이다.

• 심미적인 영역은 치료사의 왜곡 속에 어떻게 포함되는가?

- 치료 작업에서 음악의 심미적 영역을 얼마만큼 이상화하고, 부인하며, 인식하고, 사용하는가?

음악의 심미성을 강조하는 것이 거리두기나 다른 극단에서는 융합의 기회를 제공함으로써 공간적 양가감정을 불러올 수 있다는 점은 환자-치료사 관계에서 미적 편견이 어떻게 왜곡을 이끌 수 있는가를 이해하는 데 매우 중요하다. 말하자면 음악은 그 자체가 분리의 대상일 수 있다. 음악은 그 속에서 치료사와 환자를 분리할 수 있게 하는 매개가 된다. 혹은 이끌거나 침범하는 활동을 통하여 환자와 치료사가 공유하는 대상이 될 수도 있다. 이렇게 분리와 친밀을 양산하는 기회는 우리의 임상적, 심미적 가정 속에서 뚜렷하게 드러난다. 이들 가정 중 네 가지가 여기에서 논의될 것이다. 이는 바로 음악이란 변형적인 대상, 완화를 위한 예술, 고통 미학화의 과정, 그리고 승화의 치료양식이라는 것이다.

'완화예술' 로서 음악

우리는 예술가들의 자서전을 읽다 보면 종종 그들의 예술이 자신의 고민을 극복하게끔 도왔으며, 삶을 충만하게 하고 의미를 가지게 하였음을 알게 된다. 이러한 사실을 통해 볼 때 많은 인간의 고뇌가 예술적 경험을 통해 누그러질 수도 있고 재현될 수도 있음을 가정해 볼 수 있다. Bollas(1989)의 이론은 이 가정을 지지하고 일반화한다. 그는 예술이 변화나 완화의 형태에서(동시에 그 같은 변형에 저항하는 방식으로) '치료' 에 대한 기대를 제공하는 '변형적인 대상' 의 역할을 한다고 제안한다. 그는 이런 관점에서 유아의 첫 번째 변형적인 대상으로 어머니를 언급하였다.

음악치료에서 음악을 생각할 때 우리는 이를 마술처럼 문제를 해결해 주고 환자에게 어떤 형태의 완화(relief)를 주는 변형적인 대상으로 인식한다. 이런 방식의 작업에서는 상당 부분 기분 전환이나 환상, 그리고 이상화의 메커니즘에 의존하게 된다. 한 예로 치과나 수술에서 무통법으로 음악을 사용하려는 경우를 들 수 있다. 고통에서 환자의 주위를 돌리기 위해(기분 전환) 음악을 사용하고, 이에 환자는 고통을 경험하지 않게 되며(환상), 지속적인 완화를 위해 음악에 의존하게 된다(이상화).

고전적 역전이로 화제를 되돌려 보면 이러한 음악치료의 개념과 적용이 과연 치료사에 의한 왜곡을 뒷받침하느냐 하는 의문이 생기게 된다. 잠재적 무통법으로서 음악에 대한 믿음이 혹시 음악의 효과에 대한 치료사 자신의 환상이나 이상화는 아닌지? 그 환상과 이상화를 치료사가 클라이언트에게 종용하고 있는 것은 아닌지? 만일 그렇다면 전이에 저항하기 위해 치료사가 그렇게 하고 있는 것은 아닌지? 나아가 기분 전환이 대부분의 심미적 노력의 참목적이 아니라면 이런 방식으로 음악을 사용하는 것은 일종의 환상이 아닌지?

고통의 '미학화' 로서 음악

치료과정이 환자나 치료사의 고통스러운 부분을 다루는 경우, 고통 경감을 위한 한 가지 방법은 이른바 '미학화(aestheticization)' 의 과정을 통해 고통에서 멀어지려는 것일 게다. 음악치료에서 이런 과정은 세 가지 방법에서 음악 사용을 포함한다. 즉, 고통의 바깥으로 환자, 치료사 혹은 치료과정을 리프팅(lifting, 들어 옮기는)하는 방법, 고통스러운 요소를 보다 조화롭게 만드는 방법, 그리고 고통을 덮어 은폐시키는 방법이 그것이다.

리프팅으로서 음악　　음악치료는 '리프팅' 의 한 방식인가? 이런 가능성을 알아보기 위하여 개인적 예를 들어 보겠다. 몇 년 전 나는 내가 치료하는 아동의 부모(D 씨)에게 한 달에 한 번씩 정기적으로 부모를 위한 그룹 세션에 참석하도록 제안하였다. 나는 이 세션을 매우 아름다운 장소에서 실시하였다. 즉, 고전적 명화가 걸려 있는 방에 두 개의 귀족적인 루이 16세의 팔걸이의자, 그리고 양편에는 벽난로와 그것을 중심으로 놓인 반원형의 의자들이 있었다. 이 그룹 세션이 그룹음악치료 상황은 아니었지만 나는 상호 교류를 촉진시키기 위해 배경음악을 틀기로 결정하였다.

D 씨 부부를 만날 시간이 다가오자 내 마음은 머뭇거렸다. 나는 이전에 그들을 만난 적이 있었는데, 그들은 모두 알코올 중독자로서 대하기가 매우 힘들었다. 나는 그들을 맞이하기 위하여 방문 앞으로 다가서자 그들의 얼굴이 그려지기 시작하였다. 그 이미지는 매우 추했으며, 그것이 나를 한동안 가로막았고, 그들을 내 방 안으로 들어오게 하기 위해서는 내 자신을 추스러야 했다.

동료들은 그런 방을 선택하고 음악을 사용하는 것이 그들의 낮은 사회경제적 수준에서 볼 때 오히려 불편을 느끼게 하지 않겠냐며 의문을 제기하였다. 그런데 이게 어찌된 일인가? D 씨 부부는 곧바로 두 개의 안락의자로 다가가 거기서 무척이나 편안하고 자신만만하게 앉아 있었다. 그들은 편안함을 느끼면서 자녀의 문제 상황에 대해 이야기할 수 있도록 돕는 수단으로 음악을 포함한 그 어떤 것도 필요로 하지 않았다.

나와 동료들은 이 경우 추함을 통하여 고통을 보는 것을 참을 수 없었기 때문에, 나는 방의 분위기와 배경음악을 통하여 세팅과 그들 부모와의 관계 형성에서 아름다운 요소를 도입하였던 것이다. 미적인 부분은 분리와 연결의 기능을 하였고 내가 예상했던 것보다 그다지 불유쾌하지 않은 만남으로 변환시켜 주는 방법을 제공하였다. 이는 D 씨 부부의 자존심을 고양시켜 그들의 태도를 즉시 바꾸어 놓았다. 그리고 이것은 확실히 내게도 도움이 되었다. 이 미적인 부분은 우리와 그 상황에서 우리의 경험을 서로 연결시켜 주었다.

조화로서 음악 우리는 다른 상황에서 고함이나 신음, 통곡하는 고통의 소리를 음악으로 전환시키기 위한 음악치료사의 요구를 관찰할 수 있었다. Roy Hart 같은 성악가는 음악치료사는 아니었지만 Roy Hart 극장을 창설할 때 이러한 전환을 목적으로 하였다. 제2차세계대전 동안 그는 죽음의 마지막 순간까지 고통으로 울부짖던 자신의 친구들을 무기력하게 지켜보아야 했다. 그는 그런 소리에 충격을 받고 노래하는 것만이 인간의 목소리로 표현할 수 있는 모든 수단은 아니라는 사실을 깨달아, 자신의 모든 시간을 목소리의 음악적 정서 요소를 연구하는 데 바치게 되었다. 이것이 Roy Hart 극장의 설립 배경이며, 그곳에서 발성 표현을 극화(劇化)하는 작업이 연기자들의 목적이었다. 그곳에서 공연하였던 연극에는 주로 유도되는 즉흥연주를 통해 발달되는 감정적인 주제가 중심이었다.

음악치료에서 조화 혹은 일체로서의 음악적 실례는 Nordoff와 Robbins의 녹음된 Edward 사례 연구에서 찾아볼 수 있다. Edward는 소리를 지르고 울면서 치료실에 들어왔다. 그에 대한 반응으로 Nordoff는 피아노로 그의 감정적인 고통을 반영하고 그의 울음소리를 음악적인 조화구조로 바꾸어 즉흥연주를 하였다. 그의 음악과 Robbins의 신체적, 음악적 지원을 통하여 반복적으로 관계가 형성된 후 Edward는 자신의 울음을 흐름이 있는 발성, 즉 즉흥연주로 바꾸어 갔고 마침내 그와 치료사들

간의 관계가 성립되는 시점에는 아름다운 노래로 만들어 갔다.

나는 일반적으로 두 가지 대조적인 반응으로 테이프를 듣는다. 첫째는 다음과 같은 의문이다. Edward가 절망적으로 소리를 지르는 데도 왜 치료사는 매번 피아노를 연주하는가, 그리고 왜 그는 신체적으로나 소리를 통해 아동에게 가깝게 다가가지 않는가. 여기서 Robbins는 Edward가 조화로운 음악을 자신과 교류하는 수단으로 받아들이기를 원하였다. 즉, Edward가 울었던 첫 순간이 그의 요구에 대한 긍정적 대답으로서 피아노와 일치되었다고 해석하였다(나는 이러한 요구가 치료사가 환자의 감정적 단계에 자신을 적응시키려는 일반적 상황과는 대조적인 것이라 본다). 두 번째 반응은 아동과 함께하는 민감한 음악적 조화로움뿐 아니라 치료사가 Edward와 공유하였던 마지막 절정의 경험에 대한 존경심이다.

이 세션은 조화로운 음악이 주어진 환경이었다는 점에서 주목할 만하다. 여기서 우리는 음악이 어떻게 절정의 경험을 형성하고, 그에 영향을 주기 위한 심미적인 변형적 대상으로 이용될 수 있는지를 들을 수 있다. 하지만 이것이 표상의 수준에서 무엇이 발생하고 있는지를 보여 주는 것은 아니다.

나는 변형의 중요성 때문에 이 예를 들었다. 아동의 입장에서 변형은 치료사에 대한 의존의 형태로서 수용이었을까, 치료사의 재촉에 대한 수긍이었을까? 아니면 매혹적인 이끌림에 대한 반응이었을까? 또 치료사의 경우 변형은 권위의 승리였을까 매혹이었을까? 이처럼 일치된 조화로움에서 음악적 표상을 위한 음악적 대상의 자리는 어떠한 것인가?

역전이를 놓고 볼 때 나는 음악치료사가 왜 조화로움을 위해 기다리고 또 일하는지 궁금하다. 심미적 요소를 사용하는 것은 불안이나 스트레스 혹은 분노성에 대한 방어 수단인가? 고통스러운 어떤 것을 아름다운 어떤 것으로 즉각적으로 변형시키려는 우리 요구의 본질은 무엇인가? 왜 고통을 단순히 참을 만한 것으로 돌리는 것으로는 부족한 것일까? 아니면 우리는 왜 고통을 그들이 이해할 수 있는 언어나 다른 해석의 형태로 변형시키지 않을까? 더욱 중요한 것은 치료사가 고통을 심미화하는 것이 필요할 때 그것이 그 순간 환자에게 유익한 것인가다.

음악치료에서 고통의 심미화 과정은 이상화의 형태로 간주된다. 왜냐하면 그것은 환자가 음악의 역할을 정서적 충동이나 문제와 일치하는 것이라 생각할 수 있도록 만들기 때문이다. 예술이 종종 승화의 형태로 간주되고 있지만 예술의 이상화는 그렇지 않다는 것을 알아야 한다. 이상화란 전능함, 그리고 현실과 생식적 본능을 부인하는 것에 기초한다. 따라서 음악치료에 이러한 접근을 할 때마다 우리는 환자의 감정적 기능을 자극하지 않도록 주의해야 한다.

은폐로서 음악치료   음악이 고통을 감소시키거나 미화하는 것으로 사용된다는 이상의 두 가지 관찰은 나에게 음악치료가 어떻게 은폐(masking)의 기능을 수행할 수 있는가에 대한 예비 실험을 하게 하였다. 이 연구의 목적(Lecourt, 1997)은 주로 아프리카와 남아프리카 쪽에서 기원한 13가지의 녹음된 노래에 대해 여러 그룹이 보이는 언어적, 행동적 반응을 분석하는 것이었다(몇 곡들은 Voices of the World(*Chant du Monde*)에서 찾아볼 수 있다. CNRS, 1996, CMX 3741010/11/12 그리고 OCORA, Radio France, 1994, C560062/65). 이런 음악을 선택한 이유는 그들의 발성이 대단히 신체적이고 감정적인 표현이었기 때문이다. 또한 자폐아 부모의 성악적 표현(특별히 음색을 통해)을 떠올리게 해 주었던 또 다른 노래도 선택하였다. 물론 혹자는 이들 중 몇 곡은 소리인지 음악인지 의문을 가질 수도 있었을 것이다.

연구 결과는 매우 놀라웠다. 음악치료사와 미술치료사 그룹은 들려준 음악에 매우 부정적인 반응을 보였다. 그들은 그 곡들로 말미암아 혼돈스럽고 충격을 받았다고 보고하였으며, 그 곡들은 환자에게 비효과적이고 심지어 위험하기까지 하다고 평가하였다. 그러나 비전문가 그룹은 몇 개의 항목에 놀라움을 표시하기는 하였으나 곡 전체는 매력적이라는 반응을 보였다. 그들은 또한 곡 속에 한 단어라도 알아들을 수 있는 경우에는 감상이 보다 수용적으로 잘 이루어졌다고 보고하였다. 반면에 시각장애 자폐아 부모 그룹은 매우 적극적으로 반응하였다. 그들은 각각의 곡에 상당한 주의를 기울였으며, 곡에서 표현되는 감정에 반응하거나 음악에 따라 노래하는 등 성악적으로도 반응을 보였다.

그러나 그들의 작업에서 감정과 감정의 소리에 대해 표면상으로 높은 가치를 부여할 것으로 보이는 전문 음악치료사들이 이들 곡에 대해 매우 부정적으로 반응하였다는 것은 주목할 만한 일이다. 사실 Mary Priestley는 음악치료를 독특하게 만드는 것은 인간의 감정 소리, 이른바 '내면의 음악'을 경청하고 이해하는 데 중점을 두는 것이라 하였다. 나는 이러한 연구 결과가 우리의 임상에서 미적인 고려와 감정 사이에서 긴장감의 중요성을 강조한다고 생각한다. 나는 우리 작업에서 심미적 양상은 감각적 경험과 정서적 경험 간에 혹은 Bion(1969)이 묘사한 것처럼 외부 물리적 세계와 내부 정신적 세계 간에 접점이나 연결 고리를 제공한다고 믿는다.

또한 나는 음악이 '감당할 만하고 초자아에 의해 즐길 수 있는 감정적 표현의 한 형태'라는 Mary Priestley의 생각에 동의한다. 그러나 음악치료는 그것이 아무리 유익하다 할지라도 초자아의 환상을 지지해서는 안 된다는 것을 명심해야 한다. 이 연구에서 나타난 결과에 대해 내가 가지고 있는 의문은 이러한 음악 작품이 초자아에게 수용되거나 수용될 수 없는 경계가 어디냐는 것이다. 미적 부분(수용적인 감각 표현)과 감정적 부분 간의, 그리고 수용적인 감각 제시와 수용할 수 없는 감정적 표현 간의 긴장 선상에서 그 곡들은 기능을 발휘하였는가? 만약 그렇다면 고통과 고통스러운 감정(수용할 수 없는 내면의 현실)을 다루기 위한 음악(아름다운 감각적 표현)의 사용은 이상화 그리고(혹은) 분열을 부추길 수 있다.

이들 음악에 대한 전문가들의 부정적 반응에는 역전이 문제가 상당 부분 관여한다. 아마도 미적으로 즐거움을 주는 음악은 초자아에게는 수용될 수 없는 감정을 표출하는 이상화된 방법을 음악치료사에게 제공한다. 반대로 우리에게 미적인 즐거움을 주지 못하는 음악은 자신의 받아들일 수 없는 감정을 추한 소리에 투사하게 하고 이것을 거부할 수 있는 기회를 제공한다. 어떤 경우나 음악치료 현장에서 미와 감정 간의 긴장으로 불거진 이상화와 분열의 메커니즘은 왜 우리가 음악치료사가 되었는지에 대한 무의식적인 동기를 제공한다. 아마도 음악치료사는 수용할 수 없는 내면의 현실과 그들의 적절한 표현 간에, 혹은 구체적으로 본능과 초자아의 요구 간에 그들이 경험한 긴장을 완화하기 위한 무의식적 시도로 음악치료사라는 직업을 선택하였을지도 모른다.

임상에서 우리는 그 같은 요인에 더 많은 주의를 기울여야 한다. 음악이 리비도적 힘(본능)과 초자아가 결부된 요구에 어떻게 관련되는가를 숙지하는 것이 중요하다. 아동과 일하면서 나는 음악이 불유쾌한 소리, 이를테면 몸으로 장난치며 내는 소리, 성적 표현과 관련된 소리, 방귀 소리 같은 것을 은폐하기 위해 사용되는 것을 종종 본다. 이러한 리비도적 기능의 방어와 승화로서 음악은 환자의 치료에서, 또 우리 스스로의 역전이 이슈를 검토하는 데서 주의 깊게 사용되어야 한다.

음악치료에서 '승화' 로서 음악

감정의 음악적(미적) 표현이 성적 표현의 감소(음악활동에서나 소리를 만드는 데 성적 유의성을 제거하는 결과를 가져오는 과정)를 위한 활동을 동반할 경우 사회화와 승화의 결과로 나타난다. 궁극적으로 음악치료에서 감정이 표출되고 변환되는 방식은 승화 과정을 위한 재료다. 많은 부분은 감정이 감상이나 적극적 음악 만들기 중 무엇을 통하여 경험되는가에 달려 있다. 예를 들어, 녹음된 음악을 감상하는 앞의 예에서 환자들은 그들의 성적 관련성과 리비도적 함축성에 따라 그 곡을 거부할 수 있었다. 음악의 성적 영역에서의 예들은 방귀 소리 같은 신체 소리를 만들려는 아동의 호기심과 기타나 트럼본 등의 성적 의미를 함축하고 있는 특정한 악기 모양 등을 포함한다. 만약 이 같은 성적 의미가 음악가에게 너무 강하다면 음악적 활동에 지장이 된다. 성적 표상이 미적인 목적과 너무 밀접하게 연관되어 있다면 그것은 혼란을 불러일으켜 결과적으로 음악가에게 불안을 가져다준다.

그룹 음악 즉흥연주에서는 상황이 다르다. 이 경우에 음악적인 면, 즉 미적으로 즐거움을 주는 소리는 그룹의 역동성 속에서 개인이 처음으로 조화로움이나 일체감을 경험하는 구체적인 순간에 처음 나타난다. Anzieu(1975)는 언어 분석적 그룹에서 이러한 조화의 현실을 '그룹 환상' 의 순간으로 규명하였다. 그는 그룹의 소리가 처음으로 '음악적' 이 될 때, 그 순간이 어떻게 그룹 환상으로 간주될 수 있는지를 목격하였다. 그 순간은 그룹의 동시다발적 음악이 마술같이 모든 구성원의 분노, 폭력성, 그리고 혼동의 환영을 조화시키고 이상화하는 통로로 작용하는 경우다. 이때 그룹 환상은 일종의 '부인(denial)' 의 형태를 취한다. 이는 치료사가 그룹 속에서 나타나는 이러한 음악적인 면을 촉진하고 고무시키지만 동시에 '부인' 의 감정을 고무시킨다는 점에서 매우 유의미하다.

그룹 환상의 순간은 그룹 구성원이 공격적인 감정과 실망이나 우울감을 통해 그룹에서 나중에 발달하게 되는 음악 성향과는 대조를 이룬다. 이 단계에서 그룹은 진정한 승화과정을 반영하는 음악 성향의 새로운 형식을 창조한다(Lecourt, 1993, 1994, 1995).

음악치료에서 음악은 언제나 승화의 결실로 나타나지는 않는다. 때로 음악은 환자가 현실을 부인하게끔 유혹하는 수단이 되기도 하며, 때로는 심미성을 통한 거리두기와 같은 환자−치료사 관계의 왜곡을 조장하기도 한다. 참을 수 없는 내면의 현실이 다스려지고 음악을 통하여 다시금 방향이 설정될 때만이 음악치료가 승화를 위한 기회를 제공할 수 있다.

일치적 동일시

일치적 동일시(concordant identification)라는 말은 치료적 교류에서 치료사의 감정적 연관과 그러한 연관성을 치료사가 환자와 치료사 자신을 위한 차후의 치료 상황에 의식적으로 사용하려는 것을 뜻한다. Priestley(1994)는 이것이 감정이입과 반향의 한 형태이기 때문에 'e−역전이'라고 불렀다. 그녀는 이것이 어떻게 발생하는지에 대해 다음과 같이 설명하고 있다.

> 음악치료사는 일하면서 점차적으로나 갑작스럽게 자신의 감정적 혹은 신체상의 인식을 통해 자신이 환자의 어떤 느낌과 감정이입적인 공명을 하고 있다는 사실을 인식한다. 분석적 음악치료사들은 이러한 현상을 염두에 둔 채 숨겨진 감정을 표출하고, 그것을 자신의 음악을 통해 환자에게 돌려주며, 환자가 준비되었다고 판단되면 즉흥연주나 녹음된 음악을 재생한 후에 토론한다.

여기서 중요한 것은 치료사의 감정이 특별한 정점에서 환자의 감정과 일치한다는 점이다.

Priestley는 음악치료에서 발전하는 정서적 연관성은 언어적 심리분석과는 상당한 차이가 있으며, 이러한 차이점이 결과의 측면에서 참다운 것이라 하였다. '분석과는 달리 음악에는 생동감이 있고 정서적인 상호 교류가 있다'(1994, p. 6). 그녀의 입장에서 이러한 상호 교류는 '음악치료의 가장 핵심에 자리하고 있다. 이것은 음악 속에서 치료사와 환자의 감정이 자유롭게 함께 섞이는 하위언어(subverbal) 음악적 단계며, 악기를 통해 강한 느낌을 표출하려는 특정한 가장자리 단계다'(1994, p. 17). 나아가 '음악적 관계의 단계는 상호적이다. 감정은 음악적으로 바뀌며, 치료사는 음악을 통해 자신의 역전이적 반응에 보다 솔직해질 것이다. 이 단계에서 치료사와 클라이언트는 가장 무의식적 깊이에서 가장 가까이 함께한다'(p. 74). 덧붙여 그녀는 e-역전이 느낌의 음악적 반영은 그러한 느낌을 다루는 방법 중의 하나로 그것이 음악치료의 독특성이라고 말하였다(1994, p. 100).

나는 음악치료가 독특한 이유가 이러한 상호 교류적 관계에 주어지는 울림이 있는 (여운이 있는) 형태이기 때문이지 그것의 무의식적 깊이 때문이라고는 생각하지 않는다. 이 상황을 묘사하기 위하여 '상호성(reciprocity)'이라는 용어를 사용하는 것에 나는 의구심을 갖는다. 왜냐하면 거기에는 음악치료사와 환자 사이에 어떠한 평등함도 없으며, 치료 목적은 같은 것을 표현하는 데 있지 않으며, 자기만의 개인적 방식으로 그 감정을 각각 표현하는 데 있기 때문이다. 그래서 그보다는 '교류(exchange)'라는 말이 오히려 적절하지 않을까 싶다.

이러한 감정적 교류의 본질과 한계는 아직까지도 분명하지 않다. 그러나 이러한 감정적 교류 속에서 치료사가 사용할 수 있는 모든 대안 중 몇 가지는 차별화되어야 한다.

- 치료사는 자신의 감정을 음악적으로 표현할 수 있는데, 그것이 어떤 감정이든 치료사는 자신을 위해, 그리고 자신 그대로를 자발적으로 표현할 수 있다.
- 치료사는 환자의 표현에 음악적으로 반응할 수 있다.
- 치료사는 환자의 인식을 발달시키기 위하여 그들이 표현한 일부분을 음악적으로 돌려줄 수 있다.
- 치료사는 환자의 인식을 발달시키기 위하여 환자의 표현에 대한 자신의 느낌을 음악적으로 돌려줄 수 있다.
- 치료사는 환자의 인식을 발달시키기 위하여 환자의 표현에 대한 자신의 고유한 감정을 말할 수 있다.

첫 번째 선택은 전문 치료사에게 부적절한 것이다. 두 번째와 세 번째 선택은 반영에 대해 그들이 응답하고 있다 하더라도 실제로는 느낌이 동일시되지 않기 때문에 일치적 동일시의 예는 될 수 없다. 네 번째 선택은 Priestley가 내면의 통로와 외면의 통로를 구분하면서 발전시켰던 것이다. 여기에서 내면의 통로는 '치료사가 역전이 상황에서 표출하는 자신의 무의식적 감정을 환자에게 돌려주는 것'이며, 외면적 통로는 '자신의 기분에 맞추어 선율 악구에 대답하는 것'(1994, p. 143)이다. 그녀는 이것을 분석적 과정만큼이나 '냉철한' 것으로 보았다.

여기서 '냉철한' 혹은 '따뜻한'이라고 한 것은 정신분석이나 음악치료와 같이 어떤 '기법'이 적용될 수 있는 특질이 아니라 '사람'에 대한 것이라고 본다. 따라서 냉철한 심리분석가, 따뜻한 심리분석가 혹은 냉철하거나 따뜻한 음악치료사가 있을 수 있다. 실제로 '치료사는 자신의 음악 속에 자신의 가장 깊고 풍부하고 민감한 부분을 집어넣을 수 있다. 때로 치료사는 환자가 감정을 표출할 수 있도록 어떠한 역할을 하지만 반주자는 아니다'(Priestley, 1994, p. 148). 여기서 격한 감정과 관련된 심오한 개념이 나타난다. 그러나 정신분석학에서 분석가는 환자의 무의식에 접근하기 위하여 자신들의 무의식을 사용하는데, 이것이 내면의 가장 깊은 수준이라고 주장한다. 차이점이라면 과정의 깊이가 아니라 참여와 교류의 형식에 있을 뿐이다.

상호성(reciprocity), 융화(mingling), 상호관계(mutuality) 등은 이러한 감정적 교류를 표현하는 용어들이다. 이는 모두 Ferenczi(1932)의 '상호 분석(mutual analysis)'의 개념을 떠올리게 한다. 이 개념에서 나는 상당한 위험성을 느꼈다. 사실 상호성은 환자–치료사의 현실적 관계에 존재하지 않는다. 왜냐하면 양자 관계에서 후자는 음악치료를 제공하며 보수를 받는 전문가이고, 전자는 도움을 요청하며 그 도움에 대한 대가로 치료비를 지불하는 사람이기에 그들 사이에는 평등한 관계가 존재하지 않기 때문이다. Priestley는 음악치료란 단순히 정서적 상호성이 아니며, '치료사는 감정을 수용하고 그것을 되돌려 주고 환자에 의해 그것이 반영되도록 만드는 것'(1994, p. 71)임을 인정하였다. 치료사의 수용 기능은 환자의 감정 표현과 그것의 제한에 대한 가능성을 부여하는 조건이 된다. 이러한 치료적 기능은 원래 Bion(1969), Meltzer (Meltzer & Harris Williams, 1988), Anzieu(1975) 등이 발전시켰다. 이들은 심리적 외피(psychic envelope)란 용어를 사용하였는데, 그 한 가지 형태가 음악적 외피 (musical envelope)다. 특히, 변형(transmutation)의 구체적인 역할(즉, '베타' 혹은 '알파' 요소로부터)은 Bion(1969)에 의해 개발되었고, 그 후 Bollas(1989)가 다시 사용하였다. 그는 예술 속의 감정을 어머니의 보살핌 아래에서 일어나는 가장 초기 시절의 변화에 대한 회고의 형태로 간주하였다. 예를 들어, 어머니가 아기의 위치를 바꾸었을 때 세상을 보는 아기의 관점에 변화가 일어나며, 아기를 젖 먹일 때 아기 내면의 감각이 변화하는 것이다.

공명(resonance)의 개념과 연관된 상호성에 대하여 약간의 혼란이 있을 것이라고 생각한다. 오늘날에 공명이란 조화로운 보편적 우주적인 소통의 이상화다. 이는 최근에 음악치료에서도 나타나는 개념으로, 1993년과 1996년 스페인과 독일의 세계음악치료학술대회 때에 발표된 많은 연구를 통해서도 제시되었다. 그 초점은 '악기와 인간이 어떻게 서로 공명 상태로 진동할 수 있는지' 등이었다. 나는 이것을 상징을 통한 소통이라기보다 심상적 교감이 발달하는 상황에서 치료사와 환자 간의 나르시스적인 상호성의 한 예라고 믿는다.

양쪽(상호성과 공명) 모두의 접근에서 환상과 이상화는 분리, 구분, 불안, 그리고 고독의 현실에서 사는 어려움에 대항하는 강한 방어기제로 사용된다(Lecourt, 1989 참조). 환자는 그들의 방어에 대한 치료사의 강화를 받아들일 준비가 되어 있다. 이것이 바로 내가 즉흥연주 중심의 음악치료 임상에서 제한된 시간 속에 자유연상의 형태로 자유즉흥연주를 한 후 언어적 연상과 분석을 동반하도록 함으로써 Freud학파의 분석적 태도와 유사한 입장을 취하는 이유다.

일치적 동일시 역전이는 정신과 환자를 다루는 과정에서 심리분석학에 도입되었다. 여기서 치료관계가 이들의 기능 수준에 맞춰질 수 있다는 점을 언급하는 것은 중요하다. 음악치료가 이러한 환자를 치료하는 데 특별한 역할을 해 오고 있기 때문에 이러한 역전이 형태가 잘 발달한 사례를 찾는 것은 어렵지 않은 일이다. Freud(1913)는 모든 사람의 무의식은 타인의 무의식적 표현을 해석하는 데(예를 들어, 이입) 가치 있는 도구가 될 수 있지만, 이 도구를 사용하기 위해서는 그것이 어떻게 '작동' 하는지를 알 필요가 있다고 지적하였다. J. W. T. Redfearn은 Priestley의 책(1994, p. xi) 서문에서 환자의 감정을 지원해 줄 수 있는 치료사라면 먼저 자신의 감정이 안정적이어야 한다는 것에 동의하였다.

Lacan(1966)은 환자의 전이가 분석가만을 대상으로 하는 것이 아니라 상징적인 다른 어떤 것을 대상으로 한다는 입장을 취한다. 반향과 모방을 통하면서 발전되는 상호 교류는 목적이 될 수 없다. 왜냐하면 거기서의 발전은 상상이기 때문이다. 또한 분석가는 'a'라는 대상자의 역할을 한다. 이 개념에서 Lacan은 상상적 관계('a' 대상과 함께)와 상징적 관계(구어적 언어에 의해 생성되는 거리를 통한 'A' 대상과 함께) 간의 차이를 구분한다. 이러한 입장에서 볼 때 일치적 동일시는 상상적 관계로 치료적 목적에 방해물이 될 수 있으며 상징적 차원의 발달이 될 수 있다.

이러한 관찰은 우리를 다시 한 번 승화의 과정으로 이끌어 준다. 왜냐하면 음악치료의 목적은 사랑을 위한 환자의 욕구를 직접 실현하려는 것이 아니라 음악을 통해 그 욕구를 변형시키는 것이기 때문이다. 승화를 고려할 때 음악은 성적 욕구에 대한 변형적 코드를 제공하며, 구어적 언어의 보완이 된다.

이러한 관점에서 음악은 그것이 사랑이든 어머니의 몸에 대한 환상적 파괴이든 간에 어머니에 대한 유아의 욕구에 대한 상징적 표출 혹은 승화로서 관망된다. 덧붙여 Lacan의 견해에 따르면, 상징적 코드로서 음악은 이러한 초기 관계에 중요한 의미를 제공한다. Lacan은 하나의 의미 있는 대상은 인간이 발달하기 위해서 필요한 '결핍'을 창조한다고 주장하였다. Benoit(1988)는 어머니-유아의 관계에서 최초의 의미 있는 대상은 아기가 받아 먹는 첫 번째 '약'으로 간주하였다. 따라서 이러한 관계에서 목소리, 멜로디, 그리고 리듬은 의미 있는 대상으로 작용하고 그들의 미학적 형태는 치료적 잠재성으로서 아동의 기억 속에 새겨질 수 있다. 그리고 아름다움은 어머니의 사랑에 연결된다. 이런 점을 고려할 때 우리는 음악치료에서 일치적 동일시 속의 음색 혹은 리듬 같은 음악적 요소는 환자의 유아 시절의 첫 번째 약과 같은 중요한 역할을 한다(이 첫 번째 약이 아이 기억에 연결되어)고 할 수 있다. 또한 치료사가 일치적 동일시 안에서 환자를 경청하고 이해하게 할 뿐 아니라 환자를 보살피는 어머니에 대한 보완적 동일시 안에서 그들에게 반응할 수 있는 기회를 제공한다고 할 수 있다.

적극적 · 수용적 음악치료에서 보완적 동일시

나는 Bion(1969)이 정신과 환자와 일하면서 제안하였던 보완적 동일시 속에서 일하는 것을 선호하는 편이다. 나는 아기가 울 때 어머니가 자신의 알파(alpha) 혹은 변형적 기능을 통해 개인적인 감정적 반응뿐만 아니라 상황 자체에 대해 이해함으로써 아기의 울음을 그치게 하는 것처럼 보완적 동일시를 자신의 감정적 공명(emotional resonance)을 사용하는 것으로 정의한다. 이것은 Priestley의 수용적 접근에서도 뚜렷

하게 나타난다. 수용적 기법에서는 치료사가 환자와 공명할 수 있어야 하며, 그런 후
에 환자의 필요와 연관된 결정을 내린다. 적극적인 음악치료를 이용한 Priestly의 접
근에서 치료사는 흔히 즉흥연주를 위한 주제나 타이틀을 선택하거나 만들어 낸다. 수
용적 접근에서 치료사는 환자들이 감상할 음악을 선택한다. 이렇게 하여 치료사는 환
자의 의존을 더 심화할 수 있고 보다 재교육적인 치료단계로 이끄는 역할을 맡는다.
각각의 경우에서 치료사는 환자가 이러한 선택을 할 수 있는 기회를 제공한다. 그러나
Priestly는 치료사의 역할을 강조하면서, '때때로 치료사는 환자에게 무엇에 관해 연
주하고 싶은지를 묻기도 하지만 대부분 치료사가 주제를 선정하거나, 자신들의 억압
된 영역으로 이끌 것을 두려워하여 회피하거나 선택하지 않으려는 환자의 요소에서
역할을 끄집어 내기도 한다.'고 기록하였다(1994, p. 10). 그녀는 "환자가 이야기를 함
에 따라 그들의 내부적 환경이 치료사의 마음속에서 발전한다. 어떤 것은 탐구하면서
분출되어 나오기도 한다. 만약 아무것도 분출되지 않는다면 그때는 심상 유도 기법을
통해 마음 깊은 곳에서 일어나는 것을 관찰하는 순간일 것이다."(p. 37)라고 덧붙였
다. 그녀는 이러한 영역의 치료는 매우 중대한 것이라고 인정한다. "슈퍼바이저에 의
한 내면화에서 가장 명백한 순간은 바로 즉흥연주를 위한 제목이 결정되는 순간이다.
이 제목은 치료를 위한 중요한 방향으로 초점을 맞출 수도 있고, 중요한 문제를 우회
하여 음악을 방어적이고 그저 생기 없는 음표의 나열로 만들 수도 있다"(p. 301).

　수용적 음악치료에서 여전히 민감한 부분으로 우리가 인식하고 있는 것은 치료사
가 선정한 음악을 환자가 감상할 때다. 그러나 어떤 때는 수용적 기법과 적극적 기법
에서 치료사의 결정 간에 커다란 차이가 있음을 주목해야 한다. 일반적으로 치료사는
상호 간의 감정적인 대화를 나누는 동안이 아닌 세션이 시작하기 전에 치료에서 감상
할 음악을 미리 예상하여 선택한다. 이것이 바로 내가 이러한 조건에서 역전이가 다
르다고 생각하는 이유다. 이는 Racker의 보완적 동일시와 더욱 가깝기 때문이다. 세
션을 위한 음악을 결정하기 위해서 치료사는 자신의 환자에 대해 생각해야 하고, 환
자와 그의 인생을 동일시해 보아야 하며, 한 세션에서 다음 세션으로 어떠한 치료의
과정이 진행되는지를 고려해야 한다. 그런 다음 세션이 시작되면 치료사와 환자 사이
의 상호 간의 감정적 대화는 치료사의 결정을 강화하거나 반대로 부적절한 것으로 판
단하기도 한다. 후자의 시점에서 치료사는 즉시 다른 음악을 선택해야 한다.

이렇게 적극적·수용적 형태의 음악치료를 비교할 때는 일치적 동일시와 보완적 동일시에 몇 가지 다른 점이 있다. 적극적 음악치료에서 감정이입(일치적 동일시)은 한순간에 뒤섞여 직접적으로 경험되고 표출되는 반면, 수용적 음악치료에서는 감정이입이 환자가 존재하지 않을 때도 따로 분리되어 때로는 간접적으로 또는 다른 순간에 경험하기도 한다. 그 결과 치료사가 제시하는 치료 반응의 종류는 한 상황에서 다른 상황으로 다양해질 수 있다. Priestley의 접근에서 두 번째로 다른 차이점은 즉흥연주를 위한 타이틀을 선택할 때다. 이때 치료사가 필수적으로 언어를 동반하여 환자의 언어적 진술과 심상을 연관시킨다. 반면, 감상음악을 선택할 때는 치료사가 음악 안에 머물면서 한 음악에서 다른 음악으로, 각 음악 간에, 환자와 치료사 간에, 그리고 환자 내면에서 음악적 연결을 만들어 간다.

물론 적극적이거나 수용적 치료 모두에서 그 목적은 환자가 자신의 감정을 파악하고 수용하는 데 도움이 되는 언어나 음악을 발견하기 위한 것이다. 이런 과정은 전이를 통한 반향의 일종이며 일치적 동일시에 기초한 보완적 동일시를 필요로 한다. 보완적 동일시에서 음악의 심미적 개념은 그러한 감정이 어떤 것이든 그것을 담을 수 있는 그릇이 될 수 있지만, 이 형태의 동일시는 감정이입과 필수적으로 연결된다. 그렇지 않다면 치료사를 탐미주의자로 변질시켜 갈 것이다.

적극적·수용적 접근

수용적 음악치료에서 근본적이고 객관적으로 공유되는 것은 바로 문화적 경험이다. 음악 감상은 사회적으로 누적되어 내려온 것을 공개하는 것이다. 반면, 그 경험이 그룹 환경에서 일어난다 하더라도 본질적으로는 개인적이고 매우 친근한 경험이다. 이것이 음악 감상의 역설적인 부분이다. 음악 감상은 개인과 사회의 상호관계 간에 긴장을 나타낸다.

환자를 위해 치료사가 음악을 선택할 때, 그 음악은 제안이나 제시 또는 치료사의 지지적인 신호로, 그리고 환자의 감정적 환경에 대한 이해로 간주될 수 있다. 유사하게 환자가 반응할 경우 그들의 반응은 치료사의 제안에 대한 응답으로 간주된다. 환자의 반응은 단순히 음악 자체에 대한 반응만은 아니다. 이는 치료사와 치료사의 음악에 대한 반응이며 그렇게 해석되어야만 한다. 정신분석적 용어에서는 치료사의 음악적 제안을 승화로의 초청이라 할 수 있다. 치료사는 특정한 음악을 선정하여 환자에게 "나는 당신이 도움을 요청하는 것을 듣습니다. 나는 사랑받으려는 당신의 욕구를 듣습니다. 나는 당신이 우울한 것을 알고 있습니다. 나는 당신의 상황과 느낌을 이해합니다. 이 음악을 감상하세요. 당신을 도와줄 것입니다."라고 소통하고 있다.

그렇지만 이 방법은 그렇게 단순하거나 쉽지만은 않다. 많은 환자가 처음부터 음악을 약을 먹는 것처럼 생각하고, 그들의 증상을 고쳐 줄 음악감상 프로그램을 요구한다. 음악 감상을 통해 비관에서 수용, 적극성으로 가는 환자의 길은 때때로 멀고도 험하다. 수용적 음악치료에서 심미적 대상(Meltzer)은 치료사가 제시한다. 환자는 음악을 내면화하고 그것과 자신을 동일시해야 한다. 이 과정은 환자의 상처받은 내면의 대상(love object)을 치유하고 그를 사회문화적 세상으로 복귀시킨다.

클라이언트의 증상을 돕기 위한 음악의 '힘'에 대한 그들의 생각 또한 음악치료사 간의 역전이를 일으킬 수 있는 고리가 된다. 음악치료사들이 그들의 클라이언트가 음악에 부여한 힘을 자신과 동일시하고 의도적인 목적으로 음악을 사용하는 것은 쉬운 일이다. 그러나 그러한 힘은 단지 상상일 뿐이다. 이러한 음악의 이상화를 통해 치료사는 환자와의 일체를 위해 나르시스적 추구를 경험하고, 환자와는 동떨어진 뒤틀린 심미적 추구만을 할 수도 있음을 알아야 한다. 이전에 언급한 음악치료사들의 실험에서 감정적 소리에 대해 부정적 반응을 보였던 전문인의 대다수가 수용적 음악치료를 시행한 사람들이었다는 점은 흥미롭다. 이에 대해 우리는 수용적 음악치료사들이 심미적으로 보다 예민하고 그에 대한 욕구가 많으며, 근본적으로 수용적 음악치료 자체가 보다 미적인 영역과 연관되어 있다고 말할 수 있다.

적극적 음악치료에서 소리를 생성하는 것은 불안, 공격성 등과 같은 것을 직접적으로 해소시켜 주기 위한 기회를 제공한다. 소리를 통한 감정의 이런 표현은 카타르시스이자 전치(轉置)다. 소리는 표현과 성적 욕구에서 스스로를 분리하는 첫 번째 과정과 이어 승화라는 두 번째 과정이 이루어진 후에야 비로소 미학적 개념을 얻을 수 있다. 이렇게 적극적 음악치료에서 미적 영역은 일반적으로 치료적 진보의 결과로 나타난다. 그러나 이러한 미학적 개념은 때로는 그룹 즉흥연주에서 구성원이 서로 간에, 또는 치료사와 융합될 때 더 일찍 나타날 수도 있다. 이 첫 번째 즐거움은 다른 사람과의 관계에 동기 부여로 작용할 수 있으나 그 자체가 치료 목표로 간주되어서는 안 된다. 사실 그룹 즉흥연주는 감각적 만족과 감정적 발달 간의 차이점을 탐구하는 데 아주 유용하다.

　　적극적으로 일하는 치료사의 역전이 이슈는 음악적 모델이 되고 싶은 요구다. 자신의 환자에게 음악적 모델로서 스스로를 제시하면서 치료사는 미적인 이상을 창조한다. 이것이 치료사에게 즐거움과 안정을 줄 수는 있겠지만, 이는 그를 치료사가 아닌 거장(음악적-심미적 선도자)의 역할을 하도록 강요한다.

　　수용적·적극적 형태의 음악치료는 매우 오래된 기반을 가지고 있다. 수동과 수용성의 첫 번째 경험은 아기가 엄마에게 흔들리며 안겨 있을 때 발생하며, 적극성의 첫 번째 경험은 아기가 자신의 요람 속에서 옹알거릴 때 발생한다. 이것들은 같은 경험의 양면으로 전자는 후자를 위한 기반을 제공한다. 아기(혹은 환자)가 수동성에서 적극성으로 가기 위해서는 창조성이 요구된다. 관건은 어머니(혹은 치료사)가 수용성과 적극성 간에 어떤 역할을 취해야 하는가다.

음악치료에서 미학 – 승화, 방어, 왜곡, 그리고 즐거움

　　음악치료의 실행은 치료사에게 승화를 위한 다양한 기회를 제공할 수 있다. 인디언 문화에서 음악은 가장 고차원적인 승화의 형태인데, 그것은 음악이 분리와 상실의 고통을 처리하는 데 특별한 구조와 정서적 가능성을 제시하기 때문이다. 또한 음악은 피해망상적, 분열적 경향을 보이는 사람들을 위한 승화 형식을 제공할 수 있다. 일반적으로 치료사에게서 음악치료는 음악적 부적절성, 문제, 실패 등을 보상하기 위한 노력이 될 수도 있다. 이런 종류의 음악적 어려움은 음악 속에 담겨 있는 구강기, 항문기, 그리고 생식기의 성적 욕구를 부적절하게 억누르고 있음을 반영한다. 적절한 욕구의 자제는 음악을 승화로 사용하기 전에 필요하다. 승화의 모든 형식에 걸쳐 음악의 이상화가 나타난다. 음악은 분리의 고통을 어루만지고, 피해망상과 편집증적 성향을 재직시키며, 개개인의 부적절성을 보충하는 힘을 지닌 것처럼 보인다. 물론 이 힘은 상상에 불과하다. 여기서 위험한 것은 치료사가 스스로를 환자의 음악적 구원자라 믿기 시작하는 것이다.

음악을 해소의 기제로 사용하는 것과는 대조적으로, 승화의 경우 음악이 우리 안에 참을 수 없는 위협적인 무언가에 대한 방어기제로 사용될 수 있다. 음악이 방어기제로 사용될 때, 그 이상화는 두 가지 위험성을 지닌다. 즉, 음악이 환자의 병리적 증상과 문제를 확장하거나 위장ㆍ미화하는 역할을 할 수 있다. 후자의 경우에는 Herman(1970)과 Nemes(1986)가 처음 지적한 것처럼 음악이 왜곡의 형식이 될 수 있다. 심미적 형태로서 음악은 환자-치료사 관계의 진정한 본질을 부인하는 한편, 그들이 처한 현실과 임상적 상황의 이상적인 관념으로서 환자와는 별개가 된다. 이런 형태의 음악적 왜곡이 발생하면 음악치료사는 비인식적인 형태의 역전이를 경험한다. 그리고 그 속에서 음악은 치료사가 요구를 깨닫는 데서의 환상적 방식이 되어 버리고, 그런 과정에서 환자마저도 그 덫 속에 함께 빠져들게 된다. 그 순간부터는 현실은 더 이상 존재하지 않게 되며, 현실이 사라짐에 따라 그것을 통해 탐구할 수 있는 가능성 또한 사라지게 된다. 이 경우 우리는 맹목적 숭배물로서 어머니의 음성(음악), 그리고 음악적 위장으로 자장가를 생각할 수 있다.

왜곡과는 별개로 음악치료에 심미적 감정은 현실 인식의 수준을 알아볼 수 있는 좋은 수단이 될 수 있다. 음악은 내면과 외면 세계, 그리고 감정과 감각 간의 연결에 대한 작곡가의 미학을 보여 준다. 어머니 신체의 내면과 외면 간에 미적인 갈등을 다룬 Meltzer(Meltzer & Harris Williams, 1968)의 이론적 관점에서 이는 은유가 될 수 있다. 그에 의하면, 어머니의 음성은 처음 겪는 미적인 경험이며, 처음 겪는 사랑과 즐거움이다. 미에 입각한 치료는 이러한 문제를 표현하는 가능성을 열거나 닫는 보상 형태를 추구하는 치료사의 나르시스적 결핍의 표현이라 할 수 있다. 이 경우에 음악치료에서 음악은 우선 치료사의 욕구를 해결해 준다. 보상에 대한 치료사의 추구는 치료사가 자신의 치료활동에 저항하려는 저항의 한 형태로 볼 수 있다. 동화된 관계 속에서 환자와 치료사가 공유하는 미적 공유는 절정의 경험과 같이 환자가 필요로 하는 동일한 요구를 가지는 전문가로서의 거리감을 치료사가 상실하였을 경우 과도하게 나르시스적이 될 수 있다.

모든 인간관계에서 최소한의 즐거움이 필수적이지만 치료의 목적이 즐거움을 주는 것이 될 수는 없다. 이러한 이유로 음악의 심미적 측면은 환자의 나르시스적 갭(gap)을 채우거나 치료사의 나르시스적 욕구에 부합되기 위해 사용되어서는 안 된다.

쾌락적인 만족을 제공하는 것과 같은 음악의 이상화는 아주 위험하다. 한편, 어떤 환자는 만남에서 즐거움을 찾을 수 없다는 이유로 관계 형성을 회피하기도 한다. 그들에게 음악은 원시적 즐거움을 회상하고 궁극적으로 상호관계를 열어 가기 위한 즐거움의 대상이자 연결 고리가 된다. 치료사는 때때로 소통을 잘하지 못하거나 특정한 어려움으로 치료 상황에서 아무런 즐거움을 얻지 못하는 환자들을 발견한다. 이 경우 음악은 환자들에게 적절한 연결 고리를 제공해 주고 그들의 상호관계를 도울 수 있다. 음악적 즐거움은 환자와 치료사 모두에게 외로움, 우울, 분리 등을 다루는 어려운 작업을 지원해 줄 수 있는 역할을 제공한다.

참고문헌

Anzieu, D. (1975). *Le groupe et l'inconscient*. Paris: Dunod.

Benoit, P. (1988). *Chroniques méales d'un psychalayste*. Paris: Rivages.

Bion, W. R. (1969). *Rélexion faite* (French ed., 1983). Paris: Presses Universitaires de France.

Bollas, C. H. (1989). L'objet transformationnel. *Revue Francaise de Psychanalyse, 4*, 1191-1199. (See also Bollas CH: The aesthetic moment and the search for transformation, *American Journal of Psychoanalysis* 1978: 6.)

Ferenczi, S. (1932). *Journal clinique* (French ed., 1985). Paris: Payot.

Freud, S. (1913). Le disposition à la nérose obsessionnelle. Une contribution au problème du choix des néroses (pp. 189-198). In: *Néorse, psychose et perversion*. Paris: Presses Universitaires de France.

Hermann, I. (1970). Perversion and Hörwelt, zur Dynamik der Perversion (pp. 827-840). In: *Psyche* (2nd ed., Vol. XXIV).

Lacan, J. (1966). *Ecrits I*. Paris: Seuil.

Lecourt, E. (1997). Voix et èmotion: recherce collective. *La Revue de Musicothérapie, 17*(2/3), 63-102.

Lecourt, E. (1995). Le beau et la question de la sublimation. *La Revue de Musicothérapie, 14*(2), 43-54.

Lecourt, E. (1994). *L'expérience musicale, résonances psychanalytiques*. Paris: L'Harmattan.

Lecourt, E. (1993). *Analyse de groupe et musicothérapie*. Paris: Editions Sociales Francaises.

Lecourt, E. (1992a). The functions of music therapy in France. *The Arts in Psychotherapy, 19*(2), 123-126.

Lecourt, E. (1992b). L'objet-beauté en art-thérapie. *Le Journal des Psychologues*, 103, 23-25.

Lecourt, E. (1990). The musical envelop (pp. 211-235). In D. Anzieu (Ed.), *Psychic envelopes*. London: Karnac Books.

Lecourt, E. (1989). Polyphony instead of harmony. *Music Therapy, 8*(1), 112-115.

Meltzer, D., & Harris Williams, M. (1988). *The apprehension of beauty: The role of aesthetic conflict in development, art and violence*. Oxford: The Roland Harris Trust.

Nemes, L. (1986). Contribution de Imre Hermann et de I'École de Budapest à la théorie de la perversion. *Le Coq Héron 98*, 22-31.

Nordoff, P., & Robbins, C. (1977). *Creative music therapy*. New York: John Day.

Priestly, M. (1994). *Essays on analytic music therapy*. Gilsum, NH: Barcelona Publishers.

Racker, H. (1968). *Transference and countertransference*. London: Hogarth Press.

Racker, H. (1965). Psychoanalytic considerations on music and the musician. *The Psychoanalytic Review, 52*(3), 402-424.

Segal, H. (1952). *Délire et créativité* (French ed., 1987). Paris: Ed. des Femmes.

제9장
Nordoff-Robbins 음악치료에서 전이와 역전이

Alan Turry

Nordoff-Robbins 음악치료는 모든 사람이 질병과 상관없이 내재된 타고난 음악성을 지녔다는 믿음에 기반을 두고 있다. 이러한 음악적 민감성에 접근하기 위해 클라이언트가 미학적인 음악적 형식을 창조하도록 하는 치료과정이 필요하다. 클라이언트의 반응은 치료과정에서 필수적이다. 치료사는 주의 깊게 클라이언트의 소리를 듣고, 클라이언트의 성장과 발전을 위한 음악을 즉흥연주함으로써 이러한 반응을 만족시킨다.

음악은 자기 표현에 부합하고 이를 동반하고 촉진시키면서 클라이언트의 정서적 상태를 수용하고 만족시킨다. 이는 치료사와 클라이언트 모두에게 창조적인 과정이다. 치료사(일반적으로 피아노를 연주)와 클라이언트(노래하거나 다양한 악기를 연주)가 다양한 음악적 요소, 스타일, 이디엄(idiom)의 힘과 중요성을 발견하기 위하여 함께 작업함에 따라 의미 있는 음악적 상호작용을 통한 의사소통적인 관계가 확립된다.

각 세션은 녹음된다. 치료사와 음악적 상호작용의 촉진을 돕는 협동 치료사는 클라이언트의 반응과 그 세션에서 창조된 음악을 연구함으로써 클라이언트를 더 잘 이해하게 되고 긍정적인 발전을 꾀하게 된다. 음악 자체는 변형적인 동인(transformative agent)이 된다. 잠재적인 기술과 과정은 클라이언트 내부에서 발생한다. 이상적으로는 이런 음악적 관계에 참여한 후 클라이언트는 자기가 속한 환경에 좀 더 풍성하고 완전한 방식으로 참여할 수 있게 된다.

Paul Nordoff와 Clive Robbins(1971, p. 15)는 치료로서 음악의 질과 음악의 잠재적인 적용을 다음과 같이 설명하였다.

> 음악은 모든 사람이 그 안에서 공유할 수 있다는 점에서 보편적인 경험이다. 선율, 화성, 리듬 같은 음악의 기본적인 요소는 우리 안에 있는 그것들과 관련된 정신적 기능에 호소하며 관련을 맺는다. 또한 음악은 그 메시지, 표현 내용이 인간 경험의 모든 폭과 깊이, 감정의 모든 형태를 포용할 수 있다는 점에서 보편적이다. 음악은 내적 경험의 모든 상황이 피상적이고 보편적이든 심오하고 개인적이든 간에 이를 통한 정신세계로 우리를 이끌거나 동행하게 할 수 있다.

그들은 음악이 객관적인 실재(existence)를 가진 기본적인 특질과 힘을 가지고 있다고 믿었다. 다양한 클라이언트와의 임상에서, 교회 선법이나 세계 각 지역의 특색 있는 이디엄 같은 특정한 원형적인 음악적 형식이 클라이언트의 내면의 삶을 반영하기 위하여 선택되었다. Nordoff와 Robbins는 음악적 원형을 사용함으로써 치료사는 '그 원형과 유사한 클라이언트 내부에 있는 선천적이고 개인적인 혹은 보편적인 성향이나 잠재력에 도달하게 된다.'(Nordoff, 1998)고 믿었다.

Nordoff-Robbins 접근법에서 치료사는 음악 내의 초개인적 힘에 접근하고 이를 이끌어 나가려 시도한다. 치료사가 성공하였을 때 창조된 음악은 클라이언트의 현재 자신을 초월하여 발달된 잠재력을 촉진시키도록 이끌고, 음악만의 독특한 방식으로 한 개인의 성격을 통합하는 데 도움을 준다.

세상을 좀 더 의미 있는 방식으로 경험하기 위한 클라이언트의 내적 능력을 양적으로 측정하는 것이 무의미한 것처럼 음악의 양적 측면은 결코 그것의 본질적인 특질을 정의하지 않는다. 음악을 그토록 영향력 있는 변형의 도구로 만드는 특질은 설명하기 어렵지만, 그렇다고 해서 이를 반이성적인 견해로 바라보는 것은 잘못된 일일 것이다. 음악적 지능은 이미 음악 안에 내재되어 있기 때문에 우리는 필수적인 것을 상실하지 않으면서 우리의 음악적 지능을 언어적으로 표현할 수는 없다.

Nordoff와 Robbins는 그들의 저서에서 클라이언트와 치료사의 상호관계를 개념화하면서 전이와 역전이라는 용어를 사용하지 않았다. 그러나 그들은 음악적 활동 안에서 치료적인 관계를 평가하기 위한 척도(음악활동에서 클라이언트–치료사 관계 척도)(Nordoff & Robbins, 1977)를 개발하였다. 이 척도는 클라이언트와 치료사의 음악 모두를 고려하면서 음악적 상호작용에 대한 '상호관계'와 '상호 반응'의 중요성을 강조한다. 그러한 연후에 전이와 역전이의 이론적 구조를 음악적 관계에 관한 연구와 통합하는 것이 논리적일 것이다. 이러한 개념은 치료사가 이 접근 방식을 완전히 성격이 형성된 성인과 일하기 위해 적용할 때 더욱 관련이 있을 것이다.

전이와 역전이 개념에 대해 몇몇 Nordoff-Robbins 임상가들이 염려하는 것은 그들의 관심이 음악적 상호작용에서 멀어질 수도 있다는 생각 때문이다(대조되는 입장에 대한 나의 설명은 미국과 유럽에 걸쳐 일하고 있는 Nordoff-Robbins 전문 음악치료사들과의 토론과 개인적 의사소통에 기반을 두고 있다). 그들은 창조적이고 임상적인 즉흥연주를 구성하는 과정을 심리학적인 개념을 통해 묘사하는 것이 음악적 상호작용의 본질을 왜곡한다고 믿는다(Ansdell, 1995). 이러한 개념은 한 개인을 자신의 감정과 음악 창조에서 인지적으로 분리하고 합리화하려는 방어의 방법으로 사용할 수 있다.

Nordoff-Robbins 접근 방식에서 전이와 역전이의 관련성을 의심하는 임상가들은 이러한 개념이 음악 연주가들 사이에 인위적인 장벽을 쌓으면서 음악의 미적 능력과 음악적 상호작용의 중요성을 최소화하는 환원주의 철학에 기인하였다고 믿는다. 이는 어떤 상황을 잠재적인 발전과 창조성으로 채우는 대신 구분하고 분리하려는 사고 방식이 된다.

또 다른 염려는 경험을 분석하면 치료사는 지나치게 자신을 의식하게 되어 창조적 과정을 신뢰할 수 없게 될 수도 있다는 것이다. 창조자들은 스스로가 창조적 과정에 완전하게 속해야 하기 때문에 창조적 순간에서 그 판단은 이완될 필요가 있다. Rolly May(1975, p. 63)는 창조적인 아이디어를 가지기 위해서 '마음은 내적 통제에 대한 이완을 필요로 한다.'고 말하였다. 직관에 영양을 공급하고 알려지지 않은 것에 대해 신뢰하는 것과 구체적인 기법을 적용하면서 의식적으로 자각하는 것 사이에는 균형이 필요하다.

치료사가 내적으로 창조적이 되려는 노력에만 초점을 맞추게 되면 그 자체가 무의식적 역동성과 위협적인 감정에 대한 저항이 될 수 있다. 마찬가지로 내적인 과정을 과도하게 이성화할 때도 저항은 나타날 수 있다. 이 두 가지 경향은 창조성을 제한하고 융통성과 반응을 방해할 수 있다.

흥미롭게도 역전이 개념을 발전시킨 임상가들 또한 이러한 점을 우려하였다. Freud와 협의하던 초기 정신분석가들 중 한 명인 Ferenczi(1920)는 역전이를 이해하는 것은 분석가가 그의 무의식적 과정에 필수적인 자유로운 지배나 '자유롭게 이동하는 관심'을 쏟는 데 방해가 될 수도 있다고 주장하였다. 이러한 자연스러운 과정(의식과 무의식)을 이해하려고 시도함으로써 분석가는 그것들을 차단하거나 제한하고 제거하는 것을 원하지 않았다.

몇몇 Nordoff-Robbins 전문 음악치료사들이 전이나 역전이 같은 순수하게 언어적 형태의 정신분석에서 기인한 개념의 가치에 의구심을 가지는 반면, 다른 치료사들은 이런 아이디어와 다른 생각을 통합시키는 것에 별 거부감을 느끼지 않는다. 많은 심리학자들이 후자의 그룹에 영향을 주었다(Abraham Maslow, Margaret Mahler, Carl Jung, Daniel Stern 등, Brown, 1994; Pavlicevic, 1995; Robarts, 1994; Robbins, 1995). 나는 그 자체로 잠재적이며 독특한 전이와 역전이 같은 '음악치료적 관계'라는 것이 존재한다고 믿는다. 이러한 무의식적 역동성은 모든 인간 상호작용에서 나타나며, 임상적 목적을 가지고 음악을 창조하는 것 또한 예외가 될 수 없다. 따라서 음악치료사는 치료 맥락, 초점 혹은 대상에 관계없이 이러한 역동성의 영향에 대해 설명할 의무가 있다.

이상적으로 말하면, 역전이를 수용하고 그것을 처리하는 것은 그 관계를 좀 더 분석적으로 분리하는 것이 아니라 좀 더 진실하게 만드는 데 도움을 준다. Edmund Slakter(1987, p. 21)는 전이와 역전이를 이해하는 데 많은 공헌을 하였던 Freida Fromm Reichman이 치료사는 '(역전이적) 감정을 그들 자신의 인간성의 일부로 인정하고 수용해야 한다.'고 믿었다는 것을 밝혔다. 치료사가 완전한 인간이 되어야만 한다는 생각은 Clive Robbins의 최근 작업에도 잘 나타나는 테마다. 이는 진정한 인간관계 속에 존재하고 클라이언트와의 의미 있는 음악을 창조함으로써 협력적인 음악적 연결 고리를 발전시켜 나가는 필수적 경험에 기반을 둔다. 함께 즉흥연주를 하는 데 이러한 상호성은 전이와 역전이의 이해 및 발전과 나란히 한다.

James Strachey(1934)는 클라이언트와 분석가 사이의 상호관계가 치료 효과에 필수적이라는 것을 저술한 선구자적 사람들 중 한 명이다. 그 후 D. W. Winnicott (1949)은 치료사는 단순한 거울이 아니고 클라이언트에 대한 그들의 개인적인 반응을 가진 사람들이며, 이러한 감정을 자각하고 사용하는 것이 중요하다고 언급하였다. 역전이 개념은 치료사 내면의 삶이 치료과정에 대한 클라이언트의 내면의 삶과 연관되는 정신분석의 상호 교류적인 접근 방식을 발전시키는 데 필수적이다.

치료사 내면의 삶이 치료과정에 영향을 끼친다는 생각은 Nordoff-Robbins 음악치료에서도 마찬가지다. 35년간 이 접근 방법을 가르쳐 온 Clive Robbins는 임상 즉흥연주가가 발전시켜야 하는 내적 능력을 묘사하는 모델을 개발해 왔다. 이 모델은 단순히 음악이 클라이언트에게 미치는 영향에만 초점을 맞추기보다는 임상적 관계를 확립하는 데 필수적인 치료사 내부에서 발전되는 특질을 탐구한다. 이 모델에서는 창조적 자유과 임상적 책임감, 직관의 발전과 통제된 의도, 그리고 음악을 구조화하는 데서 즉각적으로 표현하는 능력과 방법에 대한 능력이 균형을 이룬다.

Nordoff-Robbins 치료사들이 취한 이 두 입장은 극단적인 것처럼 보이지만, 나는 치료사들을 심리치료 진영(나아가 전이-역전이를 신뢰하는 진영)이나 그 외의 진영으로 배타적으로 나누는 것은 잘못된 일이라고 생각한다. 오디오 혹은 비디오를 이용해 각 세션에서 일어난 일을 자세히 탐구하는 것이 이 접근 방식에서 이루어진다. 비록, 어떤 사람들은 세션 과정을 설명하는 데 심리치료 개념(전이와 역전이를 포함하여)을 사용하는 것을 꺼릴 수도 있겠지만, 대부분의 Nordoff-Robbins 치료사들은(그 중 몇몇은 그들의 음악을 분석하여 간접적으로 수행하기도 하지만) 관계의 역동성과 음악적 상호작용에 대한 그들의 무의식적 영향을 탐구한다. 따라서 Nordoff-Robbins 치료사들이 어떻게 임상을 하느냐보다 그들의 임상을 어떻게 설명하느냐에 대해 좀더 많은 차이점이 있을 수 있다.

Nordoff-Robbins 치료사들이 세션 테이프를 재검토하면서 음악의 효용성을 평가한 후 음악적 기법이나 중재를 바꿀 때 음악 안에서 외면상의 변화가 나타난다. 그러나 실제로는 최초의 음악적 선택을 하게 하였던 역전이 반응이 그것이 임상적 중재에 끼쳤던 영향을 토대로 하여 조금씩 변화되고 있다는 것이다. 치료사가 이러한 반응을 언어적으로 형성하건 의식화하건 간에 이 반응은 여전히, 그리고 완전히 음악을 통하여 처리된다. 결론적으로 말해서 나는 의식적으로 언어화된 통찰력이 치료사의 역전이를 처리하는 데 항상 필요한(비록 도움은 되겠지만) 것은 아니라고 생각한다(이 장 후반부에 토론될 슈퍼비전에서 음악의 사용은 이 점을 설명하고 있다).

치료사에게 중요한 것은 자신의 습관적인 음악적 패턴을 인지하는 것으로, 이러한 패턴은 역전이적 반응과 가능한 구별되어야 한다. 습관적인 음악적 패턴을 일단 탐구하게 되면, 치료사는 무엇이 실제 역전이적 반응인지를 좀 더 확실하게 알 수 있다. 이러한 명확성은 의식화된 언어적 통찰력을 통해서만 나타나는 것이 아니라 좀 더 융통성 있고 민감한 음악적 반응과 클라이언트를 통해서도 나타난다. 따라서 나는 이 장에서 치료사의 음악적 특성을 논함으로써 가능한 역전이적 함축을 이해할 수 있도록 할 것이다. 치료사의 음악적 특성을 논하면서 나는 음악치료적 관계가 어떻게 형성되고, 해결되지 않은 갈등이나 감정 혹은 무의식적 갈등이나 감정이 음악적 상호관계에서 어떤 작용을 하는지를 설명하기 위해 훈련, 슈퍼비전, 사례 등을 포함시키고자 한다. Nordoff-Robbins 접근 방식을 정의하는 요소를 우리의 탐구를 설명하는 데 사용함으로써 우리는 이 구체적인 접근 방식과 관련된 독특한 이슈를 규명할 수 있다. 이 글을 끝맺으면서 나는 치료 맥락 안에서 전이와 역전이 이슈를 설명하기 위한 사례 연구를 제시할 것이다.

Nordoff-Robbins 치료사들은 현재 다양한 치료 환경과 상황 속에서 임상을 하고 있다. 게다가 다양한 배경을 가진 많은 사람이 이러한 훈련을 받고 있으며, 그중 음악치료사의 훈련을 이미 받은 사람들도 있다. 이는 그들이 이 접근 방식을 이미 형성된 전문가적인 정체성과 결부시키고 있다는 것을 의미한다. 이러한 배경과 적용의 다양성은 그 작업을 이해하는 방식의 다양성으로 이끈다. 이 연구의 본질에 대해서는 다양한 개념이 존재하지만 그럼에도 대다수의 치료사들이 동의할 수 있는 몇 가지 원칙을 밝히는 것은 가능하다.

- 일차적으로 즉흥연주된 음악은 일차적인 상호작용의 수단이자 변화의 동인이다.
- 음악적 요소(음고, 음정/화성구조, 리듬)와 그것들이 조직되는 구조(스케일, 선법, 이디엄, 스타일, 리듬 패턴)는 임상적 의도를 가지고 사용된다.
- 음악은 임상적 가치를 가진 심미적 형식 안에서 이해된다.

- 클라이언트와 치료사의 창조적 과정은 완전한 잠재성을 성취하기 위한 작업과 연관되어야 한다.
- 세션 기록을 신중하게 살펴보는 것은 치료 형식의 필수적인 부분이다.
- 협동 치료사와 함께 한 팀으로 일하는 것은 그 작업의 완전한 잠재성을 활성화하기 위해 종종 필요하다.

일차적인 임상적 매개체와 변화의 동인으로서 음악

모든 음악가는 음악적으로 반응하기 위한 특정한 성향을 가지고 있다. 그것은 그들의 음악적 성격을 확립시킨 부분과 관련된다. 이따금 클라이언트에 대한 치료사의 직관적인 반응은 적절한 중재를 반영하지만, 치료사는 그의 자연스러운 음악적 반응을 초월해야만 하는 때가 있다. 사실 이는 치료사와 클라이언트가 함께 성장하는 방법 중 하나다. 치료사의 개인적인 음악적 발전과 반응에 대해 확립된 패턴은 치료적 관계 내에서 그의 지각과 반응에 영향을 미칠 것이다. 치료가 진행됨에 따라 음악적 자유를 점점 더 많이 얻게 되는 치료사와 클라이언트 사이에는 평행적 과정이 존재한다. 이런 영역에서 문제점과 성취를 고찰하는 것은 클라이언트의 정신구조에 대한 통찰력을 얻기 위해 치료사가 경험하는 과정을 이용하는 또 다른 방법이다. 이는 역전이적 자료를 사용하는 전통적인 방법이다.

Paul Nordoff는 방대한 레퍼토리를 소유한 훌륭한 작곡가였다. 그는 제자들이 음악 작품의 본질적인 힘을 분출하도록 도왔고, 음악치료사로서 '우리는 음악 속에서 많은 표현을 하지 않는다. 우리는 음악 속에서 임상적이고 표현적인 요소를 사용한다.' (Aigen, 1996)고 믿었다. 이는 치료사의 음악이 정서, 표현 혹은 클라이언트와 그들의 필요에 대한 개인적 반응이 결여되었다는 것을 의미하지는 않는다. 사실 Nordoff와 Robbins는 인간으로서 치료사가 세션 내에 존재해야 하고, 대부분의 효과적인 임상적 음악은 클라이언트에 대한 치료사의 개인적 경험에서 기인한다는 점을 강조해 왔다. 그들은 치료사가 클라이언트에게 집중하지 않거나 클라이언트의 임상적 과정을 직접적으로 관여하지 않는 습관적인 표현 방식을 자각하고 거기서 자유로울 수 있어야 한다고 제안한다. 이것은 아마도 완전하게 깨달을 수 있는 것이 아니라 우리가 살면서 끊임없이 노력해야만 하는 것이다.

우리는 오직 우리 자신만이 될 수 있고 우리의 음악은 우리의 개인적 과거, 문화, 훈련의 반영이라는 것을 기억하는 것이 중요하다. 우리가 우리의 음악적 자신에 대해 더욱 자각하게 된다면, 음악의 기본적인 힘을 보다 통합적이고 효율적으로 사용할 수 있을 것이다. 또한 우리는 자기 탐구의 상호과정을 통하여 자신과 클라이언트에 대해 좀 더 잘 이해할 수 있게 된다. 장애에 대한 Nordoff의 조바심, 그리고 음악이 그 장애를 근절할 수 있는 열쇠를 가졌다는 그의 신념은 클라이언트를 위한 도전을 창조하는 음악적 형식이 임상적으로 적용되도록 기여하였다. 심각하게 폐쇄된 아동의 반응이 제한되거나 존재하지 않을 때도 음악의 치료적 영향력에 대한 강한 믿음은 그런 아동에 대한 그의 동기를 지탱하게 하였다. 그는 이러한 아동의 장애 때문에 생겨난 제한을 뛰어넘어 그에게 다다를 수 있는 음악이 존재한다고 믿었다. 개인적 신념으로 음악치료가 성공적으로 보이지 않았을 때도 Nordoff는 이런 과정에 몰입하였다.

음악에 너무 많은 신뢰를 부여하는 것은 위험한 일이다. 몇몇 클라이언트들은 겉으로 반응하지 않을 수도 있고, 이에 대해 치료사는 오직 '올바른' 음악을 창조하는 것이 관건이라고 믿으면서 부당하게 책임질 수도 있다. 비록, 이것이 전적으로 역전이적 이슈는 아니지만 이 접근 방식에 내재된 역동성에 영향을 주며, 결국 역전이 반응으로 이끌 수 있다. 해답을 찾고 문제를 해결하는 사람이 되려는 가족 역동성을 가진 치료사는 그가 이러한 종류의 반응을 보일 수 있다는 사실을 깨달을 수 있다. 이러한 반응은 이 장의 후반부 사례 연구에서 다룰 것이다.

임상적인 의도를 가진 음악적 요소와 구조 사용하기

음악의 패턴

음악은 객관적인 요소를 포함하고 있지만, 각 개인은 그것들과 독특하게 관계를 맺는다. 이상적으로 치료사는 클라이언트의 성장과 발전을 촉진시키기 위하여 다양한 음악적 요소를 융통성 있고 민감하게 적용하는 음악적 기술을 소유한다. 때때로 치료사가 기술적인 한계에 의해 제약받을 수는 있지만, 이 장의 목적상 나는 치료사의 이슈나 치료적 관계 내의 이슈(즉, 역전이)가 무의식적으로 치료사의 음악적 선택을 고착시키는 경우에 대해 관심을 가질 것이다.

치료사는 특정한 이디엄이나 스타일을 연주하거나 특정한 강약법이나 터치로 연주하는 등, 클라이언트와 연주할 때 어떤 특정한 음악적 패턴이나 규칙을 확립할 수 있다. 만약 클라이언트가 이 음악에 대해 별 반응을 보이지 않는데도 치료사가 이런 패턴을 계속 밀고 나간다면, 이런 치료사의 무의식적 과정은 그의 효과적인 중재를 방해할 수도 있다. 치료사는 그의 개인적 과거와 발전 패턴 때문에 이러한 음악적 패턴과 무의식적 관계를 맺게 되고, 이는 다른 음악적 선택의 소개를 제한하거나 막게 된다. 사람들이 다른 치료 양식에서 비음악적이며 무의식적인 상호작용의 패턴을 탐구하는 것같이 치료사는 자신의 음악을 분석할 때 그 자신의 음악적 전개에 나타난 잠재적인 무의식적 장벽을 의식화하도록 탐구해야만 한다.

또 다른 단계에서 치료사의 음악은 클라이언트를 향한 그의 역전이적 감정에 기초할 수도 있다. 클라이언트는 그 결과로 일어나는 무의식적인 음악적 선택을 결정하는 감정을 치료사 안에 불러일으킬 수도 있다. 이러한 역전이적 감정은 클라이언트의 내적이거나 외적인 음악행동에 기초할 수도 있다. 음악치료사로서 우리의 음악적 성향, 행동, 태도를 관찰해 보면, 무의식 과정에서 항상 부분적으로 기초가 되는 음악적 선택의 기원에 관한 의문을 가지게 된다. 이 현상을 탐구할 수 있는 한 가지 방법은 한 클라이언트에게 계속적으로 사용되는 음악을 살펴보고 그 의미를 찾는 것이다. 이와 같은 식으로 하는 것은 기술적인 능력이나 숙련의 결핍 때문인가? 이것이 음악적 맥락 내부와 외부의 이전 경험에 기초한 무의식적인 상호 관련적 패턴인가? 이것은 현재의 음악적 관계에 기초한 역전이적 반응인가?

나의 사례 중 한 예는 치료사의 음악적 패턴의 무의식적 기원에 대해 설명해 준다. 나는 다양한 발달장애를 가진 한 창조적인 청소년과 작업해 왔다. 그는 꽤 강한 의지를 가지고 있었고, 청소년보다는 어린 아동에게 적합한 활동에 관심을 가졌다. 즉흥연주를 할 때 나는 강한 리듬 패턴이 있었고, 대체적으로 크고 힘 있는 그의 음악적 특징에 쉽게 부응하였다. 그는 이따금 갑자기 연주하기 시작하였고, 내가 그의 연주에서 발견한 아이디어를 창조하는 것을 즐겼다.

이 상호작용을 녹화한 비디오를 보면서 나와 나의 협동 치료사는 그를 좀 더 활동적이고 융통성 있는 음악적 반응으로 이끄는 것이 중요하다는 것을 깨닫게 되었다. 그의 융통성 없는 음악적 반응은 다른 분야에서 그의 경직성과 연결되기에 우리는 그가 좀 더 반응적이고 다양한 방식으로 관계를 맺도록 그를 도와주고자 하였다.

그러나 치료가 진행됨에 따라 나는 내 연주를 변화시키는 데 어려움을 겪게 되었고 계속해서 그의 과잉행동적인 표현에 부응하였다. 나는 그와 나의 관계에 대해 생각하게 되었고, 내가 그와 유사한 음악적 경향을 공유하고 있다는 사실을 깨달았다. 나는 강한 리듬을 바탕으로 음악적 아이디어를 빠르고 흥분되게 표현하는 경향을 가지고 있다. 또한 음악적 단계에서 타인과 관계를 맺을 때 어떤 흥분을 경험한다. 나는 이 클라이언트와 내가 함께 공유하였던 충동적 에너지를 즐기고 있었다. 그는 어릴 때의 내 모습을 연상하게 하였다. 이러한 관련성을 깨닫게 되어 나는 내 연주를 좀 더 수월하게 변화시킬 수 있었다. 나는 이런 종류의 연주에 부응하는 것이 때때로 임상적으로 정당화될 수도 있다는 것을 깨달았다. 그 후 이런 종류의 연주가 단지 내 본질적인 경향에서 나타난 것이 아닌 클라이언트의 욕구를 만족시키기 위하여 사용되도록 주의를 기울이게 되었다.

음악적 요소

구체적인 음악적 요소를 살펴보기 전에 각각의 음악치료적 관계는 독특하고 실험적이지만 자발성, 창조성, 직관과 같은 인간의 능력에 기초한 Nordoff-Robbins 음악치료와 같은 치료 형식에서는 임상에 관한 그 어떤 법칙도 존재하지 않음을 기억해야 한다. Nordoff-Robbins 음악치료의 각각의 임상적 상황은 치료사가 완벽하게 준비할 수 없는 잠재적으로 알려지지 않은 것을 발견하게 한다. 치료사와 클라이언트 사이의 역동을 이해하려 할 때, 책임감 있는 즉흥연주자는 그 세션에서 창조된 음악에 대한 그들의 다양한 반응의 의미를 탐구해야만 한다. 이러한 노력을 하는 것은 우리가 막혀 있다고 느끼거나 영감을 얻지 못할 때 매우 중요하다. 일반적으로 우리 자신의 무의식적 과정을 깨닫게 된 후, 우리는 새로워진 창조적 자유로움과 좀 더 집중된 임상적 방향을 얻을 수 있다.

이제부터 언급할 내용은 음악적 요소의 절대적인 정의나 그것들의 사용을 위한 절대적인 법칙을 의미한다기보다 가능한 출발선을 제시한다. 음악치료사는 그와 클라

이언트 사이의 특정한 음악적 상호작용의 의미를 발견하기 위해 그 자신을 탐구해야
만 한다.

템포   템포는 임상적 음악에서 중요한 요소다. 점점 빠르게와 점점 느리게 등의
다양한 템포를 즉흥연주와 접목시킴으로써 치료사는 긴장감이나 신중함을 창조하
고, 특별히 중요한 음악적 혹은 정서적 순간을 의식화하며, 클라이언트 안에 있는 융
통성과 반응성을 계발할 수 있다. 반면, 치료사의 고정된 템포는 클라이언트를 위한
안정감과 토대(grounding)를 제공한다. 한 예로 치료사의 고정된 템포의 사용은 안전
하고 안정적인 감정을 재생산하는 긍정적 전이 반응을 불러일으킬 수도 있고 부모의
상을 제시하며 미래의 치료적 접촉과 탐구를 위한 기반을 제공할 수도 있다.

다른 예로 고정적이고 경직된 템포의 사용은 안정감을 위한 치료사의 무의식적 욕
구를 나타낼 수도 있다. 안정감이 클라이언트와 치료사 모두에게 창조성과 성장을 위
한 필수적인 조건이 되는 반면에, 안정감을 과도하게 필요로 하는 것은 상호적으로
음악을 사용하는 데 필요한 적응성을 억누를 수 있다.

역전이적 이슈를 탐구하기 전에 치료사는 그의 고정적인 템포 사용에서 드러난,
안전에 대한 욕구 밑에 깔려 있는 잠재적인 무의식적 영향을 규명해야 한다. 치료사
는 불안감을 가장하거나 접촉을 회피하려고 시도할 수도 있다. 템포와 관련하여 치료
사가 탐구해야 하는 핵심적인 질문은 다음과 같다.

- 나는 얼마나 수월하게 자유를 다루는가?
- 나는 즉시 예견할 수 없는 미래에 대해 얼마나 편안해하는가?
- 나는 클라이언트에게서 나 자신을 방어하기 위하여 엄격한 템포를 확립함으로
  써 내 주위에 장벽을 쌓고 있는가?
- 나의 융통성 없는 연주는 위협적인 감정을 억누르기 위한 시도인가?
- 이러한 감정을 촉발하는 그 어떤 것이 클라이언트에게 존재하는가?

이러한 임상적 요소는 치료과정에서 무엇이 '잘못' 되었는지를 알아보려는 목적은
아니다. 치료사는 클라이언트와 함께 자신의 개인적 상태, 관계, 치료과정에서 그것
이 의미하는 것을 드러내기 위한 탐구를 음악 안에서 해야 한다. 예를 들어, 치료사가

특정한 클라이언트에게만 빠른 템포로 연주한다는 것을 관찰한다면 불안감을 자각하는 방향으로 탐구가 이어질 수 있다. 그래야만 치료사는 이 감정의 근원이 자신 안에서 기인한 것으로 지속적인 개인적 조사가 필요한 것인지, 아니면 클라이언트에 의해 전달된 역전이적인 것인지를 탐구할 수 있다. 이런 과정의 결과로 치료사는 스스로에게 자유를 허락하여 그 자신의 충동이나 해결되지 않은 감정보다 클라이언트에 대해 음악적으로 반응하게 된다.

오스티나토 오스티나토(ostinato) 패턴은 종종 안정적이고 의지할 수 있는 음악적 맥락을 창조하는 리듬과 음정의 기초로 기능을 한다(오스티나토는 한 작품에 걸쳐 같은 음정으로 계속 연주되는 음악적 실체다). 때때로 이는 클라이언트에게 필요한 음악적인 정서적 기초의 감정을 확립할 수 있다. 실제로 이것은 한 클라이언트에게 사용되었는데, 그녀는 절망감을 창조할 수 있는 고통스러운 이슈를 묘사한 가사를 가진 선율적 아이디어를 즉흥연주하고 있었다. 치료사는 한 오스티나토 패턴을 반주로 사용하였다. 클라이언트는 음악의 힘에 관해 "그 오스티나토 패턴은 나에게 계속할 수 있는 힘을 부여해 주네요."라고 언급하였다. 오스티나토 패턴의 반복적인 리듬과 음의 순서는 보호받음, 안전함, 부모의 존재에 대한 감정을 창조하였다. 이 패턴은 그녀가 그러한 난해한 감정 밖으로 벗어나게 하는 대신 계속적으로 음악을 창조할 수 있도록, 또 그녀가 울거나 노래 부르는 동안에도 그녀의 강점을 개척할 수 있도록 에너지와 지원을 제공하였다.

오스티나토는 임상적으로 중요한 기능을 한다. 만약 이것이 오랜 시간 동안 보통의 고정된 템포로 반복된다면, 이 오스티나토는 무아지경의 상태와 같은 변형된 의식 상태를 창조할 수 있다. 그러나 이것이 어떤 의도 없이 사용될 때 음악은 의미를 잃거나 단조로워질 수도 있고(오스티나토의 문자적 의미는 '완고한/끈질긴' 이라는 뜻에서 기원한다), 즉흥연주의 의사소통적이며 상호적인 특징이 상실될 수도 있다. 이러한 경향에 대한 치료사의 개인적인 투사는 그 세션의 방향성에 대한 불확실성과 관련된 불안감의 감소나 자신을 친밀한 접촉에서 제거하려는 욕구를 포함할 수 있다. 오스티나토는 반복과 예측성을 통하여 치료사나 클라이언트에게 음악 속에 존재하는 통제의 요소를 제공할 수 있다. 치료사의 무의식적 투사와 더불어 역전이적 이슈 또한 존재할 수 있다. 다음과 같은 몇 가지 질문이 이와 관련하여 제기될 수 있다.

- 치료사는 클라이언트의 어떤 부분에서 자신을 보호해야 할 필요를 가지고 있는가?
- 관계나 상호작용 안에서 미묘한 위협감을 느끼는가?
- 오스티나토 패턴이 완전한 임상적 잠재력을 가지지 못할 때, 치료사의 과정이나 이러한 무의식적 선택을 하게 한 관계 속에 존재하는 역동성은 무엇인가?

리듬　　리듬적 형식은 클라이언트의 지각을 조직화하고 명료화하는 데 도움이 된다. 리듬 패턴은 기억의 발달을 도울 수 있고, 언어 패턴과 부합될 때 표현적 언어 능력을 향상시킬 수 있다. 리듬의 구조는 클라이언트와 빠르게 연합될 수 있고 초기에 라포를 형성하는 데 효과적인 임상적 도구가 될 수 있다. 정서적으로 리듬 패턴은 예측할 수 있는 파라미터 안에서 에너지와 흥분을 창조할 수 있다.

이러한 리듬의 예측성은 즉흥연주 과정에서 중요하고 필수적인 요소다. 그러나 이것은 치료사와 클라이언트 사이의 활동이 수평적이 되어 자발적인 음악적 아이디어의 발생을 차단하는 것과 같은 좀 더 깊은 단계의 상호작용을 방해하는 장벽이 될 수 있다. 리듬 작업을 향한 치료사의 지속성은 통제, 자발성 혹은 상처받기 쉬움과 관련된 이슈를 암시할 수도 있다.

게다가 치료사가 즉각적인 라포와 연합된 즐겁고 만족스러운 감정에만 너무 치우쳐 그에 대한 양가적 가치를 다루는 것을 회피한다면 문제가 될 수 있다. 리듬적 동조를 통해 나타난 초기 접촉단계에 머무르는 것은 치료과정을 방해할 수 있다. 이렇게 리듬 패턴을 가지고 작업하는 것과 음악적 상호작용의 단계에서 이를 계속적으로 사용하는 것에는 필수적인 시기가 있다. 그렇다 해도 치료사가 임상적 관찰과 클라이언트의 요구에 기초하여 이러한 선택을 한 것인지, 아니면 자신의 무의식적 문제에 기초한 것인지를 구별하기 위해서 자신의 패턴을 꼼꼼히 조사하는 것은 중요하다.

다이내믹　　다이내믹의 융통성 있는 사용(큰 소리-작은 소리)은 효과적인 음악적 중재에서 필수적이다. 음량을 민감하게 조정하여 특정한 음악적 구(phrase)를 전경에 배치함으로써 치료사는 클라이언트의 음악, 더 나아가 클라이언트에게 가치 있고 중요하다고 생각되는 것을 의사소통할 수 있도록 민감하게 중재할 수 있다.

　즉흥연주로 표현된 선율적 아이디어를 클라이언트가 창조하는 동안 나는 화성에 맞게 반주를 하여 그 선율이 전경에서 명확히 들릴 수 있도록 하였다. 클라이언트는 "당신은 내 소리를 깊이 듣고 있어요. 이것은 나를 울게 하네요."라고 노래하기 시작하였다. 이것은 클라이언트의 심오한 감정을 이해하고(전능한 부모가 그의 어린 자녀에게 할 수 있을 것 같은 방식으로) 그에 어울리는 다이내믹으로 연주하여 그 이해를 전달하는 사람으로서 나를 향한 긍정적 전이로 이해할 수 있다.

　치료사가 의도하지 않게 클라이언트보다 훨씬 크게 연주한다면, 이는 그 상황을 통제하려는 치료사의 욕구나 클라이언트를 제압하려는 치료사의 욕망을 나타낼 수도 있다. 이런 경우와 같은 역전이적 반응은 클라이언트 자신의 통제에 대한 욕구가 강렬하기 때문인데, 치료사는 그 자신의 음악적 힘을 분출함으로써 무의식적으로 이에 대해 반응한다. 여기에는 치료사와 클라이언트 간의 미묘한 경쟁이 있을 수도 있고, 클라이언트의 내면 세계로 들어가려는 치료사의 강한 욕구가 있을 수도 있다.

　클라이언트보다 작게 연주하는 것은 관계를 맺는 데서 항복이나 포기, 회피의 신호가 될 수 있다. 게다가 치료사는 클라이언트에 대해 위협감을 느낄 수도 있다. 따라서 그러한 감정은 부드럽고 모호한 역동을 통하여 드러난다. 앞에서 언급한 바와 같이 역전이적 단계에서 치료사의 위협감은 클라이언트 자신의 위협감에 대한 무의식적인 반응일 수 있다. 클라이언트가 치료사보다 더 크게 연주함으로써 그 감정을 보상받기도 하고, 혹은 치료사가 그의 부드러운 음량을 증가시킴으로써 반응하기도 한다. 또 다른 단계에서 치료사의 부드러운 다이내믹은 클라이언트에게서 피하기 위한 방법이나, 상호작용에 완전하게 참여하는 것을 거절당함으로써 나타나는 분노의 감정을 가장하기 위한 방법이 될 수도 있다. 임상적 상황이나 치료적 관계에 따라 치료사는 다양한 다이내믹을 선택할 수 있다. 클라이언트의 관계 속에서 치료사가 다이내믹을 선택하는 것(크고, 작고, 좀 더 크고, 좀 더 작고, 일치된 다이내믹 등)은 그 순간의 욕구와 전반적인 관계에 따라 달라질 수 있다.

　화성의 선택　화성은 정서적 색깔을 창조하기 위하여 사용되며, 치료사에게 클라이언트의 기분, 행동, 성격의 음악적 자화상을 색칠할 수 있는 능력을 부여한다. 다음의 예가 이를 잘 설명한다.

풍부한 구성을 가지면서도 개방화음으로 반주되는 선율악기를 클라이언트가 연주한 후, 이 클라이언트는 그의 깊은 내면의 감정이 그에게 다시 반영되고 있음을 느꼈다고 설명하였다. 그는 치료사를 신뢰하여 좀 더 개방적이고 자신의 상처가 드러날 수 있는 방식으로 연주하기 시작하였다. 클라이언트는 치료사를 이상화하였으며, 이 경험에 기초하여 긍정적 전이가 발생하게 되었다.

모든 음악가는 화성 진행, 화음들의 선율적 진행(voicing), 선율적 아이디어를 지원하기 위한 화성 사용의 기술 형성을 포함하는 개인적 화성 선호도와 다양한 수준의 능력을 소유한다. 다양한 화성의 종류로 클라이언트의 음악을 지원하는 능력은 시간이 지나면서 성장하는 기술이다. 치료사가 화성의 선택을 다양하게 할 수 있는 기술적 능력이 있으면서도 어떤 특정한 습관적인 형식을 고집한다면 그것은 클라이언트에 대한 무의식적 반응의 표현이 될 수 있다.

상황이나 클라이언트에게 적합하지 않는 경우에도 7화음이나 9화음 같이 확장된 화음을 습관적으로 사용하는 치료사들은 이를 통하여 불안감을 감소시키거나 세션에서 좀 더 편안한 감정을 느끼기도 한다. 즉, 이는 치료사가 클라이언트 때문에 지치거나 스트레스를 느끼기 때문에 풍부함과 따뜻함을 창조하려는 치료사의 욕구에서 기인하는 것이기도 하다. 모호하거나 확장된 화성을 통하여 음악을 좀 더 복잡하게 만드는 것은 복잡하거나 불유쾌한 감정을 회피하려는 방법의 일환이 되기도 한다. 또한 풍부한 화성은 치료사의 부적절한 감정이나 그의 음악이 별로 가치가 없다는 느낌을 숨기려는 표면화된 정서일 수 있다. 이것은 치료사가 공허함에 관한 클라이언트의 의기소침한 느낌과 양육받고자 하는 욕구에 대한 역전이적 반응을 경험하는 것일 수 있다. 이런 역전이적 반응은 이 장의 후반부의 사례 연구에서 설명할 것이다.

화성 진행의 방향성이나 주된 화성의 선율적 진행 없이 화성의 진행만을 계속적으로 연주하는 치료사는 클라이언트나 그들 안에 존재하는 모호하고 알려지지 않은 감정에 대해 두려움을 느낄 수도 있다. 그리고 치료사가 완전한 음악적 구조를 계속적으로 창조하거나 클라이언트의 참여를 위한 명확한 음악적 맥락을 제시하는 것은 클라이언트(혹은 치료사)의 기분을 더 좋게 하며, 갈등을 다루기보다 근절하려는 것을 돕는 시도다.

불협화음   불협화음은 클라이언트를 자극하고 그에게 도전하거나 에너지를 줄 수 있는 데 유용하지만, 종종 치료사는 그것이 임상적으로 보장되어 있을 때도 그 사용을 주저한다. 이러한 주저는 치료사 자신이 과거의 갈등을 다루어 왔던 방식과 관련이 있을 수 있다. 만약 치료사가 갈등의 해결과정에서 고통스러운 경험이 있었거나 성공적이지 못한 시도가 있었다면, 혹은 갈등에서 스스로를 방어해 왔거나 갈등은 회피해야 하는 것이라는 철학을 가졌다면 갈등과 관련된 긴장감은 참기 어려운 감정일 수 있다. 불협화음의 부재는 클라이언트가 치료사 안에 존재하는 미해결된 갈등에 관한 느낌을 유발한다는 증거가 될 수 있다. 결국 이것은 클라이언트와 치료사 간의 해결되지 않은 그 어떤 것을 지시할 수 있다.

음역   피아노에서 다양한 음역을 사용하는 것은 클라이언트의 음악과 관련하여 치료사의 음악을 민감하게 만드는 데 효과적일 수 있다. 치료사는 클라이언트의 악기나 노랫소리의 음역을 보완하려는 노력을 하거나 특정한 효과를 위해 같은 음역에서 연주하기도 한다. 음역은 가족 구성원과 관련이 있다. 높은 음역은 아동, 중간 음역은 어머니, 낮은 음역은 아버지를 대표한다. 그러나 이 장의 후반부에 제시될 사례연구에서의 클라이언트는 그의 어머니를 높은 음역에서, 아동으로서 자신을 낮은 음역에서 찾게 되었다. 이는 이런 음역에 관한 개념이 맥락에 따라 달라질 수 있음을 의미한다.

치료사는 피아노 앞에 편안하게 앉았을 때 그 정면에 있는 오직 한 음역에서만 연주하는 습관을 버려야 한다. 아주 낮은 음역에서 아주 높은 음역까지 자유자재로 융통성 있게 연주할 수 있는 기술을 발전시키는 것이 매우 중요하다. 결국 이것은 치료사가 클라이언트와 관련된 다양한 음역의 중요성을 탐구할 수 있도록 한다.

다양한 음역에서 연주할 수 있으면서도 한 음역에서만 연주하는 치료사는 무의식적 요소의 영향을 받는 것일 수 있다. 임상적으로 적절하지 않을 경우에도 낮은 음역만을 고집하는 치료사는 이를 통해 영향력 있는 사람이 되거나 화성적 지지자, 즉 기초를 제공하는 음악가나 정서적 보호자가 되려는 자신의 욕구를 표현하기도 한다. 높은 음역만을 계속적으로 연주하는 치료사는 그 자신을 상황 속으로 완전히 몰입시키는 것과 접촉과 실패에 대해 모험하는 것을 꺼려할 수 있다. 이것은 또한 보호자의 역할을 하는 것을 회피하는 것일 수도 있다. 자신의 인생에서 가족의 보호자 역할을 맡아 왔던 치료사는 클라이언트의 임상적 필요에도 그 역할을 계속 유지하는 것에 대해 저항하기도 한다. 이런 치료사는 화성이나 리듬을 의도적으로 사용함으로써 클라이언트를 수용하고 인도하도록 의식적으로 노력하지만, 음역의 선택은 또 다른 무의식적 감정을 표현하기 때문에 클라이언트는 그 노력을 느끼지 못하거나 이해하지 못한다. 또한 이런 치료사는 특정한 순간이나 모든 상황에 걸쳐 자신이 클라이언트를 지원할 수 있는 능력이 없다고 느낄 수도 있다. 같은 음역에서 계속적으로 연주하고 노래하는 치료사는 그 자신을 클라이언트에게 보이는 것에 대해 위험하다고 느낀다. 이는 결국 직접적인 의사소통을 회피하는 수단이 된다.

선율   Nordoff-Robbins 음악치료 훈련의 일부로 학생들은 다양한 정서적인 풍경을 창조하는 능력을 기르기 위해 다양한 선법과 스케일을 폭넓게 배우게 된다. 선율은 이러한 풍경 속에서 클라이언트의 특정한 측면의 성격, 행동 혹은 기분에 부합하기 위하여 창조될 수 있다. 선율은 종종 즉흥연주에서 가장 기억할 수 있고 가까이하기 쉬운 측면인데, 이러한 선율의 특질은 클라이언트가 자신의 인생에서 중요한 사건이나 감정을 회상하는 데 도움을 줄 수 있다. 선율 라인은 클라이언트가 규명할 수 있고 내면화할 수 있는 것으로서 그의 음악을 조직하는 요소를 제공한다.

선율은 자연스러운 음의 방향성을 가지고 있고 종종 그것이 의미 있고 기억될 수 있도록 하는 창조적 도약을 포함한다. 선율을 연주할 때 항상 하행 진행의 선율 라인으로 마치는 치료사는 무의식적으로 포기나 좌절을 말하는 것일 수 있다. 반대로 항상 상행 진행을 하는 치료사는 클라이언트에게 무엇을 질문하고 있거나 상호작용의 기대를 가지는 것일 수도 있다.

근음(根音) 중심에서 멀어지는 것에 대해 거부감을 느끼는 치료사는 좁은 음역에서만 선율을 작곡하기 때문에 표현이 제한된다. 이것은 아마 근음(근음 중심)에서 멀리 떨어질수록 기반을 잃고 음악적인 미지의 세계에 직면해야만 하는 위험이 높아지기 때문일 것이다. 이런 제한된 선율의 윤곽곡선(contour)은 클라이언트를 위한 정서적 경험을 제한할 수도 있다.

때로 선율은 그 자체로 강한 긍정적 전이를 불러일으킬 수 있고 클라이언트의 과거 속의 중요한 인물의 부드럽거나 안심시키는 메시지로 경험되기도 한다. 그러나 다른 경우, 선율은 클라이언트에게 강한 부정적 전이 반응을 불러일으킬 수 있다. 클라이언트는 선율을 강압적인 부모의 권위에서 기인한 메시지로 지각할 수 있고, 마치 자신의 표현을 위해 남겨진 공간이 없는 것처럼 느낄 수도 있다. 그렇다고 치료사가 선율 창조를 회피해야만 한다는 뜻은 아니다. 치료사는 그 경험 속에 거함으로써 이러한 감정을 처리하는 데 클라이언트를 도울 수 있다.

음악적 지각   Nordoff-Robbins 음악치료 훈련의 일부로 학생들은 음악적 이디엄을 가능한 폭넓게 듣고 경험하는 것을 배운다. 그 목적은 학생들의 과거의 개인적인 경험을 형태화하는 것을 초월해 그들의 청음 양식을 확장시키는 데 있다. 예를 들어, 많은 서구인은 처음에 온음 음계에 대해 기괴하게 지각하고 불안함을 느꼈다. 이것은 이 스케일에 근음이 결여되고 반음이 없기 때문이다. 이 스케일에 대한 극단적인 반응은 개인의 과거 속의 상처와 연관될 수 있다. 그러나 일단 이 스케일을 연구하고 탐구하면서 좀 더 익숙해지면, 치료사는 이것이 좀 더 정서적으로 중성적인 스케일이라는 것을 확장된 자각을 통하여 깨달을 수 있다. 이런 내재된 음악적 중립성은 그 구성이 반음을 포함하지 않고 속음-근음 관계가 없기 때문에 가능하다. 따라서 이 스케일은 개인적 이슈에 의해 변색되지 않는 내재적인 특질로써 감상되고 사용될 수 있다.

재즈 즉흥연주가가 스윙의 느낌 또는 복잡하게 확장된 화성 없이 음악 속에서 의미를 찾는 경우나 고전음악가가 현대적인 댄스 리듬 스타일을 음미하기 시작하는 경우와 같이 지각은 연주 스타일에 적용된다. 이것은 클라이언트가 그의 본질적인 충동이 작용하는 시기와 그의 지각을 확장하기 위하여 자신이 적응해야 하는 시기를 치료사에게 가르칠 때 발생한다.

이런 접근 방법으로 훈련받은 치료사에게 중요한 과제는 음악이 지닌 수많은 가능성에 대해 열린 마음을 가지고 클라이언트의 음악과의 관계를 이해하도록 노력하는 것이다. 자신의 음악적 선호도, 다양한 스케일, 선법, 스타일에 대한 개인적 반응이나 투사를 자각하는 것이 치료사가 다양한 형식의 음악에 내재된 특질을 지각하고, 좀 더 훌륭한 임상적 기술을 가지고 그것들을 사용하도록 한다. 그리고 이런 자각은 음악 속에서 지각된 어떤 특질이 좀 더 보편적이고 객관적인지, 또 어떤 특질이 좀 더 개인적 경험에 영향을 받는지에 대한 통찰력을 제공한다.

음악적 요소(스케일이나 이디엄)에 대한 클라이언트의 반응은 개인적이며 원형적인 요소를 함께 포함한다. 사실 어떤 클라이언트에게는 개인적인 지각에서 좀 더 원형적인 단계에서 발생하는 지각으로 이동하는 것이 치료과정의 중요한 부분이 될 수 있다. 이는 음악적 형식에 대한 그들의 지각적인 왜곡을 처리하는 일부분이다. 이것은 전통적인 심리치료에서 관계 전이를 처리하는 것과 유사하다. 이런 음악적 지각의 탐구와 확장을 통하여 치료사는 자신의 음악적 경험의 개인성을 상실하는 것이 아니라 그것을 어떻게 규명하고 임상적으로 사용할 수 있는지, 더욱이 좀 더 원형적인 요소를 어떻게 규명하고 사용할 수 있는지를 학습하게 된다. 어떤 개인화된 반응은 그의 과거 경험(온음 음계 음악을 오직 영화 속의 긴장이 가득한 액션에 대한 반주로 듣는 것)에서 비롯된다. 반면에 다른 반응은 진정한 역전이 이슈(어린 시절 교회에서 오르간음을 들었기에 그것을 다시 듣는 것이 과거의 기억을 연상시킴) 때문이기도 하다.

미학적 형식의 임상적 가치

임상적 음악에 형식을 접목시키는 목적은 그 형식이 치료사가 부과한 어떤 제재로 클라이언트가 경험하도록 하는 것이 아니라 클라이언트에게서 유발된 발전을 돕기 위함이다. 여기서의 어려움은 클라이언트 내면의 삶에 필수적인 외적 음악 형식을 창조하는 데 있다. 이것이 성공하기 위해서는 이러한 형식이 클라이언트에게 이야기를 해야 하며, 클라이언트 내면의 삶과 근심을 반영해야만 한다. 동시에 이런 형식은 음악에 충실해야 하고, 음악적인 고려가 반영되어 유기적으로 진행하는 것이 중요하다.

임상적 음악 형식의 창조는 이중의 과정이다. 그중 하나는 치료사가 클라이언트를 자각하면서 음악적 개입을 형태화하는 데 초점을 맞추는 것이다. 치료사가 세션에서 연주할 때마다 음악에 대한 그의 과거 경험과 현재의 창조적 과정을 불러일으킨다(Forinash, 1992). Nordoff-Robbins 치료사는 자신들의 역전이적 반응을 이해하기 위하여 음악을 살펴보지만, 동시에 자신들의 음악이 클라이언트에 대한 자신들의 무의식적 감정과 반응에만 기초한 것은 아니라는 것을 깨달을 수 있다. 그들은 또한 음악의 본질적인 요소와 음악적 인지과정을 활성화하는 음악적 아이디어를 구성할 수 있는 그들 자신의 능력을 사용한다. 치료사의 영감은 그의 과거 연상뿐 아니라 음악적 형식의 새로운 발견에도 그 기반을 둔다.

미학적 형식에 대한 지나친 집착

Nordoff-Robbins 음악치료에서 필수적인 것은 클라이언트의 유형과는 상관없이 작곡에 대한 강한 감수성을 가지고 즉흥연주를 할 수 있는 능력이다. 종종 치료사는 노래 형식 안에서 즉흥연주를 하거나 심지어 클라이언트를 위한 노래를 작곡하기도 한다. 이것은 그 자체로 음악에 대한 개인적 집착을 발전시키며, 임상적 음악 창조가 완성된 작품으로서 가치를 지닌다고 느끼게 한다. 이러한 감정은 각 세션이 녹화될 때 증가될 수 있다. 치료에서 무엇이 발생하고 있는지를 테이프에 나타난 것으로만 판단하고, 임상에서 발췌한 곡의 미학적 가치로만 치료의 질을 평가하려는 경향이 존재하게 된다.

또한 치료사는 클라이언트나 슈퍼바이저, 동료, 학생과 같은 외부 관찰자에게 '듣기 좋은' 음악을 만들려는 위험에 처할 수 있다. 즉흥연주를 하는 일부 치료사에게는 연주가가 그들의 연주를 들려주고 인정받기를 원하는 측면과 유사한 점이 존재한다. 이러한 욕구는 자연스러운 것이다. 하지만 이러한 것이 클라이언트에 대한 치료사의 초점을 멀어지게 할 수 있기 때문에 치료사는 그것에 무의식적으로 영향받지 않도록 주의를 기울여야 한다.

마치 클라이언트를 위해 연주하는 것 같은 즉흥연주는 클라이언트와 치료사 간의 다양한 역동을 나타낼 수 있다. 치료사는 클라이언트의 욕구를 만족시키기 위하여 그런 방식을 선택하기도 하고, 때로 클라이언트는 치료사의 음악을 평가하기도 한다. 이런 연주의 역동을 깨닫는 것이 얼마나 중요한지는 이 장의 후반부에서 설명할 것이다.

고전 음악가나 대중음악을 연주하는 앙상블 연주가로서 음악적 배경을 가진 음악치료사는 그들의 임상적 음악성을 발전시키는 데 특별한 과제를 가진다. 그들은 자신들이 음악을 감상하는 방식과 클라이언트와 치료사 사이의 음악적 창조물을 평가하는 방식을 바꾸어야 한다. 이러한 변화는 관계와 그 속에서 발생하는 치료과정에 관한 좀 더 높은 수준의 깨달음을 추구한다. 이러한 변화는 미학적 가치의 확장을 요구할 수 있다. 이는 들리는 것에 의한 결과로만 판단하는 것이 아닌 창조과정의 동반자(클라이언트)와의 관계와 그 효과가 가장 중요하다는 것을 깨닫는 것이다. 이는 음악 속에서 드러나는 클라이언트의 개인적 과정과 진보를 듣고 그것으로 그 음악에 가치를 부여하는 것이다. 그러나 이러한 변화는 음악적 직관과 자발성을 신뢰하고 발전시키는 데 필요한 그 어떤 자유도 박탈하지 않은 채 일어나야만 한다. 사실 치료사는 임상적인 지각 능력을 발전시키기 시작하면서 자신의 음악적 통찰력을 좀 더 완전하게 신뢰할 수 있게 된다.

Nordoff-Robbins 접근 방법의 기초가 되는 이론의 하나는 클라이언트의 음악이 변화될 때 클라이언트 자신도 변화하고 있다는 것이다. 이 둘 사이에는 그 어떤 차이도 없다. 따라서 치료사는 목소리 음역이 한 음이나 두 음의 폭만큼 확장되거나 템포가 융통성 있게 약간 변화하는 것 같은 클라이언트 음악 속의 세밀한 변화를 감지하는 민감성과 깨달음을 발전시키게 된다. 세션 리뷰 과정 중에 발달되는 이러한 지각은 세션 그 자체에서 출발하고 치료사가 클라이언트의 일부분이 성숙하는 것을 자각하도록 돕는다.

각각의 성숙단계에만 관심을 두는 것에는 잠재적인 위험이 따른다. 순간순간에 이러한 단계를 고려하는(그리고 각 사건의 기록을 통하여 이러한 반응을 확인하려 하는) 치료사는 클라이언트가 그 반응을 반복하도록 하는 데 압박감을 줄 수 있다. 치료사는 성숙을 위한 이러한 미묘한 요구를 클라이언트의 외적인 명령으로 경험할 수도 있다. 결국 클라이언트는 자신의 자연스러운 성숙과정을 반영하지 않는 이런 종류의 도전을 거절하려 할 것이다.

거리두기 기제로서 음악의 전문성

고도로 훈련된 음악가들은 가끔 음악적 중재의 우아함과 세련됨에 대하여 고민하기도 한다. 이러한 고민은 클라이언트를 위한 매우 영향력 있는 중재로 이어지기도 하지만, 이것은 치료사가 클라이언트를 위한 기본적인 표현의 중요성과 관련성을 간과할 수 있음을 의미하기도 한다. 미학적으로 즐거움을 주는 음악 속에 클라이언트의 반응을 담는 우아한 중재에는 위험이 따른다. 이렇게 해서 개인적인 표현이 허용되지 않을 수도 있다. 우아함은 느껴질 수 있으나 클라이언트의 표현이나 감정에 대해 진실할 수는 없다. 특별히 선율을 창조하는 경우, 클라이언트는 이것이 자신에게서 발생한 것이 아닌 자신에게 행해진 것으로 느낄 수도 있다. 만약 외적인 음악적 아이디어가 클라이언트에게 내적인 의미가 된다면 이런 미학적 딜레마는 해결될 수 있다.

성공한 음악가는 가끔 자신의 정체성을 자신의 연주에 지나치게 쏟아 붓기 때문에 치료과정의 진보를 위하여 필수적인 음악적 스타일로 바꾸거나 다양한 종류의 음악을 감상하는 데 어려움을 느낀다. 치료사 자신의 음악이 그 자체로 완벽할 경우, 클라이언트의 음악을 위한 공간을 남겨 두는 것이 치료사에게는 어려운 일일 수도 있다. 그들은 음악을 개인적으로 흥미롭게 만들고, 그 자신의 마음에 드는 아이디어를 좀 더 많이 포함시키는 데 투자할 수도 있다.

숙련된 음악가는 그들의 연주에 대해 칭찬받는 것에 익숙하고 또 칭찬을 바라는 경향이 있다. 그들은 음악 속에서 '내가 당신의 소리를 경청한다.'는 관점보다 '나를 보세요.'라는 관점을 유지하기도 하고, 미학적으로 의미 있는 것과 클라이언트 개인에게 의미 있는 것 사이의 차이점을 구별하는 데 어려움을 느끼기도 한다. 즉, 숙련된 음악가는 치료적 목적보다는 아름다운 소리를 추구하기도 한다. 그들 자신의 음악 속에서 가장 미적인 선택을 하는 것과 클라이언트에게서 가장 미적인 반응을 찾는 것이 치료사가 추구할 수 있는 최고의 치료 방향이 될 수 있다. 그러나 때때로 음악을 아름답게 만들려는 치료사의 욕구는 미학을 향한 압력으로 이끈다.

음악치료사는 클라이언트의 해결되지 않은 이슈를 불러일으키는 감정을 이해하기 위하여 이런 가능한 반응을 자각할 수 있다. 일반적으로 클라이언트는 치료사의 개인적 이슈를 불러일으키는 것에 꽤 익숙하다.

미학적 형식과 치료사의 이슈

음악적으로 클라이언트의 에너지 수준에 부합할 때 치료사가 자신감을 얻는 것은 당연한 일이다. 클라이언트 음악 속의 다이내믹, 템포, 연주의 패턴을 채택하는 것은 상호 접촉의 첫 초점이다. 치료사로서 우리는 이러한 종류의 연결을 원한다. 이것은 음악치료 관계에서 자연스러운 단계며, 클라이언트와의 라포 형성을 위해서도 중요하다. 우리의 음악은 그 순간에 얻어지는 접촉에 의해 정당화된다. Nordoff-Robbins 치료적 접근 방법은 클라이언트가 궁극적으로 도달하게 될 음악과 음악적 형식을 창조하고 확립하기 위하여, 우리에게 클라이언트가 그 순간에 머무는 곳을 초월하게끔 할 것을 요구한다. 이렇게 하여 클라이언트는 자신 안의 진정한 자기를 느끼도록 학습하고 즉각적인 작곡을 통하여 외적으로 표현된 것 이상의 것에 반응한다. 우리는 클라이언트를 위한 우리의 공감 감정에 단순히 다가갈 수 없다. 우리는 음악적 형식을 창조하기 위해서 클라이언트와 정서적으로 연결된 그 무엇을 깊이 생각해야만 한다. 때때로 우리는 클라이언트의 발전을 위한 음악적 기초를 창조하기 위하여 즉각적인 접촉을 보류해야만 한다.

클라이언트의 상황에 따라 치료사의 수행 정도는 결정된다. 치료사의 음악적 선택의 효율성은 그 순간에 발생하는 것에 의해서 결정될 수 있는 것이 아니라, 클라이언트가 음악 속에서 성장할 것이라는 신념에 의해 지지되어야 한다. 치료사는 음악 자체가 클라이언트의 성장을 촉진하는 데 충분히 강력하고 진실된 것이라는 신념을 가져야 한다. 음악은 클라이언트의 반응에 의해 즉각적으로는 입증되지 않는 가치를 가져야만 한다. 이는 클라이언트의 유형에 따라 일정 기간 동안 입증되지 않을 수도 있다.

치료사가 클라이언트의 욕구에 일차적으로 기반을 둔 미학적 형식을 창조하는 데 어려움을 느끼는 경우 그 어려움의 원인을 살펴보는 것은 중요하다. 만약 치료사가 자신의 음악 미학적인 가치를 신뢰하지 않는다면, 그것은 클라이언트의 성숙을 촉진하기 위해 치료에 필요한 고차원적 단계로 나아가는 것을 어렵게 만든다. 치료사의 낮은 음악적 자존감은 클라이언트의 과정을 방해할 수 있다.

미학적 형식을 창조하기 위한 치료사의 능력은 또한 음악에 초점을 맞추기 위해 클라이언트와의 접촉을 회피하는 것에 대해 느끼는 편안함의 정도와 관련이 있을 수 있다. 만약 치료사가 항상 완벽하게 클라이언트와 접촉하기를 바란다면(가족 역동과 관련된 것과 같이), 그는 클라이언트가 진일보한 치료단계로 갈 수 있도록 도와줄 수 있는 기회를 상실할 것이다.

클라이언트는 치료사에게 그와 접촉하려는 강한 욕구를 불러일으킬 수도 있다. 이런 욕구는 계속적인 접촉을 요구하는 클라이언트에 의해 발생된 역전이적 반응이거나, 이런 접촉이 끊어질 경우 발생할 수 있는 사건에 대한 클라이언트의 두려움을 반영하는 것이기도 하다.

기 법

무의식적 감정과 반응이 처리된 후에만 치료사의 음악적 중재가 변화할 것이라는 보장이 없기 때문에 Nordoff-Robbins 음악치료에서 역전이를 다루는 것은 복잡할 수 있다. 예를 들어, 특정한 스타일, 구조, 다이내믹, 혹은 음색으로 연주하려는 무의식적 욕구를 사전에 미리 깨달은 후에야 치료사는 의식적으로 다른 음악적 선택을 하도록 결정할 수 있다. 그러나 이런 깨달음이 치료사에게 클라이언트를 위한 효과적인 다른 이디엄을 연주할 수 있는 능력이나, 클라이언트를 위한 좀 더 명확한 음악을 만들기 위해 페달을 사용하지 않은 채 터치나 악구를 이용하여 연주하는 능력을 부여하지는 않는다. 이러한 기술적인 능력은 개발해야만 한다. 사실 이러한 능력을 습득하는 것이 치료사의 내적 지각 능력을 변화시킨다. 따라서 그와 음악의 관계, 궁극적으로 클라이언트에게 깊은 영향을 끼치게 될 것이다.

긍정적 전이

Nordoff-Robbins 접근 방법은 클라이언트의 본질적 표현이 미적이고 표현적이며 의사소통적인 가치를 습득할 수 있는 음악적 구조를 창조하는 데 초점을 맞추기 때문에 긍정적 역전이를 불러일으키는 경향이 있다고 말할 수 있다. 미적인 즐거움을 주는 음악을 창조하는 것이 강조되는데, 이는 곧 치료사가 제공하는 음악적 구조 없이는 클라이언트가 수행을 할 수 없음을 의미한다. 이런 시나리오는 다음 사례와 같이 치료사를 이상화된 존재로 여기게 할 수 있다. 즉흥연주 노래를 마친 후 클라이언트는, "나는 카네기 홀에서 연주할 수 있을 것 같은 느낌이에요! 내가 진짜 음악가처럼 느껴져요. 당신은 어떻게 이렇게 했나요?"라고 말하였다. 이러한 음악적 성공을 경험하였을 때, 클라이언트는 어린 시절 자녀에게 완전하거나 완벽하게 보였던 부모의 상에 대한 감정을 가졌던 것처럼 치료사를 향한 강력한 긍정적 감정을 소유할 수도 있다.

클라이언트는 가끔 그들의 음악을 경청하고 그들을 만나며, 공감을 의사소통하고 그들의 음악에 대한 창조적 자유의 본보기가 되는 어떤 사람과 음악을 창조하는 자유를 처음 경험하게 될 때, 그들의 치료사를 향한 강한 긍정적 전이를 느낀다. 이것은 마치 어떤 사람이 그들에게, "나는 당신 내면에 깊숙이 자리 잡은 본질적이고 내재적인 것을 신뢰해요. 당신이 그 순간에 창조한 것은 의미와 가치가 있어요."라고 말하는 것과 같다. 클라이언트는 그들이 이전에 경험하지 못하였던 방식으로 과거에 받았더라면 하고 그들이 바라는 이상적인 수용의 가치를 느낄 수 있게 된다. 가끔 클라이언트는 이전에는 알지 못하였던 자신의 일부분을 건드리는 것에 흥분한다. 그들은 자신에 대한 신뢰와 믿음을 발전시키고 각 즉흥연주 경험을 통하여 자신감을 발전시킨다. 이러한 사건은 중요한 임상적 역동과 치료에 도움이 될 수 있다. 치료사가 무의식적으로 듣기 좋은 음악을 창조하면서 클라이언트와 은밀히 공탁하지만, 도전과 갈등의 중요한 요소가 배제될 때 위험이 찾아온다. 이것은 발달장애 아동뿐만 아니라 장애가 없는 일반 성인과 일할 때도 발생할 수 있다.

아동은 세션에 참여할 때 어른, 권위자, 동반자로서 함께 작업하였던 어른, 진단을 하였던 의료 전문가, 그리고 답을 요구하는 선생님과의 과거 관계에 기반을 둔 채 특정한 기대를 한다. 아동과 일하는 성인들은 때때로 그들을 시험하고 그들에게서 어떤 것을 기대하거나 아동을 그들이 원하는 아동으로 '고치기'를 원한다. 처음에 아동은 이러한 기대를 그와 함께 작업하는 음악치료사와 협동 치료사에게 할 수도 있다. 일단 아동이 창조적 음악치료 상황과 관계를 맺기 시작하고 자신의 내재된 음악적 민감성을 건드리기 시작하면, 과거의 인물들과 관계적 요소는 점점 더 관련이 없게 된다. 음악적 상황이 반드시 아동의 과거의 대인관계를 연상시키는 것은 아니다. 이것은 어떤 특정한 관계와 상관없이 치료사가 장애 때문에 손상되지 않은 보편적 음악적 본능을 건드리려고 애쓰기 때문이다. 어떤 장애 아동은 쾌활함, 낙관주의, 건강, 자발적인 관계 맺음과 같은 특질을 나타낸다. 이는 음악의 본질적인 특징을 사용하는 것이지 치료적 관계에 의존하는 것은 아니다.

아동이 그의 음악적 자아를 깨달을 수 있을 때, 음악적 상황은 치료적 관계의 제한을 초월할 수 있다. 이러한 초월은 긍정적 전이가 아니다. 이것은 대인관계가 아닌 그 어떤 것에 기반을 두고 있다. 이런 음악적 상호작용은 긍정적 전이의 발전으로 이끌수는 있지만 변화가 일어나기 위해서 꼭 필수적인 것은 아니다. 전이가 발생하느냐하지 않느냐는 클라이언트에 따라 다르다. 음악치료의 궁극적 목표는 대인관계의 질을 향상시키는 것이고, 음악을 통하여 치료하는 것은 궁극적으로 치료사를 향한 긍정적 전이를 발전시키는 데 도움을 줄 수 있다. 어떤 클라이언트에게는 전이를 처리하는 것이 타인과의 관계를 향상시키는 데 중요하다. 또 어떤 클라이언트에게는 별 관련이 없다. 그러나 치료사가 클라이언트를 향한 그 자신의 무의식적이거나 해결되지 않은 감정을 탐구하는 것은 언제나 적절하다. 이러한 감정은 클라이언트에게 효과적인 음악을 연주하려는 치료사의 능력을 방해할 수도 있다.

창조적 과정

창조의 자유

Nordoff-Robbins 접근 방법의 기본적인 노선은 치료사와 클라이언트가 함께 창조함으로써 자신의 건강한 부분을 발전시키는 데 있다. Clive Robbins는 "창조적이 되는 것이 당신의 성격을 변화시킨다. 당신 속의 창조적인 부분이 당신의 가장 완전한 부분이다. 당신이 무엇을 할지 아는 것은 창조적 의지를 분출하는 것과 관련이 있다. 음악을 만들 때 당신은 그 과정이 된다."라고 언급하였다. Robbins는 치료사의 이런 음악적 부분이 치료사의 성격의 '중심에 깊게 내재되고' 이것이 치료과정의 발생과 연관되어야만 한다고 믿는다. 그러므로 치료사가 그의 음악적 자아의 건드려지지 않은 부분에 기초하여 음악을 창조할 수 있는 자유를 가지는 것은 필수적이다. 따라서 전이와 역전이 현상을 탐구하는 것이 창조성을 향상시키기 위한 도구로 이 모델 안에서 고려할 수 있다.

창조의 구속

미지의 세계로 창조적인 도약을 하기 위하여 치료사는 클라이언트와 음악을 창조하면서 그의 안에 있으며, 경험을 통하여 발전되는 그 어떤 것을 볼 수 있어야 한다. 클라이언트가 치료사를 신뢰하는 것을 배우는 것처럼 치료사는 음악적 기술과 자각의 발전을 통하여 그의 음악적 본능과 직관을 신뢰하는 것을 학습한다.

이 접근법은 즉흥연주에 많이 의존하기 때문에 치료사는 그가 가질 수 있는 갈등의 감정에 대해 자신의 측면을 좀 더 쉽게 드러낼 수 있다. 자유롭게 즉흥연주하는 데서의 어려움은 자신의 분열된 부분을 드러내는 것에 대한 두려움, 판단받는 것에 대한 두려움, 혹은 실수하는 것에 대한 반감과 관련이 있을 수 있다. 클라이언트와의 창조적인 상호관계의 과정으로 진입할 때의 정서적인 강도는 가장 친밀한 개인적 관계의 역동과 유사하다. 그러므로 즉흥연주에 관한 두려움은 친밀함에 대한 어려움을 시사할 수 있다. 어떤 이슈든 간에 그것이 치료사의 창조적 충동을 해방시키기 위한 것임을 인정받는 것이 중요할 수 있다.

Paul Nordoff는 타고난 작곡가이자 피아니스트였다. 게다가 그는 아동을 위한 가장 효과적인 음악을 식별하는 데 천재성을 소유하였고, 그것을 아동의 상태에 부합시키기 위한 미적 형식과 경험을 창조하는 데 적용하였다. 이것은 결국 아동의 새로운 발전으로 이어졌다. 그의 음악적 지식의 경이롭고 방대한 재산은 Clive Robbins와 함께 한 작업 유산의 기록을 통해 보존되어 왔다. 이러한 기록은 음악치료사들에게 굉장한 학습 자료가 된다.

동시에 이 접근 방법을 공부하면서 오직 Nordoff의 작업만을 경청하는 사람이 다루어야 하는 이슈가 존재한다. 그가 너무나 재능 있고 아주 굉장한 결과를 이루었기 때문에, 'Nordoff et 같이 연주하기를' 원하고 그가 하였던 것 같은 동일한 방식으로 특정한 기술이나 음악적 형식을 사용하려는 경향이 존재할 수 있다. 그러나 이렇게 하는 것이 이 접근 방법에 충실한 것은 아니다. 그 이유는 Nordoff와 Robbins는 아주 실험적인 방법으로 작업하였고, 그들은 어떤 것이 세션에서 효과적인지에 관한 치료사의 경험이 그가 무엇을 해야만 하는지에 대한 사전에 형성된 개념에 언제나 우선해야만 한다고 반복적으로 강조하였기 때문이다. 무엇보다도 Nordoff-Robbins 자료에 대한 역사 연구는, Nordoff가 그러하였던 것처럼 음악치료사는 그 자신이어야만 한다는 것을 암시한다.

Nordoff-Robbins 역사 자료 중 극적인 결과가 나타났던 사례만을 연구하는 것은 위험할 수 있고, 이는 치료사에게 부담이 될 수 있는 비현실적인 기대를 창조하게 한다. 비록, 성공한 임상가의 사례를 통해 열심히 배우는 것도 중요하지만, 우리는 이 작업에 대해 현실적인 관점을 가져야만 한다.

Nordoff의 사례 연구에서 받을 수 있는 강력한 영향력을 상쇄하기 위해, Nordoff-Robbins 훈련은 각 치료사의 독특성과 각 클라이언트와 상황에서 학습해야 할 필요성을 강조한다. 치료의 모든 과정은 우리에게 새로운 어떤 것을 가르친다. 매순간 어떤 구체적인 기술에 기반을 두지 않은, 발견을 위한 새로운 어떤 것이 발생할 가능성이 있다. 그러나 35년간의 연구를 통해 발전된 풍부한 경험적 지식이 존재하며, 이는 Nordoff-Robbins 치료사가 무시해야 할 것이 아닌 하나의 도약판으로 사용해야 할 것이다.

치료사는 즉흥연주를 할 때 종종 상처받기 쉬운 감정을 느낀다. Carol Robbins는 그녀의 강의에서 긍정적 긴장 상태에 적응함으로써 창조된 에너지를 사용할 것을 제안하였다. 이렇게 하는 것이 치료사가 불안감이 이 접근 방법의 자연스러운 일부분임을 인정하도록 돕는다. 도전이 창조될 뿐 아니라 창조물의 효과에 대한 믿음을 수용하기 위해서는 신뢰 또한 필요하다. 대부분의 치료사는 그들의 발전과정의 어떤 지점에서 자신들의 능력을 의심한다. 음악이 모든 해답을 가지고 있지 않을 수도 있다는 가능성을 인정하려는 사람은 음악을 만병통치약으로 생각함으로써 회피하고자 하는 사람보다 상황에 대해 좀 더 현실적으로 깨닫고 수용하는 방식으로 이를 지각할 수 있을 것이다. 전자는 그들 자신 속에 거할 수 있고 클라이언트의 필요를 지각함으로써 그들을 인도할 수 있다.

세션 기록의 리뷰

Nordoff-Robbins 접근 방법이 치료사의 전체적인 음악성(창조적이고 자발적이며 통찰과 영감을 가지고 행하는 능력을 필수적으로 포함하는)에 의존하는 정도는 기록의 과정 속에 반영된 자기 성찰에 의해 균형을 이룬다. 모든 세션은 오디오나 비디오로 녹화되고, 클라이언트와 음악 속의 순간순간 변화가 기록되어 시간에 기초한 자세한 인덱스로 만들어진다.

세션을 기록함으로써 치료사는 무엇이 발생하였는지에 관하여 좀 더 객관적인 견해를 가질 수 있게 된다. 또한 자신의 중재를 평가하고 상황에서 거리를 둔 채 자신의 지각력을 분석할 수 있게 된다. 이것은 왜곡된 지각력을 깨닫게 하는 기회를 제공하고 음악적 상호작용을 이해하는 데 필요한 영역을 첨가한다. 이는 세션의 좀 더 주관적인 경험을 무시하는 것이 아니라 발생한 상황에 대해 또 다른 관점을 제공한다는 의미다.

치료사는 종종 자신의 테이프 속에서 듣고 관찰한 것에 대해 놀랄 것이다. 치료사를 낙담시켰던 세션이 좀 더 효과적인 것으로 나타날 수도 있다. 반대로 성공적이라고 평가받았던 세션이 세션 중 치료사의 주관적인 감정을 벗어나서는 그리 효과적이지 않게 나타날 수도 있다. 세션에 대한 주관적인 경험과 좀 더 객관적인 기록을 염두에 둔 후, 치료사는 클라이언트를 위한 치료 목적을 계획하는 데 사용될 치료 진행을 좀 더 완전하게 이해할 수 있게 된다. 전이와 역전이 반응을 밝히기 위한 이런 종류의 기록은 이 장의 마지막 부분에서 다룰 것이다.

어떤 클라이언트, 특히 아주 심각한 장애를 가진 아동은 세션 도중 일어나고 있는 비디오 녹화와 기록에 대해 자각하지 못한다. 그러나 때때로 아주 지각 능력이 낮은 클라이언트도 카메라의 존재를 의식하는 모습을 보이곤 한다. 그렇지만 이런 자각이 치료과정에 심각하게 영향을 끼치는 것은 아니다.

어떤 클라이언트에게 눈에 보이는 카메라는 치료과정에 더 큰 영향을 끼친다. 성인 클라이언트는 종종 각 세션이 녹화되고 후에 자세히 연구된다는 것을 생각할 때 강렬한 감정을 가지기도 한다. 치료에 카메라를 포함시키는 것과 관련된 치료사를 향한 긍정적 전이는 '나는 중요하다. 누군가가 나를 살펴보는 것에 시간을 쏟고 있다. 내가 하고 있는 것은 가치 있는 일이다. 나는 어떤 것을 성취하고 있다.'는 감정을 포함한다. 일부 청소년과 청년은 카메라를 권위자로 생각하고 그들이 하고 있는 것이 '녹화되고' 있기 때문에 돌출행동을 자제한다.

또 어떤 클라이언트는 그 상황에 대해 강한 부정적 전이를 가지며, 카메라를 방해하는 판단자로 느끼기 때문에 이런 반응을 처리하는 것이 그들에게는 중요한 의미가 될 수 있다. 카메라에 대한 클라이언트의 반응은 종종 다른 방식으로는 나타나지 않을 수 있는 임상적 이슈를 조명한다. 그들의 지각은 녹화 상황이라는 현실의 언급이라기보다 개인적 이슈를 반영한다.

심리치료사 동료가 한 클라이언트를 나에게 소개하였다. 이 클라이언트는 재능 있는 음악가였는데, 그는 언어 심리치료가 그에게 잘 맞지 않는다고 느꼈다. 첫 만남에서 우리는 함께 즉흥연주를 하기 시작하였고 어렴풋한 불편함이 내 속에 생기기 시작하였다. 나는 내가 연주하고 있는 것에 대해 만족하지 않았다. 그 음악은 음악적으로는 만족스럽게 들렸지만, 나는 같이 연주하고 있는 클라이언트와 교류하고 있다는 것을 느낄 수가 없었다. 나는 내 자신이 평가받고 있다고 느끼기 시작하였으며 극도로 자신을 의식하게 되었다. 나는 내가 이 클라이언트의 눈에 충분히 유능한 음악가로 비치는지에 대해 의심하게 되었다.

이러한 감정은 그가 세션의 비디오 녹화를 멈추어 달라고 요구할 때까지 계속되었다. 나는 그의 요구가 그 또한 평가받고 있다고 느꼈다는 것을 말해 주는 것인지 궁금하였다. 일단 내가 이런 점을 고려하게 되자, 나의 음악은 복잡하고 정교한 것에서 좀 더 간단하고, 수용적이며, 그의 음악과 덜 경쟁하는 측면으로 변화하였다.

이 클라이언트를 소개한 심리치료사와 그에 대해 토론하면서 나는 클라이언트의 비판적인 어머니와 그들의 경쟁적인 관계에 대하여 알게 되었다. 이런 역동은 우리의 음악적 상호작용 속에서 즉각적으로 나타났고, 나의 반응은 이 클라이언트의 이슈에 대한 통찰력을 제공하였다. 나는 좀 더 빨리 이런 깨달음에 대해 행동을 취할 수도 있었다. 하지만 경쟁과 아주 잘해야 된다는 나 자신의 이슈가 그의 이슈와 너무 유사한 탓에, 나는 그의 요구가 있을 때까지 나의 감정이 클라이언트의 삶의 측면을 포함하고 있고, 그것이 또한 나 자신의 과거의 산물이라는 것을 깨닫지 못하였다.

치료팀

Nordoff-Robbins 기법은 본래 주치료사가 피아노에서 음악을 창조하고 협동 치료사가 아동을 돕는 팀 접근 방식에 기반을 둔다. 그 이유는 아동의 장애 정도가 심각한 경우, 협동 치료사가 음악적 상호작용을 통하여 그들 자신을 표현하도록 직접적인 도움을 줄 필요가 있기 때문이다. Nordoff-Robbins 치료사는 직접적인 도움을 필요로 하지 않는 클라이언트를 포함한 다양한 클라이언트들과 함께 일하는데, 그들을 위해 주치료사와 협동 치료사의 역할을 수행할 수 있도록 훈련받는다. 최근 들어 Nordoff-Robbins 치료사는 상황이 임상적으로 충분한 이유가 있는 경우에는 팀을 구성하여 작업하고 장애가 없는 일반 성인인 경우에는 주로 혼자 일한다.

팀의 일원으로서 작업하는 경우 주치료사는 계속적으로 음악과 치료의 전반적인 방향에 대해 책임을 진다. 협동 치료사는 음악적 상호작용을 촉진하고 주치료사의 임상적 초점과 클라이언트의 노력을 지지한다. 각 치료 세션은 두 명의 치료사에 의해 함께 재검토되고 평가된다. 그 결과 치료를 지원하는 동료 슈퍼비전 과정이 확립된다. 이런 부가적인 관점은 우리의 창조적인 직관과 표현의 적절함을 확인하는 또 다른 장치가 된다.

전문적인 신뢰성을 유지하기 위해 치료사는 팀의 역동성과 팀이 치료과정에 끼치는 영향을 언제나 고려해야 한다. Nordoff-Robbins 음악치료사인 Suzanne Nowikas(「Nordoff-Robbins 음악치료에서의 팀워크의 질적 탐구」, 석사 논문, 1993)는 팀워크의 역동성과 동료 슈퍼비전의 중요성을 연구하였다. 그녀의 연구는 치료 밖에서 치료사 사이의 해결되지 않은 개인적 감정뿐 아니라 다음의 이슈가 치료 세션 중에 발생할 수 있다는 것을 보여 준다.

- 협동 치료사는 주치료사의 음악에 대해 개인적 반응(긍정적 혹은 부정적)을 가질 수 있는데, 이는 치료과정을 방해하기도 하고 촉진하기도 한다.
- 치료 방향에 대한 협동 치료사의 견해가 주치료사의 견해와 다를 경우 통제의 이슈가 나타나기도 한다.
- 협동 치료사는 자신이 치료과정의 필수적인 부분이 아니라고 느낄 수 있다. 때때로 이런 감정은 현실에 기초하며 특정 클라이언트에게는 협동 치료사가 필요하지 않다는 것을 지시한다. 특히, 협동 치료사가 주치료사와 클라이언트 사이의 관계에 대해 부러움의 감정을 경험하는 경우, 이러한 협동 치료사의 감정은 탐구되야만 하는 역전이 이슈를 지시할 수도 있다.
- 주치료사는 가끔 그 역할상 창조적인 책임감 때문에 좀 더 상처받기 쉬운 위치에 놓여 있다. 주치료사는 협동 치료사가 음악의 임상적인 미적 가치에 대해 판단하는 비평가의 역할을 하도록 할 수 있다.
- 두 치료사는 치료과정이 클라이언트를 위해 어떻게 진행되고 있는지에 대해 좀 더 현실적인 견해를 무시하고 무의식적으로 상호 간의 지원으로 결탁할 수 있다.

Nowikas는 팀 구성원이 클라이언트와 서로에 대한 자신들의 지각과 반응을 공유하려 할 때 치료 자체가 좀 더 효과적이 된다는 것을 발견하였다.

협동 치료팀 구조는 가족의 구조와 아주 유사할 수 있다. 따라서 이러한 모든 반응은 치료사 자신의 가족 역동성과 관계 있을 수 있다. 이런 가족 역동성은 또한 클라이언트에 의해 경험될 수도 있다. Ritholz와 Turry(1994)는 성별이 다른 치료사들이 함께 팀으로 작업하는 것이 본래의 가정 단위의 전통적인 모델 안에서 클라이언트를 위한 교정적 정서 경험의 가능성을 창조할 수 있다는 것을 발견하였다. 그러나 Nordoff와 Robbins는 가족 역할의 재창조 역동성에 대해 저술하지는 않았으나 흥미롭게도 그들은 클라이언트들에게 Nordoff를 'Paul 삼촌'이라고 부르도록 하였는데, 이는 자신을 익숙하고 친밀한 가족 구성원으로 여기게 하는 전이를 촉진한 것이었다.

사례 연구

다음의 슈퍼비전과 치료의 두 사례는 이 장에서 다룬 전이와 역전이 개념을 설명할 것이다. 내 작업에서 이 두 가지 경우를 토론할 때, 나는 슈퍼비전과 치료과정에 대한 완전한 그림을 포함시킴으로써 관련된 현상을 좀 더 완전한 상황에서 이해할 수 있도록 하였다.

슈퍼비전

마리는 대형 정신병원에서 일하는 음악치료사다. 그녀는 그녀의 그룹에 속한 한 사람과 개인 세션을 시작하였는데, 이름은 커스틴으로 60대 초반이었다. 걷지 못할 그 어떤 신체적 이유가 없었는데도 커스틴은 휠체어에 의지하였고, 머리를 숙였다. 그녀는 2년 전에 있었던 자살 시도로 왼팔을 잃었다. 커스틴은 조울증으로 고통받고 있었으며 히스테리 증상을 가지고 있었으며, 결혼하여 한 명의 아들이 있었고 교사로 일하였다. 그녀는 암 때문에 한쪽 유방을 잃었지만 암은 재발하지 않았다. 그녀의 남편은 음악치료가 그녀에게 도움이 될 것이라고 제안하였다. 커스틴의 정신과 의사는 이에 동의하였고, 이에 따라 마리와 그녀는 같이 일하기 시작하였다.

첫 치료 세션에서 커스틴은 그녀가 팔을 잃기 전 피아노와 기타를 연주하였고, 친구와 함께 작은 연주회도 열었다는 등 음악을 연주하였던 자신의 경험에 대해 이야기하였다. 마리는 더 이상 그런 일을 할 수 없다는 것이 커스틴에게 얼마나 힘든 일인가를 이해할 수 있을 것 같았다. 그녀는 '어떤 음악가'라도 그런 상실은 힘들어할 것이라고 슈퍼비전 세션에서 말하였다. 한 세션이 시작되었을 때 커스틴은 악기를 쳐다보며 "당신이 피아노를 치는 동안 내가 북과 심벌즈를 연주할까요?"라고 물었다. 마리는 이것이 정확하게 그녀가 제안하려 하였던 것이었다고 설명하며 커스틴이 어떻게 그것을 알았는지에 대해 궁금해하였다.

마리는 그들이 연주하기 시작하였을 때의 음악을 다음과 같이 묘사하였다.

우리는 즉흥연주를 하기 시작하였고 나는 그렇게 아주 작게 연주하는 것을 들어본 적이 없었다(그 어떤 힘이나 의지가 전혀 없는 것 같았다). 연주 내내 아주 작은 피아니시모로 연주하였고, 박 사이에는 긴 쉼표가 있었다. 나는 커스틴의 음악과 관계를 맺는 데 무척 어려움을 느꼈고 내가 도리안 선법을 작게 즉흥연주하였을 때는 마치 마비되는 것처럼 느껴졌다.

마리는 그녀가 '어떤 것을 가려내기' 위한 도움을 필요로 한다는 것을 깨달았다. 그녀는 그 어떤 것이 '기능을 하지 않는다는' 것을 느꼈고 커스틴과의 매 세션이 끝난 후 극도로 지쳤기 때문에 슈퍼비전을 요청하였다. 마리는 자신의 음악적 자료에 대해 한계를 느꼈고 커스틴에게 음악적으로 어떻게 반응하여야 할지를 알지 못하였다. 그녀는 고립되고 조용한 클라이언트보다는 음악적으로 공격적인 클라이언트와 관계를 맺는 것이 더 편안하다고 설명하였다. 마리는 커스틴과 일할 때 불안정함을 느꼈다.

우리는 마리가 '커스틴이 되었을' 경우 어떤 것을 탐구할 것인지를 알아보기 위하여 역할연주(role-play)를 하기로 결정하였다. 그녀는 세션에서 커스틴이 한 것처럼 연주하기 시작하였다. 그녀의 음악은 도리안 선법(D에서 시작하여 D로 상행하는 스케일로 건반악기의 하얀 건반으로만 연주되는 교회 선법이다)이었고 양손은 피아노의 중간 음역에 놓여 있었다. 그녀의 선율은 언제나 화성 안의 한 음에 의해 반주되었고 템포와 역동도 일정하였다. 비록, 그녀가 자신의 클라이언트의 음악이 매우 작은 소리였다고 설명하였어도 그녀의 연주는 명확하게 들렸다. 나는 마리가 커스틴이 그녀 속에 불러일으킨 감정을 규명하려 하면서 동시에 그 감정으로부터 그녀 자신을 방어하려는 것을 느낄 수 있었다. 그녀의 반응은 그녀가 좀 더 유연하면서 연결되게 연주하려는 것을 방해하고 있었는데, 이것이 세션에서 커스틴과 일할 때 발생하는 것을 반영한 것임을 추측할 수 있었다.

나는 이러한 것을 그녀에게 말하지는 않았지만, 이 이슈가 음악 안에서 어떻게 나타날 수 있었는지에 대해 경청하였다. 마리는 내가 그녀가 연주하였던 음악을 탐구의 기초로 사용하면서 연주하자 북과 심벌즈로 이동하였다. 나는 음악을 좀 더 표현적으로 만들기 위해 루바토(rubato)와 다이내믹의 변화를 첨가하였다. 음악적 루바토는 '정서적 시간' 속에 거하는 것으로(Robbins & Forinash, 1991), 나의 의도는 마리가 음악을 반영하고 좀 더 풍부한 경험을 하도록 하는 것이었다. 또한 나는 그녀가 연주한 것보다 약간 더 넓은 음역에서 음을 선택하였고, 선율의 음을 적극적인 화성의 도움 없이 높은음자리표에서 연주하였다. 그리고 그것들을 조금씩 박자에서 벗어나도록 연주함으로써 뻗어나가려는 느낌을 불어넣었다.

마리는 이 경험을 다음과 같이 묘사하였다.

2~3분이 지난 후, 나는 눈물에 완전히 압도되어 연주를 멈추어야만 했다. 이러한 음악의 정서적인 특질은 나에게 놀라움을 주었고 나는 슬픔과 무기력함으로 가득 차 거의 말을 할 수가 없었다. 그 즉시 나는 어떤 일이 발생하였는지에 대해 말로 설명할 수가 없었다. 아마 나는 그녀에 대한 내 자신의 정서적 반응에 대해 두려워한 것 같다. 그러나 나는 그것이 어떤 소리였는지는 알았다. 음악은 언어를 뛰어넘었고, 나는 무엇이 커스틴의 모든 에너지를 가져갔는지 알았다고 느꼈다. 바로 억압된 슬픔의 힘인 것이다. 후에 나는 나의 어머니가 커스틴 나이에 자살했다는 것 때문에 그녀에 대한 내 자신의 정서적 반응을 두려워해 왔다는 것을 분명히 깨달았다.

세션으로 돌아오니 나의 긴장은 경감되었다. 나는 이제 커스틴의 억압된 감정을 표현하도록 그녀를 돕기 위하여 그녀 자신의 것과는 다른 음악적 표현을 그녀에게 제공해야만 한다는 것을 깨달았으며, 그녀와의 세션에서 좀 더 많은 것을 과감히 수행하였다. 그녀가 이를 하느냐 하지 않느냐가 나의 의무는 아니었다. 나는 오직 그녀에게 나의 이해와 마음을 제공하고 그녀를 변화의 방향으로 인도하도록 최선을 다할 수 있었다.

슈퍼비전 시간의 음악적 상호작용과 탐구는 마리의 슬픔을 건드렸고 그녀가 커스틴에 대한 자신의 감정을 깨닫도록 하는 데 도움을 주었다. 이것은 그녀의 이해를 도왔으며 그녀가 치료과정이 진보되게끔 다양한 음악적 중재를 발전시키도록 하였다. 음악 안에서 우리의 상호작용은 커스틴에 대한 그녀의 관계 맺음과 동일시를 반영하였다. 이것은 마리 자신이 그들의 음악 속에서 커스틴을 단지 부분적으로만 수용하고 있었음을 깨닫도록 하는 데 도움을 주었다. 이런 깨달음 후에 그녀는 커스틴에게서 어떤 반응을 이끌어 내려고 애쓰기보다, 커스틴에게 그녀의 음악을 제공할 수 있게 되었다. 마리는 커스틴의 신체적이고 정서적인 상황을 좀 더 받아들이게 되었고, 무엇이 그들 사이의 장벽의 원인이었는지를 알게 되었을 때 그 관계 속으로 좀 더 열린 마음을 가지고 들어갈 수 있게 되었다.

치 료

개요　다음 부분에서 나는 전이와 역전이를 처리하는 것의 이점과 한계점에 대해 잘 설명할 수 있는 긴 사례를 요약하였다. 5년 이상 진행된 치료과정 속의 절박한 고비에, 전이나 역전이에 관한 나의 깨달음은 치료적 관계의 역동성에 대한 적절한 이해와 치료를 생산적으로 진행하기 위한 도구가 되었다.

전이의 증거는 일반적으로 음악 만들기에 대한 클라이언트의 묘사와 이것이 그의 내면에 불러일으키는 감정을 통하여 발생하였다. 때때로 이러한 묘사는 깊은 무의식 단계에서 발생한 것처럼 보이는 우리의 관계 성향을 포함하였다. 종종 그것들이 함축하고 있는 인간관계의 역동성은 단순하고 거의 원형적(성인-아동, 아버지-아들, 어머니-유아)이기까지 하다. 이와 달리, 특히 치료의 후반부에 인간관계의 역동성은 좀 더 미묘하고 '현실적'이 된다. 어떤 경우에 전이적 감정과 묘사는 단순히 클라이언트의 경험에 대한 나의 이해를 촉진하거나 확인하는 데 도움을 주었다. 그러나 그것들이 담고 있는 이러한 정신구조적 가정은 클라이언트의 자기 깨달음을 증가시켰고, 그가 상황에 대처할 수 있는 새로운 방법을 찾도록 돕기 위한 그의 관심과 직접적으로 연관되었다.

역전이는 나 자신의 호기심과 의심을 통하여 치료의 초기단계에 나타나며 후에 확장된 서술 기록과 분석적 과정에 의해 강화되고 확인되었다. 치료는 협동 치료사 없이 진행되었고 그 외의 Norodoff-Robbins 치료과정의 다른 핵심적인 요소는 보존되었다. 치료가 진행됨에 따라 클라이언트의 반응과 관찰은 나에게 역전이 이슈의 존재에 대해 깨닫게 하였다. 이러한 깨달음은 내가 나의 음악적이고 정서적인 반응을 더 잘 이해하도록 도와주었으며, 보통 좀 더 다양하고 임상적으로 효과 있는 음악적 중재와 치료과정에 대한 보다 집중적이고 긍정적인 관점으로 나를 이끌었다.

클라이언트의 행동과 묘사는 또한 초개인적이며 비언어적 단계에서 발생하고 있는 것이 무엇인지를 나타냈다. 그러나 때때로 그의 반응은 개인적일 때가 있었다. 그 반응은 나에 대한 그의 개념에 대해, 내가 하고 있다고 그가 생각하는 것에 대해, 그의 과거 경험에 기초한 타인에 대한 그의 기대에 대해 직접적으로 근거한 것이었다. 그러나 어떤 시기에 그는 대부분 음악 자체, 즉 감정을 유발하고 촉진하며 자기 표현의 강력한 수단으로 기능하는 음악의 능력에 반응하는 것 같았다. 이러한 인간관계의 요소는 초개인적인 요소와 명확하고 완전하게 분리될 수는 없었지만, 이 두 가지 측면은 강하게 존재하였고 발전하고 있었다.

클라이언트 배경 제프는 57세 남성으로 자신이 상황을 완전하게 경험하는 대신 분석하기 때문에 의미 있는 경험을 할 수 없다고 설명하였다. 그는 소리에 아주 민감하고, 감정을 표현하는 데 어려움을 느껴 거의 울지 않으며, 우울의 주기를 경험하였다고 보고하였다. 그는 현재의 갈등을 과거의 사건과 연관시켰고, 때때로 부모의 사랑이 부족한 것에 대해 비난하였는데, 그는 자신의 분노를 처리하는 데 굉장한 어려움을 느꼈고 종종 이성을 잃는다고 보고하였다. 이는 결국 직업이나 사회적 관계를 지속적으로 유지하는 것을 어렵게 하였다.

제프는 극도로 예민하고 논리정연하였으며, 그의 성인 시절의 대부분을 전통적인 정신분석을 받는 데 보냈다. 그는 쉽게 즉흥연주된 음악적 상호작용을 그의 과거에서 기인한 감정과 심상에 연결시킬 수 있었는데, 이는 특별히 그의 부모와의 관계에 관한 것이었다. 때때로 이것은 도움이 되기도 하였지만, 동시에 그 순간에 존재하고 자연스러운 감정의 고조 등을 경험하기 위하여 통제에서 벗어나도록 하는 데는 방어가 되기도 하였다. 또한 과거의 상처에 대해 다시 토론하는 것은 그가 나를 향한 갈등의 감정 경험을 회피하도록 하는 데 도움을 주었다. 오래된 감정은 그가 통제할 수 있었던 것이었다.

함께 즉흥적으로 음악을 연주하면서, 나는 제프가 음악적 상호작용을 통하여 그의 감정을 그의 분석과 연관시키고 있는 시점과 그의 감정에서 그 자신을 차단하는 분석적 활동에 참여하게 되는 시점을 살펴보려 하였다. 나는 그의 분석적 탐구를 지원하는 음악을 연주할 수 있었고, 그가 표현적으로 연주하고 감정을 느끼며, 자신을 그 경험 속에 잠기도록 도와줄 수 있었다. 때때로 이러한 과정은 긴밀하게 연결되어 있었다. 이슈를 탐구하면서 그는 인지적으로 이해하는 것에서 벗어나 감정적으로 경험함으로써 좀 더 표현적으로 연주할 수 있었다.

그와 함께하는 음악에서 나의 전반적인 목적은 그가 우리의 음악적 관계를 통하여 다른 사람과 관계 맺는 데 어려움을 처리하도록 하는 것이었다. 나는 이러한 유형의 음악적 경험이 그의 성격의 콤플렉스를 초월하도록 촉진하고 절정의 경험으로 이끌어, 그가 자신과 타인에 대해 덜 불안해하고 수용적인 태도를 취하게 되기를 바랐다.

클라이언트의 음악치료 과정   초기에 제프는 극도로 신중하고 조심스러웠으며 종종 악기를 연주하는 것보다 그것들을 배치하는 데 더 많은 시간을 할애하였다. 그가 좀 더 적극적으로 참여하게 된 것은 일반적으로 아동을 위해 많이 사용되는 하나의 음정만을 내는 작은 악기인 리드 혼을 사용하면서부터였다. 이러한 단순한 악기는 그가 '감정을 소리에 연결'시키도록 하였다.

이러한 감정의 탐구는 치료가 시작되고 몇 주가 지난 후의 한 세션에서 계속되었다. 제프는 성악 즉흥연주를 하였는데, 처음에는 비언어적으로 노래를 불렀고 그 후 최초로 '천국으로부터의 눈물'과 '이런 비 오는 날엔'이라는 가사를 만들며 노래를 불렀다. 내가 즉흥연주하였던 음악적 형식은 명확한 긴장과 해결의 부분이 있는 아주 직접적인 것이었다. 나는 그가 음역과 근음을 변화시킴에 따라 그의 목소리의 음역을 넓히기 위한 뚜렷한 선율 악상을 제시하였다. 음악은 팝 발라드 스타일에서 가스펠의 느낌이 나는 형식으로 약간 변화하였다. 제프는 노래를 부르며 눈물을 흘렸다. 그는 이것이 그의 삶에 결여되었던 정서적 경험의 깊이를 그에게 깨닫도록 한 감동적인 경험이었다고 묘사하였다. 음악은 그에게 지적인 합리화를 뛰어넘어 자신의 슬픔에 다

다르도록 도움을 주었다.

그는 억눌린 감정을 표현하고 있을 뿐 아니라 이런 표현을 이루고 이런 음악적 형식을 창조한 데 대한 자신감을 묘사하고 있었다. 이 세션 비디오 녹화 장면을 재검토하면서 나는 내가 특히 높은음자리표에서 많은 음을 연주하였고 제프의 노랫소리보다 더 큰 소리로 연주하는 경향이 있음을 알아차렸다. 이것은 확실히 우리의 상대적인 소리의 크기와 내가 클라이언트의 음악을 위해 남겨 두던 만큼의 시간 간격을 살펴볼 때 균형 잡힌 연주는 아니었다. 나는 제프가 과장되게 입을 크게 벌리고 있다는 것을 알아차렸고, 이후 그가 굶주린 어린 새와 같이 먹이를 기다리며 영양을 필요로 하는 것처럼 보인다는 것을 깨닫게 되었다. 나의 역전이는 음의 양과 강도를 통하여 그를 먹이기를 원하도록 나를 이끌었다. 사실 이것은 그를 좀 더 깊은 단계의 정서적 수준에 이르도록 자극하는 것 같았다. 이 치료 시기 동안 가끔 나는 그가 배고픈 아기며, 나는 영양을 주는 부모가 될 필요가 있다고 느꼈다.

이 세션과 후속 세션에서 제프는 음악이 그의 삶에서 결여되었던 '사랑, 안전, 친절'과 같은 감정을 그와 연결시킬 수 있다는 것을 알게 되었다. 한 세션에서 제프는 음악이 이런 목적을 만족시키는지를 구체적으로 질문하였다. 다른 세션에서는 보통 강렬한 감정을 분출하고 난 후에 말을 하거나 악기를 배열하는 것 대신에 좀 더 많은 것을 하려 하였다. 인간관계 측면에서 볼 때 그는 때때로 성미가 급하고 꽤 지나친 요구를 하였으며, 그의 불만족 때문에 나타날 수 있는 결과에 대한 경고로서 과거에 치료를 그만두었던 자신의 경험을 언급하였다.

흥미로운 사건이 세션 33에서 일어났다. 나는 빠른 블루스를 연주하고 있었고, 제프가 연주하는 방식에 기초하여 이 음악이 적절하다고 믿었다. 그러나 내가 당시에는 깨닫지 못하였지만, 제프는 이를 아주 성가시게 느꼈다. 녹화된 테이프를 연구하면서 나는 그의 신체 자세와 전반적인 감정을 통하여 그가 음악에 몰입하지 않고 있음을 깨달을 수 있었다. 나는 잘못된 음악을 선택하였으며, 음악이 그의 기분이나 에너지에 부합하지 않았다는 사실에 민감하지 못했던 것 같다.

나는 그 이유에 대하여 탐구하였다. 블루스 스타일은 언제나 나에게 편안함을 주었고 자유로운 감정을 느끼도록 하였다. 나는 내가 말하거나 연주한 모든 것에 대해 세심하게 계속적으로 질문을 하여 좌절하고 있었던 나의 감정을 밝히게 되었다. 나는 그의 세심함에 의해 방해받고 있다고 느꼈음을 깨달았다. 이는 나의 연주를 모호하게 만들었고 나의 창조적 과정을 방해하였다. 나는 제프가 나를 평가하고 있다고 내 나름대로의 방식으로 판단하고 있었다. 아마도 나는 무의식의 단계에서 적절치 않은 음악을 연주함으로써 실수를 저지를 위험이 있는데도 그의 세심함에서 벗어나기를 원하였다. 나는 그와 함께 팽팽한 줄 위를 걷고 있다는 느낌을 없애고 싶었고, 주의 깊고 균형 잡힌 행동을 함으로써 그의 분노가 표현되지 않기를 원하였다. 나는 그에게 "함께 즐겨요. 모든 순간을 세심하게 분석하는 것은 이것으로 충분해요. 우리 그냥 음악을 연주해요."라고 말하고 싶었던 것이다.

나는 제프와 함께하였던 순간과 유사하게 느꼈던 상황에 직면하는 것을 거부하였던 내 과거의 사건을 떠올렸다. 특히, 평가받고 있다고 느끼는 것 같은 힘든 감정과 마주치기보다는 움직이고 행동하기를 원하는 나의 성향을 깨닫게 되었다. 이러한 깨달음은 제프와 내가 연결될 수 있도록 하는 음악을 연주하도록 도움을 주었다. 이는 그의 평가에 반응하지 않고 양육하는 부모의 '음악적 공급자'로서 나의 역할을 새롭게 수용하도록 하였다. 나는 내가 경험하고 있었던 감정이 제프의 과거 속 이슈가 불러일으킨 것이었는지 궁금하였다. 나는 그의 부모와 관련된 상황을 재현하고 있는가? 그들은 제프를 다루는 데서 실수하지 않으려는 압박감을 느꼈는가?

모순되게도 이러한 '실수'는 제프에게 다음 세션에서 그의 불만족에 대해 내게 직접적으로 말하는 기회를 제공하였기 때문에, 우리 관계에 결정적인 의미가 되었고 그는 보복에 대한 두려움 없이 그렇게 할 수 있음을 깨달았다. 더욱이 이것은 우리 사이에 신뢰를 구축하는 데 도움을 주었고, 이어지는 세션에서 그는 그렇게 해도 무방하다고 느꼈기 때문에 이러한 감정을 통해, 또 이러한 감정에 대해 작업할 수 있었다. 나는 그가 이런 감정을 가진 것에 대해 화를 내거나 그를 비난하지 않았다. 그는 음악을 만들면서 강하게 나타난 감정을 묘사하기 시작하였고, 이러한 감정을 '성인이 되고 아이가 되지 않기'의 중요성과 연관시켰다. 이러한 말은 명백하게 전이적 의미를 가지고 있고, 치료의 후반부에 중요하게 드러났다.

제프가 일 년여 치료를 받았을 때 그의 아버지가 죽었다. 비록, 그는 죽음에 대한 자신의 감정을 직접적으로 처리하는 데 무능하거나 의지가 없는 것처럼 일관되게 표현하였지만, 치료 중 몇 번의 주목할 만한 발전이 그의 아버지의 죽음 후에 이어졌다.

다음 세션에서 그는 피아노의 저음 부분에 앉기를 요구하였는데, 이는 아마도 나와 역할을 바꾸어 자신의 감정을 수용하도록 하거나 그의 아버지 대신 그 자신이 부모의 역할을 수행하도록 하려는 것 같았다. 우리가 연주할 때 나는 의도적으로 피아노 중간 음역에 있는 A음을 쳤다. 나는 이 음정을 루바토로 천천히 반복하여 연주하면서 아버지의 죽음에 대한 그의 속에 깔려 있는 감정을 반영하려 하였다. 한 음만을 연주하기로 한 나의 선택은 그에게 음악 속에서 화성적으로 채워질 수 있는 기회를 허락하였다. 또한 이것은 뒤바뀐 우리의 역할에 대한 또 다른 측면을 제공하였다. 내가 피아노에서 한 음정만을 연주한 것은 제프가 과거에 리드 혼을 연주한 것에 대한 반영이었다. 제프는 이 음악적 경험이 강력한 것이었다고 묘사하였다. 이것은 그의 개인적 감정과 연결되었지만 이를 초월하였다(개인적이면서 초개인적인 것).

음악적 발전은 전이적으로나 초개인적으로 이 세션 이후에도 계속되었다. 제프는 세션에서 소개되었던 인디안 플루트를 빌려 달라고 요청하였고 그것을 연주하는 방법을 배웠다. 리드 혼보다는 다양하지만 여전히 단순한 이 악기로 그는 중동지방의 느낌이 나는 4분 음표, 선율, 스케일을 연주할 수 있었다. 그는 결국 자신의 음악적 경험을 '당신이 갇혀 있었던 곳에서 당신을 해방시키는 것'으로 묘사하였다. 나는 이러한 해방감이 그의 아버지에 대한 감정과 관련이 있는지 의심하였다.

명절 휴가가 끝난 후에 제프는 나와 비슷하게 턱수염을 기른 채 세션에 나타났다. 그리고는 빌려 갔던 인디언 플루트를 돌려주었다. 수염을 기른 것은 아마 나에 대한 그의 상징적인 내사화의 방식이었던 것 같았다. 이것은 또한 어떤 면에서 그의 아버지의 죽음에 대한 그의 해결을 상징하는 것이기도 하였다. 이것은 '아들이 아닌 아버지가 되기' 위한 시도의 또 다른 방법인 것 같았다. 초개인적으로 이것은 음악 자체에 대한 그의 관계가 발전하는 단계인 것 같았다. 그는 원형적인 의미에서 그가 나에 대해 상상하였던 것과 같은 모습(그의 삶에서 강렬한 힘을 발휘하는 경험을 제공하는 매개체를 연주하는 음악가 혹은 그가 좀 더 통제하기 위하여 원하거나 필요로 하는 그 어떤 힘)이 되려고 노력하는 것 같았다. 플루트를 반납하고 수염을 기른 것은 음악을 통하여 그 자신의 감정을 발산하고 통제하는 그 어떤 사람으로 변형되는 것을 상징화 하는 것일 수도 있었다. 그는 빌려 간 플루트를 반납하였지만, 대신에 우쿨렐레(ukulele), 북, 하모니카, 바이올린, 플루트 같은 악기를 구입하였으며, 메트로놈도 구입하였다. 그는 음악 워크숍에 참여하였고 성악 레슨을 받았다. 이 시기에 그는 음악치료가 그에게 '좀 더 강하고 긍정적인 자기 개념'을 제공한다고 생각하였다.

이렇게 강화된 자기 개념은 세션에서 내가 연주하였던 음악에 대한 그의 반응에서 명백히 드러났다. 초기단계의 치료에서 내가 어떤 방식으로든 그의 음악을 반영하거나 모방하였을 때, 제프는 가끔 부정적 반응을 격렬하게 나타내었다. 그는 종종 나와 하는 연주가 그를 '추적하거나' '감시하는' 것과 같은 것으로 인식하였다. 우리가 함께 연주하였을 때 '벽이 사라짐'을 느꼈는데, 이것이 그에게는 위협적인 감정이었다. 마치 자신을 어머니와 분리할 수 없는 유아와 같이 그는 압도당한 느낌을 받았다.

2년여의 치료과정이 지난 후에 그는 음악적 교류의 '따뜻함'의 감정을 그의 음악을 반주하는 나의 연주가 불러일으킨 실제적인 신체적 감각으로 묘사하였다. 그는 또한 자신을 위해 '멋진 어떤 것을 연주하라.'고 나에게 요구하였고, 내가 연주를 시작하였을 때 자신이 좀 더 가치 있는 것 같은 느낌을 받았다고 고백하였다. 그가 의식적으로 지원을 원하였을 때, 그는 나와 일치되어 연주하는 것을 긍정적으로 경험하게 된 것 같았다. 그가 실제로 우리의 상호작용을 격려하였다는 사실은 그가 새롭게 획득한 좀 더 강력하고 긍정적인 자기 개념을 반영하는 것이기도 하였지만, 나와 음악에 대한 이상화된 감정을 반영하는 것이기도 하였다. 그 후 그가 음악적으로 그 자신을 주장함에 따라 그는 마치 어린아이가 어머니에게서 분리되고 이에 대해 갈등을 느끼는 것 같은 좀 더 뚜렷한 자기 개념을 확립하려고 시도하였다. 결국 그는 우리가 분리되는 것을 수용할 수 있었고 그에 대해 괴로워하지 않았다. 이 시기를 거치면서 이것은 우리가 함께 만들었던 음악적 경험 속에 그가 제약 없이 좀 더 완전하게 거하도록 도움을 주었다.

치료과정에 걸쳐 발생하였던 갈등의 시기 중 나에 대한 제프의 불만족 때문에 발생한 긴장이 있을 때 나는 내 즉흥연주의 변화를 알아차렸다. 나는 내가 왜 그렇게 하는지 분명하게 깨닫지 못하면서 오스티나토 패턴을 창조하려는 경향이 있었다. 돌이켜 보니 이것은 그와 대화하기보다는 그의 연주를 고정시키는 예측 가능하고 구조화된 그 어떤 것을 연주함으로써 순간순간의 관계에서 벗어나려는 나의 방식이었다. 나의 역전이는 어린 시절 나의 대처 방식의 하나로 꽤 친숙하게 느꼈던 간접적 적대감인 긴장에서 벗어나는 것이었다. 내가 이것을 깨달았을 때 나의 음악적 중재는 더욱 다양해졌고, 내가 오스티나토 패턴을 사용하였을 때 그것은 나의 회피를 통하여 우리의 거리를 멀어지게 하기보다 좀 더 밀접하게 교류하도록 하였다.

제프는 나의 연주 속에 나 자신이 갇혀 있었던 나의 회피의 시기를 알아차렸고, 이것은 그에게 어떤 것을 통찰하게 하였다. 그는 내가 왜 이것을 하고 있는지에 대해 의아해하였으며, 이를 그 자신의 성격과 연결시켰다. 그는 자신이 다루기 힘든 사람일 수 있다고 말하였다. 이는 그가 좀 더 책임감 있는 태도를 가지도록 하였다. 그는 자신의 좌절을 조절하였고, 관계상 어떤 일이 더욱 어려워질 때도 그 일에 대해 좀 더 많은 책임감을 갖게 되었다.

우리의 작업이 3년째 되었을 때 제프가 계속적으로 가지고 온 이슈는 특별한 주목을 받았다. 그것은 깊게 자리 잡은 '권리 부여받음(entitlement)'의 감정이었다. 그는 어린 시절 충분한 정서적 양육을 받지 못하였기 때문에 성인이 되어서 이러한 정서적 만족을 얻기 위한 권리가 있다고 느꼈다. 그는 나에게 "나는 주목받을 권리가 있다고 느껴요."라고 말하였다. 그는 어린 시절 정서적으로 양육받지 못한 것에 대한 상실의 감정을 탐구하기 위해 첼로를 선택하였다. 기억에 남는 한 세션에서 그는 자신의 첼로 연주가 상실감에 대한 그의 분노를 실제로 반영하였고, '음악 속에서 그것들이 휩쓸려 가는 것'에 대해 나에게 분노하였음을 표현하였다고 느꼈다.

후에 이 세션을 검토하면서 나는 자아도취에 빠져 연주하였는지와 그 이유에 대해 궁금하였다. 나는 어떤 수준에서 제프가 어린아이와 같이 울고 있었다고 느꼈고, 이러한 그를 성장시키기를 원하였다. 나는 그가 얼마나 쉽게 자신의 문제를 다른 사람들, 특히 부모와 나의 탓으로 돌릴 수 있는지에 대해 분개하였다. 나는 아마도 그런 방식으로 연주함으로써 그가 내게 수행하기를 원하였던 역할을 포기하고 있었다. 그의 권리의식은 나를 화나게 하였다. 그리고 그의 빈곤은 강압적인 것처럼 느껴졌다. 나는 내 가정에서 하나의 완전한 인간이 아닌 나의 음악적 기술로 말미암아 인정받았던 것에 대한 갈등적인 감정을 가지고 있었음을 깨닫게 되었고 이에 분노하였다. 아마 나는 내 가정에서뿐 아니라 음악가로서 나에게 익숙한 역할이었던 무언가를 제공하려는 욕구(피아노 반주를 통하여 타인의 독주를 빛나게 하고, 나 자신은 의도적으로 배경 속에 있으려 하는 것) 대신에 나 자신을 돌보고 인정받으며 양육받으려는 욕구를 느꼈기 때문에 자아도취적으로 연주한 듯했다.

이것을 깨달았을 때 나는 그 세션 부분을 다시 들었고, 그것을 다르게 지각하게 되었다. 나의 음악적 중재는 그렇게 자아도취적이지는 않았다. 이것은 마치 이슈가 나타났을 때, 내가 우리의 음악 만들기 속에서 발생하였던 것을 좀 더 '객관적인' 현실로 명확하게 경험할 수 있는 것과 같았다. 세션 녹화 테이프를 보면서 나는 제프와 나 사이의 상호작용의 본질에 대한 나 자신의 가정을 탐구하기 시작하였다. 그리고 무엇이 '객관적으로' 발생하였는지와 우리의 치료적 관계의 맥락 안에서 내가 그것을 어떻게 이해하였는지를 밝히기 위하여 이 테이프를 검토함으로써 이런 가정을 시험하였다. 제프의 어린 시절 그에게 충분한 관심을 주지 않았던 어머니에 대해 느꼈던 그의 불만족이 나에게 전이되었기 때문에 이 이슈는 좀 더 명백하게 보였다. 이것은 나중에 제프가 확인한 것이었다.

치료 4년째에는 제프에게 계속 나타나는 구체적인 걱정의 이슈에 집중하여 치료가 진행되었다. 그는 아직 생존해 있는 어머니가 그를 돌볼 것이라는 기대감에 대해 좀 더 현실적으로 바라보기 시작하였다. 그는 이런 관계를 음악 안에서 애통해하였다. 그는 연주를 회피하고 경험 자체에 머물기보다, 강력하고 감동적인 음악을 방해하기 위한 수단으로 언어를 사용하였던 그의 경향을 논하기 시작하였다. 그는 음악이 불러일으킨 감정에 머물기 위하여 더욱 노력하였다.

그는 다양한 개인적인 염려, 즉 치료의 궁극적인 결과에 대한 의심, 자신의 삶의 상황에 대한 낙담, 음악치료 관계 속에서 경쟁의 느낌, 그리고 돌봄과 사랑을 받을 만한 가치가 그에게 있는지에 관한 의심에 대해 좀 더 개방적으로 말하였다. 그는 외부에서 기인한 자신의 분노를 치료 세션으로 가져와, 그가 이전에 만들었던 음악의 '아름다움'을 큰 소리로, 그리고 불협화음과 교대로 사용하기 시작하였다.

치료 5년째 되던 어느 2월, 그는 자신의 공격적인 피아노 연주를 다음과 같이 설명하였다. "난 당신을 증오해요. 난 정말로 당신을 죽이고 싶어요." 그의 목소리 톤은 조용하였다. 그는 이것을 애원하는 아이의 소리와 같다고 묘사하였다. 그는 이런 공격성이 그의 아버지가 자신을 때렸을 때 그의 아버지를 향한 자신의 감정과 관련이 있다고 생각하였다. 하지만 나는 이것이 또한 나를 향한 그의 감정, 즉 나와 가까워지는 것에 대한 분노와 공포, 그리고 그것들에서 물러서고 싶어 하는 것과 관련이 있는지 궁금하였다. 또한 그는 만약 자신이 진정으로 나에 대한 분노를 표현하였다면,

그는 나를 파괴시키거나 내가 그에게 보복할 수도 있다는 데 두려움을 느꼈을 수도 있다.

치료한 지 5년이 지나면서 제프는 작은 성장을 이루었지만, 아직도 직업을 유지하고 타인과의 관계에서 자신의 분노를 통제하는 데 어려움을 겪고 있었기 때문에 나는 때때로 지쳐 가는 나 자신을 발견하게 되었다. 우리는 제프를 감동시키고, 그의 이성적인 이해와 감정을 연결시키도록 돕고, 그의 성격적인 편견을 초월하는 그 자신 속에 있는 보편적인 특질을 경험하도록 돕는 다양한 음악을 함께 창조해 왔다. 그는 음악 안에서 강력한 경험을 좀 더 가질 수 있었고, 아름다움에 대한 표현과 감상, 희망, 음악적 형식 속에 내재된 사랑을 좀 더 경험할 수 있게 되었다.

이런 긍정적인 발전이 있었어도 나는 여전히 어려움을 느꼈다. 나는 제프에 대해 염려하였다. 비록, 그는 때때로 격앙되기도 하였지만, 나는 음악 만들기와 이성적이고 민감한 이 남자와 함께 작업하고 그에게서 배울 수 있는 기회를 즐겼다. 제프의 미묘하지만 요구가 많은 행동을 관찰하고 내가 처한 긴장 상태를 알아차린 동료들은 앞으로 얼마 동안 그와 계속 작업을 할 것인지를 묻기 시작하였다. 부분적으로는 나를 보호하려는 그들의 감정 때문에 그들은 제프에 대해 반감을 느끼는 것처럼 보였다.

이는 제프가 클리닉에 도착하기 위해 이용한 엘리베이터의 음악이 너무 시끄럽다고 여기고 이에 대해 극도로 분노하고 화를 내었을 때 절정에 달했다. 엘리베이터 조작자에게 음악을 좀 더 조용하게 틀 것을 요구한 후, 그는 자신이 무시당했다고 주장하였고, 실제로 욕설을 들었다고 생각하였다. 그는 엘리베이터에서 음악이 들리지 않기를 바라는 자신의 요구와 사과를 바라는 그의 요청을 내가 지지해 주기를 원하였다. 그는 엘리베이터에서 음악 사용에 관한 공식적인 대학의 정책에 대해 자신이 잘 안다고 주장하였다.

동료들은 화를 냈고 제프 때문에 엘리베이터 음악이 어떤 식으로든 없어질 것이라고 생각하며 초조해하였다. 또한 내가 그의 불만에 반응함으로써 그를 만족시키고 있다고 느꼈다. 나는 이 기간 동안 세션을 진행하면서 계속해서 지치고 기운이 빠짐을 느끼고 있었다. 나는 이 사례에 대해 슈퍼비전을 받고 있었지만, 내가 협동 치료사와 함께 일을 하지 않는다는 사실이 이런 감정을 악화시키는 것일 수도 있었다.

나는 어떤 미묘한 방식으로 치료의 돌파구를 바라고 있다는 것을 깨달았기 때문에 치료를 종결할 수 있었다. 내 감정을 살펴보았을 때, 나는 제프의 지나친 요구를 감내할 수 있었던 나 자신의 일부를 발견하였다. 역시 나는 참는 자가 되어 다른 사람을 도와주고 짐을 지고 가도록 노력하는 나 자신과 가족 간의 지난 관계에 이것을 연결하였다. 이를 비로소 깨달았을 때 나는 치료에는 중대한 순간이 꼭 있어야 한다는 성가신 생각을 더 이상 갖지 않게 되었고, 결국 그것을 종결하였다. 이는 나의 부담을 덜어 주었다.

초기에 제프를 분노하게 하였던 것이 음악(좀 더 낯선 음악, 그가 통제할 수 없었던 큰 소리의 음악, 그에게 영향을 주지만 그 자신의 것이 되지 못한 음악)이라는 사실은 중요하다. 나는 혹 그가 나를 엘리베이터의 음악(너무 시끄럽고 그의 요구에 대해 무감각한)과 같다고 느꼈는지 궁금하였다. 나는 그의 요구에 따라 엘리베이터 조작원에게 라디오 볼륨을 낮추도록 부탁하였다. 내가 이 사실을 제프에게 말하자 그는 자동으로 움직이는 엘리베이터를 사용하기로 결정하였다. 우리가 이 사건이 일어난 일주일 후의 세션에서 이에 대해 토론하였을 때, 그는 '아무도 관심을 기울여 주지 않았기' 때문에 화를 냈다고 이야기하였다. 나는 그가 그렇게 말할 때 슬퍼 보인다는 것을 알아차렸고, 그 생각을 그에게 말하였다.

우리는 피아노로 즉흥연주를 하였고, 제프는 분노하기보다는 슬픔 속에 빠져 있으려고 노력하였다. 그는 "아무도 나를 돌보지 않아요."라고 노래하였다. 그 후 그는 '인정받음'을 경험하기 위한 목적으로 즉흥연주를 시작하였다. 이 감정은 그가 부모에게서 받지 못했다고 느꼈던 그런 것이었다. 연주를 시작한 후에 그는 매우 강렬한 심상을 가지게 되었다. 그는 자신이 낮은 음역에서 연주하는 것은 그의 부모에게 인정받고자 하는 행동으로, 높은음자리표에서 내가 연주하였던 좀 더 높은 음은 실제적인 인정받음으로 설명하였다. 그는 자신이 누워 있는 모습(낮은 음역)과 그의 어머니가 그 위에 서 있는 모습(높은 음역)의 심상을 가졌다. 이러한 세심한 종류의 주고받기(call-and-response) 즉흥연주 경험 후에 그는 좀 더 자발적으로 연주하기 시작하였다. 연주가 끝났을 때 그는 "아마 어떤 시점에 이르면 나는 인정받을 필요성을 느끼지 못할 것 같아요."라고 말하였다. 나는 우리 모두가 인정받고자 하는 욕구가 있지만, 아마 이런 욕구에 대한 그의 정서적인 강렬함은 사라질 수 있다고 말하였다.

그 후 좌절을 처리하는 데 그가 발전하고 있다는 증거로 성숙함을 보이는 한 사건이 발생하였다. 나는 그의 전화 메시지를 정확하게 받지 못하였고 그가 기대한 방식대로 반응하지 않았다. 그는 극도로 화를 내는 대신 세션에 와서 그의 감정에 대해 이야기하였고, 무슨 일이 일어났는지에 대해 이해하려고 노력하였다. 내가 이 사실을 그에게 지적하였을 때 그는 그것이 좋은 일이라는 데 동의하였다. 그리고 내가 그에게 자신의 감정을 갖도록 허용하였다는 것을 그가 알기 때문에 이런 일이 가능한 것 같다고 느꼈다.

이 시기 이후 우리의 음악은 좀 더 조화롭게 되었다. 제프의 악절 만들기와 강약은 나의 음악과 좀 더 자주 부합되었다. 그는 이 음악을 '친밀하다'고 묘사하였는데, 그것은 마치 미리 작곡된 작품처럼 응집력 있는 소리처럼 느꼈다. 음악이 너무 잘 융합되어 있어서 그는 불편한 감정을 가지게 되었다. 이는 내가 사라짐으로써 그가 분리됨을 느꼈기 때문이었다. 그는 이것을 '사람과 가깝게 되어 가는 것'과 연결하였다. 그는 만약 그가 음악 속에서 자신의 경호인을 내어 버린다면 '침범' 당할 수도 있다는 자신의 생각을 '미친 듯한 공포'라고 묘사하였다.

치료 5년째 후반기에 있었던 다른 즉흥연주 중에서, 제프는 침범당했다는 느낌 없이 좀 더 큰 소리의 리듬적인 연주와 좀 더 조용한 음악을 탐색하는 나의 음악이 그를 인도하도록 허용하였다. 이는 그런 표현을 통해 자신의 감정을 이끌기 위함이었다. 이것은 그가 '폭력적이지 않은 또 다른 삶이 존재한다.'는 것을 깨닫게 하는 데 도움을 주었다. '시끄럽게 하는 것'에 대한 반응으로 그를 때렸던 처벌하는 아버지가 되기보다, 나는 그의 가장 심각한 음악적 발작의 순간에도 그와 계속적으로 교류하기를 원하는 이상화된 아버지가 되었다. 이 시기 동안 그는 실제로 그의 소리를 민감하게 듣고 침범하지 않으며, 그의 음악을 반영하는 부모의 형상으로서 나를 더욱 받아들이는 것 같았다.

나는 제프가 나보다 훨씬 나이가 많은데도 나를 부모의 형상으로 여긴다는 사실이 흥미로웠다. 아마 부분적인 이유는 우리의 상호작용이 주로 음악적인 것을 통하여 이루어졌고, 나는 이 부분에 경험이 많은 사람이었기 때문에 나를 부모의 역할로 간주하는 것 같았다. 언어적 상호작용이 주로 이루어졌다면 상황은 달라졌을 수도 있다.

그 해의 후반부에 나는 음악 속에서 물러나기 위해 몇 차례 시도하였다. 그리고 제프가 자신을 독립적으로 지지하도록 하였는데, 실제로 그는 그렇게 하였다. 이는 우리가 분리될 수 있고, 그 자신을 스스로 지지할 수 있다는 것을 그가 깨달았다는 중요한 표시였다. 제프가 자신을 스스로 지지할 수 있다는 것을 내가 지적하였을 때, 그는 동의하였고 자신의 기분이 더 나아지도록 돕는 어떤 것에 초점을 맞추려고 한다고 고백하였다. 또한 어머니를 모든 고통의 원인으로 계속적으로 바라본 후, 그가 그녀의 특질과 유사한 특질을 소유하였고, 그의 어려움에 대해 어머니를 비난하기보다는 자신을 바라보아야만 한다는 사실을 깨달은 것도 바로 이 세션에서였다.

1998년 초반 우리는 그의 주도로 어떤 것이 치료의 종결을 암시하는지에 관해 의견을 나누기 시작하였다. 그는 아직도 다루기를 원하는 갈등을 가지고 있었지만 이런 것들이 점차 나아질 것이라고 느꼈다.

토의   확실히 전이와 역전이는 이런 음악치료 관계에서 중요한 역할을 한다. 때때로 제프는 내가 철회하거나 공격하던 자신의 부모의 특질에 머물러 그를 돌보는 것을 보류한다고 지각하였다. 때때로 그는 내가 연주한 음악을 침입으로 느꼈다. 또 다른 시기에는 그것을 신체적 따뜻함으로 경험하였다. 그는 아버지의 보복 공포 없이 자신을 주장할 수 있게 되었고, 스스로 일어서기 시작하였다. 나는 그가 압도당해 분화되지 않은 영아에서 자기 개념을 주장하기 위해 화를 내는 어린아이로, 나아가 자신의 행동에 책임을 질 준비가 된 좀 더 성숙한 아동으로 옮겨 갔다는 것을 깨달았다.

나를 평가하던 제프에게 내가 과잉 반응하였던 것을 깨달아야만 했다. 이런 경우에 나는 철회하려는 경향을 가졌는데, 이는 나의 개인적인 가족력에서 유래한 것이었다. 이러한 경향은 실제로 치료에 대한 연료를 공급하였다. 이것은 제프에게 어떤 사람이 왜 그런 식으로 반응하는지에 대한 통찰력을 가지게 하였다. 내가 내 경향을 인식하였을 때, 나는 그의 성장을 촉진하기 위하여 그의 판단이 긍정적이든 부정적이든 그에 대한 지나친 염려 없이 음악을 연주할 수 있었다. 나의 '먹여 줌'이 그의 유아적인 행동을 극복하지 못하는 결과를 초래하였을 때, 나는 이를 인정하고 감정이 점점 더 소모되는 것을 느끼면서도 이 짐을 짊어지고 가는 나의 무의식적인 반응을 깨닫게 되었다.

이런 사실을 깨달음으로써 나는 좀 더 효과적인 음악적 상호작용을 위한 방법을 명확하게 알게 되었다. 그것은 내가 다양한 선택을 하게 하고 좀 더 융통성 있게 연주하도록 나 자신을 자유롭게 하였다. 음악을 어떤 정신분석적 구조나 단순히 치료적 관계의 반영으로 여기는 것은 제프의 과정에 대한 완전한 그림을 제공하지 못한다. 음악이 효과적이었을 때 제프는 창조성과 강함을 가지고 고통스러운 이슈에 접촉할 수 있었다. 음악은 그에게 그의 생각과 감정을 융합하기 위한 용기를 주었다. 이것은 그의 내면에 성취감을 부여하였고, 그 자신의 잠재력을 일깨워 주었다. 음악은 또한 그가 나를 향한 갈등의 감정을 인내하도록 하였고 언어가 할 수 없었던 방식으로 그것을 처리하도록 도왔다. 이것은 성격구조와는 별로 관계가 없지만 음악의 보편적 특징과 좀 더 관련이 있는 제프와 나의 일부분을 건드렸다. 우리는 거기에 다다르기 위하여 열심히, 때로는 다른 때보다 더욱 열심히 작업해야 했다.

결 론

심리치료 임상에서 나타난 전이와 역전이에는 두 가지 대조되는 개념이 있다. Greenson(1967)이 설명한 첫 번째 개념은 전이와 역전이가 현재의 왜곡된 지각을 대변한다는 것이다. 객관적인 현실로 여겨지는 것에 대한 이러한 왜곡은 과거의 관계, 특히 부모에게서 기인한 감정과 갈등의 침범 때문이다. 두 번째 개념은 구조주의자의 관점에서 출발한다. Mark Spellmann(개인적 인터뷰, 1996)이 설명한 이러한 견해는 인지 이론에 근거하며, 모든 지각이 Piaget가 말한 동화와 적응의 과정을 기반으로 한 사회적 구조라고 주장한다. 모든 관계와 경험은 한 개인(치료사와 클라이언트)의 과거 상호 교류 경험에서 구축된 지각의 필터와 범주를 통하여 이해된다.

이 두 가지 견해는 음악치료에 적용될 때 이점을 가진다. 음악은 개인적 선호도와 약점에 의해 왜곡될 수 있는 다양한 층의 의미를 가진다. 구조주의자의 견해는 우리에게 모든 음악적 경험을 치료사와 클라이언트의 삶 속에서 고려하도록 요구하기 때문에 도움이 될 수 있다. 그러나 심리치료를 시행하는 것은 음악치료를 하는 것과 다르다. 따라서 우리는 음악치료 관계에서 나타나는 이러한 현상을 탐구할 때는 심리치료의 관점을 초월해야만 한다.

음악은 전이가 투사될 수 있는 어떤 사물 이상의 것이다. 이것은 사물과 지각하는 자의 합계 이상의 초개인적인 현상이다. 음악은 일시에 여러 세계에 존재하기도 하고, 그것을 창조하는 개인과 교류하기도 하며, 단순히 한 개인 이상의 것을 반영하기도 한다. 음악은 창조된 대로 현재에 존재하기도 하고, 미래를 향한 움직임을 함축하기도 하며, 과거의 연상과 감정을 촉발하기도 한다.

즉흥연주된 음악은 의식과 무의식의 감정을 반영하는데, 이 모두는 마르지 않는 창조의 원천을 제공한다. 또한 음악치료사의 과정은 핵심적인 창조적 과정, 내적 자기와 밀접한 관련이 있다. 이는 절대 구체화나 수량화될 수 없는 무의식의 감정과 연상, 심상과 관계가 있다.

음악에 대한 우리의 개인적 관계는 클라이언트와의 치료적 동맹에 들어가기 위해 꼭 다루어져야 한다. 음악치료에서 우리는 음악 만들기 과정을 방해하는 개인적인 음악적 성향을 파헤침으로써 창조적 과정을 자유롭게 하는 것으로 전이의 처리를 간주할 수 있다. 효과적인 치료는 치료사가 임상적 음악 만남 속에 몰두하고 기쁨을 느끼며 창조하기 위한 용기를 가질 것을 요구한다.

전이와 역전이 개념은 우리가 그것을 음악적 만남의 모든 것을 설명하기 위하여 사용하지만 않는다면 유용한 도구가 될 수 있다. 이에 대한 탐구는 우리의 지각과 의식, 그리고 잠재적인 상호작용의 영역을 확장시킨다. 음악치료사는 그 만남의 경이와 신비를 유지하고 그 안에 거할 수 있어야만 한다. 이것은 우리가 어떤 단계에서는 역전이 반응에 기초하여 음악적 중재를 할 수 있도록 한다. 이는 효과적인 창조적 음악치료 임상에서 필수적 단계다.

참고문헌

Aigen, K. (1996). *Being in music: Foundations of Nordoff-Robbins music therapy.* St. Louis: MMB Music.

Ansdell, G. (1995). *Music for life.* London: Jessica Kingsley.

Brown, S. (1994). Autism and music therapy-Is change possible, and why music? *Journal of British Music Therapy, 8*(1), 15-25.

Ferenczi, S. (1920). The further development of an active therapy in psychoanalysis (pp. 198-217). In *Further contributions to the theory and technique of psychoanalysis.* London: Hogarth Press.

Forinash, M. (1992). A phenomenological analysis of Nordoff-Robbins approach to music therapy: The lived experience of clinical improvisation. *Journal of the American Association for Music Therapy, 11*(1), 120-141.

Greenson, R. (1967). *The technique and practice of psychoanalysis* (Vol. I). New York: International Universities Press.

May, R. (1975). *The courage to create.* New York: W. W. Norton & Company.

Nordoff, P. (1998). Musical archetypes, the children's tune, and an introduction to pentatonic scales and harmony (pp. 101-114). In C. M. Robbins, & C. Robbins (Eds.), *Healing heritage: Paul Nordoff explores the tonal life of music.* Gilsum, NH: Barcelona Publishers.

Nordoff, P., & Robbins, C. (1977). *Creative music therapy.* New York: John Day.

Nordoff, P., & Robbins, C. (1971). *Therapy in music for handicapped children* (2nd ed.) London: Victor Gollancz Ltd.

Pavlicevic, M. (1995). Music and emotion: Aspects of music therapy research (pp. 52-65). In A. Gilroy, & C. Lee (Eds.), *Art and music therapy research.* London: Routledge.

Ritholz, M., & Turry, A. (1994). The journey by train: Creative music therapy with a 17-year-old boy. *Journal of the American Association for Music Therapy, 12*(2), 58-87.

Robarts, J. (1994). Towards autonomy and a sense of self: Music therapy and the individuation process in relation to children and adolescents with early onset anorexia nervosa (pp. 231-246). In D. Dokter (Ed.), *Arts therapies and clients with eating disorders.* London: Jessica Kingsley.

Robbins, C. (1995). Creative music therapy and psychotherapy in music (pp. 13-15). *International Association of Nordoff-Robbins Music Therapists Newsletter.*

Robbins, C., & Forinash, M. (1991). Time as a multilevel phenomenon in music therapy. *Journal of the American Association for Music Therapy, 10*(1), 46-57.

Strachey, J. (1934). The nature of the therapeutic action of psychoanalysis.

International Journal of Psychoanalysis, 15, 27-159.

Slakter, E. (1987). *Countertransference.* Northvale, NJ: Jason Aronson.

Winnicott, D. (1949). Hate in the countertransference. *International Journal of Psychoanalysis, 30,* 69-74.

제10장

분석적 음악치료에서 음악적 역전이

Benedikte B. Scheiby

이 장에서는 음악치료에서 일어나는 다양한 종류의 역전이를 정의하고 묘사하며 치료과정에서 각 역전이의 기능에 대해 논의할 것이다. 여기서는 특히 외상적 음악 역전이에 초점을 맞추고 음악적 접촉을 통한 치료사의 경험을 신체적·감정적 외상을 겪는 클라이언트의 증상과 관련하여 다룰 것이다.

음악적 역전이의 중요성

음악치료사가 음악적 역전이를 자각하고 이에 대해 작업해야 할 세 가지 중요한 이유가 있다.

첫째, 클라이언트의 외상적인 병력에 대한 치료사의 첫 인식은 종종 음악 안에서 일어나는 역전이 반응에서 오는데, 이러한 반응은 진단에 사용할 수 있다.

둘째, 역전이가 일어날 때 치료사가 음악적 역전이를 발견할수록 음악적 중재를 잘할 수 있고, 그들이 상황에 더 잘 적응하도록 만들며, 역전이가 일어날 때 클라이언트의 병력과 관련된 정보를 더 잘 사용할 수 있다.

셋째, 개인의 감정적 문제에 대한 이해와 통찰은 치료사의 개인적인, 그리고 전문인으로서 성장에 큰 도움을 준다.

분석적 음악치료사로서 20여 년의 임상 경험을 통해 나는 다음과 같이 음악적 역전이의 정의를 발전시켜 왔다.

> 음악적 역전이는 클라이언트와 그의 전이에 대한 무의식 또는 전의식 반응으로서 음악치료사에 의해 생성되고 초래된 느낌, 사고, 이미지, 태도, 견해, 신체적 반응을 반영하거나 불러일으키는 소리 패턴으로 구성된다. 역전이를 전달하는 매개체는 세션에서 연주되는 음악이다.

이 장은 음악적 역전이에 중점을 두지만, 그렇다고 비음악적 역전이가 중요하지 않다는 것은 아니다. 둘의 관계에 대한 탐색은 이 분야의 미래 작업에서 핵심이 될 것이다.

음악치료의 독특한 양상 중 하나는 전이와 역전이가 구체적인 형태, 구조, 역동성, 발음, 리듬, 음색, 정서의 질, 프레이징, 언어 속에서 일어날 때 전이와 역전이의 음악적 표현을 가지고 일하는 기회를 가진다는 것이다. 음악치료 세션을 녹음함으로써 음악치료사, 클라이언트, 그리고 슈퍼바이저는 이러한 현상을 재고하며 토론할 수 있다.

분석적 음악치료의 정의

음악적 전이와 역전이의 역할을 중시하는 음악치료의 분석적 모델은 Mary Priestley가 발전시켰다. 그에 대해 그녀는 다음과 같이 설명한다(Priestley, 1975, p. 32).

> 분석적 음악치료는 소리 표현이라는 수단을 통해 분석적 음악치료사와 함께 무의식을 탐구하는 방법이다. 이는 자신을 알아가는 방법이며, 어쩌면 이제까지 자신이 깨달았던 것보다도 훨씬 더 큰 자신을 알도록 하는 방법이다. 그 속에 어떤 부분의 실재를 인정하고 그 부분이 언젠가 다른 사람을 가장 잔인하게 질투하거나 미워하였던 것이었음을 깨닫는 것은 아주 고통스러운 일일 수 있다. 다른 부분의 도전을

받아들이는 것은 아주 두려운 일일 수 있다. 또한 분석적 음악치료는 억압과 방어기제에서 자유로운 에너지를 합성하는 방법이며 소리 활동을 통하여 새로운 방향을 제시해 주는 방법이다.

이 방법의 특징은 분석적인 정보에 근거한 즉흥적 음악의 상징적 사용이다. 여기서 연주는 음악치료사와 클라이언트가 함께 또는 클라이언트 혼자서 한다. 음악치료사는 감정적 표현의 열린 통로 기능을 하며 어떤 요소가 음악으로 연결시키는 데 적합한지를 판단한다. 특히 감정에 대해 열린 통로가 되는 것은 음악치료사가 역전이 반응에 쉽게 영향을 받도록 한다. 이 모델은 클라이언트가 그러한 요소를 이해하고 이를 생산적으로 이용할 준비가 되었을 때 클라이언트와 함께 언어적으로 역전이 요소를 표출할 수 있도록 허용한다.

전형적인 세션은 음악적으로 탐구할 이슈를 규명하는 것에서 시작한다. 만약 클라이언트가 말을 못하거나 선호하지 않는다면 음악치료사와 클라이언트는 우선 함께 즉흥연주를 하고, 치료사는 음악이 끝났을 때 그것에 대해 명료화의 방식으로 이슈를 규명하려고 시도한다(나는 이 접근법을 자폐아동, 정신과의 청소년, 뇌졸중 환자들에게 적용해 오고 있다). 치료사는 클라이언트가 이슈를 반영하는 즉흥연주의 제목을 찾도록 돕고, 이슈에 대한 자각에 초점을 맞추거나 그 주제에 대한 탐구를 은유적으로 시작할 수 있도록 돕는다. 즉흥연주를 하는 동안 음악치료사는 클라이언트와의 관계를 발전시켜 나가고, 클라이언트가 통찰력을 획득하고 성숙할 수 있도록 기법, 중재, 활동을 사용한다. 즉흥연주 후에 음악의 유의한 내용은 말로써 탐구한다. 음악치료사는 자신의 반응을 말하고 싶지 않거나 말할 수 없는 클라이언트에게는 미술 작업이나 몸동작을 통해 음악의 유의한 내용을 표현하도록 격려한다. 이런 과정에서 클라이언트가 사전에 음악 기술이나 훈련을 거칠 필요는 없다. 접근은 다양한 치료 세팅에서 포괄적인 범위의 임상적 집단에게 실행할 수 있다.

분석적 음악치료의 훈련은 학사 후 과정으로 숙련된 분석적 음악치료사들이 교육한다. 수련자는 개별과 그룹 음악치료에 참가하며 숙련된 분석적 음악치료 슈퍼바이저가 실시하는 슈퍼비전을 받는다. 이 훈련 기간 동안 피훈련자는 전이, 역전이, 저항, 투사적 동일시, 병행과정과 같은 음악적 현상의 임상적 사용에 친숙해진다. 분석적 접근의 독특한 면 중 하나는 치료사가 궁극적으로 실행할 방식과 같은 내용의 훈련을 받게 된다는 점이다. 이것은 치료사 개인의 발전을 촉진하며 치료 방식 내면에서 이해하는 것을 돕는다.

이 방법의 중요한 부분은 (만약 클라이언트가 허락한다면) 오디오-비디오테이프에 기록하는 것이다. 녹음을 하는 것은 세션을 끝낸 후 분석의 수단으로 사용되지만 또 다른 면에서는 치료 방법의 한 부분일 수 있다. 클라이언트는 음악의 의미를 탐구하기 위해 음악을 듣고, 작곡된 음악이나 노래는 세션에서 사용할 수 있으며, 녹음된 음악은 예술 작업의 창조성을 자극하거나 몸동작을 통한 표현을 지지하는 데 사용할 수 있다. 세션 후에 치료사는 녹음한 것을 다시 들으며 중요한 사건과 당시에는 관찰되지 않았던 표현을 기록한다. 테이프는 또한 슈퍼비전의 목적으로 사용된다.

'분석적' 이란 단어는 Priestley가 Sigmund Freud, Carl Jung, Melanie Klein과 같은 심리분석가들에게서 영감을 받은 것이다. 또한 클라이언트에게 말하게 하는 것이 필요한 시기와 가능한 시기, 치료사와 클라이언트가 언어적으로 기악과 성악즉흥을 탐구하고 분석할 수 있다는 점을 언급한다.

음악적 역전이의 유형

역전이 음악을 어떻게 규명할 것인가? 음악이 역전이 현상을 다루느냐의 여부를 결정하기 위해서는 다음의 요건을 포함한 다양한 신호가 있다.

- 어느 순간 클라이언트의 표현과 상황에서 벗어난 듯한 음악
- 치료사의 관점에서 볼 때 적절치 않은 듯한 음악
- 갑작스럽게 나타난 치료사의 음악적 표현
- 음악이 어디서부터 기인한 것인지 알 길이 없는 경우
- 치료사가 마지못해 한 음악적 표현처럼 느껴지는 경우

가끔 이런 음악의 모습은 즉흥연주가 끝날 때까지는 알아차릴 수 없다. 치료사가 클라이언트의 음악에 대한 자신의 음악적 반응에 지속적으로 주목할 수 있다면, 치료사는 자신의 음악적 반응을 스스로 관찰하고 스스로 조절할 수 있으며, 이러한 반응

을 세션에서 계속되는 다음 중재를 인도해 가는 데 사용할 수 있다. 역전이 음악은 종종 세션에서 클라이언트와 함께 할 때나 혼자 할 때, 혹은 슈퍼비전 상황에서 음악을 녹음하여 그것을 다시 리뷰하는 과정에서 감지된다.

다른 여러 가지가 있겠지만 나는 다음과 같은 음악적 역전이의 세 가지 주요 유형을 관찰하였다.

고전적 역전이

음악적 역전이의 첫 번째 유형은 클라이언트와의 관계 속에서 일어나는 현상에 대한 치료사 자신의 무의식적 전이의 왜곡을 반영하는 소리 패턴으로 구성된다. 이것은 클라이언트의 음악적, 비음악적 참여로 활성화된다. 이것이 발견되지 않을 경우에는 클라이언트에게 투사될 수 있는데, 이는 음악치료 과정에 해로울 수가 있다. Priestley (1994)는 이를 '고전적 역전이' 라 칭하였다.

보완적 역전이

두 번째 유형은 과거 경험에 대한 음악치료사의 무의식적, 의식적인 반복을 반영하는 소리 패턴으로 구성된다. 여기서 클라이언트는 치료사의 내적 대상으로 나타나고, 치료사의 자아는 클라이언트의 내사화된 대상과 동일시된다. 계속되는 이러한 경험의 총체는 보완적인(complementary) 음악적 역전이라 부른다(역전이의 다른 범주에 대해서는 Racker(1957)를 참조). 보완적 동일시는 클라이언트가 치료사를 내사화된 대상으로 간주하고 치료사 역시 자신을 그와 같이 간주함으로써 발생한다. 즉, 그러한 대상에 동일시하는 것이다. Mary Priestley(1994, p. 85)는 이런 형태의 역전이를 c-역전이로 인식한다. "보완적 동일시 혹은 c-역전이는 치료사가 환자의 내사형과 동일시될 때, 혹은 치료사가 환자의 내사를 투사하거나 그에 의해 전치될 때 일어난다."

이 같은 소리 패턴의 잠재적인 감정적 내용과 의미가 음악치료사의 의식으로 자각될 경우, 그것은 클라이언트의 숨겨진 내면의 음악에 도움이 되는 안내자가 될 수 있을 것이다. Heinrich Racker(1957, p. 166) 역시 이런 유형의 역전이를 보완적 역전이로 인식하였다.

감정적 역전이

음악적 역전이의 세 번째 유형은 감정적 혹은 신체적 자각을 통해 클라이언트의 느낌과 어우러진 음악치료사의 동정적인 공명을 반영하는 소리 패턴으로 구성된다. Priestley(1994)는 이것을 'e-역전이'라고 부르며, 특히 아직 클라이언트의 의식적 자각 혹은 의식의 과정 속에 합류하지 못하였던 클라이언트의 억압된 감정에 대한 음악치료사의 감정적 혹은 신체적 공감으로 묘사한다.

> 치료사는 작업해 가면서 점차적으로나 갑작스럽게 그 자신의 감정적 혹은 신체적 자각을 통해 어느 정도 클라이언트의 느낌에 동정적인 공명을 자각하게 되는 것을 깨닫게 된다. 대개 동정적인 공명은 환자의 의식적 인식에 다다르지 않은 억압된 감정이지만 그것은 의식으로 떠오르는 과정 속에 있는 감정일 수도 있다. 이런 경우에 그 감정은 치료사 속에서, 특히 즉흥연주를 할 경우에 아주 역동적이고 막힘 없이 흐른다(pp. 87-88).

Racker(1957)는 일치적 동일시를 포함하는 동일시의 유형을 "환자와의 감정이입으로 분석가에게 나타나고, 이것은 환자의 심리적 내용을 실제로 반영하고 재현하는 심리학적 내용"(p. 165)이라 묘사한다.

그보다 조금 이전에 Racker는 일치적 동일시를 다음과 같이 설명하였다.

> (일치적 동일시는) 내사와 투사에 기반을 두거나, 다른 용어로는 내면에서 외면과의 공명, 타인에게 속한 면을 나 자신의 것으로 인정하는 것('당신의 이런 면이 바로 나'), 그리고 나 자신의 부분과 타인의 부분을 동등한 것으로 생각하는 것('나의 이러한 부분이 당신') 등에 기초를 둔다. 보완적 동일시에서 내포된 과정은 같으나 그 과정은 환자의 대상들을 언급한다(p. 164).

이런 e-역전이 종류의 한 가지 구체적인 하위 카테고리는 외상성 역전이로, 이는 감정적 혹은 신체적 외상에서 살아남은 사람과 작업하는 치료사가 생존자와 외상을 일으킨 사건에 대한 정서적 반응과 증후를 경험하기 시작하는 역전이다. 클라이언트가 경험하였던 강한 감정은 치료사에게는 약화되어 경험된다. 외상적 사건으로서 첫 번째 자각은 주로 음악에서 음악치료사의 역전이 반응에 기인한다.

외상은 전염성을 가진다. 큰 재앙이나 잔학행위의 목격자 역할을 하면서 치료사는 감정적으로 완전히 압도당한다. 그것은 약간은 약화된 정도지만 환자가 경험하였던 것과 같은 공포, 분노, 그리고 절박함을 경험한다. 이러한 현상은 '외상성 역전이' 혹은 '대리 외상화'로 알려져 있다. 치료사는 외상후 스트레스장애(PTSD)의 증후를 경험할 수도 있다. 또한 환자의 외상에 얽힌 이야기를 들음으로써 자신이 과거에 겪었던 개인적인 외상 경험을 떠올릴 수도 있다(Herman, 1992, p. 140).

고전적 음악 역전이의 임상 사례

임상과정 1   다음에 제시하는 사례는 고전적 음악 역전이가 임상과정을 어떻게 방해하고 또 어떻게 기여하는가를 보여 준다(이는 덴마크에서 있었던 세션으로 영어로 내가 번역하였다).

클라이언트인 에릭은 29세로 우울증과 간염에서 회복되고 있던 미혼 동성애자 남성이다. 치료적 인터뷰를 하는 첫 세션에서 그는 자신의 우울증에서 벗어나고, 집중할 수 있는 능력과 에너지를 회복하며, 밤에 잠을 더 잘 자고, 종말기에 있는 그의 아버지의 죽음을 잘 추스릴 수 있도록 하기 위해 음악치료를 원한다고 하였다. 음악치료를 선택한 동기는 음악에 대한 사랑과 깊은 흥미, 그리고 논리를 통하여 그의 느낌에서 벗어나려는 성향 때문이었다. 음악적 배경은 없었으나 성악이나 기악으로 즉흥연주하는 데 흥미가 있었다. 두 번째 세션에서 그는 경쾌한 어조의 빠른 템포로 다음과 같이 말하였다.

오늘은 음악에서 어떤 것도 생각할 수 없어요. 그러나 그것이 피아노에 관한 어떤 생각이라는 것은 알아요. 사실상 피아노를 연주할 수 있는 힘이 없네요. 물론 연주하고는 싶지만, 머리를 너무 많이 쓰지 않을까 걱정이 돼요. 피아노가 두렵기도 하고요. 그리고 화젯거리와는 상관없이 당신 앞에서 연주해야 한다는 두려움도 느끼는 것 같아요. 피아노는 내 아버지 같아요. 무언가를 지배하는 능력 말이죠. 내가 이런 말을 하고 있다는 게 놀라워요. 이런 생각을 전에는 한 번도 한 적이 없었는데 갑작스럽게 그걸 깨닫게 되네요.

이에 대해 나는 그에게 손가락으로 연주할 악기를 찾고, 발생하게 될 상황에 대해서는 손가락이 전적으로 책임지도록 할 것을 제안하였다.

세션의 이 시점에서 나의 역전이는 이미 활동하고 있었다. 나는 그가 표출하는 두려움을 듣지 않았다. 그 두려움은 머리와 나머지 신체 부분 간의 분리에 대한 공포, 피아노에 대한 두려움(아버지와 기술을 배우는 것과 동등한), 그리고 불안을 동반하여 연주하는 공포에 관한 것이었다. 이러한 이슈에 머물러 있거나 음악적으로 탐구하는 대신에 나는 특별히 초점을 맞추지 않은 상태로 연주할 것을 제안하였다.

에릭은 자신의 몸 전체에 커다란 무게감을 느낀다고 대답하였다. 그리고 나서 그는 첼로를 잡았다. 나는 그에게 즉흥연주에서 그가 바라는 나의 역할을 물었다.

지금 곧 내가 연주하게 될 이슈는 무거움과 공허함일 것 같아요. 당신은 그 안에서 나를 강화해 주세요.

나는 그랜드 피아노로 그에 대해 반주하기로 하였다. 이 즉흥연주에서 그의 음악적 언어는 무조였기에 나는 그의 음악적 언어에 부응하기 위하여 무조 형태로 그를 반주하였다.

그는 느슨한 현 소리를 내면서 매우 부드럽게 현을 뜯는 것으로 시작하였다. 그리고 마치 아이를 포옹하는 사람과 같이 첼로에 가까이 몸을 기울였다. 내가 떠올린 음악적 이미지는 장난감을 가지고 노는 세 살 난 아이였다. 나는 피아노 내부의 고음부 현을 부드럽게 뜯으면서 그에게 응답하였다.

이제 그는 활을 이용하여 저음 현에서만 연주하여, 높은 음악에서는 때때로 불규칙적으로 중단되는 현악기 특유의 끽끽 소리를 내었다. 나는 피아노 안쪽 현으로 보다 길고 깊게 연주하며 그의 연주의 리듬과 소리의 성향에 일치시켰다. 그러자 그는 다시 매우 예리하고 희미하고 높은 소리의 마찰음으로 변화하면서 연주하였는데, 음조나 리듬 모두에서 연결이 되는 것 같지 않았다. 나는 피아노의 높은 음역에서 짧은 리듬 모티브를 연주하였는데, 따라잡기 힘들게 오르락내리락 하고 있었다. 또한 지속적으로 페달을 사용하여 넓고 울리는 음악적 공간을 만들었다. 나는 피아노 내부의 목재를 두드려 부드러운 소리를 만들기 시작하였다. 이는 에릭의 소리를 모방하고 강화하기 위한 것이었다. 그러나 이 연주에서는 아무런 음악적 기반도, 지지도, 주제도 없었다. 우리 서로 간에도 아무런 접촉이 없었다.

세션 기록에서 나는 다음과 같이 적었다. "이번 즉흥연주 중에 나의 내면 심상과 느낌은 커다란 빈 공간에 혼자 남겨져 무언가를 외치지만 아무런 응답도 받지 못하는 작은 아이가 울고 있는 모습을 반영하였다. 그렇게 버려진 아이는 도움을 청하고 있었다."

이제 에릭은 갑자기 느리고 지속적인 리듬을 시작하였는데, 음은 더 분명해졌으며 큰 소리였다. 나는 즉각적으로 이러한 시작을 반기며 지원했다. 매 두 번째 박마다 여분의 악센트를 넣으면서 리듬적 구조와 박을 강화하였다. 피아노의 높은 음역에서 불협화음으로 내는 포르테 소리였다.

세션 기록에는 "나는 나 자신이 방향 없이 무거운 걸음을 옮기는 사람과 동반하고 있다는 상상을 한다."라고 적었다.

그 후에 나는 마치 담요와 같이 에릭의 음을 덮어 버리는 '소리 카펫'을 펼친다. 우리의 분리된 음악적 표현은 이제 좀 더 연결되고 있다.

그러나 이러한 접촉의 활기는 마치 음악 자체가 살 수 있을 만큼의 산소를 더 이상 얻지 못한 것처럼 갑작스레 소멸한다. 그는 현 위에서 고음의 연약하고 떨리는 소리를 만든다. 그리고 오랜 시간 동안 뜻밖의 불협화음을 분출한다. 나는 그에게 반주해 주는 것을 멈추고 개방된 울림 공간을 제공하기 위하여 지속적으로 페달만을 밟았다.

나는 떠올린 이미지를 "아이는 울면서 도움을 요청하지만 아무도 반응하지 않는다."라고 노트에 적는다.

첼로 현의 깊은 울림이 오랜 시간 계속되다가, 아주 부드럽게 현을 뜯는 것으로 에릭은 즉흥연주를 마쳤다. 그리고 긴 침묵이 따라왔다.

나는 내 몸 속, 그리고 내면의 커다란 빈 공간에서 압도당할 것 같은 무거움을 느끼고 있음을 감지하였다.

그의 눈은 젖어 있었고 우리가 한 음악에 그다지 만족하지 않는 것처럼 보였다. 그는 깊은 한숨을 내뱉고는, "눈물이 나요. 그것은 내 과거를 생각나게 합니다. 내가 무척 외로웠을 때요."라고 속삭였다.

지금도 외로운가요?

에릭은 다시 한숨짓고 대답한다. "지금 아무도 나의 손을 잡아 주지 않아요. 사실 나를 아는 사람도 없어요. 오직 나밖에 없어요." 에릭은 자신의 눈물을 감추며 음악에 대해 묘사한다. "처음에 나는 기교적으로 연주했어요. 그러다 일순간 나의 손이 몸과 분리되어 독립적인 생명을 가지게 되었지요. 정말 좋았어요. 그렇지만 그게 내가 원하는 것과 음악이 원하는 것 사이의 상호적 균형으로 느껴지지는 않았어요. 그러다 나는 내가 무언가 고상하고 포근하며 커다란 것을 만들고 있다고 생각했지요. 숭고함, 홀로됨, 그리고 주목을 받는 듯한 환상 말이죠. 바로 '어른' 말이에요. 저 좀 보세요! 내가 이런 음악을 만들 수가 있다니! 그중 많은 부분은 좋지 않은 소리를 내지만 그게 좋아요. 추한 방식으로 추해지지 않았으니까요. 내가 추하다고 하는 건 '상처받은 마음' 이지요. 나는 그것을 공허하게 느낄 수 있어요. 난 내가 20세 때 좋지 못한 곳에서 살았던 내 인생 절반의 가장 나빴던 시절을 떠올리고 그럴 때면 기분이 나빠져요.

나는 내 세션 기록에 이 즉흥연주에 대한 전체적인 느낌을 이렇게 적었다. "음악의 전이는 외로움, 깊은 슬픔, 그리고 부모를 애타게 찾으며 누군가 자신을 지지해 줄 사람을 찾지만 아무런 응답도 듣지 못하는 어린아이의 좌절감에 대한 감정적 표현이었다. 또한 사랑과 친밀함이 부재된 느낌을 표현하는 동안 그들을 갈망하는 마음을 가졌다. 아버지 죽음의 예감과 어린 시절의 외상적 경험의 발현인 것인가?"

나는 이제 이 세션에서 일어났던 나의 역전이를 다루어 나가려고 한다.

내가 에릭의 음악적 표현을 지지하기는 하였으나 나 또한 그의 전이적 음악에 대해 스스로의 무의식적 반응에 사로잡혔다. 내가 그것을 어떻게 깨달았을까? 왜냐하면 그의 음악이 분명하게 내게 요구하는 데 대해 적절한 음악적 지지와 지원적 패턴을 제공하지 못하였기 때문이다. 그렇기 때문에 그로서는 자신의 깊은 슬픔과 접촉하거나 눈물을 흘릴 수 없었던 것이다(이후에 적절한 구조와 지지를 제공하였을 때 에릭은 깊은 슬픔을 표현하고 눈물을 흘렸다). 나는 침체되고 외롭고 공허한 공간 속에서 그와 같이 덫에 걸리게 되었다. 나 자신의 어린 시절 외상 때문에 나는 이러한 공간에 매우 친숙해 있다.

임상과정 2　그가 자신의 눈물을 참았다는 것을 인식한 후에 나는 그러한 슬픔과 눈물을 내어 놓고, 만일 가능하다면 그에게 지지받는 경험과 친밀감의 경험을 제공하는 것이 중요하다고 생각하였다. 물론 이것은 나 자신의 요구기도 했다. 나는 또다시 나 스스로가 완전히 나타나기를 원했으므로 세션을 종결짓기 위해 그가 원하는 특별한 음악적 방법이 있는지 물었다. 그는 이렇게 답하였다.

> 내가 생각하기엔 당신이 날 위해서 무언가 외로운 것을 연주해 줬으면 좋겠어요.
> Bach라든지⋯⋯

> 나는 Bach의 'Prelude in B Minor'를 연주했다.

이 음악을 선택한 이유는 에릭이 느끼는 것을 투영하고 그 감정을 지탱하여 구조 속에서 발견할 수 있는 기능을 하는 그 곡의 슬픈 색채 때문이었다. 베이스라인에서는 지속적으로 오스티나토가 반복되어 음과 리듬이 예견 가능하며, 음조가 서로 의존하고 있어 매우 친밀한 관계를 형상화하고 있다. 템포나 박자에 변화가 없으며, 주로 장례식에서 사용되는 음악이다.

나는 곡을 원래보다 더 느리고 장중하게 연주하였다. 몇 절을 연주하자 에릭이 매우 격렬하게 큰 소리로 울기 시작하였다. 그의 울음은 음악 속의 멜로디와 부합하여 노래하는 듯하였다. 나는 그의 성악 프레이징에 집중할 수 있었고 그 템포에 맞추도록 노력하였다. 음악적 반주를 내가 선택하였기에 나는 마치 음악적 안내자로 치료를 통제하는 사람이라는 생각이 들었다. 음악이 끝난 후 긴 침묵이 흘렀다. 이어서 그가 말하였다.

> 나의 아버지가 바로 그랬어요. 바로 그였어요! 그가 부활하여 감동하는 듯 보였어요. 내가 그에게 이 세션의 제목을 지어 달라고 요청하였더니 '존재하지 않는 슬픔'이라 말하네요.

이 세션은 얼마 지나지 않아 죽은 그의 아버지와 관련된 매우 강한 슬픔의 시기를 촉발하였다. 에릭의 우울함은 첫 4개월 동안 사라졌고, 그는 치료를 매우 성공적인 것으로 여겼다.

앞에서 기술한 세션 초반의 나의 경험은 6개월 후에 에릭이 접촉하게 될 어린 시절 경험의 예견이기도 하였다. 이는 그가 자신의 즉흥연주 녹음테이프에 몸을 움직이면서, 놀이방에 버려졌던 3세의 아동으로 신체적으로나 심리적으로 회귀하는 경험을 통해 이루어졌다. 그는 자신의 부모를 불렀으나 아무런 응답이 없자 분노에 차서 자신의 곰인형을 방에 내던졌다.

세션에서 그가 연주하던 몸의 움직임에 동반되었던 음악에는 작은 어린아이의 분노와 짜증 섞인 감정적 성향이 묻어 나왔다. 그것은 시끄럽고 매우 강한 역동으로 그랜드 피아노에서 연주되었다. 다양한 빠르기의 리듬 패턴들을 빠르게 전환하고 종결이 없는 긴장감을 연주하였다. 그는 그 경험이 방에 혼자 남겨져 불러도 대답 없는 부모를 찾던 어린 시절의 일화를 재현한 것이라 설명하였다. 그의 고립감과 무응답의 경험은 4세 때 겪은 부모의 이혼과 뒤이어 타국으로 떠나 버린 아버지로 말미암아 더욱 강화되었다. 그럼으로써 그는 자신의 아버지에게서 관심을 받지 못했고, 그들의 접촉 또한 비정기적인 방문에 국한되었다.

그 특정 세션에서 나는 내 음악적 표현이 그의 아버지의 내사화를 비언어적인 상징으로 표현했다는 것을 깨닫지 못하였다. 달리 말해, 그것은 c-역전이(보완적 역전이)였다. 에릭을 음악 속에 버림으로써 나는 그를 버린 아버지를 무의식적으로 내사하고 있었다. 이것은 에릭이 세션의 시작에서 "피아노는 정말 아버지와 같아요."라고 말하며 피아노와 아버지를 동일시하였기에 더욱더 그랬다. 또 다른 세션에서 나는 나 자신이 음악 속에서 그를 버리는 역할을 하도록 압박받고 있음을 인지하였다. 그러한 현상을 언어적으로 규명하고 에릭이 그 감정을 가지기 시작하자 나는 그 압박에서 벗어날 수 있었다.

결론 이 세션에서 역전이 때문에 난 내 존재감을 잃었다. 그러나 그와 내가 공유한 어린 시절의 외상을 겪었던 누군가가 요구하는 것을 제공함으로써 다시금 내 존재를 다시 찾을 수 있었다. 그것들은 포용, 지원, 예견성, 감정적 이입, 구조, 직접적 교감과 같은 환경에 대한 요구였다. 내 역전이의 내용은 이 세션의 두 번째 음악적 교류에서 무엇이 필요하였는지, 그리고 어떤 이슈가 치료과정에서 예견될 수 있었는지에 대한 유용한 정보를 제공해 주었다. 아마도 나는 그의 음악적 전이를 이끌어 내는 것을 도왔을 수도 있다. Kenneth Bruscia(1995)는 이 문제에 관해 유용한 생각을 가지고 있다.

> ······ 치료사의 역전이는 클라이언트의 전이 반응을 이끌어 낼 수 있으며, 클라이언트가 제시하는 전이적 역동성에 치료사가 반응해야 하는 방법을 제시할 수도 있다. 이렇게 이 둘은 적극적인 환경이자 결과며, 전이를 자극하는 방법이며, 그에 대한 이해와 반응의 방법이다(p. 34).

나 스스로가 세션에서 내 존재를 획득하려 하였던 방법은 클라이언트를 카타르시스에 이르게 하여 그의 아버지와의 접촉을 가능케 하였다.

치료사가 음악적 역전이에서 길을 잃었음을 인지할 경우 클라이언트 또한 음악적 전이에서 길을 잃게 된다. 바로 이 시점에서 방향을 재어 그곳에서 나아가야 할 곳에 관해 의식적인 결정을 내려야 한다.

음악적 감정이입과 일치적 역전이의 임상 사례

나는 우선 음악치료 구조 안에서의 투사적 동일시의 의미를 명확히 할 것이다. 클라이언트는 종종 자기 내부 세계에 대한 특정한 개념을 가지지 못하거나 무의식적으로 이렇게 분열된 감정과 내면적 대상을 음악치료사에게 투사하려 한다. 치료사는 무의식적으로 클라이언트 내부 세계의 투사된 부분을 동일시하고, 자아는 다르지만 스스로를 투사된 내용에 완전히 일치시키는 경험을 한다. 물론 이러한 동일시는 치료사의 음악적 표현과 동작에서도 도출된다. 발생하는 상황을 치료사가 인지할 경우 분열된 요인의 파괴적인 힘은 점차 소모된다. 그리고 그것은 클라이언트에게 반영된다.

음악적 형식 속에서는 기대하지 않았거나 억압되었던 요소가 말로 표현되는 경우보다 그리 위협적으로 받아들여지지 않으므로 음악은 이러한 작업에 잘 사용할 수 있다. 음악적 표현은 설사 감정적 내용이 심각하다 하더라도 클라이언트에게 대개 긍정적인 의미를 가진다. 그렇기 때문에 일반적으로 클라이언트가 동화시키기에 너무 위협적인 것으로 보였던 내면화된 심리적 요인을 검토할 수 있을 것이다.

이는 특히 신체적, 정신적, 성적 학대를 당했던 사람과 함께 일할 때 더욱 유익하다. 음악은 외상에 고착되었던 감정을 되살리기 위한 안전한 공간을 제공할 수 있다. 클라이언트는 종종 학대받는 동안 일어났던 것을 명확하게 설명하거나 의식적으로 상징할 수 없는 경우가 많은데, 음악은 이렇게 치료해 가는 과정에서 표현적 도구가 될 수 있다. 치료사는 이러한 점을 이해하고 클라이언트가 그 본질을 말할 준비가 될 때까지 음악적으로 반응하며 그 형식을 유지한다. 음악적으로 이루어지는 비언어적 소통은 외상에 관한 언어적 소통을 이끌 수 있다. 클라이언트는 때로 신체적 감각을 가질 수 있는데, 그것은 음악적으로 탐구할 수 있으며, 중요한 깨달음으로 이끌게 한다.

신체적, 감정적, 성적 학대자 등과 함께하는 경우 외상적 역전이를 경험하는 것은 보편적인 현상이다. 외상적 역전이는 그 피해에 대해서나 외상적 사건 자체에 대한 치료사의 모든 감정적 반응을 포함한다. 이러한 현상은 클라이언트와의 음악적 소통 속에서 드러난다. 나는 이러한 음악적인 외상적 e-역전이(감정이입적 역전이)가 제거되었어야만 한다거나 클라이언트의 성장에 대한 방해물로 보기보다는 클라이언트를 이해하고 함께 일하는 데 유용한 도구로 본다.

성적 학대를 경험한 38세의 여성과 함께한 나의 세 번째 음악치료 세션에서 발췌한 다음의 임상 기록에서 나는 음악적 총체 속에서 투사적 동일시가 어떻게 일어나는지, 각기 다른 전이-역전이의 관계적 역할이 어떻게 작용하고 음악적 즉흥연주에서 어떻게 재연되는지, 그리고 내가 그것을 어떻게 작업해 가는지를 묘사하였다. 클라이언트의 진보과정을 묘사하면서 나는 분석적 음악치료사에게 특징적이라 할 수 있는 치료 방식 또한 강조할 것이다.

클라이언트   케이트는 파트타임으로 일하는 직장인이었다. 여가 시간에는 피아노를 배우고 있었으며, 교회 성가대에서 몇 년째 노래를 불렀다. 그녀는 지금 다니고 있는 직장에 싫증이 났으며 이직을 고려하고 있다. 그러던 중 음악치료에 관해 듣게 되었고, 나와 만나게 되어 직업적 영감을 얻고 그것을 적용할 수 있기 위해 클라이언트로서 몇 세션에 참가하기를 원하였다. 우리는 매주 한 번씩 총 여섯 번의 세션을 계약하였으나 어쩌다 보니 2년에 걸쳐 세션을 하게 되었다. 첫 번째 세션에서 진단평가를 할 때 그녀는 자신의 주된 목적을 다음과 같이 열거하였다.

• 보다 적극적인 사람되기

- 피아노 즉흥연주에 능숙하게 되기
- 감정적으로 더 안정되기
- 성적 정체감에 관련된 이슈 다루기

그녀는 가끔 과거에 있었던 실제 강간의 현장을 떠올렸고, 이 기억은 자연스레 그녀의 기분을 온종일 망치게 하였다. 그녀는 과거 어린 시절부터 여러 사람에게 성적인 학대를 받았으나 어떤 종류의 학대로 고통받았는지 혹은 언제였는지에 대해서는 자세히 말하지 않았다. 나 또한 그것을 상세하게 묻지 않았는데, 그 이유는 학대 경험자에게 이런 종류의 정보를 밝히기 전에 우선적으로 성립되어야 하는 것이 신뢰적 관계이기 때문이었다.

케이트는 과거에 알코올 중독인 적이 있었으나 지금은 술을 마시지 않는다고 하였다. 그녀가 14세 되던 해에 엄마가 돌아가셨고, 알코올 중독자인 아버지가 있었다. 상담 치료와 약물의존 치료를 받은 적이 있었는데, 나를 만나기 6개월 전에 그녀는 외상후 스트레스장애(PTSD)로 입원한 적이 있었다. 그 시점에 그녀는 결혼하여 4년간 살았으나 부부관계는 만족스럽지 못하였다. 그녀는 영적이고 창조적인 힘에 접해 있었으며, 종종 집에서 치유적 수단으로 음악과 예술을 사용하기도 하였다.

그녀와의 첫 번째 상담을 마쳤을 때, 나는 그녀의 목소리가 금방이라도 깨질 듯한 사기그릇처럼 매우 연약하며, 헤어지는 인사를 할 때 수줍어하며 나에게서 달아나려는 듯한 것에 주목하였다.

그녀와 즉흥연주를 하기 전에 나누었던 이러한 언어적 대화를 길게 기술한 이유는, 음악치료사는 일반적으로 대화의 내용에 인지적으로나 감정적으로 영향을 받기 때문이다. 그런 이유로 음악적인 치료 중재 역시 음악치료 세션에서 나오는 대화 내용에 영향을 받는다. 나아가 그녀의 설명은 감정적, 신체적 학대를 받은 피학자에게는 일반적인 이슈와 경험을 건드렸다. 이러한 정보는 피학자와 함께 작업하는 음악치료사에게 도움이 될 수 있다.

이 세션의 대화에서 내가 주목한 것은 짧은 시간 동안 너무 지나친 양의 정보가 있었다는 점이었다. 이것은 일반적인 현상이다. 피학자와 함께 일하는 음악치료사는 감정적으로 눌려 있는 클라이언트의 현실을 반영하는 언어적, 음악적 정보에 휩쓸린

다는 느낌을 가질 수 있다. 여기에 케이트와의 세션에서 수집된 언어적 내용을 적어
본다.

　　나는 이번 주에는 성인이 될 듯한 느낌을 받았어요. 월요일에 그와 같은 생각이
들었는데 두렵지는 않았어요. 내가 좌절하던 한 번을 제외하고 언제나 적극적이었
어요. 굴복하던 때 매우 창피했지요. 난 정말로 진보를 만들었어요. 그리고 며칠간
은 아무도 나와 접촉하기를 원하지 않았어요.

　　그리고는 어젯밤 꿈을 꾸었어요. 두 명의 여자와 침대에 있었는데, 나는 오르가슴
을 느꼈고 꿈에서 깨자 내가 남편과 관계를 가졌다는 것을 깨달았죠. 나는 그와 접
촉하고 싶지 않았는데. 내가 아마도 게이인가? 나는 게이에 관해 남편과 언쟁을 벌
였죠. 그 후부터 그와 성관계를 갖고 싶지 않았어요.

　　나는 내 몸 이 부분에 통증을 느껴요. 여기를 보호하고 싶어요. 질 내부에 무언가
통증을 느껴요. 어느 날인가 잠에서 깨어 나의 신체가 늘어지는 것을 느꼈고, 내가
바로 여기 나 자신 위로 뛰어올라 있는 모습을 보았어요. 나는 그것을 평평하게 만
들거나 제거해 버리고 싶었어요. 그것이 내 마음속에 있었던 심상이었죠. 나의 복부
위에 뛰어오르는 것은 매우 즐거웠어요. 그게 다예요.

　　어느 날 아침 잠에서 깨었을 때, 등 전체가 경직되고 긴장되어 있었어요. 그때 난
T와 따지는 것을 생각하고 있었죠. 다른 일이 없었다면 나는 그에게 편지를 써서, 그
가 어린 시절에 내가 원망할 만한 일을 하였으며 그 모든 것을 내가 기억하지 못하
지만 아직도 그 기억이 나를 괴롭히고 있고, 그래서 거기서 해방되고 싶다고 말하고
싶었어요. 난 그에게 무척이나 화가 나 있지만 그를 용서한다고, 그리고 그냥 편지
를 보낸다고 말하고 싶었지요. 내가 그렇게 할지는 잘 모르지만 그냥 그런 생각을
했어요.

　　20대였을 때 나는 치료를 받고 있었고 그것에 대해 치료사에게 말한 적이 있었어
요. 그녀는 "당신이 그 모든 것을 기억하지 못한다면, 아마도 그 일은 일어나지 않은
일일 거예요."라고 했어요. 그리고 나는 12년 후에 다시 치료를 받게 되었고, 아버지
를 한 번 만나러 갔고, 그때 그들은 T를 만나기 위해 갔어요. 나를 데리고 갔었는데,
그때 나는 매우 화가 난 채 방 한구석에 앉아 있었던 것을 기억해요. 나는 남은 주말
을 그곳에서 어떤 유형의 퇴행에 빠졌었어요. 그리고 나의 치료사에게 이를 말했는
데, 그녀는 "당신 아버지에게 다시 이야기하는 것이 좋겠어요."라고 했어요.

그래서 나는 아버지와 다시 말했어요. 그런데 아버지는 '무슨 일이 있었는지 상상할 수 없다.' 고 했어요. 그러나 이후로는 더 이상 T를 만나도록 권하지는 않았어요. 그 후 술에서 벗어난 후 상호 의존을 위한 치료를 할 때 치료사와 함께 그 문제를 아버지에게 다시 언급했는데, 아버지는 '어떻게 그런 일이 있었는지 상상할 수 없다.' 고 말을 했어요. 그리고 치료사는 좀 더 적극적으로 마음을 먹고 이렇게 이야기했어요. "케이트는 이 일을 정말 기억하고 있습니다. 이 일이 여전히 그녀의 마음에 남아 있습니다."라고 말했어요. 아버지는 여전히 같은 대답만 할 뿐 더 이상 아무런 말을 하지 않았고, 다음날 아버지는 나에게 자신의 어머니가 아버지를 학대했던 것을 기억한다고 말했어요. '할머니 또한 알코올 중독자이면서 약물 중독자였다는군요. 참 이상한 집안이죠. 아버지는 할머니와 함께 방에 앉아 아버지가 그녀를 애무해 주기를 원했는지, 그녀가 아버지를 애무했는지 아무튼 지금은 기억나지 않아요. 그리고는 몇 주 후에 아버지는 우울증으로 병원에 입원했고 나는 그에 대해 일종의 죄책감을 느꼈어요. 다른 사람은 나에게 아버지가 이전부터 우울증을 앓고 있었기에 매주 이렇게 가족치료를 받지 않았더라면 오히려 더 일찍 병원에 입원하였을 거라며 내가 죄책감을 느낄 필요는 없다고 말해 주었죠. 그러나 아직까지 나는 죄책감을 느껴요. 그리고 한동안은 이 문제를 다시 꺼내기 싫군요.'

그리고 일 년 후에 내 언니에게 T와 관련된 문제를 언급했어요. 언니는 내 말이 채 끝나기도 전에, "만일 누군가가 너를 학대했다면 그건 아마도 T일 거야. 언젠가 그가 내 바지 속에 손을 집어넣은 적이 있었어. 그래서 내가 그에게 '싫다' 고 했지."라고 말했어요. 그 말을 들은 나는 "(언니 덕분에) '싫다' 라고 말하는 것을 이제 막 배웠어."라고 했어요. 그리고 나는 이것을 아버지에게 말했어요. 그러자 아버지는, "글쎄, 난 아직도 그런 일이 어떻게 일어날 수 있는지 잘 모르겠다. 그러나 네가 고통스러워한다는 것은 알겠구나."라고 대답했어요. 나에게 아버지의 그러한 대답은 매우 고무적인 것이었고, 이후부터는 그 문제를 더 이상 꺼내지 않았어요.

그래요. 지금 당신이 필요로 하는 기분은 어떤 것이에요? 당신의 치료에서 지금 당장 무엇이 당신에게 도움이 될 것 같나요?

글쎄요, 아마도 그 두 가지 느낌이 여전히 매우 생생하다는 생각, 그리고 그런 생각이 들어왔다 나갔다…… 꽤나 오랜 시간 동안 그런 생각이 들다 말다 해요. T에게 강간당한 느낌과 믿을 수 없을 만큼의 분노 말이지요. 내 질 부분에 통증을 느껴요. 이것도 오랜 시간 동안 통증이 나타났다가 사라졌다가 하죠.

그럼 '내 질의 통증'이라는 제목으로 즉흥연주를 해 볼까요? 무엇이든 표현되는 대로 음악 속에서 내가 당신을 지원해 줄게요. 당신 스스로가 음악 속에서 그러한 고통을 나와 함께 공유할 수 있는지 보세요. 연주하고 싶은 악기를 어떤 것이든 선택하세요.

'내 질의 통증'이라는 제목으로 즉흥연주할 것을 권유하여 상처의 핵심에 직접적으로 다가갔다는 사실이 피학자에게 예기치 않게 위압당하도록 하거나 상처를 재경험하도록 할 수 있다는 점을 떠올렸을 때, 나는 케이트에 대한 나의 c-역전이 반응이 이미 치료 속에 나타나고 있음을 알게 되었다. 나의 어린 시절 경험이 치료 상황에서, 이를테면 '바로 본론으로' 신속하게 반응하는 자동적 반응을 일으키도록 만들었다. 그리고 제안을 하는 데도 피학자인 클라이언트가 '싫다'는 대답을 하기가 힘들도록 만드는 것을 알게 되었다. 클라이언트는 자동적으로 "치료사가 나에게 화낼까 봐 감히 싫다고 말 못하겠다." 혹은 "나의 치료사는 전문가이기 때문에 아마 무슨 방법이 최선인지 알겠지."라고 반응을 보일 것이다.

그렇지만 나의 중재에는 두 가지 중요한 이유가 있었다.

- 신체적 반응을 처리하기 위한 Priestly 기법 중 하나는 통증을 유발하는 느낌을 불러일으켜 작업하는 신체상 감각에 기반을 둔 즉흥연주다. 이 기법을 '신체적 커뮤니케이션 속으로의 입장(entering into somatic communication)'이라 부른다.
- 세션의 언어적 부분에 너무나 많은 이슈가 언급되어 어떤 것이 가장 시급한 것인지를 선택하기가 힘들었다. 통제, 수치심, 성적 정체성의 갈등, 신체적 고통, 타인에게서 인정받지 못함, 분노 등의 이슈가 다루어졌다.

케이트는 여전히 별 다른 의문 없이 내 제안을 받아들였다.

임상 과정 3. 우리가 한 즉흥연주 중의 한 장면을 여기에 발췌해 제시한다.

나는 첼로를 연주하고 싶어요.

그럼 난 시간을 볼게요. 그리고 즉흥연주 후에 대화의 시간을 남겨 둬야 하니까 나중에 우리의 연주가 어땠는지 이야기하도록 해요.

좋아요.

그리고 당신이 별로 내키지 않거나 악기를 바꾸고 싶을 땐 연주를 중단해도 괜찮아요.

케이트는 첼로의 현을 잡아당기기 시작했고 웃으면서, '이런 건 한 번도 해 본 적이 없어요.'라고 말했다.

그러니까 진정한 도전이 되는 거지요.

그녀가 만들어 내는 소리는 첼로의 현이 당겨지면서 만들어 낼 수 있는 다양한 음을 경험하려는 듯이 대단히 탐색적이었다. 이 같은 소리, 첼로를 감싸 안은 그녀의 신체적 표현, 그리고 그녀의 웃음소리는 마치 새로운 장난감을 들고 이리저리 살펴보는 수줍은 어린아이를 연상하게 했다. 그녀의 말을 들으면서 나는 그녀가 연주 불안을 가지고 있거나 첼로 연주 소리로 받아들일 만큼 특별한 음악을 기대하고 있는 것은 아닌지 생각했다.

나는 아코디언으로 그녀와 함께 연주했다.

녹음을 듣는 것은 나에게 시작하는 음악의 퇴행적 가치를 자각하도록 하였다. 그 가치란 것은 실제 상황에서는 내가 알아차리지 못했지만 그때 벌써 나의 역전이가 이미 가동했다는 것을 말하는 것이었다. 그녀가 음악을 연주했을 때나 자신의 음악을 감상했던 이전 세션에서, 케이트는 신체적으로(뱃속 태아와 같은 자세처럼 몸을 구부리거나 심하게 기침하는), 심리적으로(울음을 터뜨리는) 퇴행하는 듯한 경향을 보였다. 이는 신체적으로나 심리적으로 외상을 입은 클라이언트에게 보편적인 현상이다. 음악이 종종 이러한 즉각적인 반응을 불러온다는 사실은 음악의 비언어적이며 신체적인 측면과 과거에 경험하였던 학대 상황 간의 유사점에 기인할 수 있다.

클라이언트가 이 상태로 퇴행하도록 허락하는 것이 긍정적 결과를 도출할지는 분명하지 않다. 이번 경우에서 클라이언트는 강간당하던 광경을 재경험했으나, 통제하지 못했던 과거와는 달리 이제는 자신이 상황을 통제할 수 있음을 경험했다. 이것은 그녀의 치유에 매우 도움이 되는 경험이었다. 내 경험상 음악적으로 허용되고 통제된 퇴행은 확실히 외상적 요소가 안전한 환경에서 재현될 수 있도록 허용하면서 목적을 가져다줄 수 있었다.

나는 당시 내가 퇴행적 가치를 인지하지 못한 사실을 임상적인 실수로 보지 않았다. 왜냐하면 즉흥연주에서 긍정적인 결과를 얻었기 때문이었다. 이 경험은 역전이 반응이 발생할 때 더 신속히 발견하였더라면 음악치료사가 도움을 주는 인도자가 될 수 있다는 실례를 보여 준 것이었다. 만일 내가 처음부터 그러한 퇴행 현상을 즉각적으로 알아차렸더라면 나는 아마도 정서적으로 흔들리거나 음악적으로 융합되지 않았을 것이고, 나를 통제했던 것처럼 그녀를 통제할 수는 없었을 것이다. 다만, 나는 외상적 요인이 즉흥연주에 나타날 수 있는 가능성을 예상하거나 내가 어떠한 역할을 맡아야 하는지 의식적으로 결정할 수 있었을 것이다.

나는 여러 가지 이유로 아코디언을 연주하기로 했다. 우선 그녀와 가깝게 접촉할 수 있고, 그녀가 이동할 때는 가지고 이동할 수 있다. 아코디언은 멜로디와 리듬을 함께 반주할 수 있으며 첼로와 대조적인 소리를 낸다. 서로 분리되어 있지만 음색에서, 그리고 멜로디, 화음, 리듬을 동시에 만들 수 있는 능력 때문에 지지적일 수 있다. 또한 첼로와 같이 신체에 밀착되어 연주된다. 일반적으로 나는 악기를 선택할 때 클라이언트가 선택한 악기와 특정한 부분에서 부합하는 면을 가진 악기를 고르는데(그럼으로써 클라이언트는 고립감을 느끼지 않는다), 음색에서는 서로 다르고 분리된 악기(클라이언트에게서 나의 분리를 암시하기 위해)를 종종 이용한다.

나는 케이트의 음악에 어떠한 것도 듣지 않은 채로 즉각적으로 불협화음을 연주하기 시작했다. 그녀는 곧장 나의 표현에 반응하며 활로 현을 매우 세게 두드리면서 불협화음을 내었다. 나는 내가 연주한 단2도 음에 트레몰로를 첨가하였다. 그것은 마치 내 눈앞에 펼쳐지는 신체적 드라마와 같이 들렸다. 케이트도 현 위에서 트레몰로를 시작하였고, 동시에 마치 구토하려는 사람처럼 목구멍으로 소리를 내었다. 그리고 통제할 수 없을 만큼 기침을 하기 시작했기에 나는 나의 불협화음을 피아니시모 세기로 약화시켰다. 그녀는 기침을 갑자기 멈추고 자신의 음악적 표현을 마치 초청하는 듯한 글리산도 목소리로 오르락내리락 하며 변화시켰다. 즉흥연주의 이 부분에서 나는 성적인 현장을 목격하고 있다고 생각하였다. 내 몸의 일부는 그것에서 달아나고 싶었지만 달아날 수가 없었다. 나는 마음속에 역설적인 질문을 떠올렸다. 케이트는 강간당하는 사람(기침)인 동시에 유혹자(목소리를 위아래로 글리산도로 하며 초청)인가? 음악 속에서 이러한 두 개의 연관된 역할이 재현되고 있었다.

- 유혹자
- 유혹받는 자

음악을 통해 이야기하듯 전개되는 심상에 대한 나의 음악적 반주에서 나는 불안, 분노, 혼란, 그리고 드라마의 측면을 표현하기로 하였는데, 이는 부분적으로는 케이트의 음악에서 내가 느낀 감정과 부분적으로는 그녀와 함께 즉흥연주하며 나 스스로가 경험한 감정으로 이루어졌다. 이는 마치 나 자신이 이 상황에서 그녀의 일부분이 된 것과 같았다. 이것은 e-역전이 반응으로 규명할 수 있을 것이다.

음악적으로 나는 포르테의 강도로 불안정한 리듬과 변덕스런 음을 통해 트레몰로를 연주하였다. 즉흥연주를 마친 후 나는 다음과 같은 느낌을 규정지었다.

- 아무도 도울 사람이 없는 무기력하게 휘말리는 희생자

그녀는 이제 자신의 음성 글리산도를 첼로의 글리산도로 지지한다. 그리고는 첼로로 내가 내고 있는 강한 트레몰로를 받아들였는데, 두 악기 간에는 매우 빠르고 시끄러운 충돌이 있다가 금방 사그라들었다. 마지막은 좀 무미건조해져서 우리가 연주를 마쳤는지 확신할 수 없었다. 또 케이트는 다시 구토하려는 사람처럼 웩웩거리는 소리를 내기 시작했다. 동시에 그녀는 활을 가지고 매우 도발적으로 현을 쳤으며, 나는 나의 아코디언에서 불협화음 건반을 강하게 두드리며 그녀의 충돌에 동참했다. 이제 케이트는 갑자기 분위기를 바꾸어 다시금 초청하는 듯한 글리산도를 소리 내었다. 이 음성 표현은 다시 무겁고 시끄러운 기침으로 변화하였는데, 그것이 내게는 '구토 전'을 암시하는 것처럼 들렸다. 나는 내 목소리로 그녀를 모방했고 아코디언으로 지지했다. 이는 음악에 대한 그녀의 신체적 반응을 지지하는 것이 중요

하다고 느꼈기 때문이다. 이 시점에서 나의 중재는 그녀의 목구멍으로 성기나 혀를 집어넣으려는 누군가였다. 이때의 음악은 다음의 느낌이었다.

- 사디즘적 가학자

케이트는 기침을 멈추었고 나는 부드럽게 지지적 화음을 연주하며 즉흥연주를 종결했다. 나는 그녀가 말하기를 기다리는 대신에, 즉흥연주 후에 내가 주로 했던 것과 같이, 긴 침묵이 흐른 후에 "이제 고통에 노출된 당신 안의 아이에게 함께 노래를 불러 주는 것이 어떨까요? 그 아이에게 노래를 불러 주거나 그가 요구하는 음악을 만들어 봅시다."라고 제안했다.

이렇게 말한 후 나는 그런 말이 어떻게 나오게 되었는지 궁금했다. 그러다 그것이 적극적인 e(감정이입적)-역전이임을 자각하게 되었다. 나는 나 스스로의 욕구를 표현했던 것이며, 클라이언트에게 말할 기회를 주거나 즉흥연주에서 경험의 본질이나 그 순간의 욕구를 말할 수 있는 기회를 주지 않았던 것이다. 내가 하고 싶었던 것은 나 자신의

- 내면을 무시당하고 학대받았던 아동

에게 말하는 것이었고, 동시에

- 구원자, 보호자

의 상호적 역할을 하고 싶었던 것이다.

이 즉흥연주 동안 알코올에 의지했던 나의 어머니에게서 신체적, 정신적으로 학대받던 내 어린 시절의 강한 기억을 떠올렸던 것이 분명했다.

내가 그렇게 빠르게 제안을 했던 또 다른 이유는 내가 여태껏 음악적 구조와 안정감을 너무나 빈약하게 제공해서 다소 늦은 감이 있지만 그러한 환경을 제공해 주고 싶었기 때문으로 생각된다.

어쩌면 케이트에게 뭔가를 말하도록 하거나 음악 후 그녀가 원하는 것을 결정할

기회를 주지 않아 그녀에게 상처를 주었을 수도 있었다. 그녀에게 통제적 권한을 주어야 하는 적절한 시점일 수 있었는데도 난 치료사로서 통제 권한을 남용하였을 수도 있다. 또한 음악의 중요한 의미를 잘못 지각하여 클라이언트가 오해하도록 하였을 수도 있었다.

나의 제안에 대해 그녀는 "당신이 음악을 만들 건가요?"라고 질문했다. 이에 나는 "내가 당신을 도와드릴게요."라고 대답하였다.

케이트는 단숨에 피아노로 달려가 망설임 없이 연주하기 시작했다. 그녀는 각기 다른 포지션에서 5도의 음정을 연주하였는데, 나는 그것을 자신의 기반을 세우고 그것을 지지하려는 것으로 해석하였다. 어쨌든 거기서 단순하고 매우 아름다운 단조의 음악이 그녀의 조심스러운 목소리를 반주하면서 만들어졌다. 나는 아코디언으로 다시 그녀를 반주했고, 그녀가 연주하는 것과 같이 피아니시모로 그녀 음악의 음조, 멜로디, 리듬의 구조를 지지해 주었다.

그녀는 다음과 같은 노래를 즉흥적으로 만들었다.

나무 속으로
내가 당신을 데려갈까요?
나무 속으로
내가 당신을 데려갈까요?
나무 속으로
내가 당신을 데려갈까요?

나무 속에서는 안전할 거예요.
나무 속에서는 안전할 거예요(여기서 나는 그녀와 화음을 맞추어 노래했다).
나무의 예쁜 잎사귀
그들이 당신을 감싸줄 거예요.
그들이 당신을 감싸줄 거예요.
아름다운 잎들이
당신을 감싸줄 거예요.

그들은 당신을 감싸 줄 거예요.

그리고는 햇빛, 햇빛 –
해로부터 햇살이 비출 거예요.
그들이 당신에게 키스할 거예요.
그들이 당신에게 키스할 거예요(이 부분은 내가 불렀다).
그리고 당신을 포근하게 해 주죠.
아름다운 나뭇잎, 아름다운 나뭇잎
그들이 당신을 감싸줄 거예요.
그러고는 난 당신의 손을 잡을 거예요.
그러고는 안전할 거예요.
그러고는 안전할 거예요(이 부분은 내가 불렀고 계속 함께 불렀다).
영원히 안전할 거예요.
영원히, 영원히

여기서 그녀는 A장조로 매우 단정적이고 확신에 찬 태도로 멜로디를 다시 연주했다. 나는 멜로디를 지지했고 케이트의 음악 소리는 점점 커졌다. 그리고 그녀는 다시 노래했다.

나무의 예쁜 잎들……

나는 중간에 개입하여 그녀가 더 크게, 가능한 큰 소리로 노래하게 하였다. 그런 중재를 한 이유는 노래하는 동안 그녀의 목소리는 거의 알아들을 수 없을 만큼 작았기 때문이다. 또 하나는 그녀가 자신의 힘을 느끼고 보다 크게 노래함으로써 다른 말보다 크게 말함으로써 스스로를 통제할 수 있도록 하기 위해서였다. 그녀는 매우 크고 확신에 찬 말투로 반응하며 다시 노래했다.

나무의 예쁜 나뭇잎
나는 당신을 품을 거예요.
나는 당신을 품을 거예요.
나무의 예쁜 나뭇잎,

그리고 햇빛이 당신에게 입 맞추고,

당신에게 입 맞추고,

그리고 안전할 거예요.

영원히, 영원히

영원히, 영원히

영원히, 영원히

영원히, 영원히

마지막 부분은 함께 노래했다. 그녀는 매우 만족해했으며, 두 가지를 연주하고 노래하는 것이 어땠는지 물었을 때 미소를 지었다.

　아주 좋았어요. 음…… 난 자의식을 느꼈어요. 마치 내가 평가받는 것 같이. 그리고 첼로를 연주할 땐 전에는 느껴 보지 못했던 감정을 느꼈어요. 첼로를 두드릴 때는 혹시 내가 그것에 상처를 입히지 않을까, 혹은 활이 다치지 않을까 걱정했어요. 그러다 그게 재미있어지더군요. 마치 그것이 P(그녀는 몇 년간 케이트를 성적으로 학대했던 여성이다)와 같았어요. 그치만…… 그녀는 내가 그녀의 청중이자 모든 것인 것처럼 언제나 연주를 해 주었어요. 그래서 그녀 대신 내가 연주하는 것이 좋았어요.

　마치 당신이 솔리스트인 것처럼요?

　그래요. 그래서 좋았어요. 그리고 난 5도 음정을 연주했는데 그게 안정감이 있었고, 그래서 난…… 글쎄요…… 난 거기서 나오는 소리가 좋았고, 난 너무 감정적이되어서 노래하기는 힘들었지만 참 좋았어요. 안정감을 느끼고 내 자신이 노래하는 목소리를 듣는 것이요. 난 스스로를 통제하고 있었어요!

　그녀에게 마지막 즉흥연주에 대한 제목을 지어 달라고 하자, 그녀는 '안전함'이라고 말했다.

클라이언트에게 작업의 제목을 붙이도록 권유하는 것은 작업의 본질을 규명하기 위한 기회를 제공하고, 그것에 이름을 지음으로써 인식단계에서 그러한 경험을 통합시키기 위해서다. 또한 치료사에게는 클라이언트에게 정말 중요한 것이 무엇인지 탐구할 수 있는 방법이다. 이는 치료사가 중요하다고 생각했던 것과 차이가 있을 수 있다. 세션 기록에서 나는 다음과 같이 기록하였다.

> 첫 번째 즉흥연주에서 나는 마치 내가 극적인 강간 장면 속으로 빠져들어 갈팡질팡 하고 있는 듯한 기묘한 감정을 느꼈다. 때때로 희생자가 된 것 같은, 때로는 가학자(역전이)가 된 것 같은 느낌이었다. 나 스스로가 통제권에서 벗어난 듯했다. K와 나를 혼동하기도 했다. 도대체 왜 그런 걸까? 슈퍼비전으로 가지고 가자. 두 번째 즉흥연주는 매우 아름답고 치유적이었다. 그녀의 영혼 부분과 자연스런 치유적 힘은 활성화되었다.

흥미로운 것은 학대에 노출된 그녀 내면의 아동에게 노래해 주자고 요청했던 그 중재는 처음에는 나 자신의 의도를 충족시키기 위한 것처럼 보였으나(c-역전이) 그녀에게도 좋은 효과를 가져왔다. 그녀는 스스로의 통제, 그리고 자신과 자기 내면의 아동을 스스로 돌보는 경험을 하였다. 또한 피학자 치료에서 중요한 목적 중 하나인 안전함을 느낄 수 있게 되었다.

케이트는 이 세션을 매우 긍정적으로 말했다. 이것은 그녀의 회복에 매우 의미 있는 일로 보였다. 그녀의 음악치료가 진보될수록 그녀는 자신의 음악을 정서적으로 안정된 상태에서 다룰 수 있었고, 그녀의 신체적 증상은 점차 사라지기 시작했다. 그녀는 남편과 이혼하여 자신의 아파트로 이사했다. 또한 그녀가 음악치료를 시작할 당시에 가졌던 직업보다 더 만족스러운 새로운 직장을 찾기 시작했다. 그녀는 피아노와 오르간 레슨을 시작하여, 교회의 오르간 연주자가 되기 위한 수업을 준비하였다. 음악을 감상하고 연주하는 것은 그녀에게 가장 흥미로운 일이 되었으며, 자신의 영적 삶과 자원을 탐구하는 도구이자 기쁨과 보상의 원천이 되었다.

결론   케이트와 함께한 치료는 e-역전이(감정이입적 역전이)의 하위 분류인 외상적 역전이와는 다른 측면을 보여 주었다. 역전이는 내가 음악의 안과 밖 모두에서 다음과 같은 역할을 경험하게 함으로써 나에게 구체화되었다.

1. 유혹자
2. 유혹받는 자

3. 도와줄 사람 없는 분노의 희생자

4. 무시당하고 학대받은 어린아이

5. 구원자와 보호자

c—역전이의 양상은 다음과 같이 나타났다.

- '내 질 속의 고통'이라는 제목의 즉흥연주를 하자는 나의 제안은 외상의 핵심에 너무 빠르고 직접적으로 접근했다.
- 케이트에게 그녀 안의 아이를 위해 노래하자고 했던 나의 제안은 처음에는 그녀 보다도 나 자신의 욕구를 충족시키기 위한 듯하였다.

역전이의 징후

어린 시절의 외상을 경험해 보지 못한 음악치료사가 성적, 신체적, 정서적 피학자와 함께 작업할 경우, 그들은 어린 시절 외상을 경험한 음악치료사가 경험한 것과 유사한 역전이적 문제를 보인다. 이러한 이슈는 음악적, 언어적 교류와 표현 모두에서 일어난다. 여기서 언급된 주제를 숙고함으로써 자기 자신의 역전이적 함정에 대한 통찰력을 얻을 수 있게 될 것이다.

과정 처리

외상이나 학대의 경험이 있는 음악치료사는 극적인 사건의 감각을 지속적으로 보존한 채 살아가는 것을 배워 왔다. 이렇게 건강하지 못한 성격을 무의식적으로 정상인 것으로 받아들이기 때문에 이러한 치료사는 클라이언트와의 음악적 접촉에서 지나친 강력함과 과장된 환경을 조성하고 강화하는 경향이 있다. 이러한 경향은 첫 번째 세션부터 나타날 수 있으며, 클라이언트가 다음 세션에 참석하지 못하도록 위협을 줄 수 있다. 음악은 자연스러운 방어 체계를 재빨리 뚫어서 클라이언트를 위협적 요인에 직면하게 할 수 있다. 그러나 이러한 친밀감이 너무나 빨리 조성되어 안전함과 치료적 환경의 보장에 대한 충분한 주의 없이 치료사가 너무 일찍 음악적 탐구에 돌입할 수 있다. 클라이언트의 음악이 극적 요소를 가지고 있다면, 이러한 경험에 대한 치료사 측의 무의식적 욕구는 치료사가 과도한 음악적 모방과 강화를 제공하고 음악 속에서의 불충분한 내면을 제시하도록 한다.

경 계

외상과 학대의 현상은 그것이 클라이언트의 현상이건 치료사의 현상이건 간에 음악 내부 혹은 외부의 경계를 유지하거나 설정하는 데 어려움을 줄 수 있다. 이는 치료적 틀의 부적절한 처리, 클라이언트 욕구에 대한 부적절한 주목, 치료사 자신의 욕구에 대한 지나친 영향 등에서 나타날 수 있다.

세션이 끝나도록 클라이언트의 표현을 중지시키지 못하는 것, 혹은 클라이언트가 세션 시간을 넘기는 것이나 세션에 늦게 도착하는 것을 허용하는 것과 같이 시간을 둘러싼 문제들 또한 치료적 영역에서 문제점을 암시한다. 정해진 세션 시간을 자꾸 변경하는 것 또한 이러한 유형의 역전이가 발생하였을 때 종종 나타나는 현상이다. 그리고 치료적 틀에서 다른 양상은 세션 비용이나 기타 고려할 다른 것들이 있는데, 예를 들어 치료사가 세션 비용을 자주 간과하는 경우, 클라이언트가 종종 조그만 선물을 가져오는 경우, 혹은 치료적 계약의 본질에 명확함이 결여된 경우다.

치료사가 클라이언트의 욕구에 부응하지 못할 때 치료사는 클라이언트가 미처 준비되지 않은 상태에서 연주나 노래하기를 강요할 수 있다. 클라이언트를 압도된 감정에 사로잡히게 하여 그들의 문제에 음악적으로나 언어적으로 집중할 수 없도록 하는 것 또한 해결되지 않은 역전이적 문제가 존재함을 암시한다. 언어적 과정에 너무 많은 시간을 허비하거나 음악적 접촉에 너무 적은 시간을 할애하는 것도 마찬가지다.

반면, 자기 자신의 욕구에 무의식적으로 집착하는 치료사는 음악을 만들려는 자신의 순간적 욕구 때문에 음악적 중재를 권유하기도 한다. 이러한 경우 치료사는 임상적으로 보증된 상태에서 클라이언트가 혼자 연주하도록 허용하기보다는 클라이언트를 음악적으로 반주하려는 경향을 항상 보인다. 개인적 문제를 부적절하게 노출하는 치료사 또한 자신의 욕구에 따라 행동할 수 있다.

비밀보장의 문제도 공과 사의 경계가 부족함으로 말미암아 나타난다. 이러한 문제는 특히 음악치료사가 전문적 슈퍼비전을 받지 않았거나 지원을 해 줄 동료 또는 함께 토론할 동료 없이 고립된 상태에서 작업하는 경우 일어날 수 있다.

구 조

음악치료사는 음악적 구조를 너무 빈약하게 제공할 수 있다. 이는 치료사가 즉흥연주의 주제나 초점에 관해 모호하거나, 연주활동 중에 즉흥연주의 방법을 변경하거나, 음악에 참여하는 치료사가 임상적인 기능에 대해 명확히 알지 못할 때 감지될 수 있다. 구조에 대한 주의 결핍은 마치 이전 세션에서 어떻게 악기를 배열하였는지를 잊어버리는 것처럼 그냥 새로 세션을 시작하는 것에서 나타나기도 한다.

학 대

음악치료사는 학대와 관련된 이슈를 조절하는 것이 악기와 관련되거나 클라이언트–치료사 관계 혹은 그룹에서 클라이언트 간의 관계에서 일어날 때는 어려움을 겪을 수 있다. 예를 들어, 치료사는 악기 사용의 적절한 규칙을 말하지 않아서 클라이언트가 악기를 막 다루거나 훼손시키는 것을 허용할 수 있다. 때로 가학적 감정은 직접적으로 발동한다. 예컨대, 클라이언트가 북채 또는 욕설로 다른 이들을 해하는 경우다. 어떤 때는 가학적 상황이 클라이언트가 음악이나 언어적인 표현을 철회함으로써 치료사를 '징계'하려는 시도처럼 교묘한 방식으로 형성되기도 한다.

통 제

음악치료사는 세션에서 음악적, 그리고 언어적 내용을 통제하려는 욕구를 가질 수 있다. 음악적으로 이러한 감정은 다양한 방법으로 나타날 수 있다. 예를 들어, 치료사가 언제나 음악을 시작하고 종결하거나, 클라이언트가 음악적으로 기여할 수 있는 상황에서도 충분하지 못한 약간의 여유만 남겨 놓는 것이다. 치료사는 또한 피아노와 기타 등과 같은 특정한 악기를 독점하면서도 클라이언트 역시 이러한 악기를 연주하고 싶다는 점은 고려하지 않을 수 있다. 치료사의 음악이 클라이언트의 음악을 지배하려는 경향을 보이기도 한다. 이는 치료사가 클라이언트보다 더 크게 노래 부르거나 클라이언트가 하기 전에 먼저 가사를 부르는 것이다. 이러한 욕구는 또한 치료사가 클라이언트의 욕구와 표현에 적합한지를 검증하지 않은 채 조리 있고 구조적인 즉흥연주 음악을 만드는 듯한 음악의 미적인 내용으로 나타날 수 있다.

언어적으로 치료사는 다루어질 이슈나 즉흥연주의 제목을 제안하는 것으로 이슈를 지배하려는 것처럼 보일 수 있다. 확인된 실제 제목이나 이슈는 괜찮지만 이름 붙이는 행위는 통제를 위한 지나친 욕구를 보이는 것일 수 있다. 또 다른 어려움은 치료사가 세션에서 침묵의 필요를 받아들이지 못하여, 어쩌면 임상적으로 중요한 기능을 할 수도 있는 침묵의 순간을 언어적 교류로 깨어 버리는 경우에 발생하기도 한다.

해 리

외상과 학대는 종종 클라이언트가 하나의 중요한 방어기제로 해리(dissociation)를 이끌도록 할 수 있다. 그 결과로 치료사는 이러한 경향을 해리 상태로 내사화시켜 잊어버리는 행동을 통해 나타낸다. 예컨대, 의미 있는 음악적 요소나 언어적 내용 혹은 임상적 중재를 기억하지 못하는 것, 세션을 녹음하거나 세션 노트를 통해 세션의 내용을 기록하는 것을 잊어버리는 것, 중요한 개인적 연대기에 대한 질문을 등한시 하는 것, 그룹 즉흥연주 후에 특정한 그룹 멤버에게 그들의 음악적 경험을 반복하여 되묻는 것, 세션이 있음을 잊어버리는 행동을 하는 것 등이다.

감정적 반응

음악치료사는 어린 시절의 외상과 결부된 자신의 감정에 사로잡히는 경우가 있는데, 이것이 은연중에 음악적, 언어적 교류에 영향을 미칠 수 있다. 불안(공포, 공황), 고립감(외로움, 절박함, 절망), 극도의 슬픔, 분노(당혹감, 격노), 죄책감, 철회(다른 사람과의 적극적 참여에서의), 부인 등이 외상후 스트레스장애군에 있는 사람들의 전형적인 감정적 반응이다. 이러한 감정은 예기치 않은 때 음악치료사의 음악과 행동에 반영될 수 있다.

음악치료사가 이러한 클라이언트와 함께 일할 때 슈퍼비전을 피하거나(철회적) 악몽을 꾸는 등 세션 밖에서도 감정적인 영향을 받게 될 수 있다. 클라이언트 갈등은 개인적인 약점에 민감한 치료사가 비평받을 때, 혹은 친밀한 관계에서 신뢰를 덜 받게 될 때 내사화될 수 있다. 치료사는 또한 클라이언트의 치료와 관련해 동료 직원들을 편가르거나, 역전이적 이슈가 활발해지면 클라이언트의 치료에 대해 강도 높은 갈등 속에 빠진다.

구원자

외상과 학대의 희생자와 함께 일하는 음악치료사는 여타 정신건강 치료 분야에서 포기한 클라이언트를 음악치료사가 효과적으로 치료할 수 있다는 사실에 고무되어 스스로를 구원자의 역할 수행자쯤으로 생각하는 경향이 있다. 개개인의 클라이언트 와 관련하여 이러한 입장의 역할은 자살을 시도하는 클라이언트와 함께 일하는 경우, 세션 사이 사이에 외부 도움을 긴급히 요청하거나 세션 밖에서 클라이언트를 지나치 게 걱정하는 것으로 나타난다. 전문가적 입장에서는 구원자 역할에 대한 무의식적 동 일시는 치료사가 과도한 직업적 책임을 떠맡도록 하여 결국에는 지쳐 버리게 하거나 음악치료사의 책임에서 벗어난 부분의 서비스까지 제공하게 하기도 한다.

아마도 피학자에 대한 음악치료 역전이 반응은 더 많을 것이다. 여기에 언급되는 것은 가장 심각한 것들을 추린 것이다. 이들과 일하는 치료사는 그들의 임상에서 보 이는 전형적인 역전이 반응의 구체적인 목록을 만들어 보기를 권한다.

이 장을 기술하는 데 내용상 상당한 어려움이 있었음을 언급해 두고 싶다. 글을 시 작하면서나 마무리하면서 오랜 시간 동안 머뭇거렸는데, 그 이유는 나의 많은 개인적 경험과 반응을 공개해야 했기 때문이다. 그리고 그 자료는 비밀이 보장되어야 하는 음악치료 슈퍼비전 상황에 속한 것이었다. 많은 음악치료사가 이와 유사한 경험을 겪 을 것이기에 이 같은 실수, 문제, 윤리적 이슈 등은 누구에게도 문제가 되지 않는다고 판단하였다. 그리고 음악치료에서의 역전이의 역동성에 조금이나마 기여하고 싶은 기대로 내가 학습한 경험의 일부를 노출하는 위험을 감수한 것이다.

결 론

음악치료사로서 우리는 우리 스스로와 클라이언트, 그리고 음악치료 과정을 이해 하도록 돕는 항해자의 도구로 음악적 역전이를 유익하게 이용할 수 있다고 나는 믿는 다. 다음은 Racker(1957)가 말한 역전이에 대한 정신분석적 견해를 발췌한 것이다.

첫째, 높은 강도의 역전이 반응은 심지어 병리적인 것이라도 역시 도구로 제공하여야 한다. 둘째, 역전이는 피분석자의 내사된 대상에 대한 분석자의 동일시 표현이면서, 마찬가지로 자신의 본능과 자아에 대한 동일시로도 사용될 수 있다. 셋째, 역전이 반응은 환자에게서 발생하는 특정한 심리적 성향에 대해 결론을 내릴 수 있는 특정한 성격(특정 내용, 불안, 기제)이다.

나는 음악치료사들이 음악적 형식 안에서 역전이를 '들을' 수 있기 때문에 이것을 더 쉽게 발견하고 분석할 수 있는 유리한 입장에 있다고 생각한다. 따라서 역전이가 음악치료 상황에서 일어날 때 이 현상을 더욱 잘 이해하고 처리하는 것은 당연한 일이라 하겠다.

참고문헌

Bruscia, K. E. (1995). The many dimensions of transference. *Journal of the Association for Music and Imagery, 4,* 3-16.

Herman, J. (1992). *Trauma and recovery.* New York: Basic Books.

Priestley, M. (1994). *Essays on analytical music therapy.* Gilsim, NH: Barcelona Publishers.

Priestley, M. (1975). *Music therapy in action.* London: Constable.

추천도서

Davies, J. M., & Frawley, M. G. (1994). *Treating the adult survivor of childhood sexual abuse: a psychoanalytic perspective.* New York: Basic Books.

Priestly, M. (1995). Linking sound and symbol (pp. 129-138). In T. Wigram, B. Saperston, & R. West (Eds.), *The art and science of music therapy: a handbook.* London, Ontario, Canada: Harwood Academic Publishers.

Rogers, P. (1992). Issues in working with sexually abused clients in music therapy. *Journal of British Music Therapy, 6*(2), 5-15.

Racker, H. (1957). The meaning and use of countertransference. *Psychoanalytic*

Quarterly, 26, 303-357

Scheiby, B. B. (1991). Mia's fourteenth-the symphony of fate: Psychodynamic improvisation therapy with a music therapy student in training. In K. E. Bruscia (Ed.), *Case studies in music therapy.* Gilsum, NH: Barcelona Publishers.

Scheiby, B. B., & Montello, L. (1994). Introduction to psychodynamic peer supervision in music therapy—"dancing with the wolves" in the client-therapist relationship (pp.217-223). *Connections: integrating our work and play.* Proceedings of the 23rd annual conference of the American Association for Music Therapy, Tamiment, NY.

제11장
두 가지 즉흥연주 유형에서 전이 경험

Susan J. Hadley

이 장을 쓰고 있었을 때 나는 지난 9개월 동안 두 가지 주요한 즉흥연주 음악치료, 즉 Paul Nordoff와 Clive Robbins가 고안한 창조적 음악치료와 Mary Priestley가 고안한 분석적 음악치료의 방법에 관한 연구에 매달려 있었다. 내 연구는 세 개의 주요 내용을 담고 있었는데, Robbins와 Priestley의 삶에 대한 전기적 기록, 주요 문건의 철학적 탐구, 그리고 각 접근법에서 클라이언트로서 내가 경험하였던 개인적 기록이었다. 이러한 개인적 경험은 그 접근법들에 대한 다른 시각을 주었을 뿐만 아니라 내 자신에 대한 새로운 조망을 하게 하여 개인적으로도 큰 도움이 되었다.

이 장은 내 연구의 개인적 경험 부분에 대한 부수적 연구다. 이 책의 주요 논제와 목적을 알게 되었을 때, 내게는 분석적 음악치료나 창조적 음악치료 모두에 대한 별다른 경험적 이점이 없었으며 내 본래의 연구 목적에서는 전이의 개념이 그다지 중요하지 않았지만 나는 상당한 양의 데이터를 가지고 있었다.

다음은 분석적 음악치료와 창조적 음악치료에서 전이의 본질에 대한 질적 연구다. 이 장의 목적은 내가 경험하였던 치료적 상황을 통해 내 의식에 유입된 전이에 대하여 기술하고, 각 접근법에서 전이가 어떻게 발전하는지에 대해 연구하며, 각각의 방법에서 내가 경험한 것을 비교·대조하는 것이다.

전이는 치료문헌에서 때로는 포괄적으로, 때로는 지엽적으로 아주 다양하게 정의되어 왔다. 이 장에서는 Kenneth Bruscia의 정의를 채택하였다.

전이는 현재 진행하는 치료 상황에서 클라이언트가 과거 실제 삶에서 의미 있는 사람 또는 사물과 형성하였던 관계 형태와 유사한 방식으로 상호작용할 때마다 일어난다. 이는 과거에 습득한 관계 형태가 현재에 반영된 것임을 암시하며, 의미 있는 사람이나 사물, 실제 생활에서 치료사, 치료 상황에 이르는 모든 관계에서 이러한 방식은 일반화되어 나타난다. 근본적으로 클라이언트는 과거에 의미 있는 사람이나 사물에게 하였던 것처럼, 또는 그런 느낌이나 사람 및 상황을 처리하고 회피하였던 유사하거나 같은 방법을 반복하면서 같거나 유사한 감정, 즉 갈등, 충동, 동기, 환상 등을 현재에 다시 경험하는 것이다.

이러한 정의를 따라 다음의 내용을 요약할 수 있다.

• 전이는 관계 패턴에서 긍정적일 수도 있고 부정적일 수도 있다.
• 전이는 부모나 부모 외의 의미 있는 관계에서 유래할 수 있다.
• 전이는 악기나 음악적 교류와 같은 무생물에서도 근원을 찾을 수 있다.
• 전이의 대상은 치료사, 악기 혹은 음악적 교류가 될 수 있다.
• 전이는 의식적, 전의식적 혹은 무의식적일 수 있다.

데이터 수집

나는 9개월간에 걸쳐 데이터를 수집하기 위해 A치료사가 인도하는 창조적 음악치료 세션에 주 1시간 12회에 걸쳐 참여하였다. 서로의 필요에 따라 나는 이 세션을 녹음하였으며, 치료사는 비디오로 녹화하였다. 그 후 B치료사가 인도하는 분석적 음악치료 세션에 역시 주 1시간 12회에 걸쳐 참여하였다. 여기서도 치료사와 나는 세션을 녹음하였다.

창조적 음악치료 세션에서 A는 전형적으로 피아노를 연주하고 나는 다양한 악기를 선택하여 함께 즉흥연주를 하였다. 일반적으로 내가 먼저 연주를 시작하고 A는 내 연주를 강화하는 음악을 연주하였다.

　분석적 음악치료에서 우리는 전형적인 형식대로 내가 경험한 혹은 고민하고 있는 문제점에 대해 토론하는 것으로 시작하였다. 여기서 B는 즉흥연주를 위한 아이디어를 내거나 내게 아이디어가 있는지를 묻곤 하였다. 이것으로 일반적인 제목이나 특정한 주제가 주어졌으며, 다양한 악기를 사용하여 나 혼자 연주하거나 함께 즉흥연주를 하였다. 종종 B는 내가 연주한 것을 그대로 되돌려 연주하였고, 서로 교환하여 연주했던 즉흥연주에서 환기된 감정과 반응을 함께 토론했다. B는 나의 음악적, 언어적 교류뿐만 아니라 나의 보디 랭귀지에 대한 피드백도 주었다.

　창조적 음악치료와 분석적 음악치료의 각 세션 후에는 세션 노트를 작성하였다. 이 로그북에는 일어난 사건, 즉흥연주, 토론, 그리고 나의 느낌을 묘사하였다. 테이프를 듣고 로그북에 기술함으로써 나는 세션을 정리하고 그것을 돌아볼 수 있었다. 이런 과정은 내가 다음 세션에서 적용한 여러 요소를 도출하는 데 도움을 주었다.

데이터 분석

　나는 로그북을 재고하였는데 각각의 전이와 내가 로그북을 읽으면서 새로이 자각하게 된 것을 따로 구분하였다. 무슨 세션이었는지, 어떻게 전이가 유발되었는지, 어떻게 표현되었는지, 전이가 어떻게 연주되었는지를 써 내려갔다. 나는 치료적 상황 밖에서 이루어지는 관계적 감정만을 전이에 포함시켰다. 일부는 그들 스스로 교류적 상황을 통하며 반복되는 것을 보았다. 또한 내가 자각하지 못하는 다른 전이 현상도 많이 있었을 것임에 틀림없다. 그런 전이 현상은 차후 세션에서 지각될 수 있기를 바란다.

절 차

　내 개인 삶에 중요한 인물들을 보호하는 차원에서 여기에 그들의 신상을 밝히지 않는다. 전이에서는 본질적인 절차로서 왜곡이 일어나는 것을 확인한다. 이들은 내 경험에 대한 나의 지각이기 때문에 현실이나 다른 사람의 실재적 측면을 반영하지 않을 수 있다. 덧붙여 인간관계, 부모와의 관계 등에서 보편적으로 나타나는 경험이 존재한다고 생각한다. 예컨대, 아동의 요구가 매순간 자신이 원하는 대로 부응하지 않기 때문에 모든 부모는 좋은 부모가 되기도 하고 나쁜 부모가 되기도 한다. 어린 아동은 만족이 지연되는 것을 참아 내지 못한다. 더구나 초기에 생리학적 욕구를 만족시키는 사람은 어머니이기 때문에, 후에 타인에까지 일반화되는 초기의 애착관계와 좋은 부모, 나쁜 부모로 나누는 자동적 분리가 있다. 현실적으로 부모는 때로 양육적이거나 방관적이 되지만 이러한 지각은 보통 왜곡된다.

전형적인 클라이언트 상황과는 달리 치료과정에 대한 인식을 가진 치료사로서 나는 이들 세션에 참여하였다. 이러한 인식은 그 자체로 어려운 면을 가지지만, 동시에 유익할 수도 있다. 나는 때때로 음악치료사로서 치료에 참여하고 있음을 발견하였고, 그런 과정을 지나치게 비판하는 것을 보았다. 하지만 나는 나의 전문적 배경이 나에게 나 내 스스로의 반응에 대한 통찰력을 얻게 해 주며, 그러한 것을 치료에 가져 가는 데 도움을 주었다고 믿는다. 또한 매주 기록하면서 내가 경험한 몇몇의 전이적 반응을 인식하기 시작하였다. 이것은 매우 흥미로운 일로 치료과정을 더욱더 역동적으로 만들어 주었다.

다음에 기술하는 예는 창조적 음악치료와 분석적 음악치료에서 경험한 나의 전이적 반응이다. 나는 로그북을 각 섹션으로 나누어, 그 세션 내에서 토론과 즉흥연주 중에 발생하는 전이를 다루었다. 각각의 전이에 대해 화살표 앞부분의 서술은 선행(세션 중의 나의 반응)이며, 뒷부분의 서술은 결과(로그북을 재고하면서 나타나는 나의 반응)다.

12회의 창조적 음악치료 세션 로그북

세션 1	
로그 발췌	전이(선행 → 결과)
토 론	
나는 능력이 없는 것처럼 보이지 않을까 하는 두려움에 많은 시간을 A에게 강한 인상을 심어 주는 데, 그리고 나 스스로 음악에 대한 지식이 있음을 보여 주는 데 허비했다. 이는 매우 친근한 느낌이었고, 또 나는 매우 친근한 방식으로 그 느낌을 다루었다. 그 결과 나는 불편함을 느꼈을 뿐만 아니라 조용히 있었다면 드러나지 않았을 나의 무지함마저 보여 주었다.	나는 부적절함을 느낀다. → 그는 나를 거부할 수 있다.
즉흥연주 1	
나는 종종 내가 원하는 소리와 맞지 않는 음을 건드렸고 이에 대해 스스로를 비난하였다. 동시에 난 내가 A에게 실망하고 있음을 알게 되었다. 이는 그가 펜타토닉 음계를 연주하여 내가 연주하는 B, F음에 맞출 수 없었기 때문이다. 그것이 내게는 그가 내 음악을 듣기 좋게 만들기 위해 그다지 노력하지 않는다는 것으로 비춰졌다. 나의 음악을 듣기 좋게 만드는 것은 그의 의무라고 느꼈는데, 아마도 이 실망의 감정은 훌륭하지 못한, 그리고 나를 무시하는 부모님에 대한 실망과 같을 것이다.	나는 어울리지 못한다. → 그는 나를 맞추는 데 큰 도움을 주지 못한다.
즉흥연주 2	
첫 즉흥연주에서 무언가 실망감을 느꼈지만, 이번 연주에서는 매우 지지받고 있음을 느꼈다. A는 나의 음악을 이해하고 있었다. 마치 내가 표현하려고 하는 것을 그가 알고 있는 것 같았다. 그는 좋은, 지지적인 부모 같았다. 내가 성장할 때 나의 부모 중 한 사람은 가끔 내가 명확하게 말하지 않는데도 내가 무엇을 표현하려고 하는지를 이해하는 듯이 보였다. 때로는 내가 매우 지지받고 있는데도 내가 A에게로 끌려가고 있다는 느낌을 받았다. 나는 내 역할이 이끄는 것인지 따라가는 것인지 혼란을 느꼈다.	그는 나를 이해한다. → 나는 지지받고 있음을 느낀다.

즉흥연주 3	
나는 A의 인도에 이끌려 가고 있다는 느낌을 받았고 의식적으로 거기에 맞섰다. 때로는 그가 나를 따르는지 보기 위해 내 방식을 변화시키기도 했다. 난 언제나 그렇게 고집이 세었다. 어린 시절부터 나는 권유받은 것을 거부하고, 내가 원하는 것을 했다. 마찬가지로 내가 하려고 마음먹었던 일을 누군가에게 강요받으면 나는 의식적으로 내 마음을 바꾸어 다른 일을 하기도 했다.	내가 원하는 것을 하는지 보기 위해 나는 그를 시험한다. → 그는 나의 모든 욕구를 채우지는 않았다.

세션 2	
로그 발췌	전이(선행 → 결과)
토론 나는 긴장하고 매우 들떠 있었으며, A는 양육적이었다. 난 그에 대해 상당히 긍정적인 느낌을 가졌고, 그가 나를 잘 이해한다고 느꼈다.	그는 나를 돌보고 있다. → 나는 그에게서 친밀감을 느낀다.
즉흥연주 1 우리가 연주하는 동안 나는 무엇이든 연주할 수 있을 것 같았고 그것이 잘 지지받고 있음을 느꼈다. A는 나의 음악 속에서 내가 느끼는 것을 잘 포착해 내었다.	
토론 우리는 지난 세션에서 내가 평가받는 데 두려움을 느꼈던 것에 대해 토론했다. A는 그러한 비판에 대해 연주함으로써 그 감정을 다루어 보자는 제안을 하였다. 나는 그러한 제안에 맞섰다. 그것은 평가의 두려움만을 반복하는 의미 없는 일로 여겨졌기 때문이다.	그는 내가 스스로를 드러내기를 원한다. → 나는 그가 나를 거부할까 두렵다.
즉흥연주 2 나는 또다시 A가 많은 것을 해 주지 않는 것에 대해 실망감을 느꼈다. 또한 음악적 다양성이 없는 것에도 좌절했다. 마지막에 가서 A는 음악 속에 내가 몰두한 정도를 물었다. 그리고 음악에서 그에게 원하는 것들을 내가 알려 주기를 권유했다. 내가 자신에게 실망하고 있음을 그가 지각하는 것처럼 보여 당혹스러웠다.	그는 노력이 부족하다. → 나는 부적절함을 느낀다.

즉흥연주 3	
나는 새로운 느낌을 가졌다. 시간을 초과하게 되었다. 좀 더 해도 좋다고 했다. 마음이 급해져 나는 내가 원하는 것을 다 말하지 못하게 되었다. 지금 그때의 느낌을 생각해 보니, 나의 출생과 연관이 있는 것 같다. 나는 예정일보다 5일 먼저 유도분만 되었기 때문이다. 연주 막바지에 나는 종결을 짓지 못하고 A가 끝내 주기를 기대했는데, 그도 그것을 제대로 종결 짓지 못했다. 하지만 내가 원하는 것을 제공하도록 요구할 수 있고 그것을 받는 것이 좋았다.	그는 나를 위해 애쓰고 있다. → 나는 만족스럽지 않다. 나는 그가 나의 요구를 받아 주기를 원한다. → 그는 나의 요구를 신속하게 채워 주지 못한다.

세션 3	
로그 발췌	전이(선행 → 결과)
즉흥연주 1 주변에서 내 말을 듣지 않는다는 느낌에 극도의 스트레스를 가지고 세션에 참석했다. 심벌로 매우 시끄럽게 연주했으며, 다양한 연주 방법을 발견했다. 이것은 단번에 나를 자유롭게 하였지만 동시에 억압했다. 나는 내가 원하는 만큼 힘껏 연주하지 못했다. 내가 음악 속에서 자신을 완전히 표현하지 못하도록 제지하는 것은, 클라이언트로서 이 세션에서 완전한 경험을 할 수 없도록 스스로를 제지하는 것과 마찬가지였다. 분노를 표현하는 데서 느끼는 어려움, 그리고 그것을 완전히 표현하면 아무도 나를 좋아하지 않을지도 모른다는 두려움을 A와 함께 이야기했다. 내 삶에서 나는 항상 어느 한계에 이르면 더 이상 표현할 수 없게 억제하도록 배워 왔으며, 나의 분노와 좌절을 완전하게 드러낸 적이 없었다.	나는 나의 진실한 감정을 숨겨야 한다. → 그는 아직도 충분하지 않다. 그는 나를 완전히 수용하지 못했을 것이다. → 나 또한 만족스럽지 않다.
즉흥연주 2 내 마음속에 분노를 가지고, 그리고 그것을 표현하는 방식에서 나는 4년 동안 가졌던 학대적 관계를 생각하고 있음을 알게 되었다. 연주해 가면서 나는 정말로 학대받고 있다는 느낌을 받았다. 나는 A에게 당황스러움을 느꼈다. 그는 내 느낌을 포착하지 못한 듯하였고 서로의 음악 분위기도 어울리지 않았기 때문이다.	그는 나를 제대로 이해하지 못한다. → 무시받는 기분이 든다.

토 론	
그에 대해 토론했을 때 A는 나의 슬픔을 잘 듣지 못했음을 인정하고, 자신이 이해하지 못할 때는 말을 해 주기를 요청했다. 그는 화나고 당황스런 느낌을 그가 나를 들어주지 않았던 것과 연관시켰다. 어떤 이유에서 나는 그때 그것을 받아들일 수가 없었다. 나는 내가 느끼는 것을 그가 이해하기를 원했고, 별다른 말이 없어도 나의 욕구를 파악해 주기를 바랐다. 그는 그랬어야 했다. 분명 나는 내 부모에 대한 감정을 그에게 전이시키고 있었다. 좋은 부모는 그렇게 하게 되어 있다. 그렇지만 그가 나의 느낌을 들을 수 없도록 내가 무엇을 하거나 하지 않은 것이 분명하다는 생각에 그가 듣지 않은 것이 내 책임처럼 여겨졌다. 아마도 내가 그것을 명확하게 표현하지 않았던 것 같다. 마찬가지로 이 또한 내가 말하지 않아도 나의 감정을 이해해야만 한다는 전이의 감정이었던 것이다.	나는 들어주기를 바란다. → 그는 만족스럽지 못하다. 부적절한 기분이 든다. → 나는 만족스럽지 못하다. 그도 만족스럽지 못하다.

세션 4	
로그 발췌	**전이(선행 → 결과)**
토 론	
A는 좋은 부모처럼 조건 없이 나를 수용해 주어 나는 다시 그에 대한 긍정적 느낌을 갖게 되었다. 그냥 마음이 가는 대로 클라이언트가 되는 것이 내게 얼마나 어려운 것인지에 대해 밝혔지만, 그는 나의 그 부분을 허용하고 그것을 나의 긍정적 특성으로 만들어 주었다. A에게 강화를 받을 때 나는 대단히 기쁘지만, 동시에 언젠가는 그를 실망시킬 것이라는 생각에 불편해진다. 이것은 부모/권위적 존재에 대한 나의 고전적인 반응이다.	그는 나를 수용한다. → 나는 사랑받고 있다. 나는 무조건적 사랑을 받을 가치가 없다. → 아마 그는 나를 거부할 것이다.
즉흥연주 1	
조성적 즉흥연주가 시작되었고, 때때로 나는 조금 괴상하게 연주를 하다가 안전한 영역으로 재빨리 돌아온다. 한 번은 내가 계속하여 괴상한 소리를 내었는데, A는 그것을 받아들였고 음악은 덜 조성적이 되었다. 덜 조성적인 음악은 매우 자유롭고 내가 원하는 대로 연주할 수 있게 한다. 그러한 음악은 예전처럼	나는 부적절하고 제한됨을 느낀다. → 그 음악은 만족스럽지 않다.

제한적이기보다 나에게 나 자신일 수 있도록 허용한다. 나는 음악에 대해 매우 긍정적인 느낌이 들었다. 되돌아 보건대, 나는 음악에 대한 이 감정이 전이의 한 유형일 수 있다는 생각이 든다.	음악이 나를 허용한다. → 나는 자유로움을 느낀다.

세션 5	
로그 발췌	전이(선행 → 결과)
토론 세션의 이번 단계에서 A에 대한 긍정적 기분을 쉽게 가졌는데, 그것은 나를 조건 없이 수용해 주었기 때문이다. 그러나 동시에 거부에 대한 두려움도 자라고 있다.	그가 나를 수용한다. → 나는 사랑받는다. 나는 실수를 저지를 때가 있어 가치가 없다. → 그가 나를 거부할지도 모른다.
즉흥연주 1 이번 주 우리의 음악은 매우 밀접하게 융화되었다. 우리는 서로 다른 피아노에서 연주하였으나 두 파트를 분리시키기가 어려웠으며, 이상하게도 음악에서 하나가 되는 것이 편안하게 느껴졌다. 마치 그가 내 속에 있거나 내가 그 속에 있는 것처럼 느껴져, 마치 어머니 뱃속에 있는 느낌이었다. 음악 속에서 나는 아주 좋은 기분이었고 중단하기가 싫었다. 나를 둘러싼 바깥으로 나가기 싫을 만큼 그곳은 안전했다.	음악이 지지적이다. → 안전함을 느낀다.

세션 6	
로그 발췌	전이(선행 → 결과)
토론 이 단계에서 나는 A와 함께 매우 안전한 느낌을 가질 수 있어 첼로를 들고 왔다. A가 그것을 보고 매우 들떠하자 나는 대단히 행복했다. 이는 마치 내가 나의 부모 중 한 사람을 기쁘게 한 것과 같다.	그는 나를 거부하지 않을 것이다. → 나는 나의 부분을 공유할 것이다. 그는 기뻐한다. → 나는 사랑받는다.
즉흥연주 1 우리의 음악 속에서 나는 A와 분리됨을 느꼈다. 지난 세션과는 매우 다른 경험이었다. 묵상하는 것과 같은 느낌이었고 슬픔과 고통이 있었다. 그러나 내가 이전에 느끼지 못했던 심오함이 있었다. 마치 내 영혼이 보다 깊숙이 연관되는 것 같았다. 지난 주 융합의 느	우리는 두 명의 분리된 인간이다. → 나를 경청해 주고 있다.

낌과는 달리 점점 성숙하여 완전히 분리되는 것 같았으나, 아직 나는 나의 표현에서 제한받고 있었다. 첼로 음악은 매우 어둡게 들렸다. A는 아마 그것이 내가 억압하려 했던 한 부분일지도 모른다고 말했다. 즉흥연주 음악에서 나는 나 자신의 음을 만드는 것보다 진행 방향을 기대할 수 있는 작곡된 음악 연주가 더 쉽다는 것을 알게 되었지만, 내가 직접 즉흥으로 연주할 때 나 스스로 성취감을 더 느낄 수 있었다. 이것은 음악에 대한 전이처럼 보였다. 기대되는 방향에 따라가는 교류가 더 쉽게 느껴졌지만 나를 자유롭게 표현할 수 없었기에 성취감을 느낄 수 없었다.	나는 나의 어두운 면을 본다. → 그가 나를 거부할지 모른다. 음악에 제한이 없다. → 나는 자유로울 수 있다.

즉흥연주 2

A는 첼로와 피아노로 조금 더 연주할 것을 제안했다. 그는 확실히 그것을 즐기고 있었다. 그것이 나는 기뻤다. 그 순간 그와 가깝다는 느낌이 들었다. 그를 즐겁게 하는 이유는 첼로가 나의 부모 중 한 사람에게서 느꼈던 감정과 정말 똑같았기 때문이다. 부모와의 이러한 접촉은 내가 가질 수 있는 가장 강력한 것이다.	그는 나로 말미암아 행복하다. → 나는 사랑받는다.

세션 7	
로그 발췌	**전이(선행 → 결과)**

토론

연주할 때 나는 내 음악 속에 부족한 어떤 것에 대해 말하기 시작했다. A는 그것이 있다면 어떤 소리일지 알고 싶어 했다. 어떤 소리일지 나도 알 수 없었으나 어떤 느낌일지는 알았다. A는 내게 연주에 대한 특별한 제안이 있는지, 그래서 좀 더 내가 원하는 느낌으로 연주를 함께할 수 있는지 물었다. 그러나 나는 별다른 생각이 없어서 그의 생각을 물었다. 그는 성악 즉흥연주를 제안했으나 그것은 내게 너무 위협적이라 느껴진 탓에 망설여졌다. 흥미롭게도 나는 그의 제안을 따르기를 또다시 거절했다. 어떤 점에서 이것은 자신보다 음악에 대해 가졌던 더 실제적인 느낌의 음악 전이로 보일 수 있다. 또한 그것은 내가 타인의 기대에 부응할 수 없다는 감정을 가지고 사람들과의 접촉에서 나 자신의 많은 부분을 점차적으로 소멸시	나는 충분히 기능을 하지 않는다. → 그도 충분히 기능을 하지 않는다. 그는 나를 시험하고 있다. → 그는 나를 거부할지 모른다.

키는 과정에서 갖는 느낌을 나타낸다. 나는 종종 타인에게 거부당했다. 이제 타인과의 관계에서 내가 가진 면을 더 많이 투자했을 때 그들이 나를 거부하거나 반응하지 않을 경우 그것은 더욱 참담한 결과가 될 것이다. 하지만 나 스스로 거리를 둘 때는 무언가가 분명히 결여되어 있음을 안다.

즉흥연주 1

A가 피아노에 있고 내가 눈을 감은 채로 첼로를 연주할 때 그에 대한 나의 감정적 반응이 격해지는 것에 주목했다. 특히, 그가 듣고 있지 않는다는 생각이 들 때 더욱 그러했다. 피아노에 능숙했던 다른 남자들이 나를 무시하는 경우가 있었기에 그가 피아노에 있을 때 격한 감정이 더욱 컸다. A는 즉흥연주를 시작했고, 나도 오래 기다리지 않고 연주를 시작했다. 나는 전반적으로 기분을 조절하기를 원했다. 그가 나를 위해 적합한 감정적 환경을 제공해 줄 것이라 믿지는 않았으나, 음악은 내가 원했던 깊이로 보다 근접했다. 음악으로 나는 안전함을 느낀다. 충분하지 않고 무시하는 나쁜 부모로서 A와 조건 없이 나를 받아 주는 좋은 부모로서 A 간에 어떤 긴장감이 있는 것 같다.

그는 자신을 공유한다. →
나는 듣지 않는다.
나는 나의 요구가 충족되기를 원한다. →
그는 만족스럽지 못하다.

세션 8	
로그 발췌	전이(선행 → 결과)

토 론

이 세션에서의 주된 느낌은 A와 보다 동등한 관계를 맺고 싶어 하는 마음이었다. 우리는 함께 피아노를 연주하며 즐거워했다. 나의 연주는 더 많은 에너지를 갖게 되었고 보다 솔직해졌다. 또한 음악적으로 모험적인 시도도 할 수 있었다. 음악을 통해서 나는 나 자신이 보다 독립성을 가질 수 있는 것처럼 보였으나, 아직까지는 A에게서 지지받고 있는 상황이었다.

그는 나를 수용한다. →
나는 더 많이 나를 주었다.
그는 나를 위해 그곳에 있었다. →
나는 사랑받고 있다.

세션 9	
로그 발췌	전이(선행 → 결과)
나는 내 인생의 많은 부분에서 충족되지 않은 느낌에 대해 A에게 이야기했다. 또한 세션에서도 충족하지 못했다고 느끼고 있었지만 그것을 표현하지는 않았다. 많은 경우 나는 찬반 양론의 득실을 재며 무기력해져 곤경에 빠진다. 이런 이유로 즉흥연주는 내게 아주 좋은 방법이다. 나는 계속해야만 하고 자발적이어야 한다. 나는 대단히 감정이 되어 막 울음을 터뜨릴 뻔했지만 그 앞에서 그럴 수는 없었다. 이는 마치 나의 한쪽 부모 앞에서 강하게 보여야 하는 것과 같았다. 나는 그것이 그가 나의 감정을 감당해 낼 수 없을 것이라 생각해서였는지, 아니면 나 자신이 약하게 보여서였는지는 확실치 않다.	나는 충족하지 못했다. → 그는 내게 싫증을 낼 것이다. 나는 약하다. → 그는 나를 거부할 것이다.
즉흥연주 1 오늘은 A의 제안대로 내 마음껏 연주했다. 내가 평가받는다는 느낌은 들지 않았고 실제로 나 자신의 모든 소리를 만들 수 있다는 데 즐거웠다. 그런 모든 소리를 만드는 데 나는 A를 필요로 하지 않았다. 그는 나와의 세션 종결을 의논했다. 연구 목적상으로도 나는 세션을 끝내야 했지만 명확하게 내가 종결해야 할 시점을 결정하지는 못했다. 나는 그를 낙심시키고 싶지 않았다.	그는 내 마음대로 하도록 내버려 두었다. → 나는 그를 필요로 하지 않는다. 그는 잘난 체한다. → 나는 만족스럽지 않다.

세션 10	
로그 발췌	전이(선행 → 결과)
토 론 연주할 악기를 선택할 때 나는 대단히 머뭇거렸으며, A가 나의 그런 우유부단한 모습에 당황했으리라고 느꼈다.	나는 만족스럽지 않다. → 그가 나를 거부할 것이다.
즉흥연주 1 즉흥연주 도중 나는 A가 크게 한숨을 쉬는 것을 들었다. 그 한숨에 나는 매우 강한 감정적 반응을 가졌다. 나는 그가 싫증이 났을 것이라는 생각에 그를 기쁘게 하기 위하여 나의 연주 방식을 변화시켰다. 그리고 계	그가 싫증을 낸다. → 나는 만족스럽지 않다.

속해서 그를 즐겁게 하려고 노력했다. 마치 내가 나를 무시하는 부모의 사랑을 얻고자 노력하는 것과 같았다. A와 나는 우리가 가졌던 세션에 대해 이야기했다. A는 지금까지 정말 즐거운 시간이었다고 표현했다. 나는 그 말을 곧이곧대로 받아들이기 힘들었다.

그가 나와 함께 행복하다. →
나는 무가치함을 느낀다.

세션 11

로그 발췌	전이(선행 → 결과)
즉흥연주 1 이번 즉흥연주는 Satie의 음악처럼 들렸고 매우 안정적이었다. 질적으로 확장되었고 우리 사이에 많은 교감이 있었다. 여전히 A는 내가 필요로 할 때 적절한 구조와 지지를 제공하지만, 이제 우리는 점점 동등한 파트너가 되어 감을 느꼈다. 좋은 부모처럼 A는 많은 지지와 긍정적인 강화를 준다. 음악은 점점 작별인사를 말하는 것처럼 들렸다.	음악이 지지적이다. → 나는 안정감을 느낀다. 그는 나를 지지해 준다. → 나는 탐구할 수 있는 느낌이다.

세션 12

로그 발췌	전이(선행 → 결과)
즉흥연주 나는 A가 나의 연주를 완전하게 만드는 것에 압도당했다. 이것은 중요한 애정관계에 대한 전이와 관련이 있는 것 같다. 우리가 연주한 음악은 슬프지만 아름다운 멜로디를 가졌고 안정적이고 편안한 느낌을 자아냈다.	그는 지지와 안정을 제공한다. → 나는 그와 함께 전체를 느낀다.
토론 언어적 교류에서 나는 세션의 종결과 관련하여 음악 속에서 우리가 표현했던 슬픔의 감정을 다룰 수 없었다. 나는 내 아버지 상을 가진 사람 앞에서 감정을 표현하는 데 어려움을 겪는다.	나는 연약한 느낌이다. → 그는 나를 거부할지도 모른다.

요 약

A에 대한 나의 전이의 많은 부분은 본질적으로 부모와 관련된 것이다. 나는 그를 매우 지원적이고 조건 없이 나를 수용하며 나의 요구를 들어주기 위해 존재하는 사람으로 보았다. 가끔 나의 요구가 받아들여지지 않는다는 생각이 들 때는 그에게 실망을 하기도 하였다. 그때 그는 나를 무시하는 나쁜 부모였다. 우리는 이러한 느낌과 나에게 찾아오는 전이에 관해 논의하였는데도 그것을 말로 처리하는 과정을 가지지는 않았다. 이러한 전이를 다룰 수 있었던 것은 즉흥연주를 통해서였다. 그가 나를 수용한다는 생각을 하고, 그가 나를 거부한다고 느끼며, 출생의 감정을 가지고, 그에게서 분리를 경험하고 보다 독립적이 된 것 또한 음악을 통해서였다. 그 결과 우리의 관계는 보다 동등한 것이 되었다. 그리고 나서 나는 그의 양 측면을 보다 쉽게 수용할 수 있었다. 그렇게 되자 그에 대한 나의 전이는 의미 있는 타인의 존재가 나를 큰 전체의 일부분으로 느끼도록 하는 방식으로 나를 보완하였다. 바로 그때가 세션을 종결한 시점이었다. 이러한 새로운 전이가 작용하는 것, 그리고 또 다른 전이가 지속적으로 표면 위로 부상하는 것을 보는 것은 매우 놀라운 일이었다.

12회의 분석적 음악치료 세션 로그북

세션 1	
로그 발췌	전이(선행 → 결과)
토 론 B에 대한 첫인상은 그녀가 매우 강하며 다소 거리감이 있고 직설적이지만 진심 어린 따스함을 가졌다는 것이었다. 아직 그녀의 존재에 대해 확신할 수는 없었다. 우리는 잠시 동안 대화했고 그녀가 함께 음악적으로 교류해 보자고 말했지만 나는 혼자서 즉흥연주를 했다. 나는 그녀가 나와 함께 연주하기를 원했으나, 왜 그녀가 그러지 않았는지 이해할 수 없었다.	그녀는 거리감이 있다. → 나는 부적절함을 느낀다. 그녀는 나를 지지하지 않았다. → 나는 버려진 느낌을 가졌다.

즉흥연주	
즉흥연주는 '상실'로 이름 붙였고, 이것은 내가 이야기해 왔던 많은 부분을 다시 다루는 제목인 듯했다. 음악은 공허하고 외로웠으며 동시에 평화로웠다.	음악은 평화로웠다. → 외로움을 느꼈다.
토론	
나는 여러 번 강한 감정과 나약함을 느꼈으나 그것을 억제했다. 한 번도 만난 적이 없는 사람 앞에서 왜 이렇게 감상적이 되는지 나도 내 자신을 이해할 수 없었다.	그녀는 임재해 있다. → 나는 나약한 느낌이다.

세션 2	
로그 발췌	전이(선행 → 결과)
토론	
다시 한 번 나는 B의 힘과 강함, 그리고 그녀의 임재(좋은 부모처럼)에 압도당했다. 우리는 내가 도움을 요청하기 어려워한다는 점에 대해 이야기했다. B는 돌봐 주기를 바라는 내 안의 작은 여자 아이에 관하여 이야기했다. 또한 내가 경험했던 학대적 관계, 그리고 싫다고 이야기하지 못하고 경계를 설정해 놓는 나의 문제를 이야기했다. 그녀는 이것을 우리의 관계에 적용하고, 자신은 강하기 때문에 나의 경계를 넘을 수 있다고 말했다. B는 내가 멀리 뻗어 가고, 내가 그녀를 원할 때 요청하고, 준비 없이 서둘지 않도록 용기를 북돋아 주었다. 그녀는 학대 경험이 있는 사람들이 종종 타인을 즐겁게 하려고 노력하며 준비 없이 서두는 경향이 있음을 설명했다. 그리고 분노를 포함한 많은 감정이 그녀 자신에게 향할 수 있음을 나에게 경고했다. 나 또한 분노의 감정이 그녀에게 돌아갈 수 있음을 알고 있었지만, 그녀에 대한 나쁜 감정을 전혀 가지지 않았다.	그녀는 내 말을 듣는다. → 나는 수용받은 느낌이다. 나는 나약하다. → 그녀는 나에게 상처를 줄 수 있다. 그녀는 솔직하다. → 나는 안전함을 느낀다.
즉흥연주	
즉흥연주에서 나는 피아노를 퉁탕거리기 시작했다. 나는 첼로로 악기를 바꾸고 싶었고, 그녀에게 함께하자고 요청했다. 이는 매우 긍정적인 단계였다. 첼로에서 나오는 소리와 음성은 즉흥연주 전체에 걸쳐 억제적인 성격을 띠었다. 나는 절정에 다다르기 전에 물러섰다. 그리고 나 자신이 작아진 듯 느꼈다.	그 음악은 감정적이다. → 나는 거기서 달아난다.

세션 3	
로그 발췌	전이(선행 → 결과)
즉흥연주 이 세션에서 즉흥연주는 '내 목소리를 사용하는 두려움'으로 제목을 붙였다. B의 음악은 마치 자궁과 같았다. 마치 나 자신이 작아져서 구석에 움츠리고 있는 것 같았다. B는 힘 있게 소리 내도록 격려하였다.	그녀의 음악은 지원적이다. → 나는 나약한 느낌이다.
토론 즉흥연주 후에 B는 도움을 바라는 누군가의 심상을 떠올렸다. 나는 그녀의 음악이 매우 지지적이라 생각하였는데, 이미 말했던 것처럼 그것은 자궁 속과 같았다. 이 단계에서 나는 B가 얼마나 스스로 편안한지 깨달았다. 그녀는 내가 닮고 싶은 사람이었다. 그리고 이는 또한 내가 그녀에 대해 가지는 긍정적인 전이였다.	그녀는 확신에 차 있다. → 나는 부적절하다고 느낀다.

세션 4	
로그 발췌	전이(선행 → 결과)
즉흥연주 나는 이번 세션에서 슬픔에 가득 차 있었고 자주 울음을 터뜨렸다. B는 나를 그냥 울게 두었고 피아노에서 매우 지지적인 음악을 연주했다. 다시 말하지만 그것은 매우 지지적이어서, 마치 팔로 나를 안아 주고 있는 것 같았다. 음악은 매우 순환적이며 반복적이었다. 그녀는 좋은 부모였으며 매우 친절했다. 나는 어리고, 도움이 되지 못하고, 심지어는 아주 작은 소리도 낼 힘이 없는 것처럼 느껴졌다.	나는 나약함을 느낀다. → 그 음악은 지지적이다. 그녀는 강하다. → 나는 약하다.
토론 음악이 끝난 후에 나는 음악 내내 오른편 몸이 얼마나 긴장되어 있었는가를 묘사했다. B는 이것을 나 자신을 추스리려고 하는 나의 경향성에 연결시켰다.	나는 약하다고 느낀다. → 나의 몸은 긴장된다.

세션 5	
로그 발췌	전이(선행 → 결과)
토론 나는 이번 세션에서 소리를 많이 만들지 못한 데 좌절하였다고 말했다. B는 나에게 말보다 소리로 내보라고 제안했다. 그것이 말을 너무 많이 하는 것에 대해 질책 하고 있는 것처럼 느껴졌다.	나는 개방한다. → 그녀는 나를 질책한다.
즉흥연주 즉흥연주에서 나는 첼로를 연주했고, B는 성악으로 시작하여 플루트, 나중에는 피아노를 연주했다. 나는 첼로로 단조로운 소리를 내었고, B는 그것을 피아노로 받았다. 이것은 단조로움에서 벗어나려고 하는 나의 욕구를 지지해 주었다. 음악은 마치 요람처럼 흔들리는 느낌이었다. 나는 연주하면서 노래하기 시작했다. 그것은 평화로웠으나 긴장과 슬픔 동시에 위안을 가져다주었다.	그 음악은 지지적이다. → 나는 나 자신을 표현할 수 있다.
토론 즉흥연주가 끝난 후, B는 우리 연주에 대해 어른을 어린아이처럼 어르는 자장가 같다고 했다. 우리는 내가 음악 속에서 스스로를 어떻게 지지했는지 이야기를 나누었다.	나는 스스로를 지지한다. → 나는 충분하다.

세션 6	
로그 발췌	전이(선행 → 결과)
토론 나는 나의 교수님에 대한 감정과 나 자신이 작고 무기력하다고 느끼는 점 등에 대해 이야기했다. B에 대한 느낌이 이와 같다고 생각하였지만 말하지는 않았다. 난 그녀가 당혹스럽게 생각할 것이 틀림없다고 느꼈다. B는 나의 교수님에 대해 즉흥연주를 해 보라고 제안했다. 그녀는 나와 동참하지는 않았는데, 그것은 교수에 대한 그녀 자신의 견해가 나의 음악에 방해가 될 것이라 생각했기 때문이었다.	나는 부적절함을 느낀다. → 그녀는 나를 거부할지 모른다.

즉흥연주	음악이 나를 때린다. →
부드러움과 거침, 안정감과 비예견성이 음악에 있었다.	나는 폭력성을 느낀다.

재 생

즉흥연주를 다시 들으면서, 나는 거침과 비예견성이 내 속을 잘라 내고 있다고 느꼈다.

토 론

| 이러한 측면을 토의하는 동안 B는 권위자로서 내 자신의 역할에 어느 정도로 편안한지, 그리고 나 자신의 거칠고 예견되지 못하는 측면을 수용하는 어려움이 어느 정도인지를 살펴보았다. 그녀는 내가 권위의 책임성을 그녀에게 돌리고 있다고 느낀다. 나는 나의 한쪽 부모가 감정적인 것을 최소화시킨 데 대하여 이야기했다. B는 나 또한 연주를 그런 식으로 하지 않는지 관찰했다. 이것은 내가 오랫동안 기억하게 만들었는데, 나는 나 자신의 감정적 측면과 직면하고 있다고 생각하였기 때문에 내 성격 또한 그럴 것이라 생각해 왔다. 그러나 사실 나는 감정적으로 어려운 것에 직면하는 것을 피해 왔던 것이다. B는 내가 나 자신이나 교수님, 심지어 부모가 나를 위해 주어야만 하는 따뜻함과 배려의 감정을 받아들이는 것을 힘들어한다고 덧붙였다. 나는 '좋은 부모'를 수용하는 데 어려움을 가졌던 것으로 보인다. | 그녀는 숨겨진 면을 본다. → 나는 부적절하다.

그녀는 멀리까지 나아간다. → 나는 움추린다. |

세션 7	
로그 발췌	전이(선행 → 결과)
토 론 B와의 세션 전체에 걸쳐 나는 그녀의 지각적 능력에 놀랐다. 그녀는 내가 인식하지 못하고 나타내는 것까지 보았다. 그것은 나에게 정말 그녀가 나와 함께 있다는 생각, 즉 좋은 부모라고 느끼게 하였다.	그녀는 나의 소리를 듣는다. → 나는 지지받고 있다.
즉흥연주 그러나 이 세션에서 즉흥연주를 시작하면서 그녀는 자신의 눈을 감았는데, 그것은 마치 그녀가 나를 차단하려는 것처럼 여겨졌다. 나는 그녀의 주의를 원했	그녀가 나를 차단한다. → 거부당하는 느낌이다.

로그 발췌	전이(선행 → 결과)
다. 우리가 연주하는 음악은 평화롭고 단조로웠다. 나는 내 악기가 그녀 악기의 깊이와 비교할 때 너무 얄팍하다는 생각이 들었다. 그러한 악기들이 심오한 수용의 수준을 각각 반영할 수 있을지 의문이었다. 나는 B가 지쳐 나와 거리를 두고 있다고 생각했고 다시금 무시당하는 느낌을 가졌다.	그녀는 깊이가 있다. → 나는 부적절하다고 느낀다. 그녀와 거리가 있다. → 나는 거부당한 느낌이다.
토 론 B는 내 연주에서 영적인 소리에 관해 말했고 우리는 내 삶에서 보다 많은 영적 양분이 필요함을 논의했다. 마지막에 가서 그녀는 내가 우리의 세션에서 좀 더 진실해질 필요가 있으며 내가 느끼는 것을 그녀에게 말해 달라고 되풀이하였다. 이것이 내게는 질책으로 여겨졌다.	그녀는 나를 질책한다. → 나는 부적절하다고 느낀다.

세션 8	
로그 발췌	전이(선행 → 결과)
토 론 이번 세션에서 우리는 연주하지 않았다. 나는 해고당했다는 사실을 듣고 매우 화가 난 채로 왔다. B는 지지와 제안을 해 주었다. 나는 또한 교수님의 관심을 얻기 위해 나의 동료 학생들과 느끼는 라이벌 의식을 이야기했다. 아마도 난 그녀의 관심 또한 바라고 있었을 것이나 이를 말하지는 않았다. 난 그녀에게 지난주에 내 느낌에 대해 공개하라는 그녀의 코멘트에 대한 내 반응을 이야기했는데, 그녀는 그것을 기억하지 못했다. 이것을 나는 매우 의미 있게 받아들였다. 그녀는 그것을 기억조차 못하고 있었던 것이다. 그녀는 또한 세션에서 에너지가 낮고 내가 별로 간절해 보이지 않는다고 말했다. 처음에 나는 내가 그녀를 실망시키고 있다고 느꼈다. 그러나 점점 생각할수록 그것이 나의 출산과 연관이 있음을 알게 되었다. 나는 예정일보다 5일 일찍 유도분만되었다. 그리하여 태어날 때 별다른 긴박함이 없었고 그러한 성향이 내 안에서 이루어진 것이다. 아마 나의 세션은 그러한 조산에 대한 전이가 아니었을까 싶다. 세션의 종반에 가서 나는 B가 말하는 것에 대해 혼란을 느꼈다. 그녀는 지지적이	그녀는 멀리까지 나아간다. → 나는 움추린다. 그녀의 삶에는 나 말고 다른 사람이 있다. → 나는 불충분하다. 나는 부적절하다. → 그녀가 나를 거부할지 모른다. 나는 꼼짝하지 못하게 되었다. → 그녀는 아마 나를 강요할 것이다.

며, 내가 도움을 요청할 수 있어야 한다고 말하지만, 동시에 내가 나 자신을 바라보아야 할 때 그녀를 쳐다봄을 느낀다고 말한다.	

세션 9	
로그 발췌	**전이(선행 → 결과)**

토론

나는 내 인생에서 진보하지 않는다고 느꼈던 여러 가지 상황에 대해 이야기했다. 나는 정지된 상태였다. B는 이렇게 무엇이 일어나는지, 어디로 가야 할지 알지 못하는 것은 지금 이 순간 치료의 현장에도 있다고 말했다.

나는 부적절하게 느낀다. →
그녀는 지원적이다.

즉흥연주

'왜 우리는 여기 머무르는가?'에 대해 함께 즉흥연주를 했다. 연주는 힘 없이 공전하는 것 같았다. 우리는 꽤 오랜 시간 동안 연주하다가, B가 피아노를 두드리기 시작했다. 소리가 점점 커지고 강도가 세졌다. 마치 그녀가 "여보세요. 거기 누구 없어요?"라고 말하는 것 같았다. 나는 더 이상 연주할 수 없었다. 완전히 나를 멈추게 했다.

나는 고착화되었다. →
그녀는 나를 밀어내려고 한다.

재생

B는 내가 누워서 우리가 한 연주를 다시 들어 보고 어떤 이미지라도 내게 떠오르면 허용하라고 제안했다. 나는 소음을 내는 많은 사람과 동물과 함께 걷고 있었으며, 거기에 내 주의를 기울이고 있었다. 조금 두려웠으며 그들은 나를 압도하고 있었다. 그 후에 그것은 측면으로 물러나고 나는 계속 걸었다. 그들은 나를 둘러쌌고 나는 손과 무릎을 꿇어 기어가기 시작했다. 그런 후에 누군가가 나의 머리를 두드리기 시작했다. 텅 빈 듯한 소리가 났지만, 나는 내가 그곳에 있다는 것을 알고 있었다. 정말 그녀는 내가 그곳에 있음을 모르고 있다고 느꼈다. 이러한 생각은 심한 스트레스였다. 나는 그녀가 나를 그 자체로 보아 주고 인정해 줄 수 있기를 원한다.

음악이 나를 때린다. →
나는 폭력성을 느낀다.

그녀는 내가 누구인지 보지 않는다. →
그녀는 불충분하다.

세션 10	
로그 발췌	전이(선행 → 결과)

토 론

B는 이 세션에서 나에 대해 점점 참지 못해 하는 것 같았고 대화보다는 연주를 하자는 제안을 했다.

그녀가 나를 중단시킨다. →
나는 부적절하다.

즉흥연주

연주하는 동안 B는 조급하고 재촉하는 듯했다. 우리들의 음악 또한 너무나 분리되어 나는 당혹스러움과 화가 치밀어 옴을 느꼈다. 즉흥연주의 에너지는 점점 감소되었다. B가 나에게서 더 많은 것을 원하는 것처럼 생각되었다. 그녀는 지난 세션처럼 다시 두드리는 소리를 내었다. 마침내 그녀는 뭔가 새로운 것을 부르 듯이 상행하는 긴 아르페지오를 연주했다. 나는 연주를 중단하려 하다가 바이올린을 선택하게 되었다. 바이올린은 내가 싫어하는 악기로 매우 부정적인 사연이 있었다. 바이올린의 줄은 두 개가 느슨해져 있어 음이 맞지 않았다. 처음에는 그것을 제한으로 느꼈지만, 나중에는 그 사실이 나에게 새로운 선택으로 보였다. 새롭게 그것을 연주할 방법을 탐구하였던 것이다. 마침내 나중에는 활로 연주하거나 뜯기보다는 현을 튕기는 방식으로 연주하였다. 재미있었다. 때때로 B의 음악은 지나치게 힘이 넘쳤고, 나는 그녀가 부드럽게 연주하게 될 때까지 더 크게 연주하고 드럼을 두드림으로써 그에 대응했다. 우리의 연주에는 즐거움과 유머가 있었다.

우리는 서로 통하지 않는다. →
그녀는 만족스럽지 못하다.

그녀는 그같이 높은 기대를 가지고 있다.
→ 나는 충분하지 않다.

그녀는 나를 압도한다. →
나는 방어적이다.

토 론

B는 그녀가 원하건 원치 않건 내가 그녀를 지배적 위치에 놓으려 한다고 말했다. 내 삶에서 그와 같은 방식으로 행동한 다른 경우에 대하여 이야기했다. B는 이를 내 과거의 피학 경험과 연관시켰다. 나는 초기에 그녀가 지원적이기보다는 거리를 두었던 점에 대해 화가 났음을 이야기했다. 그녀는 내가 그녀 자신을 언제나 양육적이기보다는 여러 다양한 방식으로 바라보는 점이 중요하다는 것을 이야기했다. 나는 부모의 모든 좋은 점과 나쁜 점을 보고 싶어 하는 것이라 추측했다. 이것은 내게 있어 양 측면을 통합시키기 위한 하나의 기회다.

나는 의존적이다. →
그녀는 나를 돌본다.

세션 11	
로그 발췌	전이(선행 → 결과)
토 론 B와 나는 4주 동안 집으로의 여행과 부모님과의 만남에 대해 이야기했다. 또한 부모님과 교수님과 관계에서 변화에 대해서도 이야기했다. 이번 세션에서 B는 나의 성장을 강화했다. 나는 세션에서 에너지의 결핍이 출생 전의 전이 현상처럼 느껴졌다는 사실을 나누었다. B는 무엇이 나를 그곳에 머물게 하는지 탐구할 것과 그것을 계속 함께 작업해 가자고 제안했다.	그녀는 내게 용기를 준다. → 난 괜찮다.
즉흥연주 연주하면서 나는 자궁 속 안전한 곳에 있는 것처럼 느끼면서 바깥으로 나오는 데 대한 두려움을 살피려 했다. 잠시 후에 나는 그곳에 있는 것에 지쳤고 당혹스러웠다. 나는 점점 강하게 연주했고 에너지는 증가했다. 모든 것을 밖으로 표출하지는 않았으나, 절반 이상은 표출하고 나머지 동안은 휴식했다.	음악이 나를 지지해 준다. → 안전함을 느낀다.
토 론 B는 내가 처한 환경에 대해 물었다. 나는 가족과 교육에 대해 생각했다. 나는 어떤 이유로 자궁 속에 머무르고 있었다. 거의 끝나 가는 학업과 가정을 이루고 싶은 나의 바람에 대해 이야기했다. 내 장래의 불투명한 측면이 점점 다가오면서 두렵게 느껴진다.	나는 내가 모르고 있던 부분에 다가선다. → 음악이 지지적이다.

세션 12	
로그 발췌	전이(선행 → 결과)
토 론 나는 세션의 종결을 이야기하며 차후에 원할 경우 다시 만나고 싶다고 하였다. 우리는 마지막 세 번의 세션을 남겨 두었다. 그리고 나는 종결, 즉 분리에 대한 어려움을 이야기했다. 다른 사람을 실망시키는 것이 걱정스러웠다. B는 나와 자신의 자리를 바꾸고 눈을 감을 것을 제안했다. 우리는 서로 역할을 바꾸었다. 그녀가 종결하고 싶다는 말을 했을 때 나는 내가 그녀	그녀는 아무런 감정을 보이지 않았다. → 나는 부적절함을 느꼈다.

에게 실패감을 안겨 주지 않았을까 걱정하며, 나 자신이 충분치 못했다는 생각이 들었다. 그녀는 내게 피아노로 가서 자신과 분리되는 것에 대한 나의 느낌을 연주해 보라고 했다.

즉흥연주

나는 매우 초조했으며 마치 나 자신이 실패한 것 같았다. 연주를 시작하려 할 때, B는 마지막 세션은 출산에 집중되어 있었고 지금은 분리에 초점이 맞추어진 점에 대한 흥미로움을 말해 주었다. B의 연주는 마치 그것이 발달의 자연스런 부분인 것처럼 들렸다. 나는 두려움과 실패의 감정을 연주했고 매우 슬펐다. 조금 후에 B는 내가 계속 연주해 가면서 내가 어떤 상황에 있는지를 말해 줄 것을 요청했다. 나는 내가 두려움을 느낀다고 말했고, B는 음악 속에서 지지의 제공을 제안했다. 그렇게 하면서 나는 점점 강해짐을 느꼈다. 그녀는 내 상황에 대해 물었고 나는 '혼자'라고 말했다. 다시 그녀가 물었을 때 나는 '길 위에'라고 답했다. 그곳은 바람이 불었고 나무만 있고 사람은 없었다. 나는 계속해서 걸었고 새 한 마리와 마주쳤다. 그 새는 부상을 입고 추위에 떨고 있었다. 나는 새에게 다가가 손으로 들었다. 그것을 스카프로 감싸 내 코트자락에 넣었다. 나는 도와줄 누군가를 찾았으나 아무도 없었고 지체할 시간도 없었다. 나 혼자 해야만 했다. B는 새에게 노래해 보라고 말했다. '죽으면 안 돼.'라는 것이 처음에 한 노래의 전부였다. '물 마셔. 널 사랑해.' 이것이 내가 기억하는 유일한 가사다. 나는 매우 슬프다고 느꼈다.

토론

우리는 내가 분리와 연관되어 느꼈던 슬픔에 관하여 이야기했다. 나는 그것을 인간관계의 실패에 연결시키려는 경향이 있었다. 그러자 내 인생에서 분리였지만 실패라고 생각해 보지 않은 것들을 생각했다(졸업이나 새로운 선생님들). 이런 생각과 함께 내 안에서는 성장과 진보의 느낌이 일어났다.

음악이 매우 지지적이다. →
나는 나의 두려움에 직면할 수 있다.

요 약

이 세션들에서 내가 경험했던 전이는 불분명하다. 전반적인 전이는 출산 전 경험의 하나였으며, 그것은 인위적인 출산이 아닌 수태 기간에 맞추어 태어나는 느낌이었다. 나는 안전함을 느끼면서 진보하기 위해 상황을 지지하는 신뢰가 필요했다.

여기에는 부모/권위자에 대한 전이가 존재했으나 그것에 내재된 것은 보다 심층적이고 근본적인 것이었다. 한편, B와 나는 개인적 한계를 초월하기 이전의 영적 성취의 결핍과 의미의 결핍에 대해 대화했다. 그렇지만 재탄생은 개인적 한계를 초월하는 경험을 위해 필요한 의미와 영적인 충만을 찾기 전에 와야만 한다고 느낀다.

이들 세션에서 대부분의 전이는 음악 속에서 나타났다. 그것은 즉흥연주에서는 물론 연주를 다시 듣는 과정에서도 나타났다. 토론을 통해 B는 내 삶의 다양한 측면과 연관될 수 있도록 도왔다. 이는 내가 다양한 관계에서 보편적 반응을 볼 수 있게 하였다. 나는 관계를 이끌어 가는 것에 타인의 책임을 부여하려는 나의 경향 또한 출산 이전의 전이라고 생각한다. 우리는 나의 학대적 관계에 그것을 연관시켰으나 아마 그것보다 더 근본적인 문제일 것이다. 세션에서 에너지의 부족은 확실히 유도분만과 관련된 출산 이전의 경험과 연관되어 있을 것이다.

나는 분석적 음악치료 세션을 종결하지 못했는데, 그것은 이 문제나 또 다른 전이의 문제를 앞으로 지속적으로 처리할 수 있기를 기대하고 있기 때문이다.

추 론

클라이언트로서 두 가지 방식의 즉흥연주 음악치료의 경험을 돌아볼 때 많은 질문이 생긴다.

- 각 특정한 방법의 무엇이 전이를 불러일으키는 데 영향을 미치는가, 그리고 전이가 어떻게 표현되며 처리되는 과정을 가지는가?
- 전이를 통해 작업해 가는 데 음악과 언어적 과정이 어떤 영향을 미치는가?
- 전이를 불러일으키는 데 치료사의 성별이 미치는 영향은 무엇인가?
- 치료사 성격의 효과는 무엇인가?

- 내가 경험한 두 가지 접근법의 순서가 나의 전이적 경험에서 어떤 역할을 하였는가?
- 이 장을 쓰는 것 자체가 전이적 반응에서 어떤 식으로든 방해를 받는가?

방법의 비교

창조적 음악치료에서 나의 작업은 독립, 상호 교류적 자유, 그리고 자기 표현에 초점을 맞추었다. 흥미롭게도 이 세션에서 나의 전이 반응의 대부분은 적절함, 의존, 들어주는 것 등의 이슈와 연관되었다. 하지만 분석적 음악치료에서는 나의 반응 패턴의 인식을 강화하고, 보다 긍정적인 에너지로 재조정하고, 자신의 좋고 나쁜 측면 모두를 통합하는 데 집중하였다. 후반 세션에서 나의 전이 반응은 만족스럽지 못함과 안전한 지지적 환경에 대한 욕구와 관련이 있었다.

음악과 언어

창조적 음악치료에서 우리는 대부분의 시간을 음악 연주에 할애하였다. 전이는 주로 음악 속에서 일어나고 표현되며 다루어졌다. 이슈가 언어적으로 일어났을 때는 그 문제를 해결하기 위해 다시 음악으로 인도되었다. 분석적 음악치료에서는 상대적으로 적은 시간을 연주에 할애하고, 다양한 방법으로 문제를 탐구하도록 지시받았다. 즉, 음악적으로는 즉흥연주, 녹음한 연주의 재감상, 음악과 심상으로, 언어적으로는 토론을 통하여, 그리고 신체적으로는 신체적 신호를 통하여 이루어졌다.

창조적 음악치료에서 나의 전이는 음악적으로 불러일으켜졌지만, 대부분 그것은 치료사 개인에게 향하고 있었다. 충분히 반응하지 못하는 것은 치료사였지 음악이 아니었다. 반면, 분석적 음악치료에서는 음악적으로 불러일으킨 전이의 대부분은 치료사를 향한 것이 아니라 음악으로 향했다. 나를 붙들고 지지해 준 것은 음악이었으며, 나를 아프게 한 것도 음악이었다.

창조적 음악치료 세션에서 치료사의 음악은 심미적 성향을 가지고 있었다. 그것은 마치 전체성의 모델과 같았다. 그의 음악이 대부분 피아노로 진행된다는 사실을 미루어 볼 때, 그러한 사실은 내가 지각하는 특정한 전이에 영향을 미치는 것으로 생각된다. 분석적 음악치료에서 치료사가 사용하는 악기는 매우 다양하다. 그리고 그 결과로 만들어진 음악은 언제나 전체 모델은 아니다. 이 역시 내가 경험한 전이 반응의 유형에 영향을 미쳤다.

치료사의 성별과 개인 성향

점잖은 남성과 강한 여성과 같이 일하는 것은 매우 흥미로웠고, 치료사의 성별은 내가 경험했던 전이의 유형에 기여하였다고 생각한다. 나는 나의 부모님과 치료사의 개인적 특성이 매우 유사하다고 기술한 바 있다. 만일 내가 강한 남성과 점잖은 여성 치료사와 함께 작업했다면 아마도 전이는 달리 나타났을 것이다. 그러나 상당수의 유사한 전이가 두 치료사 모두에게서 일어났다. 둘 다 모두 지지적인 감정을 일으키는 데 '충분했고', 무시당하고 제대로 듣지 않으며 거부당하는 듯한 감정을 불러일으키는 데는 '충분하지 못했다.'

창조적 음악치료에서 점잖고 주제넘지 않은 치료사에 대한 나의 긍정적인 전이는 대단히 지지적이고 수용적이면서 나를 안전하게 느끼도록 만들었다. 그에 대한 나의 두드러진 부정적 전이는 그가 어떻게 하든 간에 '만족스럽지' 않았다는 것이다. 분석적 음악치료에서 치료사는 매우 강하고 확신에 차 있었으며 다소 거리감이 있었다. 그녀에 대한 나의 긍정적 전이는 그녀가 매우 현실적이며 내가 지지받고 경청된다는 느낌을 가지게 하는 것이었다. 그녀에 대한 부정적 전이는 내가 어떻게 하든 간에 나는 부적절하다는 것이었다.

결 론

두 가지 방법에서 나의 경험을 탐구하고 비교하면서 창조적 음악치료와 분석적 음악치료 모두에서 전이가 유사하다는 것이 놀라웠다. 불러일으킨 것, 표현된 것, 처리하는 것이 달랐으며 각 치료 방법 간에 확장되는 영역이 더하거나 덜하다고 느껴졌으나 본질적으로 그것들은 같은 문제였다. 결론을 내리자면 나의 전이는 현존하며, 어떻게든 불러일으켜 다루어야 한다는 것이다. 이것을 어떤 방식으로 할 것인가는 전적으로 나에게 달려 있다. 나는 가장 편안하게 느낄 수 있는 치료 방법을 선택해야만 한다. 나아가 치료사의 성별이 영향을 줄 수도 있다. 그러나 남성과 여성 모두가 다 개인적인 성향에 상관없이 내 안에서 같은 전이를 일으켰다.

　이 장을 쓰면서 나는 여러 이유로 나의 느낌과 사고를 걸렀는데, 그중 몇몇은 전이적 반응인 것으로 생각된다. 이 장을 써 내려 가는 단순한 행동조차도 전이로 볼 수 있다. 결국 내가 기술한 내용은 논쟁의 여지가 없는 사실이나 진실이라기보다는 관계의 패턴에서 나 스스로가 경험하고 재경험해 나가는 방식이다. 그것을 탐구함으로써 나는 내가 그것을 경험하는 이유를 보다 정확하게 인지하고, 보다 대안적이며 이로울 수 있는 반응을 찾아낼 수 있을 것이다.

참고문헌

Brusia, K. E. (1995). The many dimensions of transference. *Journal of the Association for Music and Imagery, 4*, 3-16.

추천도서

Bruscia, K. E. (1995). Manifestations of transference in Guided Imagery and Music. *Journal of the Association for Music and Imagery, 4*, 17-36.

Nordoff, P., & Robbins, C. (1997). *Creative music therapy.* Now York: Harper & Row.

Nordoff, P., & Robbins, C. (1971). *Therapy in music for handicapped children.* London: Victor Gollancz, Ltd.

Priestley, M. (1994). *Essays on analytical music therapy.* Gilsum. NH: Barcelona Publishers.

Priestley, M. (1975). *Music therapy in action.* St. Louis; Magna Music Baton.

제12장

그룹 음악치료에서 전이와 역전이

Janice M. Dvorkin

　가족의 재연으로서 치료 그룹은 전이가 자연스럽게 일어나는 곳이다. 모든 연령층의 그룹에서 치료사는 부모 혹은 권위적 인물로 비추어진다. 이는 마치 아이가 자기 부모를 최고로 아는 것처럼 그를 치료하는 치료사를 전문가로 보기 때문이다. 따라서 그룹 구성원의 발달 연령에 따라 치료사에 대한 반응은 대상관계의 초기 형태 분리와 개별화 등의 이슈를 거치면서 이상화된다(대상관계에서는 유아가 자신의 주보호자를 전적으로 의존하는 것같이 치료사를 자신의 안전을 돌보아 주는 가장 중요한 인물로 간주하며 의존한다). 치료사에 대한 그룹 구성원의 행동은 그들 부모에게 반응하는 자신들의 행동을 반영한다. 치료사의 실제 성별은 전이의 유형과는 별 상관이 없다. 부모 양자에 대한 태도, 신념, 행동은 치료사와의 교류과정에서 나타난다. 그러나 아동과 청소년 그룹에서는 전이를 격려하기 위해 남성 또는 여성 치료사가 함께 인도한다.

　가족구조 선상에서 다른 그룹의 구성원은 종종 형제처럼 느껴진다. 따라서 우리는 부모-치료사의 주의를 공유하는 것에 대한 내용을 살펴볼 수 있다. 이러한 환경은 그룹에서 풍부한 관계적 요소를 분명하게 제공하므로 실제 형제관계에서 그들의 행동과 감정을 관찰할 수 있는 적합한 상황이기도 하다.

이러한 환경에서 우리는 클라이언트의 반응을 단순히 말로 묘사하는 것을 듣는 것이 아니라 타인의 행동에 대한 그들의 반응을 실제적으로 관찰할 수 있다. 또한 다양한 성격을 가진 대상과의 관계를 그룹 내에서 탐구할 수 있다. 각 클라이언트가 그룹에서 상대적으로 지배적인 사람이나 수동적인 사람에게 어떻게 반응하며 어떠한 역할을 취하는가의 문제는 그룹 밖에서 그들의 행동을 짐작하게 해 준다. 그룹은 타인에 대한 각 클라이언트의 반응을 통해 그들 속에 잠재된 신념과 감정을 이해하도록 하는 독특한 기회를 우리에게 제공한다. 이들은 충분히 심리 · 감정적이어서 그러한 반영과 해석이 가능하다. 그룹의 구조는 그룹 전체와 치료사 간의 소통이 아니라 멤버 간의 자유로운 소통이기 때문에, 우리는 그룹 전체가 한 멤버에 대해 가지는 반응과 치료사와 개개인이 그룹에 대하여 가지는 반응을 통해 그들이 보이는 전이 반응을 관찰할 수 있다. Konig과 Lindner(1994)는 그룹 내의 잠재적 전이를 다음과 같이 묘사한다.

> 그룹 발달 초기단계에서 그룹 구성원은 자신을 작게 느낄 수 있으며, 타 구성원을 집합체(어머니)로 의존할 수가 있다. 만약 그룹과 자신이 하나됨을 느끼게 된다면 그는 스스로 보호받고 있는 것처럼 여기고 강해짐을 느끼게 된다. 만일 타인과 자신 간의 차이점과 긴장감을 발견하게 된다면 그는 아마도 스스로를 약하다고 느낄지 모르며 그들이 하라는 대로 하게 될지도 모른다. 공생관계에 의심이 갈 때, 만일 치료사가 그가 이제껏 무시하던 것, 즉 성인도 유아 시기로 들어갈 수 있고 또 거기서 되돌아올 수 있다는 것을 말해 준다면 그 같은 느낌은 더 쉽게 받아들일 수 있다(p. 42).

전이적으로 그룹 구성원의 행동은 개인적 전체로서 그룹에 대한 반응이다. 이것은 구성원의 사회적 관계로 해석할 수 있으나, 개인이 세상을 지각하는 방식 혹은 세상이 어떻게 자신을 대하는가를 예상하는 방식으로 해석할 수도 있다. 이러한 반응은 선택의 생존 메커니즘이 된다. 직장에서의 불만족 때문에 그룹 치료의 구성원이 된 경우를 생각해 보자. 직장에서 그의 행동(예를 들어, 지각, 조퇴, 타인에 대한 비판적 반응 등)은 그룹 구조에 대한 그의 반응 속에서 재연될 것이다. 구조화된 그룹 환경이나 구조화된 직장 환경에 대해 그가 가지는 지각 간의 유사성은 주어진 구조적 환경에서의 감정과 관련하여 관찰·주목·탐구될 수 있다.

끝으로 그룹 구성원은 치료의 단계를 거치면서 발달과정을 밟아 가게 된다. 새로운 사람들로 구성된 그룹은 신뢰와 확신의 공동체로 구성되면서 치료과정이 형성된다. 잘 알려진 한 그룹 발달의 이론에서는 그룹을 형성(forming), 표준(norming), 갈등(storming), 그리고 행사(performing)의 4단계 과정을 거치는 것으로 가정한다(Yalom, 1995, p. 297). 형성은 하나의 전체로서 그룹이 만들어지는 것이고, 표준은 그룹 구성원에 의해 그룹의 기능과 구성원의 행동 방향에 대한 의견 일치가 이루어지는 것이다. 갈등은 구성원 간에 표준 항목을 시험하고 수정하는 것이다. 치료사가 그룹을 형성할 경우, 그룹의 표준 내에서 제한을 시험하는 과정과 치료과정에 대한 저항으로 나타나는 경우를 구별하는 것은 중요하다. 그룹이 '행사'(치료적 공동체로서 기능)를 하기 시작하면 그룹 표준에 따르지 않는 경우에는 벗어나는 행동으로 해석할 수 있다.

그룹치료에서 음악

음악은 그룹 음악치료 작업에서 필수적이다. 음악치료사와 그룹 구성원까지 표현의 수단으로 음악을 사용한다. 즉흥연주는 그룹이 세션을 시작하는 방법이 되기도 한다. 그들이 창조하는 음악은 그들의 기분 상태를 나타내고, 치료사는 구성원 만드는 소리의 차이점과 다른 구성원의 음악에 대한 그의 반응을 인식하여 각 개인의 욕구를 확인할 수 있다. 예를 들어, 그룹의 한 명이 그룹 소리에 묻혀 연주하며 타인의 표현에 언어적으로나 음악적으로 좀처럼 반응을 하지 않다가, 어느 날 즉흥연주 초반에 그가 리듬과 얼마나 연결되어 있었는가를 언급하였다. 그의 이러한 발언은 그룹의 일원으로서 그의 신뢰와 안정감에 변화가 나타났음을 보여 준 것이다. 이제 치료사는 그렇게 제공된 기회를 사용하여 그를 매혹시킨 음악적 요소를 찾아내고, 그 음악을 자기 스스로 재창조할 수 있도록 도와줄 것이다. 궁극적으로는 음악 자극에 어떤 생각이 연관되었는가를 토론하고, 그 즉흥연주에 대한 다른 구성원의 반응을 구체화하려고 다시금 음악으로 돌아갈 것이다. 음악은 그룹 구성원의 인식이 변화함에 따라 음악 자체의 변화를 반영할 수도 있다. 부가적인 이슈는 음악이 그룹 구성원의 세션 동안이나 세션 밖에서 혹은 세션 이전의 사건에 관련하여 어떤 역할을 수행할 수 있는가다.

다른 환경에서 전이 문제

음악치료 그룹

　서구사회에서 음악가의 역할은 연주자였다. 아동은 소리를 내면서 자유롭게 음악에 반응한다. 하지만 그들은 자신들이 학교나 교회 또는 음악 시간에 공연하는 이외의 시간에 노래하고 허밍하고 리듬 패턴을 만드는 것은 음악을 만드는 것으로 인정받지 못한다는 것을 학습한다. 이러한 환경의 강조는 음악을 통해 자신을 표현하는 건강한 경험보다 공연하는 데 있다. 사회와 권위의 가치에 대해 문제를 제기하는 청소년기에는 보다 자주 노래하고 음악을 만든다. 그러나 어른이 될 때 그들 중 많은 이는 음악적 표현을 연주자의 영역으로 규정한다.

　클라이언트에게 종종 음악치료에 대해 설명하는 것은 음악치료사의 과제다. 상담치료사가 클라이언트에게 치료 세션 동안 어떤 기법의 유형을 사용할 것인지를 알려주는 것과 마찬가지로, 음악치료사 역시 개개인이 만드는 음악은 고유하여 말과 행동으로 자신을 표현하는 것과 다를 바 없다는 것을 클라이언트가 이해하도록 한다. 어떻게 음악을 사용하고, 어떻게 음악을 만들고, 그리고 음악을 단순히 음악 교육을 받은 사람의 것으로 간주하는 문화적 편견을 넘어서 음악을 보도록 클라이언트를 가르치는 치료사의 교육가적 역할은 전문가로서 치료사에 대한 강한 전이를 불러일으킨다. 이러한 전이는 때때로(음악을 연주할 줄 아는) 치료사가 그룹과 개인을 위해 음악을 만드는 것이라는 인식에서 나타난다. 치료사의 임상적 판단은 그룹의 자아 기능과 그들의 발달적 요구에 따라, 그룹 즉흥연주 모델로 음악을 제공하거나 음악을 만드는 일에 주저하는 그룹 구성원에게 필요한 음악을 제공한다.

　이러한 '전문가'에 대한 전이는 부모의 전이와 겹치기도 한다. 초기에 그룹은 '아동'을 가르치고 그들에게 모델이 되며 보여 주고 가르쳐 줄 '부모'를 필요로 한다. 이러한 욕구를 충족시키는 것은 그룹이 권위적 인물의 도움 없이는 기능을 할 수 없다는 복합된 메시지를 만든다. '충분히 훌륭한 부모'와 같이 치료사는 그룹에서 자신의 소리를 개별화하고 탐구할 준비가 된 사람들을 격려할 필요가 있다. 이것은 또한 구성원의 치료과정이 상호관계적 필요에 초점을 맞출 경우에 시행할 수 있다.

각 구성원이 즉흥연주에 참여하는 방식은 자신의 개인적 정보를 제공하는 것뿐만 아니라 주변의 사람에게 어떻게 반응하는가를 가리킨다. 이러한 반응은 경쟁적일 수도 있다. 즉, 치료사와 타인의 주의를 끌기 위해 개인의 소리가 그룹의 소리를 압도하거나, 보다 낮은 기능을 가진 클라이언트의 경우(입원환자)에는 특정한 소리나 감정을 표현하는 것이 통제되지 않는 경우도 있다. 그룹이 발전하고 음악적 표현과 개인 구성원의 역할이 점차 뚜렷해지면서, 치료사와 그룹은 그룹 즉흥연주 속의 구성원 사이에서 양자 간 대화관계를 관찰할 수 있다. 이는 그룹 구성원에게는 한 번도 대화로나 의식적 수준에서는 가져 보지 못한 서로 간의 관계를 탐구하기 위한 기회를 가지게 한다.

그룹치료 환경 속의 활동은 어떤 것이라도 자극을 유발하기 때문에 그 환경 자체가 전이를 불러일으키기에 충분하다(Konig & Lindner, 1994).

> 그룹에서 일어나는 전이의 특색은 개별 치료보다(반드시 더 강한 것은 아니지만) 회귀가 빠르고 깊다는 것이다. 큰 그룹일수록 빠르고 더 깊이 회귀한다. 전이는 사람뿐만 아니라 그것이 사람을 위한 상징으로 취해질 수 있다면 가까운 대상물에게서도 고착될 수 있다. 전이 유발재란 전이를 유발하는 지각할 수 있는 모든 항목을 말한다.

따라서 음악(노래, 즉흥연주, 악기) 또한 가능한 전이의 유발재에 포함될 수 있다. 예를 들어, 각각의 음고가 다른 공명종이 그룹의 구성원 혹은 다른 그룹의 가족 구성원을 나타내어 대상과 구성원의 감정 간의 관계나 그룹 전체에 대한 전이와 관련하여 그룹 즉흥연주에 대한 각 구성원의 반응을 탐구하는 기회를 가지게 할 수 있다.

즉흥연주는 종종 무의식적 요소를 표출하기 때문에 이러한 표현에 대한 저항이 있을 수 있다. 이 저항은 어려운 상황을 만드는 데 대한 것이나 그룹 구성원이 자신들이 직면해야 하는 두려움의 감정이나 심리적 상처(망신, 수치, 당황) 같은 초기 경험에 대한 반응을 재현해야 하는 압박감에 치료사를 향한 분노로 나타나기도 한다. 치료사에 대한 클라이언트의 반응은 전이적인 것으로 과거 클라이언트에게 이런 유형의 상황을 만들었던 사람 혹은 가학자에 대한 반응일 수 있다. 이러한 경험은 또한 회귀의 두려움을 불러일으켜 방어 반응이나 의구심 혹은 신중함 등으로 자의식을 보호하려 하기도 한다. 이렇게 그룹의 발달적 수준은 그룹 구성원이 전이적 대상에 대한 반응으로 회귀하고, 그 회귀에 어떻게 저항하는가의 수준에 따라 확인된다.

나아가 대부분의 클라이언트는 그들이 두렵고 불안을 느낄 때 가만히 침묵하는 것 외에는 음악적으로 어떻게 자신을 방어하는지 모른다. 이러한 이슈에 대한 치료사의 인식은 서로 공조하는 작업을 형성하기 위해 필요한 보다 긍정적인 전이를 발달시키는 데 영향을 줄 수 있다. '충분히 훌륭한' 부모는 자신의 자녀가 가지고 있는 어려움을 예상하고, 그들의 스트레스적 경험을 대처할 수 있도록 돕는 사람이다. 그룹 구성원의 음악적 능력에 따라 클라이언트가 자신을 표현하는 데서의 어려움을 어떻게 해결하는지를 직면하게끔 하는 것이 필요할 수 있다. 이러한 접근 방법에서 치료사는 자신이 구성원의 음악 사용에 기인한 그들만의 독특한 요구에 깨어 있으며, 클라이언트가 도움을 요청할 수 있는 사람임을 보여 준다. 이 점에서 그룹 환경의 이점은 단 한 명의 구성원에게만 적용해도 모든 구성원이 같은 방법으로 자신의 필요가 다루어질 것임을 확신한다는 데 있다.

그룹치료에서 음악을 사용하는 이점 중 하나는 그룹이 연주하는 음악에 각 구성원이 친숙한 반응을 가질 수 있다는 것이다. 비록, 어떤 한 사람이 어떤 종류의 음악적 표현을 하였더라도 각 구성원은 상담의 경우처럼 타인의 일로 보는 것이 아니라 음악을 개인적으로 경험할 수 있다. 입원한 그룹에서는 종종 '진정시키는' 음악을 요구하며, 클라이언트는 음악을 통해 그런 경험을 하기를 바란다. 치료사와 악기는 진정 효과를 가지고 있는 사람으로 간주된다. 음악은 말하기 힘든 것을 구조적으로 표현하도록 해 주지만, 음악치료사에 대한 전이는 자신의 분노를 아무런 부정적 결과 없이 기적적으로 다루는 사람이 된다. 치료사는 특정 음악 요소의 독특한 성향(예를 들어, 블루스와 같은)이 어떻게 부정적 느낌의 표출을 촉진시키고 그러한 감정에 대한 구성원의 참을성을 증가시키는지를 보여 줄 수 있다.

덧붙여 그룹의 음악은 개인보다는 그룹이 연주하는 것이기 때문에 증폭된 소리로 감정을 보다 확장시킬 수 있다. 이는 만족감이 될 수도 있고 그룹에 의한 감정이입의 표현이나 개인의 두려운 감정에 대한 지배적인 반영이 될 수도 있다. 그룹의 반응이 지각되는 방식은 그룹에 대한 개인적 전이에 영향을 미친다. 자신의 음악적, 언어적 언급을 그룹이 음악으로 반응하고 그 음악에 개인이 다시금 반응하는 것은, 타인이 자신을 받아들이고 그들이 말하고 경험하는 것을 자신이 어떻게 생각하는지를 보여준다.

드럼으로 강한 리듬 패턴을 사용하여 자신의 느낌을 연주하는 한 구성원을 예로 들어 보자. 이에 대한 반응으로 그룹은 그 느낌과 불러일으켜진 상황에 대한 감정이입을 표현하기로 결정한다. 그렇게 하여 나타난 소리가 그에게 너무나 지나치기 때문에, 그룹은 그 사람이 그만 가 봐야겠다고 갑자기 말하였을 때 연주를 중단해야 했다. 이러한 상호 교류를 탐구할 때, 구성원은 상황과 감정이 결부된 그의 불안함과 그가 그룹의 접근을 감정이입으로 받아들이지 못한 것에 대해 이야기했다. 대신에 그는 음악이 '과거에 비해 10배 이상의 감정을 경험하도록 강요받는 느낌이었다.'고 말한다. 치료사와 그룹은 그 개인이 고통스러운 감정을 경험함으로써 과거와 같은 부담감을 느꼈음을 알게 되었다. 그리하여 그룹 구성원은 여태껏 해결하지 못하였던 강한 감정에 대처하도록 그에게 강요하는 강압자가 되었다. 그룹 음악에 대한 개인적 반응은 그의 과거의 감정을 대하는 반응과 동일했다. 자신의 스트레스를 그룹과 함께 나누지 못하는 그의 성향은 그룹에 대해 가진 그의 전이를 말한다. 그는 그룹이 자신에게 느낌을 강요하며, 자신의 불안이나 불안을 유발하는 것이 무엇인지 이해하지 못한다고 가정하고 지각한다.

입원환자 치료 그룹

많은 음악치료사가 입원환자 병동에서 일하고 있기 때문에, 그러한 환경에서 전이의 특성에서 차이가 있음을 언급하는 것은 중요하다. 이러한 환경의 그룹 구성원은 종종 매우 경직되어 있는 탓에 그들의 사고를 조직시키는 데는 어려움이 따른다. 음악은 제한된 그들의 표현 능력을 확장할 수 있도록 돕는 구조를 제공한다. 전이를 위한 모든 기회가 이러한 그룹에게 제시되며, 구성원은 치료사와 그룹의 다른 구성원, 그리고 치료과정에서 전이를 사용하기 위한 음악적 구조를 더 많이 필요로 한다. 치료사는 처음에는 보다 분명하고 지시적이어야 한다. 그리고 그룹이 발전하는 단계에 이르면, 치료사의 역할은 그룹에 흡수되기 시작되고 그룹은 보다 자율적으로 움직인다. 단기 입원환자일 경우에는 치료사가 구조를 지속적으로 주어 그룹 구성원에게 나타나는 전이적 환상을 감소시켜야 한다.

이러한 유형의 그룹에서 치료사는 그룹의 규정과 제한을 세우는 권위자다. 그리하여 그룹 구성원은 마치 치료사가 유아 시절 만족을 주는 어머니인 것처럼(입원환자의 퇴행상태에 의해 종종 보이는 반응), 혹은 부정적 전이로는 그가 병원의 상징인 것처럼 치료사에게 반응하게 된다. 이러한 결과는 그들의 느낌과 사고에 영향을 미친다. 이런 상황에서 치료사는 음악적 구조가 감정 표현을 위해 어떻게 사용될 수 있는지를 종종 시범으로 보여 주어야 한다. 노래와 반복적 화성 패턴(예를 들면, 블루스)은 명확하고 반복적 구조를 가지고 말과 음악적 표현의 탁월한 조합을 제시한다. 입원 병동에서 치료사에 대한 전이는 치료사의 적극적 역할에 의해 보다 주목받고 높은 강도로 나타난다. 이러한 반응은 지각과 현실을 구별하지 못하고 대상을 '옳고 그름'으로 구분짓지 못하는 그들의 능력에 의해 더욱 고조된다. 그룹은 점차 자신의 느낌과 사고를 치료사에게 향하게 된다. 반면에 치료사는 전이를 유발하고 자신에 대한 그룹 구성원의 생각을 다루어 나간다. 예를 들어, 그룹 구성원에게 치료사의 활동이나 역할에 대해 어떻게 느끼는지 물어봄으로써 전이를 그룹 전체로 분산시킬 수 있는 선택권을 가진다. 전이를 그룹 전체로 돌리는 것은 그룹 구성원이 동료들과 하나가 되어 그룹과 관련되도록 돕는다. 이것은 전이적 기회를 증가시키고 치료사와 그룹 내 다른 사람 간의 양자관계에서 빠져나올 수 있게 한다. 치료사는 또한 기존의 곡을 변경시켜 그룹의 기분과 언급된 내용을 반영하는 가사로 즉흥 노래를 불러 주는 것으로 감정이입을 보여 줄 수도 있다. 기악 즉흥연주 또한 그룹 구성원과 치료사 간의 연주뿐만 아니라 그룹이 음악 속에서 개인적인 소리가 어우러지도록 한다.

음악에 대한 전이 또한 입원 병동 환경에서는 다르다. 클라이언트는 특정한 느낌을 표현하기 위하여 악기를 사용하는데, 이것은 종종 통제하기 힘들게 한다. 예를 들어, 린다가 피아노로 다가가 매우 화난 기색으로 시끄러운 소리를 만들어 내기 시작하였다. 그녀가 자신이 화가 났음을 말로 인정할 때 치료사는 그녀에게 분노를 표현하는 노래를 말과 동작으로 시도할 것을 권유하였다. 여기서 치료사는 그녀가 자신의 감정 표현을 구조화할 수 있는 구체적인 방법을 제안함으로써 그룹의 안전을 지키는 역할을 맡았다. 그녀는 시민 권리의 노래인 '아무도 나를 돌려 놓을 수 없어'의 가사를 바꾸었다.

　　그룹은 각자 악기를 가지고 음악적으로 그녀를 지지하면서 격려하였다. 그룹 내의 다른 구성원인 알렌은 린다와 경쟁이라도 하듯이(수용적 태도로 표현을 지원하기보다는) 노래의 가사에 자신의 것을 집어넣으면서 또 다른 분노를 유발하였다. Linda는 그를 때리기 위해 급하게 움직였다. 치료사는 그녀를 붙들고 그녀의 분노를 하나의 음악적 요소(리듬)에 집중시키기 위해 콩가 드럼을 치도록 지시하였다. 그녀는 노래 속의 대화를 통해 다시 노래하였다. 그룹은 일어난 일에 대해 이야기하였다. "누구도 나를 화나게 할 수 없어. 그래서 나는 때리면서 나의 분노를 분출할 방법을 찾을 거야……." 그녀가 노래를 멈추고 다시 자리로 돌아올 때까지 이 가사는 반복되었다. 이 시점에서 린다는 자리를 뜨고 싶어 했다. 그녀는 자신이 매우 지쳤다고 말하였으며, 치료사는 좀 쉬면서 쏟아 버린 에너지를 보충하라고 그녀에게 권유하였다. 그래서 그녀는 심호흡을 하면서 기타 소리의 규칙적인 리듬에 숨을 내쉬면서 긴장을 이완시켰다.

　　그녀가 안정을 되찾자 치료사는 무엇이 그녀를 화나게 하였는지 알렌에게 직접 이야기하도록 권유했다. 그녀는 그와 얼굴을 마주하면서 그가 자신을 늘 귀찮게 하는 것과 끊임없이 떠드는 그의 수다를 들어주는 것을 더 이상은 견디지 못하겠다고 하였다. 그러고는 자기를 혼자 내버려 두라는 그녀의 요청에 알렌은 자리를 떴다. 사람들은 알렌이 계속 머무르기를 원했으나 그는 "난 이런 것 필요 없어."라고 대꾸하고 그룹을 떠나 버렸다. 린다가 어떻게 느꼈는지 물었다. 그녀는, "그는 항상 저랬어요. 화내고, 나를 화나게 하고, 나에게 자신이 무엇을 말하는지도 모른다고 했죠. 또 내가 그를 도우려고 하면 나에게서 멀리 가 버렸고, 나는 그렇게 화난 상태로 버려졌죠."

　　린다에게 일어난 사실에 대해 피드백을 해 주도록 그룹에게 요청하였다. 그들은 린다의 느낌과 알렌을 대하는 그들 자신의 생각을 말하며 지지했다. 그러고 나서 병원에서 알렌의 행동에 대처할 수 있는 방법을 논의하였다(그를 때리는 것이 적합한가, 당신이라면 어떻게 할까 등). 그룹 구성원은 치료사가 그들의 위협감을 안정시켜 줄 것이라고 신뢰하였기 때문에 자신의 경험을 편하게 말할 수 있었다. 그 세션의 사건은 또한 감정의 조절과 촉발을 위해 악기를 사용함으로써 문제를 해결할 수 있다는 가능성을 보여 주었다.

그룹 음악치료에서 역전이

입원환자와 외래환자 모두에서 그룹 음악치료는 상담치료보다 더 많은 치료사의 지시가 필요하기 때문에(치료 그룹에서 음악적 선택을 모델링하거나 그룹 표현을 위한 음악적 기반을 제공하는 등의), 음악과 그룹, 그리고 리더(혹은 어떤 조합이라도)에 대한 그룹 구성원의 느낌은 치료사에게 향한다. 이것은 매우 강렬하고 충동적인 경험이다. 구성원의 지각은 치료사라는 실제적 인물뿐 아니라 음악, 악기, 그룹, 그리고 치료사와 함께 연관되는 모든 다른 관계에도 연관시키기 때문이다. 경험이 많은 치료사는 그룹의 반응을 임상적으로 다루는 데 상대적으로 편할 수 있으나 덜 숙련된 치료사라면 이러한 전이적 반응에 압도될 수도 있다. Rutan과 Stone(1993)은 치료사가 사랑받거나 미움받는 것을 느끼기는 하나 그룹 구성원이 야기한 그러한 감정에 좌우되어 행동하지 않을 정도의 수월함을 가리키기 위하여 '치료사 정서 근원(therapist affect source)'이라는 용어를 소개한다. 그룹 치료사의 목적이 그룹이 자율적으로 기능하고 심리적 마인드를 가지도록 돕는 것이기에, 외래환자나 입원환자 모두에게 리더는 자신의 활동 수준을 지속적으로 살펴보아야 할 필요가 있다. Rutan과 Stone(1993)은 역전이적으로 지나치게 만족감을 제공하려고 하기 때문에 언제나 자신을 통제해야 할 필요가 있는 치료사에 대해 묘사한다. 활동의 수준을 살피는 것은 많은 세션에서 음악반주를 제공하기를 요청받는 음악치료사에게는 특히 힘든 일일 수 있다. 치료사는 그러한 역할을 자동적으로 수용하려는 경향을 슈퍼비전에서 탐구할 필요가 있다.

치료사의 음악연주에 대한 그룹 반응 또한 치료사의 역전이 이슈에 영향을 미칠 수 있다. 리더로서 그리고 동반자로서 역할을 수행하기에, 치료사의 역할에는 연주의 요소가 존재한다. 치료사의 능숙함에 대한 그룹의 반응은 그룹의 음악적 능력에 대한 치료사 자신의 이미지에 감정적인 영향을 줄 수 있다. 구성원의 시기, 질투, 이상 혹은 음악치료사의 능력에 대한 다른 반응은 치료사에게 만족과 자부심을 유발할 수 있다. 혹은 그가 그룹의 만족을 주는 데 실패하였거나 그들의 기대에 부응하지 못했다는 소리를 듣게 된다면 수치심과 부끄러움을 유발할 수도 있다. 숙련된 치료사는 이러한 실망과 그로 인한 분노와 좌절을 그룹의 내력과 감추어진 의미에 따라 탐구할 것이다. 동시에 치료사는 역전이적 반응으로서 증가하는 불안과 부담(연주 불안과 유사하게)을 경험할 것이다.

역으로 그룹의 한 구성원이 음악적으로 수준이 높아 그 영향력이 다른 구성원이나 치료사와의 관계에 미칠 경우 많은 전이적 기회를 제공할 수 있다. 덧붙여 음악치료사는 구성원의 기술적, 음악적 우월함과 관련하여 주도적 리더십 역할과 경쟁적임 혹은 그 구성원과의 교류에 대한 저항감과 연관된 감정을 자신이 가지고 있음을 발견할 수도 있다. 이러한 태도는 결국 그룹에 알려져 두 리더 간의 분열이나 책임 전가를 야기할 수 있다. 치료사 간의 알력은 음악치료사가 작곡된 곡을 즉흥적으로 수정하거나 상담치료사에게는 친숙하지 않은 음악적 스타일(랩, 헤비메탈, 클래식 등)로 자신을 표현함으로써 나타난다.

상담치료사의 내력과 느낌이 역전이의 잠재적 요소가 되는 것처럼 음악, 가족, 감정적 성장, 그리고 자신의 음악적 기술과 이력에 관한 최근의 느낌과 관련된 음악치료사의 내력 또한 마찬가지다. 그 같은 역전이 반응은 음악치료사의 욕구를 만족시키거나 특정 음악의 영향에 저항하려는 음악적 작업에 대한 혐오 혹은 선호 등을 포함할 수 있다. 역전이 반응은 어떤 식으로든 가능하기 때문에 음악치료사는 슈퍼비전을 받음으로써 역전이의 정보를 그룹의 이익을 위해 사용할 수 있다. 더불어 슈퍼비전은 치료사에게 음악과 음악에 관련된 자신의 미해결된 감정에 대해 배울 수 있는 기회를 제공한다.

참고문헌

Konig, K., & Lindner, W. (1994). *Psychoanalytic group therapy*. Northvale, NJ: Jason Aronson.

Rutan, J. S., & Stone, W. (1993). *Psychodynamic group psychotherapy*. New York: Guilford.

Yalom, I. (1995). *The theory and practice of group psychotherapy*. New York: Basic Books

🐚 추천도서

Grotjahn, M. (1993). *The art and technique of analytic group therapy*. Norhtvale, NJ: Jason Aronson.

Halperin, D. (Ed.) (1989). *Group Psychodynamics*. Chicago: Year Book Medical Publishers.

제13장

외상 환자의 정신분석적 음악치료에서 관계적 이슈

Louise Montello

이 장에서는 정신분석적 음악치료에서 관계적 이슈에 초점을 맞추고 있다. 이러한 이슈는 치료사와 어린 시절 외상의 경험이 있는 성인 클라이언트 간의 음악적 구조의 안과 밖 모두의 교류 결과로 나타나는 것이다. 독자들은 다음을 이해하는 것이 중요하다. 즉, 외상 환자와 분석적 음악치료 구조 내에서 작업할 때 음악치료사는 환자와 함께 그들의 초기 자기대상 관계를 적극적으로 재현하여 환자의 교류적 세계를 관찰하는 것만이 아니라 직접 참여해야 한다. 이러한 이유로 외상 환자와의 많은 치료적 작업에는 전이와 역전이가 개입되며, 이를 통해 작업하는 데 비중을 둔다. 정신분석 학자인 Davies와 Frawley(1994)는 성학대 피학자인 성인과 작업하면서 '임상가와 환자의 만남에서 만들어지는 관계적 기반은 학대 경험이 없는 환자에게서 나타나는 것과는 다르게 정서적 부담과 활동감으로 상담실에서 되살아난다.' (p. 166)고 언급하였다.

그리하여 음악치료 구조는 특히 환자가 말을 하기 이전에 외상이 발생한 경우에 그 같은 활동을 담는 강력한 도구가 된다. Courtois(1988)는 경험적 치료에서 기법은 환자가 부인하는 것을 깨우치고 상처의 환기, 절정, 그리고 정화의 제반과정을 거치도록 돕는다고 말하고 있다. 동시에 그녀는 음악활동 속에서 카타르시스적인 기법은 주의를 기울여 매우 신중한 준비과정 후에 사용되어야 한다고 경고한다. 초기에는 음악치료사로, 현재는 분석가와 슈퍼바이저의 경험을 가진 나는 우리 음악치료사가 자발적인 음악적 참여에서 환자가 외상을 재경험하도록 하는 모험을 시도하고 있음을 알게 되었다. 외상을 재경험하는 것을 예방하기 위해서는 치료적 관계의 역동에 초점을 맞추는 것이 중요한 요인이 된다.

외상 환자는 대부분 자신에게 중요한 사람에게서 충격과 배신을 경험하였기 때문에 초기에 치료사를 신뢰하는 데 많은 어려움을 겪는다. 그러므로 음악치료사가 환자가 '그냥 그대로(just be)'일 수 있고 치료과정을 통제한다는 느낌을 가질 수 있도록 안전한 환경을 조성하는 것이 무엇보다 중요하다. 나는 어린 시절 학대받고 외면당했던 많은 환자가 치료사를 기쁘게 해 주고, 창조적 치료 교류에 참석하기 위해 치료에 순응하는 모습을 보아 왔다. 노련한 치료사의 경우 이러한 교류 결과를 다음의 두 가지 면에서 명백히 볼 수 있다. 첫째는 연관 없는 혹은 죽은 듯한 음악이다. 즉, 환자가 치료적 과제를 연주하지만 감정 없이 연주하는 경우다. 둘째는 환자가 음악적 교류에 질려 버려서 치료적 관계에 겁을 먹고 치료를 그만두려 하는 경우다. 그렇게 되면 치료사는 가해자의 역할을 한 셈이다.

Van der Kolk(1987)는 외상 환자와의 치료적 관계에서 지속적으로 나타나는 세가지 역할에 관하여 기술하였다. 외상의 삼자는 희생자, 보호자, 그리고 가해자다. 음악치료사는 치료과정에서 치료사와 환자 모두의 역할을 전환해 수행해야 함을 인식해야만 한다. 치료사가 치료적 관계 속에서 음악적이고 언어적인 측면의 역할 역동을 이해하게 되었을 때, 환자는 초기의 학대가 계속 이어짐으로 말미암아 야기된 자아구조에서 더 통제되고 깊이 분리되는 치유를 느끼기 시작한다. 이러한 역할에서 음악적인 만남만 가지고는 충분하지 않다는 점을 주목해야 한다. Jody M. Davies와 Mary G. Frawley(1994)가 말한 것처럼 외상 환자를 융합하고 치유할 수 있는 것은 전이와 역전이 현상의 활성과 해석의 조합이라는 점에 나는 동의한다.

나의 치료적 태도

　외상 경험이 있는 성인과의 작업에서 나는 모든 개인이 저마다 독특하다는 것을 인식하므로 치료에서 일괄적으로 규정된 어떤 방법을 소개할 수는 없다. 나는 환자를 가능한 모든 각도에서 바라보면서 특별히 그들 행동의 원동력이 되고 외부 세계를 창조하는 잠재적 에너지를 알아내는 데 관심을 가진다. 그렇지만 환자를 다루는 데서 내가 아는 것은 에고/자기(self)의 내재된 분열을 상대하기 위해서 환자에 대한 반응에 환자와 나 자신 모두의 신체적, 인지적, 감정적 영역을 언제나 의식적으로 통합하여 작업해야만 한다는 것이다. 나는 나 자신을 환자의 '내면음악'을 위한 울림판으로 사용하고, 그것을 적당한 때 환자에게 그대로 되돌려 준다. 나는 환자와의 작업에서 나 자신의 저항 영역을 언제나 주시하고 정기적인 슈퍼비전을 찾는다. 나의 궁극적인 목적은 각 환자와 영으로 연결하는 것이며, 모든 수준에서 치유가 일어나도록 그들의 영이 내 속에서 그리고 나를 통해 작업할 수 있도록 허용하는 것이다.

노 래

　외상 환자와의 작업 초기단계에서 나는 환자에게 자신에게 의미 있는 노래를 가져오도록 권한다. 어떤 환자는 직접 노래를 부르기도 하고 또 어떤 환자는 녹음된 것을 가져온다. 대부분의 노래는 그들 인생의 특정한 시간에 가졌던 전반적인 감정을 반영하며 치료적 관계의 역동성을 반추하기도 한다. 분석가가 환자의 처음 꿈을 해석하는 것처럼 나는 환자가 들려주는 노래를 해석한다.

　예를 들어, 외상후 스트레스장애(PTSD)를 앓고 있으며, 두 명의 이전 치료사에게서 외면당했다고 생각하는 한 젊은 여성이 빌리 조엘의 'And So It Goes'를 두 번째 세션에 가져왔다. 노래의 세 번째 가사가 특히 내 마음에 와닿았는데, 그것은 나에게 치료적 관계와 관련된 그녀의 느낌에 대한 성찰을 주었다고 믿는다.

　　그리고 언제나 장미 한 송이를 가지고는 단지 가시만 느꼈어요.

그리고 계속 장미는 지고 또 지고, 아마도 당신도 그렇게 지겠지요.

그러나 만약 나의 침묵이 당신을 떠나게 했다면 그건 나의 가장 큰 실수일 거예요.

그래서 난 당신과 이 방을 함께 쓸 것입니다.

그리고 내 마음을 상처 내세요.

우리는 이 노래가 그녀에게 어떠한 의미인지에 대해 이야기하였다. 그녀는 상세하게 말할 수는 없었으나, 그 노래가 자신의 삶과 그녀의 고통에 관한 것이라고 하였다. 나는 그 노래가 그녀에게 '이 방을 나와 함께 쓰자.' (치료적 관계)는 의미를 지닌다고 이해했으나, 그녀는 내가 다른 사람(치료사, 가족)들과 마찬가지로 자신에게 상처를 줄 것이라는 의미로 받아들였다. 이것은 그녀의 깊은 상처와 존엄성을 인정하도록 영향을 주었다. 치료가 진행되면서 우리는 그녀가 자신의 성적 학대의 자세한 내막을 내게 말하기 꺼려하는 상황에 관하여 이야기할 수 있었다. 그녀는 내가 그 사실을 알게 된다면 과거에 자신의 어머니가 그녀를 정서적으로 버린 것처럼 나도 그녀를 버릴 것이라고 느꼈다. 내가 그녀의 고통스러운 고백에도 그녀를 외면하지 않는다는 사실은 그녀가 원곡을 보다 희망 어린 어조로 바꾸어 부를 수 있도록 도왔다.

즉흥연주

심리분석적 음악치료에서의 '연주'는 아마도 대상관계적 이슈를 불러오고 그것을 처리하는 데 가장 심오한 방법일 것이다. 치료적 상황에서 연주는 부모와 함께했던 환자의 초기 관계를 직접적으로 반영한다. 함께 즉흥연주를 하는 동안 치료사는 Bollas(1987)의 말대로 환자의 '생각지 않은 사실', 즉 초기 가정 환경에 대한 느낌의 소리를 사실상 들을 수 있다. 외상 환자의 음악은 우울, 분노, 혼돈, 유혹의 에너지를 가질 수 있다. 이렇게 내재된 기분 혹은 환자의 '내면음악'은 자아친화적(ego syntonic)이다. 환자는 유사한 역동의 끝없는 반복에 제한된 '삶의 기록' 속 특정한 슬픔 속에 인생을 살고 있다는 사실을 알지 못하다가, 마침내 그러한 슬픔 밖의 어떤 것에서 음악을 진정으로 경청하게 된다. 이때 환자는 치료사가 자기의 음악을 되돌려 연주하는 것을 듣고 자기 음악에 대한 스스로의 정직한 반응을 듣게 되면서 자아를 인식하고 감정의 근원을 스스로 선택할 수 있게 된다.

16세 때 아버지를 여읜 22세의 음악가와 함께 작업하면서 나는 세션에서 함께 연주하고 말하는 동안 '죽음'의 음을 끊임없이 경험하였다. 이에 대해 나는 싫증이나 지루함 또는 무의식적으로 시계를 바라보는 식의 역전이 반응을 보였다. 환자의 문제점은 아버지의 죽음을 아직 슬퍼하고 있지 않다는 사실에서 오는 불안이었다. 환자는 (샤론이라 부를 것이다) 처음에는 치료에 매우 순응하며, 세션에서 언제나 활발하려고 노력했다. 그녀는 자신의 문제는 그리 크지 않고 가족 문제 때문에 부담감을 느낀다고 말했다. 음악적 표현에서는 내가 즉흥연주에서 빈 부분을 함께 채우지 않았을 때, 나는 죽음의 장소에 있는 듯한 깊은 외로움을 경험했다. 이러한 경험은 샤론이 활기차게 음악을 연주할 때도 가끔 있었다. 나는 그녀가 내 느낌을 감지하고 내가 그녀를 특별한 사람으로 생각해 좋아하도록 어울리는 말과 연주를 찾기 위해 노력하는 것을 감지했다. 그러나 그녀의 가장 근본적인 불만은 공허함, 외로움, 그리고 과식으로 달래는 우울함이었다. 그녀의 섭식장애는 아버지가 돌아가시기 전부터의 문제였기 때문에 나는 그녀의 공허감이 어머니와의 초기 관계와 다소 연관되지 않았을까 생각하였다. 그녀는 흐리고 비 오는 날에 혼자서 길을 걷는 것을 좋아한다고 말했으며, 자신에게 친숙하고 따뜻함과 안전함을 주는 멜랑콜리한 감정을 즐겼다. 그녀의 음악 속에서도 음산함과 슬픔은 마치 어머니처럼 느껴졌다. 이러한 방법에서 그녀는 혼자가 아니었다.

Winnicott(1965)은 우울한 모성의 내면화에 관해 다음과 같이 기술하였다.

> 어머니의 내면적 대상은 자식의 유아 시절 초기의 결정적인 시간에 소멸한다. 그리고 자신은 우울함을 느낀다. 여기서 유아는 죽은 대상의 역할에 부합해야만 하고, 다른 경우 유아는 자식의 죽음에 대한 어머니의 선입견에 맞서기 위하여 생기발랄해야만 한다.

샤론이 내사화한 어머니의 죽음에 대한 생각을 계속 가지고 있었음이 내게는 명백해졌다. 그래서 함께 즉흥연주를 하는 동안 이러한 죽음/공허함을 반영하였다. 나는 실제적으로 어머니의 역할을 맡은 셈이었다. 그녀의 음악적 표현을 지원하고 반영하면서 나는 아무것도 아닌 것을 깊은 음으로 위장하는 '잘못된 자아'의 음악을 종종 들었다. 그 음악은 창조성이 결여되었고 싫증과 피로, 공허함을 느끼게 했다. 치료적 동맹관계가 점점 강해짐에 따라 나는 이러한 감정을 그녀에게 반추하여 보여 줄 수 있게 되었다. 그녀는 우리의 음악적 탐구가 왜 다른 사람이 함께하였을 때처럼 흥미롭지 못한 이유에 대해 궁금해하였다. 치료가 진보하면서 나는 그러한 텅 빈 공간을 나 자신의 감정과 내면적 음악으로 채우지 않기로 했다. 이는 그녀가 자신의 공허함의 깊이를 느끼고 그 근원을 탐구하기 위해 나와 음악을 이용할 수 있도록 해 주었다.

해 리

해리는 어린 시절에 상처를 경험한 성인에게 보편적으로 나타나는 증상이다. 해리가 있을 경우 자아의 분열이 있다. 해리된 클라이언트는 여러 개의 자아 상태를 가지므로 세션에서 세션으로, 각 세션에서도 안과 밖으로 이동한다. 해리된 환자는 세션 동안 극도로 생기발랄하며 자기 공개적이다가도 다음 세션에서는 자기 폐쇄적이며 함구한다. 그러다가 다음 번에는 극도의 공황 상태에 짓눌린다. 내 경험상으로는 이러한 환자와 함께할 경우에는 서서히, 그리고 주의 깊게 작업하고, 환자와 관련된 자신의 느낌을 지속적으로 체크하는 것이 중요하다. 이러한 환자 중 한 명이었던 24세의 모드라는 환자는 어린 시절 아버지와의 근친상간으로 말미암아 외상후 스트레스장애에서 회복되는 중이었다. 그녀는 여러 개의 자아, 즉 상처받은 어린 여자 아이, 재능 있는 예술가, 둔하고 무기력한 보호자, 그리고 파괴자 사이를 이동하였다. 그녀는 재능 있는 조각가이자 소설가였는데, 나와 즉흥연주를 시작하기를 주저하였다. 녹음된 음악을 가져와 함께 듣곤 했지만, 그녀는 나와의 직접적인 음악적 교류는 언제나 피했다. 또한 자신의 학대를 연관시키는 냉정한 시를 들고 와서 세션에서 혼자 그것을 읽고, 또 늦은 밤에 내게 전화하여 히스테릭하게 울면서 자신의 아버지가 자신을 강간하기 위해 오고 있다고 하였다. 내가 보기에 이것은 내 앞에서 자신의 히스테리적 느낌의 자아를 미결 상태로 유지하려는 그녀의 욕구인 것 같았다. 이러한 상태는 밤에 나타났는데 그때 그녀는 나에게 위기 중재를 해 주기를 요청하였다.

나는 그녀의 외상에 대해 일종의 두려움과 혼란의 역전이적 감정을 느꼈으며, 동시에 그녀가 자신을 표현하는 깊이와 아름다움에 찬탄과 경외감마저 느꼈다. 적극적인 음악치료 기법의 사용이 대조적인 자아 상태를 통합하는 데 도움이 될 것이라 느꼈지만 그녀는 나와 함께 연주하기를 원치 않았고 또 거부하였다.

치료한 지 4개월이 지날 즈음에 접어들어 나는 그녀와의 세션을 하기 전 짧은 휴가를 보냈고, 그날은 피아노로 즉흥연주를 하고 싶은 마음이 들었다. 모드가 거의 올 시간이 되었으나, 그냥 초인종이 울릴 때까지 계속 연주하기로 마음먹었다. 세션 시간에서 15분 정도가 지나자 초인종이 울렸다. 그때의 나는 창조적 열정으로 가득 차 있었다. 문을 열자 그녀는 거기에 서 있었고, 나를 감동의 눈빛으로 바라보았다. 그녀는 문 밖에서 나의 연주를 듣고 있었다고 말했다. 또한 치료실에 도착하기 전까지는 꽤나 불안한 상태였으나, 내가 연주한 음악을 들은 후에 매우 평온하고 집중되는 것을 느꼈다고 하였다. 나의 음악을 듣고 있었을 때 이전의 어떤 때보다 내게 친밀감을 느꼈다고도 하였다. 나는 놀랐고 부끄러웠다. 내가 연주했던 것은 감정적으로 고양된 음악이었다. 영화 '피아노'의 음악을 즉흥적으로 연주한 것이었다. 그 영화는 내가 느꼈던 만큼 모드에게도 깊은 동질감을 느끼게 한 영화였던 것이다. 그녀는 그동안 나의 개인생활을 침범하는 것으로 나를 방해해 왔던 것을 인정했다. 그렇지만 문 앞에 사람이 없었던 탓에 자신의 방문을 알리지 못한 채로 그녀가 들어왔을 때가 내가 그녀에게 마음을 가장 많이 쏟았던 때였음을 그녀가 알 수 있었을까?

이 재현은 치료에 많은 도움을 가져다주었다. 첫째로 모드의 일상 세계에서 인간관계가 간접적이나마 좀 더 가까워졌다. 그녀는 자신에게 닫혀 있는 문의 다른 쪽에서 내 음악을 들었을 때 내게 안전함과 친근감을 느꼈다. 친밀함은 타인의 영역을 침범하면서 이루어진다. 시간이 지나면서 나는 그녀가 한 번도 그녀의 어머니와 결합된 적이 없었음을 깨달았다. 그녀의 어머니는 그녀가 유아였을 때 심각한 우울 증세를 보였다. 모드는 어머니의 모유 대신에 음악과 미술 속에 내재된 아름다움과 질서에 의지했던 것이다. 이러한 방식으로 나의 음악은 그녀에게 양분을 공급해 주고 있었다. 또한 그녀는 아마도 자신의 히스테릭한 '내면음악'을 모방한 내 연주 속에서 그러한 깊은 느낌을 받았을 것이다. 시끄럽고 열정적인 것이 내 치료실에서 허용된다는 사실을 알았을 때, 특히 나 스스로 그러한 모습의 예를 보여 주었을 때, 그녀는 늦은 밤에 치료실 밖에서 위태롭게 설쳐대기보다 치료실 안에서 비로소 자신의 '히스테릭한' 곡을 개방하여 연주할 수 있게 되었다. 예상하지 못했던 그 일 이후로 음악은 조각과 소설과 함께 더욱더 모드를 위한 변형적 대상이 되었다.

분 리

외상성 성인에게서 보편적으로 나타나는 또 다른 역학은 분리다. 외상을 준 사람의 좋고 나쁜 측면을 통합할 수 없는 장애 때문에 감정적인 상처를 받은 사람은 종종 다른 모든 이와의 관계를 전적으로 좋거나 나쁜 성격으로 양극화한다. 그들은 사람을 이상화하거나 완전히 격하시키는 것을 세션과 세션에서 혹은 한 세션 내에서도 왔다 갔다 했다. 이상화와 격하는 치료적 관계에서도 나타난다. 한 예로 타인과의 관계에서 방어기제로 분리를 사용해 온 25세의 음악치료사 애니는 나와의 치료적 관계를 용납하지 못했다. 그녀는 종종 자신을 많이 도와주는 훌륭한 음악치료사로 나를 칭찬하다가도, 조금이라도 그것을 충족시키지 못하면 세션에 참석하지 않거나 30분씩 늦거나 치료비를 지불하는 것을 잊기도 하였다. 그녀는 내가 별로 도움이 안 되는 것같다고 말하였다. 하루는 그녀가 와서 나에 대한 전이적 감정을 이야기하고 싶다고 말했다. 그녀는 자신이 나를 존경하고(그녀가 나의 개인적 삶을 전혀 모르는데도) 나의 삶을 본보기로 삼아 그대로 따르고 싶다(성공적이고 자립적이며 날씬한 등등)고 하였다. 나에 대한 그녀의 동일시에 조심하면서 나는 느낌에 대해 더 말해 보라고 격려하였다. 그런 과정을 통해 나는 그녀가 자신을 격하시키고 나에게 의지하고 있음을 알 수 있었다. 역으로 나는 그녀가 내게 많은 힘을 주면서도 스스로에게는 아무것도 남겨 놓지 않는다고 말해 주었다. 그리고 그녀가 그다지 좋아하지 않는 어떤 면이 내게 분명히 있기에 내가 전적으로 좋은 사람일 수는 없다는 점을 지적했다. 그녀는 불편해하고 부끄러워하더니 쓴웃음을 지었다. 그러고는 나에게서 잘못되었다고 느끼는 면을 내게 말하는 것은 불가능하다고 하였다. 그녀의 얼굴은 두려움으로 가득 차 있었다. 분위기를 밝게 하고자 나는 유머러스한 말을 하려고 애썼으나 애니는 별다른 반응을 보이지 않았다. 얼마 동안의 침묵이 흐른 후, 그녀는 자신이 노래하는 것을 좋아하는데도 치료과정에서는 노래를 부른 적이 없다고 말했다. 그녀는 감정 상태를 탐구하는 방법으로 치료에서 자주 노래를 할 수 있었고, 때때로 나도 그녀를 따라 함께 노래를 부를 수 있었다. 하지만 지난 2개월 간의 치료는 위기에 초점을 맞추었기 때문에 세션에서는 음악을 많이 사용하지 않았다. 애니는 자신이 14세 때 일어났던 끔찍했던 외상의 경험과 연루된 억압된 감정과 함께 힘든 시간을 보내고 있었다. 이러한 상황에서 나는 아마 내가 세션에서 보다 자주 음악(특별히 노래)을 사용하도록 애니를 격려하지 않는 것에 대해 그녀가 실망했을지도 모른다는 생각이 들었다. 그동안 나는 그녀가 대화를 원하고 그녀의 기억과 경험을 말로 표현하고 싶어 한다고 느꼈다. 순간 노래로 대화하는 세션을 지속적으로 하면 그녀의 다양한 치료적 요구가 채워질 수 있겠다는 생각이 들었다. 애니는 노래를 통해 음악적 대화에 함께하였다. 그녀는 놀라움으로 나를 쳐다보았고 목소리를 가다듬기 시작했다. 우리는 서로 주고받으며 노래하면서 처음에는 표면적인 단계로 시작하며 말이 아닌 노래로 대화하는 것이 얼마나 낯선 것인지를 노래했다. 이 시점에서 나는 음을 틀리게 노래하는 것을 내가 겁내고 있으며, 이러한 감정에 대해 내가 틀리게 노래하였을 경우 그녀가 나를 비판하지는 않을까 두렵다는 것을 그녀에게 노래로 표현하였다. 그녀는 노래 속에서 그녀 자신도 나와 똑같이 생각하고 있었다고 하였다. 대화에서 감정적인 내용이 가라앉으면서 애니는 더 이상 자신이 그쪽(그녀가 상처받은 그곳)에 가지 않기를 바란다고 노래했다. 이것이 그녀를 위해 감정적 충만함을 열도록 해 주었다. 그녀는 마침내 그 외상적 사건의 공포를 느끼도록 자신을 허용하였다. 이 시점에서 확실한 것은 애니가 기억을 되살리는 '심각한' 작업에 들어가면서 나와 연주를 더 많이 함께할 필요가 있었던 것이다. 그녀는 내게 더 많이 노래하자고 직접적으로 요청하지는 못했는데, 이는 틀린 음을 노래하는 것에 대한 두려움 때문이거나 나의 치료적 '프로그램'에 순응하고 동참해야만 한다는 느낌 때문이었던 것으로 보인다. 그녀는 나를 모든 것을 알고 있는 사람으로 이상화하였지만, 이제 노래를 통하여 그녀는 내면의 깊이를 알고 그녀가 치료를 위해 가야 할 필요가 있는 곳으로 가게 될 것이다. 나는 다음 세션에서 이 점을 그녀에게 지적했다. 이 설명은 그녀가 더욱 지원받고 있음을 느끼고 회복되는 과정에서 자신의 방향을 신뢰하도록 도와주었다.

음악적으로나 언어적으로 치료적 관계에 초점을 두고 일어났던 분기점적인 이 세션은 이어지는 세션에서 억압되었던 해리의 기억이 표면 위로 부상하도록 허용하는 동기가 되었다. 이는 또한 오랫동안 애니의 창조적 힘을 옭아맸던 외상의 상처를 깊은 곳까지 치유하도록 해 주었다. Kolk의 설명처럼 외상을 경험한 사람은 뇌의 인지적 기능과 감정적 기능을 통합하는 데 문제를 보인다는 점이 흥미롭다. 그들은 감정에 짓눌리거나 둔해진다. 중간 수준이 없다. 겁먹은 감정이나 신체적 감각에 대해 말할 수 있는 것은 이러한 양극 간의 간격을 연결하는 과정이 시작되었음을 말해 주는 것이다. 특히, 앞서 기술한 노래를 통한 대화를 통해 뇌가 총체적으로 작동한다고 믿는다. 뇌의 정서적 측면(우뇌)은 노래 속에 내재된 멜로디를 통해 활성화되고, 뇌의 이성적 측면(좌뇌)은 노래를 구성하는 단어를 통해 깨어난다. 노래는 이러한 뇌의 두 기능을 이어 주는 역할을 하여 기억, 감정, 신체 감각을 통합한다.

재현: 사례 연구

나는 치료적 관계 속에서 재현의 문제를 살펴보면서 이 장을 결론지으려고 한다. Davies와 Frawley(1995)는 '아동 시절 학대받은 경험을 가진 성인은 가학적 상대와 강한 연계를 가지며, 적극적이고 절박하게 자신의 혼돈스러운 과거의 관계 역동성을 치료사가 반복하도록 한다.'고 하였다(p. 4). 앞서 언급하였듯이 치료사는 치료과정 중의 많은 부분에서 가해자의 역할을 필수적으로 해야만 한다. 다음의 임상 사례는 이러한 점을 잘 보여 준다.

피아니스트 겸 작곡가인 33세의 헨리는 위탁받은 음악 작품을 완결하기 위한 창조성의 단절을 이유로 나를 찾아왔다. 그는 우리가 만나기 이전에도 몇 년간 치료를 받았는데 주로 낮은 자존감이 문제였다. 그는 이번에는 음악을 통한 치료를 받고 싶어 하였기에, 우리는 문제가 되는 그의 곡을 연주하는 것으로 첫 세션을 시작했다. 그 곡은 어둡고 우울한 기분에서 부드럽고 조용하게 시작되었다. 그러다가 격정적인 절정의 순간에 거의 다다르다가 별다른 해결 없이 갑작스럽게 전환하였다. 이것은 작품 전체에서 두 번 정도의 다른 시점에서도 일어났다. 헨리의 음악에서는 서로 다른 감정 상태 간에 연결이 없었다. 음악에서 전환이 일어났던 부분을 탐구하기 시작하면서 나는 그에게 무슨 느낌을 가졌는지 물어보았다. 모든 부분에서 그는 자기 자신의 강한 분노로 얼어붙어 있었다고 설명했다. '당신의 분노를 음악적으로 탐구해 볼 수 있겠습니까?' 라는 나의 질문에 그는 머뭇거리며 조용히 있다가 돌아서서 자신이 도끼를 꺼내어 내 피아노를 부수지 않을까 걱정된다고 말했다. 그는 내면 속에 있는 진실한 느낌의 장소와 접촉하는 것을 두려워하였다. 나는 그의 분노에 대한 묘사에 약간 놀랐다. 그리고 준비가 된다면 그의 분노의 원천을 해결할 수 있으며, 그 자신의 장소에서 안전하게 이를 처리해 나갈 수 있다고 확신시켰다. 이는 우리 모두에게 어느 정도의 신뢰를 가져다주는 것처럼 보였다. 첫 세션을 마치고 나는 매우 놀랐고 말 그대로 떨렸다. 그의 음악은 그의 정서적 장벽만큼이나 매우 감동적이며 격정적이었다. 나는 강한 호기심을 느꼈고 과연 내가 그의 그러한 격정을 바로잡을 수 있을지 의문을 가지게 되었다.

치료 초기 몇 주 동안 헨리는 분리와 투사된 느낌 상태에 초점을 맞추어 음악 역할연기를 통하여 자신의 음악에 대한 그의 관계를 탐구하였다. 음악 역할연기에는 나도 참여했으나 그는 모든 역할을 자기 혼자서 하기를 원했다. 그때 나의 역전이 반응은 그와 함께 연주할 수 있을 만큼 나 자신이 훌륭한 음악가가 아니라는 것이었다. 나는 스스로 음악적으로 위축되는 느낌이 들어 그 앞에서 비켜서기를 원했다. 즉흥연주를 하는 동안 헨리의 초기 성적 파괴 및 그의 부모에 의한 학대와 연관되어 약간은 부끄러운 기분이 일어나기 시작했다. 그에게는 자신의 경험을 언어적(물론 음악적)으로 말한다는 것이 매우 중요한 일이었는데, 그래야만 그는 자신의 가족에게서 외면당했던 그의 존재에 대한 반영을 얻을 수 있을 것이다. 임상적 경험을 통해서 나는 많은 음악가가 자신의 주요한 가족이 자신의 말을 경청해 주지 않아 음악의 길로 들어섰다는 사실을 발견하였다. 음악은 그들에게 안전한 피난처가 되었고 자신을 있는 그대로 비추고 양육하는 추상적 공간이었다. 그러나 내면 깊은 곳에서 그들은 아직도 자신의 진실을 직접 말하고 다른 이에게서 듣고 싶은 욕구를 느낀다.

결정적인 세션은 치료 약 3개월째에 접어들어 일어났다. 헨리는 치료실에 들어와서 자신의 연주가 매우 진전되었다고 말했다. 그때 그는 자신의 음악을 CD로 녹음하였다. 그는 자신이 이보다 더 연주를 잘할 수는 없을 것이라고 말했다. 그리고 자신의 대단함을 스스로 인정했으나, 그의 작품에 대한 자부심을 느낄 때의 부끄러운 느낌도 이야기하였다. 우리는 이러한 감정을 그의 아버지에게서 추적해 나갔다. 그의 아버지는 그가 잘난 체할 때마다 그에게 수치심을 주었기 때문이다. 헨리는 이러한 기억이 CD를 녹음할 때 경험한 한 가지 문제와 관련시켰다. 그것은 새로운 작품의 절정의 순간에 도달하였을 때 주춤거리면서 조각조각 분산되어 완전한 모습을 드러내지 못한 채로 계속 진행한다는 것이었다. 나는 그 음악을 들려 줄 것을 요청했다. 곡은 매우 아름답고 깊은 감동을 주었다. 그러나 음악의 중요한 시점에서 나는 그의 말대로 신체에서 정신이 분리되는 듯한 느낌을 받았다. 그는 자신을 내맡겨 버리기보다는 조심스럽게 연주를 했다. 이는 마치 음악도 헨리도 숨쉬기를 멈춘 것과 같았다. 나는 그에게 곡을 다시 연주하고 위협적인 부분에서는 음악과 함께 노래를 해 보도록 권유했다. 그렇게 한 두 번째 연주에서 나는 음악 속에 나타난 변화를 큰 감동으로 느낄 수 있었다. 노래는 헨리와 그의 감정을 다시 연결해 주었던 것이다. 정신, 신체, 영혼이 모두 일치하여 헨리의 얼굴에서는 열정이 빛을 발하고 있었다.

이때 나도 헨리만큼 연주를 잘했으면 좋겠다는 역전이 반응이 일어났다. 나는 곡 전체를 통해 그가 사용하는 흔치 않은 화성의 진행에 흥미를 느꼈다. 이것을 하나로 묶어 나는 그에게 내가 경험한 것을 다시 반영하였다. 이는 그의 뮤즈(음악의 신)에게서 '선물'인 음악을 죄책감 없이 얻기 위해 스스로를 허용하고 그의 신체와 연결되었던 경험이었다. 그는 가끔 자기 음악의 영광을 자신에게서 표출하는 것이 얼마나 힘든 것인지를 이야기했다. 그것이 그에게 어린 시절의 성적 경험, 즉 그의 파트너가 쾌감을 주는 과정에서 스스로가 절정의 순간에 다다르지 못하도록 억압하던 자신의 경험을 상기시켰던 것이다. 그는 해결되지 못한 감정에 짓눌리게 되었고 발기하지 못하였다. 나는 그 같은 사건이 그의 음악 속에서도 나타나고 있음을 지적하였다.

헨리는 자신이 음악적으로 탁월하다고 생각하고 있으나, 사회생활에서 매우 수줍음을 탄다고 말했다. 사회생활에서는 다른 사람을 만족시키기 위해 너무 지나치게 애써 왔으며, 사람들은 그런 그에게서 돌아섰다고 설명했다. 그리고 자신이 다른 음악가들과 함께 있을 때는 위축되고 불편하다고 하였다. 예를 들어, 다른 음악가와의 만남을 가지고자 할 경우 자신은 지나치게 불안해한다고 하였다. 이러한 경우에 그는 스스로 성공을 거두었는데도 다른 사람은 자신의 성공을 이용하려 한다고 투사하였다. 그는 자신을 위축시키는 사람들과 함께 있을 때 스스로 움츠려 든다고 말했다. 이것은 그를 덜 강력한 입장에 놓이게 만들었다. 나는 그에게 '위축된 음악가'를 연주할 수 있겠는가를 물었다. 이에 대해 그는 새롭고 고상하며 여전히 지배와 자신감의 느낌을 가진 강한 선율을 연주했다. 그러고는 나는 다시 그에게 '위축된 음악가'

와 관련된 자신의 모습을 연주하도록 하였다. 이에 대한 그의 음악은 무감동적이고 색채가 덜한, 힘이나 감성이 결여된 것이었다. 두 음악 사이의 대조는 뚜렷했다. 물론 헨리는 첫 번째보다 두 번째 음악에 더 자신을 결부시켰다. 나는 그에게 실제로 그가 '위축된 음악가'이며, 경이로운 음악을 연주하는 사람이 바로 그 자신이라고 말하였는데, 그는 이러한 나의 해석을 쉽게 받아들이지 못했다. 덧붙여 나는 그의 두 번째 연주가 마치 그가 거세당한 듯 아무런 삶의 에너지가 없는 것처럼 들렸다고 하였으며, 그는 이에 동의했다. 세션의 이 시점에서 초인종이 울렸고 화장실을 고치러 수리공이 왔다. 나는 이 사람을 하루 종일 기다렸기 때문에 속히 이 사람을 들어오게 해야 한다고 생각했다. 그래서 헨리의 양해를 구한 후 그를 들여보냈다. 수리공이 일을 마치는 데 어느 정도의 시간이 걸렸으며, 나는 헨리가 피아노를 연주하는 소리를 떨어져서 들었다. 보수공이 떠난 후 나는 그의 옆에 앉았고, 헨리는 끊겼던 이야기를 계속했다. 나는 잠시 동안 멈춰서 세션이 조금 전에 중단된 데 대한 그의 느낌을 물었다. 그는 곤란한 듯이 바라보고 고개를 낮게 떨군 채, 자기 세션이 끝날 때까지 내가 수리공을 기다리게 하는 편이 더 좋았을 것이라고 말했다. 여기서 이전에 헨리가 다른 사람 때문에 저지당한 것과 같은 역동성이 다시 반복되었음을 알게 되었고, 그는 다시 타인으로 말미암아 스스로를 작고 보잘것없다고 느꼈을 것이다. 나는 이 점을 그에게 지적했고 그는 조용히 듣고 있었다. 나는 그에게 그의 세션을 방해해서 미안하다고 사과했다. 그는 매우 화가 나서 내가 미안해하는 것을 원치 않으며 자신 때문에 내가 기분이 상하는 것이 너무 고통스럽다고 대답했다. 나는 그에게 '위축된 음악가' 때처럼 자신의 힘을 나에게 주고 있음을 지적했다. 이 관계에서 가장 강한 사람은 단지 한 사람일 수 있고 다른 이들은 종속되어야만 한다. 나는 그가 방해받았음을 내게 말할 수 있게 된 것이 기쁘고, 그와 같은 방해는 앞으로 일어나지 않을 것이라고 확신시켰다.

세션이 끝난 후에 나는 내가 가학자의 역할을 한 것처럼 느꼈다. 실제로 나는 거세하는 사람과 같았다. 내 세션 기록을 살펴보면서 치료 초기에는 헨리와 함께 연주하는 것이 도움이 될 것이라 생각하였지만 이를 거부당했을 때 나는 스스로를 희생자로 느꼈던 것을 깨달았다. 그리고 외상의 삼자구도가 헨리와 나 사이의 치료적 관계 속에서 오락가락 하였다. 그날 이후 슈퍼비전을 통해 나는 헨리의 재능에 위축당하여 음악적 수준에서 스스로를 종속적 역할로 내몰았다는 것을 깨달았다. 결국 나는 이러한 역학의 균형을 찾기 위해 가학자의 역할을 해야 했던 것이다. 그를 제지함으로써 나는 그에게 나의 힘을 발휘하고 그에게 하위 역할을 떠맡긴 것이다. 나는 재연되는 상황을 깨달아 그것을 중단하고 일어난 상황을 규명하여 그 구도를 종결짓기를 망설여 왔다. 나는 이러한 상황 재연을 통해 감추어진 헨리의 개인적 힘의 감각을 유지하는 데 이 특정한 관계적 역동이 어떻게 진행되었는지 깨닫는 것이 헨리와 나 모두에게 결정적이었다고 생각한다. 그는 결국 자신이 타인의 행동에 화가 날 때 그렇게 말해도 되며 사람들은 그를 참아 낼 수 있다는 점을 배우게 되었다. 이것은 그의 치유과정에 정말로 중요한 부분이었다. 나는 또한 나와 그를 비교하지 않고 그의 위대함을 받아들일 수 있게 되었으며, 이 때문에 치료적 관계의 음악적 영역은 더욱더 발전할 수 있게 되었다.

결 론

앞의 사례는 정신분석적 음악치료 구조에서 치료사와 환자 간에 일어나는 복잡한 역동의 작은 예를 보여 준 것에 불과하다. 이들 사례는 치료적 관계 아래 계속되는 역동성을 지속적으로 인식하는 것과 부적응적 행동의 반복을 주의 깊게 듣는 것이 중요하다는 것을 보여 주고 있다. 음악치료에서 외상 환자와의 작업은 아주 도전적이며 의욕적인 일인데, 특히 진실을 말하는 안내자로서 음악이 있을 때는 더욱 그러하다.

🔖 참고문헌

Bollas, C. (1987). *The shadow of the object*. New York: Columbia University Press.

Courtois, C. (1988). *Healing the incest wound: Adult survivors in therapy*. New York: W. W. Norton & Company.

Davies, J. M., & Frawley, M. G. (1994). *Treating the adult survivor of childhood sexual abuse: a psychoanalytic perspective*. New York: Harper Collins.

van der Kolk., & Bessel (Ed.) (1987). *Psychological trauma*. Washington, D. C.:
American Psychiatric Press.

Winnicott, D. W. (1965). *The maturational processes and the facilitating
environment*. Madison, CT: International Universities Press.

제14장

내면의 노래
―성인 성악 즉흥연주에서 전이와 역전이

Diane S. Austin

이 장에서 나는 치료과정의 중요한 측면으로서 성악 즉흥연주와 전이와 역전이의 활용을 중심으로 내 개인치료실에서 실행하는 분석적 음악치료에 대해 언급하려 한다. 임상가로서 나의 배경은 나 개인의 이력과 영향뿐 아니라(목소리는 나의 주된 악기며, 나는 Jung 심리학에 대한 많은 경험을 쌓아 왔다) 내가 함께 일하기로 선택한 클라이언트와의 작업에 있다. 나의 클라이언트는 성인이다. 그들 중 대부분은 창조적 예술 분야에서 일한다. 그들 중의 많은 사람이 말을 습득하기 이전에 입은 상처로 고생하고 있다. 그들이 경험한 외상은 발달적으로 그들의 어휘가 자신의 경험과 함께 연상되어 소통하기에는 부족했던 시기에 일어난 것이다(1~3세의 나이). 많은 경우 그들은 감정적, 신체적, 성적 학대를 받은 경험이 있다. 나는 그들의 주치료사로서 무의식의 내면적 정신구조와 역동에 대한 지식과 경험을 가질 필요가 있다. 나는 즉흥적 성악과 언어적 처리를 조합한 것이 클라이언트와 작업하는 데 효과적이라는 사실을 깨달았다.

나는 내 임상 경험에서 노래하는 것을 낯설어하거나 두려워하는 클라이언트가 쉽게 노래할 수 있도록 하는 기법을 고안해 왔다. 이 기법은 또한 발달적 고착을 교정하고 아동 시절에 해결되지 못한 과제를 끝내는 것을 돕기 위해 필요한 치료적 회귀를 촉진시키는 데 효과적이다.

노래는 언제나 자신의 가장 깊은 곳의 자아에 도달하는 방법이다. 우리가 노래할 때 우리의 호흡, 우리의 몸, 그리고 우리의 감정적 삶은 밀접하게 연결된다. 목소리는 마치 마음을 신체와 연결시키고 사고와 느낌 간의 분리를 치유하는 다리와 같다. 우리는 노래할 때 격심한 고통, 두려움, 분노에서 안정될 수 있는 방법을 찾게 된다. 우리는 또한 노래할 때 기쁨을 표현할 수 있다. 우리는 매일의 현실을 초월하며 개인의 한계를 초월한 삶의 영적 차원과 접촉할 수 있다. 각 사람을 연결할 수 있고 지역사회를 이루고 강화할 수 있다.

노래는 매우 강력한 경험이지만 많은 이에게는 두려움일 수도 있다. 자신이 만드는 소리에 대해 평가받을 것이라는 두려움은 노래하고 싶은 마음이 강하게 들 때도 감히 시도하지 못하고 머뭇거리게 할 수 있다. 훈련을 받지 않은 사람에게 목소리는 여리고 발달하지 못한 자아의 어린 부분을 투사하는 것으로 나타나기도 한다. 그래서 노래는 무엇인가를 노출시키고 불안을 생성하는 것으로 인식될 수 있다. 학대받은 클라이언트에게는 자신의 입을 여는 행동 자체가 극도의 스트레스일 수 있다. 조용히 그리고 그의 감정적인 진실을 부인하면서 살아남는 방법을 배워 왔기 때문에 자신의 목소리를 찾는 것은 용기가 필요하다. 이러한 클라이언트는 자신이 목소리를 낼 경우에 벌어질 상황에 대한 공포도 가질 수가 있다. 이런 점에서 종종 노래는 비명과 통곡으로 이끌 수 있다.

발성 지지 기법

발성 지지 기법(vocal holding techniques)은 발성 즉흥연주를 통해 자발성과 감정적 연결을 촉진하기 위해, 지속적이면서 안정감 있는 음악적 환경을 조성하는 것과 관계가 있다. 이 기법은 '처방' 의 의미는 아니다. 좀 더 명확하게 하기 위하여 여기서 나는 이 기법이 발달단계를 보완하기 위해 나타나는 과정을 묘사하려고 한다. 그러나 내 경우에는 이 기법을 각 클라이언트의 구체적인 요구에 맞추어서 조합한다.

음악적 지식이 있는 클라이언트와 일할 때는 연주하기 원하는 두 개의 화음을 선택하도록 하는 것에서 시작한다. 화성구조에 관한 지식이 없는 경우에는 장조와 단조 코드를 예로 들어 연주한 후 선호하는 소리를 하나 선택하게 한다. 가끔 클라이언트 가 불러일으키고 싶은 감정과 기분을 묘사하는 경우에는 원하는 화음을 함께 찾기도 한다. 나는 또한 클라이언트가 좋아하는 특정한 리듬이 있는지도 물어본다.

이 기법은 클라이언트가 많은 생각을 하지 않아도 되고 자율적 자아가 발현하는 것 을 편안히 돕기 위하여 예상 가능하고 든든한 음악적 용기(容器)가 될 수 있도록 두 개의 화성으로만 국한시킨다. 화성 패턴은 그것을 기초로 클라이언트가 즉흥연주를 할 수 있도록 반복 연주된다. 흔들거리는 움직임과 두 화성의 최면적 반복의 조합은 '아' 나 '우' 같은 단음절을 노래하는 것과 함께 자아의 창조적 회귀를 위한 기회를 제공한다.

초기의 '지지하기(holding)' 시기에서 치료사와 클라이언트는 유니송을 부르는데, 이것이 공생관계 같은 전이와 역전이의 출현을 촉발시킬 수 있다. 어떤 클라이언트는 초기 엄마–아동 관계의 재현을 경험하고 그것과 연합하여 결국은 '좋은 엄마와 같은 치료사'를 내면화하는 경험을 할 필요가 있다. 이는 변함없는 대상이 결여된 외상 클 라이언트에게는 더욱 그러하다. 이러한 클라이언트에게는 고요하고 지속적인 '상징 적 엄마'와 융합할 수 있는 회복의 경험이 필요하다. 그리고 그 후에는 점차적으로 독 립과 개인화로 이어지게 된다.

어떤 클라이언트는 치료사와 '하나되는(oneness)'이 초기단계의 경험을 필요로 한다. 하지만 융합하는 것에 대한 두려움이 그들에게 강한 불안감으로 조성될 수 있 음을 명심해야 한다. 이 경우 클라이언트는 긍정적 전이에 대한 저항으로 유니송을 부르는 것을 회피할 수가 있다. 이와 마찬가지로 만일 치료사가 자아의 융합과 상실 에 관련된 문제를 가지고 있을 경우, 치료사 역시 전이에 대한 불안을 경험하고 클라 이언트와 유니송을 부르는 것에 저항할 수가 있다.

그 다음 단계인 '화음 만들기(harmonizing)'에서 어떤 클라이언트는 아직은 서로 연관되고 수용된 상태지만 분리되고 있음을 경험하기 시작한다. 바네사라는 여성은 이 경험을 자기 아래에서 그물이 얽혀진 느낌이라고 묘사하였다. 바네사에게 화음 만 들기의 경험은 특히나 만족스런 것이었다. 그 이유는 바네사가 그녀의 어머니와 융합 하였고, 그녀의 어머니에게서 분리되기를 시도하였을 때 거부당했기 때문이었다.

화음 만들기가 유니송을 부르는 것보다 클라이언트와 치료사 간에 더 거리감을 갖게 할 수 있지만, 어떤 클라이언트에게 화음 만들기(특히, 말 없이)는 아직까지도 허용하기에는 너무나 근접한 경험일 수 있다. 이러한 클라이언트는 불협화음을 노래하거나 따라가기 힘든 멜로디를 노래하는 식으로 자신과 치료사 간에 거리감을 더 두려한다.

'반사하기(mirroring)'는 클라이언트가 자신의 목소리를 찾기 시작하지만 여전히 지원이 필요할 경우에 특히 유용하다. 반사하기는 클라이언트가 선율을 노래한 후 치료사가 클라이언트의 선율을 그대로 반복하여 되돌려 줄 때 일어난다. 이 같은 음악적 반영은 격려를 주고 클라이언트의 자의식을 강화하는 데 도움을 줄 수 있다. 반사하기는 개인화 과정 전체에 걸쳐 중요한데, 특히 클라이언트의 성향에 새로운 측면이 나타나는 경우에 더욱 중요하다. 이러한 방식으로 들려주고 반응하는 것은 어린아이로서 별달리 눈에 띄지 않아 자신의 부모에게 주목받지 못한 채 단지 나르시스적 부모의 '거울'로 자라 왔던 클라이언트를 만족시킨다(Miller, 1981; Winnicott, 1965).

치료사는 이런 유형의 클라이언트, 즉 나르시스적으로 상처받은 클라이언트가 자신에게 가장 친근한 역할을 전이에서 재현할 수 있음을 주목하는 것이 필요하다. 이럴 경우 클라이언트는 자신의 욕구를 희생하고 치료사의 멜로디와 소리를 반복함으로써 치료사를 '모방'하려는 시도를 할 수 있다. 이와는 반대로 나르시스적으로 상처를 받은 적이 있으며 그 상처를 충분히 처리하지 못한 치료사는 클라이언트가 음악 속에서 자신을 돌봐 주기를 원하는 등의 역전이 감정을 가질 수 있다. 이런 치료사는 또한 자기 자신의 욕구를 만족시키기 위해 음악을 사용할 수도 있다. 또 다른 역전이 상황은 치료사가 자신의 어린 시절부터 해 왔던 방식처럼 모방의 역할에서 가장 안정감을 느끼는 경우에 일어나기도 한다. 이런 경우에 클라이언트의 발달적 요구를 처리하는 치료사의 능력은 제한된다.

'그라운딩(grounding)'은 클라이언트가 즉흥연주할 수 있도록 코드의 으뜸화음이나 근음을 노래하는 것으로 치료사가 기반을 제공할 때 일어난다. 클라이언트는 음악적인 탐구를 하고 나서 '처음 장소(home base)'로 되돌아온다. 치료사는 시금석 혹은 클라이언트가 말한 것처럼 '시금음(표준이 되는 음)'을 제공한다. 무반주로 노래하거나 드럼 같은 비화성적인 악기를 연주할 때, 치료사는 하나의 음을 가지고 그 위에서 클라이언트가 즉흥연주할 수 있도록 단조로운 저음을 만든다.

이러한 음악적 교류(그라운딩)는 아동의 성격 발달에 중추가 되는 아동과 부모 간에 전형적 교류 패턴을 연상시키는 것이다. 부모가 곁에 있고 반응을 보여 줄 때 아동은 자신이 필요할 때는 언제든 환대받으며 돌아갈 수 있다는 사실을 알기 때문에 상황을 탐구할 만큼 충분한 안정감을 느낀다. 그러나 아동이 안전한 기반을 가지지 못한 때는 자신의 보호자에게서 분리되는 것에 대해 불안을 느낀다. 이 불안이 그들의 탐구력을 저해하고 발달을 방해한다.

클라이언트가 치료사를 든든하고 안정적인 지원의 원천으로 받아들일 경우에는 긍정적인 전이가 일어난다. 치료사가 노래하는 음은 믿을 만한 '좋은 엄마' 의 연장으로 받아들인다. '좋은 엄마' 로서 치료사는 클라이언트가 독립하는 것을(즉흥연주로) 탐구하고 격려하지만, 동시에 그가 필요로 할 때는(얼마 동안 함께 제창하며) 다시 돌아오도록 클라이언트의 발달적 요구를 인식한다.

해결되지 못한 분리의 문제를 치료사가 가지고 있는 경우 그들은 치료에 부정적인 영향을 미치는 역전이 느낌을 가질 수가 있다. 이러한 영향은 당연히 발달의 모든 과정에 해당된다. 예를 들어, 치료사가 클라이언트와 융합할 필요가 있는 경우 치료사는 클라이언트와 치료사 간에 더욱 분리를 가져오도록 하는 노래에 저항할 수 있다. 반면에 치료사가 과거 의존적 욕구, 그리고 찾아오는 두려움에 불편하다면 유니송, 화성적으로 노래하는 것, 전언어적(preverbal) 노래하기 모두를 피할 수가 있다. 그렇지만 어떤 클라이언트에게는 먼저 가사를 사용하여 노래하는 것이 치료에 적절할 수 있음을 알 필요가 있다. 어떤 클라이언트는 노래의 구조가 필요할 수 있으며, 그들은 이 단계를 밟기 위한 충분한 신뢰와 안전이 있을 때만 성악 즉흥연주를 하는 데 충분한 자신감을 느낄 것이다.

자유 연상적 노래

자유 연상적 노래(free associative singing)는 두 사람의 즉흥연주에 가사가 첨가될 때 적용할 수 있는 기법을 묘사하기 위해 내가 사용하는 용어다. 이 기술은 앞서와 같이 두 개 화성을 보유하는 패턴을 도입하지만, 언어적 과정이 되면 나는 가끔 화성을 두 개 이상 사용하기도 한다. 여기서 필수적인 것은 클라이언트가 성공적인 성악 즉흥연주를 촉발하도록 하는 동안 자기 표현을 위해 안전하고 예견 가능한 환경으로서 반복적 리프(성악 즉흥연주를 지원하기 위해 사용되는 반복 악절이다)를 만들어 주는 것이다.

이러한 기본적 형식 속에서 이 방법은 단어 혹은 소절을 노래하도록 권유하며 클라이언트를 활동에 참여시킨다. 치료사는 그때 사용되는 단어를 반영(반복)하고 클라이언트에게 멜로디를 되돌려 불러 준다. 유니송, 화음 만들기, 그라운딩에서 노래하는 발성 지지 기법은 의식의 음악적 흐름으로 이동하기 위해 클라이언트를 격려하는 동안 지원과 변형을 더한다. 이때 이미지와 연상이 자유롭게 나오는 변형된 상태(altered state)를 유도할 수 있으며 방어가 느슨해져 무의식으로의 접근이 이루어질 수 있다. 음악은 이러한 과정 동안 발생하는 감정의 결정체이자 의존할 수 있는 수용자가 되어 준다.

더 높은 수준의 기법에서는 치료사가 감정이입적 반영을 제공하거나 질문을 하고, 가끔 클라이언트에게 전환된 자아로서 행동하게도 한다. 치료사는 클라이언트가 전환된 자아로서 아직 말하지는 않지만 경험하고 있을 것이라 감지되는 느낌이나 사고를 노래한다. 이러한 중재는 때때로 부드러운 해설처럼 치료과정을 심화할 수 있다.

말로 하기까지의 과정이 진보하면, 클라이언트와 치료사(자아와 대상) 간에 더욱 큰 구별이 존재하게 된다. 치료사가 전환된 자아로서 클라이언트에게 질문하고 해석하고 노래하기 시작하면 전이와 역전이는 더욱 복잡해진다. 치료사는 더 이상 클라이언트가 제시하는 것을 모두 다 받아들이지 않는다. 이제 치료사는 묻고 도전하고 해석할 뿐만 아니라 음악의 가사 내용 속에서 클라이언트를 반영한다. 유니송, 화음 만들기, 반사하기, 그라운딩 등의 발성 지지 기법의 도입에 덧붙여 치료사는 이제 독립적인 멜로디를 부른다. 치료사는 이제 치료과정을 촉발시키고 클라이언트가 경험하는 것의 의미를 스스로 이해할 수 있도록 돕는 데 보다 능동적인 역할을 수행한다. 치료적 입장의 이러한 변화는 차후의 독립성, 정체성의 획득, 자율성의 증진을 향한 클라이언트의 변화를 제공한다.

사례 연구

수잔

　33세의 사회사업가인 수잔은 알코올 중독자인 어머니와 심각한 우울증을 가진 아버지와 함께 자랐다. 그녀가 10세 때 어머니는 자살을 시도하였고, 그 시기에 벌써 그녀는 아버지를 간병하는 '아이 어른'이 되어 있었다. 그녀가 치료를 시작한 것은 지난 몇 년간 함께 살았던 남자 친구와 최근에 헤어졌는데, 이것이 어머니의 자살과 연관된 감정을 이끌어 냈기 때문이었다. 수잔은 우울, 불안, 그리고 공황장애를 겪고 있었다. 음악치료를 받기로 한 것은 음악에 대한 사랑, 특히 노래 부르는 것을 무척 즐겼기 때문이었다. 또한 과거에 받았던 상담 심리치료가 '너무 지적'이었기 때문이었다.

　진단상으로 수잔은 경계선 성격장애에 해당되었다. 그녀는 기본적인 방어기제로 분리, 부정, 그리고 지나칠 정도의 투사기제를 사용하였다. 또한 자포자기적 우울과 심각한 분리 불안을 경험하였다. 그녀의 장점은 지적이며 창조성과 유머를 겸비한 것이었다. 치료의 초기단계에서 수잔은 나를 분리된 사람이 아니라 그녀의 일부분으로 인식하였다.

　여기에 기술하려는 세션은 그녀의 치료가 2년째 접어든 시점의 세션이다. 우리는 주 2회 한 시간씩 세션을 가졌다. 이 세션은 주로 내면의 심화된 과정으로 진행하는 데 대한 두려움에 관한 토론으로 시작되었다. 그녀는 지난 달 세션에 몇 차례 불참하였고 그날은 늦게 세션에 도착하였다.

　그녀는 나에게 자신이 지난 몇 주 동안 '훌륭한 무용치료사'와 함께 작업했는데 나는 이제 주 1회씩만 보면 어떻겠냐고 하였다. 나는 그녀가 분리를 하고 있었으며 전이에 저항하고 있다고 생각했다. 그리고 그녀가 무용치료사를 칭찬할 때는 약이 오르는 것을 느꼈다. 나는 수잔이 무의식적으로 내 질투심을 유발하려고 하는 것이 아닌지 의문을 가지게 되었다.

　우리는 내게 지나치게 의존하려는 것에 대한 수잔의 두려움을 말로 탐색하였다.

그녀는 휘말리는 두려움과 자포자기하는 두려움 간에 존재하는 긴장 속에서 살고 있었다. 지난 세션에서 우리는 친밀감에 대한 그녀의 애매한 입장과 명확한 경계를 위한 그녀의 요구를 다루었다.

Machtiger(1992)에 의하면, 전이–역전이는 '치유가 일어나도록 허용하는 공생관계적인 방식의 과도적 공간을 더욱 재구조화함으로써 경계선 상태의 해결을 위한 장을 제공한다' (p. 124). 음악적인 공간의 억제는 공생적 관련성의 원래 형식을 재현하기 위한 효과적인 방식이다. '과정이 발달하도록 허용된다면 마침내 심상의 내면화가 자리 잡을 수 있으며, 자아와 대상의 더 큰 구별이 있다.'

나는 수잔에게 함께 노래하면서 우리의 관계를 탐구하자고 제안하였다. 그녀는 이에 동의하였고 C장도와 F단조의 7화음 코드를 요청했다. 나는 피아노를 연주하고 그녀는 다른 의자를 놓고 내 옆에 앉았다.

우리는 다양한 발성 보유 기법을 사용하여 함께 노래하였다. 그녀는 '아' 와 '우' 를 매우 천천히 그리고 부드럽게 노래하기 시작했다. 나는 처음에는 그녀와 함께 유니송으로 부르다가 점차 화성으로 바꾸었다. 즉흥연주가 진전되면서 그녀는 몸을 앞뒤로 끄떡거리기 시작했다. 나는 그녀의 호흡과 몸의 흔들림에 맞추었다. 그녀는 멜로디 소절을 더 길게 부르기 시작했다. 나는 때로 그녀의 멜로디를 정확하게 따라하기도 하고, 때로는 선율을 변화시켜 노래하였다. 순간순간 우리는 유니송으로 혹은 화음으로 하나가 되었다. 우리의 선율은 마치 서로 얽힌 덩굴과 같이 세워졌다. 음악에는 공생적 성향이 존재하고 있었다. 나는 그녀와 하나 된 느낌, 모성과 양육의 느낌을 가졌다. 그리고 나는 함께 섞이는 우리 음성의 소리를 즐겼다.

한참 후 수잔은 가사를 넣어 노래하기 시작했다. "우리는 서로 통하고 있어요. ……나는 내가 원하는 것을 말할 수 있어요. ……이건 새로운 일이에요."

그녀의 멜로디에는 7음과 9음이 많이 포함되었다. 음악은 공간 감각과 무한함을 지녔다. 나는 그녀의 말과 멜로디를 모방하였으나, 그녀의 음악에 응답하기 이전에 나 스스로 보다 많은 공간을 남겨 놓고 있음을 보게 되었다. 장3도에서 단3도로 계속 왔다갔다 하는 것에서 긴장이 유발되었다.

즉흥연주의 어느 시점에서 수잔은 "나는 도움이 필요해요. ……나는 더 이상 이 모든 것을 혼자서 견딜 수 없어요. ……어떻게 도움을 요청하고 어떻게 도움을 받고 ……어떻게 안전함을 느낄 수 있을까요?"라고 말했다.

나는 "지금은 안전하다고 느끼나요?"라고 반문하면서 노래했다.

그녀는 "지금은 안전한 것 같아요."라고 응답하며, "내 고통 깊은 곳으로 들어가는 것에 대해 무언가 두려움이 있어요. ……나는 아무런 지지 기반을 못 느껴요. ……그저 공간에 던져져 붙잡을 것이 아무것도 없어요."라고 노래했다.

내 생각에 수잔은 안전함을 충분히 느낄 때면 치료적인 퇴행을 하는 듯이 보였다. 음악은 그녀가 발달적으로 갈 필요가 있는 곳으로 그녀를 데려갔다. 그녀의 정신적 상처는 유아와 어린 시절로 회귀하고 있었다. 내 경험상 클라이언트의 어린 시절의 상처는 회귀하는 성악치료 동안 수면 위로 부상한다.

수잔은 "나는 빈 공간으로 떨어지고 있어요. ……커다란 구멍 속에 내가 있어요." 라고 노래했다. 그녀는 그 공간으로 떨어지면서 울기 시작했으나 계속 노래했다. "거기엔 아무도 없어요. 나는 영원히 그곳으로 떨어져 결국엔 죽을 거예요." 수잔은 마치 어린아이처럼 노래하였다. 그리고 노래를 멈추고 울음을 터뜨렸다.

나는 그녀의 고통을 느낄 수 있었다. 그래서 그녀의 호흡에 맞추어 계속적으로 '아'와 '우'로 노래했다. 몇 분이 흘렀고 나는 "내가 당신과 함께 노래하고 있는 것을 듣고 있나요."라고 노래했다. 나는 그녀가 고립되지 않을까 걱정되었으며, 그곳에서 그녀의 동반자가 되고 싶어 했다. 나는 이것이 바로 그녀가 원하는 것, 그리고 한 번도 겪어 보지 못한 것이라는 사실을 감지했다.

그녀는 "당신을 들을 수 있어요. 당신의 노래가 나를 울게 하는군요."라고 대답했다.

세션의 이 시점에서 나는 음악을 지속해야 할지 어떨지 확신하지 못했다. 나는 그녀가 자포자기하는 복잡한 심경에 깊이 빠져 있음을 느꼈다. 그리고 우리의 작업을 통하여 그녀가 이전의 상처를 다시금 경험하려는 경향을 가지고 있음을 알았다. 수잔과의 초기 치료의 대부분은 어둡고 불안한 곳에서 이루어졌는데, 그녀는 그곳에 머물려 있으려는 경향이 있었다. 그녀는 점점 고립되고 절망한 것 같았다. 그녀는 그곳에 오랫동안 머뭇거리고 있을 때는 습관적으로 울음을 터뜨리는 성향을 보였다.

나는 연주를 계속했으나 다음의 중재를 생각하는 동안 노래는 하지 않았다.

그러나 수잔은 "계속 노래해 주세요."라고 노래했다. 그리하여 나는 자장가를 부르는 느낌으로 '라, 라, 라' 소리를 내며 노래했다. 나는 이완됨을 느꼈다. 이는 나의 느낌이자, 같은 시점에서 그녀도 함께 느끼고 있는 감정일 수 있었다. 나의 노래가 그녀를 위로해 주는 것처럼 보였다. 우리는 함께 앞뒤로 몸을 끄떡였고, 그녀의 울음소리도 점차 사그라들었다.

잠시 후, 나는 "무엇이 당신을 울게 합니까?"라고 물었다.

수잔은 자신이 경험한 것을 노래했다. '나는 빈 공간에 내던져져서 아무도 나를 듣지 않고 아무도 나를 보지 않았어요. 당신이 노래할 땐 누군가가 거기 있었어요. 그래서 나는 안심을 했지요." 그러고 나서 자포자기 상태가 다시금 그녀에게 엄습해 왔다. 그녀는 "난 더 이상 빈 공간에 혼자 던져지고 싶지 않아요. 두려워요."라고 말했다.

나는 약간의 주저함과 두려움을 느꼈다. 그래서 "나는 나가야겠다고 생각해."라며 노래했다.

그녀는 "나 혼자서는 나갈 수 없어요. 당신의 도움이 필요해요."라고 노래했다.

이 세션 동안 나는 Fordham(1978)이 말한 동조적 역전이(syntonic countertransference)를 경험하였다. 이런 현상은 주로 치료사가 클라이언트와의 동일시 상태에 있거나 클라이언트의 무의식 양상에 끼어들거나 경험할 때 발생한다.

이 치료과정을 Jung의 관점에서 살펴보면서 나는 수잔이 어머니의 부정적 원형(공허한 블랙홀)에서 긍정적 원형으로 이동하고 있음을 알게 되었다. 나는 이러한 움직임에 함께 있으며 조용하게 품어 주는 '좋은 엄마'로서 수잔의 느낌을 지켜보고 그러한 상태를 규명하도록 도와주는 역할을 하였다. 나의 존재와 느낌을 촉진하는 음악적 환경은 그녀가 자신을 짓누르는 정서를 변화시킬 수 있게 해 주었다. 장조와 단조 화성 사이를 왔다갔다 변환하는 것은 수잔의 정신적 균형을 회복시키기 위해 요구되는 양극성 간의 이동을 암시하는 또 다른 신호였다.

이러한 시점에서 내 중재는 그녀를 고치려고 애쓰기보다 그녀와 함께 머물러 줌으로써 수용적 여성성을 확립하는 그녀를 모방하는 것이었다.

나는 노래를 불렀다. "난 여기 있어요. 난 당신의 노래를 들을 수 있어요. 난 여기 있어요. 난 당신이 우는 것을 볼 수 있어요. 나는 당신의 몸이 앞뒤로 움직이는 것을 볼 수 있어요. 난 당신의 목소리를 들어요. 당신은 혼자가 아니에요." 그리고 자장가처럼 '라라라'를 다시 불렀다.

몇 분 후에 그녀는 "예전엔 아무도 내게 이렇게 해 주질 않았어요. 아무도 나를 보지 않았고, 아무도 듣지 않았고, 아무도 나를 느끼지 않았어요. ……아무도 날 돌봐 주지 않았어요."라고 노래했다.

세션의 다음 단계에서 수잔은 다시 상실과 결핍의 부정적 감정의 역류에 사로잡혔다. 그녀는 이렇게 수차례 반복하며 노래하였다. "아무도 '집에 잘 왔다'고 말한 적이 없어요."

그녀의 말을 따라하거나 반영하는 대신에 나는 다시금 그녀의 내부 욕구를 만족시켜 주는 긍정적 어머니의 전이 상태를 받아들였다. 난 '집에 잘 왔어요'라는 노래를 반복해서 불렀다. 수잔은 결국 나와 함께 그 노래를 불렀다.

노래가 지속됨에 따라 중요한 정신적 변화가 그녀에게서 일어났다. 이제 그녀는 자신의 목소리를 무의식의 동일시 상태에서 구별해 낼 수 있게 되었다. 그녀는 더 이상 자포자기한 어머니에게 연결된 자포자기한 아동이 아니었다. 그녀는 자신의 상처받은 어린 자아에게 사랑과 돌봄으로 접촉하는 모델로서 나와 함께 활동에 동참했다.

우리는 함께 노래를 불렀다. "우리는 당신을 위해 여기 있어요. 당신은 여기에 속해 있어요. 우리는 당신을 사랑해요. 당신은 정말 훌륭해요."

그러자 수잔이 노래했다. "당신은 아름다운 나무예요. 당신이 성장하는 것을 별들이 지켜보고 있어요. 당신은 더 이상 넘어질 필요가 없어요. 이 세상에 잘 왔어요. 우리는 당신이 성장하는 것을 보고 싶어요. 당신은 나무예요."

노래의 막바지에 이르러 치유적 심상(나무)이 나타났다. 나무는 좋은 어머니의 원형을 상징하며(Murdock, 1990), 여성의 본질을 연상시킨다. 그것은 돌봐 주고 지원적이면서 보호해 주는 좋은 어머니의 측면을 대표하며, 대지의 깊은 곳과 자양분이 되어 주는 물과의 접촉에 근원한다. 나무는 또한 개인적 절차와 자아 발생을 상징한다. 나무는 하늘, 대지, 그리고 물의 종합인 삶의 역동성이다.

나에 대한 수잔의 긍정적 모성 전이는 음악에 의해 촉진되었고, 내가 자장가와 같은 방식으로 노래를 불러 줄 때 고조되었다. 음악적 환경 내에서 나타나는 수용은 그녀가 공동생활의 환상에 참여할 수 있도록 하였다. Neumann(1973)에 의하면, 전이에서 이런 공동 삶의 환상은 원형적 이미지에서 탈피하여 긍정적 어머니 상을 발현하는 데 필요한 것이다.

세션 동안 그녀의 전이에 대한 나의 역전이는 보완적이었다. 나는 그녀에 대해 모성적인 양육의 감정을 느꼈고, 그녀는 함께 만들어 낸 음악 세계 속에서 자신을 감싸 주는 편안함을 느꼈다. 어떤 시점에서 나는 내가 그녀를 심연 속에 내던져 그녀를 망칠지도 모른다는 두려움과 그녀의 공포를 어떻게 수용해야 할지 모르겠다는 두려움을 가졌다. 나의 역전이적 두려움은 연주를 지속하면서 노래를 멈춘 그 시점의 음악에 반영되어 있었다. 그러다 나 자신이 좋은 어머니-치료사의 역할을 유지할 수 있었을 때 안정감을 느꼈다. 수잔에게 노래했을 때 나는 그녀에게 조용하고 신뢰할 만하며 지지의 감정이입적 근원을 제공할 수 있었고, 그녀가 나를 보다 친밀하고 보다 자신의 존재를 지지해 주는 사람으로 느낄 수 있게 해 주었다.

도 나

모델인 28세의 도나는 최근에 가수로서 노래하기 시작하였다. 그녀가 치료실을 찾은 이유는 대중 앞에서 노래할 때 갖는 심각한 무대 공포 때문이었다. 그녀는 자신의 어린 시절을 주로 어머니의 기분 변화 때문에 행복하지 못했던 것으로 묘사하였다.

그녀는 자신의 아버지를 그다지 자주 볼 수는 없었으나 집에 있을 때는 자신이 하는 일에 사로잡힌 듯이 보였다고 했다(그는 출판사를 경영했다). 도나의 오빠는 약물중독에서 회복되고 있는 중이었다. 그녀의 아버지는 음악을 사랑하고 피아노를 연주하였다. 행복했던 기억은 피아노 주위에 가족이 함께 모여 노래를 불렀던 것이었다.

도나는 지적이고 매우 매력적이었으며 아름다운 목소리를 가지고 있었다. 그리고 자기 관리를 잘하고 독립적인 여성의 이미지를 가지고 있었다. 나와의 첫 만남에서 그녀는 자신이 탁월하고 완벽한 사람으로 보이게끔 노력했다. 함께 작업하면서 나는 그녀의 사랑스러운 이미지가 자신의 내적 공허함을 보상하기 위한 외적 보호막이라는 것을 느끼게 되었다. 그녀는 현실적 육신을 가진 젊은 여성이라기보다는 차라리 육신에서 분리된 영혼에 가까웠다.

함께한 처음 몇 달 동안 도나는 여러 곡의 노래를 불렀다. 그녀는 아무런 감정 없이, 때로는 적절하지 못한 정서(슬픈 가사에 웃는다거나)를 보이면서 노래하였고 자발성이 결여되어 있었다. 그녀는 Winnicott과 Miller(1981)가 기술하였던 왜곡된 자아를 가진 사람을 떠올리게 하였다. 이 시점에서 그녀는 나에게 자신의 인상을 심어 주고 나의 인정을 받으려고 애쓰는 전이의 모습을 보였다. 나는 그러한 행동이 그녀가 자신의 부모에게 한 것과 같은 행동이 아닌가 생각되었다. 이에 대해 나는 세션 동안 끊임없이 계속되는 그녀의 노래에 싫증을 내는 역전이 반응을 나타냈다. 어떤 때는 그녀가 어떤 사람인지 매우 혼란스럽게 느껴졌다. 그녀는 안정된 정체성이 결여된 듯하였다.

그러다 치료의 전환점이 된 사건이 치료 6개월째 접어들어 발생하였다. 도나는 노래를 부르기 시작했는데, 성대에서 약간의 문제를 보였다. 노래의 막바지에 이르렀을 때 급기야 그녀의 목은 콱 막혀 소리를 내지르지 않고서는 더 이상 높은 음에 도달할 수 없게 되었다. 우리는 그 음이 그녀의 음역 안에 있다는 것을 알고 있었다. 가장 높은 음이 높은 '도'였고, 그녀는 이 음을 다른 노래에서는 별 어려움 없이 불렀다.

가사는 '당신을 위해 이 노래를 부릅니다.'였다. 나는 그녀에게 노래를 불러 주려는 사람이 누구인지 물었다. 그녀는 그에 대해 별로 생각해 보지 않았다고 대답했다. 그래서 나는 누군가를 생각해 볼 것을 권유했다. 그녀는 자신의 남자 친구를 선택했고, 그를 상징하기 위해 검은 색깔의 작은 드럼을 골랐다. 나는 노래의 마지막에 화성(Bb minor7, Bb minor7, Ab major7)을 연주했고, 그녀가 남자 친구에게 "나는 당신을 위해 이 노래를 부르고 있습니다."라고 노래하도록 청했다. 그리고 그 부분을 반복하여 부르면서 멜로디를 즉흥으로 만들어 보라고 하였다.

그녀의 목소리는 점점 강해지고 뚜렷해졌다. 그러다 어느 시점에서 울기 시작했고, "내가 노래해 주려던 사람은 내 아버지였어요. ……그는 참 불행해 보이네요. ……나는 그를 기쁘게 해 주고 싶어요. ……나를 자랑스럽게 느끼면 좋겠어요."라고 말했다. 감정이 드러나자 그녀의 목소리는 개방되면서 애쓰지 않고도 높은 음까지 올라갈 수 있었다.

도나는 즉흥연주의 경험이 많지 않다. 나는 점진적으로 그녀에게 발성 지지 기법을 소개하였고, 우리는 함께 즉흥으로 노래하기 시작했다. 그녀가 청음에 뛰어나고 재능 있는 음악가임이 이내 드러났다. 나는 그녀와 함께 내 파트를 노래할 때 약간 망설였는데 그것이 나를 불편하게 만들었다. 혹 그러한 불편한 감정이 같은 성악가로서 그녀의 재능 때문에 느낀 감정이었는지 의심이 들었다. 하지만 나는 전에도 여러 재능 있는 성악가와 같이 일해 왔지만 이런 저항감을 경험한 적은 없었다. 나는 그 역전이적 느낌에 혼란스러웠다. 우리가 유니송을 부른 어느 세션에서, 나는 내가 그녀에게 경쟁적인 느낌을 가지고 있음을 깨달았다. 그 세션 후반에 그녀는 친한 친구와의 관계를 이야기하면서 그 친구가 자신에게 경쟁 심리를 가지고 있는 것 같다고 말했다. 혹 내 경쟁심도 유도된 것은 아니었는지 의심스러웠다.

치료 작업이 진행되어 감에 따라, 도나의 전이는 동일시와 모방이 결합되어 나타났다. 나의 역전이적 느낌은 그녀의 전이에 대한 반응으로 나타났다. 나는 자아의 이상적 측면을 가져가는 것에 부담을 느꼈다. 특히 음악적 관계에서는 더욱 완벽해야 한다고 느꼈다. 성악 즉흥연주에서 그녀가 무엇을 원하는지 마술같이 알아내지 못한다면 그녀가 실망하여 나를 비판할까 봐 두려웠다. 나는 이러한 역전이적 느낌이 도나와 함께 즉흥연주하기를 머뭇거린 데 감추어져 있음을 깨달았다.

이런 유형의 전이-역전이의 역동성은 '투사적 동일시'로 명명된다(Schwartz-Salant, 1989). Jung(1946)은 이러한 관계를 'participation mystique(분석가와 클라이언트 간의 공유된 영역)'로 묘사했다. Jung은 분석가가 말 그대로 환자의 고통을 어떻게 떠맡게 되는지 그 정신적 감염에 관해 서술하였다. 거기서 그는 '분석가-환자의 상호 영향력과 변환, 그리고 정신적 내용이 어떻게 참여자 간에 활발히 오고가는지를 강조하였다'(Sedgwick, 1994, p. 6).

도나가 보다 자발적으로 노래하고 자신의 어린 시절에 대해 보다 깊은 이야기를 시작함에 따라 나는 그녀가 어린아이로서 어떻게 느꼈는지를 경험하고 있었다. 그녀는 자기 어머니의 육체적, 언어적 학대에서 살아남기 위해 스스로가 완벽해야만 한다고 여겼다. 또한 자신이 학대받는 것에 대해 스스로를 탓하기도 했다. 어머니가 원했던 것을 감지하기 위한 민감한 '레이더'를 스스로 구축했던 것이다. 그리하여 자신이 어머니의 욕구에 부응한다면 안전하리라 믿게 되었다. 물론 이것은 불가능한 일이었고, 도나의 욕구와 느낌은 충족되지 않았다. 그녀는 자아에 대한 깊은 나르시스적 상처를 안고 고통받았던 것이다. 그녀의 내면은 매우 효과적이고 적응적인 페르소나와 성인 세계의 도전을 충족시키기에는 부적절함을 느낀 위협받는 어린 자아로 나뉘었다.

나의 역전이가 명확해지면서 나는 그녀와의 즉흥연주에 더 이상 저항을 느끼지 않게 되었다. 그녀 심리에 대한 이해의 증가와 함께 감정이입 또한 증가하게 되었다. 거기에는 우리의 상처가 포착되는 지점이 존재했다. 즉, 나는 그녀의 투사를 알아차리게 되었다. 내게는 이것이 도나에게 지나친 정체성을 부여하지 않도록 주의해야 한다는 의미이기도 했고, 한편으로는 그녀를 이해할 수 있게 되었으며 그녀의 경험에 깊숙이 감정이입을 할 수 있게 되었음을 의미하였다. 나는 그녀의 존재 깊은 곳까지 동행할 수 있게 되었고, 그녀는 상실된 자아를 표출하고 그 속의 감정을 전달할 수 있게 되었으며 보다 통합된 완전한 자아로 변화하고 있었다.

우리의 관계가 심화됨에 따라 우리는 서로를 더욱 신뢰하게 되었고 도나의 '어린 아동 자아'가 치료과정에서 보다 자주 나타났다. 나는 그녀에 대해 모성과 양육의 감정을 느꼈다. 그녀는 점차 안정감을 느끼기 시작하여 음악 속에 보다 많은 느낌을 실어 표현하였다. 한 세션에서 함께 드럼을 연주하며 노래할 때 그녀는 노래를 멈추고는, '당신이 내게 화음을 맞추어 주면 좋겠다.'고 하였다. 나는 여태껏 그녀의 노래를 단순히 따라했으나, 그녀는 내가 노래하는 것을 좋아하지 않았던 것이다. 치료에서 이는 매우 중요한 순간이었는데, 그 이유는 전에는 그녀가 한 번도 내게 직접적으로 요구를 표현한 적이 없었기 때문이다.

> 우리는 다시 노래했고, 이번에는 내가 그녀의 노래에 화음을 맞췄다. 이러한 경험이 진행되면서 그녀는, "나는 내가 원하는 것을 당신이 알아 주기를 바랐어요. ……그것을 굳이 말하고 싶지 않았죠."라고 말했다. 그녀는 자신이 내게 말을 해야 한다는 사실에 "실망하고 조금은 화가 났어요."라고 말했다.

> 자신의 요구에 책임감을 가지는 것이 도나에게 얼마나 중요한 일인지에 대해 이야기를 나누었다. 그녀는 울면서, "요구한다는 것은 두려운 일이에요. ……나는 그것을 표현한 적이 없었어요. ……대부분 그 요구가 무엇인지도 모르고 살았죠."라고 말했다.

도나에게 자신의 요구를 직접적으로 표현하고 긍정적인 방향으로 그에 반응하도록 하는 것은 익숙하지 않았다. 그렇기 때문에 이 경험은 그녀에게 치유적이고 회복적이었다. 나는 복잡한 느낌을 경험하였다. 내 안에는 모든 것을 알고 있는 전능자 같은 어머니와 동일시되는 부분이 있었기에 도나의 요구를 마술같이 충족시켜 주고 싶었다. 동시에 내가 절대적 위치에서 벗어난 것이 우리 모두에게 좋은 결과를 가져왔으며, 더 나아가 치료적 진보를 이루게 하였다. 나는 도나가 나의 한계를 보고 있으며, 결국에는 그것이 그녀가 스스로를 받아들일 수 있도록 할 것임을 알았다. 우리 치료에서의 중요한 측면은 완벽주의와 대단한 영향력을 행사하도록 하는 도나의 비판적 성향을 감소시켜 그것을 현실적 자아 감각으로 대체하는 것을 포함한다.

치료과정이 지속되면서 자신의 요구와 느낌을 규명하고 표현하는 도나의 능력은 성장하였다. 그녀의 자존감은 증진되고 불안은 감소했다. 그녀의 노래에도 이러한 긍정적 변화가 엿보였다. 그녀는 느낌을 더 많이 실어 자신의 노래를 불렀다. 내가 그녀를 마지막으로 본 것은 그녀가 새로운 프로그램을 시작했을 때였다. 그녀에 대한 기대가 컸으며, 우리가 함께해 왔던 일 때문에 기분이 좋았다.

이 사례 연구는 Schwartz-Salant(1982)가 언급한 것처럼 자기애적 성격장애를 가진 사람과의 치료에서 나타나는 혼합된 전이(mixed transference)를 보여 주고 있다.

전이에 나타나는 것은 통제와 동일시를 따라하는 강한 혼합이다. 클라이언트의 "의식–무의식의 합병은 전이의 조절을 확장하지만, 개인의 잠재된 요청은 분석가를 이상적이게 한다"(p. 50).

나의 역전이 감정은 때로는 가려내기 어려웠다. 나는 어떤 감정이 내 안에서 유도된 것이며 투사적 동일시의 결과인지, 그리고 어떤 느낌이 클라이언트와 내가 공통적으로 가지고 있던 이슈의 결과로 발생한 것인지를 구별해야만 했다.

나는 가끔 도나와의 치료적 관계를 지속하기 위해 완전하고 '이상적'이어야만 한다는 압박으로 괴롭고 겁이 나는 것을 느꼈다. 이러한 느낌은 치료 초반에 내가 그녀와 함께 노래하는 활동을 주저했던 것으로 나타났다. 그러다 나의 역전이를 스스로 인지할 수 있게 되자, 비로소 도나가 자신이 어린 시절 느꼈던 것을 경험하는 기회를 내게 제공하였던 것을 깨달았다. 그리고 나서부터는 그녀와의 감정이입을 더 잘 느끼기 시작했을 뿐 아니라 그녀의 어리고 상처받은 부분과도 강한 유대를 가지게 되었다.

결 론

소리 — 강하고, 부드럽고, 달래 주는
두 음성이 함께 여행하는
가깝고도 낯선 이들
헤엄치러 나왔는데
오늘 파도에는 슬픔이 있네.
우리 모두 당기는 것을 느끼고
그녀의 눈에 눈물이 떨어지고
그리고 나는 멜로디로 그들을 붙든다.
우리는 꿈속으로 함께 걸어 들어가고
그리고 새로운 노래를 내어 놓는다.

이 장을 쓰는 것은 도전이자 황송한 경험이었다. 특히, 역전이는 상당한 논쟁의 여지가 있는 주제다. 정신분석적 이론가들은 역전이에 대해 다른 정의와 묘사를 하고 있다. Sedgwick(1994)에 따르면, 최근까지도 많은 분석가는 주도구로 역전이를 사용하는 것을 주저하고 있다. 아마도 역전이는 치료사 자신의 신경증과 관련 있는 것으로 극복해야만 한다는 Freud의 초기 관점이 이러한 기피 현상에 영향을 미쳤을 것이다. 그러다 정신분석적 사고가 전환되면서 역전이는 점차적으로 재평가·재해석되고 있다. Heinrich Racker, Harold Searles, Otto Kernberg, David Sedgwick과 같은 몇몇 이론가는 역전이를 보다 포괄적인 관점에서 환자에 대한 치료사의 전체적인 감정적 반응으로 정의한다. 통합적인 관점에서 볼 때 역전이는 환자의 역동성에 대한 이해를 촉진하는 데 사용할 수 있다. 나는 역전이가 나 스스로 해결되지 않은 문제와 연관되어 있을 경우조차, 나의 느낌과 반응이 치료적 교류에 관련되며 클라이언트를 이해하는 데 매우 유익할 수 있음을 발견하였다.

클라이언트의 느낌을 치료사가 유도할 때 치료사는 클라이언트의 느낌과 자신의 느낌을 구분해야만 한다. 함께 음악을 만들어 가는 친밀감은 이런 점에서 중요한데, 이는 음악이 가진 매개적 성향 때문이다. 클라이언트와 치료사 모두가 가지는 무의식적 내용은 음악을 통해 쉽게 노출되며, 클라이언트와 치료사는 언어를 넘어선 깊은 수준에서 상호 간에 영향을 미칠 수 있다. 두 사람이 노래와 음악을 함께 연주할 때 이를 간단히 분리할 수는 없다. '완전한 확신을 가지고 전이 – 역전이 과정에서 나타나는 정신적 내용이 누구의 것인가를 말하는 것은 불가능하다. 게다가 누가 누구에 대해 혹은 무엇에 대해 반응하고 있는 상황인지조차 확언하기 불가능하다' (Stein, 1992, p. 69). 음악을 통해 치료사가 클라이언트의 무의식과 공조하여 반응하는가, 아니면 치료사의 음악이 클라이언트의 무의식을 증폭시키는가?

나는 전이와 역전이를 효율적으로 인식하고 작업하기 위해서는 치료사가 자신을 알고 자기 인식을 달성하기 위해 스스로를 분석하고 심리치료를 할 필요가 있다고 믿는다. 지속적인 슈퍼비전 또한 필수적이다. 우리는 모두 보지 못하는 부분이 있다. 역전이는 무의식적이기 때문에 정말 치료사가 우리 자신의 정신적 요소를 클라이언트의 것에서 구분하는 데 도움이 필요하다.

Jung(1946)은 클라이언트와 치료사의 상호 변환에 대해 기술하였다. 그는 "의사는 자신에게 효과적인 것만큼 남에게도 효과적이다." (p. 134)라고 믿었다. 나는 나와 클라이언트 모두의 상호적 성장과정으로서 음악 심리치료를 경험해 왔다. 그럴 때마다

당황하기도 하고 울음을 터뜨리거나 웃기도 했지만, 대개의 경우 치료에서 직면하는
복합적이고 창조적인 본질에 매혹당한다.

참고문헌

Bowlby, J. (1969). Attachment (Vol. 1). *In Attachment and loss.* New York: Basic
Books.

Fordham, M. (1978). *Jungian psychotherapy.* New York: Wiley Publications.

Jung, C. G. (1946). The psychology of the transference, pp (176-199). In *Collected
works* (Vol. 16). Princeton, NJ: Princeton University Press.

Kast, V. (1992). *The dynamics of symbols.* New York: Fromm International
Publishing.

Kohut, H., & Wolf, E. (1986). The disorders of the self and their treatment: An
outline (p. 176). In A. Morrison (Ed.), *Essential papers on narcissism.* New York:
New York University Press.

Machtiger, H. G. (1992). Reflections on the transference-countertransference process
with borderline patients. In N. Schwartz-Saant, & M. Stein (Eds.), *Transference-
countertransference.* Wilmette, IL: Chiron Publications.

Miller, A. (1981). *The drama of the gifted child.* New York: Basic Books.

Murdock, M. (1990). *The heroine's journey.* Boston, MA: Shambhala Publications.

Neumann, E. (1973). *The child.* New York: G.P. Putnam's Sons.

Neumann, E. (1955). *The great mother: an analysis of the archetype.* Princeton, NJ:
Princeton University Press.

Robbins, A. (1986). *Expressive therapy: a creative arts approach to depth-oriented
treatment.* New York: Human Sciences Press.

Schwartz-Saant, N. (1982). *Narcissism and character transformation.* Toronto,
Canada: Inner City Books.

Sedgwick, D. (1994). *The wounded healer: countertransference from a Jungian
perspective.* New York: Routledge.

Stein, M. (1992). Power, shamanism, and maieutics in the countertransference. In

N.Schwartz-Salant, & M. Stein (Eds.), *Transference-countertransference*. Wilmette, IL: Chiron Publications.

Winnicott, D. W. (1971). *Playing and reality*. New York: Tavistock Publications.

Winnicott, D. W. (1965). *The maturational process and the facilitating environment*. New York: International Universities Press.

제15장

무의식적으로 유도된 노래 회상
- 역사적 관점

Cora L. Díaz de Chumaceiro

무의식적으로 유도된 노래 회상(unconsciously induced song recall)은 오래된 용어인 우연한 노래 환기(spontaneous evocations of music)의 대체 용어로서 최근 들어 정신분석 문헌에 소개되었다. 이 새로운 용어는 의식하지 않는 사이에 떠오른 음악에 대한 과정을 좀 더 정확하게 나타낸다. '의도하지 않은 음악 환기는 한 개인의 단기혹은 장기 기억에 담겨 있는 곡으로(가사가 있거나 혹은 없거나), 무의식적인 귀납적 과정을 통하여 무심결에 기억되고 타인(양자구도에서)에 의해 무의식적으로 촉발되어왔다' (Díaz de Chumaceiro, 1996a, p. 85). 종합적으로 살펴보았을 때 의도하지 않은 회상의 과정은 기술적으로 '우연한' 이라고 부를 수 없었다. 그 이유는 이 단어가 '뚜렷한 외부적인 사유 없이 발생하는, 스스로 발생한' 이라고 정의되기 때문이다(The American Heritage College Dictionary, 1993, p. 1, 315). '우연한' 이라는 단어는 표면적 단계에서는 '의도하지 않은, 계획하지 않은, 혹은 미리 중재하지 않은' 이라는 단어와 바꾸어 사용되어 왔지만, 정신분석 이론에서 그 숨은 의미와는 일치하지 않는다. '우연한' 이라고 부를 수 있는 유일한 요소는 그것의 역동적인 내용이 아닌 환기가 일어나는 타이밍이었다.

Freud(1910/1957a)에 따르면, 치료사의 역전이는 '그의 무의식적 감정에 대한 환자의 영향의 결과'(p. 144)다. 환자는 역전이 반응을 일으키는 외부적 요인이다. 마찬가지로 치료사의 역전이 노래는 치료에서 양자가 상호작용을 하는 동안 환자가 무의식적으로 유도한 역동성, 정서, 그리고 아이디어를 담고 있다. 반대로 똑같은 귀납적 과정이 환자의 전이 노래에도 영향을 끼친다(Rosenbaum, 1963).

공동으로 유도된 전이와 역전이는 현재 두 사람의 심리 관점(개인 간의, 상호 주관적인 혹은 상호작용하는)을 대표하고, 다양한 양자관계 속에서 유도된 노래 회상 기법("무슨 노래가 떠오르나요?"라고 질문함으로써)을 적용함으로써 상세히 드러났다(Díaz de Chumaceiro, 1987, 1988, 1990a, 1990b, 1992a, 1992b, 1993a). 무의식적으로 떠오른 음악에 대한 정신분석적 해석은 치료사가 환자의 투사를 위한 빈 스크린으로 개념화되었던 1인 심리의 맥락에서 기원하였다. Freud가 1910년 역전이에 관해 저술하였을 때, 그는 이것을 분석가가 극복해야 하고 차후 분석에서는 제거해야 할 경멸적인 현상으로 보았다. 따라서 그의 추종자들은 오랫동안 역전이에 대해 언급하는 것을 회피하였다(초기 역전이 문헌을 고찰하려면 Kernberg, 1965를 참조). 전이와 역전이는 도처에 존재한다. 이런 현상을 결정하는 요소의 임상적 중요성을 이해하기 위한 시도는 환자와 상호작용을 좀 더 잘 이해할 수 있는 중요한 도구가 된다.

일상생활과 치료에서 의도하지 않은 음악 환기를 적용한 정신분석적 아이디어의 역사는 Freud가 시작한 이래 몇 명의 정신분석학자가 그 길을 닦아 왔다. 이 장에서는 1900년부터 1986년까지 정신분석 문헌에서 발췌된 것을 연대순으로 제시하고 토론할 것이다. 비록, 이런 예를 통해 현대의 독자는 상호적인 자극과 전이적인 혹은 역전이적인 내적(intrapsychic) 반응을 분명히 이해할 수 있지만, 관찰 당시에 유효하였던 이론과 더불어 이를 역사적 맥락에서 보아야만 함을 기억해야만 한다. Theodore Reik가 역전이라는 용어를 사용하지 않고 음악에 대한 치료사의 정서적 반응의 중요성을 자세히 기술한 것이 불과 1953년이었다. 환자의 환기는 1963년 Jean B. Rosenbaum이 '전이의 노래'라고 칭했다. 이 책의 16장은 1987년 이후 심리치료의 두 구성원이 의식적으로 유도한 노래 환기에서 상호작용적인 기반을 설명할 것이다.

SIGMUND FREUD: 의도하지 않은 노래의 허밍

『꿈의 해석(The Interpretation of Dreams)』(1900/1953)에서 Sigmund Freud는 언젠가 비엔나의 기차역에서 툰 백작을 보았고, 그 후 Mozart의 Le Nozze di Figaro에 나오는 피가로의 아리아를 흥얼거리고 있는 자신을 발견하였다고 기술하였다(p. 208).

> Se vuol ballare, signor contino,
>
> Se vuol ballare, signor contino,
>
> Il chitarino le suonero
>
> 만약 나의 주군인 백작이 춤을 추기 위해 오른다면,
>
> 만약 나의 주군인 백작이 춤을 추기 위해 오른다면,
>
> 나는 기꺼이 그에게 노래 한 곡을 연주할 것이오.

그 밤 내내 그의 기분은 고취되었고 그의 마음가짐은 전투적이었다. 결과적으로 피가로의 연설의 맥락 속에서 Pierre Augustin Caron de Beaumarchais에 의한 동명 제목의 코미디, 그가 참여하였던 코메디 프랑세즈(Comedie Francaise)의 연주, 그리고 툰 백작과 관련된 다른 연상을 기억하면서, 그의 머릿속에는 온갖 종류의 거만하며 혁명적인 생각이 지나갔다.

이 예화는 세 가지 이유에서 강조된다. 첫째, 그 예상하지 못한 순간에 특별한 노래가 Freud의 마음속에 떠오르게 된 이유는 툰 백작을 보았기 때문이다. 이것은 자기분석의 결과로 기대하지 않았던 개인적 발견을 하게 하는 독특한 기회를 그에게 제공한 우연한 일상적 경험이었다(Díaz de Chumaceiro, 1995a, 1995b, 1996b, 1996c, 1997a, 1997b, 1998a, 1998b; Díaz de Chumaceiro and Yaber-Oltia, 1994, 1995). 이것은 상호작용에 대한 그의 정신 반응이다. 둘째, Freud가 음악을 싫어한다고 가정한다 할지라도 이 예화는 그가 허밍을 하였다는 것을 알려 준다. 셋째, 이 작업 속에서 담고 있는 이번 사례와 다른 사례의 관점에서 볼 때, 그가 『The Psychology of Everyday Life』(1901/1960)의 제2판에서 독창적인 관찰을 첨가하였다는 것은 그리 놀라운 일이 아니다. Jung(1907 [1960])과 Maeder(1909)가 언급한 것처럼 만약 누

군가가 의도하지 않고 종종 그렇게 하고 있다는 것조차 알아채지 못하면서 자신이 허밍하고 있는 곡을 알아내는 데 어려움을 겪고 있다면, 그는 그 노래의 가사와 그의 마음을 지배하고 있는 어떤 주제의 관계를 꽤 규칙적으로 발견할 수 있을 것이다'(p. 215)(후자의 참고문헌은 1910년에 첨가되었다).

Freud가 인용한 Carl G. Jung의 작업(1907/1960)은 유사하거나 다른 상황에서 그리고 어떤 문화에서도 환기자에게 알려진 노래를 수월하게 재현할 수 있는, 시간을 초월한 일상생활 경험을 제시한다. Jung에 따르면 Freud의 꿈 분석을 두려워하는 사람들은 '선율적 자동 현상(melodic automatisms)'이라 부르는 것에서 같은 종류의 자료를 얻을 수 있다고 주장하였다. 그 예로서 그는 대화 도중 "만약 결혼을 해야 한다면 자랑스러운 여성과 하세요."(p. 55)라고 유머스럽게 말했던 어떤 사람에 대해 언급하였다. 그런데 그 남자는 자존심이 센 여성과 최근에 결혼한 사람이었다. 그 후 그는 (당시에) 잘 알려진 한 대중가요의 선율을 휘파람으로 불기 시작하였다. Jung은 그에게 그 노래의 가사가 무엇이냐고 물었다. 그는 "내가 무슨 노래를 휘파람으로 불고 있었나요? 오, 아무것도 아니에요. 난 이 노래를 길거리에서 자주 듣긴 했지만 가사는 몰라요."(p. 55)라고 대답하였다. Jung은 그가 잘 알고 있는 그 가사를 기억해 내도록 그를 밀어붙였다. 그러나 그의 친구가 그렇게 하기에는 불가능하였다. 반대로 그는 그 가사를 절대 들어본 적이 없었다고 확신하였다. Jung은 "그 후렴구는 다음과 같아요. '나의 어머니는 나에게 말했죠, 시골뜨기 가정부와는 결혼하지 마라'."(p. 55)라고 언급하였다.

또 다른 예는 여행 도중 한 신사와 함께 걷고 있으면서 Richard Wagner의 Lohengrin에 나오는 결혼행진곡을 흥얼거린 한 젊은 여성에 관한 것이다. 그녀는 그가 빨리 그녀에게 결혼 신청을 해 주었으면 하고 바라고 있었다. Handel의 '보세요, 승리의 영웅이 왔어요(See, the Conquering Hero Comes)'는 최근 들어 박사논문을 마친 Jung의 젊은 동료가 반나절 동안 무언가에 사로잡혀 휘파람을 불었던 곡이었다. 강박적으로 부른 선율인 '우리는 영광을 위해 태어나지 않았던가?(Are We Not Born for Glory?)'는 최근에 돈을 많이 벌 수 있는 직업을 얻은 것에 만족한 Jung의 지인의 감정을 나타낸 것이었다. '옛날, 서로를 너무 사랑했던 두 명의 소중한 아이들이 있었어요(Once there were two royal children who loved each other so dear).'는 한 동료가 임신한 듯한 간호사를 만난 후 즉각적으로 휘파람을 불었던 곡의 가사였다. Jung은 다음과 같이 결론지었다.

> 나는 선율적 자동현상의 수집에 불필요한 것을 첨가하기를 원하지 않는다. 모든 사람은 매일 똑같은 관찰을 할 수 있다. 그들은 우리에게 억압된 생각이 어떻게 위장되어 있는지를 다시 한 번 보여 준다. 우리는 노래 부르는 것과 휘파람 부는 것이 종종 완전한 '관심의 집중(cathexis of attention)' (Freud)을 필요로 하지 않는 활동이라는 것을 알고 있다. 따라서 이러한 잔여 관심(residual attention)은 그 강박관념(complex)에 관계된 사고의 꿈과 같은 이동을 제공한다. 그러나 목적이 있는 활동은 그 복잡성이 명료화되는 것을 방해한다. 일반적인 은유적 형태 속에서 강박관념을 담고 있는 선율 자동현상의 경우와 마찬가지로 이것은 그 자신을 본능적으로 보여 준다(pp. 56-56).

그들의 정확도를 증명하는 가장 믿을 수 있는 방법은 일상생활과 임상 상황에서 개인적 관찰을 축적하는 데 있다. 이것이 음악 환기를 해석하는 데 정신분석적 원리를 적용하기를 원하는 사람들에게 줄 수 있는 첫 번째 제언이다.

1909년 Frued는 흥미를 가지고 『꿈의 해석』(1900/1953)에서 한 환자의 음악적 환기에 대한 짧은 임상적 각주를 첨가하였다. 이는 이어지는 문단에 삽입되었다. 꿈에 대한 연설에서 그는 "이 새로운 버전을 만드는 데서, 꿈은 종종 언어가 꿈-사고 속에서 본래 가졌던 의미를 무시하고 새로운 의미를 부여할 것이다."(p. 418)라고 저술하였다. 새로운 관찰은 다음과 같다.

> 이런 측면에서 신경증은 정확히 꿈과 같이 행동한다. 나는 무의식 중에 그녀의 의지에 반하여 그녀의 정신세계에서 작용하는 그 역할을 이해할 수 없으면서도 노래나 노래의 부분을 듣게 되는(예를 들어, 환청) 증상을 가진 한 환자를 알고 있다.(덧붙여 말하자면, 그녀는 분명 과대망상증 환자는 아니다.) 분석해 보니, 그녀에게 어느 만큼의 자유를 허락하였을 때 그녀가 이 노래의 가사를 잘못 사용하고 있음이 밝혀졌다. 예를 들어, (Weber의 Freischutz에 나오는 아가테의 아리아에서 발췌된) 'Leise, leise Fromme Weise!' (본래는 '부드럽게, 부드럽게, 경건한 선율') 부분에서 마지막 단어가 마치 'Waise' ('고아,' 따라서 그 부분이 '부드럽게, 부드럽게,

경건한 고아여')인 것처럼 그녀의 무의식 속에 자리 잡았다. 또한 '오, 그대는 축복 받으며 행복하라(O du selige, o du frohliche)'는 크리스마스 캐롤의 첫 부분이다. '크리스마스 시즌'이란 단어를 인용하는 대신에 그녀는 이를 신부의 노래로 바꾸었 다(pp. 418-419ff).

그 환자가 아가테의 아리아를 회상한 부분은 Weber의 오페라 2막에 해당된다. Freud의 간단한 설명은 그 당시에 유명했던 Weber의 오페라를 알고 있는 그의 동료 들에게는 아마 명백했을 것이다. 이것은 음악적 실언(musical parapraxes)의 홍미 있 는 초기 임상 사례다.

좀 더 최근 들어, 현재는 잘 연주되지 않는 이 오페라의 대본이 이 치료에서 지금- 여기의 은유로 해석되었다. 이런 현대적 관점에서 볼 때, 이 환자는 전이적으로 Freud를 운이 나빠 사격에 모두 실패한 산림 경비대원인 맥스로 여겼다. 그의 미래 의 신부인 아가테를 위한 맥스의 사랑은 그녀가 음악적인 회상을 하였던 당시 이 환 자에게 반응하였던 Freud의 긍정적 역전이뿐 아니라 Freud에 대한 그녀의 긍정적 전이를 나타냈다. <u>'이 아리아가 있어야 할 정확한 장소로 이끄는 그 전 장면은 환자 의 이 특정한 아리아의 회상을 촉발시킬 수 있는 역동성을 제시한다.'</u> (Díaz de Chumaceiro, 1993b, p. 297. 밑줄 친 내용은 원문에서 인용, 노래 회상의 초기 실언의 분류 는 Díaz de Chumaceiro, 1993a를 참조).

만약 Frued가 얼마나 자주, 그리고 어떤 작업에서 '곡조의 허밍'에 대해 언급하였 느냐고 질문한다면, 불행히도 현대의 거의 모든 사람은 그 해답을 정확하게 알지 못 한다. 1909년 2월 10일 Minutes of the Vienna Psychoanalytical Society(Nunberg & Federn, 1967) 모임에서 Freud는 곡조의 허밍에 대해 다음과 같이 부가적으로 설 명하였다.

GRAF는 '우연히 발생한 선율들'이라 부르는 것에 대한 자기 분석을 언급하는 데, 이는 그가 주기적으로 그 가사와 관계되어 연상적으로 발견한 것이었다(Freud 교수는 누구나 가사의 어법, 내용 혹은 상황과의 관련성 사이에서 명확한 구분을 해 야 한다고 언급한다)(p. 151).

Freud는 또한 그의 Five Lectures on Psychoanalysis(1910 [1909]/1957b)의 세 번째 부분에서 '허밍하는 곡조'의 중요성에 관해 언급하였다. '정신분석의 기술적인 도구가 된 정신 현상의 세 번째 집단에 관한 연구'를 설명하면서 그는 '중요성을 부여받지 않은 규칙으로서…… 작은 기능적 행동'(p. 37)의 정상적이고 신경증적인 수행에 주의를 돌렸다. 이것은 '사람들이 알아채지 못하고 그 어떤 심리적 중요성을 부여하지 않은 채 수행하는 행동이나 몸짓, 즉 사물을 가지고 장난치거나 만지작거리는 것, <u>곡조를 허밍하는 것</u>, 자신의 신체 일부분이나 옷을 만지는 것 등'(밑줄 친 부분은 첨부되었음, p. 37)을 포함한다.

Freud의 관점에서 이러한 사건은 '일종의 침묵의 음모에 의한'(p. 37) 것이라고 여기는 중요한 것이다. 이 사건들은 발생의 맥락에서 확실성을 가지고 쉽게 해석되는 의미를 담고 있다. 그 결과 그것들은 의식에서 숨겨지고 제거되기 위한 충동과 의도의 표현양식이거나, 실제로 '우리가 이미 증상의 창조자로 그리고 꿈의 구성자로 알고 있는 동일하게 억압된 충동과 강박관념'(p. 38)의 파생물이다. 따라서 이러한 사건들은 증상으로 고려할 만하며, 그것들이 탐구될 때 그것들은 꿈이 한 것 같이 정신의 숨은 부분을 밝히는 데 도움을 줄 것이다. '인간의 가장 친밀한 비밀은 일반적으로 그것들의 도움에 의해 드러난다'(p.38). 만약 성공적으로 억누르고 있었던 건강한 사람들에게도 무의식적이고 충동적인 사건이 자주 쉽게 일어난다면, 그것들의 평범함과 두드러지지 않음에 대해 감사할 일이다. 그것들은 심지어 정신건강에서도 억압과 대체 형태가 발생한다는 것을 보여 주기 때문에 이론적 가치가 높다.

몇 년 후 그의 네 번째 'Introductory Lectures on Psycho-Analysis'(1916 [1915]/1961a)의 실착(失錯)행위(parapraxes) 부분 결론에서 Freud는 실착행위와 밀접하게 관련된 다른 많은 현상이 있지만, 이 용어는 그것들을 위한 적절한 용어가 아니라고 설명하였다. 그는 이런 것을 '우연과 증상적인 행동'이라 명명하였다.

이러한 우연한 행동은 아무 목적 없이 장난치는, 우리의 의상이나 신체 일부분, 우리의 손이 닿는 사물에 관한 모든 종류의 조작, 더 나아가 우리가 흥얼거리는 곡조까지도 포함한다. <u>나는 이러한 모든 현상이 의미를 가지고 실착행위와 동일한 방식으로 해석될 수 있다고 제안한다. 또한 그것들은 좀 더 중요한 정신과정의 작은</u>

<u>신호이며 충분히 가치 있는 심리적 행동이다</u>(밑줄 친 부분은 첨부되었음, p. 61).

그 후 그의 여섯 번째의 'Introductory Lectures on Psycho-Analysis' (1916 [1915-16]/1961b)의 꿈에 관한 부분에서, Freud는 1907년의 관찰을 반복적으로 언급하고 확장하였다.

······어떠한 경고 없이 머릿속에 떠오른 곡조는 비록 그것을 깨닫지는 못하지만 인간의 정신을 지배할 권리가 있는 사고의 연속(train of thought)에 의해 결정되고 또 그것에 속한다는 것이 밝혀졌다. <u>곡조의 관계가 이것의 내용이나 그 기원에 기초한다는 것을 보여 주는 것은 쉬운 일이다</u>(밑줄 친 부분은 첨부되었음). 그러나 나는 이러한 주장을 내가 경험해 보지 않은 음악적인 사람에게까지 확장시키지 않도록 조심해야만 한다. 이러한 사람들에게는 곡조의 음악적 내용이 이것의 발생을 결정짓는 요소일 수도 있다. 초기의 사례는 일반적인 사람에 관한 것이었다. 예를 들어, [Offenbach의] La belle Helene에 수록된 파리스의 노래 곡조(말하자면, 호감 가는 곡조)에 긍정적이지만 귀찮은 질문을 받게 된 한 청년이 등장하는데, 이 귀찮은 질문은 그의 관심이 '아이다'와 '헬레네' 사이에서 동시대적인 경쟁에 있다는 것이 분석될 때까지 계속되었다(p. 108). (헬레네와 눈이 맞아 달아난 파리스는 한때 아이다산의 양치기였는데, 그곳에서 그는 경쟁관계에 있던 세 명의 여신에게 판결을 내렸다(Strachey, 1961, p. 108n).)

만약 한 개인에게 일어난 일이 이런 방식으로 꽤 자유롭게 결정되고 연결되어 전체의 부분을 형성한다면, 우리는 단 한 번의 연결 고리(single link)—즉, 처음부터 작용하였던 생각에 관한 연결 고리—로 발생한 일들이 더 개연성 없게 결정된 것은 아니라고 결론지을 수 있다. 사실 그 연결 고리와 떨어져서 우리가 그것들에게 초기 생각을 제공해 왔고, 그것들이 당시에는 잘 알려지지 않는, 즉 무의식적인 강렬한 정서적 사고와 관심, 그리고 '강박관념'에 의존하고 있다는 것이 탐구에 의해 밝혀졌다.(p. 108)

파리스의 유명한 노래인 'Au Mont Ida'는 1막 처음에 나온다. 이 노래는 '호감 가는'이라고 Freud가 말한 것 같이, 'Offenbach의 서정적인 곡조 중 가장 매혹적인 것'으로 여겨진다(Kobbe, 1919/1987, p. 641).

이 환자의 회상에서 Freud는 주피터를 모시는 성직자인 칼카스로 전이적으로 묘사된다고 가정할 수 있다. 비너스를 경외하는 페스티벌에서 칼카스는 양치기가 이 세상에서 가장 아름다운 여성(헬레네)을 차지할 것이라는 비너스의 명령을 대독한다. 칼카스는 그 양치기가 파리스라는 것을 깨닫고 그를 돕기로 하고, 그가 비너스에 대한 개인적 느낌을 그의 노래 속에서 표현하도록 요구하였다.

결국 Freud는 첫 번째 'Two Encyclopedia Articles' (1923/1955)의 'The Interpretation of Parapraxes and Haphazard Acts'라고 명명된 부분에서 정신분석 기법을 요약하였다. 그는 이전에는 설명되지 않았던 다양한 '보통 사람의 일반적 정신 작용'은 '신경증 환자의 증상과 동일하게 간주할 수 있다.'고 설명하는 것이 정신분석적 해석을 위한 승리로 여겨진다고 강조하였다. 이것은 그에게는 개인에게 알려지지 않은 이러한 작용이 분석적 방법을 통하여 수월하게 밝혀질 수 있다는 의미를 담고 있었다. 이러한 현상은 잘 알려진 단어나 이름을 잠시 망각하는 것이나 정교한 일을 행할 때, 일상생활에서 말할 때나 글을 쓸 때 얼떨결에 틀리는 것, 잘못 읽는 것, 물건을 다른 데 두거나 잃어버리는 것, 다양한 실수, 우발적인 자기 상해, 그리고 마지막으로 어떤 의도 없이 혹은 장난으로 행해지는 습관적인 동작, '생각 없이' 흥얼거리게 되는 곡조 등을 포함한다.

> 이러한 모든 것은 심리학적으로 설명되지 않았고……개인의 억압된 의도나 영원히 혹은 일시적으로 의식하지 못한 의도 사이의 충돌의 결과로서 간주되었다. …… 사람들은 많은 기회를 가지기 때문에 자신의 실착행위와 위험한 행동을 연구하는 것은 심지어 현대에서도 정신분석에 접근하기 위한 가장 훌륭한 준비다(밑줄 친 부분은 첨부되었음, pp. 239-240).

이 데이터를 보면 의도하지 않게 환기된 음악의 정신분석적 해석은, 예를 들어 정신분석의 적용과 더불어 문헌에서 자주 토론되고 저술될 것이라고 예상할 수 있다. 그러나 이 주제에 관해 흥미 있는 사람들에게는 불행하게도 그렇지가 않다. 하지만 이것은 아마도 부분적으로 Freud의 음악에 관한 모호한 태도와 이 분야에 관해 그가 관심을 두지 않았다는 꾸며 낸 이야기의 창조에 그가 기여하였기 때문으로 보인다 (Díaz de Chumaceiro, 1990c, 1990d, 1990e, 1991, 1992c, 1992d, 1992e, 1993c,

1993d). 만약 Freud가 그의 작업에서 이 주제에 관해 부분적으로 언급하는 대신 노래의 정신분석적 해석에 관한 글을 저술하였더라면 이 분야의 지식 역사는 꽤 달라졌을 것이다. 그리고 마음에 떠오른 곡조에 관한 그의 독창적인 아이디어는 좀 더 폭넓게 알려졌을 것이다. Freud가 언급하였던 주제에 대해 알지 못한다는 구실은 오래 전에 사라졌다. 그의 이론들은 Concordance to the Standard Edition에서 쉽게, 빨리 찾을 수 있다(Guttman et al., 1984).

THEODORE REIK: 잊혀지지 않는 선율

Theodore Reik(1953)는 수십 년 후 『The Haunting Melody: Psychoanalytic Experiences in Life and Music』의 서론에서 『The Psychology of Everyday Life』(1901/1960)에서의 음악에 관한 Freud의 간단한 관찰은 그의 추종자들의 관심을 끄는 데 실패하였다고 저술하였다. 새로운 기반을 만들기 위해 Reik는 비록 역전이라는 용어를 사용하지는 않았지만, 음악 환기에서 반영된 환자에 대한 치료사의 정서적 반응의 중요성을 지적하였다. 그의 관점에서 '인간 언어는 자료적 실재를 의미한다. 음악은 정신구조의 실재 언어다'(p. 8). 그가 한 많은 유용한 관찰 중에서, '이러한 내면의 노래 부르기에서 잘 알려지지 않은 자기(self)의 목소리는 지나가는 기분과 충동을 담고 있을 뿐 아니라 종종 부인하거나 거부하는 바람, 우리가 인정하고 싶지 않은 갈망과 욕망을 포함한다. ……그것이 의미하는 비밀의 메시지가 무엇이든 간에 우리의 생각을 담고 있는 우연히 발생한 음악은 절대로 우발적인 것이 아니다.'(밑줄 친 부분은 첨부되었음, p. 10) 의도하지 않게 세션 중에 분석가에 의해 환기된 선율은 '환자의 정서적 상황을 이해하는 데 중요한 생각의 전의식 메시지'(pp. 19-20)다. 그는 '그것들을 쓸어 버리거나 표면적인 가치로 평가하는 것, 그리고 우연한 음악적 회상으로 처리하는 것'(p. 20)을 분석적 실수로 생각하였다. 음악은 분석가의 의식적 생각을 넘어서는 자료를 담고 있으면서, 분석가를 교묘히 회피하였던 환자의 숨겨진 감정의 의사소통을 부분적으로 촉진할 수 있다. '곡조는 두 사람의 무의식 사이에서 매개로 사용된다'(p. 20).

젊은 환자인 매리언은 Reik가 앞의 환자인 다른 여성을 좋아하기 때문에 그녀를 위해 시간을 초과하여 치료하고 결과적으로 자신의 시간을 단축하였다고 말하며 자신의 세션을 시작하였다. '매리언이 가지지 못했던 그 무엇이 그 금발머리 말괄량이에게 있었는가'(p. 23). 그 후 그녀는 그 여성의 신체적인 측면과 지적인 부족함에 대해 비평하였다. 그의 편향성에 대해 Reik를 공격하는 것은 분석가로서 그의 능력에 대한 불신과 의심을 더하게 한다. 상당한 수준에서 세션의 남은 부분은 매리언과 그녀의 애인 간의 문제에 대해 토론하는 데 할애되었다. 그녀의 애인은 그녀와 파티를 가서 다른 여성에 관심을 가지고 식당에서 같이 저녁식사를 할 때도 다른 여성을 쳐다보는 사람이었다. 세션이 끝나갈 무렵 그녀는 전날 카루소의 미용사인 헨리 때문에 느꼈던 짜증스러움에 대해 보고하였다. 그는 매리언의 머리를 잘 만지지 못하였고, 그녀는 그가 다른 손님에게 제공한 것만큼 자신에게 돌봄과 관심을 주었는지를 비교하였다. '다른 손님은 그녀가 가지지 못한 무엇을 가졌는가'(p. 24). 그 후 그녀는 카루소에서 그녀의 옆 자리에 앉아 있었던 젊은 금발머리 여성의 매너와 외모에 관해 설명하였다. Reik에게 그 패턴은 명백하였다. 매리언이 그녀의 세션을 마치고 떠난 후, 몇십 년 동안이나 생각나지 않았던 한 옛 곡조가 그의 마음속에 떠올랐다. 그는 그것이 Heinrich Heine의 시에 독일 작곡가인 Friedrich Silcher(1789~1860)가 곡을 부친 '로렐라이(Lorelei)'인 것을 깨달았다(Silcher는 1915년부터 슈투트가르트에서, 그리고 1817년부터 1860년까지 튀빙겐 대학교에서 지휘를 하였다. 그의 많은 노래가 독일 민요의 일부가 되었다 [Thompson, 1938/1975].) Reik는 매리언과 '라인 강의 바위 위의 그 아름다운 말괄량이'(p. 24)와의 관계에 대해 궁금해하였다. 그는 그 가사를 기억하려 시도하였다. 그 자신의 언어로,

　　오, 물론 요정은 바위 위에 앉아 그녀의 금발머리를 금빛 빗으로 빗으며 라인 강의 뱃사공을 유혹하기 위해 달콤한 노래를 부른다. 생각의 연상에 의해 비교가 제시되었다(머리카락, 미용사). 나는 Heine의 시 마지막 연을 기억하지 못했다. 단지 느리고 센티멘털한 선율이 마치 그것이 들리기를 원하는 것처럼 나에게 다가왔다. 그 후 이러한 절의 내용이 기억되었다. 마지막에 파도는 뱃사공과 배를 삼키고, 로렐라이는 그녀에게 매혹되어 그 바위에 앉아 노래를 부르는 그녀를 바라보던 그 남자들에게 악마의 주문을 걸었다. 가사가 아닌 슬픈 피날레의 음악이 나에게 말하였고, 매리

언 행동의 의미에 관해 숨겨진 메시지를 나에게 알려 주었다. 남성에 대한 그녀의 무의식적인 공격성은 관심과 배려를 구하는 그녀의 열정적인 애원 뒤에 숨겨졌고, 그녀의 숨겨진 파괴적인 경향은 옛 노래의 도움으로 나에게 더욱 명백해졌다(p. 24).

비록 Reik가 그의 개인적인 삶에서 '로렐라이'의 중요성에 대해서는 언급하지 않았지만, 이 노래에 대한 그의 무의식적인 회상은 이 환자에 대한 그의 관심과 그것에 대한 경고가 그에게도 적용된다는 것을 제안한다(Reik, 1952를 참조). 회상된 음악에서 역전이 함축에 대한 Reik의 독창적인 연구는 더 많은 관심을 끌 만했다. 1911년 이래로 Vienna Psychoanalytic Society의 구성원으로서 Reik는 내가 아는 한 오랜 시간 동안 꽤 많은 작업에서 음악 연상에 관한 Freud의 독창적인 아이디어를 확장시켰던 Freud의 유일한 추종자였다. 예를 들어, 그의 『Listening with the Third Ear: The Inner Experience of a Psychoanalyst』(1948/1983)는 Gustav Mahler의 다양한 교향곡, 왈츠, 그리고 오페레타, George Bizet의 Carmen, Anton Bruckner의 음악, Wagner의 Parsifal, Robert Schumann의 행진곡(opus 9)과 그 외의 다른 작곡가들의 음악 작품들에 대한 해석을 담고 있다. 역사적인 관점에서 역전이 이론에 관한 Reik의 기여가 인정받은 것은 불과 1980년대 후반의 일이다(Gorkin, 1987; Marshall & Marshall, 1988; Tansey & Burke, 1989를 참조). 그러나 음악 환기의 해석에 적용된 정신분석에 관한 그의 독창적인 기여는 여기서 언급되지 않았다.

JEAN B. ROSENBAUM: 전이의 노래

Reik의 연구가 있은 지 10년 후 Jean B. Rosenbaum(1963)은 환자의 의도하지 않은 음악 환기를 정신분석 치료에서 '전이의 노래'로 명명하였고, 그것들이 '마치' 의식에 나타난 꿈의 내용과 같이 분석된다고 제안하였다. Rosenbaum은 "많은 환자에게서 선율이 있든 없든 간에 노래의 가사는 불안이 깔려 있는 본능적 충동의 방어적 표현으로써 사용되기도 한다. ……선율과 정서에서 분리된 이러한 가사는 종종 강박적인 방식에서 제시된 현재의 전이 태도의 구체적인 저항의 표현이다."(p. 258)라고 언급하였다.

　　어느 날 복도에서 들려오는 특별한 소음을 들으며 사무실의 문을 열었을 때, Rosenbaum은 중년의 여성 환자가 허스키한 목소리로 어떤 노래를 흥얼거리며 사무실에 오는 것을 발견하였다. 그녀의 문제는 오래된 결혼생활에 대한 갈등이었고, 그녀의 남편이 소극적 방어로 취하는 행동은 이를 더욱 악화시켰다. 그녀는 새롭게 나타난 남편의 꽤 공격적인 성적 자세에 공포를 느꼈다. 그녀는 매력적이고 잘 교육받은 회계사다. 그녀의 높은 사회적, 전문가적 위치에도 불구하고 그녀는 사람을 다루는 데서 감정을 공유하기보다는 조정하는 특징을 가지고 있었다. '그녀는 전형적인 남근숭배의(phallic) 여성처럼 보이는 여성상의 익숙한 그림(세련된 의상, 정교한 머리모양, 그리고 값비싼 외제 향수)을 제시하였다' (p. 259). 그녀는 드러나는 마찰 없이 미묘하지만 전반적인 방법으로 조정하였던 소극적 남성과 결혼함으로써 자신의 유아시절에 가졌던 강렬한 페니스에 대한 부러움을 조절하였다. 그녀는 그들의 규칙적인 부부관계에서 성기의 어떤 느낌을 경험하지 못하였다. 그러나 그녀는 때때로 약한 오르가슴을 경험하였다. 억압적인 어머니 전이 안에서 충동 조절에 대한 그녀의 공포에 관해 몇 달간 작업한 후에 성적 충동(libidinal)의 자료가 표면화되었다. 초기의 자위적 자료에 이어 몇 가지의 무의식적 성기 충동에 관한 것들이 꿈에서(그리고 특정한 증상으로) 표현되었다. 그녀는 부인하던 것을 포기하고 그녀에게 나타나고 있는 소극적 감정을 다른 여성에게 투사하였다. Rosenbaum이 저술한 바와 같이 '전이 속에서 소극적인 성기의 바람은 밖으로 나타날 수가 없었다.' (p. 259)

　　노래를 흥얼거리면서 도착하였던 그 세션은 어떤 이상한 일이 그녀에게 발생하였다고 그녀가 말하기 전까지는 평상시와 다름없이 진행되었다. 그 전날부터 어떤 가사가 그녀의 머릿속에 계속적으로 떠올랐고 그녀는 그것을 지울 수가 없었다. 나는 이것이 복도 밖에서 그녀가 흥얼거리던 곡조인지를 물어보았다. 그녀는 비록 당시에 자신이 흥얼거리고 있다는 사실을 깨닫지 못하였으나, 오직 한 노래만이 그녀를 사로잡고 있었기 때문에 그 노래가 맞을 것이라고 단언하였다. 그 후 그녀는 이것이 단지 자신을 귀찮게 하는 것일 뿐이며 그다지 중요한 일은 아니라고 말하였다. 그 후 Rosenbaum은 '이것은 꽤 중요한 일임에 틀림없다.'고 추측하며 '그 노래의 본질에 대해 질문하였다' (p. 260). 이 환자는 얼굴이 붉어지며 약간 당황하면서, "사실, 이 노래는 '당신은 나에게 익숙해지네요(You're Getting to Be a Habit with Me)'예요." (p. 260)라고 대답하였다. 그녀의 연상은 재빨리 활성화되며, 이는 몇 가지 경로로 나타났다. 그녀는 이 가사가 자신의 젊은 시절, 데이트나 춤을 추러 가는 것을 두려워하였을 당시에 유행하였던 노래 중의 하나였음을 기억해 내었다. 그녀에게는 현재 무용을 배우는 딸이 있는데, 그녀도 자신의 딸과 함께 무용 레슨을 받고 있었다. 이 환자는 무용 선생님이 매력적이라고 생각하였고, 회전할 때면 꽤 어지러움을 느꼈다. 아주 불안해하면서 그녀는 그 후 전날 밤 성관계 시 처음으로 성기에 감각을 경험하였고, 이것이 매우 두려웠다고 설명하였다. 또한 그녀는 꿈속에서 어떤 목소리가 그녀의 현관 앞에서 그녀를 부르고 있었다는 것을 기억하였다. 잠에서 깨어났을 때 그녀는 즉각적으로 '치료를 받으면서 너무 성적으로 흥분되어 있으니 잠시 쉬는 편이 낫겠다.' (p. 260)라고 생각하였다. 잇달아 곧 풍부한 힘을 가진 긍정적 전이가 나타났으며 그 노래는 그녀의 마음속에서 떠나갔다.

> 그 노래 가사는 앞의 사건이 일어나기 전 하루 동안 감정이나 연상 없이 강박적인 방식에서 환자의 의식 상태를 나타냈다. 그녀가 깨닫지 못했지만, 그 선율은 그녀가 설명한 그 아침 시간에 대한 가사와 관계가 있었다. 치료사의 귀에 들리던 그 흥얼거림은 '연기하기'라고 부르는 치료 상황에서 전이 저항의 표현으로 여길 수 있다. 이것에 직면했을 때, 그 환자는 인간이 의식화된 꿈에 대해서 실행하던 것과 같은 동일한 방식으로, 그 노래의 관념화된 내용에 관하여 감정을 가질 수 있었다 (Rosenbaum, 1963, p. 260).

Harry Warren(1893~1981)의 곡과 Al Duban(1891~1945)의 가사로 구성된 '당신은 나에게 익숙해지네요'는 1933년 할리우드 뮤지컬 영화인 '브로드웨이 42번가' (1933)에 삽입되었던 곡으로, 이 영화는 1890년 8월 Winter Garden 극장에서 뉴욕 뮤지컬로 전환되었고, 1894년 런던에서 공연되었다. 이 영화는 몇 년간의 생생하면서 가치 있는 시간을 통하여 이 장르의 대중음악 수준을 끌어올렸다. 이 영화는 '활기찬 탈출자'의 무대 뒷 이야기로 '대공황기의 강장제'라는 평가를 받았다(Gammond, 1991, p. 204). 이 노래가 나오는 영화의 줄거리는 분석가의 역전이 상태를 제시한다 (영화음악 환기에 관한 해석은 이 책의 16장에 설명된다).

FRANCES HANNETT: 잊혀지지 않는 가사

Frances Hannett(1964)는 여러 아이디어 중에서 "머리에서 맴도는 혹은 잊혀지지 않는 선율이 의미하는 바는 강박적인 가사에도 동일하게 적용된다. 전자와 같이, 이 '은밀한 메시지'는 절대 우연히 발생한 것이 아니다."(pp. 228-229)라고 제안하였다. 게다가 노래는 간접적인 의사소통을 통하여 거리를 좁히고, 분석에서 현재의 갈등에 대한 실마리를 종종 제공한다. 그녀는 분석가가 환자의 중요한 특정 방어에 대해 작업하는 것이 다른 사람의 동일한 문제를 이해하도록 하는 데 도움이 될 수 있다고 생각하였다.

결국 가사의 부분을 연구한 결과로 Hannett는 갑자기 새롭고 풍부한 자료를 가지게 되었다. 인용된 예화는 몇 배로 늘어날 수 있다. 한 남성 환자는 다음과 같이 보고하였다. "'저기에 있네요.' (그가 불안 때문에 그 생각에서 멀어짐을 느낀다는 것을 뜻하면서) 나는 생각하고 있어요. '그들에게 그것을 버리라고 해요!'" 이것은 1956년 민주당 전당대회의 테마송이었지만, 그 환자는 거세의 공포를 나타내기 위하여 그 제목을 이용하였다. 우연하게도 민주당은 그 선거에서 패하였다(p.233). 또 다른 사례에서,

한 남성 환자는 어느 날 아침에 잠에서 깨어 '나는 나를 위해 호두 열매를 많이 주웠다. 하루 종일 나에게는 내 여자 친구와 내 노래, 그리고 Hebben이 있다.'라는 가사를 휘파람으로 불었다. 그 후 그의 고통스러운 발기장애와 그로 말미암아 아내를 잃을지도 모른다는 공포에 관한 1시간의 토론이 이어졌다. 전날 밤 그는 성공적으로 성적인 도전을 만족시켰고, 그 가사는 바람과 기쁜 안도를 재미있게 표현한 것이었다. 그러나 영화 '포기와 베스(Porgy and Bess)'에서 나온 노래를 부른 불구자가 그의 신체적 장애를 전성기의(pregenital) 돌봄의 도구로 사용하고 있기 때문에, 그 이면에는 저항과 그의 발기장애에 관한 실마리가 담겨 있다(p. 234).

가사는 표면화된 내용과 잠재적인 내용을 내포하고 있다. 방어적인 표면적 입장은 가사의 의식에 나타난 의미 안에서 다시 서술된다. '충동과 바람, 그리고 그들의 유전적 기원을 뜻하는 잠재된 의미는 꿈과 같이 오직 가사를 분석함으로써 드러난다'

(p. 237). Hannett의 논문은 또한 1800년부터 1899년까지의 대중가요와 비교하여, 1900년부터 1949년까지 미국에서 유행한 노래의 후렴구 가사의 개인적이고 사회적인 중요성을 정신분석적인 관점에서 연구한 첫 보고서다. 그녀는 다음과 같이 결론지었다.

> 나는 (a) 대중가요 가사가 무의식적 유아기 태도를 표현하며, (b) 전(前) 오이디프스 어머니 상(象)에 대한 해결되지 않은 전체적 혹은 부분적인 집착이 미국 대중가요의 잠재적 기반을 제공한다고 믿는다. 대중가요 가사의 낭만적이며 센티멘털한 표현은 사랑하는 사람과의 이별에 대한 걱정으로 나타나지만, 근원적으로는 의존적인(anaclitic) 모-자에 관한 주제를 위장한 것이라는 것이 명백하다(pp. 255-256).

포기의 노래인 'I Got Plenty o' Nuttin'은 1막 2장에 나온다. 이어서 그는 불평하는 것은 아무 쓸모가 없다고 이야기한다. 그는 그의 여자와 주님, 그리고 노래를 가지고 있다. 포기는 베스와 같이 살기 시작한 이래로 변했다. 후렴구에서 그는 더 이상 아이들에게 까다롭게 굴지 않음을 강조하고, 포기와 베스가 그들의 방에서 부르는 노래를 '당신(청중)'이 엿듣지 않았는지를 물어본다. 마리아는 그 절름발이가 이제 행복하다고 난 당신에게 말합니다."라고 첨가하였다. 그 후 포기는 그의 노래에서 계속적으로 부가적인 연을 부른다(Heyward, 1935, p. 9). 전이적으로 포기와 같은 환자는 베스와 같은 분석가에게 그것이 마치 꿈인 것처럼 그의 노래를 선물로 주고 있다. 역전이적으로 베스와 같은 그 분석가는 그녀의 환자와 함께 노래하고 있고, 그에게 그가 필요한 전 오이디프스적 돌봄을 제공한다.

Hannett는 Rosenbaum의 글이 1961년 12월 뉴욕, 미국 정신분석협회에서 발표되었을 때 그의 글에 대한 토론자였다. Reik과 Freud와 더불어 이 두 학자의 기여는 치료에서 곡조와 노래의 정신분석적 해석을 발전시켰다.

LAWRENCE H. ROCKLAND: 대중가요

Lawrence H. Rockland(1970)는 30세의 히스테리 증상의 기혼 남성이 분석 중에 환기한 대중가요를 연구하였다. 그는 노래가 나타난 특정한 시기와 노래와 꿈에 대한 관련성에 초점을 두었다. 이 환자는 왜 그 연상의 기류에서 그토록 많은 노래를 분출 하였는가? 그리고 어떤 정신구조적 상태가 좀 더 전통적인 사고 작용과 연관되는 대 신 노래의 경험과 연관되었는가? 그는 그것들이 우연히 나타난 것이 아니며 꿈이 보 고되었을 때 노래는 그보다는 덜 환기되었다는 것을 발견하였다. 대부분의 노래는 한 번, 소수의 노래는 두 번, '나는 얼마나 바보인가(What kind of a Fool Am I)?'는 13번 회상되었다. '이 노래의 내용은 대체로 지배적인 전이나 그 당시의 방어적 이슈를 표 현하였다'(p. 520). 예를 들어,

1964년 3월(4번째 달), '때때로 나는 내가 위험에 빠졌다는 것을 단번에 알지요 (Sometime I know at a glance the terrible chances I'm taking)'는 분석에 점 점 더 빠지는 것에 대한 환자의 걱정을 표현하였다. 1965년 3월(16번째 달)에 '그래 요, 나는 진짜 위선자에요(Yes, I'm the great pretender)'는 다음 노래인 '당신과 의 밀접함(The Nearness of You)'에서 나타난 동성애적인 전이에 대한 그의 방어 에 대한 자각을 표현하였다. 분석가에 대한 환자의 긍정적 사모의 강도가 점점 더 높 아짐에 따라 '주제 노래'가 나타났다. '사랑에 빠지지 않는 나는 얼마나 바보인 가?(What kind of fool am I who never fell in love) 나는 내가 생각해 온 오직 한 사람인 것 같네요(I'm the only one that I have been thinking of).' 이어지는 시 간에 그는 이러한 감정에 대해 자신을 방어하였다. '나는 도널드 덕 같아요.' 1965년 6월(19번째 달)에 그는 다시 '나는 얼마나 바보인가?' 후에 나의 무반응에 대해 나 를 이렇게 비난하였다. '당신은 내가 사랑에 빠진 동안 나를 우롱하고 있어요.' 치료 의 종결이 1966년 4월(30번째 달) 처음 언급되었을 때는 '당신이 떠난 후에(After You've Gone)'라는 노래가 두 번 나타났다(p. 521).

'난 얼마나 바보인가?'라는 노래는 가수가 다른 사람을 사랑할 수 없다는 것을 솔

직하게 나타낸다. 그러나 노래의 끝은 약간 희망적이다. '왜 나는 다른 남자와 사랑에 빠질 수 없는 것인가, 아마 나는 내가 얼마나 바보인지 알 수 있을 것이다.' 이 '주제 노래'를 통하여 그 환자는 '자기애적이며 의존적인 아동으로 남는 것과 또 다른 성인과의 평등과 상호성의 관계로 들어가는 것 사이의 갈등'(p. 523)을 표현하였다. Rockland는 노래를 단순한 저항으로 해석해서는 안 된다고 제안하였다. 대신 노래는 언어로 표현할 수 없는 강렬하고 괴로운 감정을 분출하기 위한 촉매제가 될 수 있다. 그는 환자-분석가 상호작용에 초점을 맞추는 것이 강렬함과 연상된 위험 안에서 그의 애씀에 대한 좌절의 위험 없이, 분석가의 반응을 시험하기 위하여 환자가 띄운 '시험 기구'의 역할로 노래(p. 525)를 바라보는 것을 허용한다고 결론지었다.

Anthony Newley(b. 1931)의 음악과 Leslie Bricusse(b. 1931)의 작사로 지어진 '난 얼마나 바보인가?'는 1961년 런던에서 초연된 뮤지컬 'Stop the World-I Want to Get Off'에 수록된 곡이다. 이 뮤지컬은 상사의 딸과 결혼하여 사업의 정상에 오른 리틀챕이라는 한 평범한 사람에 관한 이야기다. 자신이 얻은 수익과 여성과의 즐거운 시간 후에 그는 '나는 얼마나 바보인가?'라고 의심하며 뮤지컬을 끝마친다(Gammond, 1991, p. 548). (1962년 뉴욕 무대 후, 이 뮤지컬은 1966년 Tony Tanner와 Millicent Martin이 영화화하였다. 새로운 영화 버전은 'Sammy Stops the World'라는 제목으로 1979년 제작되었다.) 또한 이 사례에서 그 영화는 분석가의 역전이적 입장을 제시하기도 한다.

CASSANDRA M. KLYMAN: 오페라의 환기

Cassandra M. Klyman(1980)은 Giuseppe Verdi의 운명의 힘(La Forza del Destino), 오텔로(Otello), 일트로바토레(Il Trovatore), 라 트라비아타(La Traviata)와 아이다(Aida), Giacomo Puccini의 마농 레스코(Manon Lescaut), 토스카(Tosca), 서부의 아가씨(La Fanciulla del West), 투란도트(Turandot), Georges Bizet의 카르멘(Carmen), 그리고 Ludwig van Beethoven의 피델로(Fidelio) 오페라를 환기한 어떤 환자의 정신분석적인 통제 사례를 거론하였다. 많은 억제와 신체에 대해 불만을 가진 외국 출생의 30세 기혼 영업사원은 오페라 테너가 되기를 원하여 이런 오페라를 공부

하고 있었다. 이 치료에 참여한 두 사람의 음악과 미술에 대한 흥미는 그가 자신의 성격과 신경과민적인 행동을 탐구하도록 하는 데 도움을 주는 작업 동맹을 촉진하였다. 분석가와 환자 모두에게 친숙한 오페라 자료는 분석과정을 촉진하는 역할을 하였고, 두 사람 모두에게 풍성한 경험이 되었다. Klyman은 이러한 연상이 방어적인 역할을 하면서 문제에 관해 환자의 표현을 돕는 음악적 속기(곡이 없는 구절이나 작은 악구, 가사 혹은 가사 없는 선율, 오페라 제목 혹은 오페라의 등장인물로 구성된 것)라고 추측하였다. 예를 들면,

> 오텔로와 카르멘의 이야기는 그에게 통제력 상실의 공포 없이 나를 향한 그의 살인적인 분노를 표현하는 데 유용한 도구가 되었다. 그 후 그는 "당신은 자신 안의 성난 무어가 있다는 것을 두려워하는군요."라는 나의 해석에 대해 반영할 수 있었다.
> 오텔로는 또한 그의 동성애적인 바람과 그것에 대한 그의 불안을 투사할 수 있는 무대였다. ……나에게 다양한 소프라노의 역할을 하게 하는 오페라적 연상은 그의 분노에 대한 방어로 나를 이상화하는 데 사용되었다. 그는 나를 저명하고 훌륭한 목소리를 가지며, 관능적인 가슴과 팬클럽을 가진 역할로 나를 위치시켰다. 의미심장하게도 나는 창녀나 결핵환자였으며, 모든 대본에서 죽음에 직면해 있었다. 그의 감정을 다른 대본에서 테너의 것과 비교해 보았을 때, 그는 자신의 사랑과 증오의 감정에서 고립되었다(p. 91).

Klyman은 환자의 오페라에서 환기는 일상적인 언어로 말하는 것과 일상적인 현실 테스트에 대한 저항이라고 반복적으로 해석하였다. 직면은 오페라의 암시가 방어기제(부인, 치환, 투사, 소극성을 적극성으로 전환시키는 것, 그리고 공격자와의 동일시)를 어떻게 표상화하는지에 관한 설명을 포함하였다. 그가 자신에 관해 더 잘 알아감에 따라 그의 자기 관찰적인 자아의 성숙이 계속적으로 일어났고, 그의 자기대상 표상의 안정화가 뒤따라왔다. 그가 자신의 공격적 판타지와 거리를 두었을 때, 진실한 감정에 대한 그의 능력을 자각하였고, 그 자신이 사랑과 존경을 받을 만하다고 느꼈다. 그녀는 '유아 시절의 상처는 절대로 고칠 수 없지만 과거의 관점으로 집어넣을 수는 있다.'고 결론지었다. 지식의 근원에 기인한 안전한 분리 느낌이 진실한 학습을 발생하게끔 만들었다. 과대망상적인 자기가 변화됨에 따라 환자의 이상화된 부모의 심상도

변화하였다(p. 99).

만약 오페라 학생인 환자가 오페라에 익숙하지 않은 치료사에게 온다면, 치료사는 재빨리 그것을 배워서 세션에서 그 오페라적 자료의 중요성을 간파할 수 있어야 한다. 만약 이런 과제가 어떤 이유에서든지 너무 벅차다면, 이미 그러한 음악적 배경이 있는 치료사에게 그 환자를 소개하는 것이 바람직하다.

DANIEL S. JAFFE: 역전이적 오페라

Daniel S. Jaffe(1983)는 그의 첫 번째 글에서 음악적 주제에 관한 그의 내적 경험이 환자의 정서적인 상태와의 일시적 동일시를 가져오는 기분의 변화를 그에게 알려줄 수 있는 방법에 대해 설명하였다. 타인을 향한 그의 '감상양식'은 그가 자신의 어머니에게서 잠재적인 메시지를 받았을 시기였던 유아기의 중요한 경험에서 기원하였다. 그의 어머니는 걱정이 있을 때 '그녀 자신에게' 흥얼거렸다.

두 번째 글에서 Reik의 'Listening with the Third Ear' (1948/1983)를 인용하면서, Jaffe(1986)는 음악적 신호에 대한 그의 특별한 경험인 한 사람에서 다른 사람으로의 신호에 대한 민감성을 추가로 설명하였다. 분명한 것은 분석가는 환자가 느끼고 있는 것에 관해 의식적인 근원부터 무의식적인 근원까지 아주 많은 모호함을 다룬다는 것이다.

34세의 한 여성이 무너져 가는 15년 간의 결혼에 대한 그녀의 커지는 실망을 다루는 데 도움을 구하기 위해 Jaffe를 찾아왔다. 그 결혼을 통하여 그녀는 세 명의 자녀를 두고 있었다. 부모 모두는 혼외정사에 빠져든 적이 있었기에 책임, 신뢰, 사랑이 결핍되었다는 것은 너무나 명백하였다. 그들은 부부치료에 참여하였고, 그 후 개인치료를 받게 되었으며, 이는 결국 부인의 정신분석 치료로까지 이어졌다. 그 시점까지 몇 번의 별거와 화해가 있었으며, 이는 그 결혼을 거의 지탱할 수 없다는 것을 암시하였다.

그녀의 어머니에게 받은 교훈은 타인의 동기에 관해 의심해 보는 것과 그녀의 개인적 감정(그녀 성격의 주된 측면)을 내보이는 것을 경계하는 것이었다. 그녀는 자신의 개인적인 성적 흥분을 의식적으로 회피하였지만 타인에게는 그것을 고의적으로 자극하였다. 따라서 그녀는 결혼생활 중 불감증에 시달려 왔다. 오랜 시간 동안 치료를 받으면서 전이에 대한 저항이 명백히 나타났다. 그녀는 사전에 상호 이익이 보장되거나 영향력 있는 자리를 얻기 전까지는 그 어떤 상처받기 쉬운 면을 표현하는 데 부정적이었다. 치료의 중기단계에 이러한 애씀이 남근숭배에 기인한 것임이 명백히 나타났다. 그녀는 '그녀의 아버지에게서 시작된 남성의 호색'에 관한 그녀의 경험을 강조하였고, '이는 여성을 비하하는 것으로 표현되었다' (p. 223).

그녀의 정서적인 삶에서 발전된 새로운 어떤 것은 그녀가 다른 말투로 말하였던 한 남자를 만나기 시작하였을 때 명백히 나타났다. Jaffe는 다음과 같이 서술하였다.

> 내가 이 환자의 이야기를 들음에 따라 자연발생적인 음악적 주제 안에서 어떤 변화가 나에게 신호를 보냈는데, 이는 덜 인지적인 방식으로 이미 확실해진 것에 대해 새로운 빛을 가져다주었다. 나의 내적 귀에 가끔 들린 주악상(leitmotif)은 돈 지오반니(Don Giovanni)의 유혹 장면에 나오는 쾌활한 음악이었다.

> > Là ci darem la mano, là mi dirai di si.
> >
> > Vedi, non è lontano: Partiam, ben mio, da qui.
> >
> > 그곳에서 우리는 손을 잡고, 당신은 '네' 라고 속삭일 거예요.
> >
> > 보세요, 이것이 가까이 왔네요. 내 사랑, 이곳을 같이 떠나요……
> >
> > 그리고 Zerlina가 따를 때까지 계속해서,
> >
> > 빨리 나는 더 이상 거부할 수 없어요.

> 어느 날 내가 들었던 것은 파우스트(Faust)에서 카바티나의 좀 더 심금을 울리는 노래였다.

> > Salut! demeure chaste et pure, où se devine. La presence d'une ame innocente et divine!
> >
> > 만세! 그녀가 정정당당하고 정직한 존재임을 느끼게 하는 이 적절한 장소가 얼마나 순수하고 정숙하던가!

> 그 변화는 그녀가 최근에 만났던 남자와의 관계 안에서 발전된 것(그리고 전이 상황에서 발생된 것), 즉 부드럽고 따뜻하며 낭만적이고 순종적인 감정을 예감하게 하

였다(pp. 223-224).

이어지는 사건은 환자가 그 남자와의 관계에서 새롭고 지속적인 단계에 들어섰다는 것을 보여 주었다. 그녀는 많은 문제를 해결하였고, 다시 결혼하여 인생의 새로운 기쁨을 발견하였다. 그 후 다른 환자들과의 경험에서 돈 지오반니와 파우스트 주제는 그의 마음속에 주 악상으로 이따금씩 떠올랐다. 설명한 사례와 같이 '음악적 주제는 언제나 어떤 명확한 인지적 자각이 일어나기 전에 자연발생적이며 예기치 않게 발생하곤 한다' (p. 224).

이 사례는 명확하게 이들 오페라에 관한 Jaffe의 역전이적 환기에서 역동성이 그 환자와 그의 상호관계의 결과로 인해 무의식적으로 유발되었다는 것을 설명한다. '자연발생적' 인 것은 환기의 타이밍이지 그것들의 내용이 아니었다. 1986년 Blum은 역전이를 밝히기를 꺼리는 이유에 대해 설명하였다. '분석가가 그의 기술을 공개하는 것은 자기를 너무 많이 노출시켜 신중함과 고백, 훔쳐봄, 자기 과시와 비판에 대한 이슈에 너무 깊이 빠지게 할 수도 있다' (p. 309). 분명하게도 역전이 노래는 그것들이 오페라나 뮤지컬, 영화에 속해 있을 때 특별히 잘 드러난다. 이러한 예술 형식은 독자들과 관련될 수 있는 구조를 담고 있다. 그것들은 환기가 발생한 맥락을 명확히 한다. 이런 데이터는 마치 제시자가 그러한 환기에 대한 어떤 개인적인 정보를 밝히지 않는데도 음악적 회상의 분석을 위한 어떤 의미를 함축하고 있다.

결 론

이 장에서는 정신분석과 일상생활에서 무의식적으로 유도된 노래에 관한 해석의 기원과 그 더딘 발전을 역사적 맥락에서 살펴보았다. Freud가 그의 임상에서 곡조의 허밍에 관해 언급한 사례, 그리고 이 분야의 인간 행동을 이해하는 데 관심을 가지고 기여한 몇몇 정신분석가가 제공하였던 예화가 토론되었다. 학자들의 해석은 그들이 저술한 그 시기에 유행하던 정신분석적 지식에 기초하였다. 여기서 우리는 정신분석 그 자체의 발전단계를 추론할 수 있다.

무의식적으로 떠오른 곡과 가사는 관심을 끌기에 충분하다. 만약 정신구조적 실재를 탐구하는 기회가 확장된다면 이러한 환기의 잠재적 내용을 탐구해야만 한다. Freud는 『꿈의 해석(The Interpretation of Dreams)』(1900/1953)에서 'Le Nozze di Figaro'를 다른 맥락에서 다음과 같이 언급하였다.

만약 몇 마디의 음악이 연주되고 누군가가 이것이 Mozart의 피가로(돈 지오반니에 수록된)에 속한 것이라고 언급한다면, 몇 가지 회상이 단번에 내 안에서 일어날 수 있지만, 그중 어떤 것도 단독으로 처음부터 나의 의식 속으로 들어올 수는 없다. 중요한 악절은 전체 네트워크가 자연발생적으로 흥분 상태에 놓이는 통로의 출입구 역할을 한다. 이것은 무의식적 사고의 사례에서도 동일하게 적용할 수 있다(p. 497).

🖋 참고문헌

The American Heritage College Dictionary (1993). (3rd ed.). Boston: Houghton Mifflin.

Blum, H. O. (1986). Countertransference and the theory of technique. *Journal of the American Psychoanalytic Association, 34,* 309-328.

Díaz de Chumaceiro C. L. (1998a). Serendipity in Freud's career: before Paris. *Creativity Research Journal, 11*(1), 79-81.

Díaz de Chumaceiro C. L. (1998b). Serendipity. In M. A. Runco, & S. Pritzker (Eds.), *Encyclopedia of creativity.* San Diego: Academic Press.

Díaz de Chumaceiro C. L. (1997a). Serendipity and its analogues in Runco's *Problem finding, problem solving, and creativity. Creativity Research Journal, 10*(1), 87-89.

Díaz de Chumaceiro C. L. (1997b). Serendipity citations in The biomedical sciencess. *Creativity Research Journal, 10*(1), 91-93.

Díaz de Chumaceiro C. L. (1996a). Unconsciously induced song recall: the process of unintentional rather than so-called spontaneous evocations of music. *American Journal of Psychoanalytic, 56,* 83-91.

Díaz de Chumaceiro C. L. (1996b). Dual serendipity: creative writing and self-anaylsis of associations to poetry and music. *The Arts in Psychotherapy, 23,* 77-81.

Díaz de Chumaceiro C. L. (1996c). Freud, poetry and serendipitous parapraxes.

Journal of Poetry Therapy, 9, 227-232.

Díaz de Chumaceiro C. L. (1995a). Serendipity's role in psychotherapy: a bridge to the creative arts therapies. *The Arts in Psychotherapy, 22*, 39-48.

Díaz de Chumaceiro C. L. (1995b). Serendipity or pseudoserendipity? Unexpected versus desired results. *Journal of Creative Behavior, 29*, 143-147.

Díaz de Chumaceiro C. L. (1993a). Parapraxes in song recall: a neglected variable. *American Journal of Psychoanalysis, 53*, 225-235.

Díaz de Chumaceiro C. L. (1993b). Transference-countertransference implications in Frend's patient's recall of Weber's *Der Freischütz. Psychoanalytic Review, 80*, 293-307.

Díaz de Chumaceiro C. L. (1993c). Freud, three operas, and the affair with Minna Bernays: a reply to O'Brien's interpretations of operatic allusions. *American Journal of Psychoanalysis, 53*, 85-91.

Díaz de Chumaceiro C. L. (1993d). Richard Wagner's life and music: what Freud knew (pp. 249-278). In S. Feder, R. Karmel, & G.H. Pollock (Eds.), *Psychoanalytic explorations in music, second series.* Madison, CT: International Universities Press.

Díaz de Chumaceiro C. L. (1992a). What song comes to mind? Induced song recall: yransference-countertransference in dyadic music associations in treatment and supervision. *The Arts in Psychotherapy, 19*, 325-332.

Díaz de Chumaceiro C. L. (1992b). Transference-countertransference in psychology integrations for music therapy in the 1970s and 1980s. *Journal of Music Therapy, 24*, 217-235.

Díaz de Chumaceiro C. L. (1992c). On Freud's admiration for Beethoven and his "splendid creations." *American Journal of Psychoanalysis, 52*, 171-181.

Díaz de Chumaceiro C. L. (1992d). On the identity of Freud's "prima donna." *American Journal of Psychoanalysis, 52*, 363-369.

Díaz de Chumaceiro C. L. (1992e). A note on Freud and Mozart's *Magic Flute. American Journal of Psychoanalysis, 52*, 75-78.

Díaz de Chumaceiro C. L. (1991). Sigmund Freud: on pianists' performance problems. *Medical Problems of Performing Artists, 6*, 21-27.

Díaz de Chumaceiro C. L. (1990a). Songs of the countertransference in psychotherapy dyads. *American Journal of Psychoanalysis, 50*, 75-89.

Díaz de Chumaceiro C. L. (1990b). La evocación inducida de canciones: una cuña comercial en psicoterapia [Induced song recall: A commerical jingle in psycho-therapy]. *Comportamiento, 1*, 49-56.

Díaz de Chumaceiro C. L. (1990c). Was Freud really tone deaf? *American Journal of Psychoanalysis, 50*, 199-202.

Díaz de Chumaceiro C. L. (1990d). A brief comment on Freud's attendance at opera performances: 1880-1890. *American Journal of Psychoanalysis, 50*, 285-288.

Díaz de Chumaceiro C. L. (1990e). The identification of Wagner's *Die Fliegender Holländer* in a dream Freud reported. *American Journal of Psychoanalysis, 50*, 337-350.

Díaz de Chumaceiro C. L. (1988). *La efectividad de la evocación inducida de canciones en psicoterapia* [The effectiveness of induced song recall in psychotherapy]. *Master's Abstracts International, 26*(4), 454 (University Microfilms 1332884).

Díaz de Chumaceiro C. L. (1987). Induced song recall: a diagnostic and psychotherapeutic technique. *Dissertation Abstracts International, 49*(3B), 911 (University Microfilms 8807026).

Díaz de Chumaceiro C. L., & Yáber-Oltia G. E. (1994). Rosenman's "Serendipity and scientific discoveries" revisited: Toward defining types of chance events. *Journal of Creative Behavior, 28*, 251-254.

Díaz de Chumaceiro C. L., & Yáber-Oltia G. E. (1995). Serendipity analogues: approval of modifications of the traditional case study for a psychotherapy research with music. *The Arts in Psychotherapy, 22*, 155-159.

Freud, S. (1961a). Introductory lectures on psycho-analysis, lecture IV (pp. 60-79). In J. Strachey (Ed. and Trans.), *The standard edition of the complete psychological works of Sigmund Freud* (Vol. 15). London: Hogarth Press (original work published 1916).

Freud, S. (1961b). Introductory lectures on psycho-analysis, lecture IV (pp. 100-112). In J. Strachey (Ed. and Trans.), *The standard edition of the complete psychological works of Sigmund Freud* (Vol. 15). London: Hogarth Press (original work published 1916).

Freud, S. (1960). The psychopathology of everyday life. In J. Strachey (Ed and Trans.), *The standard edition of the complete psychological works of Sigmund Freud* (Vol. 6). London: Hogarth Press (original work published 1901).

Freud, S. (1957a). Future prospects of psycho-analysis (pp. 139-151). In J. Strachey (Ed. and Trans.), *The standard edition of the complete psychological works of Sigmund Freud* (Vol. 11). London: Hogarth Press (original work published 1910).

Freud, S. (1957b). Five lectures on psycho-analysis: third lecture (pp. 29-39). In J. Strachey (Ed. and Trans.), *The standard edition of the complete psychological works of Sigmund Freud* (Vol. 11). London: Hogarth Press (original work published 1910).

Freud, S. (1955). Two encyclopedia articles: First article, (pp. 233-254). In J. Strachey (Ed. and Trans.), *The standard edition of the complete psychological works of Sigmund Freud* (Vol. 18). London: Hogarth Press (original work published 1923 [1922]).

Freud, S. (1953). The interpretation of dreams. In J. Strachey (Ed. and Trans.), *The standard edition of the complete psychological works of Sigmund Freud* (Vols. 4-5). London: Hogarth Press (original work published 1900).

Gammond, P. (1991). *The Oxford companion to popular music.* Oxford: Oxford University Press.

Gorkin, M. (1987). *The uses of countertransference.* Northvale, NJ: Jason Aronson.

Guttman, S. A., Parrish, S. M., & Jones, R. L. (1984). *The concordance to the standard edition of the complete psychological works of Sigmund Freud.* New York: International Universities Press.

Hannett, F. (1964). The haunting lyric: the personal and social significance of American popular songs. *Psychoanalytic Quarterly, 22,* 226-269.

Heyward, D. (1935). *Libretto of Porgy and Bess, with music by George Gershwin and lyrics by DuBose Heyward and Ira Gershwin.* Winona, MN: Hal Leonard Publishing.

Jaffe, D. (1986). Empathy, counteridentification, countertransference: a review, with some personal perspective on the "analytic instrument." *Psychoanalytic*

Quarterly 55, 215-243.

Jaffe, D. (1983). On words and music: a personal commentary. *Psychoanalytic Quarterly, 52*, 590-593.

Jung, C. G. (1960). *Über die Psychologie der Dementia praecox: ein Versuch. Halle* [The psychology of dementia praecox.]. Hull RFC (Trans.), Extracted from *The psychogenesis of mental disease: the collected works of C. G. Jung* (Vol. 3). Princeton, NJ: Princeton University Press (original work published 1907).

Kernberg, O. (1965). Notes on countertransference. *Journal of the American Psychoanalytic Association, 13*, 38-56.

Klyman, C. M. (1980). An operatic accompaniment to an analysis. *International Review of Psychoanalysis, 7*, 89-100.

Kobbé, C. W. (1987). The definitive Kobbé's opera book. E. Harewood (Ed.). New York: G. P. Putnam's Sons (original work published 1919).

Maeder, A. (1909). *Une voie nouvelle en psychologie-Freud et son école.* Coenobium 3:100.

Marshall, R. J., & Marshall, S. V. (1988). *The transference-countertransference matrix: The emotional-cognitive dialogue in psychotherapy, psychoanalysis, and supervision.* New York: Columbia University Press.

Nunberg, H., & Federn, E. (Eds.) (1967). *Minutes of the Vienna Psychoanalytic Society, 1908-1910* (Vol. 2). New York: International Universities Press.

Reik, T. (1983). *Listening with the third ear: the inner experience of a psychoanalyst.* New York: Farrar, Straus, Giroux (original work published 1948).

Reik, T. (1953). *The haunting melody: psychoanalytic experience in life and music.* New York: Farrar, Straus, and Young.

Reik, T. (1952). Refrain of a song. *Psychoanalysis, 1*, 25-35.

Rockland, L. H. (1970). "What kind of a fool am I?" A study of popular songs in the analysis of a male hysteric. *Psychiatry, 33*, 516-525.

Rosenbaum, J. B. (1963). Songs of the transference. *American Imago, 20*, 257-269.

Strachey, J. (Ed. and Trans.) (1961). Footnote in introductory lectures on psychoanalysis, lecture VI (pp. 100-112). In The Standard edition of the complete psychological works of Sigmund Freud (Vol. 15). London: Hogarth Press (original work published 1916).

Tansey, M. J., & Burke, W. F. (1989). *Understanding countertransference: from projective identification to empathy.* Hillsdale, NJ: Analytic Press.

Thompson, O. (1975). *The international cyclopedia of music and musicians* (10th ed.). In B. Bohle (Ed.). New York: Dodd, Mead; London: J. M. Dent & Sons Ltd.

제16장

의식적으로 유도된 노래 회상
—전이·역전이 함축

Cora L. Díaz de Chumaceiro

이 책의 15장에서 살펴본 바와 같이 1980년대 중반까지의 정신분석 문헌은 치료에 참여한 2명 중 1명의 의도하지 않았던 음악 환기에 대해 보고하고 있다. 심리치료에 참여하는 치료사와 클라이언트 모두에 의해 불러일으켜진 음악 사이의 상호 관련성을 탐구하기 위한 두 가지 연구가 남미에서 행해졌다. 이 연구는 그 둘 중 한 사람의 마음속에 어떤 노래가 부지불식간에 나타나기를 무작정 기다리는 대신 유도된 노래 회상 기법을 적용하였다. 유도된 노래 회상은 정신분석, 신경과학, 사회심리학, 음악심리학, 그리고 학습이론에서 기인한 원리와 데이터를 접목한 것에 바탕을 두었다. 이 두 가지 연구 결과는 정서적 상태, 역동적 갈등, 그리고 전이 반응에 관련된 전이적 음악 환기와 역전이적 음악 환기 사이에 관계가 있음을 제안하였다(Díaz de Chumaceiro, 1987, 1988). 그 후 이론적 신경심리학에 기반을 둔 기법은 새로운 것으로 경신되었으며, 의식적으로나 무의식적으로 환기된 음악은 그것들이 가지고 있는 의미 때문에 '노래 통합(song syntheses)'이라고 명명되었다. 게다가 유도된 노래 회상의 법칙은 유도된 시, 산문, 그림의 회상에 적용되었으며, 비슷한 결과가 나타났다. 최근 들어서는 영화음악 환기가 각광을 받고 있다(Díaz de Chumaceiro, 1996a,

1996b, 1996c, 1997a, 1998, in press a).

유도된 노래 회상

첫 번째 연구

첫 번째 탐구는 이중맹검(double-blind) 디자인을 사용하였다. 치료사들은 연구의 목적이 치료에서 노래의 의미를 탐구하는 것이라고 들었다. 90분간의 사전 개인 세션에서 치료사들은 '어떤 노래가 생각나는가?'라는 질문에 대해, 회상된 노래와 관련된 인물, 사건, 시간, 방법, 장소에 관한 정보를 요구한 특별히 디자인된 프로토콜을 사용하도록 요청받았다. 치료사들은 그들 자신의 담당 사례 중에서 참여자를 택한후, 이 기법을 적용하기 위한 정규 치료 세션을 선택하였다. 프로토콜을 적용한 다음에 그들은 사례의 보고와 분석을 위한 90분간의 슈퍼비전 세션을 받았다. 이어진 인터뷰는 치료사들이 새로운 데이터를 사용한 것을 반영하였다. 자유롭게 슈퍼비전이 제공되었을 때 자주 발생하는 것처럼 그들은 대부분 이 연구를 위해 난해한 사례를 선택하였다. 두 가지 예가 설명될 것이다.

남미 출신의 여성 심리치료사는 페드로가 그의 정기적 약속을 위해 도착하였을 때, 베네수엘라 국가인 '용감한 사람들을 위한 찬미(Gloria al Bravo Pueblo, Salias & Landaeta, 1810)를 떠올렸다. 페드로는 20대의 남미 청년으로 2달 동안 매주 심리치료 세션에 참여하고 있는 이혼이 진행 중에 있으며, 별거남이었다. 그는 관계의 갈등과 성적 문제를 가지고 있었다. 이 시기에 그는 새로운 친구를 사귀었고, 그의 자녀들과의 별거에 죄책감을 느끼고 있었다.

무슨 노래가 생각나는가 하는 치료사의 질문에 페드로는 '우울하게 부르는 노래(Song Sung Blue), 모든 사람이 알지요. 나와 당신이 복종하는……' 하며 가사를 언급하였고 그 이상은 기억하지 못했다. 그 후 그는 치료사가 그 노래를 계속 부를 수 있는지 물었다. 치료사는 그 노래를 알고 있었지만 그 순간 그녀는 가사를 잊어버렸고 기억하려 해도 기억할 수가 없었다. 따라서 세션에서 그녀에 대한 페드로의 간접적 메시지는 상실되었다. 그의 청소년기에 그보다 나이가 어렸던 한 남자 친구가

Niel Diamond(b.1941)(그 자신의 작품을 대중화한 미국 가수이자 작곡가)가 불러 1972
년 히트시켰던 그 노래의 음반을 그에게 선물로 주었는데, 그는 이 노래의 음반을 선
물받았던 시기인 청소년기 초기에 이 노래를 연관지었다. 이 선물은 특히 그가 영어
로 노래를 부르는 것을 좋아하고, 그 노래의 메시지가 유용하다고 생각하였기 때문에
그의 기분을 좋게 해 주었다. 페드로는 치료사가 최근 영어권 국가로 여행 다녀 온 것
을 알고 있었다.

프로토콜에서 요구하는 개인적 데이터를 밝히는 것에 대해 저항하면서, 치료사는
이 국가를 학교에 있는 것, 국가 공휴일, 국기 게양 등과 연관시켰다. 그녀는 예상한
바와 같이 두 노래 사이에 그 어떤 관련성도 발견하지 못하였다.

슈퍼비전 세션은 페드로의 전이의 노래(Rosenbaum, 1963)가 치료사와 선물을 준
그의 어린 친구 사이에 어떤 연관이 있음을 밝혀 주었다(치료사는 그보다 나이가 많다).
자신도 모르게 그의 친구를 모방하면서 그는 치료사에게 그 노래에 대한 그의 반응이
라는 선물을 준 것이었다. 그는 명백히 그녀를 즐겁게 해 주려 하였고, 그가 그 음반
을 받았을 때 그가 느꼈던 좋은 느낌만큼 그녀도 그것을 느끼기를 바랐던 것이었다.
페드로가 부인을 떠났을 때(그의 죄책감의 근원), 그의 아버지가 자식을 버렸던 행위를
자신이 반복하였기 때문에 그는 이혼에 대해 우울해했다. 한편, 치료사는 그녀의 삶
을 짓누르고 있는 해결되지 않은 현실적 문제 때문에 테스트하는 날에도 '우울함'을
느꼈다. 역할을 바꾸어서 페드로가 오히려 치료사를 돌보는 것 같았다.

둘 중 누구도 기억하지 못하였던 가사는 모든 정원에서 자라는 이런 유형의 다양
한 '우울한' 노래를 뜻한다. 그들이 모두 '복종하는' 것은 간헐적인 '우울한' 감정
이었다. 그 노래의 서곡이 말해 주는 것은 그것이 혼자 있을 때 부르는 단순히 슬픈
노래일 뿐 아니라 즐거움에 관한 것이라는 점이다. 음악은 간단하며 가수가 노래를
부를 때 그를 기분 좋게 하는 것처럼 보인다. 기분이 우울할 때 이 노래가 첫 연
(stanza)에서 제공하는 치료는 '우울함'을 취하여 그것을 노래로 발산하도록 하는 것
이다. 두 번째 연은 이 노래가 절규하는 목소리로 부를 수 있다는 것을 말한다. 그러
나 가수가 이를 깨닫기 전에 그의 기분은 좋아지기 시작한다. 여기에는 선택의 여지
가 없다(Diamond, 1972). 페드로의 노래는 그 세션의 지금-여기를 설명하고 있는
것처럼 보였다. 그는 그녀가 우울하지만 그 누구도 그 가사를 기억하지 못하였기 때

문에 그것들이 담고 있는 메시지를 적어도 의식적인 수준에서는 받아들이지 못하였다고 느꼈다.

그녀가 역전이 노래로서 애국가를 생각하였을 때, 치료사는 아버지 나라의 규율에 협력하는 것과 억압에서의 자유를 위한 필요 그리고/혹은 갈망을 반영하였다. "멍에를 벗어난 용감한 국민에게 영광을, 선과 명예를 존중하는 법 ……속박에서 벗어나, 주께 외치네 ……자유를 부르짖는 오두막집의 가난한 자들 ……비열한 자기중심주의가 또 다시 승리했네"(Salias & Landaeta, 1810). 그 후 그녀는 페드로가 기대한 대로 발전하지 않는 '가난한 자'와 같다고 말하였으며, 페드로를 다른 치료사에게 맡기는 것을 고려하였다. 치료는 막다른 골목에 다다랐다. 그녀는 이 사례를 해결하는 데 부적절한 감정을 느끼는 동시에 자신의 우울한 감정을 현실적인 문제로 돌리면서 치료가 난관에 부딪히게 된 이유를 무시하였다. 이 세션에서 페드로는 그녀의 무기력함을 지각한 것 같았고, 평소와 같이 그녀의 개입에 저항하는 대신 그녀를 기쁘게 하려하였다. 난관을 해결할 수 없는 데서 오는 무기력함과 불충분하고 우울한 감정은 적어도 부분적으로는 이 저항적인 클라이언트에게서 기인한 것 같았다.

이어지는 인터뷰에서 이 무기력함은 해결되었다. 치료사는 초점을 바꾸어서 그의 노래에서 표현된 페드로의 느낌을 다루었고, 그녀의 접근 방식에서 좀 더 융통성 있고 역동적인 방식을 취하였다. 페드로의 새 여자 친구와의 성적인 문제는 사라졌고, 그는 이혼과 자녀의 문제를 좀 더 성숙한 방식으로 다룰 수 있다는 확신을 갖게 되었다(Díaz de Chumaceiro, 1987).

결국 쉽게 해결되었던 이 무기력한 사례에서 애국가는 둘의 경직성과 견고함뿐 아니라 좀 더 자유로운 분위기에서 우울한 감정을 제거하기를 바라는 그들의 소망을 반영하였다. '우울하게 부르는 노래'는 또한 정서적인 접촉의 상태에서 밑에 깔려 있는 공유하는 우울을 반영하였다. 치료사가 더 이상 안개 속에서 보지 못하고 객관적이고 주관적인 역전이 감정을 확인하지 못할 때 무기력함은 일어날 수 있다. 만약 클라이언트가 계속 치료를 받고자 한다면, 치료사는 이 무기력함을 해결하기 위해 그녀의 역전이 저항을 이해해야만 한다.

또 다른 사례에서 남미 출신의 남자 심리치료사는 그의 클라이언트에 대해 생각할 때 "소녀여, 나에게서 떠나가요……."(Fuller, 1968)라는 가사를 회상하였지만 그 다음 부분은 잊어버렸다. 막달레나는 그가 6개월 동안 일주일에 두 번씩 심리치료 세션을 행한 20대 후반의 기혼 라틴 여성이었다. 그녀의 불만은 결혼생활의 어려움이었다. 그녀의 외모는 과다체중인데도 어려 보이려 하는 그녀의 노력을 반영하였다. 그녀는 남을 즐겁게 하려 할 때 아이 같은 목소리를 낸다.

'무슨 노래가 떠오르나요?'라는 질문에 그녀는 스페인어로 "홀로 ……당신은 홀로 있어요, 지나가는 새가 날아가 다시 오지 않는 것 같이"(Zabaleta, 1985)라고 말하였다. 이것이 그녀의 부정적인 기억을 불러왔기 때문에 그녀의 생각의 흐름은 차단되었다. 이 노래는 그녀에게 그녀 자신과 그녀가 치료 초기에 어떻게 느꼈는지를 기억나게 하였다. 그 다음 예상 밖에 또 다른 스페인어 노래가 떠올랐고, 그녀는 다음의 가사를 보고하였다. "작은 아이야, 그들은 당신을 작은 아이라 불러요. ……강은 그 자리에 있고 달은 떠나는 그곳, 어느 누구도 다다른 적이 없고 다다를 수 없는 그곳……나는 새의 둥지와 사랑의 노래를 가져요."(Modena & Exposito, 1985) 이 노래는 유아 시절의 그녀의 아버지와 관련이 있었다.

첫 번째 노래를 알지 못했던 치료사는 그 세션 이후에 그녀가 잊어버렸던 가사를 찾았다. 막달레나는 가사를 회상하던 중에 두 줄을 한 줄로 압축시키는 실수를 하였다. 첫 번째 줄을 문자 그대로 번역하면 '홀로, 당신은 홀로 있어요, 상처난 기억을 가지고, 삶에서 언제나 홀로'다. 또 다른 가사는 망각의 도구로써 고통이 소망과 바꾸어진다는 것을 제안하고, 청중이 그 마음의 실패를 치유하여 그녀의 팔 안으로 다가오도록 초대한다. 그녀는 더 이상 그의 무관심을 원하지 않기 때문에 또다시 그에게 망각할 것을 요구한다. 그녀의 존재를 지우려 노력하지 마라(Zabaleta, 1985)는 그녀의 질문은 시간의 진실 속에 있다. 치료사는 당황하였으며, 그는 그 노래의 의미나 그들의 관계를 이해할 수가 없었다. 그는 의아해하였다. '나는 그녀를 돕고 싶은데, 왜 나는 그녀를 내 마음속에서 지워 버리기를 원하였는가?'

슈퍼비전 시 치료사의 역전이 노래를 통하여 막달레나가 '어린 소녀'였고 그녀에 대한 그의 사랑이 아마 '유별난' 것이었음이 지적되었다. 그 다음 그의 청소년 시절에 중요했던 이 노래가 그에게 몇 년 동안이나 생각나지 않았던 여자 친구를 기억나게 하였다. 그녀가 심지어 외모상으로도 막달레나와 비슷했다는 것을 깨달았을 때 그의 놀라움은 더욱 커졌다. 과거에 그는 그의 여자 친구가 그에게 너무 통제적이고 유혹적이었기 때문에 결국 그녀를 거절하였다. 그러나 그러한 과정에서 그는 자신을 실패자로 생각하였다. 막달레나 또한 통제적이고 유혹적이었다. 이런 관점에서 그가 변심할 기회를 가지기 전에 너무 멀리 가는 것에 대한 공포 때문에 그 여자에게 떠나라고 말했던, 예전의 억압되었던 가사가 비로소 이해가 되었다(Fuller, 1968, p. 285). 그의 역전이 노래는 과거에 그의 여자 친구에게 한 것과 마찬가지로, 그가 무의식적으로 막달레나에게 끌렸지만 그녀를 거절해야만 하는 상황을 밝혀 주었다.

그러나 막달레나는 그가 거리를 두고 있음을 알아차렸다. 그녀의 첫 번째 전이 노래는 치료 초기에 그녀가 느꼈던 외로움을 반영하였다. 그 후 치료사는 최근에 그녀가 자신을 어떤 사회적 이벤트에 초청하였고, 그가 그것을 거절하였음을 기억해 냈다. 그녀의 두 번째 전이 노래는 정서적으로 그녀에게 다다를 수 없었던 그녀의 아버지의 위치에 그를 배치시켰다. 흥미롭게도 삭제된 줄을 문자 그대로 번역하면 '판타지의 날개를 가지고 당신은 나의 젊음의 시절로 나를 데려가네요.' 다. 그 후 그녀가 때때로 '아빠와 함께 있는 미성숙한 아이' 와 같이 행동할 때면 치료사는 이에 대해 초조함을 느꼈다. 그는 자신의 역전이 노래를 해석한 후에야 비로소 그 이유를 알게 되었다. 이 세 노래의 관계는 분명하였다. 그녀의 첫 번째 노래의 가사인 '당신의 마음을 그 실패에서 멀어지게 하라.' 가 정곡을 찌르는 것처럼 보였다.

이어지는 인터뷰에서 치료사는 자신의 역전이 반응을 이해하고 처리한 후, 그가 막달레나의 유혹을 처리할 때 좀 더 적절하게 반응하기 위한 더 나은 입장에 있게 되었다는 것이 확실해졌다. 매우 흥미롭게도 그녀 또한 자신을 변화시켜 새로운 남자와 사랑에 빠질 수 있다고 믿게 되었다.

이 사례에서 설명한 바와 같이 단순히 잊어버린 가사를 찾는 것이 문제의 본질을 자동적으로 밝히지는 않는다. 자기 성찰과 자기 분석 혹은 슈퍼비전(환자에 대한)이 이런 역전이 저항과 치료에서 진보를 방해하는 (자신에 대한) 역전이 저항을 해결하는 데 필수적이다. '소녀' 는 그의 역전이뿐 아니라 '이리 와서 그녀의 눈을 보아요.' 라는 노래에서 유혹적 소녀로서 그녀의 전이를 반영하였다(Díaz de Chumaceiro, 1987).

두 번째 연구

두 번째 연구에서 치료사들은 유도된 노래 회상 기법을 사용하는 것을 목적으로 하여 90분 세션 동안 간단한 사전 훈련을 받았다. 이 방법의 나머지 부분은 첫 번째 연구와 동일하다. 즉, 그들은 자신이 담당하고 있는 사례에서 참여자를 택한 후, 그 기법을 적용할 수 있는 세션을 선택하였다. 그들은 또한 90분간의 슈퍼비전 세션을 받고 난 다음 인터뷰를 하였다.

스페인어로 진행된 세션 중 어떤 남자 심리치료사는 홀리아에게 "어떤 노래가 떠오르나요?"라고 물었다. 그녀가 기억하지 못하자, 그는 그녀가 기억하도록 노력해야 한다고 주장하였다. 그 후 그녀는 결국 '내버려 둬요(Let It Be)'(Lennon & McCartney, 1970)라는 노래를 기억해 냈다. 이 노래는 그녀에게 혼자 있고 싶을 때 언제나 그녀를 지켜보았던 그녀의 부모를 떠올리게 하였다. 그리고 그녀는 즉각적으로 '어제(Yesterday)'(Lennon & McCartney, 1965)라는 노래를 기억하였다. 치료사는 그녀가 첫 번째 음절인 'yes'를 발음하는 것을 듣는 동시에 같은 노래를 회상하였다. 그 다음 노래는 '난 만족할 수가 없어(I Can't Get No)'(Jagger & Richards, 1965)였다.

4년간 심리치료를 받고 있는 미혼의 젊은 여성인 홀리아는 분리 이슈에 대해 부모와 갈등을 겪고 있었다. 부모에 대한 그녀의 반항과 관련이 있는 그녀의 첫 번째 전이 노래(Rosenbaum, 1963)인 '내버려 둬요'는 또한 치료사의 실험적 질문에 대한 그녀의 반항을 역동적으로 반영하였다. 그녀의 초기 저항은 분명히 사라졌으나 그녀는 본의 아니게 그녀의 두 번째 전이 노래인 '어제'를 회상하였다.

첫 번째 노래의 제목이 제시하는 것과 같이 가사는 현상 유지를 의미한다. 힘든 시기나 어두운 시간 동안 성모 마리아는 인간 앞에 서서 그것들을 그대로 놔두라고 충고한다. 상처받은 사람들 또한 이 동일한 처세술을 믿을 수 있다. 비록, 떨어져 있어도 그들은 해답이 다가오고 있다는 것을 깨달을 수 있다. 흐린 밤이지만 새벽에 이르기까지 빛나는 빛이 존재한다. 음악 소리에 잠에서 깨어난 다음날 아침, 성모 마리아는 현명하게 동일한 메시지를 속삭인다(Lennon & McCartney, 1970). 홀리아가 가톨릭 학교에서 수녀들에 의해 지도받고 교육받았을 때, 그녀는 최고의 학생이었고 모든 사람에게 인정받고 사랑받았다고 한다. 그러나 그녀는 지금 자신이 '있을' 수 있는 유일한 장소라고 느낀 곳은 상담실이라고 고백하였다.

그녀의 두 번째 전이 노래는 현재보다 나은 고민이 없는 시기를 의미한다. 지금 갑자기 '그림자'가 움츠르드는 남자 가수를 덮는다. 그가 말하지 말았어야 할 그 어떤 것 때문에 '그녀가' 아무 설명 없이 떠난 것을 그는 알지 못한다. 따라서 사랑 게임을 하기 쉬운, 고민이 없는 어제를 갈망한다. 그는 숨을 장소를 필요로 하기에 현실에서 도피하고 즐거운 과거를 믿을 수 있게 된다(Lennon & McCartney, 1965). 훌리아는 이 노래를 그녀가 심한 우울증으로 고통받던 시기와 연관시켰다. 그렇지만 이 결정적인 사건 전인 가톨릭 학교에서의 '어제' 는 확실히 그녀의 삶에서 더 나은 시기였다. '학교는 또한 현재 받고 있는 치료 상황보다는 나은 곳이다(첫 번째 노래 속에서 나타난 치료에 대한 그녀의 초기 언급과는 대조된다).' 라는 그녀의 양가감정이 표현되었다.

그에 대응하는 치료사의 역전이 노래인 '어제' 는 반사하는 거울의 상태를 반영한다. 이 노래는 그가 수학 과목에 낙제하여 그 과목을 다시 수강해야만 했던 그의 고등학교 졸업반 시절을 생각나게 하였다. 그 후 그는 가장 높은 점수를 받을 수 있도록 그에게 동기를 부여하고, 결국 그의 반에서 가장 우수한 학생이 되도록 도움을 준 한 가정교사를 만나게 되었다. 이런 관점에서 그에게 과거는 그의 중재를 꺼려하고 충분한 진보를 하지 못하는 훌리아와의 현재보다 훨씬 나은 것이었다.

그의 두 번째 역전이 노래인 '난 만족할 수가 없어' 는 이 같은 교착 상태와 관련이 있었다. 가사는 결과를 얻지 못하고 많은 노력만 하는 것을 의미한다. 1절에서는 청취자들이 운전을 하고 있을 때, 라디오에서 나오는 어떤 남자가 상상을 자극하려는 의도로 쓸데없는 데이터를 제공한다. 2절에서는 같은 남자가 하얀 셔츠를 광고하러 TV에 출연하였는데, 그의 의견이 그가 다른 브랜드의 담배를 핀다는 이유로 무시되었다. 3절과 마지막 절에서는 '여자 친구를 만들려는' 시도를 하면서 그 남자가 세계를 여행하며 (신용카드 명세서에) 서명할 때, 그녀가 자신이 '연전연패를 당했기' 때문에 그에게 다음주에 다시 오라고 말한다(Jagger & Richards, 1965, p. 226).

과거 이 노래에 처음 끌렸던 시기에 치료사는 여자 친구가 없었고, 그의 정체성을 찾기 위해 그의 부모에게 반항하고 있었다. 그는 쓸데없는 사회문화적 조언을 뒤로 하고 해외여행을 떠났다. 처음 두 절은 좌절하는 다수를 묘사하고 3절에 와서 핵심에 이른다. 훌리아에 대한 치료사의 좌절과 거부에 대한 그의 숨겨진 감정이 의식화되었다. 훌리아는 치료를 그만둘 것인가? 만약 그것들을 있는 그대로 그녀의 마음속에 놓아 두고 떠나야만(전이 저항의 치환) 한다고 성모 마리아가 재차 단언한다면, 그의 관점에서 볼 때 개인화와 분리는 그 시기의 그녀에게는 아주 어려운 일이었다.

슈퍼비전에서 서로 다른 이유로 치료사와 홀리아 모두가 치료적 관계에서 탈출하고 싶어 하는 것을 그 노래가 나타냈다는 것이 밝혀졌다. 두 사람의 노래가 일련의 과거와 관련이 있기 때문에, 음악적 자료가 이러한 긍정적인 감정을 다시 연결시킴으로써 치료를 촉진하는 데 사용될 수 있다고 제안되었다. 성모 마리아와 그녀의 관계가 치료에서 다시 한 번 '우수한' 학생이 되도록 그녀의 동기를 자극하는 데 중요한 요소가 될 수 있기에 클라이언트의 신앙심에 대한 탐구가 추천되었다. 그러나 이 노래는 또한 극도의 신앙적인 의미에서 성모와 성부를 경외해야 하는 데서 부모의 이상(ideals)과의 일치는 정서적인 독립을 방해하는 요소가 될 수 있다는 것을 알려 준다. 즉, 이런 교착 상태를 풀기 위한 가능한 해결책은 문제를 다시 형태화하고 저항에 참여하며 과거의 좋았던 시기를 탐구하는 것과 관련이 있다.

Spence(1979)는 비록 심리치료가 '일시적인 기억에서 의미 있는 기억으로의 전환(Tulving, 1972)'과 관련이 있지만, '타이밍은 정말 중요하고 너무 긴급한 전환은 이런 과정을 방해할 수 있다.'(p. 482)고 주장하였다. 이러한 목표를 성취하는 데 빈번하게 실패하는 것과 더불어 미성숙한 해석은 '일시적인 기억의 단면(시간의 관계 속의 개인의 경험)을 취하여, 의미가 있는 조직(추상적 데이터) 속으로 그것을 강제로 집어넣는 것으로 해석할 수 있다'(p. 482). 한 개인이 제2(혹은 제3) 외국어를 나이가 들어 습득하면, 과거의 사건과 장소를 묘사하기 위하여 사용되는 용어는 의미(semantic) 저장고에 속하게 된다. 이러한 사건과 장소는 서로 연결되지 않은 주제에 의해 조직되기 때문에, 자각 속에 존재하는 에피소드적인 기억에 접근하기 위하여 이 용어를 사용할 수는 없다. '에피소드적인 양식에서 의미의 양식으로의 전환은 종종 환자를 불유쾌한 발견에 직면시키므로, 작업은 자주 중단되고 계속적인 저항과 마주친다. 에피소드적인 양식에서 기억을 지속시키는 것은 강력한 방어적 욕구로 작용한다'(p. 482). 분명하게도 한 개인이 나이가 들어서 언어를 학습하였다면, 그가 제2 혹은 제3 외국어로 노래를 환기할 때 동일한 상황이 발생할 수 있다. 여기에 설명된 사례에서 영어는 이 두 사람에게 제2 외국어였다.

음악 작곡과 관련하여 전이적 노래의 환기에서 나타난 홀리아의 무의식적인 메시지는 음악 스타일과 선율적인 Lennon과 McCartney의 노래 가사와 더불어 강렬하고 명백하게 나타난다. 반대로 치료사가 환기한 '난 만족할 수가 없어'에서의

Keith Richards의 전주와 Mick Jagger의 분명치 않은 해석은 노래에 끌리는 것을 제외하고는, 단순히 음반을 듣고 나서는 그 가사를 이해하기 어렵게 만든다. 결국 그 사례의 분석을 위해 모든 가사가 기록된 악보를 보는 것이 슈퍼바이저에게 필요하였다. 어떤 목적을 수행하기 위한(검열을 피하기 위해), 가사의 분명치 않고 이해하기 힘든 투덜거림은 청취자가 그 자신의 문제를 좀 더 수월하게 투사하도록 한다. Harmon(1972)은 Williams(1969)의 말을 인용하여, "당신은 모든 말을 들을 수는 없어요. 그래서 당신은 자신이 좋아하는 대로 상황을 상당 부분 뜯어 맞추지요."라고 말하였다. Harmon은 또한 "이런 의미에서 록음악은 '훌륭한'" 매개체의 기능을 하며, 이것은 청취자가 "빈 공간을 채움에 따라 높은 수준에서 청취자의 참여를 요구한다."(p. 21)라고 하였다.

이와 같은 노래의 사회문화적 본질을 분석해 보면, 그중의 세 노래(라이벌 록그룹에 의해 발표된)는 영어로 환기되었다는 것을 알 수 있다. 치료사와 클라이언트 모두는 모국어보다는 제2 외국어로 생각해 내었다. 따라서 핵심적인 갈등에서 심리적인 거리를 두는 것은 두 명 모두에게 유사하게 나타났다. 그 증거로 당시 치료 상황에서 친밀감이 결여되었다. 그러나 이 노래들은 또한 그녀의 저항을 해결하는 대안적 방법을 제시하였다.

이어진 인터뷰에서 치료사는 홀리아가 다른 집으로 이사하는 문제에 대해 그녀의 부모님을 납득시키려 한다는 것을 밝혔다. 그녀는 독립한 후 처음으로 맞이하는 크리스마스를 부모 없이 보내려 하였는데, 이 때문에 약간의 불안감과 죄의식을 느꼈다. 이제 '내버려 둬요' 노래는 그녀에게 다른 의미, 즉 '당신의 부모를 그대로 놔두고 당신의 삶을 진행하세요'로 다가갔다. 현재가 점차 나아짐에 따라 그녀는 더 이상 과거로의 은신이 필요하지 않게 되었다. 결국 치료사는 그녀의 진보와 교착 상태의 해결에 대해 만족을 느끼게 되었는데, 이것은 앞의 노래를 분석함으로써 촉진되었다 (Díaz de Chumaceiro, 1988).

최근에 그 치료사와 이 사례에 대해 다시 한 번 토론하게 되었을 때, 그는 이후 오랫동안 '난 만족할 수가 없어'라는 노래를 치료 세션에서 떠올리지 않았다고 고백하였다. 만약 훗날 이 노래가 떠오른다면 그는 자신의 삶에서 그 의미를 알게 될 것이다.

고전적이고 이차적 조건화 과정을 통하여, 음악 선호도는 특정한 기간 동안에 사람 및 사건과 관련을 갖게 된다(Swenson, 1980). Mick Jagger와 Keith Richards가 1961년에 구성한 Rolling Stones는 그들의 데뷔 음반을 1964년에 발표하였다(밴드의 다른 구성원인 Brian Jones, Bill Wyman 그리고 Charlie Watts와 함께). 1965년 여름, 'Psatisfaction'이 'Richards의 흥분시키는 기타 전주와 Jagger의 흐르는 목소리로 말미암아 1960년대 중반의 블루스의 정수'라고 묘사되었고 미국에서 1위를 차지하였을 때, 그들은 Beatles의 진정한 도전자가 되었다. 이런 전성기에 이 그룹은 옛 세대가 팝음악에서는 매력을 느끼지 못했던 모든 것, 즉 '반항적이고, 무질서하며, 타협하지 않는, 그리고 속박 받지 않고 블루스에 흥분한 모든 열성자에게는 가장 가치있는 것'을 대표하였다(Gammond, 1991, p. 500). 1981년 9월 '세계에서 가장 위대한 로큰롤 밴드'라고 스스로 천명한 Rolling Stones는 미국 공연에 나선다. 청중들은 'Under My Thumb'을 시작으로 하여 'Satisfaction' 앙코르까지 2시간 30분 동안 청각적이고 시각적인 자극에 빠져들었다. '이 시기 그들의 존재는 팝 문화의 명물이 되었다. 그들은 더 이상 누구도 저녁에 초대하지 않는 햇병아리 장난꾸러기 소년들이 아니었다. 대신 그들은 부유하며 계속적인 언론의 관심을 받는 중요한 사람들이었다.'(Powers, 1985, p. 43)

이는 다른 축적된 사건(1980년의 John Lennon 암살사건과 같은)과 함께 유명한 이두 그룹의 노래에 대한 옛 팬들의 기억을 촉진시킬 뿐 아니라 전 세계에 걸쳐 새로운 청중을 끌어들여 매료시켰다(Aquila, 1985; Barlett와 Snelus, 1980). 여기서 토론한 사례를 설명함에 따라 음악 역사, 사회학, 사회심리학 전반에 걸쳐 거의 제한을 받지 않은 Beatles와 Rolling Stones의 영향이 치료 상황에 나타날 수 있으며 그 내용은 생산적으로 사용될 수 있음을 알 수 있다. 물론 감춰진 내용의 중요성은 개인 환기자의 연상에 의해 밝혀진다(Santiago, 1969). 비록, 여기서의 초점은 가사에 있지만, 어떤 사람의 경우에는 음악이 더욱 중요한 역할을 한다. 이런 경우에는 음악과 관련된 분석이 주가 되어야 한다.

유도된 노래 회상은 즉각적인 자각에서 기인한 감정과 사고에 접근하도록 촉진하는 심리치료적 도구다. 이것은 특히 피할 수 없는 '보지 못하는', '말로 나타낼 수 없는', '밝은' 혹은 '어두운' 부분이 치료의 진보를 막고 있을 때 난해한 사례를 명확히하고 해결하는 데 유용하게 사용될 수 있다(Stekel, 1911, Bernstein & Severino, 1986;

Goldberger, 1993; Díaz de Chumaceiro, 1996c). (또한 Díaz de Chumaceiro, 1990a, 1990b, 1992a, 1992b, 1993a, 1993b, 1995a, 1995b, 1996e, 1997c, in press b를 참조)

유도된 영화음악

현대의 많은 사람이 영화광이기 때문에 최근 작업은 영화음악 환기에 초점을 맞추고 있다(Díaz de Chumaceiro, 1998, in press a). 정신분석학파가 지원하는 영화 토론은 미국에서 유행하고 있다. 많은 사람은 가정에서 영화 비디오를 감상하는 것을 즐긴다. 환기자가 영화를 시청했다고 가정하였을 때, 영화의 청각적, 시각적 영향은 청각적으로 전파되는 대중가요보다 훨씬 크다. 여기서는 브로드웨이 쇼에서 유행하였다가 나중에 영화에 삽입된 한 노래를 슈퍼비전 때 역전이적 회상으로 환기한 사례에 대해 설명하고자 한다.

금요일 오후, 세션의 마지막에 여성 슈퍼바이지(슈퍼비전을 받는 사람)는 그녀의 남성 슈퍼바이저와 또 다른 약속을 할 것인가에 대해 망설이고 있었다. 그녀는 이렇게 처진 기분으로 세션을 마치지 않기 위해 그가 어떤 농담을 알고 있는지를 물었다. 지금의 사례에 대해 계속 이야기하는 것은 어리석어 보였다. 치료사 또한 그가 어떤 농담도 생각해 낼 수 없다는 그녀의 말을 들은 후 기분이 처짐을 느꼈다(저항에의 참여). 그 후 그녀는 갑자기 아는 노래가 있는지 그에게 물었다. 그는 'Tommorow'이라고 즉각적으로 대답하였다. 슈퍼바이지는 웃으며, "알았어요. 다음주에 계속하기로 하지요. 약속 시간을 정해 주세요."(저항의 해결)라고 말하였다. 그는 그녀와 함께 웃으며 다음 세션의 시간을 알려 주었다. 세션이 끝날 때 그녀는 "나는 애니예요. 월요일 날 봐요, 워벅스 아빠."라고 말하였다. 어떻게 이런 중재가 부지불식간에 슈퍼바이지의 저항을 그토록 쉽게 해결하였는가? 슈퍼바이저는 슈퍼바이지가 이 노래를 오랫동안 기억하고 있었음을 그녀의 반응 전에는 알지 못하였다.

'Tomorrow'는 1977년 브로드웨이 쇼인 '애니'(Annie, 작사가이면서 감독인 Martin Charnin의 제작. Thomas Merchan의 각본과 Charles Strouse의 작곡)에 수록된 곡이고, 최우수 뮤지컬과 최우수 작곡 부분에서 토니상을 받았다. 이것은 Harold Gray의 연재 만화인 'Little Orphan Annie'에 기초를 두었다.

애니, 워벅스 아빠, 그리고 샌디가 출연하는 애니의 원작은 공황기에 만들어진 것으로 고아원에서 벗어나기를 원하는 애니와 올리버 워벅스라는 인물로 같이 등장하는 억만장자 아빠에 관한 이야기다. 그녀를 입양하기를 원했기 때문에, 그는 친구인 루스벨트 대통령의 도움을 받아 많은 난관을 극복하게 되고, 결국 모든 것은 해피엔딩으로 끝난다. ……1970년대 브로드웨이 쇼 중에 히트되었던 얼마 안 되는 곡 중의 하나가 바로 'Tomorrow'란 노래였다(Gammond, 1991, p.16).

애니의 영화 버전은 1982년에 제작되었다(John Houston 감독, 워벅스 아빠 역의 Albert Finney, 애니 역할의 Aileen Quinn 그리고 해리건 부인 역할의 Carol Burnett). 'Tomorrow'의 가사는 다음날에도 해는 떠오르며 그날 당신의 마지막 남은 돈을 걸 수 있다는 내용이다. 단지 내일을 생각하는 것만으로도 모든 슬픔과 혼란은 사라진다. 그렇기 때문에 애니는 우울하고 외로운 날들 속에서도 자신의 턱 끝을 들고 싱글거리면서, 내일에도 해가 뜨기 때문에 무슨 일이 닥쳐도 이겨나가야만 한다고 노래한다. 따라서 그녀는 내일이 오직(혹은 언제나) 하루밖에 떨어져 있지 않기 때문에 '내일'의 의미를 사랑한다(Strouse & Charnin, 1977).

보통 애니가 부르는 슈퍼바이저의 역전이 노래인 'Tomorrow'는 슈퍼바이저의 기분을 북돋아 주기 위한 노래로, 그녀가 계획하고 기대하지 않은 채로 이러한 노래를 요구하였을 때 생각나게 되었다. 이 영화의 비디오를 보면 이 노래가 세 가지 다른 맥락에서 불리고 있다는 것을 알 수 있다. 이 영화의 처음 부분 고아원에서 애니는 혼자 이 노래를 부른다. 영화의 중반 부분, 그녀는 이 노래를 루스벨트 대통령을 위해 부르고, 그는 이 노래를 좋아했기 때문에 자신의 부인과 워벅스 아빠에게도 사중창으로 같이 부를 것을 요구한다. 마지막에 애니와 워벅스 아빠는 이 노래를 같이 부른다(Annie, 1982/1985). 이 마지막 장면이 슈퍼바이저와 슈퍼바이지의 마음속에 있었던 장면이다. 세션 중 슈퍼바이저는 실제로 슈퍼바이지에게 "당신 혼자 이 어려운 사례를 다루는 것은 아니에요. 나는 당신을 돕기 위해 여기에 있어요."라고 말하였다. 슈퍼비전을 원하는 그녀의 요구는 물론 그의 지원과 도움을 바라는 그녀의 소망을 나타낸다.

그러나 영화를 보지 않고 공유된, '밝은 부분(bright spot)'에서 기인한 재빠른 해석은 슈퍼바이저에게 버려진 애니의 역할을 부여할 수도 있다. 이는 특히 그 사례의 해석자가 그 자체로 생명력을 가지고 있는 그 노래와 앞의 개요에 나타난 대로의 쇼 그리고 영화의 일반적인 구성을 잘 알고 있을 때 그러할 가능성이 있다. 그러나 영화상의 마지막 이중창의 관점에서 바라보면 슈퍼바이저에게 여성 역할의 역동성을 부여하는 것은 실수일 것이다. Goldberger(1993)는 다음과 같이 주장하였다.

> 나는 '밝은 부분'이라는 용어를 분석자를 위해 특히 생생한 의미를 가진 주제, 그리고 쉽사리 얻을 수 있는 경험에 기초한 연상적인 정교함에 의해 부여받은 주제를 나타내기 위하여 사용한다. 환자가 그러한 주제에 관해 이야기할 때, 분석자는 환자가 의미하는 것이 무엇인지를 그가 정확하고 자세하게 안다고 느낀다. 이런 느낌은 착각이기 때문에 밝은 부분은 적절한 분석적 탐구를 방해할 수도 있다(p. 270).

이와 같은 상황은 슈퍼비전 시 두 명의 구성원 중 어느 누구의 음악 환기에서도 발생할 수 있다. 그렇다면 슈퍼바이지는 애니처럼 구출받기를 원하였고, 슈퍼바이저는 워벅스 아빠처럼 그녀를 구하기를 원하였다고 해석된다. 수년 전에 브로드웨이 쇼와 영화를 관람하여 그 노래를 잘 알고 있었던 슈퍼바이지는 그 비디오를 관람하도록 요구받았다. 그녀는 그 영화를 다른 관점에서 보면서 그녀가 발견한 다른 점에 놀랐다고 보고하였다. 애니처럼 그녀는 부정적인 외부 사건에도 불구하고 세상을 긍정적으로 바라본다고 생각하였다. 그 후 그녀는 그 세션에서 슈퍼바이저가 어떤 방식으로든지 사업가 워벅스의 애니에 대한 초기의 거절 반응(그녀가 남자라기보다는 여자였기 때문에)을 반영하였다는 것을 기억하였다. 이는 그녀가 계속 슈퍼비전을 받아야 할 것인가를 고민하는 데 영향을 미쳤다. 그녀가 그의 농담을 요구하고 그가 그녀를 구출하지 못하였을 때 그녀는 노래를 요구하였다. 만약 이 시도 또한 실패하였다면, 그녀는 또 다른 어떤 것(주말에 어떤 영화를 볼 것인가에 대한 조언)을 요구하였을지도 모른다. 그러나 슈퍼바이저는 그가 그녀에게 주지 못하고 있었던 어떤 것을 그녀가 필요로 한다는 사실을 그녀의 두 번째 요구가 말해 주고 있음을 느끼면서, 그 세션의 역동성을 부지불식간에 함축하고 있는 노래를 예기치 않게 그녀에게 주었다. 그녀는 그 영화의 성공적인 마지막 장면에 그를 합류시킴으로써 반응하였고 그 세션을 즐겁고 유쾌한 기분으로 마쳤다.

단지 노래 제목을 언급하는 것이 슈퍼바이지의 마음속에 노래 전체를 다시 활성화하고 저항을 해결하였다는 사실은 Pribram의 홀로로직 반영(hologic representation)(1971)의 신경심리학적 단계로 설명할 수 있다. Roederer(1982)는 Pribram의 작업을 다음과 같이 설명하였다.

주위 장면이나 감각적 사건을 기억하는 행위나 기억 회상은 최초의 감각적 사건과 구체적 관련이 있는 신경 신호의 공간적·시간적 분배의 '재현'으로 구성된다. 이 과정에서 재현이 직접적인 감각적 입력에 의해, 연상적 회상(다음 참조)에 의해, 꿈속의 환각적인 과정에 의해, 혹은 신경 수술 중의 뇌의 전자생리학적인 자극에 의해 유발되었는지 아닌지는 별 상관이 없다. 장기기억 저장은 외피의 뉴런 가운데 전자 연결(시냅스)의 변화 같은 신경 조직 안의 적절한 수정으로 구성된다고 믿을 수 있다(p. 39).

특별히 유도된 노래 회상 기법은 다음과 같이 다룬다.

홀로로직 저장양식의 거대한 보너스는 연상적 회상의 과정이다(예를 들어, Kohonen, 1977). 구체적인 신경활동의 재현은 본래 사건의 완전한 감각적 재현이 아닌 이유나 신호에 의해 촉발될 수 있다. 저장행위 중 발생하는 신경활동의 부분적인 재현은 완전한 활동의 표현을 방출하기에 충분하다. ……홀로로직 정보의 처리와 저장은 유형(pattern) 인식의 기본적 요소다(p. 40).

창의적이고 성공적으로 음악을 회상함으로써 슈퍼바이저는 당시에 슈퍼바이지가 필요로 하고 요구하였던 것을 제공하였다. 그는 Hoppe(1988, 1989)가 말하는 '상징의 언어화(symbollexia)' 과정에서 뇌량(corpus callosum)을 통한 지배적인 뇌반구의 의식적 저항을 우회시킴으로써 부지불식간에 그 노래를 그녀의 비지배적인 뇌반구와 연결하였다. Hoppe(1989)는 그의 가설에서 창조성을 '표상적인 상징을 언어화하는 전이의 과정(transcollosal symbollexia)과 뇌반구의 통합(bisociation)'(p. 253)으로 정의하였다. 노래 제목을 듣고 슈퍼바이지는 잘 알려진 가사와 음악 및 구성을 억압 없이 떠올리게 되었다. 슈퍼바이지가 과거에 그 쇼를 처음 보았을 때의 저장행위 동안의 감정같이 현재에 나타난 감정도 긍정적인 것이었다. 만약 슈퍼바이저가 슈퍼바이지와 일치되기를 원하지 않았더라면(참여하는 대신에 저항에 대항하는 것), 그가 생각해 낼 노래는 아마 그녀에게는 낯설었을 것이다. 이런 경우 그녀의 저항은 해결되지 않은 채 남을 것이고 세션은 지속되지 않을 것이다. 이 연구에서 밝혀진 바와 같이, 이런 결과는 보통 클라이언트(혹은 슈퍼바이지)가 치료사가 모르는(혹은 억압되었거나 잊혀진) 노래를 떠올릴 때 발생한다. <u>떠오른 선율은 "두 사람 간의 무의식 사이의 의사소통을 책임지는 도구로 사용된다."</u>라고 제안한 Reik(1953)의 주장이 옳았다(밑줄 친 부분은 첨가, p. 20). 치료에서 의식적으로나 무의식적으로 환기된 음악이 영화에 속할 경우, 치료사는 좀 더 심도 깊고 정확한 분석을 위하여 그 영화(혹은 비디오)를 보아야 한다(Díaz de Chumacerio, in press a, in press b, 1998).

결 론

만약 치료사가 환기된 음악의 표면적이고 잠재적인 내용을 이해한다면, 유도된 음악 환기는 창조적이며 무의식적 반응으로 계속적인 발전적 의사소통을 방해하는 요소를 확인하고 해결하기 위한 기법이 될 수 있다. 두 개의 연구에 걸쳐 다룬 24개의 사례에서 치료사는 의식적으로나 무의식적으로 난해한 사례를 선택하였다. 환기된 노래가 현재의 삶과 치료에서의 갈등을 함축하고 있다는 것이 입증되었다. 따라서 이런 환기는 '노래 통합(song synthesis)'이라고 부르는 것이 적절할 것이다(Díaz de Chumaceiro, 1997a). 특별한 노래나 기악곡이 왜 특정한 순간에 떠오르는지에 관한 무의식적 이유는 언제나 그리고 충분히 존재한다.

🦅 참고문헌

Annie (1982). Videotape of film. Huston, J. (director), c. 128 m, beta hi-fi 20127. Burbank, CA: RCA/Columbia Pictures Home Video, 1985.

Aqulia, R. (1985). Why we cried: john Lennon and American culture. *Popular Music and Society, 10,* 33-42.

Barlett, J. C., & Snelus, P. (1980). Lifespan memory for popular songs. *American*

Journal of Psychology, 93, 551-560.

Bernstein, A. E., & Severino, S. K. (1986). The "dumb spot": a special problem in countertransference. *Journal of the American Academy of Psychoanalysis, 14*, 85-94.

Diamond, N. (1972). Song Sung Blue.© Prophet Music (pp. 207-209). In M. Okun (Ed.), *The New York Times great songs of the 70s.* New York: Times Books/ Quadrangle, 1978.

Díaz de Chumaceiro C. L. (in press a). Induced recall of film music: an overlooked mirror of transference-countertransference interactions. *Journal of Poetry Therapy.*

Díaz de Chumaceiro C. L. (in press b). Hamlet in Freud's thoughts: reinterpretations in the psychoanalytic literature. *Journal of Poetry Therapy.*

Díaz de Chumaceiro C. L. (1998). Induced recall of a Broadway musical film revisited. *Arts in Psychotherapy, 25*(1), 51-55.

Díaz de Chumaceiro C. L. (1997a). Song syntheses: further neuropsychological assumptions of induced song recall. *American Journal of Psychoanalysis, 57*(2), 167-178.

Díaz de Chumaceiro C. L. (1997b). Unconsciously induced recall of prose and poetry: analysis of manifest and latent contents. *Journal of Poetry Therapy, 10*(4), 237-243.

Díaz de Chumaceiro C. L. (1997c). The consulting office: beauty and the arts in therapy. *Journal of Poetry Therapy, 10*(3), 131-136.

Díaz de Chumaceiro C. L. (1996a). Unconsciously induced song recall: the process of unintentional rather than so-called spontaneous evocations of music. *American Journal of Psychoanalysis, 56*, 83-91.

Díaz de Chumaceiro C. L. (1996b). A transfer of technique: from induced song recall to the induced recall of paintings. *American Journal of Psychoanalysis, 56*, 331-336.

Díaz de Chumaceiro C. L. (1996c). Induced poetry and prose recall: a transfer of the induced song recall technique. *Arts in Psychotherapy, 23*(5), 23-429.

Díaz de Chumaceiro C. L. (1996d). "Dim spot": a variant in between countertransferential "blind" and "bright" spots. *Psychoanalytic Quarterly, 65*, 376-382.

Díaz de Chumaceiro C. L. (1996e). Venezuelan psycho-opera: a group and individual technique of operatic psychodrama. *Journal of Group Psychotherapy, Psycho-drama and Sociometry, 49*(3), 133-142.

Díaz de Chumaceiro C. L. (1995a). Lullabies are "transferential transitional songs": further considerations on resistance in music therapy. *Arts in Psychotherapy, 22*(4), 353-357.

Díaz de Chumaceiro C. L. (1995b). Reprint of brief report: A response to Moreno's organic form of psychomusic in a psychodrama training course: First, warm up the singing voice. *Journal of Group Psychotherapy, Psychodrama and Sociometry, 48*(3), 125-126.

Díaz de Chumaceiro C. L. (1993a). Parapraxes in song recall: a neglected variable. *American Journal of Psychoanalysis, 53*, 225-235.

Díaz de Chumaceiro C. L. (1993b). Transference-countertransference implications in Freud's patient's recall of Weber's Der Freischütz. *Psychoanalytic Review, 80*, 293-307.

Díaz de Chumaceiro C. L. (1992a). What song comes to mind? Induced song recall: transference-countertransference in dyadic music associations in treatment and supervision. *The Arts in Psychotherapy, 19*, 325-332.

Díaz de Chumaceiro C. L. (1992b). Transference-countertransference in psychology integrations for music therapy in the 1970s and 1980s. *Journal of Music Therapy, 24*, 217-235.

Díaz de Chumaceiro C. L. (1990a). Songs of the countertransference in psychotherapy dyads. *American Journal of Psychoanalysis, 50*, 75-89.

Díaz de Chumaceiro C. L. (1990b). La evocación inducida de canciones: una cuña comerical en psicoterapia [Induced song recall: a comercial jingle in psychotherapy]. *Comportamiento, 1*, 49-56.

Díaz de Chumaceiro C. L. (1998). La efectividad de la evocación inducida de canciones en psicoterapia [The effectiveness of induced song recall in psychotherapy]. *Master's Abstracts International, 26*(4), 454 (University Microfilms 13-32884).

Díaz de Chumaceiro C. L. (1987). Induced song recall: A diagnostic and psycho-therapeutic technique. *Dissertation. Abstracts International, 49*(3B), 911 (University Microfilms 8807026).

Fuller, J. (1968). Young girl. © Viva Music. In M. Okun (Ed.), *The New York Times great songs of the sixties* (Vol. 2, pp. 284-286). New York: Quadrangle/New York Times Book Co., 1974.

Gammond, P. (1991). *The Oxford companion to popular music.* Oxford, England: Oxford University Press.

Goldberger, M. (1993). "Bright spot": a variant of "blind spot". *Psychoanalytic Quarterly, 62,* 270-273.

Harmon, J. E. (1972). Meaning in rock music: notes toward a theory of communication. *Popular Music and Society, 2,* 18-32.

Hoppe, K. D. (1989). Psychoanalysis, hemispheric specialization, and creativity. *Journal of the American Academy of Psychoanalysis, 17,* 253-269.

Hoppe, K. D. (1988). Hemispheric specialization and creativity (pp. 303-315). In K. D. Hoppe (Ed.), *Hemispheric specialization.* Philadelphia: W. B. Saunders.

Jagger, M., & Richards, K. (1965). (I Can't Get No) Satisfaction. © Immediate Music, New York. In M. Okun (Ed.), *The New York Times great songs of the sixties* (Vol. 1, pp. 224-227). New York: Quadrangle, 1970.

Kohonen, T. (1977). *Associative memory.* Berlin: Springer-Verlag.

Lennon, J., & McCartney, P. (1970). Let it be. *In the Beatles 1967-1970.* Album II, Vol. 2. EMI 2002 (Cassette). Caracas, Venezuela: Sono-Rodoven Discos, S.A.

Lennon, J., & McCartney, P. (1965). Yesterday. © Northern Songs Limited, London. In M. Okun (Ed.), *The New York Times great songs of the sixties* (Vol. 1, pp. 322-324). New York: Quadrangle, 1970.

Modena, O., & Exposito. (1985). Pequeña (Little one). *Boleros de amor-chucho avellanet.* Stereo UAS 6567. Caracas, Venezuela: EL Palacio de La Música.

Powers, M. (1985). The Rolling Stones: Danceable mythic satire. *Popular Music and Society, 10,* 43-50.

Pribram, K. H. (1971). *Languages of the brain.* Englewood Cliffs, NJ: Prentice-Hall.

Reik, T. (1953). *The haunting melody: Psychoanalytic experiences in life and music.*

New York: Farrar, Straus and Young.

Roederer, J. (1982). Physical and neuropsychological foundations of msuic: The basic questions (pp. 37-46). In M. Clynes (Ed.), *Music, mind and brain*. New York: Plenum Press.

Rosenbaum, J. B. (1963). Songs of the transference. *American Imago, 20*, 257-269.

Salias, V., & Landaeta, J. J. (1810). Himno nacional de Venezuela (National anthem of Venezuela). In *Himnos, Danzas y Canciones Venezolanas* (Vol. 2, No. 1113). Caracas, Venezuela: Freddy Leon.

Santiago, L. P. R. (1969). The lyrical expression of adolescent conflict in the Beatles' songs. *Adolescence, 14*, 199-211.

Spence, D. P. (1979). Language in psychotherapy. pp. 471-496. In D. Aaronson, & R. W. Rieber (Eds.), *Psycholinguistic research: Implications and applications*. Hillsdale, NJ: Lawrence Erlbaum.

Stekel, W. (1911). *Die Spraches des Traumes: Eine Darstellung des Symbolik und Deutung des Traumes in ihren Beziehungen zur kranken und gesunden Seele für Arzte und Psychologen*. Munich, Gremany: Bergmannn.

Strouse, C, & Charnin, M. (1977). Tomorrow. From the Broadway musical *Annie*. © Edwin H. Morris & Co.

Swenson, L. C. (1980). *Theories of learning*. Belmont, CA: Wadsworth.

Tulving, E. (1972). Episodic and semantic memory. In E. Tulving, & W. Donaldson (Eds.), *Organization of memory*. New York: Academic Press.

Williams, P. (1969). *Outlaw blues: a book of rock music*. New York: E. P. Dutton.

Zabaleta, M. (1985). Sola (Alone). *Jorge Rigó*. 051. Caracas, Venezula: Rodoven Discos.

제17장

임상적 노래 만들기에서 역전이

Paul Nolan

Gelso와 Carter(1994)에 따르면 전이와 역전이 반응은 클라이언트와 치료사 사이의 최초 접촉 순간부터 모든 치료 상황에서 일어난다. 그들은 치료적 관계가 세 가지 요소로 이루어진다는 Greenson(1967)의 입장에 동조하였다. 첫째 작업을 목적으로 하여 클라이언트와 치료사의 연대와 협력으로서 나타나는 작업적 동맹, 둘째 치료사에 대한 클라이언트의 전이와 치료사의 역전이를 모두 포함하는 전이 형태, 셋째 모든 비전이적 측면의 관계로 구성되는 현실적 관계다. 이 마지막 요소는 클라이언트가 치료사를, 또 치료사가 클라이언트를 어느 정도까지는 현실적인 방법으로 바라보도록 허락하는 양자 간의 진실성의 정도를 의미한다.

이 장에서는 주로 역전이에 대해 다룰 것이다. Kernberg(1975)가 설명한 것처럼 역전이는 두 가지의 대조적인 개념을 포함한다. 하나는 클라이언트의 전이에 대한 치료사의 무의식적 반응으로 설명되는 고전적인 Freud 학파의 접근 방식이고, 다른 하나는 클라이언트의 실재와 전이에 대한 치료사의 총체적인 정서적 반응으로 설명되는 총체적 접근 방식이다. 비록, 두 가지 접근 방식이 클라이언트를 이해하는 데 유용한 자료로 이용할 수 있더라도, 특히 두 번째의 좀 더 넓은 접근 방식은 역전이가 해결되어야만 하는 과정이라는 이해를 포함한다. Kernberg는 정신분석적 임상과 관련하여 언급하였지만, 이러한 역전이의 총체적 개념이 분석적 상황을 '양 참여자의 과거와 현재, 그리고 그들의 과거와 현재에 대한 그들 상호 간의 반응이 그들 모두와 관련되어 독특한 정서적 입장으로 융합되는 상호작용 과정'(p. 52)으로 몰아넣는다고 믿었다. 비록, 역전이에 관한 문헌이 방대하지만, Kernberg는 음악치료에서 치료사가 임상적 관계 안에서 치료사 자신의 음악적 과거와 현재, 그리고 클라이언트의 그것을 포함하는 몇 가지 힘에 대한 정서적 반응을 소유한다는 것을 명백히 하였다.

Racker(1957)는 역전이의 개념에 대해 또 다른 중요한 기여를 하였다. 그는 일치적 동일시(concordant identification)와 보완적 동일시(complimentary identification)라는 용어를 소개하였다. 치료사의 자아 측면과 동일한 클라이언트의 자아 측면 사이에서 일치적 동일시는 치료사의 클라이언트에 대한 공감의 토대를 형성한다. 보완적 동일시에서 치료사는 무의식적으로 부모와 같이 클라이언트의 세계에서 기인한 대상과 연관되고 그 대상이 행동한 것처럼 클라이언트를 향해 행동하게 된다.

역동적 과정을 위한 용기(容器)로서 음악

심리치료의 역동적 과정에 대한 음악의 관련성은 세 가지 주요 개념에 의존한다. 첫째, 음악이 무의식을 건드린다는 것, 둘째 음악연주가 치료사와 클라이언트 사이의 동시다발적 상호작용의 독특한 형태와 관련 있다는 것, 셋째 음악이 정서에 조리 있는 언어를 제공한다는 것이다.

음악적 경험은 무의식 사고과정과 많은 공통점을 공유한다. 둘은 모두 투사, 일차적 과정 메커니즘(압축과 치환)과 전이의 메커니즘(즉, 클라이언트의 전이와 치료사의 역전이)이라는 용어로 설명할 수 있다. 음악과 무의식적 과정 모두는 선형적 사고와 산만한 논리의 지시에서 자유롭다. 둘 다 정서와 밀접한 관련이 있다. 음악은 말로 나타낼 수 없고 동일한 경험적 시간 틀 안에서 상반된 것(예를 들면, 죽음과 부활)을 비논리적인 방식으로 배열한 것 같은 인간 경험의 총체적 스펙트럼을 반영하고 상징화하는 능력을 가진 것처럼 보인다.

음악은 또한 투사를 위한 풍부한 토대이기도 하다('그것은 즐거운 왈츠예요.' 혹은

'이 노래는 악마예요.'). 여러 세기에 걸쳐 음악 감상자들과 학자들은 특정 작품 속에서 '메시지'가 나타나는지에 관한 논란을 벌여 왔다. 대중음악 스타는 청중이 그들에게 부여한 투사에 부분적으로 의지한다. 선악의 투사는 항상 대중가요와 관련이 있다. 1960년대의 잘 알려진 예는 Richard Berry의 '루이, 루이(Louie, Louie)' 다. 비록, 그 가사 대부분의 뜻을 분명하게 알 수는 없지만, 어떤 청중은 그들이 그 가사 속에서 외설스런 언어를 들었다고 믿었다. 이 노래는 연방 검열기관에 의해 미국 청소년에게 해가 된다는 판정을 받았고, 많은 주에서는 이 노래를 구입하거나 음반의 복사본을 소유하는 것을 금지하였다. 그러나 진짜 가사가 알려졌을 때, 이 노래에서 상상되었던 해는 사라졌다. 현재 이 노래는 고등학교 밴드의 고정 레퍼토리가 되었다.

음악적 상황은 또한 음악 연주가에 대한 투사를 자극한다. 청중은 음악에 의해 발생된 감정을 투사하고 이 감정과 연관된 연상을 연주가나 작곡가에게 전이시킨다.

치료에서 투사는 클라이언트에게서 기인한 전이 반응을 초래하고 지지한다. 결국 이것은 치료사에게서 기인한 역전이 반응을 야기하고 지지한다. 이런 방식에서 노래는 수월하게 클라이언트와 치료사 간의 무의식적 과정을 교류하는 도구가 될 수 있다. 이러한 무의식적 교류는 노래가 클라이언트와 치료사에 의한 동시다발적 음악 만들기와 관련이 있을 때 더 심화된다.

임상적 음악 만들기 과정에서는 독특한 치료 형태가 존재한다. 어떤 종류의 치료 형태도 Langer(1942)가 정서의 언어라고 일컬은 것을 사용하는, 치료사와 클라이언트 사이의 동시다발적 표현을 포함하지 않는다. 한편으로는 음악치료에서, 특히 임상 즉흥연주에서 양자 간의 이중적 동시다발적 표현 때문에, 이런 치료양식을 곧바로 이미 존재하는 심리치료 학파에 끼워 넣기는 어렵다. 비록, 이러한 독특성이 음악치료가 독립성이나 전문성을 가지고 있다는 것을 의미하기는 하지만, 이는 또한 문헌에서 자주 언급되지 않았던 치료사에 대한 문제점을 제시하기도 한다.

문헌 고찰을 통해 나는 가장 언급되지 않은 영역이 치료사와 클라이언트(들)에 의해 창조된 비언어적, 리듬적, 조성적 소리, 모티브, 선율, 그리고 음악적 경험이 전이와 역전이 같은 무의식적 힘을 어떻게 자극하는지에 관한 것이라는 것을 알았다. 치료에서 언어적 교류를 분석하는 전통적 정신분석적 방법이 치료에서 음악적 교류에 항상 적절하거나 관련이 있는 것은 아니다. 음악이 그 자체 외의 다른 어떤 것과 객관적으로나 직접적으로 연관될 수 없기 때문에 음악적 교류를 언어적 교류와 일대일로 비교하는 것은 실패할 위험이 있다(Nass, 1989). 아마도 Langer는 음악의 광범위하지 않은 본질이 다른 형태의 광범위하고 선형적인 형태의 의사소통으로 번역되는 것을 반대한다고 언급한 첫 번째 저자일 것이다.

이러한 음악의 특징과 치료적 상황에서 음악적 경험의 본질을 고려해 볼 때 음악치료는 일반적으로는 클라이언트-치료사에 관하여, 구체적으로는 전이와 역전이 현상에 관하여 수많은 질문을 제기한다. Gelso와 Garter(1994)가 정의한 이 세 가지 관계 요소에 따른 몇 가지 질문은 다음과 같다.

- 클라이언트와 치료사가 음악을 함께 창조할 때, 언제 작업 동맹(음악을 함께 연주하기 위한)에서 기인한 노력이 발생하며, 언제 그것이 현실적 관계(음악에 관한 공유된 진실한 사랑)를 반영하는가?
- 전이-역전이가 어떻게 공유된 음악 만들기에서 나타나는가?
- 반대로 치료사가 창조한 음악이 어떻게 작업 동맹, 전이 형태, 그리고 현실적 관계를 형태화하는가?

역전이에 관하여 우리는 다음과 같은 내용을 질문해 보아야 한다.

- 음악치료사는 어떻게 음악에 대한 그들 자신의 무의식적 반응을 깨닫고 그것을 통해 배울 수 있는가?
- 치료사가 자신의 음악에 대한 클라이언트의 음악적 반응에 반응한다면, 이것은 역전이의 정도에 영향을 끼칠 것인가?
- 치료사는 전체적으로 음악에 대해 무의식적 반응을 소유하고 있는가?

음악에 대해 우리는 다음과 같은 내용을 질문해 보아야 한다.

- 심리치료 안에 내재된 투사, 전이와 역전이 교류, 동일시, 다른 무의식적 힘이 어떻게 음악적 결정, 충동, 그리고 클라이언트와 치료사의 반사 능력을 통하여 나타나는가?
- 노래 만들기에서 사용되는 구조의 분량과 같이 음악 형식이 음악치료에서 관계

적 요소를 자극하거나 억제하는가?

이러한 질문은 음악치료 문헌에서 언급되지는 않았지만 확실히 성공적 치료 결과의 존재 여부에 영향을 미친다.

역전이의 객관화

이러한 질문의 대부분은 모든 정신역동적 치료 형태에서 나타날 수 있는, 클라이언트와 치료사 간의 역동성을 '객관화' 하는 방법에 대한 기본적인 염려를 반영한다. 이 장에서는 특별히 역전이가 노래 만들기와 관련된 음악치료의 구체적 맥락 안에서 탐구될 수 있을 만큼 어떻게 실체적으로 나타날 수 있는지에 관심을 가졌다.

역전이의 객관화는 치료사가 일시적으로 클라이언트가 음악치료 경험을 하는 동안 치료사에게 끼치는 정서적 영향에서 스스로 거리를 두려고 하는 과정을 의미한다. Theodore Reik(1953)에 따르면, 치료사는 왜 그가 클라이언트와 있는 동안 정서적인 방식으로 영향을 받는지에 관한 이유를 찾고자 한다. 그 결과로 두 가지 근원이 치료사의 정서적 반응을 자극한다는 것을 발견하였다. 그중 하나는 중요한 타인에 관한 치료사 자신의 과거 경험의 활성화다. 이것은 또한 치료사 자신의 음악적 과거와 현재의 음악적 민감성의 활성화를 포함한다. 두 번째 근원은 클라이언트가 무의식적으로 분리하여 투사한 감정이다. 이것은 보통 그 감정이 그에게 잠재적 위험이 되기 때문이다. 이런 역전이의 객관화는 클라이언트의 즉각적인 경험, 그의 감춰진 장점, 그리고 임상적인 관심 부분에 대한 좀 더 넓은 이해로 이끈다. 이것은 또한 치료사가 음악에 대한 그 자신의 정서적 반응이 어떻게 클라이언트에 대한 그의 공감과 지지를 증가시키기 위해 사용되는지에 관해 좀 더 깨닫도록 한다.

Reik(1953)는 음악을 통한 역전이의 객관화를 처음 설명한 학자다. 그는 임상에서 정신분석을 행할 때 그의 마음에 떠오른 곡조와 노래를 분석하였다.

그것들은 분석가의 의식적 사고에는 알려지지 않은 내용을 시사할 뿐 아니라 그가 환자들의 이야기를 듣는 동안 깨닫지 못하였던 숨겨진 감정의 어떤 것과 의사소통한다. 곡조는 두 사람 간의 무의식 사이에서 의사소통을 책임지는 매개체 역할을 한다. 이러한 선율은 그 자신들을 명백히 혹은 희미하게 마음속에 제시하지만, 그것들이 시사하는 것은 분석가가 '제3의 귀'를 가지고 청취할 때만 이해된다(p. 20).

역전이의 촉진

Reik는 언어를 사용한 심리치료 중 치료사의 무의식 속에 떠오른 노래를 살펴보았지만, 이 장은 음악치료 맥락 안에서 클라이언트와 치료사가 실제로 함께 작곡한 노래를 다룬다. 주요 질문은 임상적 노래 만들기 경험이 역전이의 객관화를 위한 방법을 제공하는 동시에 본질적으로 치료사의 역전이 반응을 어떻게 촉진할 수 있는지에 관한 것이다.

임상적 노래 만들기에서 역전이를 객관화하는 데는 세 가지 발전과정이 있다. 첫째는 치료사가 그 자신의 무의식적 과정이 활성화되는 것을 인식하면서 치료의 정상적인 과정으로서 그의 감정을 깨닫도록 하는 것이다. 둘째는 클라이언트의 행동, 음악, 그리고 그 외의 것이 치료사의 감정에 대한 근원을 제공한다는 것을 그가 인정하는 것이다. 셋째는 역전이 자료가 그의 감정에 의해 활성화되고, 자료가 의식적이냐 무의식 상태로 남아 있느냐에 따라 긍정적이거나 부정적인 결과를 이끌 것이라는 것을 그가 이해하는 것이다.

가설적 예시   이런 과정을 더 잘 이해하기 위하여 치료사가 역전이를 깨닫지 못할 때 노래 만들기 경험 중 일어날 수 있는 문제의 가설적 예를 탐구해 보도록 하자. 이 예에서 치료사는 입원 병동 정신과에 입원한 우울증을 가진 성인과 만나고 있다. 치료사는 이 집단의 구성원에게서 나타난 내재적인 저항을 다루기를 기대하고 있지 않는 것 같다. 세션 초반에 치료사는 모든 구성원과 대담을 하고 그들의 낮은 참여도에 좌절감을 느낀다. 치료사는 클라이언트의 낮은 에너지 수준에 과잉으로 동일시되는 것을 피하기 위해 능동적 방법을 사용하기로 결정한다.

이 시나리오에서 치료사가 클라이언트와 그들의 정서적 상태에 대한 자신의 반응을 차단함에 따라 그의 치료 능력은 위태로워질 수 있다. 그는 철퇴나 거절을 다루었던 과거를 연상하였기에 무의식적으로 '활기를 돋우고' 노래 만들기 요소의 선택을 과잉으로 통제하거나, 분노함으로써 이런 원하지 않는 동일시를 무의식적으로 보상하고자 할 수 있다. 첫 번째 보상은 치료 그룹을 과제 지향적 작업 그룹으로 변화시키는 것이다. 두 번째 보상은 노래 만들기를 위한 주제를 발전시킨다는 구실하에 클라이언트에게 자기결심(self-determination)을 고취시키는 것 같은 행동을 제공하는 것일 수 있다. 이 두 경우 중 어떤 결과에서도 치료사는 클라이언트의 정서적 상태에 대한 그 자신의 역전이 반응을 깨닫지 못한다. 그는 그룹을 치료하는 데 기여하지 못하고, 그룹 세션을 마친 후에도 해결되지 않은 감정 때문에 지속적인 불안감을 느낄지도 모른다.

치료사가 슈퍼비전을 받는다면, 슈퍼바이저는 그룹 경험을 설명하는 데서 치료사의 강화된 감정이나 치료사가 그룹에 대한 토론을 회피하고 있다는 것을 깨닫게 될 것이다. 클라이언트의 저항을 인식할 수 있는 훈련과 슈퍼비전을 받을 때에야 비로소 치료사는 그의 공격적 반응을 잘 깨닫게 될 것이다. 또한 치료사는 그의 고취시키는 행동이 처음에는 클라이언트에게 그것을 직면시키기 위한 그의 필요에 의해 촉발되었지만, 그의 개인적인 어떤 것과 관련이 있다는 것을 이런 가능성 안에서 이해할 수 있게 된다.

치료사의 무의식적 감정이 의식화되고 행동을 통해 그 감정에 반응하려 하는 충동이 차단될 때, 비로소 치료사는 좀 더 깊은 치료적 재료와 더 증가된 공감 능력을 얻게 된다. 역전이가 그의 무의식과 공격적인 근원에서 객관화되고 중성화될 때, 치료사는 진실한 공감을 위한 능력을 소유하게 된다. 객관화된 역전이에서 발생한 공감은 클라이언트에게 치료사가 그들과 연결되어 있다고 느끼는 치료적 교류를 가져온다. 우울한 행동을 촉발하는 경험은 모든 대상에게 존재하지만 치료사는 동반되는 불안감에 클라이언트만큼 압도되지 않기 때문이다.

여기서 설명한 시나리오에서 치료사는 마치 그가 클라이언트의 치료 목적을 성취하도록 돕기 위해 치료팀에 의해서 임명받는 권력자처럼 그룹에 반응하였다는 것을 인식하게 된다. 치료사는 보완적 동일시를 깨달았을 때 자신이 그의 클라이언트에게 존재하는 우울의 효과에 과잉적으로 동일시하였고, 그의 구조적이고 고취시키는 행동이 강렬한 감정과 연상에서 그를 지키는 역할을 하였다는 것을 알게 된다. 이러한 감정 혹은 일치적 동일시는 보통 빠르게 발생하고, 심지어 이것들이 분석된 그 이후에도 무의식화된다. 그러나 숙련된, 슈퍼비전을 받은 치료사는 그룹에서 경험하는 감정을 거의 본능적으로 수용한다. 그는 이러한 감정이 그를·압도하지 않을 것이며, 그 자신의 감정을 감찰하는 것이 실제로 클라이언트의 경험을 더 잘 이해하는 데 도움이 될 것이라는 인식을 가지고 객관화를 적용할 수 있다.

역전이를 객관화할 때는 같은 우울증을 가진 클라이언트 그룹이라도 다른 방식으로 시작할 수 있다. 치료사는 피아노나 기타를 연주하면서 그가 '수용한' 감정에 대해 한 소절이나 두 소절의 노래를 열심히 부를 수 있다. 그 후 그는 노래나 언어의 형식 안에서 클라이언트에게서 반응을 이끌 수 있다. 어떠한 반응도 수용되며, 필요하다면 치료사는 배경으로 음악 반주를 하면서 그룹에게 "때때로 노래로 당신을 대변하는 것이 당신에게 당신 자신을 다르게 듣도록 하는 기회를 제공합니다." 라고 말할 수 있다. 치료사는 음악적 틀 안에서 계속 진행하면서 그룹 구성원의 참여를 유도할 수도 있고, 음악 연주를 멈추고 그룹에게, 예를 들어 "지금 이 시간 당신이 느끼고 있는 것이나 생각하고 있는 것에 대해 이 노래 속에서 가수는 무어라고 말하고 있나요?"라고 질문할 수도 있다. 물론 모든 반응은 표현을 구조화하는 데 기여할 수 있다. 치료사는 그 자신과 그룹이 음악적 환경에 초점을 맞추도록 계속적으로 조용한 음악 반주를 할 수도 있다. 이런 접근 방식은 심지어 저항적인 클라이언트에게도 성공적일 수 있지만, 치료사는 실패의 가능성에 대해서도 준비해야 한다. 만약 그가 치료 세션의 방향을 결정하고자 하는 유일한 사람이라면, 그룹 노래 만들기를 포기하는 것이 약간 어려울 수도 있다. 그는 자신이 지각한 클라이언트의 상태를 작곡하며 동시에 노래 부르는 접근 방식을 계속적으로 고집할 수도 있다. 만약 클라이언트가 노래 만들기에 별 관심을 보이지 않는 데 대해 그가 거부 당한 것 같은 느낌을 경험한다면 이것은 위험한 접근 방식이 될 것이다. 그리고 클라이언트가 그의 창조성에 고취되기를 원하지않는다면 그의 이런 노력은 그룹을 성가시게 할 수도 있다.

때때로 모든 음악치료사가 경험하였겠지만, 클라이언트나 그룹의 저항이 너무 강할 때는 치료사의 입장에서는 치료적 효과가 너무 적게 일어난 것처럼 보일 수 있다. 비록, 이것이 하찮은 것처럼 보이기도 하지만 치료사는 이런 '거친 폭풍' 을 겪음으로써 클라이언트의 신뢰에서 기인한 긍정적인 효과를 궁극적으로 발견할 수 있다. 이런 어려운 상황에서 치료사는 클라이언트의 거부에 직면하였을 때 그의 현실감을 회복시키기 위해 동료의 지지, 유머, 경계의 확인, 그리고 다른 '그라운딩' 방법에 의존하게 된다.

임상 사례   다음은 치료사가 클라이언트를 위하여 노래를 만들고, 그 과정에서 긍정적인 어머니 전이 속에서 확인되지 않았던 보완적 동일시를 형성하였을 때 발생한 역전이 이슈의 예다.

한 음악치료 인턴은 학습장애를 가진 9세 소녀와 작업하면서 그녀가 작곡한 노래를 사용하고 있었다. 이 인턴은 소녀를 매우 좋아하는 듯 보였지만, 이런 관계의 특징을 설명하지 않은 채 슈퍼비전 시간에 이 사례 자료를 제시하였다. 인턴이 슈퍼비전의 많은 시간 동안 소녀의 진보에 대해 토론하고 소녀의 언어와 학습 문제를 다루기 위해 그녀가 작곡하였던 노래를 자주 제시하였기 때문에 슈퍼바이저는 여기에 어떤 단계의 역전이가 존재하고 있음을 감지하였다. 특정한 한 노래는 함께 있는 두 명의 친구를 설명하고 있었다. 그러나 그 노래는 클라이언트가 과거의 세션에서 인턴에게 설명하였던 몇 가지 사건과 관심의 영역을 포함하였다. 이 특정한 세션의 오디오 녹음을 들어보니, 그날 이 어린 클라이언트는 자신에게 제시된 새로운 개인적인 노래를 무척이나 즐기고 있다는 사실이 명백하였다. 그녀는 재빨리 가사를 암기하였고, 인턴과 함께 활기차게 그 노래를 불렀다. 그러고는 재빨리 그날의 치료 목적을 성취하였다. 20분 세션의 말미에서 소녀는 인턴에게 "나를 위해 이 노래를 작곡하였나요?"라고 물었다. 인턴은 재빨리 그러나 신중하게 "나는 이 노래를 여기 있는 모든 아이를 위해 작곡했어요."라고 대답하였다. 이 부분의 녹음을 듣는 순간, 인턴은 당황하는 듯 보였고 테이프를 껐다. 인턴은 슈퍼비전 시간 동안 이 언어적 교류에 대해 말하는 것을 꺼려하였다.

나중에서야 슈퍼바이저는 인턴이 소녀와 같이 공격적이고 학대하는 어머니를 가졌다는 것을 알게 되었다. 아마 인턴은 작곡한 노래 속에서 일치적인 동일시를 통하여 이 클라이언트에게 다가가려 한 것 같았다. 그러나 이후 확립된 친밀감을 두려워하며, 인턴은 자신을 이 만남에서 멀어지도록 하였다. 인턴은 결국 그녀와 소녀가 공유한 유사점과 그녀 자신의 동일시에 대해 깨닫게 되었다. 또한 그녀는 자신의 어머니가 그랬던 것처럼 친밀감이 확립됨에 따라 소녀에게서 멀어졌던 자신을 깨달았다.

노래는 비록 기술적으로는 소녀의 발달적인 요구를 다루기 위해 만들어졌지만, 동시에 인턴의 소녀에 대한 동일시를 표현할 수 있었다. 이런 '선물'을 수용하는 소녀의 감정이 인턴에게는 직면의 역할을 하였다. Gelso와 Carter(1994)가 설명한 것처럼 현실적 관계를 향한 움직임은 인턴에게 바람직하지 않은 반응을 유발하였다. 이는 결국 친밀함을 위협으로 지각하고 그 교류를 차단함으로써 인턴이 그녀의 어머니가 하였을 것 같은(보완적 동일시) 방식으로 그 소녀를 다루게 하였다.

역전이의 처리

나는 역전이 반응이 때때로 어떤 신호 후에 일어나지만 언제나 그렇지는 않다는 것을 발견하였다. 한 가지 신호는 클라이언트가 말하거나 행한 것에 대해 치료사가 강렬한 감정을 느끼는 것일 수 있다. 이것은 치료 안에서 창조하였던 노래에 선율이나 기악 반주를 만들 때와 같이, 세션 중 클라이언트가 만드는 모든 음악에 대한 치료사의 반응을 포함한다. 치료사는 또한 그 자신의 음악이나 노래를 함께 즉흥연주하는 것과 같은, 클라이언트와 함께 창조하였던 음악에 대해 강렬한 감정을 가질 수도 있다.

이러한 감정은 클라이언트-치료사 관계의 본질뿐만 아니라 그 치료과정에서 어떤 교정의 기로를 택해야만 하는지에 관한 깨달음, 메시지 혹은 단서로 이끌 수 있다. 나는 클라이언트에 대한 강렬한 정서적 반응이 적어도 다음의 세 영역에서 풍성한 내적 탐구를 지시할 수 있다는 것을 발견하였다.

- 나 자신의 개인적 과거: 때때로 나는 내가 정서적으로 '전에 이곳에 온' 것 같은 느낌을 가지며 안정적이고 중성적인 표현으로 충분히 다루지 못하였던 흩어진 감정적 자료가 존재한다는 것을 깨닫는다. 이것은 나에게 클라이언트가 작곡한 작품 속에 존재하는 감정적 특징을 더 긴밀히 들을 것을 제안한다. 클라이언트 표현 속의 어떤 것은 내 속에 감정적 반응을 불러일으키고, 내가 그를 향할 때 이런 감정적 사건의 근원을 따라갈 수 있다.
- 클라이언트의 음악: 때때로 나의 반응은 내가 음악이나 노래 만들기에 관계 맺은 것만큼 클라이언트는 관계 맺지 않았다는 것을 지적하기도 한다. 이는 내가

올바른 길에 서 있으며, 그가 두려워하는 것은 음악에 좀 더 깊게 빠져드는 것
이라는 것을 내가 지각하고 있다는 것이다. 대안적으로 나는 그가 아직까지는
관계 맺을 수 없는 어떤 수준에서 나와 함께 음악에 참여하기를 바랄 수 있다.
역시 나는 음악적 표현의 방향성에 대한 그의 참여에 귀 기울여야 하고, 내가
올바른 어떤 것을 해야만 한다는 생각에서 벗어나야만 한다.

- 내가 만들거나 촉진시킨 음악적 아이디어에 관한 나의 좌절이나 불만족, 그리
  고 내가 이런 감정과 어떤 식으로든 관련되었다는 느낌: 때때로 이러한 느낌은
  클라이언트의 음악에서 기인한 어떤 것이 치료사로서 나의 역할을 위협하고 있
  으며, 이것이 세션 후 내가 탐구해야 할 영역이라는 사실을 알려 준다. 나는 왜
  이 클라이언트에게만 이런 감정을 느끼는가? 내가 이 질문에 대답할 수 있다면
  나는 종종 클라이언트에 대한 어떤 중요한 것을 배울 수 있을 것이다. 그는 어떻
  게 이런 감정을 창조할 수 있는가? 그는 자신을 도우려는 다른 모든 사람에게도
  부적절한 감정을 일으키는가? 그는 도움을 거절하고 있으며 타인의 지원을 수용
  할 수 없거나 수용하지 않을 것인가?

이러한 질문은 이어지는 사건과 세션을 통하여 대답할 수 있다. 요점은 치료사가
세션 중 그의 감정을 수용한다면 그것이 결국 클라이언트와 치료적 관계에 대한 풍부
한 정보를 제공하는 원동력이 될 것이라는 점이다. 치료사는 다른 클라이언트와의 관
계에서도 동일한 감정이 나타나는지에 관해 계속적으로 알아보아야 한다. 그렇다면
그는 음악치료 역할 외부에서 그 자신의 반응을 슈퍼비전이나 자신의 개인 치료의 맥
락에서 더 탐구할 필요가 있다.

노래 만들기에서 객관화

몇 가지 요소가 2인 혹은 그룹 내의 노래 만들기 경험에서 역동적 상호작용에 영향
을 미칠 수 있다. 가장 중요한 요소 중 하나는 치료사가 노래 만들기 과정 자체를 구
조화하는 방식이다. 어떤 치료사는 잘 알려진 민요나 대중가요의 한 단어나 구절을
지운 후 클라이언트가 지워진 부분을 채워 넣도록 하는 방식을 선호한다. 이렇게 삽

입된 절구는 클라이언트나 그룹과 관련이 있다는 것을 의미한다. 이와 같이 아주 구조화된 접근 방식은 전형적으로 음악적 기능이 낮은 사람에게 효과적이지만 모든 수준의 클라이언트를 위해서도 사용할 수 있다. 구조의 정도가 강할수록 클라이언트가 표현하고 치환하며 투사할 가능성은 적어진다. 이는 결국 치료사와 클라이언트의 음악적 참여를 감소시키는 결과를 초래하며, 궁극적으로 치료사와 클라이언트가 어떻게 전이와 역전이 형태를 객관화할 수 있는지에 관해 영향을 미친다.

노래 만들기가 좀 더 자연발생적으로 이루어질 경우, 치료사의 무의식적 동기는 노래 형식에 대한 치료사의 선택(절, 후렴구, 연결구의 다양한 조합), 노래 반주에서 치료사의 역할, 치료사가 그 자신의 음악적 창조성을 얼마만큼 발휘하였는지에 대한 정도와 같은 노래 경험 속의 다른 요소에 따라 영향을 받을 수 있다.

임상적 노래 만들기의 또 다른 독특한 특징은 클라이언트와 치료사 모두가 긍정적인 감정의 가치를 소유할 수 있는 방향으로 참여하게 된다는 것이다. 노래에는 수많은 기억과 연상이 존재한다. 그들은 또한 노래와 관련된 그들 자신만의 과거의 주관적이고 투사적인 양식을 소유할 것이다. 노래 만들기를 경험하는 동안 클라이언트와 치료사는 모두 노래 만들기 과정의 결과물에 대하여 개인적 긴장의 정도를 공유하며, 노래가 끝났을 때는 어느 정도의 보상이나 긴장의 감소를 공유한다. 음악에 대한 치료사 자신의 애정은 노래를 향해 투사된다. 이것은 현실 관계를 강조함을 의미하고, 이는 결국 클라이언트가 음악에 좀 더 직접적으로 참여하도록 한다. 클라이언트가 음악에 대한 자신의 긍정적인 감정을 치료적 관계 속으로 돌리게끔 하는 것은 음악이 부분적으로 협동 치료사의 역할을 할 수 있음을 의미한다. 음악은 클라이언트의 감정 상태를 포용하고 지지할 수 있다. 치료관계의 이와 같은 요소는 현실에서 치료사와 음악에 대한 클라이언트의 동일시를 유발할 수 있다. 이와 같은 과정은 또한 노래 만들기의 내용에 더 많이 적용될 수 있다.

노래 가사와 역전이

비록, 노래 가사가 이따금 구체적이고 '객관적이며' 일반적으로 논리적인 결과물을 제시한다 하더라도 그것의 전이에 대한 가능성은 상당히 크다. 임상적 노래 만들기 경험 속에서 치료사는 클라이언트가 작사하도록 촉진하기는 하지만 실제로 클라이언트가 어떠한 단어를 선택하는지에 대해서는 거리를 두려고 한다. 클라이언트가 인지적 장애가 있을 경우, 가사를 만드는 데서 치료사의 참여 수준은 증가하게 된다.

치료사의 스타일이 클라이언트의 표현을 좀 더 통제하고 봉쇄하는 쪽이라면 클라이언트가 내놓은 가사와 아이디어의 폭은 제한된다. 이때의 임상적 목적은 과제 수행과 직접적으로 관련이 있다. 이 같은 접근 방식은 작업 동맹을 강조한 채 전이관계의 자각을 제한하는 방식으로 여길 수 있다. 이러한 접근 방식은 단기치료를 받는 대상자에게 효과적이다. 치료사가 클라이언트에게 제한 없이 노래의 주제 내용과 가사를 선택하게 할 경우 클라이언트의 반응은 더욱 다양해진다. 이와 같은 심리치료적인 접근 방식은 전이와 역전이의 역동성 자각을 포함하는 경향이 있다.

치료사는 클라이언트가 선택한 주제와 가사가 그 자신의 가치, 태도 혹은 신념과 일치하지 않을 때 의식적이고 무의식적인 정서적 반응을 가질 수 있다. 그는 치료적 과정을 차단할 수도 있는 이러한 과정을 직접적으로나 간접적으로 검열하기도 한다. 클라이언트의 전이가 한 개인이나 치료과정에 위험이 되는 행동화(acting-out)나 시험하는 태도(testing behaviors)로 나타나는 경우 치료사는 환경을 제한할 필요가 있다. 치료사는 가사 속의 공격적이거나 성적인 요소 때문에 불편함을 느낄 때 또한 역전이 반응을 경험한다.

클라이언트가 쓴 가사의 문자상 혹은 상징적인 내용에 대한 일치적 동일시는 가사 작사 시 치료사가 좀 더 직접적이고 주관적으로 참여하고픈 충동에 반응할 때 문제가 될 수 있다. 그 문제는 초기에 클라이언트의 참여도를 높임으로써 감춰진다. 그러나 욕구충족 단계의 그룹 과정으로 들어가면 치료사는 그 경계를 넘어설 수도 있다. 이는 결국 그가 좀 더 적절한 역할을 포기하게 된다는 것을 의미한다. 역전이의 음악적 징후와 마찬가지로 객관화의 동일한 과정이 치료사에게도 적용된다. 강렬한 감정을 노출하는 클라이언트나 그들의 작품에 직접적으로 반응하고자 하는 충동이나 필요 뒤에 이어지는 어떤 신호는 치료사에게 그 자신의 역전이를 경고할 수 있다.

노래 가사의 지적인 요소는 전이나 역전이가 증가되기 시작할 때 용기(container)나 방어의 역할을 할 수 있다. 언젠가 나는 몸이 아픈 한 여성과 함께 음악치료 세션을 녹화한 적이 있었다. 기술자들이 세트를 준비하고 사람들이 그녀의 방 밖에 모여들었을 때, 나는 그녀가 겪었던 의료적 절차를 지적으로 묘사한 가사를 재작사함으로써 어떻게 불안감을 억제할 수 있는지를 깨달았다. 이 방법은 그녀의 불안감을 잘 억누르는 것 같았다. 녹화하는 동안 그녀는 정신을 바짝 차렸고 초점이 있었으며 이완되었다. 몇 세션 후 우리는 매우 유창하고 감동적이며 친밀한 음악 즉흥연주를 함께 창조하였다. 이 사건은 우리 작업에 새로운 발전인 것 같았다. 그 후 나는 갑자기 노래를 만들어야 한다고 결정하였다. 그러나 짧은 순간의 찬성 후에 그녀는 또 다른 자일로폰 즉흥연주로 돌아가기를 주장하고 원하였다. 그녀는 내가 노래 만들기의 화성적 표현을 위해 그녀에게 제시하였던 오토 하프보다 자일로폰이 다루기가 더욱 수월하다고 말하였다. 나는 "알았어요, 다루기 수월한 쪽으로 가지요."라고 말하였다. 운 좋게도 그녀는 나 자신의 음악적 방출을 위한 확실한 계기를 제공하였던 자일로폰에서 생생한 주제를 발전시켰다. 이 세션은 그녀가 심각한 질병의 영향을 극복하는 데 음악치료가 얼마나 그녀에게 중요한지, 그리고 음악치료가 얼마나 그녀가 안전하게 자신의 감정을 열어 보이도록 하는지를 나에게 언급하면서 종료되었다.

몇 달 후 이 사례를 회고하였을 때 나는 첫 번째 즉흥연주에서 강렬한 친밀감(내가 차단한 것처럼 보이는)을 경험하였다는 것과 이후에도 이 클라이언트를 향한 강렬한 공감을 드러내려 했다는 것을 깨달았다. 분명하게도 나의 노력은 이루어졌고, 그녀는 내가 전달한 지원에 반응할 수 있었다. 이는 무의식적 수준에서 나에게 영향을 주었음에 틀림없었고 당시에 나는 그것을 깨닫지 못하였다. 내가 친밀한 기분에서 좀 더 지적인 방법(그녀의 노래 만들기 사용에 대한 과거의 나의 진단)으로 옮기려 한 것은 내가 그녀에게 느꼈던 연결을 최소화하려는 무의식적 의도였음에 틀림없었다. 나의 방어는 친밀감에서 벗어나서 익숙한 민요 선율에 덧붙인 그녀의 의료적 절차에 관한 노래 속의 또 다른 지적 설명으로 옮겨 가는 것이었다. 이 같은 전환은 우리를 전이와 치료적 관계의 현실적 요소에서 '좀 더 안전한' 작업 동맹으로 이동시키는 것이었다. 이것은 나의 지배력을 증가시켰고 역전이를 감소시켰다.

그녀는 또 다른 즉흥연주를 선택함으로써 나에게 나의 감정을 객관화할, 혹은 적어도 그들의 리비도적 특질을 중성화하기 위한 또 다른 기회를 제공하였다. 역전이에 대한 방어로 노래 만들기 방법을 사용하는 것이 결국 필요하지 않았으며, 무엇이 그녀에게 효과적인 것인지에 대해 그녀의 주장을 굽히지 않는 것에 감사한다.

음악적 구조와 역전이: 사례 연구

다음 사례는 역전이가 임상적 노래 만들기 경험 안에서 어떻게 확인되고 객관화될 수 있는지를 설명하는 역할을 한다. 역전이가 이런 방식에서 중성화될 수 있을 때, 이 것은 전이에서 기인한 관계의 영역을 작업 동맹과 현실적 관계로 변화시킨다(Gelso & Carter, 1994). 이를 계속 다루기 전에 역전이는 어느 정도 수준에서 모든 치료적 방법과 스타일 및 기술에서 암묵적으로 존재하고, 역전이를 확인하고 객관화함으로써 얻은 치료사의 깨달음은 클라이언트에 대한 더 많은 이해를 제공하며 치료적 관계를 향상시킨다는 가정에서 이 장이 출발하였음을 기억하라. 일단 치료사의 필요가 역전이 속에서 확인되고 그 자료가 객관화되면, 치료사는 특히 음악과 관련된 부분에서 실제로 그 자신의 주관성을 신뢰할 수 있게 된다.

전에 언급한 것처럼 임상적 노래 만들기 접근 방식 안에서 치료사는 클라이언트가 독창적인 음악을 작곡하도록 하거나 민요 혹은 대중음악 스타일에서 기인한 화성양식이나 선율과 같은 요소를 사용하게 하기도 한다. 객관화와 역전이 자료의 사용은 1인칭 기술 형식을 사용함으로써 설명되는데, 이는 이 과정이 다른 사람에게로 일반화될 수 있는지가 불확실하기 때문이다. 먼저 나는 음악 작곡 중에 일어나는 객관화 과정을 설명할 것이다.

글로리아는 47세의 흑인 여성으로 치료상의 부작용에서 기인한 환각을 경험한 후 정신과/의료 병동에 입원하였다. 그녀는 일주일에 세 번씩 투석을 받았고, 시각장애와 보행에 불편을 주는 만성적 당뇨로 고통받았다. 의료적 문제는 그녀의 20대부터 나타났으며, 그녀는 매우 통제적인 교회 사역자인 어머니에 의해 양육되었다. 의료적 문제 때문에 그녀는 어머니의 성가대에 참여하는 것 외에는 이렇다 할 사회활동을 할 수 없었다. 입원하는 동안 그녀는 정기적으로 음악치료 그룹에 참여하였다. 이 그룹에서 글로리아는 그녀의 신체적 상태의 제한을 뛰어넘었다.

그녀는 아름다운 영혼의 목소리로 노래하였고 그룹의 다른 구성원을 격려하였다. 어느 날 6시간 동안 투석을 한 후에, 그녀는 음악치료를 위한 방으로 사용되는 곳으로 와서 피아노 의자 뒤 내 옆자리에 앉았다. 그녀는 외래 환자로서 2주 전에 그녀의 투석 병동에 다녀갔던 새로운 남자(롭)에 대해 이야기하였다. 그는 글로리아가 그에게 나타낸 감정에 관심을 보였고, 그녀가 그에게 끌리고 있다는 것은 명백하였다. 그녀는 말을 멈추고 음악적 구절을 흥얼거렸으며, 나는 이를 피아노로 반영하였다. 나는 그녀의 흥얼거림을 바탕으로 노래를 만들 것을 제안하였다. 그녀는 이에 동의하였고 재빨리 그 과정에 몰두하였다. 나는 그녀가 확립한 조를 찾았고 두 번째 화성을 첨가하였다. 여기에 그녀는 또 다른 구절을 첨가하였다. 나는 그녀의 선율적 아이디어에 반응한 후 그녀의 다음 절구를 기다리면서 화성을 첨가하거나 선율을 집어넣는 방식으로 활동에 참여하였다. 이 작품은 마지막을 향한 자연적인 장소로 치달았다. 이 시점에서는 말로 표현하지 않은 더 많은 것에 대한 동의와 헌신이 있었다. 글로리아의 노래 구절은 절(verse)이 되었다. 우리는 조심스럽지만 수월하게 문체상의 뉘앙스를 첨가하였다. 이는 마치 두 명이 함께 춤을 출 수 있는 기회를 얻은 것 같았다. 우리는 서로의 움직임을 예상한 다음 서로의 몸무게를 자동적으로 주고받는다. 그 후 일치된 동작으로 진보한다. 노래가 끝났을 때 글로리아는 웃었다. 그녀는 우아하고 활기차게 의자에서 보행기 쪽으로 일어나 그 방을 떠나면서 "난 그에게 전화 할 거예요."라고 말하였다.

글로리아가 그 남자에 대한 끌림을 설명함으로써 우리(치료사와 클라이언트)가 충전된 노래 만들기 과정 속에 빠져들었을 때 시너지 효과가 일어났다. 공동 작곡자의 행동은 글로리아와 투석 병동의 그녀의 새로운 친구 사이에서 발생한 초기의 매력적인 감정의 상호 이해에 기반을 두고 있다. 치료사, 공동 노래 작곡가, 그리고 반주자로서 나는 글로리아의 열정에 의해 어떤 비언어적인 방식에서 감동받지 않았더라면 그녀의 표현을 지원하는 데 필요한 헌신의 과정에 들어갈 수 없었을 것이다. 또한 글로리아가 당시에 가지고 있었던 경험을 소유하였고, 나의 개인적인 표현을 음악 속에 포함시킨 그 순간에 의해 초대받았음을 느꼈다.

이러한 일치적 역전이 반응은 부분적으로 글로리아가 모든 것을 음악 속에 쏟아 붓도록 하였다. 일단 음악적인 구조로 형성된 이러한 표현은 롭에 대한 그녀의 감정이 단순한 사회적인 감정 이상이라는 것을 자각하고 인정하도록 하였다. 모두에게 다행스럽게도 치료사로서 나는 음악 속에서 일어나는 좀 더 부수적인 과정(의식적) 요소에도 반응하였다.

이 노래의 소울 발라드 음악적 스타일은 나의 어린 시절 내 형제들로 말미암아 알게 된 1950년대와 1960년대의 음악을 생각나게 하였다. 이 순간 글로리아와 함께 나는 음악적인 모험을 감행하였는데, 나는 여기서 전형적으로 다른 노래 만들기 상황에서는 사용하지 않는 화성을 사용하고 있음을 발견하였다. 그러나 이러한 화음 선택은 노래 만들기 과정의 음악적 순간에 완벽하게 맞아떨어진 것 같았고 노래에 힘을 부여하였다. 나는 노래가 끝남에 따라 절 사이에 재즈 블루스 느낌을 첨가하였는데, 이는 결국 성악 카덴차로 이어졌다. 이것은 내가 우리 모두를 위한 감정 표출을 제공하는 또 한 번의 선율적 빠른 연주를 하도록 하였다(나는 내가 이 스타일을 선택한 것과 이 스타일에 의해 기꺼이 제한되거나 지시받는 듯한 느낌을 받는 데 매혹되었다).

후에 이 세션을 분석하면서 나는 내가 롭을 위한 중간 청각적 상징이 되었는지에 관해 궁금해졌다. 내가 이렇게 깊숙이 참여하지 않았다면 글로리아의 감정에 대하여 음악이 그녀에게 그토록 현실적이고 직접적인 메시지가 될 수 있었을까? 1950년대 후기와 1960년대의 소울 리듬과 블루스 음반(대부분이 흑인 가수에 의해 연주되었던)을 들으면서 형제들(글로리아는 나보다 나이가 많았다)로 가득 찬 집에 있었던 아이로 되돌아갔던 그 세션 중 나의 기억이 이 과정에 기여하였는가? 또한 나는 성공적인 화성 성부 진행하였을 때, 나에게 승인하듯 미소를 지으시던 음악 선생님 중 한 명의 심상이 스쳐간 것이 그 음악에 기여하였는지도 궁금하였다. 나는 이제 이 모든 질문의 대답이 '예'였다고 믿는다. 이런 내적 과정의 유형은 치료에서 창조적인 경험에 참여할 때의 내 스타일의 일부분이다. 나의 역할과 음악적 목적을 자각함으로써 나는 그 노래에서 거리를 둘 수 있었고, 동시에 음악적 구조와 치료사로서 나의 역할에 인도받으면서 아주 주관적인 경험과 일차적 과정 메커니즘이 음악 속으로 침투되도록 허용할 수 있었다.

결 론

음악가는 자신의 음악적 경험을 통하여 개인적인 변화, 변형 혹은 개발을 경험하기 때문에 종종 음악치료사가 된다. 이러한 주관적인 경험은 이러한 과정이 타인에게 치유적일 수 있고 성장지향적일 수 있다는 것을 그에게 가르쳐준다. 음악치료에서 교육과 훈련은 클라이언트의 심리적, 영적, 정신적, 신체적 변화를 촉진하는 이론과 방

법을 그에게 가르쳐준다. 음악치료 교육과정 동안 학생들은 때때로 그들 자신의 개인
적 음악 경험과 교육과정에서 나타난 좀 더 객관적이고 과학에 기초를 둔 방법을 조
화시키는 데 어려움을 느낄 수 있다. 이러한 두 가지 필수적인 요소의 통합이 없다면,
학생은 치료사의 역할을 수행하면서 음악에 대한 그의 개인적이고 주관적인 애착의
감촉을 잃어버릴 수 있다. 치료에서 전이-역전이 관계의 결과는 무의식 과정에 대한
치료사의 자각과 이해에 의존한다. 치료사가 자신의 무의식과 감정에서 거리를 두는
것은 치료에 부정적인 영향을 미칠 수 있다. 이것은 특히 치료사가 그의 역전이를 충
동적으로 행동화함으로써 그 자신의 욕구에 무의식적으로 반응할 때 명백히 나타난
다. 이 장에서 나는 치료사가 음악과 클라이언트에 의해 발생한 모든 감정에 대한 그
의 주관적인 반응에 계속적으로 접촉해야만 한다고 제안한다. 음악치료사는 치료 방
법을 통한 합리적인 사고과정을 클라이언트-치료사의 경계 속에서 그의 역할을 인
식하고 자각하는 데 적용시킴으로써 그의 역전이 반응을 객관화할 수 있다. 이런 객
관화 과정은 음악치료사가 클라이언트를 더 깊고 더 풍부하게 이해하도록 이끌 수
있다. 음악치료 방법과 슈퍼비전은 감정, 사고, 행동, 그리고 기능 사이의 균형을 제
공하는 데 도움을 줄 수 있다. 음악치료사는 긍정적 치료 결과에 영향을 주기 위하여
그의 음악적 직관과 음악에 대한 모든 반응을 사용할 수 있다.

참고문헌

Gelso, C. J., & Carter, J. A. (1994). Components of the psychotherapy relationship:
    Their interaction and unfolding during treatment. *Journal of Counseling
    Psychology, 41*(3), 296-306.

Greenson, L. (1967). *The technique and practice of psychoanalysis* (Vol. 1).
    Madison, CT: International Universities Press.

Kernberg, O. (1975). *Borderline conditions and pathological narcissism.* New York:
    Jason Aronson.

Langer, S. K. (1942). *Philosophy in a new key.* New York: Mentor.

Priestley, M. (1994). *Essays on analytical music therapy.* Gilsum, NH: Barcelona
    Publishers.

Racker, H. (1957). The meaning and uses of countertransference. *Psychoanalytic Quarterly, 26*, 303-357.

Reik, T. (1953). *The haunting melody.* New York: Farrar, Straus, and Young.

🐚 추천도서

Díaz de Chumaceiro C. L. (1992). Transference-countertransference in psychological integration for music therapy in the 1970s-1980s. *Journal of Music Therapy , 29*(4), 217-235.

Hannah, S. (1984). Countertransference in inpatient group psychotherapy: implications for treatment. *International Journal of Group Psychotherapy, 34*(2), 257-272.

Nass, M. L. (1989). From transformed scream, through mourning, to the building of psychic structure: a critical review of the literature on music and psychoanalysis. *Annals of Psychoanalysis, 17*, 159-181.

Nolan, P. (1989). Music therapy improvisation techniques with bulimic patients. In L. M. Hornyak, & E. K. Baker (Eds.), *Experiential therapies for eating disorders.* New York: Guilford.

Kenneth E. Bruscia

제18장
유도된 심상과 음악에서 전이의 징후

   이 장의 목적은 유도된 심상과 음악(Guided Imagery and Music: GIM)에서 전이가 어떤 방식으로 활성화되고 배열되며 표현되고 있는지에 관해 그 구체적인 방법을 탐구하는 것이다. 여기서 전이는 치료적 상황 안에서 클라이언트가 자신의 중요한 인물과의 과거 관계를 되풀이하는 것으로 정의 내려진다. GIM이란 심리치료의 한 형태로, GIM에 참여한 클라이언트는 자신의 의식이 변형된 상태(altered state of consciousness)에서 음악에 맞추어 상상을 하며 치료사와 대화하게 된다.

   우리는 먼저 전이의 역동 대상과 원인, 감정의 결합이 GIM 치료에서 어떻게 형성되는지에 관해 고찰해 보고자 한다. 그 다음 우리는 전이를 활성화하는 GIM의 여러 측면과 클라이언트가 전이를 표현해야만 할 때 사용할 수 있는 다양한 방법에 대해 조사하고자 한다. 이와 같은 논의의 기초로 임상 사례를 사용할 것이다.

전이의 대상

논 의

GIM은 전통적인 언어 심리치료의 형태와 같이 클라이언트가 자신의 전이를 오직 한 가지 대상에게 투사하는 것이 아니라 세 가지 대상(치료사, 음악, 심상)에게 투사한 다. 혹자는 전이가 이 세 대상에게 각각 그리고 독립적으로 일어날 것으로 기대할지 도 모르겠다. 그러나 나는 나의 임상적 경험으로 살펴볼 때 치료사, 음악, 심상은 분 리가 불가능하며, 좀 더 큰 역동 안에서 상호 의존적인 역할을 수행한다는 사실을 발 견하였다. 그들은 각각 독립되고 고립된 전이의 대상으로 여길 수 없고, 서로의 관계 맥락을 벗어나서는 고려할 수 없다. 다시 말하면, GIM에서 클라이언트는 치료사, 음 악, 심상 중 한 대상에게만 따로 떼어서 전이를 발전시키지 않는다고 나는 믿는다. 그 보다 그들은 이 세 가지 대상이 다양한 상태로 함축된 곳에서 그들의 모든 전이의 역 동과 형태를 발전시킨다. 이러한 요소를 배치하는 데서, 한 대상은 보통 역동의 전경 에 위치하고 또 다른 하나 혹은 남은 두 대상은 배경이 된다. 그러므로 치료사에 대한 전이는 음악 그리고/혹은 심상에 대한 전이 안에 내포된다. 그리고 음악에 대한 전이 는 치료사 그리고/혹은 심상과의 전이 안에 내포되며, 심상에 대한 전이나 심상 안에 서 일어나는 전이는 치료사 그리고/혹은 음악에 대한 전이 안에 내포된다. 이를 좀 더 이해하기 위해서 잭의 임상 사례를 살펴보자.

임상 사례: 잭

잭은 대부분의 세션 동안 쉬지 않고 이야기하였다. 나는 그중 오직 몇 개의 단어만 을 이해하였다. 이 같은 그의 행동은 이제껏 내가 경험해 온 것 중 가장 통제적인 행 동이었다. 이는 토의 시간과 음악심상 경험 시간 동안 내가 질문을 던지는 것과 감정 을 반영하는 것, 아이디어를 제공하는 것, 혹은 그를 지지하거나 격려하는 것을 불가 능하게 만들었다. 기본적으로 나의 역할은 그가 어떤 종류의 반응을 요구하거나 필요 로 하지 않는 한 모든 세션 동안(이완 유도를 제외하고는) 침묵을 지키는 것이었다.

잭은 나에게 말할 기회를 허용한다면 내가 어떤 방식으로든지 그의 방어를 허물까 염려하는 것 같았다. 아마도 그는 자신의 삶이 부정(denial)과 합리화(intellectualization)에 의해 지배되고 있다는 것을 자각하지 않은 채 이러한 그의 삶의 방식을 유지하려고 노력하고 있었다. 그에게 이 같은 방어의 상실은 위험한 균형을 위협하는 것이며, 동시에 그가 자신의 삶이 얼마나 생동감 없는지를 인식하도록 할 것이다. 이와 같은 자각은 결국 그를 변화시킬 것이다. 그는 자신과 대면해야 할 것이고, 자신의 삶에 대하여 무언가를 해야만 할 것이다. 물론 잭은 자신의 인생을 변화시키기를 절박하게 원하였고, 이 치료가 성공적이기를 진심으로 기원하였다. 그러나 잭 안에 내재된 두려움의 일부분은 이와 관련된 위험을 감수할 수 없었다. 잭은 자신을 방어하기 위해서 나를 조정해야만 했다. 그는 자신의 인생에 대해 주도권을 가지고 이를 통제하는 대신 치료사인 나를 무기력하고 쓸모 없게 만들었다.

동시에 잭은 항상 '좋은' 클라이언트가 되려고 노력하였다. 대부분의 그의 말에는 한 가지 주된 주제가 있었다. 많은 문제가 있는데도 그는 자신의 삶을 변화시키는 데 계속적인 발전을 하고 있었다. 그 이유는 그가 열심히 노력하고 깊은 통찰력(그 자신만의)을 얻고 있기 때문만이 아니라 내가 '훌륭한' 치료사이며, GIM이 '환상적으로 강력한' 치료 방법이기 때문이었다.

잭이 '좋은' 클라이언트라는 또 다른 증거는 그가 상상할 때 얼마나 음악에 대해 민감한지를 보면 알 수 있다. 음악 감상 동안 그의 계속되는 말에도 불구하고 잭은 언제나 음악의 모든 뉘앙스에 매우 정확하게 반응하였고, 음악 안에서 어떠한 일이 일어나든지 그에 따라 자신의 심상을 자주 창조하고 통제하였다. 또한 그는 음악에 대해 꽤 신체적이고 정서적으로 반응하였고, 가끔은 그런 점에 대하여 대화를 나누기도 하였다. 그는 나의 음악 프로그램의 선택에 대해 거의 비판을 하지 않았으며, 사실 음악이 얼마나 멋졌는가에 대하여 거의 언제나 칭찬하곤 하였다.

이 얼마나 흥미를 자아내는 삼각관계인가! 그는 나를 통제하였고, 나는 음악을 통제하였으며, 음악은 그와 심상을 통제하였다. 그는 내가 무엇을 하든 나를 두려워하였지만, 음악이 무엇을 하든 음악을 신뢰하였다. 잭의 상상은 전적으로 음악 안에서 발생하는 것에 의존하였고, 그의 심상의 내용은 언제나 그의 문제에 대한 해결책을 포함하였다. 나에게 이러한 심상의 해결책은 그가 듣기 원하는 것을 그에게 들려주기 위해 고안된 것 같았다. 사실 그것은 종종 그의 부정과 합리화를 지지하였다.

이러한 교류양식이 잭이 그의 대부분의 생애 동안 그의 어머니와 관계 맺어 온 방식과 유사하다는 사실은 이 역동을 전이적으로 만든다. 잭의 어머니는 끊임없는 비판과 잔소리로 그를 통제하려고 하였다. 잭은 그녀의 말을 듣지 않음으로써 혹은 그녀를 설득함으로써 저항하였다. 이와 같은 저항에도 불구하고 잭은 언제나 그녀가 원하는 대로 행동하려 하였고, 그 후에 그것이 그가 진실로 원하고 있었던 것이라고 자신에게 되뇌이면서 이를 정당화하려 하였다.

요컨대, 잭은 그녀에게(그리고 나에게) 말하고 있었다. 나는 당신의 말을 듣지 않을 것이다. 그러나 나는 착한 아들이 되기를 원하기 때문에 나 자신이 말하는 것을 듣고 당신이 언급한 것과 같은 내용을 생각해 냄으로써 당신이 나에게 하도록 원하는 일을 할 것이다. GIM에서 잭은 나를 몰아내었지만, 대신 내가 그에게 제공한 음악을 듣고 내가 그에게 기대하였던 것을 상상하였다.

역설적으로 잭은 그의 어머니와 나에게 너무 많은 힘을 부여하여 우리를 무기력하게 만들었다. 실제로 그는 우리가 그에게 기대하고 있다고 그가 생각하는 것에 대하여 매우 민감하였고, 우리의 찬성을 몹시 필요로 하는 것 같았다. 그에게 이 같은 감정을 살릴 수 있는 유일한 방법은 우리의 말을 듣는 동시에 우리의 말을 듣지 않는 것이었다. 이는 우리의 기대에 대해 저항하는 동시에 굴복하는 것이었고, 우리를 무기력한 힘 있는 존재로 만들면서 우리가 그에게 행사할 수 있는 어떠한 통제에 대하여 저항하는 것이었다.

결합과 근원

논 의

클라이언트는 GIM에서 세 가지 전이 대상을 가짐으로써 그들의 과거에서 기인한 다양한 관계에 대한 긍정적 혹은 부정적 감정을 탐구할 풍부한 기회를 소유하게 된다. 따라서 전이의 역동은 총체적으로 세 가지 기본적인 요소를 지니고 있다고 할 수 있다. 즉, 서로 연결된 전이의 대상으로서 치료사, 음악, 심상의 형성 방법, 각 대상에게 전이된 감정의 결합(즉, 구체적인 긍정적 감정 혹은 구체적인 부정적 감정), 그리고 클라이언트의 삶에 내재된 중요한 인물이 바로 그것이다.

잭의 전이의 역동은 일차적으로 그의 어머니에 근거한 것이었지만, 이는 동시에 비록 앞에서 언급되지는 않았지만 그의 아버지와도 관련이 있었다. 여전히 그의 이야기는 긍정적이고 부정적인 결합(valences)이 GIM에서 세 가지 전이의 대상을 통해 어떻게 나타났는지에 관한 좋은 예를 제시해 준다. 그는 어머니에 관한 특정한 부정적 감정을 나에게 전이하였고(예를 들어, 저항과 통제), 그에 대응하는 음악에 관한 긍정적 감정은 보존하였다(예를 들어, 협동과 존경). 그는 어머니에 대한 애정의 긍정적 감정을 음악과 나에게 전이하였다. 상상을 할 때 음악에 의존하는 것을 제외하고는 음악에 대한 부정적 감정은 전혀 전이되지 않았다. 그의 심상에서 잭은 어머니에 관한 매우 다양한 숭배와 멸시의 특성(예를 들어, 거부하기/수용하기, 공격적인/수동적인)을 나타내는 등장인물을 창조하였으며, 많은 예에서 상반된 특징을 그의 아버지와 관련하여 나타냈다.

전이의 역동 안에 얼마나 다양한 가능성이 존재하는지에 관해 주의를 기울여 보자. 클라이언트는 구체적 감정(예를 들면, 존경)을 중요한 인물(예를 들면, 어머니)에게서 다른 대상(예를 들면, 치료사)으로 전이시킬 수 있고, 몇 명의 중요한 인물(예를 들어, 아버지, 남자 형제, 파트너)에서 기인한 몇 가지 유사한 감정(예를 들면, 질투, 분노, 복수)을 한 가지 대상(예를 들어, 치료사)이나 몇 가지 대상(예를 들어, 심상에 나타난 대부분의 남성 인물이나 특정 음악 부분)에게 전이시킬 수 있다. 또한 클라이언트는 한 명 또는 여러 명의 중요한 인물(예를 들어, 아버지 대 어머니)에서 기인한 긍정적 감정과 부정적 감정(예를 들어, 사랑과 공포)을 한 가지 대상(예를 들어, 음악)이나 여러 대상(예를 들어, 음악, 치료사, 심상)에게 분리시키기도 한다.

전이의 역동은 언제나 긍정적이고 부정적인 감정 모두를 포함하며, 어떤 감정은 표면적으로 드러나고 어떤 감정은 이면에 내재될 것이라는 것을 쉽게 가정해 볼 수 있다. 전이 안에서 긍정적이고 부정적인 감정이 형성된 방법은 클라이언트가 분리(splitting)에 관한 방어기제를 어떻게 사용하는지를 알게 해 주기 때문에 중요하다. 분리는 치료 환경 안에서 클라이언트가 긍정적으로만 여기는, 부정적으로만 여기는, 긍정적이거나 부정적인 것 중 한쪽으로만(either good or bad) 여기는, 혹은 동시에 긍정적이면서 부정적인 것으로 여기는 인물이나 대상을 드러낸다. 이는 결국 동일한 긍정적-부정적 지각(good-bad perceptions)에 따라 클라이언트가 자신의 부모를 어떻게 분리시켰는지를 알려 준다.

다음의 임상 사례는 긍정적이고 부정적인 전이가 어떻게 클라이언트의 삶에서 중요한 사람에게 귀착되고 있는지를 앞선 사례보다 한층 더 깊이 설명해 준다.

임상 사례: 밥

밥의 초기 GIM 세션들은 그에게 과거에서 기인된 많은 고통스러운 경험을 불러일으켰고, 그가 좀 더 긍정적이고 치유적인 경험을 할 수 있기까지는 몇 번의 세션이 경과한 뒤다. 이러한 과도기를 거칠 때 그는 자신의 심상에 나타난 긍정적인 것에 대해서 매우 비판적이었다. 그 어떤 것도 '그렇게 좋게' 보이지 않았다. 예를 들어, 한 세션에서 밥은 J. S. Bach의 아름다운 'Double Violin Concerto'를 듣는 동안 천국으로 올라가기 시작하였다. 가는 도중에 그는 자신의 척추의 중심부에서 뒤쪽으로 돌고 있는 천사를 만났는데, 이 천사는 그에게 천국의 많은 방을 안내하기 위한 역할을 맡고 있는 것 같았다. 그 천사에 대해 어떻게 느꼈냐는 질문을 받았을 때, 밥은 "그는 나에게 그럭저럭 괜찮았지만 나는 왜 그가 나를 천국으로 이끌고 있는지 모르겠어요. 나는 지금 현재에 대하여 조금이라도 더 이해할 수 있는 이곳 지상에 있는 편이 차라리 나아요."라고 대답하였다(이 사건과 진술은 벌써 전이의 요소로 가득 차 있다).

밥이 천국에서 그 천사를 따라다닐 때 그는 "저 앞에 방이 하나 있는데 그 방 안에는 아무것도 없고 단지 밝은 빛만 있는 것 같아요. 나는 그것이 무엇인지 알아요! 천국은 단지 많은 빈 방들이에요. 나는 저 안에 육체적인 존재가 있기를 바랐지만 그렇지 않네요. 저런, 어쨌든 난 그 안으로 들어갈 거예요. 아이고, 저런! 아마도 이곳에 있는 음악보다 저곳에 있는 음악이 더 좋을 것 같아요!"

밥이 이 세션에서 무의식적으로 연결한 것은 꽤 놀라웠다. 밥의 아버지는 등에 문제가 있었고, 밥도 등에 문제가 있었으며, 나 또한 등에 문제가 있었다. 그리고 천사는 그의 등부터 반대로 돌고 있었다. 그에게 이 네 명은 아무 데도 가지 않고 있는 남자들이었으며 두 명은 안내자였고 나머지 둘은 여행자였다. 나 또한 천사같이 그의 등 뒤에서 밝은 빛의 의식 상태를 가지고 빈 방으로 그를 '안내'하고 있었다. 밥은 요구가 지나친 어머니를 참아 내기 위해 필요한 지지와 이해를 그의 아버지가 그에게 줄 수 없다는 것을 느꼈다. 그리고 그는 내가 이런 측면에서 마찬가지로 불충분하다는 것을 느낀 것 같았다. 실제 그의 삶에서 어머니의 요구를 좌절시키는 데 아버지의 지도는 효력이 없었다. 그리고 밥은 나의 안내에 대해서도 동일하게 느꼈을 수 있다. 밥의 어머니는 그가 한 어떤 행동에도 만족한 적이 없었다. 그녀는 언제나 더 많은 것을 원했다. 밥이 소유하거나 행동한 그 어떤 것도 가치가 없었고, GIM에서 모든 음악과 심상, 그리고 나 역시 밥에게는 가치가 없었다.

역설적으로 들리겠지만, 밥은 나를 매우 편안하게 여겼다. 그는 매우 깊은 변형된 의식 상태에 들어갈 정도로 나를 신뢰하였고, 나에게 어떤 것을 털어놓아도 부끄럽게 여기지 않았으며, 이따금 내 팔 안에서 눈물을 흘렸고, 이야기 상대가 필요할 때면 나를 찾아왔다. 이런 면에서 나는 그가 나에게 느끼고 있을지도 모르는 불충분함에도 불구하고 내가 그를 조건 없이 수용하고 돌본다는 것을 알고 있다고 느꼈다. 이렇게 상반되는 것처럼 보이는 감정은 전이의 역동 안에서 클라이언트가 여러 명의 중요한 사람을 한 대상에게 투사하도록 하기 때문에 꽤 빈번하게 나타난다.

밥의 아버지에 관한 부정적 전이에도 불구하고 나에 대한 그의 긍정적 감정은 그가 조건 없이 사랑했고 그를 조건 없이 사랑했던 한 인물, 즉 그의 돌아가신 할머니와 관계가 있었다. 그는 세션 동안 자주 그녀를 불렀지만 그녀는 그에게 오지 않았다. 세션 동안 모든 장소에서 그녀를 찾은 후, 밥은 결국 가장 적절한 장소인 천국에서 할머니를 발견하였다. 밥에게 천국은 결국 여러 개의 빈 방 이상의 곳으로 변화되었다. 밥은 결국 그가 그토록 그리워하였던 사랑하는 사람을 찾았고 그 사랑을 재생시켰다. 흥미롭게도 이 세션에서 밥은 그의 할머니의 사랑스럽고 참을성 있는 특질을 수용하였다. 그는 음악을 사랑했고, 나를 가이드로 인정하였으며, 그가 자신의 심상 안에서 원했던 것을 얻었고, 심지어 천국에 관한 무언가를 발견하였다. 결국 잃어버렸던 사랑을 다시 찾은 후 우리는 밥에게 좋은 존재가 되었다. 심지어 신까지도!

주제 이슈

비록, 클라이언트는 과거에서 기인한 수많은 감정과 욕구를(긍정적이거나 부정적인) 치료에 가져오더라도, 발달과정상 전이를 통해 표현된 특정한 기본적 이슈는 거의 언제나 존재한다. 나의 개인적 경험에 비추어 보면, 적어도 네 가지 이슈가 존재함을 알 수 있다. 이는 의존과 신뢰, 경계, 통제, 그리고 사랑이다. 전이의 역동에서의 대상과 근원같이, 이런 이슈는 보통 각 클라이언트에 의하여 독특한 방법으로 형성된다. 즉, 한 이슈가 작업의 전경에 나서고 나머지 이슈는 그 이슈가 어떻게 나타나고 표현되는지에 관한 상황과 배경을 제공한다.

의존과 신뢰

논의   태아의 단계와 영아기, 아동기 동안 우리는 기본적인 신체적, 심리적 욕구를 충족시키고 안전하고 지지적인 환경을 유지하기 위해 거의 전적으로 부모에게 의지해야 한다. 클라이언트가 치료에 임할 때, 그들은 많은 유사한 기대와 염려를 가지고 온다. 내가 이곳에서 안전할 것인가? 내가 이것을 수행할 수 없을 때, 누가 나를 보호해 줄 것인가? 나의 필요가 채워질 것인가? 내가 살아남을까? 내가 이 환경에서 누구를, 또 무엇을 신뢰할 수 있을까?

물론 잭과 밥도 신뢰의 문제를 가지고 있었다. 잭은 만약 내가 말을 했다면 안전하게 느끼지 않았을 것이다. 그에게 지지적인 환경은 그의 어머니의 말소리에 상처받기 쉬웠다. 밥은 마치 상처가 난 지지 환경을 가진 것처럼 느꼈다. 그의 어머니는 그를 위하지도 않고 비판적이었으며, 그의 아버지는 너무 연약해서 그를 지탱해 줄 수가 없었다. 그래서 결국 밥은 혼자였다. 다음 사례는 신뢰의 문제가 전이의 역동 안에서 어떻게 목적이 될 수 있는지에 관한 아주 보기 드문 훌륭한 예를 제시한다.

임상 사례: 톰   톰과 나는 좋은 치료사와 클라이언트의 관계를 맺은 것 같았다. 그는 나를 전문가로서 존경했고 가끔 그의 친구들에게 나와 함께하는 GIM 치료가 얼마나 그에게 도움을 되고 있는지를 이야기하며 그들에게 나를 추천해 주기도 하였다.

우리는 굳건하고 편안한 라포를 유지하고 있는 것 같았다. 그러나 다른 수준에서 나는 톰이 나를 불신한다는 것을 느꼈지만 그 이유를 알지는 못했다. 이런 불신은 두 가지 형태로 나타났다. 첫째 나의 음악적 선택에 관한 그의 반응, 둘째 신체적 접촉에 대한 그의 불편함이었다.

이완의 중간과정에 들어서자, 톰은 마치 스파이처럼 가끔 한쪽 눈을 뜨고 나를 보곤 하였다. 그러고는 농담조로 "그런 끔찍한 음악으로 나를 고문하지 말아요."라고 말하였다. 그러고는 실컷 웃었고 나는 그의 발언을 무시하고 이완을 위한 유도를 계속하려고 노력하였다. 나는 톰이 이런 방식으로 무엇을 표현하려고 하였는지를 이해할 수가 없었다. 하루가 지나고 우리가 휴대용 카세트 라디오를 사용하고 있을 때 라디오에 문제가 있었고 우리는 녹음된 음악에 첨가된 목소리를 듣게 되었다. 그는 매우 불안해하였는데, 이와 같은 환경은 그의 심상 장면을 매우 오염시켰다. 갑자기 톰은 내가 그 테이프에 의도적으로 잠재의식적(subliminal) 메시지를 첨가했다고 나를 비난하기 시작하였다. 그가 그렇게 해석할 수도 있겠지만, 그래도 그의 반응의 정도와 심각성은 나를 놀라게 하였다. 음악이 끝난 후에도 그는 내가 그 테이프에 어떤 잠재의식적 메시지를 넣었는지에 대해 끈질기게 추궁하면서 나를 계속 의심하였다. 그의 목소리 톤과 염려 정도는, 그런 메시지가 존재한다면 그는 그것이 치료적이라기보다는 유해한 것이라고 생각하고 있음을 나에게 암시하였다. 그의 강한 반응과 심상을 고려할 때 나는 그가 마치 나를 은유적으로 그를 독살하는 사람으로 비난하고 있는 것처럼 느꼈다. 이는 아마도 그가 에이즈(AIDS) 바이러스에 감염되었고, 그럼으로써 자신이 알지 못하는 독극물을 섭취하는 데 대해 매우 염려하고 있기 때문일 것이다.

이 사건 이후에 나는 그가 신체적으로 얼마나 경계심이 많은지를 알게 되었다. 비록, 그가 때때로 신체적 접촉을 허용하였고 심지어 추구할 때도 있었지만, 그가 접촉되거나 포옹당할 때 자신의 몸을 움츠리지 않고 긴장하지 않도록 노력하는 것처럼 내면 깊은 수준에서 그는 불편한 것처럼 보였다. 결국 나는 에이즈에 감염된 또 다른 종류의 두려움으로서 그의 불편함을 이해하기 시작하였다. 음악과 잠재의식적 메시지가 그가 원하지 않는 심리적인 방해인 것처럼 그는 신체 접촉을 잠재적으로 해로운 신체적 방해로 여기는 것 같았다.

비록, 그에게 에이즈 바이러스를 감염시킨 그 사람이 전이에 대한 오직 하나의 명백한 근원인 것처럼 보였지만, 나는 그의 부모 또한 영향을 끼쳤을 것으로 믿는다. 발달 면에서 볼 때 이런 종류의 전이는(그리고 그것을 표현하기 위해 사용되는 심상) 어머니와의 공생관계 결합(symbiotic union)과 관련된 출생과 영아 시절 단계로 거슬러 올라간다. 이런 잠재의식적 메시지가 그를 방해하기 전까지 톰이 변형된 의식 상태에서 꽤 더없이 행복해 하였다는 사실은 나에게 출생이 시작될 때 야기되는 자궁 내의 삶의 혼란을 일깨워 주었다. 양수가 터지고 자궁이 양수로 인해 물이 넘치게 되며, 태아는 출생 경험에 관련된 다양한 삶의 방해에서 살아남기 위해 몸부림치면서 하강을 시작한다. 톰의 경우에는 하나의 방해가 있었다. 그것은 그의 어머니의 자궁 속이나 그의 아버지의 정자의 오염 때문에 독극물 분출과 관련 있는 것 같았다. 톰의 방해는 또한 의심 없고 행복한 어린아이가 어머니의 모유가 감염되었을까 의심하면서 모유를 섭취하는 모습을 나에게 연상시켰다.

이와 같은 삶의 초기에 기인한 신뢰 문제는 가끔 경계 문제와 연관되는데, 이 시기에는 발달적으로 태아와 영아의 경계가 그의 어머니의 것과 혼합되기 때문이다. 톰의 경우 그의 삶의 공생관계 기간 동안 이러한 혼합 시기가 성적인 활동(다른 형태의 혼합)과 그것을 동반하는 정액을 주입하는 행위(에이즈와 관련될 때 이는 다른 형태의 잠재의식의 중독)에 의해 다시 활성화된 것이다.

경 계

논의   태아와 그 후 영아에게 가장 어렵고 힘든 과제 중 하나는 분리적이고 통합적이며 독립적인 존재가 되기 위하여 그의 어머니와의 공생관계 결합에서 떠나는 것이다. 우리 각자는 우리를 전체적으로 혹은 부분적으로 구별짓는 우리 자신의 특정한 부분과 아직도 어머니와 연합된 그 외의 부분을 가지고 다른 방식과 다른 수준에서 이를 성취한다. 클라이언트가 GIM 치료를 받으러 올 때 그들이 경계를 묘사하는 능력은 그들이 치료사와 음악, 심상의 요소와 어떻게 교류하고 관계하는지에 깊은 영향을 끼친다. 이때의 어려움은 누가 무엇을 느끼고 있는지를 결정하는 것과 누가 누구에게 무엇을 하고 있는지를 명확하게 하는 것이다. 자신과 치료사 사이에, 자신과 음악 사이에, 또 자신과 심상의 요소 사이에 무엇이 같고 무엇이 다른가?

임상 사례: 다이앤   다이앤의 18개월에 걸친 GIM 치료과정은 음악에 대한 그녀의 분투에 중점을 둔다. 첫 번째 세션부터 그녀는 자신의 경계를 완전히 잃거나, 음악에서 완전히 떠나거나 음악을 완전히 통제하기를 요구하였다. 그녀는 마치 음악을 사랑하고 필요로 하는 것처럼 보였다. 그러면서도 음악이 그녀에게 들어오거나 감동시킬 때면, 그녀는 음악에 대해 그녀가 얼마나 상처받기 쉬운지를 깨달았고, 그것이 그녀를 두렵게 하고 단절시켰다.

다이앤은 음악을 회피하거나 통제하기 위하여 상상할 수 있는 모든 것을 시도하였다. 그녀는 종종 음악-심상 경험 전의 토의 부분을 연장함으로써 완전한 GIM 경험의 시간을 가지지 못하게 하곤 하였다. 그녀는 깊은 상태의 변형된 의식 상태로 진입하는 것을 회피하였고, 마치 음악과 진동에 대항하는 기갑 부대같이 자신의 신체 부분을 긴장시켰다. 그녀는 때로 음악이 위협적이거나 너무 활동적이 될 때면 그것을 무시하거나 차단하였다. 이를 이루기 위하여 그녀는 가끔 다른 감각양식에서, 특히 후각에서 지나치게 과민하게 되었다. 그녀는 음악이 무엇을 가지고 올지 알 수 없기 때문에 음악을 두려워한다고 이따금 불만을 나타내었다. 상상하던 중에 그녀는 음악을 공격하기도 하고, 그에 애원하기도 하고, 지휘하기도 하고, 감상하기도 하고, 그것을 쫓아내기 위하여 아첨하려고 시도하였다.

그녀는 이따금 음악을 포근하거나 편안하게 느낄 때면 그 긍정적인 느낌과 이점을 짧은 시간 동안에는 수용하려 하였지만, 그 후에는 즉시 음악의 의도와 동기를 불신하기 시작하였다. 그녀는 음악이 아무리 유쾌하거나 치유적이라도 음악에게 자신에 대한 통제권을 절대로 포기할 수가 없었다. 경과가 좋아짐에 따라 나는 그녀가 여성 성악 음악에 대해 매우 긍정적인 반응을 나타내고, 활동적이거나 격렬한 관현악곡이나 자주 혹은 예측하기 힘들게 변화하는 음악에 대해서는 최악의 반응을 나타낸다는 것을 발견하였다. 나는 Quintet Music, Nurturing, Relationships, Comforting과 같이 내가 과거에 사용하였던 프로그램을 제한하기 시작하였고, Gabriel Faure의 레퀴엠 미사곡 중의 'Pie Jesu'와 Henryk Gorecki의 'Third Symphony' 2악장 같은 곡을 자주 첨가하였다. 또한 음악을 들으며 상상하는 동안 그녀가 놀라지 않도록 그 음악을 사용하기 전에 그녀가 각 프로그램을 미리 감상하게끔 하였다.

우리는 음악과 관련된 이 투쟁의 이면에 무엇이 있을지에 관해 자주 토론하였고,

그녀는 음악과 자신의 폭식 경험과의 유사성을 발견하였다. 그것은 또한 성적으로 학대받았던 사람의 분열 반응과도 같이 느껴졌다. 그녀는 음악을 사랑하고 신뢰하였다. 그래서 그녀는 음악이 그녀를 감동시키도록 허락하였지만, 곧 음악은 그의 길로 나아가고 그녀는 음악에 대해 통제권을 잃어버리곤 하였다. 일단 음악이 그녀에게 영향을 미치면, 불쾌하고 혼란스럽고 고통스러운 것이 시작되었고, 이런 상황에 저항하기에는 이미 너무 늦어 버렸다. 그녀에게 남은 오직 한 가지는 모든 것을 폐쇄하고 음악이 끝날 때까지 음악을 듣지 않는 것이었다.

다이앤의 분투는 신뢰의 이슈가 경계의 이슈와 얼마나 관련 있는지를 보여 준다. 음악에 대한 그녀의 경계를 잃어버리자마자 그녀는 음악을 신뢰할 수가 없었다. 반면에 그녀는 그녀의 경계를 이완시키고 안전하고 지지적인 환경의 충만한 돌봄을 느끼는 행복한 경험을 갈구하였다. 통제에 관한 필요가 신뢰와 경계의 이슈 사이에서 흥미롭게 혼합되었다.

통제와 힘

우리가 자신을 돌보는 데 더 많은 책임감을 가진다고 가정한다면, 우리는 환경에 대한 통제와 힘을 점차적으로 더 많이 필요로 하게 된다. 환경에서 우리가 필요로 하는 것을 얻기 위하여 우리는 부모가 우리를 돌보고 환경을 통제하던 방식을 모방하기 시작한다. 이에 따라 필연적으로 우리는 우리 자신에게 부모가 되며, 이런 과정에서 그들이 소유하였다고 생각한 모든 힘(혹은 그에 관한 결핍)을 추구한다. 클라이언트도 유사한 문제를 가지고 치료에 임한다. 누가 누구를 어떤 방식으로 통제할 것인가? 누가 더 많은 힘을 어떤 분야에서 소유하는가? GIM에서 이러한 질문은 치료사, 음악, 심상과 관계가 있다.

예를 들어, 잭이 어떻게 그 자신이 직접 말 많은 어머니와 놀림받던 아동이 되었는지를 생각해 보라. 마찬가지로 밥은 거절당한 아동과 연약한 남편/아버지의 역할을 수행하는 동시에 그 자신만의 비판적인 어머니가 되었다. 음악을 통제하는 데서 다이앤은 자신의 경계를 침범하는 남자에게 자신을 방어하기 위해 필요하였던 강력한 어머니가 되었다.

사랑과 승인

논의   우리가 독립적이 되고 우리 자신의 요구를 채우기 시작하면, 우리는 우리를 돌보아 주었던 사람에게서 분리되고 우리의 요구는 변화하기 시작한다. 우리는 우리가 사랑하는 사람의 승인을 추구하기 시작하고, 그들이 우리를 사랑하는지에 대해 질문하기 시작한다. 따라서 우리의 인생의 관심은 옮겨진다. 당신이 나를 사랑하는가? 왜 아닌가? 나는 좋은 사람인가, 악한 사람인가? 내가 당신을 충분히 기쁘게 하고 있는가?

임상 사례: 헤더   치료를 받으러 오던 길에 헤더는 밸리 포지 공원을 경유하여 운전했고 가을의 아름다움에 감명을 받았다. 나무와 땅 위에 있던 잎은 너무나 아름답게 물들어 있었다. 세션을 시작하자 헤더는 이 아름다움에 대한 깊은 슬픔과 그것이 나타내는 상실을 표현하였다. 그녀는 수 년 동안 인생의 겨울을 보내 왔고 봄과 새로운 성장의 약속을 기다려 왔다. 가을은 아름답지만 매우 우울한 기분에 젖게 하였다. 가을이 가면 이제 또 다른 추운 겨울이 시작되기 때문이다. 인생의 계절에 관한 그녀의 감정은 가을 잎사귀의 색깔과 혼합되어 있었다.

이완 유도 시 나는 그녀에게 잎사귀와 나무의 다른 모습을 보여 주기 위하여 그녀를 그 공원으로 유도하였고, 'Death-Rebirth' 프로그램을 듣기 위해 그녀를 준비시켰다. 첫 장면에서 헤더는 그녀의 꼬리뼈에서 온 큰 줄을 발견하였는데, 그 줄은 그녀를 땅에 묶었다(헤더는 꼬리뼈 부분의 만성 통증을 가지고 있다). 그 후 그녀는 그 줄이 '그녀의 등을 붙잡고' 그녀의 뿌리에서 떠나는 것을 막고 있다고 전하였다. 헤더는 그녀 인생의 대부분을 버려짐의 문제 때문에 분투해 왔고, 그녀의 일부분은 그녀의 부모가 버렸던 그 아동을 꼭 붙잡기를 원하였다. 그녀는 문자 그대로 그리고 형태적으로 자신의 '등'을 잡고 있었고 자신을 가두고 있었다. 헤더는 또한 자신의 인생을 치유하기 위해서는 자신의 과거(그녀의 '뿌리')를 떠나야만 한다는 것을 깨닫게 되었다.

세션이 진행됨에 따라 헤더는 실제로 그 공원의 나무 중 하나가 되었다. 그 줄은 그녀에게 땅 속에 있던 뿌리를 제공하였고, 그녀는 자신의 손발에서 떨어지고 있는 잎사귀를 가졌다. 그녀는 자신이 다른 나무와 다르다는 것을 깨달았을 때 홍수처럼 눈물을 쏟았다. 다른 나무의 잎사귀는 떨어졌어도 여전히 살아서 성장하고 있었다. 그러나 그녀의 잎사귀가 떨어졌을 때 그녀는 죽은 것처럼 보였다. 그녀는 내부에서 성장하기를 멈추었다. 곧 바람이 그녀와 다른 나무들을 간질이기 시작하였다. 그녀는 죽어 가고 있는데 잎사귀가 떨어진 다른 모든 나무는 어떻게 살아 있는지 그녀는 이해할 수가 없었다. 당시 그녀가 듣고 있었던 음악은 Gustav Marler의 '대지의 노래(Song of the Earth)'였는데, 이 장면에서 남자 목소리가 시작되었다. 헤더는 그녀의 왼쪽을 돌아보며 현명한 늙은 나무가 그녀의 분투와 공포를 목격하고 있다는 것을 깨달았다. 그 후 그녀는 나무에게 왜 그녀가 죽어야만 했는지를 물었다. 나무는 "계절은 변합니다. 만약 당신이 당신의 잎사귀를 보내지 않았더라면 새로운 것은 올 수가 없습니다. 당신은 과거를 털어 버려야만 합니다."라고 대답하였다. 헤더의 등은 꼬리뼈 부분에서 열리기 시작했고 진한 액체가 땅을 향해 흘러나왔다. 갑자기 그녀는 자신이 너무 무방비 상태가 되었기 때문에 울면서 잎사귀 속에서 순진하게 누워 있는 아이를 돌아보았다(그녀의 등에 매달렸던 줄 없이). 나무는 그 후 "당신이 다시 어린 묘목이 되어서 다행입니다. 이제 당신은 계절이 어떻게 변하는지에 관해 배울 수 있습니다."라고 말하며 그녀를 위로했다. 심상이 끝날 무렵, 그 현명한 나무의 마지막 잎사귀가 땅으로 떨어졌다. 헤더는 그것을 잡으려 하다 마음을 바꾸어, "나는 이것을 좋아하지 않아. 이것은 모두 말라서 시들었어."라고 불평하였다. 현명한 나무는 "어쨌든 그것을 지니고 있어요. 그래야만 당신은 당신이 그것을 좋아하지 않는다는 것을 알게 될 거예요."라고 대답하였다. 음악이 끝나자 나는 그러한 장엄한 만남 후에 헤더가 시든 나뭇잎을 거절했다는 것에 충격을 받았다.

헤더의 전이는 정말로 난해하였다. 모든 가족이 사망함에 따라 그녀는 치료에서 그녀 삶의 중요한 인물을 재구성해야만 하였기에 그녀는 그러한 인물과 공유하였던 애정의 결합을 더 잘 이해하고 느낄 수 있었다. 때때로 나는 그녀의 어머니가 되었는데, 그녀의 어머니는 그녀를 사랑했지만 그녀를 지지하지는 않았다. 그녀의 할머니는 그녀를 절대로 떠나지 않았고 그녀를 사랑하며 지지하였다. 그녀의 아버지는 그녀를 보살핀 적도 지지한 적도 없었다. 그리고 그녀의 이모는 그녀를 사랑했지만 비판과 요구를 통해 그녀를 방해하였다. 또한 나는 이 세션에서 이상화된 아버지가 되었는데, 그는 Marler의 곡에 등장하는 남성의 목소리를 통해 그녀에게 이야기하였다. 그리고 나무같이 그녀의 왼편에 앉아 그녀 인생의 분투와 죽음을 통해 그녀를 인도하고 있었다. 흥미롭게도 그녀는 세션 초기에 그 노인을 현명하다고 여겼지만 결국 그가 그녀에게 제공한 것을 거부하였다. 긍정적인 감정에도 불구하고 나를 향한 부정적 전이 또한 일어났다. 마치 그녀가 나에게 "당신이 나에게 어떤 것을 제공하는 데 현명하다는 것을 알고 있다고 해도 나는 당신이 나에게 제공하는 것을 받지 않아요."라고 말하는 것처럼 이것은 몇 개월간 지속되어 온 치료에 대한 저항의 나뭇잎이었다. 헤더는 그녀를 주춤하게 만드는 그녀의 많은 측면을 떠나보내는 데 부정적이었지만, 어떤 수준에서는 그것을 떠나보내지 않고는 앞으로 전진할 수 없다는 것을 깨달았다.

활성화 조건

유사점

치료 환경 안의 몇 가지 조건이나 요소가 클라이언트의 전이 반응을 활성화하거나 일으키도록 돕는다. 아마도 가장 확실한 것은 클라이언트의 인생에서 중요한 인물과 치료사, 음악, 심상 중 한 요소 사이에 실제적인 유사점이 존재할 때 이런 일이 발생한다는 것이다. 다이앤의 경우, 그녀의 어머니와 음악은 둘 다 그녀에게 축복과 보살핌, 애정을 가져다줄 수 있는 능력이 있었기 때문에 안정적이고 지지적인 음악은 그녀의 어머니를 닮았다. 반면에 음악이 유혹적이고 통제적이 될 때면, 음악은 그녀의 경계를 침범할 능력이 있는 그녀의 가해자와 닮았다.

또 다른 유사점은 클라이언트가 자신을 찾을 수 있는 과거와 현재 상황에도 존재할 수 있다. 즉, 과거의 중요한 사건이나 감정은 현재의 치료 상황에서 반복되는 것처럼 보인다. 톰의 경우, 그는 잠재의식적으로 치명적이고 성적으로 오염된 기억의 잔재에 반응하는 것 같았다.

모호성

드물기는 하지만 클라이언트가 유사점을 발견하는 경우도 있다. 가끔 이런 형태의 왜곡은 현재의 상황과 얼마나 관련이 있는지와는 상관없이 클라이언트가 과거의 재경험을 필요로 하기 때문에 발생한다. 그러나 이러한 왜곡된 유사점은 치료사, 음악, 심상이 모호하거나 잘 알려지지 않을 때 발생하며, 클라이언트는 중요한 인물에게서 기인한 특질을 치료사나 음악 또는 심상에 투사함으로써 빈 공간을 채우고 싶은 욕구를 느낀다.

GIM 경험에서는 이러한 많은 모호함과 빈 스크린이 존재한다. 눈을 감고 누워 있는 것, 시간과 공간의 파라미터를 떠나는 것, 변형된 의식 상태로 들어가는 것, 자신의 신체를 떠나는 것, 꽤 현실 같은 심상 경험을 창조하는 것, 보이지는 않지만 참석하고 있으며 그 경험의 외부에 있지만 포함되는 그 누군가가 대화하는 것 등이 그것이다. 클라이언트가 부재한 부모를 보이지 않는 가이드에게, 불안전한 지지적 환경을 상처받기 쉬운 상태로 매트에 누워 있는 것으로, 그리고 어머니와의 공생관계 결합의 축복을 변형된 의식 상태에서 상상한 인물에게 쉽게 투사할 수 있다는 사실은 결코 놀랄 일이 아니다.

변형된 의식 상태

변형된 의식 상태는 모호성을 창조함으로써 전이를 활성화하는 데 아주 좋은 상황을 제공한다. 게다가 일상적인 의식 상태와 비교해 볼 때, 변형된 의식 상태는 특히 풍부하고 복잡한 전이의 역동으로 이끈다. 그것은 클라이언트의 방어를 느슨하게 하고 그 방어를 의식적인 통제에 미치지 못하게 함으로써 이를 성취한다.

일상적인 의식 수준에서 클라이언트는 자신이 치료사와 관계를 맺고 있는 방식에 대해 좀 더 자주, 효과적으로 반영한다. 이와 같은 자기 반영적이며 합리적이고 분석적인 능력은 발생할 수 있는 왜곡된 투사와 전이를 감추고 통제하는 것을 훨씬 수월하게 만든다. 따라서 일상적 의식 상태에서 클라이언트는 특히 치료사와 관련이 있을 경우 보통 가장 강한 방어에 쉽게 도달할 수 있다. 물론 이런 경우에 일어나는 전이가 오직 의식적 수준에서만 발생한다는 뜻은 아니다. 무의식도 언제나 작용하고 있다. 그러므로 일상적 의식 상태(예를 들면, 토의 도중) 중에 일어난 전이는 좀 더 의식적인 상태에서 방어적일 수 있지만, 여전히 의식적이고 무의식적인 수준 모두에서 나타나고 표현된다.

반대로 변형된 의식 상태에서 클라이언트는 음악, 심상, 치료사에 의해 점령당한다. 그 결과 그들은 자신들이 어떻게 치료사와 관계하고 있는지에 관해 반영할 수 있는 기회와 동기를 상대적으로 적게 가진다. 게다가 변형된 의식 상태에 있는 것은 자기 반영적이고 합리적이며 분석적인 자신의 능력을 방해할 수 있다. 그러므로 나는 대부분의 경우에 클라이언트가 변형된 의식 상태에서 상상할 때, 그들이 치료사와의 관계에 대해 아주 적게 의식하고 통제와 방어에 흔히 있는 의식적 방법 없이 치료사를 향한 전이를 더욱 수월하게 표현하는 것을 발견하였다. 동시에 그들의 관심의 초점이 음악과 심상으로 이동하기 때문에, 그들은 음악과 심상에 관한 전이를 좀 더 쉽게 발전시키고 표현할 수 있다. 반영적인 양식에 있지 않기 때문에 그들은 아마도 한 가지 혹은 여러 대상에 대해 자신들이 어떻게 관계를 맺고 있는지에 관해 상대적으로 덜 의식하게 된다(예를 들면, 치료사, 음악, 심상). 그러므로 우리는 음악과 심상에 대한 전이가 좀 더 무의식적인 수준에서 작동하고 있고, 의식적인 통제와 방어에 쉽게 접근되지 않는다고 일반적으로 말할 수 있다. 유사하게 토의 중에 일어나는 전이가 좀 더 의식적인 마음에 접근하기 쉬운 경향이 있는 데 반해, 음악과 심상 중에 일어나는 치료사에 관한 전이는 좀 더 무의식적인 감정을 반영하는 경향이 있다.

투사적 활동

GIM 경험의 많은 측면은 클라이언트가 투사할 수 있도록 격려한다. 사실 음악에 대해 상상하는 것은 그 자체가 투사의 한 방식이다. 그 과정을 거쳐 클라이언트는 상징과 은유를 창조하고 신화에 접근하며, 이전의 시기나 삶으로 회귀하고 개인적이고 통합적인 무의식의 깊은 단계로 진입함으로써 투사할 수 있다. 이러한 모든 투사적인 활동은 클라이언트의 의식적 방어를 느슨하게 하고 방향을 바꾸는 기능을 가져 결국 전이의 역동을 재창조한다.

가이드의 비지시성

모호성과 전이의 원인이 되는 GIM의 또 다른 측면은 음악에 대한 상상을 경험하는 동안 가이드가 취하는 비지시적인 접근이다. 우리는 가이드의 비지시성이 GIM에서 발생하는 전이를 방해한다고 예상하겠지만 그 효과는 꽤 상반된다. 비지시성이 증가될 때 클라이언트는 더 큰 모호성을 경험한다. 모호성이 증대되면 클라이언트는 투사적인 메커니즘을 더 많이 사용할 필요를 경험하게 된다. 그리고 투사적 활동이 증가하면 클라이언트는 전이의 역동을 더 많이 창조하는 경향이 있다.

음악과 심상에서도 마찬가지다. 그들이 소유한 명확성과 정체성 및 분별력이 적어 질수록 클라이언트는 음악과 심상에 대해 투사할 필요가 더 많이 생겨날 것이고, 클라이언트가 투사를 더 많이 할수록 전이가 일어날 확률은 더 높아질 것이다. 이와 같은 이유로 나는 GIM 치료가 대부분의 다른 치료적 방법과 접근 방식보다 전이에 대한 더 많은 기회를 창조한다고 믿는다.

위협과 전환

치료는 본질상 위협적인 과정이다. 고안과 노력을 통해 한 존재에서 다른 존재로 전환하는 시기다. 그러므로 치료가 가장 격렬하고 효과적일 때, 즉 클라이언트가 삶의 전환의 기로나 개인적 승화의 기로에 놓여 있을 때가 곧 클라이언트가 가장 위협적 감정을 느끼게 될 수 있는 때다. 변화의 위협을 거부하려는 수단으로 혹은 변화하기 위해 필요한 보살핌, 격려, 지지를 얻기 위한 수단으로 클라이언트는 과거의 관계를 그 어느 때보다도 재경험하려는 경향이 생긴다. 이런 경향은 위협과 전환의 시기에 일어난다. 이 시기에는 모든 종류의 전이가 무르익을 때다.

전이로 이끄는 위협은 치료사가 제시한 그 어떤 형태의 직면, 방해하거나 난해한 심상, 고통스러운 기억의 복원, 그리고 무의식적 자료의 모든 방출을 포함한다.

징 후

지금까지 우리는 전이의 대상, 결합, 근원, 이슈가 만들어질 수 있는 여러 방식과 그 역동을 활성화할 수 있는 많은 상황에 대해 고찰하였다. 이제 우리는 GIM에서 나타나는 전이의 구체적인 방식을 탐구할 준비가 되었다. 누구나 예상하겠지만, 다양한 방식이 존재하기에 그것들의 한정적이고 포괄적인 목록을 만드는 것은 불가능하다. 그렇다 해도 상대적으로 일반적이고 믿을 만한 전이의 신호가 몇 가지 존재한다.

평가적인 진술

가장 명백한 전이의 신호 중 하나는 클라이언트가 치료사나 음악 또는 심상에 관하여 평가적인 진술을 하는 경우다. 이는 치료사가 무엇을 이야기하고 행하였는지에 관하여, 치료적 환경에 관하여, 음악에 관하여, 심상에 관하여 클라이언트가 어떻게 치료사를 한 인간으로 혹은 전문가로 지각하고 느끼는지를 표현하는 그 모든 언어를 포함한다. 대부분의 경우에 이러한 진술은 클라이언트가 찬사하고 칭찬하거나 비판하고 불평하느냐에 따라 좌우되는 긍정적 혹은 부정적 전이의 징후로 볼 수 있다.

욕구 진술

좀 더 민감하게 나타나는 전이의 징후는 클라이언트가 치료사, 타인, 혹은 인생 그 자체에서 원하고 필요로 하고 기대한 것에 대한 진술 속에서 식별할 수 있다. 때때로 클라이언트는 구체적인 인물이나 사물의 이름을 거론하지만, 이러한 진술은 특정한 인물이나 사물을 지정하지 않을 수도 있다. 예를 들면, 이전에 다이앤은 그녀의 현재 애정관계에 관해 나에게 불평한 적이 있었다. 그녀는 "나는 단지 나를 판단하지 않고 나의 문제를 들어줄 수 있는 그 누군가를 원해요."라고 말하였다. 전이의 관점에서 이와 같은 진술은 몇 가지 메시지를 전송한다. 즉, 그녀는 자신이 학대받은 것에 관해 과거 속의 중요 인물에게 말하고 싶었지만 그에 대해 비난받을까 두려웠다. 그녀는 현재 그녀의 과거 인물을 닮은 한 사람과 사귀고 있다. 그녀는 그 두 인물을 나에게 전이하고 있는 것 같았고, 그에 따라 그들이 가질 수 있는 동일한 반응을 내가 가질 것이라고 의심하였다. 이는 내가 우리 셋을 연결하게 만든 그 어떤 것을 행하거나 말하였기 때문인지도 모른다. 결국 그녀는 내가 판단하지 않고 그녀의 이야기를 들어줄 것이라는 확신을 필요로 하였다.

비언어적 메시지

언어적으로 전이를 표현함과 더불어 클라이언트는 끊임없이 비언어적 신호를 보내고 있다. 비언어적 전이는 대부분 다양한 형태의 신체언어(예를 들면, 얼굴 표정, 눈맞춤, 자세, 신체 움직임의 특질, 몸짓), 치료사와의 실제적인 신체적 교류(예를 들면, 접근에 대해 인내함, 접촉, 애정이나 지지에 관한 제스처), 그리고 표현적 행동(예를 들면, 목소리의 조성과 리듬, 우는 것, 심장이 두근거리는 것, 만다라를 그리는 것)을 통해 나타난다.

저항적 행동 또는 문제행동

저항적 행동 또는 문제행동(acting-out behavior)은 여러 형태와 방향으로 나타날 수 있는데 대부분의 경우 부정적 전이를 암시한다. 내가 발견했던 가장 잘 드러나는 전이 중 몇 가지는 다음과 같다.

- 준비 시간과 심상 이후의 토의 시간 중 자신에 관한 폭로나 고통스러운 주제를 회피하는 것
- 끊임없이 변형된 의식 상태에 머물며 눈을 감은 채 이야기함으로써 그리고/혹은 시작되는 심상을 언제나 거부함으로써 이완과 유도를 자주 거부하는 것
- 이완 유도나 심상 경험 중 눈을 뜨거나 의미심장하게 움직이는 것
- 오랜 시간 동안 침묵을 지키거나 음악 시간 중 특정 심상이나 경험을 보고하지 않는 것
- 음악과 소리의 질, 가이드의 목소리, 매트, 조명 등에 대해 지나치게 혹은 격렬히 불평하는 것
- 상상이 끝난 후 일상적 의식 상태로 돌아오도록 하는 가이드의 노력에 저항하는 것

널리 퍼져 있는 오해와는 대조적으로 여기에서 전이는 반드시 저항의 형태는 아니며 저항은 반드시 전이의 신호는 아니라는 사실을 아는 것은 중요하다.

음악에 대한 반응

다이앤의 사례가 명확하게 보여 준 것처럼 클라이언트가 긍정적이든 부정적이든 간에 음악에 관해 격렬한 반응을 가질 때, 혹은 클라이언트가 음악의 기분이나 스타일과는 상관없이 음악에 관한 특정한 반응양식을 수립할 때 전이는 발달하고 있다. 나는 클라이언트가 음악과 관계를 맺는 방식에 관해 그녀에게 매우 솔직하게 말하는 것이 전이의 역동을 이해하는 데서는 물론 클라이언트가 상상을 하는 동안 음악을 선택하고 음악과 관련된 중재를 제공하는 데도 많은 도움을 준다는 것을 발견하였다. 중요한 질문은 다음과 같다. 음악 안에 있는 어떤 특질이나 감정이 당신에게 가장 영

향을 끼치는 것 같은가? 그러한 음악적 측면이 유발하는 감정은 무엇인가? 첫 번째 질문은 일반적으로 클라이언트를 특정한 관계의 역동으로 이끈 중요한 사람의 특질을 나타낸다. 두 번째 질문은 일반적으로 클라이언트가 어떻게 그 인물에게 반응하는지를 보여 준다.

음악 전이는 클라이언트가 음악의 한 부분을 인격화할 때, 예를 들어 악기나 목소리가 한 인물과 동일시될 때, 음악이 마치 인간처럼 소리 내고 행동하게 될 때, 혹은 실제로 그 인물이 전형적으로 클라이언트에게 행하던 일을 음악이 할 때 나타난다. 또한 나는 클라이언트가 가사나 음악 자체를 통하여 음악에서 메시지를 받을 수 있을 때 전이가 발전될 것이라는 사실을 발견하였다. 전형적으로 클라이언트는 "음악(혹은 목소리나 악기)이 나에게 말하고 있어요."라고 말할 것이다. 많은 경우 메시지는 실제로 클라이언트가 내면화하거나 내사해 온, 혹은 치료사에게 투사해 온 클라이언트 인생의 중요한 인물에게서 흘러나오고 있다.

음악 전이는 종종 치료사 전이와 혼합된다. 그 이유는 GIM에서 음악과 치료사는 협동 치료사와 같은 역할을 하기 때문이다. 그들은 역할을 공유하는데, 어떤 것은 다르고 어떤 것은 같다. 이러한 혼합은 전이의 형성에서 다양한 의미를 가진다.

음악과 치료사 간의 역할이 교차되기 때문에 클라이언트는 종종 하나를 다른 하나로 혼동하거나, 하나에 대한 책임감을 다른 하나에 부여하기도 한다. 예를 들면, 치료사가 클라이언트에게 많은 도전을 제공할 수 있는 프로그램을 선택할 때, 클라이언트는 치료사의 음악적 선곡을 그녀가 열심히 작업하도록 만드는 치료사의 압박의 시도로 해석하기도 한다. 반대로 치료사가 매우 조용하고 안정감을 주는 프로그램을 선택하면, 클라이언트는 치료사가 자신을 돌보거나 보살피려 한다고 해석할지도 모른다. 이 두 가지 예에서 클라이언트는 음악과 치료사를 하나로, 혹은 둘이 같은 일을 수행하는 것으로 여기며 그 역할이 동일하다고 생각한다.

또 다른 가능성은 클라이언트가 치료사와 음악을 분리하여 둘에 대해 서로 다르게 반응하는 것이다. 잭의 경우가 그 좋은 예인데, 그는 음악과 나의 음악적 선곡에 관하여 긍정적으로 반응하였으나, 끊임없는 말하기를 통하여 개인적으로는 나에 관해 부정적인 반응이 있다는 것을 보여 주었다.

심상과 상상

심상 전이는, 첫째 인물과 사물, 사건, 상징 등에 부여된 특질, 둘째 상상자가 심상 안에서 이런 특징에 대해 반응하는 방식, 셋째 상상과정에 대한 클라이언트의 일반적인 접근 방식에서 분명하게 나타난다. 나는 이 세 가지 측면을 설명할 예를 만들고자 한다. 클라이언트가 그의 심상에서 용을 만났다고 상상해 보자. 그 용은 상냥한 눈을 가지고 있지만 숨을 쉴 때는 불을 내뿜는다. 이 심상 속에서 클라이언트는 용이 나타날 때마다 석면포를 입어서 용에게 반응한다. 상상과정 중에 그녀는 스쳐 지나가는 부적절한 심상을 가졌고, 그 후 용의 심상으로 돌아왔지만 용을 지나치게 되고 아무런 감정도 나타내지 않는다. 나는 아마도 클라이언트가 용과 같은 특질을 가진 중요 인물을 가지고 있는지와 용에게서 그녀 자신을 격리하며 감정을 무시하는 양식을 발전시키는 것에 관해 즉각 의심하기 시작할 것이다.

세션 밖의 반응

클라이언트는 치료 상황 이외에서도 다양한 전이 반응을 가질 수 있다. 다시 말해, 실제 GIM 세션에 관여되지 않을 때도 말이다. 이러한 반응은 치료사, 음악, 심상에 맞추어질 수 있다. 세션 밖에서 종종 나타나는 치료사를 향한 전이에는 습관적인 지각, 빈번한 취소나 스케줄 재조정, 치료비 미지급, 세션 시간의 연장 시도, 세션 중의 전화 통화, 편지쓰기, 선물 가져오기 등을 포함한다. 세션 밖에서 일어날 수 있는 음악에 관한 전이는 세션에서 경험한 음악을 능동적으로 회피함, 갑자기 특정 작품이나 작곡가를 싫어하는 것, 이전 세션에서 들었던 음악에 대해 일어났던 심상이나 느낌을 재출현시키는 것, 그리고 '잊혀지지 않는' 선율 현상(세션에서 들었던 작품이 머릿속에서 계속 들리는 경우)이 있다. 세션 밖에서 나타날 수 있는 심상에 관한 전이는 클라이언트가 낮잠이나 밤잠을 자는 동안 이전 세션에서 떠올렸던 심상을 재경험하는 경우가 해당된다.

역전이

이 논의에서 역전이는 사고, 감정, 태도, 의견, 클라이언트와 관련된 신체적 반응과 클라이언트의 전이 역동에 대해 치료사가 가지는 구체적 반응을 포함한 치료사의 클라이언트를 향한 총체적 입장을 뜻한다. 이렇듯 치료사의 역전이는 클라이언트에게 전이의 반응을 불러일으키거나 불을 붙일 수 있고, 클라이언트가 제시한 전이의 역동 안에서 치료사의 반응 방식을 구체화할 수도 있다. 그러므로 이것은 활성화되는 상황인 동시에 결과로, 전이를 자극하고 그것을 이해하며 그에 대해 반응하는 방식이라 할 수 있다.

앞서 제시한 임상 사례로 돌아가서 나는 다이앤이 인간을 신뢰하는 것을 배울 필요가 있었기 때문에 나에게 왔다는 것을 분명하게 인식하고 있었다. 그리고 이 때문에 나는 가끔 나 자신이 과잉 보상(언제나 매우 보살피고, 공감적이고, 안정적인, 그러면서 절대로 비예측적이거나 유혹적이지 않도록 노력하는 것)을 하고 있다고 생각하였다. 그러므로 이것은 상당 부분 나에 대한 긍정적인 전이로 그녀를 유도한 나의 역전이였고, 이는 음악에 대한 그녀의 부정적 전이로 나타났다. 반대로 나에 대한 톰의 부정적 전이는 아마도 당시에 내가 그에 관하여 가질 수 있는 어떤 역전이 감정에 의한 것이라기보다는 라디오 방해에 의해 불러일으켜졌을 것이다. 한편, 나는 그의 부정적 전이의 결과로 어떤 뚜렷한 역전이 감정을 확실히 발전시켰다. 나는 나를 향한 그의 불신임에 관해 실망하였고 부당하게 비난받는 것처럼 느꼈다. 그리고 나는 과대망상적 행동으로 여겨지는 그의 행동에 대해서도 약간 화가 났었다. 요약하면, 톰의 전이가 명확해진 후 그에 대한 나의 '입장'은 분명하게 형성되었고, 나의 의식으로 들어오기 시작하였다.

만약 전이를 감지할 수 있는 앞서 언급한 모든 방법의 신뢰도를 비교한다면, 나는 역전이를 가장 신뢰도가 높고 정확한 것으로 선택할 것이다. 그 이유는 전이는 본질상 '갈고리(hook)'이기 때문이다. 클라이언트는 무의식적으로 치료사의 무의식을 자신의 삶의 중요한 관계양식으로 다시 체험하도록 유도한다. 그러나 확실한 것은 이것이 단지 클라이언트가 형성한 일방적인 상호 교류는 아니라는 것이다. 이것은 아주 빈번하게 클라이언트 자신에 관한 무의식과 치료사에 관한 무의식 간의 대화인 것이다. 그러므로 치료사가 클라이언트에 관해 지각하고 느끼고 생각하고 직관하는 것은 보통 치료사가 전이에 '대응(counter)'하고 있다는 매우 훌륭한 표시다.

결 론

여기서는 다음 장의 논의를 위해 몇 가지를 경고하고 그 한계점을 분명히 하고자 한다.

첫째, 나는 이 장에서 GIM에서 일어나는 모든 것이 전이로 분류하거나 이해할 수 있다고 믿거나 제안하지 않는다는 점이다. 한편으로 나는 전이가 GIM에서 일어날 수도 있고 또 일어난다고 말하고 있다. 전이는 언제나 심리치료적 환경에서 일어나며 GIM에서 발생하는 전이를 위한 다양하고 풍부한 조건을 고려해 볼 때 그것들은 다른 심리치료 양식보다 더욱 자주 일어난다.

둘째, 이 장에서 제시한 각각의 사례에서 나는 사건이나 상호 교류가 어떤 절대적인 의미의 전이라고 말하지 않고 있음을 명확하게 밝히고 싶다. 어떤 것을 전이 반응이라고 분류하는 것은 진리 진술이 아니다. 그것은 단지 그런 방식으로 이를 바라보는 가능성을 고려하는 제안인 것이다. 나는 이론적 지향과는 상관없이 치료에서 일어나는 모든 것에 대해 진리 진술을 만드는 것은 불가능하다고 믿는다. 치료사로서 우리는 클라이언트와 함께 경험하는 현실에 대한 우리의 개인적 구성만을 묘사할 수 있다. 두말 할 필요도 없이, 많은 집단에서 전이는 마치 임상 현실(뚜렷하고 특정적인 구조와 역동으로 대변되는 그들 안에서 사실적인 실체)인 것처럼 논의되고 있다. 하지만 나는 이를 믿지 않는다.

셋째, 임상적 구성 요소를 사용하는 주된 목적은 클라이언트에 대한 우리의 이해를 증진시키고 그의 치료적 요구를 좀 더 잘 나타내기 위함이라는 것을 다시 한 번 말하고 싶다. 나의 경험으로는 GIM 전이를 분석하는 것이 대부분의 경우에 가장(전부는 아니더라도) 도움이 된다. 따라서 구성 요소로서 전이가 치료에서 무엇이 일어나고 있는지를 명확히 하기보다는 혼란을 유발한다면 차라리 치료사는 그것을 포기하고 가이드로 사용할 다른 대안을 찾아야 한다.

유도된 심상과 음악에서 순수 음악 전이

Lisa Summer

Mozart의 오페라 '마술피리(The Magic Flute)'에서, 타미노는 성년이 되기 위한 의식 절차를 거쳐야 했다. 먼저 그는 파미나를 만난다. 그녀는 그에게 피리를 건네며 노래를 부른다.

> 당신은 나를 신뢰하는군요.
> 왜냐하면 사랑은 나의 가이드가 되기 때문이에요…….
> 이제 마술피리를 가지고 연주해 봐요.
> 이 금색 톤들이 우리의 여정을 보호해 줄 거예요.

타미노는 마술피리에서 흘러나온 음악에 이끌리고 파미나의 도움을 받아 눈가리 개를 하고 불과 물의 시험을 통과한다. 그리고 그는 그 의식 절차를 완수하였을 때 마 술피리를 버리게 된다. 타미노의 고백은 그의 여정을 잘 나타낸다.

> 우리가 넘어선 불꽃,
> 우리가 굳건히 버텼던 위험.
> 그리고 마술피리 소리의 보호 아래,

우리는 범람하는 물을 뚫고 나간다.

타미노가 거친 의식의 절차는 유도된 심상과 음악에서 눈을 감고 건강한 삶을 위해 정서적 시험을 겪으며 여행을 하는 클라이언트의 경험과 유사하다. GIM 클라이언트는 주로 언어로 치료를 받는 일반 클라이언트와 달리, 치료사의 언어에 의해서가 아니라 플루트와 호른, 그리고 현악기 소리에 의해 도움을 받는다. GIM에서 치료적인 삼각관계(클라이언트, 치료사, 음악)의 형태 배열은 앞서 설명한 마술피리의 장면에 나온 요소에 대한 Mozart의 형태 배열과 유사하다. 비록, 치료사가 GIM 클라이언트의 여정에 필수적인 역할을 수행하기는 하지만, 음악(인간의 도움이 아닌)은 일차적인 변형의 도구다. 즉, GIM에서 치료의 일차적 동인은 치료사가 아닌 음악이므로 음악이 클라이언트 전이관계의 핵심 대상이 된다. 그러므로 지금까지는 GIM에서 전이가 많이 다루어지지는 않았지만, 이런 복잡한 이슈를 다루어야 할 필요가 있다. 이 장에서는 GIM 전이를 정의하는 데서 가장 필수적 질문이라 생각하는 것, 즉 전이를 형성하는 데서 고전음악의 기능과 순수 음악 전이의 독특한 본질에 초점을 맞추고자 한다. 이에 앞서 우리는 GIM과 전이의 정의를 탐구해야만 한다.

1970년대 초 대부분의 음악치료가 행동주의에 기반을 두고 있을 때, Helen Bonny는 정신분석적이면서 초개인적인 음악치료 접근 방식을 탐구하였다. LSD 실험연구 참여를 통하여 Bonny는 개인적이면서 초개인적인 본질상의 역동적인 내적 경험을 불러일으키기 위해, 변형된 의식 상태와 음악이 결합할 때 일어날 수 있는 힘을 깨닫게 되었다. 그녀는 GIM 기법을 발달시켰는데, 이는 전형적으로 네 가지 주요 요소로 구성된다. 즉, 언어 도입부(verbal prelude), 유도, 음악-심상 시너지(imagery synergy), 그리고 종결부(postlude)가 그것이다. 비록, 음악과 심상을 사용한 많은 음악치료 기법과 이 동일한 네 가지 요소를 이용한 다양한 음악과 심상 기법이 존재하지만, Bonny의 GIM 방법은 정신분석적-초개인적 이론적 틀 안에서 발생하는 치료적 과정의 핵심적인 변형 동인으로 감정을 유발하는 고전음악을 사용하는 특징이 있다.

대상관계이론에서 전이의 정의

부모가 그들의 자녀를 위해 '충분히 좋은' 양육 기술을 수용할 수 없을 때 아동의 자아구조에는 결핍이 발생한다(Winnicott, 1971). 그러나 다행히도 이것은 아동이나 성인의 자아 재구성을 가져오는 교정적인 양육 경험을 통해 치료받을 수 있다. 성인 클라이언트가 치료사와의 관계를 발전시킬 때, 치료사는 클라이언트의 유아기부터 충족되지 못하였던 양육의 결핍을 충족시킬 수 있다. 치료사의 임무는 건강한 일차적 관계를 재현하고, 이 시기에 있어야 하는 충분히 좋은 양육 경험을 클라이언트에게 제공하는 것이다.

클라이언트와 치료사의 관계가 형성될 때 클라이언트는 과거의 부적절한 양육 경험을 치료사에게 직접적으로 투사한다. 치료과정의 일부분으로서 치료사는 과거의 핵심적인 경험 요소를 치료사 자신에게 전이하도록 격려한다. 치료사는 이러한 전이의 조각들을 위한 용기가 되고, 시간이 갈수록 이러한 조각은 완전한 전이 반응으로 융합된다. 클라이언트가 과거의 부적절한 양육의 기억을 충만한 정서적 반향 안에서 재경험하고, 과거의 경험이 실제로는 치료사에 대한 그의 현재 반응을 방해하고 있다는 것을 이해하게 될 때 클라이언트의 자아는 회복된다(Greenacre, 1990). 치료사와의 전이관계를 확립하고 경험하며 처리하는 것이 바로 정신분석적 심리치료의 중요한 도구다.

GIM에서 전이의 정의

언어를 사용하는 심리치료 세팅에서 전이의 전통적 정의는 Bruscia(1995a)가 언급한 것처럼 전이가 '치료에 비언어적이며 경험적 방법이 적용될 때, 그리고 음악, 미술, 무용 형식과 같이 대상이 전이를 일으키고 받아들이도록 존재할 때 일어날 수 있다.'(p.11)고 설명하지 않는다. 모든 음악치료 기법 안에는 클라이언트, 음악, 치료사 간의 삼각(양자 간이 아닌) 치료관계가 존재한다. 이것은 전이가 어떻게 일어나고 받아들이며 처리되는지에 관한 수많은 가능성을 가지고 다양한 전이관계가 발전하도록 한다.

GIM에 대한 최근 문헌에서는 기본적인 전이의 종류가 어떻게 나타나고 발전되는 지에 관한 기록조차 많이 부족하다. GIM에 대한 우리의 이해와 적용을 향상시키기 위해 이러한 결함은 개선되어야 한다. 치료 기술로서 여전히 초기단계에 있는 GIM 은 다음의 두 가지 이유, 즉 GIM의 독특성과 그 과정 중에 일어나는 전이의 뚜렷한 본질로 말미암아 심리치료나 음악치료 문헌에 나온 전이의 개념을 따를 수 없다.

GIM은 두 가지 중요한 양식에서 독특하다. 첫째, GIM은 삼각 치료관계에서 일차 적 치료사의 자리를 고전음악에 부여한다. 음악은 항상 치료과정의 일차적 원동력이 다. 치료과정의 아주 초기부터 치료사는 클라이언트의 일차적 관계가 음악과 관련해 서 발전되도록 음악을 클라이언트에게 제시한다. GIM에서 음악은 클라이언트와 치 료사 사이의 중심에 있으므로 음악이 클라이언트를 양육하게 된다. 따라서 음악이 클 라이언트의 전이 대상이 된다. 언어 심리치료에서는 치료사만이 그러한 양육과 전이 의 대상이 될 수 있다. 요약하면, GIM 세션 구조와 가이딩까지의 모든 접근 방식은 일차적으로 클라이언트와 음악의 관계성을 확립하는 데 초점을 둠으로써 음악이 전 이에서 가장 중요한 역할을 수행하리라는 가능성을 확대하는 방향으로 나아간다.

둘째, GIM의 독특한 특징은 클라이언트가 음악을 감상하고 심상을 창조한다는 것 이다. 클라이언트는 음악에 의해 일어나는 전이 반응을 표현하고 처리하는 도구로 심 상을 이용한다. 즉, GIM 기법은 전이를 불러일으키는 음악에 의존하며, 클라이언트 가 심상을 이용하여 전이를 처리하도록 격려한다.

종합해 보면, GIM의 이 두 가지 뚜렷한 특징이 보여 주는 것은 치료 기법의 본질상 GIM에서 일어날 수 있는 다양한 전이에도 불구하고, Bonny(1989)가 고안한 GIM이 치료과정에서 순수 음악 전이의 발전과 탐구를 증진하는 유일하고도 효과적인 도구 라는 것이다.

GIM에서 순수 음악 전이는 음악이 치료과정에서 일차적 전이관계로 기능하며 필 수적 치료 기능을 담당하는 것으로 정의된다. 따라서 여기서 치료사의 역할은 부차적 이다. 즉, 치료사는 클라이언트를 위한 최소한의 치료 기능만을 담당하면서 클라이 언트와 음악 간의 관계를 확립하고 진전시킨다.

실제로 고전음악과의 순수 전이를 형성할 준비가 된 상태로 치료를 시작하는 클라이언트는 거의 없다(GIM 학생인 경우와 GIM 치료에 참여하는 음악가는 제외). 치료과정이 클라이언트의 필요에 의해 진행되기 때문에 GIM 과정은 클라이언트마다 다르게, 혹은 같은 클라이언트라도 시간이 지남에 따라 다르게 전개된다. 초기에는 강렬한 음악 전이의 대상자가 아니던 클라이언트도 치료과정을 거치면서 단지 몇 세션 만에 준비가 될 수도 있다. 그러나 많은 클라이언트는 여전히 강력한 음악 전이의 대상자는 아니다.

GIM 임상은 치료 초기부터 치료사마다 다르게 실행되고 다양한 작업 스타일로 발전·장려되어 왔다. GIM 치료사는 저마다 GIM을 다르게 실행할 뿐 아니라, 어떤 치료사는 치료과정에서 음악-심상, 음악-미술, 음악-몸동작, 그리고 음악 즉흥연주를 포함하는, 그러면서도 이런 것에 제한되지 않은 다른 기술을 사용한다. 이런 다양성을 고려할 때, 순수 음악 전이의 개념을 GIM에서 발생하는 일반적 전이의 다른 유형으로 보는 것은 중요하다.

GIM 임상의 폭넓은 다양성은 선의 왼편에는 순수 음악 전이의 이론적 극치를, 오른편에는 순수 치료사 전이의 이론적 극치를 동등하게 배치하는 연장선으로 설명할 수 있다.

순수 음악 전이   분리된 전이   순수 치료사 전이

GIM에서 순수 치료사 전이는 순수 음악 전이의 정반대 개념이다. 이것은 치료사가 전이의 일차적 대상이 되는 것으로, 치료 과정에서 그가 필수적인 치료 기능을 수행하면서 일어나는 관계다. 그리고 음악은 클라이언트-치료사의 관계 확립과 발전을 지지하기 위해 사용된다.

이와 같은 연장선을 사용할 때 우리는 GIM 임상에서의 삼각관계 형태 배열과 치료사가 GIM 방법을 특정한 대상자 집단에 사용하도록 수정할 때 생기는 '분리된 전이'(Goldberg, 1991)의 수많은 가능성을 탐구할 수 있다. GIM 임상은 전이 연장선

어느 곳에서도 발견할 수 있다. 다양한 클라이언트의 임상과 심지어 단 한 명의 클라이언트와의 임상도 이 연장선의 특정 부분에 위치할 수 있다.

나의 GIM 임상은 전이 연장선상에서 볼 때 폭넓고 다양하다. 나의 클라이언트의 대부분은 음악가이기 때문에 이미 음악과의 발전된 일차적 관계를 가지고 치료에 임한다. 따라서 이러한 GIM 훈련생은 보통 순수 음악 전이에 대한 준비가 되어 있다. 나의 임상에서 일어난 상황은 언어를 사용한 심리치료사와 개인치료 시 일어나는 것과는 대조된다. 나에게 의뢰된 클라이언트는 먼저 몇 달 동안의 집중적인 언어와 시스템에 기초한 심리치료를 받은 후에 음악 심리치료를 위해 나에게 온다. 이러한 대부분의 클라이언트는 언어를 사용한 심리치료에서 그들의 치료사에게 전이 반응을 나타냈던 경험에 익숙하기 때문에, 음악에 대한 전이 반응을 즉각적으로 경험할 준비가 되어 있지 않다. 따라서 나는 치료사에 대한 전이에서 음악에 대한 전이를 경험하도록 하기 위해 점차적인 전환을 촉진하는 데 시간을 들인다(그리고 그들의 심리치료사에게서 나에게로의 자연스러운 전환을 촉진하기 위하여). 이와 같은 임상에서 음악과 치료사 간의 분리된 전이는 특히 치료 초반부에 좀 더 보편적으로 나타난다. 분리된 전이가 어떻게 발생하든 간에, 나는 음악 전이가 제공하는 유익을 이용하기 위해서 어쨌든 순수 음악 전이의 방향으로 작업하는 것이 GIM에서 가장 효과적인 작업 방식이라고 생각한다. 이점 때문에 클라이언트와의 치료과정에서 나는, 심지어 클라이언트가 순수 음악 전이의 적절한 대상자가 아닐지라도 가장 강렬한 순수 음악 전이가 발전되도록 꾸준히 작업한다.

GIM에서 수많은 전이관계를 개념화하고 형태화하는 방식과 치료적 동인으로서 음악의 일차성에 대한 내 자신의 신념에 비추어 볼 때, 이 장에서는 오로지 순수 음악 전이와 그것의 임상적 이점, 그리고 GIM 임상에서 특별한 적합성에 대해 다룰 것이다. 그런 다음 GIM에서 자연스럽게 발전되는 음악과 관련된 기본적인 부모 전이관계를 묘사하는 임상 사례를 제시할 것이다. 그러나 나는 앞에서 언급한 전이 연장선상에서 발생할 수 있는 전이의 종류(분리된 전이와 순수 치료사 전이의 폭넓은 다양성)를 다루거나, 일반적 부모 전이보다 어머니 혹은 아버지 전이, 전 오이디푸스 혹은 오이디푸스 전이, 긍정적이거나 부정적인 전이(Bruscia, 1995a, 1995b) 같은 구체적인 전이의 종류에 대해서는 언급하지 않을 것이다. 이런 종류의 전이가 GIM에서 일어나지 않아서가 아니라 이 장에서 나의 관심은 전이의 질이나 다양성보다는 일반적인 음악과 관련된 전이의 개념으로 논의를 제한하였기 때문이다. 또한 음악가, 음악치료사, GIM 훈련생(이런 클라이언트는 이미 음악 전이를 확립하였기 때문에 자신들의 전이를 심상에 간접적으로 관련시키기보다는 음악에 직접적으로 연관시켜 처리하는 치료과정을 거친다)의 음악 전이를 탐구하는 것은 이 장의 영역을 넘어서는 것이다.

GIM에서 순수 음악 전이를 고찰하기 전에, 왜 그것이 나에게 특별한 관심이 되며, 나의 GIM의 개념과 임상에 그렇게 중요하게 작용하는지에 관해 독자가 이해하는 것은 매우 중요하다.

순수 음악 전이에 관한 개인적 기원

음악 전이에 관한 나의 이해는 청소년 시절 음악과 관련하여 발전시켰던 개인적 경험에 그 기원을 둔다. 청소년기에 나는 부모님이 내게 주입하였던 가치관과 인생관에 환멸을 느꼈다. 나는 그들의 규칙을 지키지 않았고, 나아가 내 부모님의 딸이 되기보다는 내가 진정으로 누구인지를 발견하고자 노력하였다. 나의 정체성을 찾아감에 따라 하루하루는 갈등과 정서적 위험으로 가득 찼다. 부모님은 그들 나름의 기대가 있었을 뿐 독립된 인격체로서 나에 대한 진정한 이해가 없었던 것 같았다.

방과 후 나는 피아노 연습에 시간을 보냈고, 가끔 브람스, 베토벤, 쇼팽을 몇 시간씩 연주하였다. 나는 음악 안에서 보살핌과 이해를 받는 것을 느꼈다. 마치 음악이 나의 감정을 듣고 있는 것같이 말이다. 내가 조금 슬플 때 음악은 세심하게 나를 사로잡는다. 내가 화났을 때 음악은 나의 격렬한 감정을 나타내 주었다. 또한 음악은 나의 다양한 감정을 담을 수 있었기에 나는 슬픔, 분노, 기쁨을 동시에 경험할 수 있었다. 나는 결코 음악에 대해 지나치게 예민하거나 격렬하고 복잡하게 반응하지 않았다.

음악은 단지 나를 수용하고 반영하는 이상의 기능을 수행하였다. 음악의 선율은 내 안에 갇혀 있는 감정을 발산하도록 도와주었다. 나는 산만한 감정을 피아노 앞에 내려놓고 음악으로 그 감정을 표현한 후 방출하면, 음악이 나의 감정과 의식을 심화하고 확장시키며 변형시킬 수 있음을 배웠다. 나는 음악의 힘과 복잡성을 깨달아 감에 따라 그것이 나의 내적 갈등을 자극하고 변형시킬 수 있다는 것을 배웠다.

나는 피아노를 연주하면서 음악이 나를 양육하고 있음을 느꼈는데, 이것이 나의 일상적인 음악 경험이 되었다. 나는 음악적 경험에 내재된 지지적이며 자극적인 보살핌을 받아들이게 되었다. 음악은 나에게 치료적으로 '충분히 좋은' 부모 역할을 담당하였다. 나는 청소년기에 부모님에게서 독립하면서 고전음악에 관해 강렬하고 의존적인 전이관계를 발전시켰다. 이것이 청소년기의 나에게 뚜렷한 이익이 되었다. 음악이 나의 실제 어머니나 아버지가 아니었기 때문에, 내가 실제 부모님에게서 독립하는 동시에 음악과 나는 충분히 좋은 보살핌의 관계를 맺게 되었다.

음악에 대한 나의 전이는 그것이 나와 음악 사이의 상호 교류에만 국한되기 때문에 간단하다. GIM에서 치료관계는 음악, GIM 치료사, 클라이언트로 구성되는 삼각관계이기 때문에 음악가의 전이만큼 순수한 음악 전이는 있을 수 없다. 음악과 GIM 치료사는 치료과정에서 협동 치료사로 여긴다. 음악, 클라이언트, 치료사 간의 상호 교류의 복잡성에도 불구하고, 음악이 언제나 클라이언트 변화의 일차적 동인이기 때문에 클라이언트-음악 관계는 항상 일차적인 관계가 된다(Bonny, 1989).

GIM에서 순수 음악 전이 확립의 이점

전이관계의 궁극적 목적은 클라이언트가 치료사에게서 독립하는 것이지만, 이러한 독립은 오직 치료과정 말기에 전이를 해결함으로써 점차적으로 얻을 수 있다. 전이의 첫 번째 단계는 클라이언트가 치료사에 대해 강하고 의존적인 애착을 형성하는 것이다. 클라이언트는 치료과정에서 성취한 진보를 치료사의 능력으로 돌리는 경향이 있는데, 이것이 의존과 관련된 어려운 점이다. 치료사보다는 음악이 전이관계의 대상이 될 때, 클라이언트는 치료과정 초반기부터 치료사에게서 좀 더 독립적이고 분리된 위치를 가질 수 있다. 이러한 분리는 클라이언트가 치료에서 성취한 이득을 자신이나 자신과 음악의 관계로 좀 더 많이 돌리게 됨을 의미한다. 치료사가 선택한 음악은 치료사 자신의 확장이기 때문에 치료사에게서 분리가 거의 되지 않는 것처럼 보일지라도 클라이언트는 치료사에게서 최소한의 독립을 얻는다.

음악을 전이의 대상으로 사용하는 또 다른 이점은 음악의 중립성이다. 언어를 사용하는 심리치료에서 치료사는 자신에 관한 클라이언트의 투사를 권장하기 위하여 중도적 입장을 취해야만 한다. 중립성은 전이의 반응이 발생할 수 있는 환경을 창조한다. 고전음악은 대부분의 중립적 치료사보다 오히려 더 중립적일 수 있다. 가사가 없는 음악은 어떤 구체적 대상의 특질을 나타내지 않는다. 그 음악은 모호하다. 그리고 그것은 객관적으로 남성적이거나 여성적이지 않고 완고하거나 허용적이지 않다. GIM 방법은 '기초적 수준의 전이가 정신구조 안에서 방향 지어지고 뿌리 내리게 하기 위하여, 개인적인 방향으로 맞추어진 전이를 한층 덜 동기화하고 전이의 대상을 음악으로 돌리게 할 수 있다'(Bonny, 1988, p. ix). 비록, 음악을 전이의 대상으로 사용하는 것을 음악치료 문헌에서는 거의 찾아볼 수 없지만, 미술치료 문헌에서는 미술형식을 전이의 대상으로 사용하는 것에 관한 이점을 명시하고 있다(Dalley, 1987; Landy, 1992; Wood, 1984).

순수 음악 전이의 또 다른 이점은 GIM 치료사가 자신에 관한 모든 전이적 투사를 받아들일 필요가 없다는 것이다. 언어를 사용하는 심리치료에서 치료사는 치료과정에 걸쳐 클라이언트의 모든 전이 반응을 받아들이는 용기 역할을 한다. 클라이언트의 투사는 필수적으로 치료사 안에서 역전이 반응을 유발하는데, 이 때문에 치료사는 클라이언트의 직접적인 투사에서 약간의 정서적인 자유를 얻는다. 그러나 이것이 GIM 치료사가 역전이 반응에서 완전히 자유로워진다는 의미는 아니다.

아마도 GIM 순수 음악 전이의 가장 큰 이점은 고전음악을 통해 몇 가지 경험을 상대적으로 쉽게 동시에 수용할 수 있다는 데 있지 않을까 한다. 언어를 사용하는 심리치료에서 치료사는 시간에 걸쳐 모든 전이 반응을 수용해야 하기 때문에 클라이언트는 전이의 여러 다른 부분을 결합해야 한다. 전이에서 고전음악을 사용하는 중요한 이유는 고전음악의 복잡하고 다양한 특성이 한 경험의 여러 다른 측면을 동시에 자극함으로써 클라이언트가 좀 더 풍부한 전이를 경험하도록 한다는 데 있다. GIM 클라이언트는 어떠한 상황이나 상호 연관된 과거의 단편에 관한 여러 가지 감정을 동시에 경험할 수 있다. 이러한 현상은 언어를 사용하는 집단 심리치료에서 전이 경험과 유사하다. 집단 심리치료에서도 참여한 모든 치료 집단 구성원의 전이 내용이 분리되어 그들에게 동시에 투사되는 것을 경험할 수 있기 때문이다(Agazarian & Peters, 1981).

더욱이 고전음악의 복잡성은 전이 단편(심상의 형태로 존재하는)의 상호 교류를 능동적으로 촉진시킴으로써 전이를 처리할 수 있도록 돕는다. 각 고전음악 작품의 주제는 수정되고 재배열되며 다양한 양식으로 통합된다. 클라이언트는 음악 소재를 이해하고, 자신 내면의 정서적 경험과 관련하여 발전된 방식으로 음악을 듣는다. 많은 음악 주제를 동시에 제시하는 것은 클라이언트가 전이의 다양한 단면을 일시에 경험할 수 있게 하는 기폭제 역할을 한다. 음악이 다양한 양식으로 통합됨에 따라 음악 주제 간의 상호 교류는 클라이언트의 분리된 내적 경험의 단면을 통합할 수 있게 하는 모델 역할을 한다.

클라이언트-치료사 관계

GIM에서 치료사의 역할은 비지시적이다. GIM 치료사는 타당성 있는 이유를 가지고 자신을 종종 'GIM을 돕는 자(facilitator)' 라고 부른다. 치료사는 GIM 치료과정에서 다음과 같은 과제를 수행한다. 클라이언트를 진단하는 것, 클라이언트와 관련해 목적을 세우는 것, 클라이언트를 위한 음악을 선곡하는 것, 클라이언트와 음악 간의 가장 강력한 관계를 확립하고 발전시키는 것, 음악을 경험하는 동안과 그 후에 음악에 의해 떠올린 심상을 가지고 클라이언트가 작업할 수 있도록 돕는 것 등이 바로 그것이다. 이런 모든 임무를 수행하면서 치료사는 비지시적 접근을 통하여 클라이언트에게 최대한의 독립을 부여한다.

GIM 과정에서 치료사가 수행하는 중요한 기능은 가치를 모델링 하는 기능이다. 치료과정은 고전음악의 미적인 영역 안에서 수행된다. 따라서 치료사는 미적이고 표현적이며 창조적인 삶의 관점을 포함하는 새로운 가치를 클라이언트가 획득하도록 도와준다. 치료사와 함께 클라이언트는 모델로서 그 자신 안에 있는 이러한 특질을 좀 더 수월하게 존중할 수 있다. 게다가 GIM 치료사는 감정의 복잡성과 내적 경험의 다른 양식을 존중하는 모습을 모델링 한다. 이러한 특질은 클라이언트의 삶뿐만 아니라 전반적인 치료과정에 걸쳐 나타난다.

치료사-음악 관계

GIM에서 클라이언트-음악의 관계는 일차적이다. 치료사는 치료의 필수적인 기능을 담당하는 음악의 능력을 신뢰한다. GIM 훈련에서 이것은 '음악의 길에서 벗어나는 것'으로 알려져 있다.

고전음악에 대한 GIM 치료사의 개인적 전이관계의 본질은 아마도 음악이 GIM 임상에서 수행하는 기능을 결정하는 데 가장 중요한 요소일 것이다. 클라이언트가 고전음악에 대해 강렬한 전이관계를 확립하도록 돕는 치료사의 능력은 고전음악에 대한 치료사 자신의 전이관계에 달려 있다. 이와 같은 치료사의 강력하면서도 신뢰할 수 있는 관계는 클라이언트가 음악을 향한 일차적 전이관계를 발전시키도록 도우면서 클라이언트를 위한 모델의 기능을 하는 것이다. 그러므로 GIM 치료사는 음악과 개인적 관계를 발전시키고 이해하여야 한다(Summer, 1994).

GIM에서 심상의 기능

음악치료에서 클라이언트와 치료사가 함께 즉흥연주를 할 때(심상을 사용하지 않고), 음악은 클라이언트와 치료사 사이의 치료적 관계의 산물이자 중간 대상으로 간주된다(Nolan, 1989; Goldberg, 1995). 클라이언트와 치료사가 직접적으로 즉흥연주를 할 때, 치료과정이 일어나고 전이가 확립되며 표현되는 공간은 바로 음악 안에서다.

그러나 GIM에서는 이에 사용되는 고전음악이 이미 작곡된 것이기 때문에 클라이언트와 치료사는 따로 음악을 연주하지 않는다. GIM에서는 음악이 아니라 클라이언트의 심상이 치료관계의 산물이다. 즉, GIM에서는 음악이 아닌 심상이 중간 대상의 기능을 담당하는 것이다. 이것은 전이에 관한 중요한 구분을 짓게 하는데, 그 이유는 다음과 같다. 앞에서 설명한 즉흥연주에서는 음악이 전이를 불러일으키고, 그 후에 클라이언트의 전이 반응은 음악으로 직접적으로 표현된다. 반면에 GIM에서는 전이가 음악과 관련하여 일어나지만, 그 후에 심상 안에서 간접적으로 표현되고 처리된다. 클라이언트와 치료사는 음악을 창조하지 않는다. 대신 그들은 음악과의 관계를 통하여 나타난 심상 경험을 가지고 작업한다(비록, GIM에서 전이가 음악과의 직접적 관계에 의해 처리되기도 하지만—특히 음악가 클라이언트와 작업할 경우—나는 여기서 Bonny가 개발한 GIM 기법에서 가장 일반적인 심상의 기능에 초점을 맞춘다). GIM에서 심상은 전이관계를 표현하는 용기다. 심상은 내적 경험의 일차적인 용기로, 전이 반응을 포함한 클라이언트의 내적 요소를 다루기 쉬운 의미 단위로 구분짓는다.

순수 음악 전이에 관한 임상 사례

배경과 GIM의 초기 과정

지나는 45세의 클라이언트로 심리치료사에게 4개월간 치료를 받았고 나에게는 3개월간 음악 심리치료를 받았다. 지나는 그녀의 남편 데이비드와 지난 10년을 살면서 캐리비안 해변 앞의 상점을 성공적으로 운영해 왔다. 그녀는 낮에 데이비드와 함께 일하고, 밤에는 데이비드와 그들의 친구와 함께 술을 마시며 살았다. 그러나 지난 몇 년 동안 그들의 결혼과 사업 관계는 빠르게 붕괴되었고 그들 중 누구도 이런 붕괴를 막으려 하지 않았다. 데이비드는 밤낮으로 술을 마시며 점점 더 일을 소홀히 하였다. 지나는 사업을 유지하기 위하여 초과 근무를 하면서 저녁에는 스트레스 해소를 위해 술을 마시며 남편의 나태함을 묵인했다. 그러자 지나의 친구들은 그녀에게 치료받기를 추천했고 그녀는 그렇게 하였다.

그녀는 스트레스에서 벗어나고 실패한 결혼 생활에 대해 생각해 보기 위해 치료에 임했다. 그녀는 몇 번의 세션에서 치료사의 도움을 받아 자신에게 가장 심각한 문제가 알코올 중독임을 깨달았으며 절주를 향한 어려운 길을 시작했다. 그녀는 알코올 중독자를 위한 금주 모임(Alcoholics Anonymous)에 매일 참석하고 일주일에 1~2번 치료에 참여하기 시작했다. 그녀는 두 부분에서 훌륭한 향상을 나타냈다. 그녀 스스로 자신의 상황을 진단하며, 자신에게 "이것이 내가 그토록 원하는 삶인가? 이것으로 충분한가?" 하는 질문을 하게 되었다. 그녀의 대답은 쉽게 아닌 것으로 나왔다. 그러나 4개월간의 절주와 치료 후에 지나는 자신의 삶의 변화를 결정지어야만 하는 것에 대해 상당히 불안해하였다. 비록, 그녀가 자신의 절주 결심이 확고하다고 말하였지만, 그녀는 거의 매일 우울하고 무기력하다고 고백했다. 그녀의 성인 시절에 걸쳐 술은 마치 그녀의 힘든 감정을 보살펴 주는 방어기제로, 또 그러한 감정을 마비시키는 도구로 사용되었기 때문에 그녀는 이제 자신의 우울함을 해소할 수 없을 것처럼 느꼈다.

이 시기에 몇 가지 이유로 그녀의 치료사는 그녀에게 GIM을 소개해 주었다. 먼저 치료사는 GIM이 표면화된 우울 증상을 해결하는 데 언어 심리치료보다 더 직접적이라는 것을 알았다. 그리고 GIM이 지나의 절주를 지키기 위하여 그녀에게 필요한 내적 재구성 작업과 그녀가 지금까지 이루어 온 치료적 성과를 촉진시킬 것이라는 사실을 알았다. 치료사는 지나가 강한 자아를 가졌고 절주에 대해 굳건하며 그녀의 아동기와 성인기에 이미 음악과 강한 관계를 형성하였기에 GIM의 훌륭한 대상자가 될 것이라고 판단하였다.

내가 우선 지나의 치료사를 만난 다음 우리 세 명이 치료적 목적과 시간표를 계획하기 위해 만났다. 그 후 지나는 나와 함께하는 첫 치료 세션에 참가하였다. 지나는 "나의 인생은 단지 단조롭고 고된 일로 가득 차 있어요. 나는 매일 불행해요."라고 말했다. 그녀는 삶의 중요한 즐거움이 일이었고 친구들과 교제하는 것이었지만, 이제는 특히 남편을 포함한 모든 것과 모든 사람을 싫어하였다. 나는 지나에게 그림을 통

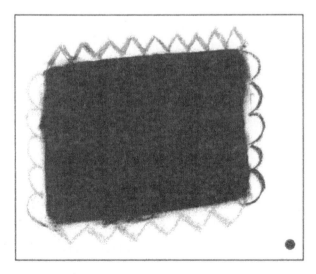

[그림 1] 위편에는 빨강, 아래편에는 분홍, 왼편은 하늘색,
오른편은 군청으로 구분된 진한 검은색 사각형. 구석에는 보라색 점

하여 그녀의 상태를 표현하도록 원이 그려진 종이 한 장을 주었다. 그녀는 원 위에 사각형을 그리고 그것을 아주 진한 검은색으로 색칠하였다. 그 후 몇 가지 밝은 색(빨강, 분홍, 군청, 하늘색)을 사각형 경계선의 네 개 외곽에 배치하였고 아래쪽 구석에 작은 보라색 점을 그려 그림을 완성하였다. 그녀는 그림을 그리는 동안 몇 번 나와 눈이 마주쳤지만 눈물을 삼키고 말을 하지 않았다. 그리기를 끝냈을 때, 그녀는 진한 검정 사각형이 그녀 자신 안에 있는 증오지만, 네모의 바깥 부분이 형형색색으로 장식되어 있어 '다른 사람이 (증오를) 보지 못한다.'고 설명하였다. 그러다 지나는 그림 속의 보라색 점을 설명하면서 울기 시작했다. 그녀는 그 점을 고립과 연관시켰는데, 그것은 '구석에 비틀리며 존재하는' 방식이었다. 그녀는 자신이 얼마나 작은 존재며 얼마나 억압당하고 있는지 그 점이 그것을 잘 반영하고 있다고 하였다. 그리고 그림의 다른 부분의 크기에 비해 작은 점의 크기는 자신의 인생에서 해결하지 못하는 무능력을 반영한다고 말하였다.

지나는 자신의 그림을 살펴보면서 현재 자신의 감정 조절 방식이 부적절하다는 것을 깨달았다. 그녀는 세 가지 부분으로 명백히 분리되어 있었고 내적 세계와 그녀가 바깥 세상에 보이는 페르소나(persona) 사이에는 심각한 차이가 있었다. 게다가 그녀는 두 개의 작은 부분 중 그 어느 것도 그녀가 '증오'라고 묘사하였던 그녀 내면에 축적된 내적 분투를 돌보는 데 적합하지 않다는 것을 알았다. 색깔로 그려진 경계선은 너무 가늘었으며 보라색 점은 너무 작고 멀었다. 현재 자신의 내적 구조에 대한 지나의 시각적 표상은 표면화되는 감정을 조절하는 방법을 찾을 수 있도록 그녀에게 영감을 주었으며 치료 전반에 걸쳐 참고의 초점이 되었다.

지나와 내가 해결 전략으로 찾은 첫 장소는 그녀의 과거 속이다. 지나는 자신의 아동기 때 감정을 극복하기 위해 사용하던 방식을 쉽게 찾을 수 있었다. 그녀는 어머니에게 혼날 때면(그녀는 종종 그리고 심하게 벌을 받았다) 늘 집 옆의 크고 무성한 풀밭 한가운데로 달려가 울곤 하였다. 이 밭은 그녀의 우는 장소, 즉 가족에게서 그녀의 피난처였으며, 어머니에게서 그녀가 경험한 극도의 제약에서 도피하는 곳이었다. 이 세션에서 그녀는 처음으로 자신을 '도피자'라고 불렀다. 그녀는 자신의 아동기와 성인기의 방어를 비교하였다. 비록, 그녀가 아이일 때나 성인일 때 모두 그녀 자신(보라색 점같이)을 고립시켰지만, 아동기의 그녀는 자신의 감정을 표현할 수 있었고 풀밭에서 눈물을 흘린 후에 상당한 위안을 느꼈다. 그녀는 자신의 아동기의 경험을 건강한 것으로 재구성할 수 있었다. "내가 그렇게 어릴 때 나의 감정을 스스로 표현할 수 있었다는 것이 놀라워요." 세션 초기에는 그녀가 자신의 감정을 조절하는 것에 대해 절망적으로 느꼈던 것에 반해, 이제 그녀는 자신의 내적 강점을 깨닫게 됨으로써 어느 정도 자신감을 얻게 되었다. 그 후 며칠 동안 그녀는 자신의 아동기 때의 전략을 사용할 것에 동의하였다. 그녀는 내적인 세계와 외적인 세계 간의 분리보다는 일치를 경험하기 위하여 울 수 있는 시간과 장소를 찾기로 하였다.

지나가 알코올 중독에서 회복되고 있었기 때문에, 나는 먼저 알코올이 그녀의 내적 경험을 감추고 외부 세계에서 그녀를 분리시키면서 내적 경험을 덮어 버리려는 경향을 강화하는 역할을 한다는 것을 그녀가 깨달을 수 있도록 하였다. 그리고 현재의 방어 전략인 알코올을 그녀의 아동기(전 알코올기) 때 사용된 새로운 방어 전략으로 대체하도록 돕는 것이 중요했다. 지나가 치료적 이슈를 중점적으로 다룰 때, 그녀와 나 그 누구도 그녀의 계속적인 절주가 위협받는 것을 원치 않았다.

첫 세션에서 음악은 사용되지 않았다. 이 세션에서는 그녀의 주치료사와 함께 행한 세션과의 단절 없이 나와 같이 작업하도록 인도하였고, 그녀에게 GIM 과정의 한 요소(상징적 심상의 사용)를 소개하였다. 이 세션에서 나는 내적 경험을 심상에 투사할 수 있는 그녀의 능력을 진단했다. 그리고는 그것을 동일시할 수 있는 능력을 진단하였는데, 그것은 심상의 투사적 동일시 과정이 전이관계를 포함한 내적 재료의 표현 도구로서 심상을 성공적으로 사용하는 데 필수적이기 때문이다.

순수 음악 전이를 확립하기

세션에서 협동 치료사 역할을 하는 음악과 함께 작업하는 것은 한 클라이언트를 위해 두 명의 치료사가 팀으로 일하는 것과 유사하다. 두 치료사가 함께 일할 때 그들은 각 치료사가 치료과정에서 어떤 역할을 담당해야 하는지에 관해 함께 결정한다. 필수적인 치료적 기능은 각 치료사에 대한 클라이언트의 반응과 시간이 지날수록 치료과정에서 나타나는 클라이언트의 요구에 기초하여 유연하게 구분된다. GIM에서는 치료사와 음악 간의 협동치료가 이루어지지만 음악은 인간이 아니기 때문에 이러한 결정은 상호적일 수 없다. 명백하게도 음악은 주치료사의 위치를 차지할 수 없다. 즉,

음악은 GIM 치료사에 의해 의도적으로 배치되어야만 한다. Mozart의 '마술피리'에서 파미나는 타미노에게 그의 마술피리를 그저 건네주기만 하지 않았다. 그것을 주며 그 기능을 설명하였다. 그녀는 자신이 그의 의식 절차에 함께 참여할 것이지만, 그의 여정 동안 그를 이끌어 주고 보호할 대상은 마술피리라고 하였다. GIM에서는 음악이 세션의 모든 부분에 존재하는 것이 아니기 때문에, 치료사는 조심스럽고 의도적으로 준비를 하고 각 세션의 도입부(Prelude: 이완 유도, 음악-심상 경험의 전 단계인 토의 단계) 부분에서 음악이 전이의 주역할을 수행하도록 하는 무대 장치를 필수적으로 만들어야 한다.

GIM 도입부와 음악 경험의 타이밍

지나의 두 번째 세션은 GIM 도입부에서 사용된 전략이 세션에 음악이 사용되기 이전부터 어떻게 순수 음악 전이를 촉진시키는지를 설명한다. 지나는 세션 처음에, 지난 세션에서 아동기에 느꼈던 자신감의 일부분을 되찾았다고 말했다. 며칠 연속 그녀는 홀로 외로이 눈물을 흘릴 시간과 장소를 찾았다. 이 과정은 두 가지 결과를 가져왔다. 첫째, 그녀의 불편한 감정을 증가시켰다. 둘째, 그녀는 처음으로 그녀의 우울한 상태에서 벗어날 길을 찾는 것에 관해 약간의 희망을 느꼈다.

GIM 도입부의 목적은 클라이언트의 긴장/이슈를 표면화하여 언어로 표현하도록 하는 것이다. 나는 지나가 감정을 회피하기보다는 표면화되는 감정과의 관계를 발전시키도록 그녀를 돕고 싶었다. 그래서 나는 그녀의 현재 내적 상태를 그녀가 할 수 있는 최대한으로 내게 설명하도록 요청하였다. 그녀는 "나는 의기소침하고 피곤하며 공허함을 느껴요. 나는 생각이 전혀 없어요."라고 말했다. 그 후 깊은 한숨과 함께 그녀는 "나는 정말 내가 하찮게 느껴져요."라고 말하고, 나의 반응을 기다리면서 나를 똑바로 쳐다보았다. 나는 지나에게 공감하기는 했지만 그녀가 자신의 불편함에 대해 즉각적인 위안을 추구하지 않도록 요구하였다. 나는 그녀가 의기소침함에 초점을 맞추고 '그녀의 감정을 음악에 쏟는다면' 음악이 그것들과 작업할 수 있는 길을 제시할 것이라고 설명하였다. 나는 음악이 그녀의 감정을 즉각적으로 진정시키기보다는 피로와 공허함, 하찮은 느낌에 작용하여 그것을 좀 더 많이 알도록 그녀를 도와주는 역할을 한다고 강조하였다.

GIM 도입부의 전략은 클라이언트의 내적 긴장을 증진시키는 것과 관련이 있다. 이는 필연적으로 그녀의 민감성과 치료사와의 의존적인 애착을 형성하는 데 필요한 그녀의 감수성을 증진시킨다. 클라이언트는 불편을 증가시키지 않고 긴장에서 위안을 추구하게 된다. 그러므로 긴장이 표현되는 타이밍과 방식은 순수 음악 전이의 확립에 필수적이다. 클라이언트의 내적 긴장이 강해지면, GIM치료사는 치료사에 관한 전이를 촉진하는 클라이언트-치료사 관계 안에서 계속적인 치료 작업을 하기보다는 클라이언트의 내적 긴장이 절정에 다다르도록 음악 경험을 제시한다. 이렇게 하여 치료사는 클라이언트가 음악과의 관계 속에서 자신의 내적 상태를 살펴보도록 한다. 그리고 치료사는 치료사 자신보다는 음악을 일차적인 치료적 동인으로 확립한다.

유도: 변형된 의식 상태

유도(induction)의 목적은 클라이언트가 자신의 내적 경험을 최대한 자각하도록 하는 것이다. 이완 기법은 신체에 초점을 맞추며 보통 도입부에서 가져온 초기 심상은 클라이언트를 내적 경험에 붙잡아 두고 심상의 과정을 시작하도록 유도하는 역할을 한다. 유도의 절차는 도입부에서 생긴 긴장이 음악 경험까지 연장될 수 있도록 하는 다리 역할을 한다. 유도를 하는 동안 클라이언트는 치료사와 눈맞춤을 하지 않기 때문에, 클라이언트의 신체 자세(눈을 감은 채 누워 있기)는 클라이언트-치료사 관계에 앞서 클라이언트-음악 관계의 우선성을 발전시키는 데 중요한 요소가 된다.

지나는 눈을 감고 나의 사무실에 있는 소파에 기댄 채 짧은 유도를 위한 준비를 하였다. 나는 그녀에게 이런 새로운 자세에서 신체를 안정시키기 위하여 몇 번의 심호흡을 할 것을 지시했다. 그 후 나는 심상을 찾기 위해 그녀의 내적 경험에 직접적으로 초점을 맞추도록 도왔다. 지나는 "우울한 감정이 도처에 있어요. 나의 몸은 매우 무겁고 피곤해요."라고 말했다. 나는 "그것을 좀 더 자세히 묘사할 수 있나요?"라고 물었다. 그녀는 계속했다. "그것은 회색이고 안은 볼품없는데 모든 것이 오자미(헝겊에 콩을 넣어 만든 주머니) 의자같이 둥글어요……."

순수 음악 전이를 위한 음악의 선곡과 제시

지지 기능으로서 음악   GIM 클라이언트를 위한 음악 프로그램의 선곡은 동질성의 원칙에 의해 결정된다. 음악은 클라이언트의 내적 상태에 부합되고 그 청각적 거울을 창조하기 위해 선곡된다. 음악이 클라이언트의 내적 긴장을 반영할 때, 클라이언트는 음악이 자신을 이해하고 포용한다고 느낀다. 음악과 관련된 치료 경험에서 생기는 유대와 신뢰는 마치 신생아가 일관적인 신체적 지지를 통해 부모와 깊은 일차적 유대를 발전시키는 것과 동일하다. 이것은 시간이 지날수록 더욱 나타난다. 비록, 음악이 문자 그대로 클라이언트를 지지하는 것은 아니지만, 클라이언트는 신생아가 부모의 지지를 느끼는 것과 같은 방식으로 음악이 자신을 포용하고 있다고 느낀다. 부모-아동 관계에서 융합은 이런 지지 경험을 통하여 일어나게 되고, 여기서 일차적인 유대관계가 형성된다. GIM 클라이언트의 경우는 스스로 음악과 융합되도록 노력함으로써 음악적 반영 속에 빠져들어 음악과 하나가 된다. 이런 경우에 순수 음악 전이가 확립된다. 마치 초기 부모-아동 관계가 재창조되는 것처럼 음악은 Winnicott이 '지지(holding)'라고 언급하였던 부모의 일차적이며 가장 필수적인 양육 기능을 담당하기 시작한다. Winnicott은 '충분히 좋은' 지지는 시간이 지날수록 자신의 연속성에 대해 아동이 느끼는 감정의 필수적인 요건이 되며 이것이 '나(me)' 경험이라고 주장하였다(Winnicott, 1971).

GIM에서 음악 경험의 제시 방식은 음악이 내적 경험과 관련하여 수행할 수 있는 기능을 클라이언트에게 열어 놓기 때문에 중요하다. 클라이언트는 음악에 내재된 양육 기능을 사용하는 것을 배운다. GIM에서 음악의 지지 기능은 음악 경험의 초기에 특히 중요하다. 이것은 음악 작품의 시작인 주제 제시부로 클라이언트의 내적 상황에 일치하는 작용을 한다(Summer, 1995).

자극적 기능으로서 음악   지지가 음악이 담당하는 유일한 기능은 아니며 GIM에서 음악도 단지 '나(me)' 경험을 자극하는 의도만 가지고 있는 것은 아니다. 사실 GIM에서 음악의 주요 기능은 변형이다. 음악은 새로운 '내가 아닌(not me)' 경험의 가능성을 소개하며, 현재의 상태를 뛰어넘어 클라이언트의 의식을 변형시키기 위해 선곡된다.

고전음악 작품이 그 제시부를 지나 전개되는 것처럼 음악적 재료는 변형을 겪는다. 고유의 주제 안에 내재된 음악적 가능성을 밝히면서 음악적 재료의 요소는 절개되어 분석되고 접합되어 재구성된다. 작품이 그 제시부를 지나 발전함에 따라 본래의 음악적 재료와 그 모든 변형이 동시에 경험된다. 심리적으로 클라이언트는 새로운 '내가 아닌' 경험과 함께 친숙한 '나'의 음악을 경험한다(Summer, 1992).

Winnicott은 부모의 이차적 필수 양육 기능으로 새로운 대상의 제시를 들었는데, 이것을 내가 아닌 경험으로 단정했다(1971). '내가 아닌' 경험은 새로운 대상과 장난감의 형태로 나타나며 아동이 자신의 예전 경험을 뛰어넘어 성장하도록 자극한다. 마찬가지로 '내가 아닌' 경험은 클라이언트의 세계를 확장하고 건강한 심리적 성장의 기초를 제공한다. 부모-아동 관계에서 '내가 아닌' 경험은 부모가 아동에게 낯선 대상을 소개하는 것인 데 비해, GIM 클라이언트-치료사 관계에서 '내가 아닌' 경험은 음악이 제시부를 지나 발전하는 것처럼 낯선 음악적 영역을 통해 제시된다.

지나의 GIM 세션에서 나는 Wagner의 'Siegfried Idyll'을 선곡하였다. 그 이유는 그녀에게 '나' 경험(볼품없고 회색이며 둥그런 오자미 의자 심상으로 투사된 의기소침한 감정)을 지지하기 위해서였다. 나는 음악이 그녀의 내적 경험에 영향을 주도록 하면서 그녀가 음악을 향해 자신을 개방하기를 요구하였다. 나는 음악이 감정을 강화하거나 바꾸며 그 외의 것을 자극할 수도 있다는 것을 그녀에게 알려 주었다. 이런 지시는 음악에게 지지의 필수적인 기능을 담당하게 하고 지나에게 새롭고 변형적인 '내가 아닌' 경험을 제시하게 함으로써 가장 강력한 음악 전이를 보장하였다.

음악 경험 'Siegfried Idyll'이 시작되면서 지나는 자신의 경험을 나에게 묘사하기 시작했다. "내 몸이 스펀지 같아요. 회색이고 오자미 의자 같은 크기예요. 스펀지는 더럽고 무거워요. 그것은 외부의 것들을 흡수해요. 그것은 울퉁불퉁하며 두꺼워요. 그것은 아주 질겨서 모든 것을 취할 수 있고 흡수할 수 있어요. 참 외로워 보여요."

나는 지나가 '얼룩(blob)'이라 불렀던 스펀지의 심상을 가능한 그녀의 감각을 활용하여 그녀가 창조하도록 도왔다. '그것의 생김새를 묘사하세요.', '얼마나 큰가요?', '그것의 짜임새(결)를 말해 줄 수 있나요?'와 같은 질문을 던짐으로써 지나가 얼룩의 형태와 크기, 짜임새, 색깔, 밀도, 감각, 감정, 그리고 얼룩의 주변에 있는 것으로 심상을 발전시키도록 하였다. 그 얼룩은 아주 견고하고 '먼지와 죄의식'으로 가득 차 있었다. 그리고 그것은 아주 무거워 한 치도 움직이지 않았다. 경험이 격렬해짐에 따라 지나는 무서워하며 "그것이 너무 많은 먼지를 흡수해서 터질지도 몰라요."라고 말하였다. 그녀에게 음악과의 관계로 이야기를 발전시킬 것을 권유하면서, "음악을 어떻게 경험하고 있나요?"라고 물었다. 그녀는 "음악이 얼룩 속으로 무언가를 섞고 있어요. 그 깊숙한 곳에 뭔가가 숨겨져 있네요. 그 안에 있는 어떤 것이 움직이고 있어요!" 지나는 얼룩 안에 갇혀 있는 '그 어떤 것'을 활성화하기 위해 음악과 조심스럽게 소통하면서 이 감춰진 부분과 관계를 맺기 시작하였다. 지나는 얼룩 속에 어떤 종류의 생명체가 갇혀 있는 것 같다고 하였다. 생명체의 발차기는 그것이 밖으로 나가기를 원한다고 말해 주었지만, 그녀는 그것이 밖으로 떨어져 나갈 만큼 충분히 강하지 못하다고 느꼈다. 절망적이고 두려워하는, 그녀의 최초의 노력은 얼룩을 응고시키는 것이었다. 그녀는 무력하게 갇힌 생명체를 도우려 하였지만 음악은 얼룩을 점점 더 압축시켰다. 음악은 생명체에게 자유를 허락하지 않으려 했다. 얼룩이 견고해질수록 지나의 고통도 더해졌다. 나의 도움으로 그녀는 이러한 어려운 경험에 머물수 있었다. 음악이 전개됨에 따라 음악은 얼룩을 더욱 응고시켜 마침내 바위같이 단단하게 만들었다. 이런 견고화 과정은 계속되었고, 그녀의 감정은 비로소 힘을 얻게되고 마침내 흐느껴 울면서 해방되었다. 지나가 눈물을 흘림에 따라 바위는 진흙으로 녹아내렸고, 그녀는 'Siegfired Idyll'의 마지막 마디에서 위안을 얻었다.

다음으로 베토벤의 피아노 협주곡 제5번의 2악장은 온화한 비의 심상을 불러일으켰다. 그녀는 "작은 빗방울이 진흙 속으로 횡렬로 떨어져요. 그것들은 색깔로 가득차 있어요. 그것들은 가볍고 원기가 있어요. 그것들은 진흙 위에서 춤추고 있어요. 그 누구도 방울을 제어할 수 없어요. 그것들은 다른 이가 춤추라고 해서 그런 것이 아니라 자신들이 그렇게 느끼기 때문에 춤을 추고 있어요."라고 말하였다. 지나는 그녀의 세션 마지막 심상을 설명하는 [그림 2]를 그렸다.

이 짧은(25분) 음악 프로그램에서 지나는 음악 경험 안에 내재된 몇 가지 치료 기능을 경험하였는데, 이러한 기능은 그녀의 음악 전이가 발전되도록 도왔다. 먼저 음악이 그녀를 반영하고 그녀의 내면에서 그녀를 지지하였다. 그래서 그녀는 음악을 충분히 경험하고 묘사할 수 있었다. 또한 이러한 음악의 지지적 기능은 얼룩의 심상에 관여하도록 그녀를 도왔다. 움직이지 않는 무거운 얼룩은 그녀의 현재 상태인 의기소침함을 확실히 반영하였다. 그 후 음악이 전개됨에 따라 음악은 그녀를 '내가 아닌' 경

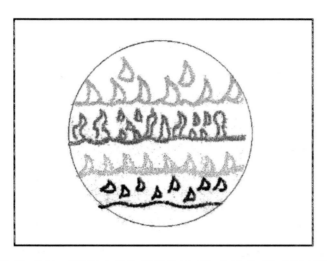

[그림 2] 춤추는 빗방울의 횡렬. 첫 줄은 분홍색, 두 번째 줄은 형광 분홍색,
세 번째 줄은 노란색, 마지막 줄은 푸른색.

험으로 인도하였지만 지나가 이 지점에서 저항적이 되었다. 변화에 대한 저항은 치료
에서 예상되는 반응이다. 그녀의 현 상태의 불쾌감에도 불구하고 음악은 여전히 그녀
에게 친숙했다. 그녀는 음악이 얼룩의 상태를 변형시키는 것을 느끼면서 그에 따라
펼쳐지는 심상과정이 계속되는 것에 대해 두려움을 느꼈다. 그러나 그녀와 나 그리고
음악 경험 간의 관계는 그녀의 저항에도 불구하고 그녀가 그 과정을 충분히 신뢰하도
록 발전하였다. 사실 그녀의 최악의 두려움(폭발에 관한)은 나타나지 않았다. 오히려
그녀는 내가 아닌 경험, 즉 바위가 녹아내리는 것을 통해 진정한 위안을 받으며 눈물
짓게 되었다. 그녀의 불안은 기쁨으로 변형되었다.

　이러한 '내가 아닌' 경험(바위가 춤추는 빗방울과 함께 진흙으로 녹아내리는 것)은 지
나에게 돌파구였다. GIM에서 '내가 아닌' 경험은 음악과의 관계에서 직접적으로 온
다. 이것은 종종 뜻밖의 해결책(deus ex machina)으로 다가온다. 즉, 예전에는 알 수
없었고 예상하지도 못했던 해결책으로, 음악이 내적 갈등을 변화시키는 요인으로 작
용한다는 것이다.

　통합적 기능으로서 음악　나는 Winnicott이 주장한 필수적인 치료 기능, 즉 지
지하기와 새로운 대상을 제시하기(나와 내가 아닌 경험을 제공하는 것)를 구체적으로 만

족시키기 위해 음악을 선곡하였다. 앞서 말했듯이 음악은 Winicott이 말한 부모의 세 번째 필수적 양육 기능인 정신과 신체의 통합(Winnicott, 1971)을 가져왔다. Winnicott에 의하면, 이러한 기능은 부모의 사려 깊은 '다룸(handling)'을 통하여 성취된다. 즉, 이 기능은 아동의 감각적 경험이 통합되고 내면의 경험이 신체에 연결되어 그 안에 있는 것처럼 느껴지게 하는 역할을 한다.

예를 들어, 음악이 오직 시각적 심상의 변형만을 자극하는 경우에 심리의 변화는 제한된 감각의 변화를 포함하여 일어난다. 이런 경우 심상의 변화는 클라이언트의 사고에 중대한 변화를 초래하기도 한다. 지나에게 음악은 그녀의 마음과 신체를 모두 포함하는 다감각적 경험을 자극하였다. 음악은 시각적 심상(스펀지→얼룩→바위→비웅덩이)뿐 아니라 그녀의 감정과 사고, 그리고 신체 감각과 관련된 것을 변형시켰다. 클라이언트가 음악을 '다룸'의 방식으로 충분히 활성화할 때, 모든 감각은 정신구조 전반의 깊은 변형으로 통합되기 때문에 이것은 치료적으로 볼 때 특히 효과적이다. 이러한 깊은 변형이 음악 자극에 의해 일어날 경우, 클라이언트-음악 관계, 결과적으로 음악 전이는 상당 부분 강화된다. 첫 번째 세션에서 지나는 음악과의 관계에서 Winnicott이 설명한 세 가지 필수적인 양육 기능인 지지, 새로운 대상의 제시, 다룸을 경험하였다. 이 세션은 순수 음악 전이의 확립으로 가는 지나의 첫 단계다.

순수 음악 전이를 경험하고 처리하기

언어를 사용하는 전통적인 심리치료에서 부적절한 양육 경험은 치료사에게 직접적으로 투사된다. 클라이언트의 자아는 이러한 기억과 충분한 정서적 공명을 재경험함으로써 그것이 현재에 미치는 영향을 이해함에 따라 회복될 수 있다. 전이관계를 확립하고 경험하며 처리하는 것은 치료사가 클라이언트의 전이 반응을 위한 촉매제와 용기가 될 때 성취된다. GIM에서 전이는 음악과 관련되어 확립되고 경험될 수 있지만 전이는 심상 안에서 표현되고 처리된다. 즉, 음악은 촉매제이며 심상은 그것을 담는 용기가 되는 것이다.

예를 들어, 지나의 GIM 세션에서 그녀는 음악이 그녀의 '얼룩 심상'을 견고하게 하고 압축시켰다고 느꼈다. 제한하는 부모 형상으로서 음악을 경험한 것이다. 그 후 그 제한은 얼룩 심상이 바위로 단단해짐을 통하여 표현된다. GIM에서 전이관계는 음악 안에서 직접적으로 다루어지는 것이 아니라 그것이 표현된 심상 안에서 다루어진다. 그리고 전이 반응은 음악이 연주되는 중에 해석되거나 직면되지 않는다(Wärja, 1995). 지나의 전이 반응을 위한 치료적 중재는 두 가지로 나뉜다. 하나는 그녀가 음악의 효과를 깨닫고 음악에 자신을 개방하도록 돕는 것(심지어 음악이 유쾌하지 않을 때도 음악과의 관계를 발전시키는 것)이고, 다른 하나는 그녀가 제시한 심상 속에 내포되어 있는 음악에 관한 그녀의 반응을 다루는 것이다. 이런 치료적 중재는 시각적 심상, 감정, 신체 감각을 간단하게 묘사함으로 끝난다. 이러한 묘사는 전이 반응을 더욱 날카롭고 격렬하게 표면화시킨다.

지나의 첫 전이 반응은 음악과 관련되어 일어나는 것과 심상을 통해 표현되는 것을 보면 알 수 있다. 초기에는 음악이 지나의 관심을 작은 얼룩 중심으로 이끌어 갔고 그 안에 갇혀 있던 생명체의 삶을 자극하였다. 그 후 그녀는 음악이 어떻게 생명체의 삶을 제한하면서 작은 얼룩을 응고시키는지를 묘사하였다. 상징적이게도 음악이 초기에 생기를 불어넣는 힘은 지나가 그녀의 부모에게서 경험했던 것과 같은 방식으로 나타났다. 그녀의 부모는 그녀에게 초기에 생명을 주었지만 어린 시절 그녀를 엄격하게 제한하며 키웠다. 갇혀 있는 상태로 살아 있는 생명체와 한정된 공간에서 응고되어 가는 얼룩 사이의 분투는 지나와 부모의 기본적 관계의 재현이다(음악과의 관계에서 발생하였던 융합은 지나가 집에서 억압받았다고 느낄 때 풀밭으로 뛰어가서 울었던 그녀의 아동기 행동의 재경험이었다).

지나의 처음 두 번의 치료 세션은 전이 경험을 확립하고 표현하기 위해서는 음악과 심상을 사용하는 것이 적절하다는 것을 보여 준다. 지나는 음악과의 일차적 관계를 통하여 부모와의 과거 부적절한 경험의 일부를 재경험하였다. 그 결과 얼룩의 심상은 지나의 전이 반응을 위한 용기가 되었고, 부모에 대한 그녀의 아동기의 분투와 그 깊은 감정을 현재 상징적으로 재현하도록 하였다. 갇혀 있는 생명체와 얼룩 사이의 이러한 경험적 재현은 GIM 음악에 관한 지나의 초기 전이관계를 구성한다.

종결부: 심상 경험의 치료적 적용

GIM에서 치료의 핵심은 음악 안에서 일어난다. 음악 경험이 끝나면 클라이언트는 곧은 자세로 돌아오고, 심상을 언어로 표현하는 과정을 위해 일상의 의식 상태로 돌아온다. 도입부/유도 단계가 클라이언의 삶의 이슈를 음악 경험으로 인도하는 다리의 역할을 하는 것처럼 종결부는 새로운 경험을 처리하고 음악을 통해 얻은 새로운 이해를 클라이언트의 삶에 적용시키기 위한 다리 역할을 한다. 하지만 전이관계를 처리하는 것은 시간이 흐른 후에도 일어날 수 있다. 지나의 두 번째 세션에서 그녀는 자신의 전이 반응을 깨닫지 못하였고, 나 또한 그녀가 그것에 관심을 가지도록 제시하지 않았다. 오히려 종결부는 그녀가 심상 경험에서 중요하게 여기는 것에 초점을 맞추었다.

종결부에서 지나는 "이제야 나는 내 속에 '나만의 나'가 있다는 걸 알게 됐어요. 그것은 오랫동안 그곳에 갇혀 있었어요. 나는 내 삶에 존재하는 다른 사람과 사물이 나를 조정하도록 내버려 두었어요."라고 말했다. 이 세션에서 지나에게 가장 중요한 것은 수 년 동안 알코올 때문에 묻혀 버렸던 그녀의 긍정적 측면을 발견한 것이었다. 그녀는 그것이 그녀의 '의지'임을 알았고 그 귀향을 환영했다.

지나에게 미치는 이 세션의 효과는 즉각적이고 극적이었다. 우선 그녀는 매일 밤 남편과의 어려움에 직면할 때, '처음으로 드는 생각이 술 마시는 게 아니었다.'고 보고하였다. 그녀는 매일 대체로 만족감을 느끼고, 한 주 내내 눈물을 흘릴 필요를 느끼지 못했으며, 독서나 뜨개질 같은 여가를 즐긴다고 했다. 지나는 다음 세션에 와서 그녀의 치료 과제가 '진실한' 나와 좀 더 많이 만나는 것이라고 확실히 말하였다. 그녀는 어린 시절 잃어버린 자신의 부분(특히, 그녀의 반항감)에 대해 통찰하였다. 그리고 친구들과 가족에게 '자신이 행복한 척하지 않는 것'과 남편과의 관계를 다룰 준비가 되었다고 하였다.

결론: 전이의 최종적 해결

'마술피리'의 피날레에서 Mozart는 지난 20개의 오페라에서 나온 재료를 모아 과거에 발표했던 모든 것을 청중에게 다시 소개함과 동시에 청중을 미래로 이동시킨다. 먼저 세 영(세 명의 소년 소프라노)은 재등장하고, 미래의 일을 예상하여 파미나의 자살을 막는다. 그런 다음 청중에게 이 오페라의 시작 팡파르와 사원의 부름을 상기시킨다. 이러한 회상 후에는 두 명의 무장 군인이 나타나는데, 이들은 타미노와 파미나가 어디에 있는지 청중에게 알려 준다. 놀랍게도 Mozart는 그 군인들의 남성 합창 부분에 옛날 개신교 합창곡인 'Ach Gott, von Himmel sieh' darein' 의 선율을 사용한다. 그는 여기서 그 자신만의 푸가토(fugato) 반주를 동시에 첨가하면서 청중을 고풍스런 과거 속으로 끌어들인다. 과거, 현재, 미래는 모두 하나로 녹아든다. 파미나와 타미노는 재결합하고, 파미나는 타미노에게 노래를 불러 준다. 그러나 그녀는 자신의 노래가 아니라 타미노의 아리아를 부른다. 과거는 타미노의 미래의 인도와 신부에 의해 변형되어 현재가 된다.

Mozart의 '마술피리' 피날레는 마치 우리가 치료에서 심리적 이슈를 탐구할 때 우리의 내면처럼 시간과 공간을 넘나드는 것이 어리둥절할 만큼 본제를 벗어날 때가 많다. GIM 클라이언트는 과거완료의 미래를 성취하기 위하여 과거의 이슈를 현재의 어려움과 화해하려고 할 때 이와 유사한 과정을 겪는다. 훌륭한 음악은 언제나 이런 의식의 세 가지 요소를 반영하기 때문에(Summer, 1992, 1996), GIM 치료사는 전이 관계 해결을 위한 고전음악의 능력을 신뢰할 수 있다.

음악은 해결해야 할 어떤 문제와 함께 시작되고, 시간이 흐르면서 작곡가가 미래의 해결을 얻기 위해 현재 계속되는 여행 안에서 해답을 찾는 것을 우리는 듣게 된다. 이런 간단한 틀에서 GIM 클라이언트는 과거 부모의 부적절한 양육을 음악 작품과 나란히 놓고, 작곡자의 음악적 탐구에 자극을 받아 건강한 삶을 위한 길을 모색하면서 그 자신의 개인적 모험 여행을 건강한 길로 인도한다. 고전음악과 관련된 순수 음악 전이의 확립과 음악적 재료 안에서 과거, 현재, 미래를 나란히 놓는 경험을 통한 전이의 해결은 GIM 치료사가 이용할 수 있는 가장 힘 있는 치료 도구가 된다.

참고문헌

Agazarian, Y., & Peters, R. (1981). *The visible and invisible group: two perspectives on group psychotherapy and group process*. London: Routledge & Kegan Paul.

Bonny, H. L. (1989). Sound as symbol: Guided Imagery and Music in clinical practice. *Music Therapy Perspectives, 6*, 7-10.

Bonny, H. L. (1988). Forward (pp. vii- x). In L. Summer, *Guided Imagery and Music in the institutional setting.* St. Louis: MMB Music.

Bruscia, K. (1995a). The many dimensions of transference. *Journal of the Association for Music and Imagery, 4*, 3-16.

Bruscia, K. (1995b). Manifestations of transference in Guided Imagery and Music. *Journal of the Association for Music and Imagery, 4*, 17-36.

Bruscia, K. (1989). *Defining music therapy.* Gilsum, NH: Barcelona Publishers.

Dalley, T. (1987). Art as therapy: Some new perspectives (pp. 1-35). In T. Dalley, J. Schaverien, F. Weir, P. Halliday, P. N. Hall, & D. Waller (Eds.), *Images of art therapy: new developments in theory and practice.* London: Tavistock.

Goldberg, F. (1995). The Bonny method of Guided Imagery and Music (pp. 112-128). In T. Wigram, B. Saperston, & R. West (Eds.), *The art and science of music therapy: a handbook.* Amsterdam, The Netherlands: Harwood Academic Publishers.

Goldberg, F. (1991). Clinical applications of GIM. Lecture delivered at the Bonny Foundation Guided Imagery and Music Advanced Training Seminar, Cookeville, TN, November.

Greenacre, P. (1990). The role of transference: Practical considerations in relation to psychoanalytic (pp. 124-135). In A. Esman (Ed.), *Essential papers on transference.* New York: University Press.

Landy, R. J. (1992). Transference/countertransference and the creative arts therapies. *The Arts in Psychotherapy 19*(5) [special issue].

Mozart, W. A. (composer). *The Magic Flute* [opera]: Schikaneder, E, Liesecke, CL, librettists; Martin, R, Martin, T, English translators.

Nolan, P. (1989). Music as a transitional object in the treatment of bulimia. *Music Therapy Perspectives, 6*, 49-51.

Summer, L. (1996). *Music: the new age elixir.* Amherst, NY: Prometheus Books.

Summer, L. (1995). Melding musical and psychological processes: The therapeutic musical space. *Journal of the Association for Music and Imagery, 4*, 37-45.

Summer, L. (1994). Considering classical music for use in psychiatric music therapy. *Music Therapy Perspectives, 12*(2), 130-133.

Summer, L. (1992). Music: The aesthetic elixir. *Journal of the Association for Music and Imagery, 1*, 43-54.

Wärja. M. (1995). Music as mother: The use of Guided Imagery and Music in working with the mother-daughter relationship [unpublished thesis]. Salina, KS: Bonny Foundation for Music-Centered Therapies.

Winnicott, D. W. (1971). *Playing and reality*. London: Tavistock/Routledge.

Wood, M. (1984). The child and art therapy: A psychodynamic viewpoint (pp. 62-81). In T. Dalley (Ed.), *Art as therapy*. London: Tavistock.

제20장
유도된 심상과 음악에서 전이구조

Connie Isenberg-Grzeda

나는 클라이언트를 어떻게 다루어야 할까? 나는 환자들을 다시는 볼 수 없을 것이다. 그녀는 나를 떠나서는 안 된다. 나는 여전히 그녀를 많이 필요로 하고 있다. 그녀는 나에게 어떻게 그럴 수가 있는가? 내가 그녀를 떠나 보낼 준비가 되어 있지 않다는 걸 그녀는 모르는가?

나는 이런 갈망을 느낀다. 나는 그것을 견딜 수 없다. 나는 이러한 갈망으로 산산조각날 것 같다. 어떻게 그녀는 그렇게 오랫동안 나를 떠날 수 있는가? 나는 그녀가 돌아올 걸 알지만 기다림을 참을 수 있을지는 모르겠다.

이것들은 전이의 목소리다. 즉, 과거의 내적 목소리에 의해 충전된 내면의 목소리와 순간의 목소리다. 두려움과 갈망의 내적 목소리는 이성적인 수용과 억제의 외적 목소리, 그리고 능력과 신뢰의 외적 목소리와는 모순된다. 앞의 첫 번째 목소리는 심리치료 슈퍼바이저의 갑작스런 이별에 내적으로 갈등하는 슈퍼바이지(슈퍼비전을 받는 사람)의 것으로, 그는 슈퍼바이저의 지지와 피드백 없이는 자신의 수행 능력을 확신하지 못하고 있다. 두 번째 목소리는 치료사의 여름 휴가로 말미암아 정서적으로 심한 고통 속에 있는 심리치료 환자의 것이다.

우리는 슈퍼바이저에게 보내는 외적 메시지 속으로 변형된 슈퍼바이지의 내적 의사소통을 짐작할 수 있다. 그것은 '당신이 떠나야만 한다니 정말 유감이네요. 당신을 그리워할 거예요. 당신에게 계속 배울 수 있었으면 좋겠는데요.' 일 것이다. 환자의 내적 의사소통도 외적 메시지로 변형되었지만 그것은 더욱 간파하기가 어렵다. 그가 첫 번째 휴가 후 세션에 불참할 것인가, 몇 분 늦을 것인가? 그의 감정의 깊이를 부정할 것인가? 분명하고 통일성 있게 그의 내적 감정을 묘사하고 반영할 것인가? 그의 치료사를 꾸짖고 비난할 것인가? 당시 그와 함께 있지 않았던 제3자를 그리워하는 만큼 그를 그리워할 것인가? 이 밖의 가능성도 무수히 많다.

나는 슈퍼비전과 심리치료가 전이 반응을 활성화하도록 돕는 어떤 공통된 특징을 가지고 있다고 생각한다. 그것은 둘 다 어떤 목적을 실현하기 위해 한 사람이 다른 한 사람의 도움과 전문적인 지식을 얻으려고 하는 양자 관계다. 이 두 가지 상황 속의 관계구조는 한 사람은 전문가나 권위자로, 다른 한 사람은 도움을 구하는 자로 간주되는 계층적 구조다. 어떤 목적을 성취하기 위해 도움을 구하는 자는 그의 약점과 내적 세계를 내보이기 때문에 적어도 어느 정도 상처받기 쉬우며, 결과적으로 전문가에게 일정 부분 의존하게 된다. 더욱이 이 두 과정은 Greenacre(1954)의 언급처럼 참여자 간의 친밀감을 촉진한다. '두 사람이 지속적으로 함께 있으면 감정이 서로에게 집중되기 때문에 정서적 유대가 형성된다.' (p.671)는 것이다. 이러한 공통성은 슈퍼바이지의 초기 내적 반응과 앞서 언급한 환자 사이의 유사점에서 드러난다.

그러나 외적인 표현 형식은 상당히 다르다. 우리는 이러한 현상을 어떻게 설명해야 하는가? 심리치료 슈퍼비전과 심리치료의 목적을 비교하여 간단히 살펴보자. 슈퍼비전의 목적은 전문적인 기술 향상에 있다. 자기 인식은 슈퍼비전의 맥락 안에서 전문적인 지식 습득과 임상적인 기술 향상이라는 근원적인 목적을 달성하는 데 도움이 된다. 나아가 슈퍼바이저와의 관계에 대한 반응은 전문가로서 성장을 위해 사용되는 경우가 있다. 따라서 극도의 격렬한 정서적 반응은 이런 관점에서 기대할 수 없다.

반면에 자기 이해나 인식은 심리치료의 기본적 목적이다. 이는 전이 반응의 분리와 탐구가 환자와 치료사에 대한, 더 나아가 타인에 대한 관계의 경험적인 측면을 명확히 밝힐 수 있기 때문에 심리치료의 맥락 안에서 더욱 활발하게 추구되어야 한다. 이러한 반응이 치료 작업의 일부일 거라는 기대는 그들의 표현 인식을 촉진하기도 한다. 그러나 이것은 복잡한 질문에 대해 부분적인 답변만 한 것뿐이다.

전이 개념의 복잡성과 그것이 유발하는 관심은 정신분석학과 심리치료 문헌에 잘 나타나 있다. 1992년부터 1996년간 최근 MEDLINE 검색(Isenberg-Grzeda, 1996a)에서 전이에 관한 609개의 논문 제목을 발견하였다. 1995년만 해도 128개의 논문 제목이 있었다. PsychInfo 검색에서도 유사한 결과가 나타났다. 1992년부터 1996년까지 613개의 논문 제목이, 그리고 1995년에만 100개의 논문 제목이 있었다. 혹자는 이러한 많은 관심이 전이를 설명할 때 누구나 보편적으로 받아들일 수 있는 전이 개념의 단순화나 정제로 나타나기를 기대한다. 그러나 그럴 수가 없다.

전이의 중요성은 널리 인정되지만, Abend(1993)가 주장한 것처럼 '사람마다 전이의 본질에 대해, 그리고 치료에서 그것의 역할을 개념화하는 방법에 대해 아주 다른 견해를 가진다' (p.628). 심지어 슈퍼비전과 심리치료가 유사한 전이를 불러일으킬 수 있다는 나의 주장도 보편적으로 인정받지 못할 수도 있다. 어디서 전이를 발견하는지(정신분석의 유물로), 전이가 무엇으로 구성되는지(재현인지, 새로운 관계인지), 누가 관련되는지(내적 정신구조인지, 인간관계인지), 그것의 본질은 무엇인지(병리적인지), 그것을 어떻게 다루어야 하는지(해석되어야 하는지, 또한 해석을 발생적으로 또는 지금-여기 중심으로 해야 하는지) 등이 전이에 관한 몇 가지 논쟁 주제다. 이런 모든 주제에 내재된 질문은 전이란 무엇인가다. Cooper(1990)는 "전이라는 개념은 매우 복잡해서 분석을 할 때 무엇이 전이고 아닌지를 확신하지 못한다."(p.527)라고 하였다. Abend(1993)는 '전이 이론과 관련된 흥미로운 질문' (p.628)을 의욕적으로 연구하려 하였지만 그 과제의 광대함에 낙담하였다. 모순되게도 그는 '전이의 개념을 체계적으로 요약하기에는 너무나 많은 변인이 있다.' (p. 632)고 1954년에 이미 언급했던 D. W. Orr의 말을 인용하였다. 이 같은 입장은 적어도 전이의 존재와 중요성에 대해 동의하는 정신분석학파에서 출발하였다. 그렇다면 전이를 정의 내려야 하는 개념으로 생각하지 않는 이론적 틀에 기초한 다른 치료에서는 이 같은 질문이 얼마나 복잡한 것이 되겠는가? 음악치료가 바로 이런 치료 중 하나다.

음악치료 문헌을 살펴보면 전이의 개념을 다룬 논문이 그다지 많지 않음을 알 수 있다. 이것은 몇 가지 요소로 설명할 수 있다. 음악치료라는 임상 학문 설립을 위한 최초의 이론적 기초는 정신분석이론보다는 학습이론과 관련이 있다. 최근 들어 음악치료 분야에서 GIM 같은 음악 심리치료 방법을 점점 더 많이 수용하고 있다. 이러한 변화에 의해 전이와 역전이 같은 정신분석과 정신역동적 심리치료 이론, 그리고 임상에 충실한 개념이 점점 더 음악치료사의 관심을 받고 있다. Priestley(1994)는 즉흥음악 연주의 맥락 안에서 전이의 개념을 논의한 반면, Rogers(1995)는 구체적인 대상과 관련하여 전이를 탐구하였다. 그리고 Bruscia(1998a, 1998b)는 GIM 방법을 적용하여 전이의 개념을 연구하였다.

Priestley(1994)는 "전이는 항상 거기에 ……사람들의 관계 속에 ……양육과 부모의 역할 속에…… 존재한다. 인간은 그것을 피할 수 없으며 치료사가 비록 전이를 인식해서 그것을 어떤 방식으로 이용할 것인지 결정할 권리가 있어도 위험을 무릅쓰고 그것을 무시한다."(p. 79)라고 말하였다. Bruscia(1998a)는 전이에 관한 문헌을 고찰하면서 GIM 방법의 맥락 안에 나타난 전이를 설명하였다. 이 장의 나머지는 GIM 맥락 안의 전이 측면에 초점을 맞출 것이다.

GIM 세션의 구조(Isenberg-Grzeda, 1996a)와 마찬가지로 GIM의 역사적 발달 측면은 이미 다른 곳(Bonny, 1994; Goldberg, 1995)에서 설명되어 왔다. 초기의 GIM은 Assagioli의 종합심리요법(1969), Desoille의 '깨어 있는 꿈(waking dreams)' (1966), Leuner의 유도된 정서 심상(guided affective imagery)(1969) 그리고 Jung의 능동적 심상화(active imagination)를 이론적 배경으로 이용하였다. GIM 임상이 활발해짐에 따라 이러한 이론적 배경은 대상관계이론과 자기심리학을 포함하며 확장되었다. 이러한 변화는 이론적 변화가 언어의 변천을 필요로 하게 되고, 이어 임상적 사고, 관찰, 임상을 구조화하고 정리하게 하기 때문에 매우 중요하다. Kohut(1984)은 '관찰자는 관찰을 위해 이론이 필요하다.' (p. 67)고 언급하였다. GIM 임상적 용어 중 가장 큰 변천은 치료과정에서 일차적 참여자에 관한 것이다. 초기 문헌에서는 치료사를 가이드라고 언급한 데 반해(Bonny, 1978), 최근 문헌에서는 치료사라는 단어가 일반적으로 인정받고 있음을 알 수 있다(Summer, 1995). 여행자에서 클라이언트로의 용어 변화도 마찬가지다. 용어는 태도와 신념을 반영하기 때문에 이러한 변화는 의미가 깊다.

기법은 치료의 가장 접근하기 쉽고 관찰하기 쉬운 부분이다. 우리가 GIM을 이해하기 위해 그 기법에 관심을 가질 때, 우리는 치료의 방법과 내용에 관한 질문을 하게 된다. 기법을 탐구하는 것이 가치 있고 필요한 것이지만, 우리는 그렇게 함으로써 우리 자신을 '부분적 과정'에 국한시켜 결국 그 부분을 포함한 전체 과정을 이해할 수 없게 된다. 우리의 관심을 전체 과정에 쏟는다면, 우리는 방법과 내용에 관한 질문에서 의미에 관한 질문으로 옮겨 가게 된다. Isenberg-Grzeda(1992)가 그랬던 것처럼 우리는 클라이언트의 감정에 영향을 미치고 심상을 불러일으키는 음악의 영향력을 어떻게 사용해야 하는지에만 관심을 쏟지 않을 것이다. 음악을 통해 클라이언트의 정서를 변화시키고 심상을 일으키는 것이 치료사와 클라이언트에게 어떤 의미가 있는지 또한 살펴볼 것이다. 더 이상 치료사가 어떤 음악을 제공해야 하는지에 대해서만 우리의 질문을 제한하지 않을 것이다. 클라이언트를 위한 치료사의 음악 제공과 관련된 전체 상호작용을 살펴볼 것이다. 치료사가 음악을 제공하는 것이 클라이언트에게 무슨 의미가 있을까? 음악이 제공되지 않을 때는 어떤 의미가 있을까? 음악을 제공하거나 제공하지 않는 것이 치료사에게 어떤 의미일까? 이러한 전체 과정에서 클라이언트와 치료사에게 무슨 일이 일어날 것인가?

전이에 관한 이러한 질문에 함축된 의미는 무엇일까? 이런 것을 이해하기 위해서는 의미에 관한 질문을 잘 다룰 수 있는 개념적 틀에 의존해야 한다. 정신분석이론은 이러한 이론적 틀을 제공한다. 전이는 치료사와 클라이언트 간의 의미 있는 질문을 다루는 정신분석이론에서 출발한 개념이다. 전이 현상을 믿는다면 관찰과 사고를 통하여 그 징후를 깨달을 수 있다. Priestley(1994)가 말한 것처럼 인간은 전이 반응을 깨달을 때 비로소 그것을 치료적으로 잘 다룰 수 있고, 전이 반응을 믿을 때 그것을 깨달을 수 있다. 우리가 믿고 있는 개념은 치료관계에 대한 인식을 구체화하고 심지어 클라이언트의 반응까지 구체화하기도 한다. Bollas(1987)는 역전이에 관한 신념이 클라이언트와 의사소통을 할 수 있도록 한다고 하였다. 왜냐하면 '……클라이언트는 무의식적으로 이러한 신념을 지각하기 때문이다……' (p. 248). 마찬가지로 전이와 전이 저항에 관한 신념은 치료 스타일과 GIM 치료과정에서 음악의 역할에 관한 개념화 속에 반영되기도 한다.

그렇다면 전이란 무엇인가? 전이 반응은 모호함으로 특징지어진 격렬한 정서적 반응이다(Greenson, 1967). 이는 긍정적인 전이와 부정적인 전이로 나뉜다. 여기서 긍정적 전이는 다시 다음의 두 가지 유형으로 나뉜다. 하나는 치료적 관계를 향상시키고 분석 작업을 촉진하며 분석자를 향한 애정과 존경의 태도로 나타나는 촉진적 전이다. 다른 하나는 비록 기원은 촉진적 전이와 연결되어 있지만 기능적 관점에서 바라볼 때 부정적 전이와 좀 더 관련이 있는 성적(erotic) 전이다(Grill, 1982). 이 성적 전이와 부정적 전이는 모두 저항을 나타내므로, 치료관계를 강화하기 위해서는 극복되어야 한다.

Gill(1982)은 전이 저항을 세 가지 유형으로 나누었는데, 첫째 전이 자각에 대한 저항(p. 15)이다. 이것은 클라이언트가 그의 가외의 분석적(extra-analytic) 관계에서 묘사한 태도와 감정이 그와 치료사 간의 관계에 대한 암시, 즉 전이에 관한 암시를 포함한다는 것을 자각하지 못할 때 일어난다. 둘째, 전이 해결에 관한 저항(p. 15)이다. 이것은 클라이언트가 분석 상황에서만 자신의 태도와 반응을 보이고 분석적 세팅 이외의 상황에서는 어떤 해결의 실마리가 없다고 믿는 클라이언트의 신념, 즉 전이의 해결이 불가능하다는 신념 때문에 생긴다. 셋째, 전이와 관련되는 것에 대한 저항(p. 32)이다. 이것은 분석자와 관련되지 않으려는 클라이언트의 전면적인 부정을 나타낸다.

이제 치료과정에 관한 클라이언트의 반응을 개념화하는 쪽으로 논의를 전개해 보자. 특히, GIM 과정에서 음악의 역할에 관한 치료사의 개념화가 발전된 전이 반응의 본질과 직접적으로 관련된다고 말하고 싶다. 이 같은 역할의 개념화에는 다양한 견해가 있다. 다음에서 이러한 견해 중 세 가지에 관한 논의가 이어진다.

협동 치료사로서 음악

Skaggs(1992)와 Goldberg(1995)가 공통적으로 가진 전이에 관한 한 가지 신념은 음악이 협동 치료사라는 것이다. 그렇다면 이 같은 신념이 내포하는 의미는 무엇일까? 앞서 언급한 것과 마찬가지로 전이 반응은 모호성이라는 특징이 있다. 음악이 협동 치료사라고 한다면 치료과정은 양자(two-person) 과정이라기보다 삼자(three-person) 과정이라고 할 수 있다. 따라서 전이 반응의 모호성을 분리하여 부정적이고 성적인 전이는 음악에 돌리고, 촉진적 전이는 치료사에게 돌릴 수 있다. 비록, 이것이 일시적으로 치료사나 클라이언트에게 위안이 되지만(왜냐하면 치료사는 이해하기 힘든 공격적인 감정에 직접적으로 영향받지 않고, 클라이언트는 이런 감정과 관련해 생기는 불편한 감정을 인식할 필요가 없어지기 때문이다), 이것은 클라이언트가 모호성을 통합할 기회를 박탈한다. 이것은 Gill(1982)이 언급한 치료사와 클라이언트에 관한 전이 자각에 대한 저항으로 전이 저항의 형태를 촉진한다고 할 수 있다. 치료사에 관한 무의식적 암시는 탐구되지 않고 치료사에 관한 긍정적 관계만 보존된다. 이것은 마치 치료사에 대한 부정적이거나 성적인 전이 탐구가 환상뿐 아니라 현실 안의 관계까지 위협할 수 있는 것과 같다.

무의식에 깔려 있는 어떤 신념이 치료사에게 이러한 선택을 하게 하는가? 그것은 치료사가 음악을 클라이언트의 격렬한 감정을 담는 더 좋은 용기로 바라보기 때문이다. 즉, 음악이 치료사 자신보다 난해한 감정을 수용할 수 있는 힘이 있다고 믿는 것이 치료사에게 더 편하기 때문이다. 치료사는 자신의 임무를 감당할 수 없다고 생각할 수 있거나 단순히 좀 더 긍정적이고 친절하게 클라이언트를 치료하는 것을 선호할지도 모른다. 용기에 관한 Bion(1967)의 개념은 유아가 자신의 감당하기 어려운 감정을 어머니나 어머니의 대체 인물에게 투사하도록 허용하는 것을 의미한다. 어머니는 그 감정을 수용하여 잘 처리해서 유아에게 더 다루기 쉽게 공급한다. 음악이 이런 격렬한 감정의 용기 역할을 한다고 믿는다면, 치료사는 음악이 클라이언트의 이런 감정을 좀 더 잘 처리할 수 있는 형태로 재내면화하도록 돕는다는 것을 계속적으로 믿게 된다.

그렇다면 치료사의 역할에 어떤 영향을 미칠까? Winnicott(1971)은 퇴행 상태에서 클라이언트가 치료사를 이용하는 것은 제한된다고 언급하였다. 왜냐하면 클라이언트가 파괴적인 행동을 할 때 치료사가 그것을 수용하고 견딜 수 있는 기회를 중요하게 생각하지 않기 때문이다. 이런 방식으로 치료사의 역할이 개념화된다고 볼 때 우리는 이것을 전이 자각에 대한 저항이나, 더 극단적인 경우 '전이와 관련되는 것에 대한 저항', 즉 치료사와 관련된 그 어떤 격렬한 감정을 부정하는 방식으로 살펴보고자 하는 마음이 들지도 모른다. 클라이언트는 자신의 공격성을 견딜 수 있는 것은 치료사가 아니라 음악이라고 본다. 무의식적으로 음악과 관련된 격렬한 감정이 치료사에 관한 암시나 치료사와의 전치(displacement)라는 생각을 부정하는 것이다. 음악을 협동 치료사로 여길 때 치료사나 클라이언트 그 누구도 음악을 치료사와 간접적으로 관련지어 생각하지는 않을 것이다. 치료사는 음악을 간접적으로 관련지어 생각할지라도 클라이언트가 음악과 계속해서 직접적 관계를 맺으며 작업하도록 해야 한다. 즉, 음악이 협동 치료사라는 치료사의 신념은 그가 자신의 신념 체계에 따라 해석한 특정 반응과 전이 반응을 차별적으로 강화하도록 할 것이다.

음악이 협동 치료사라는 견해는 치료사에게 향하는 촉진적 전이를 강화함으로써 클라이언트가 협동 치료사가 되도록 도와준다. 음악은 클라이언트가 치료사를 전이 대상으로 보기보다는 치료적 동맹자로 지각하도록 한다. 그럼으로써 치료적 동맹관계를 강화하고 Meissner(1996)가 언급한 것처럼 치료사의 작동하는 자아(working ego)에 대한 클라이언트의 공감을 증진시킨다. 클라이언트는 치료사와 동맹을 맺을 뿐 아니라 치료사의 기능과도 연합하게 된다. 이런 방식에서 이 같은 견해는 유용하다.

치료사의 연장으로서 음악

Leites(1990)는 치료사에 대한 감정을 타인에게 전치하거나 타인에 대한 감정을 치료사에게 전치함으로써 격렬한 감정에서 벗어나고자 하는 경향에 대하여 언급한다. 나는 GIM에서 이런 두 방향의 도피가 가능하다고 생각한다. 치료사와의 관계가 너무 격렬하다고 느껴질 때 클라이언트는 음악 쪽으로 이동할 수 있다. 마찬가지로 음악이 너무 격렬하여 참기 힘들다고 느낄 때 클라이언트는 치료사를 향해 움직일 수 있다. Gill(1982)은 치료사에 대한 전이 암시를 내포하는 어떤 특별한 것이 있다고 하였다. 전이 암시, 즉 전이 저항은 치료사에게 직접적으로 표현하지 못할 때 나타날 수 있다. 음악을 치료사의 연장으로 혹은 치료사를 대표하는 것으로 보는 견해는 전이 전치로, 전이 저항의 한 형태로 Gill(1982)이 언급한 '전이 자각에 관한 저항'을 깨닫는 능력을 촉진한다. 이런 음악에 관한 견해는 전이 자각에 관한 저항과 전이에 관련되는 것에 대한 저항의 해석을 촉진한다. 일단 전이 전치가 인식되면 음악에 대한 강렬한 반응이 치료사와의 관계로 돌아갈 수 있다. 이것은 음악을 협동 치료사로 보는 것과는 완전히 다른 견해로, 어느 정도까지는 전이 저항을 강화하도록 하는 견해로 볼 수 있다.

무의식에 깔려 있는 어떤 신념이 치료사에게 이러한 선택을 하게 하는가? 이는 치료사가 오랜 기간 격렬한 감정을 지속할 수 없다고 여길 때, 그리고 음악과 관련된 치료사의 입장을 유예할 필요가 있다고 여길 때 가능하다. 치료사는 자신을 이 세팅에서 가장 중요한 치료적 요소로 볼 수도 있다. 따라서 치료사와 상관없이 음악이 직접적인 전이 반응을 받을 가능성은 염두에 두지 않는다.

음악에 대한 클라이언트의 반응은 '공감적 조율(affect attunement)' (Stern, 1985), 혹은 치료사가 공감을 어느 정도로 지각하느냐에 따른 클라이언트의 반응으로 볼 수 있다. Stern은 조율과 공감을 구별하였다. 그는 조율은 거의 무의식적인 과정이며, 공감은 이것과 더불어 인지적 과정과 관련된 것으로 설명하였다(p. 145). 그는 공감이 네 가지 과정, 즉 '첫째 감정의 공명, 둘째 정서적 반영 경험에서 나온 공감적 지식의 추상성, 셋째 추상화된 감정적 지식을 감정적 반응으로 통합시킴, 넷째 일시적인 역할 동일시' (p. 145)로 구성된다고 하였다. 나는 GIM에서 치료사의 반응이 공감적 조율에만 제한된 것이 아닌 공감적 반응이라고 믿는 것이다. 음악은 치료사의 매우 심오하고 감정적이며 비언어적인 공감의 표현, 즉 치료사의 확장이다. 클라이언트가 음악이 그의 내적 상태와 연결된다는 것을 깨달을 때 공감적 음악 선택은 좋은 '먹이(feed)' 로 느낄 수 있다. 부적절한 선곡은 공격적 행동, 비판, 공격, 혹은 매우 실망스러운 감정적 실패로 느낄 수 있다. "실제적으로 음악의 공급은 영양의 기원으로 경험될 수 있다. 음악을 제공하지 않는 것은 좌절의 기원이라고 볼 수 있다. 그리고 음악 자체는 치료사의 연장이라고 볼 수 있다(Isenberg-Grzeda, 1996a)."

치료사의 선물로서 음악

만약 우리가 음악을 치료사가 제공하는 어떤 것으로 여긴다면, 협동 치료사의 개념은 클라이언트를 향한 치료사의 선물로서 음악 개념으로 바뀔 수 있다. 사실 음악은 클라이언트가 아니라 치료사가 선곡한다. 일정 수준에서 클라이언트는 이 음악을 자신의 것으로 받아들이고, 치료사도 클라이언트가 선곡을 하거나 음악에 의미를 부여할 것이라고 거의 기대하지 않는다. Kohut(1978)은 이러한 복잡성을 강조한다.

……객관적으로는 동일한 음악 작품인 것처럼 보이는 것이 여러 사람에게 다른 영향을 끼치거나, 같은 사람에게는 다른 시간대에 다르게, 혹은 같은 사람에게 동시에 그의 인격의 다양한 측면에서 다르게 영향을 끼칠 것이다. ……우리는 음악 작품의 복잡성 안에서 좀 더 근본적인 심리구조에 반향을 가져오는 이러한 요소와 심리구조의 한층 높은 형식을 추구하는 요소를 격리시키는 것을 학습할 수 있다(p. 244).

그러나 명백한 것은 음악이 클라이언트를 위해 선곡되었으며 치료사가 그에게 제공하고 있다는 것을 그가 알고 있다는 것이다. 이미 언급한 것처럼 어떤 단계에서 클라이언트는 자신만의 음악을 만들기도 하지만, 어떤 단계에서는 자신의 감정, 감각, 욕망에 순응하는 음악보다 치료사의 바람에 순응하는 음악에 반응하도록 이끌린다. 이것은 전이 만족으로서 음악 감상을 강화하기도 하는데, 이때 클라이언트는 치료사에게서 ‘음악이라는 선물’을 받게 된다. 이러한 만족은 ‘전이 해결에 대한 저항’(Gill, 1982)으로 명명할 수 있다. 클라이언트는 치료사에 대한 자신의 태도가 선행된 일과는 전혀 관련 없이 세션 내에서 발생하는 현실에만 관계 있다고 믿을 수도 있다. 음악이라는 규정은 치료사와 클라이언트 사이의 법령으로 여길 수 있다. 즉, Freud의 ‘금욕의 법칙’(Freud, 1957/1915)을 준수하는 것보다 희망에 대한 만족감을 무의식적으로 행동화(acting out) 하는 것이다. 음악은 클라이언트가 필요로 하는 것을 치료사가 알고 그것을 제공할 것이라는 치료사의 진술이다. 음악에 대한 클라이언트의 반응이 만약 부정적이라면 그것이 치료사에 대한 부정적 반응으로 전치(전치된 부모 전이)될 수 있다. 그러나 음악을 선물로 바라보는 견해는 이러한 전이 반응을 해석하는 데 어려움을 준다. 음악을 클라이언트에게 제공되는 그 어떤 것으로 바라보는 견해는 실제로 좋은 것을 제공하고 싶어 하는 치료사의 무의식적인 역전이 갈망을 반영하기도 한다. 이런 부분에 관한 치료사의 이 같은 태도는 전이 저항을 강화할 수 있다.

세 가지 견해의 요약

요약하면, 음악을 협동 치료사로 생각할 때 음악은 전치와 분리를 위해 이용할 수 있는 치료적 타인이다. 치료사를 향한 전이의 암시는 확인되지 않고 저항은 강화될 수 있다. 전이 반응을 통한 작업은 음악과 관련해 일어난다. 치료사는 치료 공간에 삼자를 소개하는 것처럼 좀 더 심오한 이슈를 처리하는 데 도움을 줄 수 있는 대안적 사람으로서 음악을 제공한다.

음악을 치료사의 연장으로 여길 때, 음악은 치료사 자신을 표현하는 도구가 된다. 치료사에게서 음악으로 전치되는 것은 쉽게 알 수 있고, 클라이언트의 관심을 불러일으킬 수 있다. 즉, 저항은 치료사와 관련되어 해석된다. 치료과정은 양자 과정으로 남지만, 클라이언트는 치료사와 치료사의 표상인 음악 사이를 왔다갔다 할 수 있다. 이것은 삼자 과정이 아니기 때문에 모든 작업은 치료사와 관련되어 일어난다.

음악이 클라이언트를 위한 치료사의 선물로 간주될 때, 클라이언트는 이를 보호하거나 구조적으로 사용하거나 파괴해야 하는 선물로 받아들일 수 있다. 치료사는 클라이언트가 진정으로 만족한다고 믿기 때문에 전이 저항을 강화하도록 행동할 수도 있다. 치료사는 실제로 클라이언트에게 교정적인 정서 경험에 가까운 그 어떤 것을 제공한다. 무의식적이며 말로 표현되지 않은 메시지는 '나는 당신이 과거에 가지고 있던 그 어떤 것보다 더 좋은 것을 당신에게 제공할 거예요. 그것은 당신을 편안하게 해주고 자극시키며 지지해 줄 거예요.' 라는 형태를 취할 것이다. 이러한 입장에서 '전이 해결에 대한 저항'을 해석하는 것은 매우 어려운 일이다. 선물은 전해진다. 그것은 지금-여기의 현실이고 선행된 일들은 알기 어렵다. 게다가 클라이언트는 치료사의 감정을 상하게 할까 봐 음악과 관련하여 그가 경험하는 모든 것을 표현하는 데 자유롭지 않을 수 있다. 치료사는 그것을 해석하는 데, 이러한 위험을 잘 인식해야 한다. 비록, 치료가 치료사와 관련된 전이 반응을 통한 작업을 가능하게 하는 양자 관계 상태로 남아 있지만, 치료사의 역전이는 제한적 요소로 작용할 수도 있다.

GIM 세션의 구조적인 견해

앞선 토의의 대부분이 GIM 세션의 구체적 단계에 대해 언급하지 않았다는 것은 중요한 일이다. 앞에서 음악이 언급되었기 때문에 세 번째 단계인 음악 감상/가이딩이 토의의 주제가 된다고 추측할 수도 있다. 그러나 우리는 이것을 왜 제한하였는가? 음악 감상 단계만을 분리하는 것은 '부분 과정'을 분리하는 것이다. 우리는 이것을 좀 더 이해하기 위해 이 단계에 초점을 맞출 수 있다. 그렇지만 우리는 그 후 치료라는 전체 과정으로 돌아가야만 한다. 이는 우리에게 구조적 관점에서 GIM 세션을 바라보게 한다.

개별 세션의 구조는 Isenberg-Grzeda(1996b)가 다른 곳에서 언급한 것처럼 삼국면의 aba′ 형식으로 생각할 수 있다. 이 aba′ 형식에서 a단계는 도입부(prelude)로 구성된다. b단계는 중간적 다리의 역할을 하는 이완/유도 후의 음악 감상/가이딩 과정을 포함한다. 마지막 a′ 단계는 종결부(postlude)로 구성된다. a와 a′ 단계는 본질상 대인관계적이며, b단계는 좀 더 내면적인 것으로 간주된다. a단계 동안, 클라이언트는 주로 치료사와 상호작용을 하면서 관계를 맺는다. 반면에 b단계에서는 주로 내적으로 음악의 역할을 개념화하지 않고 음악과 관계를 맺는다.

세션의 세팅은 물리적인 설비, 사용되는 가구(소파, 매트, 의자 등), 음악의 사용, 세션 길이 등과 같은 공간적, 시간적 요소와 관계가 있다. 클라이언트와 치료사는 보통 a단계 동안 의자에 마주 앉아 있다. b단계 동안 클라이언트는 눈을 감은 채 의자에 기대 음악을 듣고 자신의 옆에 앉아 있는 치료사와 대화한다. b단계에서 소파의 사용은 퇴행과 전이를 장려하고(Waugman, 1995), 음악의 사용은 퇴행과 전이를 촉진한다. 그리고 긴 세션(보통 2시간)은 세션 내내 퇴행과 전이 현상을 강화한다. b단계는 어떤 방식에서는 Bion의 '공상(reverie)' 상태인 '……최소한의 방어를 가진 채 내부 세계와 외부 세계에서 오는 자극을 최대한 수용하는 환상의 경지'와 일치한다. 이 단계 동안 외부 세계의 표시는 일차적으로는 음악이며 이차적으로는 치료사다.

Stone(1967)은 전이의 두 가지 주요 유형에 대해 말하였다. 하나는 '초기(primordial) 전이'로 Greenacre의 '기본적 전이'(1954)의 초기 전이 회상이다. 이것은 '……아기 인생의 처음 몇 달 동안 나타나는 어머니-아기 유사 연합에서 기인한다'(p. 672). 이것은 어머니와 함께 있고 싶어 하는 전이다. Bollas(1987)는 미적 순간을 "인간이 대상에게 깊고 주관적인 라포를 느끼고……그 대상과 신비스러운 연합을 경험하는 것"(p. 16)이라고 정의하였다. Stone이 묘사한 또 하나의 전이 유형은 '성숙한 전이'로, 이는 대체로 성적이지 않고 이해하며, 이해받고 싶어 하는 바람을 포함한다. 이런 두 가지 전이 유형을 세션구조와 세팅에 연관시킨다면, 우리는 초기 혹은 기본 전이를 음악 감상/가이딩 부분인 b단계와 연결할 수 있다고 추측할 수 있다. 이것은 좀 더 초기의 전이로, 이 전이를 통해 b단계 작업의 특징인 퇴행 상태를 더욱 잘 불러일으킬 수 있다. 나는 성숙한 전이가 a단계에서 더욱 잘 나타나리라 생각한다.

Sadow(1995)의 정신분석에서 정신 작용의 유형에 관한 설명은 우리의 가설에 신뢰성을 부여하고 W. R. Bion의 이론을 희미하게나마 연상하게 한다. 그는 클라이언트와의 정서적 유대에 기초한 '발생의 형식(generative mode)'에 관해 말하였는데, 이것은 분석자가 주의 깊게 경청하는 데서 출발한다. 그리고 '양식의 형식(patterning mode)'은 지적인 노력이 어떤 양식을 발견하도록 하는 것이다(p.389). 직관과 내관, 공감에 기초한 발생의 형식은 소파의 사용으로 더욱 향상된다. 이에 반해 조직적이고 논리적이며 분석적인 양식의 형식은 소파의 사용으로 향상되지 않는다. 양식의 형식에서 치료사의 역할이 조직자 혹은 양식을 만드는 자인 데 반해, '발생의 형식에서 분석적 과정 속에서 두 참여자의 위치는 덜 계급적이며 동등한 관계와 비슷하다'(p.390). 나는 발생의 형식이 b단계에서 더욱 잘 작용하고, 양식의 형식이 a단계에서 더 잘 나타난다고 제안한다.

의자에 앉아 이야기하면서 클라이언트와 치료사는 둘 다 비슷한 방식으로 상호작용을 하며, 대인관계적인 외적 상태에서 내적 정신구조의 상태로 변하게 된다. 나는 치료사 자신, 음악, 변화의 도구로서 그들의 역할에 관한 치료사의 신념과 음악 경험이 제시되고 재고될 때, a단계 동안 치료사가 클라이언트와 이러한 신념을 의사소통하는 방식이 세션의 모든 단계를 관통하고, 전이 반응의 종류와 세션의 음악 단계인 b단계 동안 나타나는 전이 반응의 대상에 큰 영향을 미친다고 말하고 싶다.

우리는 GIM 과정에서 음악의 역할과 관련하여 치료사가 취하는 입장이 특정한 종류의 전이 반응을 일으키거나 전이 저항의 한 종류를 강화할 수 있다는 것을 살펴보았다. 또한 우리는 무의식적 이슈가 치료사가 선택한 입장에 영향을 미친다는 것을 살펴보았다. GIM의 외적 틀과 훈련과정 같은 다른 영향도 있을 수 있다. 나는 거리감/친밀, 퇴행, 그리고 전이 통제 시스템의 세 요소로서 GIM 방법의 외적 틀과 내적 세팅, 세션구조를 개념화할 것을 제안한다. 우리는 b단계의 퇴행적 견인력과 a단계에서 그것이 조정될 수 있는 방식을 살펴보았다. 외적 틀은 드문 세션(보통 1주나 2주 단위)에서 일반적으로 표현된다. 대체로 짧은 시리즈의 세션(보통 10회에서 50회)은 치료사와 내담자 간의 격렬한 관계를 희석시키고 퇴행의 깊이와 전이의 발전을 제한할 수 있다.

외적 틀이 과정의 격렬성을 희석하곤 한다는 것은 역설적으로 보인다. 더욱 빈 틈 없는 외적 틀이 과도한 퇴행적 견인력을 창조한다는 의미에서 이것은 필요에 의해 탄생한 것일까, 아니면 인공적인 것일까? 나는 GIM 훈련 모델이 외적 틀에 많은 영향을 끼치고 이런 외적 틀은 인공적인 것이라고 주저하면서 제안한다. GIM 치료사로서 우리는 임상적 언어와 개념적 사고, 그리고 치료과정에 대한 우리의 지각에 미치는 그것의 영향력을 살펴보아야 한다. 나아가 우리는 우리의 지각과 치료과정에 미치는 그것의 영향력을 살펴보아야 한다. 우리는 어떻게 개념적 언어를 얻을 수 있을까? 그것은 훈련과정을 통해서 얻을 수 있다. 정신분석에서 우리가 받는 훈련은 교습적인 수업과 임상에 관한 슈퍼비전, 그리고 개별 치료로 구성된다. 가장 큰 학습은 슈퍼비전과 개별 세션을 통해 얻을 수 있다. 우리는 보통 경험한 것을 가장 잘 이해한다. 개인 훈련 세션의 세팅과 이런 세션의 구조는 우리가 실행할 수 있는 GIM 모델을 제공한다. 그러나 우리의 개인적 세션의 외적 틀은 특정한 구속을 받는데, 그것은 아마도 특정한 실용적인 요소 때문일 것이다. 적은 수의 GIM 훈련가와 그들 사이의 지리적 거리감이 한 명의 주훈련가가 모든 시리즈의 개인 세션을 주관하도록 하는 것을 어렵게 한다. 현재 고급 훈련과정에 필요한 15세션 중 10세션만을 한 명의 주치료사와 함께 하도록 규정하고 있다. 지속적으로 유지되는 것은 음악이지 치료사가 아니다. 이런 외적 구조가 GIM 맥락 안에서 전이에 대한 우리의 견해에 영향을 미칠까? 그렇지 않다고는 할 수 없다.

이 장의 처음으로 돌아간다면 내가 전이의 개념을 광범위하게 정의 내린 것을 알 수 있다. 우리는 임상에서 전이 이슈를 다루는 모델로서 훈련과정 안에 존재하는 전이 반응의 중요성을 살펴보는 것을 시작해야만 한다.

참고문헌

Abend, S. (1993). An inquiry into the fate of the transference in psychoanalysis. *Journal of the American Psychoanalytic Association, 41*(3), 627-651.

Assagioli, R. (1969). Symbols of transpersonal experiences. *Psychosynthesis Research Foundation, 11*, 3-21.

Bion, W. R. (1967). *Second thoughts: selected papers on psychoanalysis.* Northvale, NJ: Jason Aronson.

Bollas, C. (1987). *The shadow of the object.* New York: Columbia University Press.

Bonny, H. (1978). *Facilitating GIM sessions.* Baltimore: ICM Books.

Bonny, H. L. (1994). Twenty-one years later: a GIM update. *Music Therapy Perspectives, 12*(2), 70-74.

Bruscia, K. E. (1998a). The many dimensions of transference. In *The dynamics of music psychotherapy.* Gilsum, NH: Barcelona Publishers.

Bruscia, K. E. (1998b). Manifestations of transference in Guided Imagery and Music. In *The dynamics of music psychotherapy.* Gilsum, NH: Barcelona Publishers.

Cooper, A. M. (1990). Changes in psychoanalytic ideas: Transference interpretation (pp. 252-266). In A. Esman (Ed.), *Essential papers on transference.* New York: New York University Press.

Desoille, R. (1966). The directed daydream. *Psychosynthesis Research Foundation, 18,* 1-33.

Freud, S. (1957). Observations on transference-love (pp. 157-171). In J. Strachey (Ed. and Trans.), *The standard edition of the complete psychological works of Sigmund Freud* (Vol. 12). London: Hogarth Press (original work published 1915).

Gill, M. M. (1982). *Analysis of transference. Volume I: Theory and technique.* Madison, CT: International Universities Press.

Goldberg, F. (1995). The Bonny method of Guided Imagery and Music (pp. 112-128). In T. Wigram, B. Saperston, R. West (Eds.), *The art and science of music therapy: a handbook.* Chur, Swizerland: Harwood Academic Publishers.

Greenacre, P. (1954). The role of transference. *Journal of the American Psychoanalytic Association, 5*(2), 671-684.

Greenson, R. R. (1967). *The technique and practice of psychoanalysis.* New York: International Universities Press.

Isenberg-Grzeda, C. (1996a). Transference and transference resistance in Guided Imagery and Music training. Paper presented at the 2nd International Congress of the World Federation of Music Therapy. Hamburg, Germany, July 14-20.

Isenberg-Grzeda, C. (1996b). La divulgation de soi en musicothérapie. *Canadian*

Journal of Music Therapy, 4(1), 50-57.

Isenberg-Grzeda, C. (1992). *Music project: a tape analysis.* Unpublished manuscript.

Jung, C. G. (1964). *Man and his symbols.* London: Aldus Books.

Kohut, H. (1984). *How does analysis cure?* Chicago: University of Chicago Press.

Kohut, H. (1978). Observations on the psychological functions of music (pp. 233-253). In *The search for the self: Selected writings of Heinz Kohut, 1950-1978* (Vol. I). New York: International Universities Press.

Leites, N. (1990). Transference interpretation only? (pp. 434-454). In A. Esman (Ed.), *Essential papers on transference.* New York: New York University Press.

Leuner, H. (1969). Guided affective imagery: A method of intensive psychotherapy. *American Journal of Psychotherapy 23*, 4-22.

Meissner, W. N. (1996). Empathy in the therapeutic alliance. *Psychoanalytic Inquiry, 16*(1), 39-53.

Priestley, M. (1994). Transference and countertransference (pp. 77-97). In *Essays on analytical music therapy.* Gilsum, NH: Barcelona Publishers.

Rogers, P. J. (1995). Childhood sexual abuse: Dilemmas in therapeutic practice. *Music Therapy Perspectives, 13*(1), 24-30.

Sadow, L. (1995). Looking, listening and the couch. *Psychoanalytic Inquiry, 15*(3), 386-395.

Skaggs, R. (1992). Music as co-therapist: creative resource for change. *Journal of the American Association for Music and Imagery, 1,* 77-83.

Stern, D. N. (1985). *The interpersonal world of the infant.* New York. Baisc Books.

Stone, L. (1967). The psychoanalytic situation and transference: Postscript to an earlier communication. *Journal of the American Psychoanalytic Association, 15,* 3-57.

Summer, L. (1995). Melding musical and psychological processes: the therapeutic musical space. *Journal of the Association for Music and Imagery, 4,* 37-48.

Waugaman, R. M. (1995). The analytic couch as transference object. *Psychoanalytic Inquiry, 15*(3), 338-357.

Winnicott, D. W. (1971). The use of an object (pp. 101-111). In *Playing and reality.* New York: Penguin Books.

제21장

유도된 심상과 음악치료에서 전이 자기 분석

John Pellitteri

전이구조는 치료과정 속에서 발생하는 현상을 해석하는 데 유용한 틀을 제공한다. 클라이언트가 과거의 관계 양식을 다시 경험하는 것은 다양한 수준에서 일어나며, 치료 작업이 드러낼 수 있는 범위 안에서 역동적인 활동 장소를 창조한다. 감정적인 요소와 더불어 전이의 주제 내용은 심리치료적 조우의 초점이 된다. 치료의 진보를 측정할 수 있는 한 가지 방법은 전이적 이슈의 변형과 해결을 통해서다.

심리치료 양식으로서 GIM은 전이가 일어날 수 있는 독특한 환경을 제공한다. 주로 언어를 사용하는 심리치료에서 일어나는 치료사를 향한 전이 외에 GIM 치료는 음악과 잠재적 전이의 대상인 클라이언트 자신의 심상을 소개한다. Bruscia(이 책의 제2장)는 이러한 세 가지 전이 대상이 상호 의존적이며 더 큰 전이의 역동적인 배치 안에서 다양하게 수용되고 있다고 하였다. 이 장의 목적은 전이가 GIM에서 어떻게 발생하고 주요 요소인 심상, 음악, 치료사가 각각 어떻게 연결되어 있는지를 설명하는 데 있다. 나아가 전이 해결에 관한 해석이 어떤 이론에서 나온 것인지 다양한 심리학 이론에 관해 설명하고자 한다.

전이에 관한 설명은 나의 GIM 치료 경험을 바탕으로 한다. 나는 치료과정 전체를 통해 계속되는 전이의 주제를 토론하기보다는 여러 가지 이유에서 한 세션만을 소개하기로 하였다. 첫째, 홀로그램적(holographic) 관점에서 한 세션은 전체 치료 작업의 핵심을 붙잡을 수 있다. 둘째, 이 세션은 나의 치료에서 의미 있는 전환점이 되었다. 셋째, 이 세션은 전이의 역동뿐 아니라 역동의 변형까지 설명한다. 마지막으로 한 세션의 심도 깊은 고찰은 치료사, 음악, 심상의 상호작용 역할을 보다 정확하게 설명할 수 있다. 그러나 이것이 GIM에서 전이가 드러나는 수많은 방법 중 오직 한 가지임을 아는 것은 중요하다.

세 션

GIM 세션은 이완이 연습되는 유도단계로 시작하여, 제시된 심상에 초점을 맞추고, 주의를 흐트러뜨리는 자극을 차단하며, 클라이언트가 변형된 의식 상태로 들어갈 수 있도록 준비한다(Bonny, 1978). 클라이언트가 이런 이완된 상태에 머무르는 동안 자아의 기능은 느슨해지고 방어는 약해지는데, 이는 무의식적이고 전의식적인 재료가 심상과 신체 반응을 통해 의식으로 표면화될 수 있는 더 많은 가능성을 창조한다. 여기서 음악은 심상에 영향을 주며 꿈 같은 이야기가 펼쳐지게 되는데, 보통은 클라이언트가 그 이야기의 참여자가 된다. 이때 치료사는 클라이언트와의 언어 접촉을 통해 비지시적 촉진자(facilitator)의 역할을 하게 된다.

이에 따라 클라이언트와 그의 심상, 음악, 치료사의 상호작용적인 힘을 포함하는 심리학적 활동 범위가 창조된다. 변형된 의식 상태가 이완과 프로그램화된 음악을 통해 클라이언트 안에서 유도됨에 따라 다른 방식으로는 다가갈 수 없는 클라이언트 정신구조의 깊숙한 층까지 이를 수 있게 된다. 자아의 서비스 아래 이런 순응적 회귀 속에서 클라이언트는 자아 기능의 시계추처럼 진동하는 과정에 참여하고, 심상 속에 참여자로서 동화되며, 동시에 관찰자로서 자아를 유지한다(Bellak, 1984).

이제 언급할 세션은 28번의 세션 중 23번째 세션에 해당한다. 사용된 음악은 Emotioanl Expression II 프로그램에서 가져왔으며 Vaughan Williams의 곡이 추가로 사용되었다. 구체적인 작품들은 Johannes Brahms의 제3교향곡 제1악장, Gian-Carlo Menotti의 피아노 협주곡 제2악장, Dmitry Shostakovich의 제5교향곡

Moderato and Largo 악장, 그리고 Vaughan Williams의 'The Lake Ascending' 이었다. 다음에 설명된 것은 해당 세션의 기록에서 발췌한 심상의 개관이다.

심 상

나는 어두운 숲 속에 있는 오두막집에서 수염이 있는 두 명의 큰 인간의 형상을 만났다. 이 그림자 같은 인물들은 위협적이었고 나는 그들에게서 벗어나기 위해 싸워야 했다. 나는 약해서 그들과 겨룰 능력이 없었기에 숲 속으로 도망쳤다. 어둠 속을 걷다가 금색 빛줄기가 비치는 연못을 보았다. 나는 상처를 입은 채 그 연못 속으로 들어갔다. 그런데 그 빛은 천상에서 온 것이었고 그것이 나를 치유하였다. 그 후 왼편에서 나를 만지는 이상하고 호기심 많은 작은 생물체를 만났다. 그는 숲 속에 사는 의지할 곳 없는 아이였고, 내가 그림자 같은 존재들에게 돌아갈 때 나의 동반자가 되어 주었다.

그 아이는 내가 오두막집에 들어가는 것에 대해 저항하였지만, 나는 두 명의 크고 위협적인 사람들과 싸우러 갔다. 나는 그들을 놀라게 했다. 더 이상 그들은 크고 위협적으로 보이지 않았다. 오히려 그들이 나에게서 도망치려 했다. 나는 그 두 사람을 심문하여 그들의 위협적인 행동을 이해하려고 했으며 그들이 도망치지 못하게 했다. 이제 두 사람은 더 이상 그림자 같은 존재가 아니라 그저 약하고 두려움에 떠는 존재로 보였다.

우리는 오두막집이 불타기 시작했을 때 밖으로 나왔다. 두 사람의 소리를 들었을 때 그들에 대한 나의 감정은 위협받음과 분노에서 용서와 수용으로 변했다. 나는 그들을 각각 나의 양편에 두고 같이 걷기 시작했다. 나의 작은 아이 동반자는 나의 몸통을 붙잡았으며, 그 두 명은 양편에서 나와 한몸이 되기 시작했다. 우리는 다같이 함께 거대한 새로 변형되었고 그 두 사람은 날개 부분이 되었다. 새가 숲 위로 올라가 태양을 향해 날아오를 때 나는 해방감과 평안함을 느꼈다.

분 석

전이는 "……과거에 학습한 관계 양식을 현재에 반복하는 것 ……이것은 클라이언트가 과거에 자신이 중요한 사람이나 사물에게 행하였던 것처럼 현재에도 동일하거나 비슷한 감정, 그리고 갈등, 욕구, 충동, 환상을 다시 경험하는 것이다. 또한 클라이언트는 이러한 감정이나 인물, 상황에 대처하거나 회피하는 데 과거와 동일하거나 유사한 방식을 취한다"(Bruscia, 이 책의 제2장). 앞의 세션에서 전이는 주로 심상을 통해 일어났다. 그러나 더욱 민감하게 치료사와 음악이 이 과정에 관련되었다. 여기에는 중요한 인물에 대한 과거 감정의 재창조뿐만 아니라 학습된 반응양식인, 이런 감정에 대한 초기 회피가 있었다. 세션 중 이러한 감정 처리 방식의 변화는 새롭게 학습된 반응을 확립하였고, 이는 처음에 전이를 가져왔던 반복적인 주기를 깨뜨렸다.

'두 명의 그림자 같은 존재'의 심상은 전이의 주된 대상이다. 이런 상징적인 부모의 형상은 위협적으로 느껴져서 공포와 회피의 반응양식을 불러일으켰다. 이런 회피양식은 주인공인 내가 그림자 같은 존재를 떠나 숲 속으로 갔을 때도 반복되었다. 저항은 그 후 작은 아이가 오두막집으로 돌아가기를 원하지 않았을 때 나타났다.

비록, 심상이 전이 주제를 묘사하고 그와 관련된 감정을 수용하지만, 치료사 또한 이런 전이 심상의 형성에 기여한다. 앞에서 두 명의 형상은 수염이 있었다고 하였는데, 이는 실제 나의 부모님의 특징이 아니라 나의 치료사의 신체적 특징이었다. 변형된 의식 상태의 과정에서는 종종 여러 사람이나 사물의 다양한 측면의 혼합을 창조할수 있다. 나의 치료사에 대한 중요한 전이 반응과 연관되어 수염이 난 형상은 나에게 중요한 인물에 대한 무의식적 감정과 지각을 반영하였다. 그러므로 나의 부모님 형상은 치료사 뒤에(혹은 안에) '숨겨졌고', 나의 부모님과 치료사는 이런 모호한 심상 안에 함께 나타났다. 상징은 본질상 다형적이기에 수염 난 사람에 대한 해석은 다양한 해석 중 오직 하나의 가능성만을 표상한다.

심상의 다음 부분에서 나는(주인공으로서) 물 속에 들어가 '천상의 빛' 줄기에 잠김으로써 정화와 치유과정으로 들어가게 된다. 이 부분 역시 다양한 의미를 부여할 수있다. '천상에서 온' 빛은 아버지에게서 왔는데, 이는 영적인 의미뿐 아니라 전이적의미도 지닌다. 이 빛의 위로와 치유의 특질은 긍정적인 부모 전이의 예며, 감정적인상처를 치유하도록 하는 정신구조의 에너지를 대표한다. 무기력함의 특질은 주인공인 나에게서 분리되어 여전히 오두막집에 있는 위협적인 존재를 회피하려는 '숲 속 생물체'인 아이와 연결되어 있다.

여기서 음악의 역할은 내가 안전하고 평안하게 살 수 있는 지지적인 환경을 창조하는 것이었다. 빛이 긍정적인 아버지 전이를 대표한다면, 연못과 음악은 긍정적인 어머니 전이를 대표하였다. 이때 연못의 상징은 자궁을 의미한다. 지지적인 가이드로서 치료사에 대한 긍정적인 전이는 나의 '동반자'(그 생물체는 나의 치료사가 앉았던 쪽인 나의 왼편을 건드렸다)가 된 숲 속 생물체와 연관이 있다. 이 숲 속 생물체가 무기력함이라는 부정적 전이를 가짐과 동시에 긍정적 전이를 경험하는 동반자적 특질을 가지고 있다는 것은 자못 흥미롭다.

무기력한 감정을 버리고 연못 속으로 퇴행하여 회복되면서 나는 다른 방식으로 그 위협적인 존재를 만날 준비가 되었다. 긍정적 전이의 지지적인 환경을 경험하는 것은 (심상 속의 주인공으로서 내 안뿐 아니라 클라이언트로서 내 안에서) 감정적인 상태와 인지적인 틀을 창조하였다. 이런 감정적인 상태에서 자신에게 중요한 인물에 대한 새롭고 순응적인 반응이 창조될 수 있었다. 변형된 의식 상태 속에서 깊은 감정적 수준의 긍정적 전이를 경험하는 것이 정신(psyche) 에너지를 결집시키고 변형시키도록 허용한다. 일상적인 의식 상태의 전이 경험은 인격구조의 이러한 깊이 있는(무의식적인) 수준의 변화를 가져오게 하는 데 좀 더 오랜 시간이나 더 깊은 강도를 필요로 한다.

전이 배치에서 변화는 나의 감정적 상태와 위협에 대처하는 의지뿐 아니라 부정적 전이의 대상 안에서도 나타난다. 정신 에너지의 재배열은 두 명의 형상을 '크고 위협적인' 존재에서 '약하고 두려움에 떠는' 존재로 변형시켰다. 무의식적으로 위협적인 것으로 지각된 것이 의식적으로 비위협적인 것으로 재경험되었다. 수용을 포함한 또 다른 반응은 이러한 내적 자극을 통해 일어났다. 더 이상 그림자 같으며 수염 뒤에 숨어 있는 것 같지 아니한 심상은 전에는 나에게 경험하지 못한 친숙한 사람의 특징(약함 같은)을 좀 더 직접적으로 지각하게 해 주었다. 내 정신의 두 측면 사이의 갈등관계는 변화되었다.

주인공들이 새라는 하나의 심상으로 통합된 것은 갈등의 역동성을 해결하고 자기의 분열된 측면을 통합하는 것을 의미한다. 긍정적 아버지 전이 역시 변형된 형상을 통하여 발생하였고, 이는 '거대한 새의 날개'가 되었다. 마지막 곡인 Vaughan Williams의 'The Lake Ascending'이 연주되는 동안 하늘을 향해 날아오르는 새의 심상이 나타났기 때문에 음악은 이런 긍정적 전이를 위한 심상을 창조하는 데 중요한 역할을 하였다.

이 세션의 중요성과 그것이 내게 미치는 영향은 이런 상징적인 심상이 단순히 변형되었다는 것뿐 아니라 심상과 관련되고 심상 속에 스며든 감정이 변화되었다는 것이다. 저항이 주된 주제였던 과거 몇 번의 GIM 세션 이후에 이러한 변형을 통한 해결의 느낌은 맥락상 꽤 중요하였고 기능적인 다른 부분에서도 잔여 효과를 미쳤다.

해 석

앞부분에서는 치료사와 음악에 의해 영향을 받는 심상이 어떻게 다양한 전이의 대상이 되었는지, 관계 양식의 재현이 어떻게 변화되었는지를 설명하였다. 이제 변화 과정에서 이정표가 된 전이의 형성과 치료적 운동(therapeutic movement)을 이해하기 위해 일련의 이론적 틀을 간단하게 제시할 것이다.

고전적인 Freud 학파의 욕구(drive) 모델에서 카텍시스(cathexis)라는 용어는 그것이 다양한 대상 안에서 정신 에너지의 투자를 의미하기 때문에 유용하다(Hall, 1979). 여기서 토론된 세션은 리비도 에너지가 어떻게 여러 심상에 집중되어 심상의 특정한 특질을 창조하며, 정신구조 시스템 안에 있는 힘을 심상의 탓으로 돌렸는지에 관해 설명한다. 전이의 해결은 두 명의 인물과 주인공 사이의 에너지 재분배다. 이 세션의 초기에 두 인물은 '크고 위협적' 이었고 주인공인 나 자신의 심상은 '연약하고 무기력' 하였다. 그 심상의 변형은 주인공이 좀 더 힘이 강해지고 두 명의 인물은 좀 더 힘이 약화되는 것으로 구성되었다. 여기서 심상에 의해 나타난 정신구조 사이의 에너지 불균형은 점차 줄어들었다.

Freud(1912/1994)는 부정적 전이가 어떻게 치료의 진보를 방해하고 긍정적 전이가 어떻게 분석적 작업을 촉진하는지에 관해 설명한다. 이 세션에서 빛과 연못, 음악, 그리고 동반자로서 치료사(혹은 생물체)는 치료적 진보를 가능하게 한 긍정적 전이였다. 긍정적 전이가 확인될 때, 그것이 심상이나 음악 혹은 치료사를 향한 것이라면, 그것은 치료 과업을 성취할 자료와 필수 요소로 간주되어야 한다.

대상관계의 관점에서는 분리(splitting)라는 용어를 사용하는데, 이는 내사된 대상을 '좋고 나쁜' 것으로 나누는 원초적인 방어적 과정이다(Greenberg & Mitchell,

1983). 당연히 심상 속의 위협적인 인물은 나쁜 대상을 표상하고 천상의 빛은 좋은 대상을 표상한다. 그 위협적 인물의 심상은 Melanie Klein의 발달 초기단계에서 나타나는 원초적 파괴성과 박해를 의미한다(Ogden, 1990). 이런 관점에서 그림자 인물은 매우 깊고 원초적인 의식의 단면에서 내사된 대상을 표상한 것이다.

세션의 마지막 부분에서 주인공과 부모의 형상이 합쳐지는 것은 대상 사이의 관계 변화를 의미한다. 그 인물들은 더 이상 모두 나쁘거나 좋은 것으로 분리되지 않는 혼합된 특질을 소유할 수 있다. 이런 방식에서 내사된 부모 대상은 양가감정을 유지하고, 이런 대상을 계속 분리시키는 방어과정(분리) 없이 자기와 병합하게 된다. 이것은 Klein 학파의 전이 해석의 목적과 일치한다. 그것은 대상관계를 재배열하는 것(Gill, 1982)과 부분보다는 전체 대상이 내사되는 발달적인 입장으로 클라이언트를 이동시키는 것이다.

Kohut의 자기심리학은 자기를 인격의 구조로 보고 치료사와의 공감적 관계가 어떻게 자기 구조 안의 약점을 보상할 수 있는지를 강조한다(Greenberg & Mitchell, 1983). 이 심상에서 치유적인 빛에 대한 긍정적 전이는 이러한 회복의 관계를 설명한다. 이런 과정을 촉진하는 긍정적 전이 대상과의 관계가 바로 Kohut이 언급한 '변질하는 내사(transmuting internalization)' 다(Greenberg & Mitchell, 1983, p. 354).

Wolf(1966/1994)는 학습이론과 정신분석적 모델을 결합하는 흥미로운 관점을 제공한다. 전이가 형성되는 이유는 동일하거나 유사한 자극에 대한 조건화된 반응의 일반화 때문이다. 어떤 측면에서 전이의 대상은 중요한 인물과 유사하다. 전이 대상(치료사)과 원래의 자극(중요한 인물) 간의 유사점이 없을수록 전이 이슈의 강도는 더욱 커진다. 이런 경우 치료사의 역할은 과거에 이미 확립된 관계 양식을 강화하는 것이 아니라, 원래의 자극(중요 인물)이 행한 것과 다르게 대처함으로써 자극-반응의 연합을 변화시키는 데 있다. 새로운 자극-반응의 연합을 확립함으로써 학습과정을 촉진시키게 되는데, 이를 '교정적 정서 경험(corrective emotional experience)' 이라고 한다(Wolf, 1966/1994, p. 56).

만약 GIM 세션의 심상이 내적(정신적) 세계 속에 존재하는 조건화된 자극으로 간주된다면, 학습이론의 원칙은 자연스럽게 정신역동적 패러다임 속으로 어우러질 수 있다. 정서 반응과 연합하는 신체적 반응이 심상에 의해 불러일으켜지므로 심상의 수준에서 감정 반응은 일상적인 의식 상태에서 발생하는 조건화된 반응에 필적한다. 심상에 반응하여 생기는 재학습은 일상적인 의식 상태에서 조우하는 좀 더 현실적인 자극(실제 사람들)으로 일반화할 수 있다. 이 세션에서 재조건화는 두 인물이라는 자극에 대한 주인공의 반응 변화였다. 회피 반응(그 인물에게서 도망치는 것)은 접근 반응(그 인물에 직면하는 것)으로 대체되었고, 이는 결국 부모의 심상에 대한 다른 정서 반응을 동반하였다. 행동 변화(주인공의)는 자극 환경(심상)에 영향을 주었고, 결국 심상 간의 새로운 조건양식이 형성되었다.

GIM의 이런 재학습 과정에서 치료사의 역할은 중요하다. 비록, 새로운 조건화가 주인공과 심상 사이에서 일어났지만, 특히 전이 안에서 심상의 형성은 치료사에 의해 영향받을 수 있다(이 세션에서 수염 난 심상과 주인공 왼편에 있던 생물체는 치료사의 영향을 받았다). 치료사의 특질과 연합한 심상으로 형성된 긍정적 전이는 부정적 전이의 옛 자극-반응의 연합과 경쟁하는 새로운 자극-반응의 연합이다. 반대조건 부여(counterconditioning)(Hergenhahn & Olson, 1997)는 (회피 같은) 무력한 반응이 (치료사에 의해 직접적으로나 긍정적 전이의 심상에 의해) 강화되는 (접근 같은) 새롭고 양립할 수 없는 반응으로 대체될 때 일어난다.

결 론

이와 같은 다양한 심리치료 모델에서 하나의 공통적인 주제는 치료과정이 전이 이슈의 새로운 경험을 제공한다는 것이다. '지금-여기에서의 전이 해결은 분석자가 환자가 기대하고, 심지어 선동하는 방식과 다르게 행동하도록 하기 때문에 성취된다'(Gill, 1982, p. 118). 이것이 바로 학습이론 모델의 재조건화며, Kohut 모델에서 관계를 통한 자기 구조 회복의 사례다. 심리치료의 또 다른 공통적 주제는 고전적 Freud 학파의 용어인 에너지의 재분배와 대상관계이론에서 과거 분리 구조의 통합 같은 정신 역동성/구조의 재배치다.

긍정적 전이의 강력한 영향력을 언급하는 것은 중요하다. 나의 심상에서 전이 이슈의 해결을 위한 주된 요소는 치유의 빛과 연못에서 나온 긍정적 감정이었다. 긍정적 전이는 정신구조 속에 있는 재료들을 움직인다. 전이의 주된 대상이 심상이나 음악

혹은 치료사건 간에, 또는 치료사의 틀이 역동적 에너지나 정신구조 혹은 연상된 결합
을 강조하건 간에 변화를 위한 촉매제를 창조하고 제공하는 것은 긍정적 전이다.

참고문헌

Bellak, L. (1984). Basic aspects of ego function assessment. In L. Bellak, L.
    Goldsmith (Eds.), *The broad scope of ego function assessment*(pp. 6-19). New
    York: John Wiley & Sons.

Bonny, H. (1978). *Facilitating Guided Imagery and Music sessions: monograph no.
    1*. Baltimore: ICM Books.

Freud, S. (1912/1994). The dynamics of transference(pp. 5-18). In G. P. Bauer (Ed.),
    Essential papers on transference analysis. London: Jason Aronson.

Gill, M. (1982). *Analysis of transference*. New York: International University Press.

Greenberg, J., & Mitchell, S. (1983). *Object relations in psychoanalytic theory*.
    Cambridge, MA: Harvard University Press.

Hall, C. (1979). *A primer of Freudian psychology*. New York: New American Library.

Hergenhahn, B., & Olson, M. (1997). *Theories of learning*. Upper Saddle River, NJ:
    Prentice-Hall.

Ogden, T. (1990). *The matrix of the mind: Object relations and the psychoanalytic
    dialogue*. Northvale, NJ: Jason Aronson.

Wolf, E. (1966/1994). Learning theory and psychoanalysis(pp. 53-66). In G. P. Bauer
    (Ed.), *Essential papers on transference analysis*. London: Jason Aronson.

제22장

유도된 심상과 음악에서 의식의 양식
-치료사의 가이딩 과정 경험*

Kenneth E. Bruscia

'그곳에 있는 것'

이 장은 특별히 클라이언트-치료사 관계의 맥락에서 다른 사람을 위해 '그곳에 있는 것' 이 무엇을 의미하는지에 관해 질문함으로써 시작되는 자기 탐구다. 이 질문은 음악 심리치료 사례 연구를 집필하면서(Bruscia, 1991) 내가 얼마나 클라이언트를 위해 나 자신이 '그곳에 있었는지' 를 깨달으면서 생겼다.

흥미롭게도 이 문구는 일상적인 언어로, 일상적으로 보이는 사건을 묘사하기 위해 꽤 자주 그리고 정확하게 사용되어 왔다. 이것은 단지 구체적인 임상 현상을 정의하기 위해 치료사끼리 통용하는 전문 용어가 아니다. 이 경험은 보편적으로 이해할 수 있지만 내가 생각하기에는 복잡하고 민감한 것이며, 이 문구는 이 같은 경험을 설명

---

*Bruscia, K. E. (1995). Modes of consciousness in Guided Imagery and Music(GIM): a therapist's experience of the guiding process(pp. 165-197). In C. Kenny (Ed.), *Listening, playing, creating: Essays on the power of sound*. Albany, NY: State University of New York Press에 의해 수정본으로 출간될 것을 허가받았음.

하기에 충분하고 적절한 것처럼 보인다. 그런데도 나는 왜 이 문장을 다른 가능성 중에서 선택하였는지에 대해 생각해 보려 한다.

우리가 이런 경험을 행동이나 소유의 양식이 아닌 존재의 양식으로 설명하는 것은 중요한 것처럼 보인다. 게다가 이런 존재 방식은 시간적이기보다는 공간적으로 보인다. 더 이상하게도 공간적인 위치는 '이곳'이라기보다는 '그곳'이다. 당신이 나를 위해 '그곳'에 있다고 내가 말한다면, 나는 더 이상 '이곳'이 아닌 곳으로 가고 있는가? 당신은 나와 함께 '그곳'으로 가기 위해 어디로 떠났는가? 그리고 우리가 함께 있는 지금, 우리는 어디에 있는가?

이런 질문을 살펴보기 위해 나의 임상 사례 연구를 분석하면서 나는 내가 얼마나 다양한 경험적 공간에서 계속적으로 움직이고 있었는지 새삼 놀랐다. 내가 이런 '이동(moves)'을 클라이언트를 위해 '그곳에 있는' 시도로 설명하면서, 나는 '그곳에 있는 것'이 클라이언트와 나 자신에게서 가까워지거나 멀어져 가는 수많은 다양한 장소로 이동하는 것과 관련이 있다는 것을 깨달았다. 때때로 나는 그의 옆인 '그곳'에 거하기 위해 그에게 더 가까이 갔지만, 그만큼 나는 나 자신과 함께하기 위해 '이곳'에 거하거나 그가 없는 '그곳'이나 그와는 반대편에 있는 '그곳'에 거함으로써 그에게서 멀리 떨어진 적도 있었다. 하지만 나는 이러한 모든 이동이 수많은 다양한 방식에도 불구하고, 그를 위해 '그곳에 있기' 위한 노력이었다고 생각한다.

나 자신을 돌아보면서 생긴 또 다른 질문은 내가 그를 위해 '그곳에 있기' 위해 정확하게 '무엇'을 이동시키고 있는지에 관해서다. 물론 나는 완전한 상태에서 '나를' 이동시키고 있지는 않다. 그리고 비록 나의 육체가 직접적으로 관련은 있지만, 나는 그것이 이동하는 주된 부분이라고는 말할 수 없다. 게다가 물리적으로 타인과 동일한 공간에 있다는 것은 그 누구에게나 불가능하다. 이것은 내가 이동하는 또 다른 차원, 즉 나의 육체가 공간적 제약을 받지 않고 또 내가 그것을 점령하거나 그것에 의해 제한받지 않으면서 공간 안에 있게 하는 차원이 있다는 것을 의미한다.

이 장에서 나는 내포된, 그리고 표면화된 과정(예를 들어, 감각, 정서, 행동, 사고)을 모두 포함한 심리적 활동에 의해 유지되는 자각의 상태로 이 같은 나의 의식의 차원을 정의하였다.

의식의 개념

나의 의식이 공간을 점령하지 않고 공간을 통해 옮겨다닌다는 생각은 도전적이면서도 자유로운 것이다. 나는 이곳을 떠날 필요가 없이 그곳에 있을 수 있고, 그곳을 떠날 필요가 없이 이곳에 거할 수 있다. 혹은 내가 원한다면, 나는 이곳에 있지 않으면서 저곳에 있을 수 있거나, 그곳에 있지 않으면서 이곳에 있을 수 있다. 그러므로 나는 내가 전에 있었던 곳으로 떠난다는 문자 그대로의 의미에서, 그곳으로 이동하지 않으면서도 또 다른 공간으로 이동할 수 있다. 따라서 나는 동시에 한 공간보다 더 많은 공간에 있을 수 있고, 나 자신을 옮기는 과정은 이동이라기보다는 확장의 과정으로 묘사할 수 있다. 반대로 나는 한 번에 한 공간에 있을 수 있고, 그곳에 머무르는 과정은 집중의 과정으로 설명할 수 있다.

또한 의식이 확장되고 집중됨에 따라 나는 의식의 강도를 다양화하는 선택을 하게 된다. 즉, 나는 '그곳에서 보다 이곳에 덜' 있을 수 있고, 혹은 '이곳보다 그곳에 덜' 있을 수 있다. 그러므로 나는 내가 한 측면이나 부분에서 다른 측면이나 부분으로 나의 신체의 무게를 옮기는 것처럼 나의 의식의 '무게'를 옮길 수 있다.

나는 의식을 확장하거나 집중하거나 이동할 때마다 다른 의식의 '양식'으로 접어든다. 이 과정은 음악에서 조를 바꾸거나 '음계'를 변경하는 것과 유사하다. 음악에서 조바꿈은 선율과 화성 구조가 확장되고 집중되며 그 구조의 양식(스케일)과 조성(머무는 음)에 관련하여 변할 때 일어난다. 이런 방식으로 계속 설명하자면, 의식은 한 가지 양식 안에서 충분히 머물 수 있거나, 다른 양식으로 이동할 수 있기도 하고, 한 번에 여러 양식 안에 머물 수 있거나, 한 가지 양식 속에도 전혀 머물 수 없기도 하는 음악과도 같다.

GIM

GIM은 클라이언트와 치료사 모두에게 다양한 의식의 양식을 경험하게 하는 풍부한 기회를 제공한다. 사실 의식의 변화는 이 방법에서 필수적이다. Helen Bonny

(1978)가 개발한 GIM은 개별 치료로 변형된 의식 상태에서 가이드와 대담하며 음악에 맞추어 심상을 떠올리는 치유, 혹은 자기실현의 치료다. 심리치료를 위한 목적으로 사용될 때, GIM은 무의식적인 문제에 접근하게 하고, 정화 작용을 촉진하며, 내면의 정신구조로 들어가게 하기 위한 심도 깊은 통찰력으로 이끄는 기법이다. 이것이 효과적이기 위해서는 내면 정신 분야의 깊은 탐구가 중요하다. 이를 위해서는 클라이언트에게 필요한 안전과 신뢰를 제공하는 클라이언트와 치료사의 관계가 중요하다. 또한 치료사가 이 기법을 활용하기 위해서는 심도 깊은 훈련을 받아야 한다.

매 세션은 당시의 클라이언트에게 중요한 이슈, 고민, 혹은 목표를 탐구하는 것으로 시작된다. 이것은 언어적 대담이나 비언어적 기법(예를 들어, 만다라 그리기, 표현적인 신체활동, 즉흥연주, 진흙 작업)을 통해 성취된다. 이런 예비적인 탐구를 통해 나타난 주제나 심상에 기초하여 치료사는 이완을 유도하여 클라이언트를 가이드 하고, 클라이언트가 음악 감상을 위한 준비를 하도록 하며 시작되는 심상에 초점을 맞추도록 한다. 이때 사용되는 음악은 GIM을 위해 특별히 디자인 된 몇 가지 프로그램 중 하나다. 각 프로그램은 구체적인 치료를 위하여 주의 깊게 선곡되고 배열된 고전음악 작품으로 구성된다. 음악 – 심상 과정에서 클라이언트는 신체 감각이나 시각, 느낌, 기억, 공상, 또는 다른 종류의 다양한 내적 경험을 할 수 있는데, 이런 모든 경험이 '심상'으로 간주된다. 심상을 경험하는 동안에는 대담을 하게 된다. 클라이언트는 심상이 나타날 때마다 그의 경험을 설명하고, 치료사는 그에 대해 질문하고 지지하며 반영하고 구체화한다. 치료사는 후에 참고하기 위해 그 대화를 기록한다. 심상과 음악의 과정이 끝날 무렵, 치료사는 클라이언트가 일상적인 의식 상태로 돌아오도록 도와준다. 그 후 토론이 뒤따르는데, 이것은 클라이언트의 심상에 대한 반응과 치료적으로 중요한 경험에 초점을 맞춘다. 앞서 언급하였던 비언어적 기법이 심상을 정리하는 데 사용되기도 한다.

이 장의 목적

GIM에 대한 기본적 개념을 설명하고 나니, 나는 좀 더 명확하게 이 장의 목적이 GIM 세션을 이끄는 도중에 치료사가 어떻게 자신의 의식을 확장하고 집중하며 바꾸는지 고찰하는 것이라는 것을 말할 수 있게 되었다. 나는 몇 번의 세션 동안 가이드 경험을 기반으로 한 가지 이론을 설명하고, 한 GIM 세션의 기록을 분석함으로써 각 구성 요소의 예를 제시할 것이다. 그러므로 이 장은 경험에 초점을 맞췄다는 측면에서는 현상학적이며, 탐구 방법 면에서는 내관적인 장으로 설명할 수 있다.

이 이론을 정확하게 설명하기 위하여 이것은 세션 기록에서 발췌한 것과 교대로 제시된다. 나는 이 이론을 한 남성 클라이언트와의 작업을 통해 설명하였기 때문에 이 장에서는 구체적인 성별을 암시하는 단어를 사용하였다.

이 론

의식의 세계

심상 경험을 가이드 할 때 나는 지속적으로 나의 의식을 세 가지 경험적 공간, 즉 클라이언트의 세계, 나 자신의 개인 세계, 그리고 치료사로서 나의 세계와 관련하여 확장하고 집중하며 이동한다.

나는 클라이언트의 세계로 이동할 때 클라이언트가 경험하고 있는 방식으로 그가 경험하고 있는 것이 무엇인지를 깨닫고 가능한 그것을 경험하도록 노력한다. 나는 클라이언트가 '어디'에 있는지, '어떻게' 그 장소에 머무르는지를 관찰한 후, 이에 관심을 가지고 가이딩을 시작한다. 그 후 클라이언트와 같은 태도나 반응을 취함으로써 그와 나 자신을 동일한 입장에 배치하려 노력한다. 예를 들어, 그의 호흡이 가빠지고 있음을 관찰한다면 나도 나의 호흡을 같은 속도로 빠르게 하면서 호흡이 빨라지는 그의 경험을 공감한다. 그리고 그가 울기 시작한다면 그가 무슨 이유에서 울든 간에 나도 그와 함께 울지도 모른다.

개인 세계로 들어서면 나는 내 지각을 나 자신에 맞추고 나로 하여금 내가 어떤 방식으로 경험하고 있든 간에 내가 경험하고 있는 것을 충분하면서도 적절하게 경험하도록 한다. 예를 들어, 나의 목 근육이 긴장된다면 나는 나의 관심을 그곳으로 옮긴다. 그래서 나는 그것을 느낄 수 있고 아마도 그 긴장을 해소하기에 필요한 것이 무엇인지를 발견할 수 있으며, 세션 중 나의 관심을 일시적으로 나의 일상 사건으로 옮기거나, 내 삶의 과거 장면을 더듬어 볼 수도 있다.

치료사의 세계로 이동하면 나는 내 자신과 클라이언트를 두 부분으로 구성된 단일체(dyadic unit)로 경험하게 된다. 이때 우리 각자는 클라이언트와 치료사 관계의 경계선에 속하며 특정한 역할과 책임을 수행하게 된다. 나는 클라이언트를 나의 도움이 필요한 사람으로서 경험하고, 나는 내 자신을 전문적 지식과 개인적 헌신을 통한 도움을 제공하는 치료사로서 경험한다. 나는 상호 보완의 도움을 주는 사람의 역할, 도움을 받는 사람의 역할, 개인적이고 전문가적인 윤리 규정에 명시된 경계선을 고려하여 하나의 일반적인 목적(치료적 변화, 치유, 클라이언트의 실현)을 성취하기 위한 계약에 중심을 둔 우리의 관계를 경험한다. 내가 이 세계에서 나 자신을 지각하게 될 때, 나의 경험은 클라이언트와 함께하는 치료사로서 내가 누구인지에 의해 조정된다. 이와 비슷하게 클라이언트에 대한 나의 경험은 치료사인 나와 함께하는 클라이언트로서 그가 누구인지에 의해 조정된다. 그러므로 나 자신의 신체 감각, 감정, 생각은 그것들이 클라이언트와 클라이언트의 경험, 치료사로서 나의 역할, 우리의 공통된 목표, 클라이언트 – 치료사 관계의 경계선과 어떠한 관련이 있는지의 관점에서 경험된다. 이와 유사하게 클라이언트의 신체 감각, 감정, 생각은 그것들이 치료사로서 나와 우리의 목표, 그리고 우리 관계의 경계선과 어떻게 관련이 있는지의 관점에서 경험된다.

경험의 단계

이런 각각의 세계 속에서 나의 경험은 매우 다양한 것에 초점을 맞출 수 있다. 또한 나는 다양한 정도의 긴급함 혹은 고심함으로 그것들을 경험할 수 있다. 나는 다음과 같은 네 가지 경험의 단계를 발견하였다. 그것은 Carl Jung(1993)이 언급한 네 가지 기능, 즉 감각으로 지각하기, 느끼기, 생각하기, 그리고 직관하기에 대략적으로 부합된다.

가장 즉각적이거나 '감각적인' 단계에서 나는 내 신체를 통하여 사물을 자발적으로 경험할 수 있고, 감각적인 정보를 간단히 묘사하는 것 외에 경험에 대한 다른 고심이나 숙고 없이 직접적으로 나의 감각을 통하여 그곳에 있는 것을 이해할 수 있다. 예를 들어, 나는 클라이언트의 신체적 긴장을 보고 내 위의 결절(結節)을 느끼며, 그의 얼굴이 붉어지는 것을 보고 그의 어깨 위에 있는 나의 손을 느끼며, 음악이 점점 더 커지는 것을 듣고 그의 그림 속의 생생한 노란색을 본다. 실제적인 감각운동, 신체적 사실, 혹은 주관적 경험의 객관적 징후가 가장 주된 관심사다.

다음 단계에서 나는 사물을 정서적으로 경험하고 무슨 일이 일어나건 간에 그에 의해 생긴 느낌과 감정을 확인한다. 나는 나의 정신이 현재 일어나고 있는 일과 연합하거나 그것에 관한 정서적 표상을 만들도록 하여 궁극적으로 기억, 감정, 언어로 표현할 수 없는 감정이 표면화되어 그보다 더한 반응을 이끌어 내도록 함으로써 이를 수행한다. 이러한 연합, 표상, 수반되는 반응을 통해 나는 정서 분야에서 한 가지 경험을 또 다른 경험과 구별할 수 있게 된다. 그러므로 나의 결절은 내가 실망하였을 때 일어나는 것과 유사한 절망(두려움이 아닌)처럼 느껴진다. 클라이언트의 신체의 긴장은 인간이 충격에 대비하는 대처 방식과 유사한 두려움(분노가 아닌)처럼 보인다. 인간이 그 경험을 어떻게 가치 매기고 평가하느냐(예를 들어, 그 경험이 고통스럽거나 유쾌하거나, 좋거나 나쁘거나, 위협적이거나 안전하거나)에 따르는 고심이 있고, 또 그것이 경험에 관한 어떤 정서의 유형(예를 들어, 슬픔, 즐거움, 평화, 분노)으로 분류되기 때문에 이러한 단계는 단순한 경험의 묘사를 넘어선다.

세 번째 단계에서 나는 세계를 반영적으로 경험하고, 감각적이며 정서적인 경험 중에서 의미를 창조하도록 시도한다. 여기서 나는 단순한 감각적 묘사와 단순한 정서적 고심을 넘어서 인지적 영역에서 그 경험을 분석하기 시작한다. 이는 그것을 경험하는 나 자신을 관찰하는 경험에서 벗어나 경험의 본질에 대해 생각하고, 그것이 의미를 가질 수 있게 그것을 설명할 방법을 찾는 것이다. 여기서 주된 목적은 통찰력이다. 예를 들어, 나의 결절은 내가 타인 때문에 좌절할 때 발생하는 그 어떤 것이다. 나는 나의 결절을 꼭꼭 묶어서 타인에 관한 나의 느낌을 자제한다. 이는 처음에 이러한 결절을 만들었던 나 자신을 처벌하기 위해 필요한 고통을 나에게 제공한다. 또 다른 예로 내가 그에게 언급할 내용에 대한 그의 두려움 때문에 클라이언트의 신체가 긴장할 경우 이것은 치료에서 전이의 징조가 된다.

마지막으로 나는 직관적인 단계에서 경험한다. 나는 감각 자료, 감정, 생각을 넘어서서 세계에 대한 나 자신만의 모델이나 그에 대한 나의 경험을 창조할 때 이를 수행한다. 전 단계와 마찬가지로 나는 나의 경험에 관해 '숙고'하지만, 직관을 할 때 나는 동일한 논리적 방식 속에 있는 '외면적' 사건에 기초하지 않은 그 어떤 것에 관한 자발적인 '내면적' 깨달음을 가진다. 그런데도 내가 창조한 의미에는 고유한 완전함이 있다. 직관할 때 나는 주어진 것과 사물의 본질이라고 우리가 알고 있는 것을 넘어서서 증명할 수 없거나 심지어 헤아릴 수 없는 우주에 대한 통찰력을 얻는다. 이것은 이 모든 단계의 경험을 자발적으로 통합하는 방식이다.

요약하자면, 감각단계는 고심함 없이 즉각적인 신체 경험을 자발적으로 묘사하는 것과 관련이 있다. 정서단계는 정서적 영역에서 즉각적인 신체 경험의 자발적 고심을 포함한다. 반영단계는 자기 관찰과 감각적이며 정서적인 경험을 인지 영역에서 고심하는 것과 관련이 있다. 그리고 직관단계는 감각적, 정서적, 반영적 경험의 자발적 통합을 포함한다.

Jung은 이러한 네 가지 기능이 인간 경험의 완전함을 설명한다고 주장한다.

감각은 실제로 주어진 것을 확립하고, 사고는 우리가 그것의 의미를 깨닫도록 하며, 느낌은 우리에게 그것의 가치를 말해 주고, 마지막으로 직관은 즉각적인 사실 속에 존재하는 근원과 목적지의 가능성을 제시한다. 이런 방식에서 우리는 지리적으로 위도와 경도상의 장소에 위치할 때와 같이, 즉각적인 세계와 관련해 완벽하게 우리 자신의 위치를 똑바로 알 수 있다.

세션: 부분 1

다음 부분은 내가 AIDS 바이러스에 감염된 청년인 톰을 가이드하였던 한 GIM 세션의 시작 부분이다. 이는 바이러스에 관해 묻어 두었던 감정을 처리하도록 그를 돕는 목적에서 이루어진 시리즈 중 10번째 세션이었다. 내가 특별히 이 세션을 선택한 이유는 그의 심상의 강렬함과 복잡성, 음악의 중요성, 그리고 우리 둘에게 부여되었던 수많은 도전 때문이다.

왼쪽 칸은 세션의 심상과정 부분에서 나눈 대화로 구성되었다. 모든 문장은 나의 세션 기록 사본에서 인용한 것이다. 오른쪽 칸은 나의 경험과 반응을 회상하고 재구성한 것으로 나는 이것을 제시된 이론적인 구성 요소에 따라 분류하였다. 비록, 나의 세션 사본이 세밀한 정보를 포함하였더라도, 다음에 제시된 세밀한 내용을 가지고 시시각각 나의 반응을 회상하는 것은 불가능하였다. 그러므로 몇몇 반응은 내가 기억하는 것에 대한 '뒤늦은 꾀' 의 고심작이다. 모든 경우에서 내가 나의 반응이라 언급한 것은 나의 전형적인 작업양식이라는 점에서 진실하다.

　세션 기록 사본은 두 가지 방식으로 읽을 수 있다. 나의 중재와 클라이언트의 심상을 시간적인 연속성으로 제공한 왼쪽 칸을 쭉 내려가거나, 왼쪽 칸에서 시작하여 나의 의식의 이동이 어떻게 나의 경험과 중재에 영향을 미쳤는지를 보여 주는 오른쪽 칸까지 왔다갔다 하며 살펴볼 수 있다. 약어는 다음과 같다.

　　　　C = 클라이언트 세계
　　　　P = 개인 세계
　　　　T = 치료사 세계
　　　　1 = 감각적
　　　　2 = 정서적
　　　　3 = 반영적
　　　　4 = 직관적

　세션은 톰이 만다라 중앙에 녹색을 포함한 밝은 색의 집중적인 원을 그림으로써 시작되었다. 이완 유도 시 나는 맑은 날 꽃으로 둘러싸인 푸른 초원에서 그가 쉬고 있는 모습을 제시하였다. 내가 사용한 프로그램은 Linda Keiser Mardis의 Creativity III이었다. 테이프는 오페라의 네 개의 반복되는 주제에 기인한 17분의 판타지인 Wagner의 'Siegfried Idyll' 로 시작되었다. 선율은 풍부한 교향곡적 기조의 지지를 기반으로 겹쳐지고 끊임없이 확장되었다. 곡의 분위기는 줄곧 조용하고 부드러웠지만, 이 작품의 형식은 감상자를 감질나게 하였다. 음악은 감상자의 관심을 끌고 있지만 그 관심에서 한 치의 벗어남도 허락지 않고 때때로 이런 무한함을 가지고 감상자를 놀린다.

세션 : 부분 1	
대 화	의식의 양식
톰: 꽃들은 진달래였어요—밝은 자홍색 …잎은 아주 녹색이고 우거졌어요. 나는 내가 땅에 무릎을 꿇고 손으로 흙을 파고 있는 모습을 봐요.	**T1:** 그의 호흡이 규칙적이다. 그의 얼굴은 침착하다. **T4:** 그는 이 장면을 그의 과거를 파헤치기 위해 사용할지도 모른다. **T3:** 음악이 이를 위한 적절한 지지를 제공한다. 그가 어떤 영향도 받지 않고 탐구하도록 해 주자.
캔: 음—음 **톰:** 그곳에 뼈가 묻힌 게 느껴져요. 그것들은 여러 조각으로 부서져 있는 것 같아요. 해골을 발견했어요. 두 조각이 나 있네요. 끝부분이 아주 뾰족해요.	**C2:** 나는 그가 파헤치고 있는 것에 대해 떨고 있다는 것을 느낄 수가 있다. **P2:** 나는 이 해골이 그의 것이 아니기를 바란다. **T1:** 그의 신체가 긴장하고 있다.
캔: 지금 기분이 어떠세요? **톰:** 혼란스러워요. 난 왜 이렇게 아름다운 곳에서 뼈를 파헤치고 있죠?	**T1:** 그는 장난기 어린 표정을 짓고 있다. **P2:** 난 정말 그의 유머 감각이 맘에 든다. **T4:** 난 그가 그의 심상에 대해(과거에 그가 그랬던 것처럼) 나를(혹은 나의 음악 선곡을) 비난할 것이라고 생각한다. **T3:** 그가 현재 일어나고 있는 일에 대해 책임을 질 수 있도록 그에게 선택권을 부여하자.
캔: 이 초원에서 당신이 하고 싶은 게 있나요? **톰:** (웃으면서) 아니요. …이걸 시작하니까 이 뼈들에 대해 호기심이 생기네요.	**C3:** 톰은 나의 질문이 그의 비난을 벗어나기 위한 시도였다는 것을 알거나, 내가 그를 '겁쟁이'라고 생각한다는 인상을 받았을 수도 있다. **T3:** 전이로 들어가지 마라. 그는 이 뼈들에 대해 더 많은 정보를 얻는 것이 필요하다.

켄: 그곳엔 몇 개의 뼈가 있나요?

톰: 한 사람을 만들 수 있을 만큼이요. …난 그 뼈들을 땅 위에서 맞추고 있어요.

톰: 난 그 뼈들이 나라고 의심했어요. 하지만 내가 주위를 둘러보았을 때, 나는 돌로 쳐죽임을 당한 이 사람을 힐끗 보았어요.

C1: 난 그 해골이 어떤 형태를 하고 있는지 상상할 수 있다.

T3+4: 예수님은 막달라 마리아가 난잡한 성행위로 인해 돌로 쳐죽임을 당할 뻔할 때 그녀의 죄를 사해 주시지 않았나? 난 톰이 과거의 죄를 헤치고 있다고 의심한다. **P2:** 슬픈 음악이다. **P4:** 이 장면은 그에게 큰 슬픔을 가져다줄 것이다. **P2:** 난 그가 이것을 용서했으면 하고 바란다. **C2:** 난 상처받기 쉬운 그를 느낀다. **T3:** 난 그가 반응하는 것보다 더 감정적으로 그리고 다른 감각적 경로를 통해 반응할 수도 있다. 난 청각적이고 그는 시각적인 양식 속에서 존재한다. 그는 좀 더 생생한 시각적 정보를 필요로 한다.

켄: 그 사람은 어떻게 생겼나요?

톰: 그는 피로 덮여 있어요.

켄: 그의 얼굴을 볼 수 있나요?

톰: 네. 정말 이상해요. 그는 나같이 생기지 않았어요. 그러나 난 그가 느끼는 것을 깊이 느껴요.

T3: 톰은 관찰자가 되어 그 장면에 거리를 두었다. 그는 힘든 감정과 분리하기 위하여 분리와 방어를 자주 사용한다. 난 '매장된' 느낌에 그가 좀 더 가까이 다가갈 준비가 되어 있는지를 탐구해야 한다.

켄: 당신은 그 남자에게서 멀리 떨어져 있나요?

톰: 네. 난 폭도들에게 가까이 가는 것이 너무 위험하기 때문에 멀리서 지켜보고 있어요.

P1: 등이 불편하다. 난 똑바로 앉을 필요가 있다. **T4:** 나의 등은 그 남자를 공감하고 있거나 그 남자를 편들려는 톰의 필요를 공감하고 있다.

캔: 지금 어떻게 느끼세요?

톰: 난 그것을 보면서 머리가 깨지는 것 같은 두통을 느껴요. 그 남자는 그것이 끝나기를 원해요. 그는 왜 사람들이 그에게 돌을 던지는지 알지 못해요.

T3: 톰과 그 남자 간의 또 다른 관계가 있다. 그 남자의 해골은 부숴져 있고, 톰의 머리는 깨질 듯이 아프다. **P2:** 그 남자에게 뛰어가 그를 구하는 것을 거부하는 톰을 이해할 수 없다. 그건 톰답지 않다. **T3:** 톰은 어떤 것을 실행하기 위해 …책임을 지기 위해서는 …어떠한 도움이나 격려가 필요할지도 모른다.

캔: 당신이 할 수 있거나 말할 수 있는 어떤 것이 있나요?

톰: 그에게 벗어나라고 말할 수 있었으면 좋겠어요. …그는 벗어날 필요가 있어요.

캔: 그는 벗어날 필요가 있어요.

톰: 그는 점점 더 약해지고 있어요. …그는 무릎을 꿇고 있어요. 더 이상 서 있을 수가 없어요. 돌이 그의 온몸을 때리네요.

C1+2: 난 그 돌이 그 남자의 몸을 때리는 것이 어떤 느낌인지, 또 톰이 이를 먼발치에서 보면서 얼마나 슬프고 무기력하게 느끼는지에 대해 상상한다.

톰: 몇몇 사람들은 돌 던지는 걸 멈췄어요. 그들의 얼굴은 분노에서 호기심으로 바뀌었어요. …마치 갑자기 그들이 그에게 왜 그런 짓을 했는지 모르는 것처럼 …그들은 이제 아주 조용해요.

C2: 이 군중이 모두 다 그렇게 나쁜 사람은 아닌 것을 발견한 것은 정말 다행이다.

캔: 그 밖에 다른 건 어때요?

톰: 다른 사람들은 여전히 화가 나 있고 지독하게 돌을 던지고 있어요. 그들은 "죽어! 죽어, 이 나쁜 놈아."라고 외치고 있어요. 그들은 그 남자에 대한 증오 때문에 눈이 먼 것 같아요.

켄: 그 남자에 대해 어떻게 느끼세요?

톰: 난 그의 고통을 느껴요. …동시에 난 그에게 돌을 던지는 사람들에 대한 분노와 혼란을 느껴요.

톰: 그는 이제 땅 위에 누워 있어요. 모든 사람은 돌을 던지는 것을 그만두었고 그들은 그를 보고 있어요. …그가 죽는 것을 기다리며 …마치 그걸 원하는 것처럼.

켄: 그 남자는 어때요?

톰: 그는 간신히 지탱하고 있지만 그의 눈은 그들에게 맞춰져 있어요.

켄: 그의 눈이 어떤 것을 얘기하나요?

톰: 난 그가 그들에 대해 그 어떤 증오나 분노가 없다는 것—단지 슬픔—을 알 수 있어요.

켄: 그의 눈에 슬픔이 있어요.

톰: 그래요. 죽음이 가까이 왔네요. 그는 …죽어가고 있어요(음악이 끝남). 맙소사 …그가 죽었어요. 그들이 그를 죽였어요.

P3+4 : 난 사람들이 톰에 대한 증오로 눈이 먼 것을 톰이 느끼는지 궁금하다.

T1 : 음악이 끝날 듯하다가 다시 시작된다.

T2 : 음악은 그를 풀려나게 하지 않을 것이다.

P2 : 예수님이 십자가에 못 박히시는 장면이 떠오른다. 예수님은 그 어떤 증오나 분노가 없으셨고 그에 대한 증오로 눈 먼 사람들을 용서하셨다. **T3 :** 톰은 과거에도 자신을 예수님의 형상과 동일시하였다.

P2 : 음악은 부드러웠다. 그 음악은 마치 그 남자의 눈이 그에게 돌을 던진 사람들을 어루만지는 것처럼 들린다. …아주 이해심 많고 용서해 주는.

C2 : 난 그 남자에 대한 톰의 슬픔을 느낀다.

P2 : 난 톰 때문에 슬프다. **T3 :** 톰은 이 슬픔에 직면할 필요가 있다.

그 남자의 죽음의 마지막 순간에 톰과 내가 무엇을 경험하였는지를 설명하는 것은 매우 어려운 일이다. 우리 둘의 목소리는 갈라졌고, 우리의 말은 같은 리듬과 조성을 가지고 있었으며, 우리의 신체는 같은 긴장과 기대로 가득 차 있는 것 같았다. 그러나 이 경험의 가장 친밀하고 영향력 있는 대상은 음악이었다. 그것은 마치 톰의 심상 속에서 일어나고 있는 것을 지지하기 위해 작곡된 것처럼 우리를 묘사하기 힘든 감정으로 이끈 것 같았다. 그 남자가 죽어 가는 것을 기다리던 오랜 시간 동안, 음악은 우리모두가 느끼고 있었지만 감히 표현할 수 없었던 깊은 슬픔과 후회를 제시하면서 우리를 지속적인 긴장의 상태로 '잡아두었다.'

이 론

지금까지 이 세션 기록 사본은 세 가지 세계와 네 가지 경험의 단계에 관한 명백한 실례를 제공하였다. 그러나 이로써 명확해진 것은 이러한 구성 요소가 치료사인 내 경험의 여러 측면을 적절하게 다루지 않는다는 것이다. 구체적으로 클라이언트의 세계와 치료사의 세계 안에서 나의 의식은 주목할 만한 차이점이 있다. 즉, 그의 세계에서 어떤 경험은 다른 것보다 더 생생하기도 하고, 어떤 경험은 다른 것보다 공감하기 쉬웠다는 것이다. 치료사로서 나는 나의 경험을 충분히 바꾸는 '전이' 관계로 들어갈 가능성에 직면한다. 그러므로 두 가지 구성 요소가 더 필요하다. 하나는 클라이언트의 세계 안에서 다양한 개인적 입장을 다루기 위한 것이고, 다른 하나는 클라이언트와 치료사 관계의 파라미터를 다루기 위한 것이다. 이것들은 다음 부분에서 자세히 설명할 것이다.

나는 세션의 첫 번째 발췌록을 그 남자의 죽음으로 끝냈다. 이는 첫 번째 음악 작품이 끝나는 곳이기도 하였고, 이 세션의 전환점이었기 때문이었다. 이 부분까지 톰과 나는 모두 그의 심상에 관심을 집중하였다. 그 남자에게 일어난 일은 우리의 의식 중심에 있었고 우리의 상호작용에 중요한 구실을 제공하였다. 그러나 마지막 부분에 가까워짐에 따라 음악은 우리의 경험을 형상화하는 데 더욱 중요한 역할을 하는 것 같았다.

이것은 GIM의 핵심에 있으며 일반적인 음악 심리치료의 독특성을 설명하는 또 다른 중요한 이론적 고려의 대상이 된다. GIM 세션에서 나의 의식을 이동시키고 나의 경험에 초점을 맞추는 것에는 심상 이외의 다른 상황이나 매개물이 있다. 내가 하나의 세계에서 그 다음 세계로 이동할 때, 혹은 내가 경험의 한 단계에서 다른 단계로 이동할 때 나는 한 매개물을 통해 여행한다. 내가 그것을 의도적이거나 우연히 허락할 때, 혹은 내가 이렇게 수행하기 위하여 그것을 사용할 때 그것은 나를 한 장소에서 다른 장소로 이동시키기도 하고 그곳에 머무르게 하기도 하며 멀리 보내기도 한다. 이런 이동의 매개물은 GIM 의식의 이론에 핵심이기 때문에 다음에 설명할 것이다.

클라이언트 세계 안에서 개인적 입장

치료사가 된다는 것의 기본적이고 피할 수 없는 사실은 때때로 내가 클라이언트의 세계에 '들어갈' 수 있고 때때로 그럴 수 없다는 것이다. 클라이언트가 경험하고 있는 것을 경험하기 위해서 나 개인의 경계와 구조를 확장하려는 내 능력과 자발성에는 한계가 있다. 그의 세계의 어떤 영역은 너무 낯설거나 위협적이어서 그것들은 단순히 인간으로서 그리고/혹은 치료사로서 나의 이해력을 넘어서거나, 혹은 개인적인 이유이거나 전문가적인 이유에서 나는 단순히 그것들의 한 부분이 되기를 원치 않는다. 그러므로 내가 클라이언트 세계로 들어갈 때, 나는 나의 경험이 그것과 얼마나 거리를 둘 것인지에 대해 선택하게 된다. 이론적으로 내가 클라이언트 세계에서 취할 수 있는 다섯 가지 입장이 있다.

- 연합(fusion): 나는 어떤 준비와 적응의 필요 없이 클라이언트의 경험을 나의 것과 동일하게 경험한다. 클라이언트를 향해 이동하는 것이 곧 나 자신을 향해 이동하는 것이다. 우리의 경계와 구조는 마치 C=P가 의미하는 것처럼 연합된다.
- 적응(accommodation): 나는 그의 경험에 적응하기 위하여 나의 경계와 구조를 변경시킴으로써 클라이언트가 경험하는 것을 경험한다. 따라서 나는 내가 경험하던 방식과 정확히 같지는 않은, 그가 하는 방식대로 그의 경험을 경험한다. 클라이언트에게로 이동하기 위해 나는 나 자신의 세계에서(혹은 대항하여) 떠나야만 한다. C/P가 의미하는 것처럼 클라이언트 세계는 나의 개인적 세계에 우선한다.

- **동화**(assimilation): 나는 클라이언트의 경험을 내 안에 이미 존재하는 경계와 구조에 동화시킴으로써 그의 경험을 경험한다. 따라서 나는 그의 경험을 동일한 일에 대한 나의 경험과 유사하게 경험한다. 클라이언트를 경험하기 위하여 나는 나 자신에게로 가까이 간다. P/C가 의미하는 것처럼 나의 개인적 세계가 나를 클라이언트 세계로 이끈다.

- **차별**(differentiation): 나는 클라이언트의 경험이 나의 것과 아주 다르기 때문에 그의 경험을 경험하지 않는다. 따라서 나는 그의 경험이나 그가 경험하고 있는 방식을 경험하지 않는다. 나는 클라이언트에게 가까이 이동하기보다는 그에게서 떨어져 나 자신에게로 이동한다. 나는 나 자신의 경계와 구조를 확립하고 의식적으로 그것들을 그의 경험과 분리한다. C≠P가 의미하는 것처럼 우리의 세계는 같지 않다.

- **객관화**(objectification): 나는 클라이언트 세계 속에 관찰자로 존재한다. 나는 클라이언트가 존재하는 것이나 실행하고 있는 것을 경험하지 않는다. 그보다 나는 그의 행위를 받아들이는 수령인으로 나 자신을 경험한다. C→P와 C→T가 의미하는 것처럼 클라이언트는 각각 인간으로서 혹은 치료사로서 나에게 작용하고 있다.

클라이언트 – 치료사 관계의 변수

다음 내용은 꽤 전통적인 개념으로 클라이언트와 내가 전이-역전이 투사 안에서 서로에게 진실하게 반응한다는 것이다. 전이(TT)에서 클라이언트는 마치 내가 그의 인생에 중요한 인물(대부분은 부모)인 것처럼 나에게 반응한다. 이 반응은 중요 인물에 대해 클라이언트가 가지는 느낌의 종류에 따라 긍정적일 수도 있고 부정적일 수도 있다. 그 후 그 반응은 나에게 투사된다. 역전이(XT)에서 나는 마치 내가 그의 인생의 중요한 인물인 것처럼 클라이언트의 투사에 대해 반응하거나, 마치 그가 나의 인생에서 중요 인물인 것처럼 그에게 반응한다. 진실한 반응(AT)에서 클라이언트는 그의 과거에서 온 대상으로서가 아닌 현재의 그에게 나타난 실체로서 나에게 반응한다. 마찬가지로 나는 클라이언트를 내 인생의 그 어떤 사람으로서가 아닌 그 자체로서 그에게 반응한다. 이 이론에 따라 나는 개인적으로 그리고/혹은 치료사로서 진실한 반응을 한다(이것은 치료사로서 개인적인 자신을 드러내는 일반적인 진실성의 개념과는 다른 것이다).

이동의 매개물

GIM은 나의 의식을 이동시키기 위한 몇 가지 매개물을 제공한다. 중요한 것으로 변형된 의식 상태, 음악, 심상, 신체적 상호작용, 언어적 상호작용이 있다. 이는 모두 클라이언트와 치료사에게 계속적으로 이용될 수 있다. 비록, 그것들은 상당 부분 서로 겹치거나 직접적으로 연결되어 있지만, 매개물 각자는 클라이언트와 치료사를 독특한 방식으로 도우며 심리치료 과정에 그 나름의 기여를 한다.

변형된 의식 상태　　GIM은 클라이언트와 치료사 모두에게 다양한 양식의 의식을 경험하게 하기 위한 풍부한 기회를 제공한다. 사실 의식의 변화는 이런 형태의 치료에서 필수적이다. 첫째, 변화는 클라이언트의 신체를 이완시키고 그의 심상에 초점을 맞추도록 치료사가 클라이언트를 돕는 이완 유도 중에 일어난다. 요컨대, 치료사는 클라이언트가 변형된 의식 상태(ASC)로 들어가도록 인도한다. ASC는 인간이 '지금-여기' 현실의 어떤 부분을 떠나 다른 공간과 시간으로 이동할 때마다 발생한다. GIM에서 클라이언트의 자각은 치료실을 떠나 다양한 상상의 영역으로 '여행' 하기 시작한다.

GIM 세션 중 클라이언트가 ASC에 있는 유일한 사람이 아님을 밝히는 것은 중요하다. 치료사 자신도 일상적인 의식 상태와 변형된 의식 상태를 넘나들 수 있다. 그 이유는 간단하다. 치료사는 클라이언트가 경험하고 있는 것과 동일한 것(유도, 음악, 심상)을 경험하고 있기 때문이다. 이완 유도 중에 치료사는 최면 상태 같은 효과를 유발하는 자신의 목소리에 쉽게 흡수되거나 운율감 있는 자신의 말소리와 반복적인 말에 동조될 수 있다. 그 후 음악과 심상이 전개됨에 따라 치료사는 그것들의 변형적 효과의 대상자가 된다. 이때 음악은 그의 의식을 '지금-여기' 축에서 점점 더 멀리 떠나게 하고, 클라이언트의 심상은 구체적인 세계와 경험을 위한 지도와 길을 제공한다. 짧은 시간 동안 ASC에 들어가는 것은 경험의 세계와 단계 사이를 이동하는 치료사의 능력을 많이 촉진한다. 나는 ASC가 나의 개인적 경계선을 느슨하게 하여 지각적이고 정서적인 경험을 더욱 생생하게 만들고 나의 사고를 자유롭게 하며 나의 직관적 능력을 향상시키는 역할을 한다는 것을 발견하였다. 이 모든 것은 가이딩 과정에서 너무나도 중요한 것들이다.

음악 또 다른 의식에서 중요한 변화는 음악(MUS)이 시작될 때 일어난다. 음악은 ASC의 영향력 있는 촉진자로 오랫동안 인정받아 왔다. 음악이 GIM 세팅에서 사용될 때, 이것은 의식의 공간과 시간의 영역을 통하여 클라이언트와 치료사를 이동시킨다. 음악은 인간의 모든 부분에 직접적으로 영향(자율 기능을 즐겁게 하고, 감각을 자극하며, 감정을 탐구하고, 생각을 제시하며, 영을 고취시킨다)을 줌으로써 이를 수행한다. 의미심장하게도 이러한 다측면적인 효과는 누적된다. 시간이 지나면서 음악이 확장됨에 따라 감상자는 더 깊게(혹은 더 멀리) 들어갈 수 있다. 동시에 음악의 요소는 점점 더 영향력 있게(혹은 미묘하게) 된다. 음악이 처음 시작될 때 상행하는 음의 진행은 점차적인 올라감의 경험이나 다음 층으로 가는 작은 층계의 경험을 자극할 수도 있다. 반면에 동일한 진행이 후에는 천국이나 화성으로 가는 로켓 여행으로 바뀔 수도 있다.

변형된 의식 상태로 유도하는 효과 외에도 음악은 치료사가 여러 가지 다른 방법으로 다양한 의식의 양식을 통하여 이동하도록 돕는다. 주로 음악은 클라이언트 세계로 가는 다리다. GIM에서 가장 중요한 음악적 측면 중 하나는 음악이 클라이언트와 치료사에 의해 언제나 동시에 경험된다는 것이다. 이것은 마치 '한 배에 같이 탄' 것과 같다. 다시 말해, 나는 클라이언트가 음악을 들으면서 듣는 것을 들으며, 그가 경험하고 있는 감각, 느낌, 심상, 생각에 즉각적으로 관여하여 듣는다. 그러므로 음악은 우리의 경험을 일치시키기 때문에 우리는 심상 경험이 진행됨에 따라 서로 간에 '음악적으로 동조화' 되었다. 따라서 음악은 즉각적인 라포를 형성하고 깊은 공감대를 촉진하며 클라이언트와 치료사 간의 특별한 친밀감을 유발한다. 또한 음악은 다른 방식으로는 얻을 수 없는 클라이언트의 경험에 대한 통찰력을 제공한다.

그러나 음악은 클라이언트에게 가는 다리 역할을 하기도 하지만, 나를 깊이 감동시켜 나를 내 개인 세계로 떨어지게 할 수 있다. 이 같은 현상은 GIM에서 아주 흔하게 나타난다. 이는 치료사가 되기 위한 훈련과정의 일부분이 치료사가 모든 GIM의 프로그램을 여행자 혹은 클라이언트로서 경험하도록 하기 때문이다. 따라서 치료사는 종종 특정한 음악 작품과의 연상을 형성한다. 그래서 이러한 음악 작품이 들릴 때 그것은 치료사 개인의 심상 회상이나 개인적 고민을 불러일으킨다. 이런 일이 발생하면 음악은 치료사를 그 자신의 배로 돌아가 혼자 그의 강을 지나게 한다. 다음의 기록은 그 예다. 자연적으로 치료사 개인의 세계로 돌아가는 것은 치료과정에서 이점으로 적용할 수 있거나 치료과정의 방심할 수 없는 장애가 될 수도 있다. 이런 측면에서 음악에 대한 치료사의 개인적 반응은 역전이 반응과 아주 유사하다. 부정적 결과는 그것들이 치료사가 클라이언트의 필요에 적절하게 반응하지 못하도록 방해할 때 발생하며, 긍정적인 결과는 그것들이 치료사가 더욱 민감하고 효과적으로 반응하도록 도울 때 일어난다. 부수적으로 나는 음악에 대한 개인적 반응을 다룰 수 있는 최선의 방법이 나의 의식을 치료사의 세계로 이동시키는 것이라는 것을 알게 되었다.

심상   우리가 이미 살펴보았듯이 심상(IMA)은 그 자체 또한 ASC에 기여한다. 클라이언트가 심상을 경험함에 따라 점점 더 많은 자각이 필요하게 되고 그의 의식은 '이곳에 더 많이' 존재함에서 '그곳에 더 많이' 존재하는 것으로 그 강도가 '변형' 되기 시작한다. 이것은 정의상 ASC로 들어가는 것을 의미한다.

이와 비슷하게 치료사가 클라이언트의 심상을 경험할 때, 그의 의식은 변형된 의식 상태와 일상적 상태 사이에서 이동하기 시작한다. 이 일이 발생할 때 클라이언트의 심상은 GIM에서 이상적인 '매개 대상' 을 제공한다. 즉, 그것은 클라이언트와 치료사 사이의 다측면적인 상호작용을 위한 기회와 용기, 그리고 매개물을 제공한다. 때때로 이러한 상호작용은 그것 없이는 불가능할 것이다. 아마 그것들을 묘사할 최선의 방식은 서로 간의 의식 영역을 통해 여행하는 것이다.

매개 대상으로서 심상을 사용하는 것은 클라이언트와 치료사가 의식 속의 동일한 공간을 공유하도록 돕는다. 클라이언트가 특정한 장면에 몰두하게 될 때 나의 첫 번째 생각은 그것과 관련하여 내가 어디에 있을 수 있는지를 탐구하는 것이다. 예를 들어, 클라이언트가 친구와 함께 숲 속을 걷고 있고 그들이 용을 만난다면 가이드인 나는 그 장면과 관련하여 몇 군데의 장소에 있을 수 있다는 것을 깨닫는다. 나는 가이드로 남아서 치료실 안에 있으면서 그가 용에 잘 대처하도록 도울 수 있다. 내가 클라이언트의 입장이라고 상상해서 그 장면으로 들어갈 수 있다. 내가 그의 동반자로 상상해 그 관점에서 그가 용을 물리치도록 도울 수도 있다. 또는 나는 용 자체가 될 수도 있다. 이와 같은 모든 종류의 입장은 여전히 클라이언트 세계의 영역 안에 존재한다. 만약 내가 진정 클라이언트의 정신 안에 속한 심상의 일부분이 아니라면, 나는 이 장면에서 좀 더 자유롭게 나 자신을 위치지을 수 있다. 그러나 클라이언트는 직접적으로나 상징적으로 나를 심상 안에 포함시킬 수 있다. 예를 들어, 몇 번의 질문 후에 그 동반자가 무엇을 하는지를 물었고 그가 "그는 그 용에 대해 내게 계속 질문을 해요." 라고 대답했다고 가정해 보자. 나 또한 그런 질문을 하였기 때문에 나는 그 심상 안에 있는 동반자가 나일 수도 있다고 의심할 수 있다. 반대로 클라이언트가 그 용을 나와 부합되는 방식으로 묘사한다면(예를 들어, 그는 회색 수염이 있다!) 나는 내가 그 용일 수도 있다는 의심을 하게 된다.

클라이언트의 심상에 참여함으로써 나는 나의 의식을 어려움 없이 이동시키며 동시에 클라이언트 세계로 쉽게 들어갈 수 있고, 그 과정에서 붙잡을 수 있는 구체적인 그 어떤 것을 가지게 되는 효과를 누릴 수 있다. 그것은 문자 그대로 클라이언트와 내가 상호작용할 수 있게 하는 '재료'다.

신체적 상호작용   또 다른 이동의 매개물은 클라이언트와 나 사이의 신체적 상호작용(PHY)이다. 이것은 눈맞춤이나 신체적 언어 같은 좀 더 미묘한 형태와 접촉이나 붙잡음 같은 좀 더 직접적인 형태를 포함한다. 이러한 신체적 의사소통은 토의과정과 일상적인 의식 상태, 그리고 음악-심상 과정과 변형된 의식 상태 중 어디서나 일어날 수 있다.

언어적 의사소통   언어적 의사소통(VRB)은 아마 개인의 의식을 이동하게 하는 가장 전통적인 매개물일 것이다. 이것은 교류된 실제 말이나 문장뿐 아니라 목소리의 톤, 말씨(phrasing)와 말의 리듬까지도 포함한다. 클라이언트가 말하는 내용과 방법을 들었을 때 나는 나의 의식을 그의 세계로 이동시킨다. 반대로 내가 말할 때 나는 클라이언트를 나의 세계로 초청할 수 있다.

세션 2: 부분 2

다음의 발췌록은 부분 1의 연장이다. 분석은 앞서 소개한 새로운 구성 요소(그리고 부호)를 포함하여 확장되었다. 그러나 클라이언트-치료사의 다양한 종류의 반응은 항상 명백한 것이 아니어서 그것이 중요한 경우에만 이 세션 사본 기록에 포함시켰다.

톰이 일상적 의식 상태로 돌아옴에 따라 나의 머리는 빙빙 돌았다(마치 머리가 깨지는 두통을 가진 것처럼). 이 세션은 굉장한 세션이었다. 나는 그에게 너무 다가갔기에 나 자신에게로 다시 도망쳤다. 그 후 나는 나 자신에게로 너무 다가갔기에 거의 그와 일치하지 않았다. 나 자신의 심상과 감정의 침입은 나에게 나 자신에게서 '분리' 하는 것과 우리의 세계 사이의 경계를 명확하게 하는 것을 가능하게 하였다. 그렇지 않았다면 내가 그와 함께 그리고 그를 위해 치료사로서 '그곳에 거하는 것' 이 불가능하였을지도 모른다.

세션: 부분 2	
대 화	**의식의 양식**
톰: (침묵)	
켄: (침묵)	
	C = P1/PHY: 다음 곡이 시작되기 전 침묵하는 동안 톰은 한숨을 쉬었다. 그러나 그의 신체는 긴장을 풀지 않았다. 그는 슬픈 표정을 지었고 마치 눈물을 참고 있는 것처럼 눈에 힘을 주고 있었다. 나는 나의 몸이 그의 몸과 동일하게 반응하고 있음을 느꼈다.
톰: 너무 슬퍼요….	
	AT1+2/MUS: Howard Hanson의 Romantic Symphony가 약음기 소리지만 풍부한 화성으로 지지되는 현악기와 구슬픈 관악기의 선율로 시작된다.
켄: 그래요. 매우 슬퍼요.	
	AT3/MUS: 선율은 장3도와 단3도가 섞여 있어서 그것에 대한 양가감정을 가지고 있다. 그러나 대체적인 분위기는 지지적이고 배려가 넘

친다. 주제는 동일하게 하강하는 단3도와 보편적인 '아이들 곡조' 같은 선율 윤곽으로 구성되었다는 것이 생각난다.

톰: (울기 시작한다.)

AT1+3/PHY: 그가 자신을 울게끔 허용한 것은 이번이 처음이다. 여하튼 그 남자의 곤경이 그를 깊이 건드리고 있다.

톰: 다른 사람들도 울기 시작해요…. 우리는 서로 위로하려고 해요.

AT1+3/PHY/MUS: 배려가 넘치는 음악과 아이들과의 연상을 고려하면서 나는 우는 그를 지지하기 위해 그의 목 아래로 나의 손을 뻗쳤다. (이런 종류의 신체적 상호작용은 이전에도 문제가 없었다.)

켄: (톰의 목을 흔들어 어른다.)
톰: (그의 목 아래에 있는 나의 손 때문에 그의 신체가 굳어진다.)

P2/PHY: 그의 반응은 나의 깊은 상처가 열린 것처럼 내 존재의 아주 핵심적인 부분을 건드린다. **P2/MUS/ASC:** 음악이 갑자기 나의 감정을 사로잡고, 나는 내 안의 떨림을 느낀다.

톰: 그들은 마치 그곳에 어떻게 왔는지를 모르는 것처럼 방황하고 혼란스러워하는 것 같아요.
켄: 그들은 방황하는 것 같군요.

XT3: 난 음악에서 떨어져 톰이 무슨 말을 하고 있는지를 들어야만 한다. **XT3/PHY/MUS:** 믿기 어려운 이상한 우연이 일어났다. 난 정확히 동일한 음악에 대한 나 자신의 심상 속에서 나에게 발생했던 것 그대로를 톰에게 행하였다. **XT3/ASC:** 나를 돌보던 어떤 사람이 나를 일으켜서 어르며 흔들었다. 또한 톰이 그랬던 것처럼 내 몸 전체가 굳어졌다. 우린 둘 다 사랑과 돌봄의 제스처를 받아들이기 위한 신뢰를 가지지 못한 것 같았다. 나의 가이드는 내가 톰에게 한 것처럼 나의 목을 어르며 흔들었다. 나는 내가 본격적인 역전이 반응을 가지고 있다는 것을 깨닫는다. **XT1/ASC**: 나는 심호흡을 하기 시작하고 긴장된 나의 신체를 이완시키려는 의식적인 시도를 한다. **XT3/IMA**: 나는 나 자신의 투사 때문에 그의 경험을 오해할 수도 있다는 것을 깨달으면서 나의 관심을 톰에게로 다시 맞추도록 노력한다.

톰: 나는 그들 모두를 용서해야만 할 것 같아요.

AT3/VRB: 난 그가 왜 '해야만 한다'고 말했는지 궁금하다.

켄: 그것이 당신이 하고 싶은 것인가요?

P1+2/MUS: Hanson의 곡이 끝나고 난 위안을 느낀다. **AT1+3/MUS**: Edward Elgar의 'Sospiri'가 시작되었다. 음악은 느리고 슬프며 톰이 향하고 있는 곳을 지지하는 데 이상적이다. **P3**: 나는 Hanson의 곡에서 내가 가졌던 강렬한 연상을 이 곡에서는 가지고 있지 않다.

톰: 그래요. …이제는 괜찮아요. 나는 그에게 돌을 던진 무리 중의 한 사람이 되고 있다고 느껴요. 나는 그들과 땅 위에 앉아 있어요. …죽은 사람 옆에요. 우리 중 몇 명은 울고 있어요. 마치 우리가 그와 진실로 다르지 않다는 걸 느끼는 것처럼 말이에요.

P/C2/IMA: 이 장면은 마치 '고인과의 대면'이나 초상집에서의 밤샘과 같은 느낌이다. **AT3**: 음악이 우리 모두를 위해 슬퍼하고 있는 것 같다. **AT3/IMA**: 그가 그 자신으로서 그 장면에 들어간 것이 아니라 용서를 구하는 참회자의 한 사람이 되었다는 것은 중요해 보인다.

켄: 다른 점은 없나요?
톰: 없어요. …우리 모두는 죽도록 후회해요.

P/C2+3/IMA: 나는 그가 그의 죽음을 대면하기 전 자신의 회한을 고백하고 싶어 하는 것처럼 느낀다.

켄: 모두 후회하나요?
톰: 아니요. 몇 사람은 여전히 화가 난 채 가 버렸어요.

캔: 그들에게 말하고 싶은 것이 있나요?

톰: 네. "잠깐만 기다려요! 당신들은 왜 그에게 이런 짓을 하지요?" (다시 울기 시작한다.)

AT3/IMA : 그는 또다시 분리하고 있는가?

C=P2/IMA : 나는 톰의 혼란과 슬픔을 느낀다. 나는 그가 그 남자와 자신을 동일시하는 것을 느낀다. P3 : 톰은 결국 그 남자와 자신을 옹호한다.

톰: 그들은 나에게 "그는 죄가 있어요. 그는 나빠요."라고 말하고 있어요.

캔: 그러나 그가 뭘 했다는 거죠?

톰: 아무것도요. …그는 결백해요. 그는 단지 다를 뿐이에요.

P/C4/VRB : 동성애자가 된 것은 톰을 다르게 하지만 결백하게 만든다. AT3 : 그러나 톰의 가슴 속에는 그러한 결백함이 그를 떳떳하지 못하게 하고, 그 다른 점이 그를 나쁘게 만든다.

캔: 그는 결백해요. …단지 다를 뿐이에요.

톰: 그들 얼굴 전체에 피가 있어요. 그들은 용서가 필요해요. 맙소사. 여기 있는 모든 사람은 용서받아야 하고 용서해야만 해요.

AT3/VRB : 그는 용서를 필요로 하는 사람들을 '그들'에서 '우리 모두'로 바꾸었다. 왜?

캔: 그 밖에 당신이 깨달은 게 있나요?

톰: 내 손에도 피가 있네요. …그들과 같이요.

P/C1+2/IMA : 나는 그가 불결함과 죄의식을 느낀다는 것을 느낀다. P/C2 : 나는 손을 씻고 싶다. P/C4 : "나가, 나가, 그 저주받은 장소에서!"

캔: 당신도 용서가 필요한가요?

톰: (울면서) 그들보다 더 많이요. 나는 나 자신을 용서할 필요가 있어요.

C/P2/MUS/IMA : 나는 그의 고통을 느끼며 또 음악 속에서 깊이 그 고통을 들을 수 있다. AT1/MUC : 이 테이프에 있는 마지막 곡이 시작된다. 그것은 Gustav Mahler의 제5교향곡 '아다지에토(Adagietto)'다.

켄: 그것을 할 준비가 되었나요?

톰: 네. 그러나 나는 그 죽은 사람과 같이 눈에 띌까 봐 두려워요. 나는 나머지 사람들과는 달라요.

AT3/IMA: 톰은 왜 그곳에서 그 자신이 되는 것을 그토록 두려워하는가? 그는 왜 무명으로 머무는 것에 대해 그토록 완강한가?

톰: 네. 나는 그 남자를 묻을 수 있고, 그의 고통을 기억할 수 있어요. ⋯내가 그의 시신을 볼 때 나는 그 어떤 분노도 보지 못했어요. ⋯난 오직 결백의 고통과 그가 조건 없이 준 사랑만을 봐요.

P/C2+4/IMA: 나는 톰이 자신의 일부분을 묻고 있다는 것을 느낀다. **AT3/IMA:** 난 그 먼지가 그 손에 있는 피를 흡수하는지 궁금하다.

켄: 그 밖에 뭐가 보여요?

톰: 땅은 마치 아무 일도 일어나지 않은 것 같아요. ⋯분노와 증오는 이 초원에서 떠나갔어요. 죽은 그 남자는 남아 있는 우리를 도와줘요. 우리 모두는 서로 연결돼 있어요. 우리는 이제 더 이상 무섭지 않아요. ⋯우리는 이제 이곳을 떠날 수 있어요.

AT3/IMA: 톰은 용서와 사랑을 받을 필요가 있다.

켄: 장소에서 가져오고 싶은 어떤 것이 있나요?

AT3+4/VRB/IMA: 그가 가져 온 피는 그의 AIDS 진단이다. AIDS를 가지고 있다는 것은 동성애자나 문란한 사람을 돌로 쳐 죽이는 것을 끊임없이 기억하게 하는 것과 같다. 톰은 죄의식과 결백 사이에서, 그 자신을 벌 주는 사람과 용서하는 사람 사이에서 분리되어 있다.

톰: 내 손엔 여전히 피가 묻어 있어요. ⋯나 자신을 용서하지 못한 죄가 있는 나를 되새기는⋯.

이 론

치료사가 끊임없이 그의 의식을 확장하고 집중하며 이동해야 하는 필요성은 앞의 세션 기록 사본에 자세히 명시되어 있다. 그 세션을 되돌아볼 때 가이드로서 유사하게 어려웠던 경험에서 내게 가장 도움이 된 것은 내가 나의 의식을 이동시킬 수 있다는 것과 타이밍이 중요한 요소라는 것을 아는 것이었다.

이제까지의 이론은 주로 의식의 공간적 측면을 다루었거나, 치료사가 세계와 위치, 단계, 매개물과 관련해 어디로 이동하느냐에 관한 것이었다. 또 하나의 중요한 요소는 치료사가 얼마나 자유롭게 그리고 언제 움직이느냐. 이런 움직임은 제한을 받는가, 아니면 자유로운가? 그것의 시기는 어떻게 정해지는가? 실제적인 관점에서 살펴볼 때 공간적이고 시간적인 측면은 어떻게 조화되는가?

접근의 자유

치료사는 필요하거나 바랄 때마다 그의 의식을 이동시킬 수 있는 자유를 가져야 한다. 개인적이고 전문가적인 경계를 이해할 수 있는 한계 안에서, 그는 세계와 단계 및 매개물 안에서 어디로든 마음 내키는 대로 이동하는 데 그 어떤 주된 문제나 제한을 가져서는 안 된다. 앞의 사례에서 나는 나 자신을 그의 세계(그의 신체적 반응, 감정, 심상)에 곧바로 집중하기 위해 음악과 나의 심상의 세계에서 멀리 떨어져 있어야 했다.

만약 내가 클라이언트를 위해 '그곳에 거한다면', 나는 그의 경험이 이끄는 장소로, 혹은 그를 위해 치료적으로 중요하다고 내가 느끼는 곳으로 자유롭게 이동해야만 한다는 사실은 자명한 것처럼 보인다. 타당한 이유가 없는 한 나는 나 자신을 특정한 장소에 가둬 둘 수 없다. 따라서 나의 실재는 필요한 만큼의 다양한 의식의 양식으로 들어갈 수 있는 나의 능력과 뒤엉켜 있다.

한 세계에 머무는 것이 어떠한 의미를 함축하고 있는지에 관해 잠시 생각해 보자. 만약 내가 타인에게 쉽게 접근하지 못하고 치료사의 세계에만 머물러 있다면, 나는 클라이언트를 공감할 수 있는 능력을 제한받게 되거나 그에게 아주 진실한 개인적 반응을 하게 될 것이다. 그리고 내가 나 개인의 세계에 쉽게 접근하지 못한 채 클라이언트의 세계에만 머문다면, 나는 치료사로서 그를 도와줄 수 있는 능력을 제한받고, 나 자신의 개인적 공간을 보전하는 데 위협을 받게 될 것이다. 문자 그대로 개인적이며 전문가적인 경계를 잃게 될 것이다. 반대로 내가 개인 세계에만 머문다면, 나는 클라이언트를 공감할 수 있는 능력을 제한받고, 치료사로서 나의 통찰력과 중재는 편향적이고 자기중심적이며 십중팔구 클라이언트의 요구에 반응하지 않을 것이다.

내가 같은 단계나 경험의 매개물에 머물러 있을 때는 비슷한 제한이 발생한다. 나는 심상과 음악, 언어, 신체적인 상호작용 안에서 정서적 단계에서 감각적, 직관적, 반영적 단계까지 자유롭게 이동할 수 있어야만 한다.

타이밍

타이밍은 접근의 자유과 밀접한 관련이 있다. 치료사는 상황이 요구하는 어떤 장소뿐 아니라 시간으로도 이동해야만 한다. 간단히 말해서, 나는 아주 오랜 기간 한 세계, 장소, 단계, 혹은 매개물에 머물 수 없다. 또한 나는 하나에서 다른 하나로 훌쩍 날아 어떤 한 곳에도 충분히 머물지 못하게 할 수는 없다. 이 과정에서 나는 너무 빨리 혹은 너무 느리게 움직일 수 없다. 따라서 클라이언트를 위해 '그곳에 거하기' 위하여 나는 진실하게 존재하기에 충분할 만큼의 시간 동안 머물러 있어야 한다. 그뿐 아니라 우리 중 누구라도 한 곳에 갇혀 있을 때마다 이동해야 할 준비를 해야 하고, 또 나는 클라이언트의 경험의 속도(pace)대로 이동해야만 한다.

실제적인 관점에서 치료사가 언제 어디로 움직일지에 관해 어떻게 아느냐는 질문이 아직 남아 있다. 치료사는 그가 적절한 시간과 장소에 머물고 있는지를 어떻게 알 수 있을까? 치료과정을 향상시키고 촉진하기 위해 치료사의 의식을 똑바로 돌리게 하는 데 어떠한 요소가 고려되어야 하는가?

비록, 이 이론은 치료사가 자신의 의식을 다양한 공간으로 옮겨야만 하는 정확한 조건을 구체화하지는 못하지만 가능한 다음과 같은 이슈를 다룬다. 이 이론의 중요한 점은 다양한 의식의 양식을 탐구하면서 치료사는 자신이 언제, 어디로, 어떻게 이동해야만 하는지를 학습한다는 것이다. 따라서 치료사가 적절한 시간과 장소에 있는지를 자신에게 알려 주는 것은 의식을 확장하고 집중하고 이동시키는 바로 그 과정이다.

그 자체를 이동시키는 것 외에 어떻게 시간 조절을 하는지를 아는 다른 방법이 있다. 첫 번째 신호는 초점의 경험 자체 속에서 찾을 수 있다. 예를 들어, 내가 클라이언트의 세계에 초점을 맞출 때 나는 그의 경험이 시간 속에서(in time) 펼쳐지고 그것이 속도의 질을 가지고 있음을 알아차린다. 게다가 그의 경험은 시간에 맞추어(on time) 잘 집중되어 있고 그의 영향은 그의 세계에 집중되어 있다. 예를 들어, 클라이언트는 그의 심상이 느리거나 빠르다고 보고할 수 있고, 그의 호흡이 그의 심장박동 수에 따라 빨라질 수도 있고 느려질 수도 있으며, 심상 속에 있는 사건이 그 자체로 다양한 속도에서 일어날 수도 있다. 이 모든 점은 내가 적절한 시간에 적절한 장소에 있는지, 다른 공간을 견본으로 조사할 시간이 있는지를 깨닫는 데 중요한 신호가 된다. 클라이언트가 "나는 길을 따라 걷고 있어요. 그리고 지평선이 점차 뚜렷해지네요."라고 느리게 얘기할 때, 나는 그 심상 속에서 그를 재촉하기를 원하지 않고 그가 목적지에 이르기 전에 나의 개인적 세계를 견본으로 조사할 시간을 갖는다는 것을 알고 있다. 반면에 클라이언트가 그의 심장이 빠르게 뛰거나 터널을 빠른 속도로 나선형으로 통과하고 있다고 말한다면, 나는 그가 있는 그 장소에 머물고 그와 함께 재빨리 이동하기를 원할 것이라는 것을 안다. 그를 잃어버리기 쉽기 때문에, 나는 다른 곳으로 가는 데 시간을 소요하기를 원치 않는다. 요약하면, 그가 다양한 장소로 빨리 여행할 때 나도 같은 방식으로 여행한다. 그리고 그가 공간을 떠다닐 때 나도 그렇게 한다.

물론 음악 또한 타이밍의 중요한 지시자가 된다. 음악은 아주 뛰어난 시간적 지지 환경이다. 그것은 속도를 조절하고 감정을 움직이며 생각을 펼친다. 음악은 서두르거나 질질 끌며, 그 존재 자체로 모든 사람을 재촉하거나 지체하게 할 능력이 있다. 일반적인 법칙은 가이드가 음악에 때맞추어 그의 경험을 이동시키려면, 그는 거의 언제나 적절한 시간에 적절한 장소 안에 거하게 될 것이다.

나의 타이밍이 정확하다는 것을 확인해 주는 또 하나의 효과적인 방법은 나의 의식을 규칙적인 시간 차를 두고 이동시켜 나에게 끊임없이 다양한 세계와 위치, 단계, 매개물의 주기적인 견본을 가져오게 하는 것이다. 이렇게 하여 나는 나 자신을 자발적으로 이동시키도록 하고(즉, 자기 감찰을 하지 않고 순간순간 사건의 흐름에 따라 자유롭게 따라가는 것), 이것을 반영적으로 움직이는 것과 번갈아 일어나게 한다(즉, 탐구를 요하는 의식의 자각양식을 의도적으로 불러일으키는 것, 혹은 현재의 양식 안의 한계점을 진단하는 것).

이러한 '타임 샘플링(timed sampling)' 은 나에게는 나의 신체를 통해 이룰 수 있는 가장 쉬운 것이다. 이것은 나의 작업 스타일에서 독특한 것이다. 나는 아주 작은 부분이든 아주 사소한 움직임이든 간에 어떤 방식으로든 나의 신체를 움직일 때 내 의식 또한 자극받는다는 것을 발견하였다. 그래서 나는 신체 위치를 정기적으로 바꾸고, 이를 의식의 다양한 견본으로 조사하기 위해 신호와 시간표를 사용한다. 나는 클라이언트 경험의 속도에 따라, 그리고 어떠한 매개물이 앞에 있느냐에 따라 이러한 규칙적인 신체 변화의 속도를 조절한다. 클라이언트가 GIM을 통하여 천천히 움직이며 더듬거리며 말할 때 나는 더욱 느린 비율로 변화한다. 반대로 그들이 빨리 움직이며 말할 때 나 또한 더욱 빠른 비율로 변화한다. 유사한 방식으로 나는 음악의 속도와 심상 속 사건의 흐름에 따라 나 자신의 속도를 조정한다. 따라서 내가 나의 신체 움직임과 클라이언트의 계속되는 경험의 속도를 동조화함에 따라 나는 그의 경험과 관련하여 나의 의식의 자각 상태를 유지한다. 일반적으로 나는 이러한 방식으로 신체를 사용하는 것이 물리적인 현실에 나를 위치시키며, 나에게 언제든지 나의 경계를 다시 확립하도록 도와주는 동시에, 의식을 이동시키는 데 필요한 믿을 만한 신호를 제공한다는 것을 깨달았다.

치료사가 다양한 의식의 양식을 통해 이동할 때 자신의 경계에 관심을 두는 것은 중요하다. 이러한 작업 방식은 명백하면서도 연합과 침투에 개방적인 개인적 경계를 소유하는 것을 필요로 한다. 그렇지 않다면 이것은 위험하지 않더라도 클라이언트 세계에 들어갔다 나왔다 하는 것은 꽤 혼란스러운 일일 수 있다. 클라이언트 세계로 이동하는 것은 충분한 자아의 힘, 훈련, 성숙함이 부족한 치료사에게는 상당히 위험스러울 수 있다.

이와 같은 이론의 맥락 속에서 기술적으로 말하자면, 치료사가 한 세계, 위치, 단계, 혹은 매개물 속에 너무 오랜 기간 머물러 있거나 치료사가 동일한 공간에서 여러 단계의 경험을 쌓을 때(예를 들어, 클라이언트의 세계에서 감각적이고 정서적이고 내관적인 단계를 연합시키는 것) 경계는 가장 손쉽게 위협받는다.

결 론

지금까지 살펴볼 때 이 이론은 더할 나위 없이 완전해 보인다. 되돌아볼 때 좀 더 넓은 관점으로 이 이론을 바라보는 몇 가지 단상이 떠오른다. 나는 이러한 생각을 나의 결론의 변으로 나누고자 한다.

성별 지향

전에 언급한 것처럼 이 이론은 남성 중심적 관점에 기반을 두었다고 할 수 있다. 즉, 이것은 남성 정신적인 측면에서 나온 남성과 더욱 관련이 있거나, 공간이나 의식을 향해 남성 지향을 취하는 여성에게 좀 더 관련이 있을 수 있다.

만약 공간과 관련하여 여성과 남성 사이에 원형적 차이점이 존재한다면, 이러한 차이점이 수용자(container) 대 수용받는 자(contained) 그리고 침입자(penetrator) 대 침입당하는 자(penetrated)의 경향으로 집중된다면, 다양한 세계로 들어갔다 나왔다 한다는 생각은 남성과 여성 치료사에게 꽤 다른 요구를 할 수 있다. '들어오고' '나오는' 경험이 수용자 대 수용받는 자의 역할을 하는 사람 그리고 침입자 대 침입당하는 자의 역할을 하는 사람에게 얼마나 다른 것인지를 잠시 생각해 보자. 나아가 이러한 역할이 자신과 자신에게 중요한 타인에 의해 공유되는 공간을 예약하거나 정의하는 데 수행될 때 그 공간이 얼마나 달라질 수 있는지 생각해 보자. 수용자는 내부에서 공간을 예약할지도 모르며, 수용받는 자는 외부에서 공간을 예약할지도 모른다. 침입자는 외부에서 경계선을 넘을 수도 있으며, 침입당하는 자는 내부에서 경계선을 열어 놓을지도 모른다. 수용자는 고정적이지만 침입자는 유동적이다.

또 하나의 매혹적인 질문은 공간적 경계선이 교차될 때 남성과 여성 치료사가 본질적으로 클라이언트에게 제공하는 것에서 다른 점이 있는지에 관한 것이다. 만약 내가 수용자라면 새가 자신의 새끼를 위해 둥지를 트는 것처럼 나는 클라이언트가 성장하도록 지지와 방어를 제공할 것이다. 그리고 내가 클라이언트가 머무는 같은 공간 속에 수용된다면 마치 새가 그의 새끼들에게 둥지에서 날아오르는 법을 가르치는 것과 같이 나는 그가 자유롭게 작업하도록 할 것이다. 침입자로서 나는 클라이언트가 다른 세계를 탐구하고 새로운 공간으로 들어가도록 격려할 것이다. 침입당하는 자로서 나는 클라이언트 세계에 들어오는 타인을 그가 잘 받아들이도록 도울 것이다.

공간 지향에서 이러한 차이점은 나의 이론이 왜 여성에 의해 발전된 음악치료 이론과는 다르게 느껴지는지를 설명할 수 있을지 모른다. 예를 들면, Alvin(1978)이 자폐아동과 작업하면서 그녀는 아동과 그녀 자신을 위한 '영역' 을 확립하였다. 또한 적절한 시기에 아동이 그녀와 같은 공간을 공유하도록 아동을 준비시키는 '침략(invasion)' 놀이를 소개하였다. 비록, 침략 놀이가 여성보다는 남성 쪽에 가깝고 아동이 침략자와 침략당하는 자의 두 가지 역할을 모두 하지만, Alvin의 목적은 아동이 그녀와 공간을 공유하는 데 익숙하도록 아동과의 상호작용을 위한 안전하고 지지적인 용기를 제공하는 데 있다. 나의 관점에서 볼 때 그녀는 치료적 둥지를 창조하고 있는 것이었다. 내가 더욱 중요하게 여기는 이 침략 놀이의 또 다른 목적은 그러한 경계에 의해 수용되려는 그의 요구에서 그를 자유롭게 하거나 그를 그 자신의 둥지에서 날게 하도록 돕는 것이었다. 남성 치료사인 내게는 비록 그녀의 방법이 조금 낯설지만 나는 그녀의 접근 방식의 가치를 인정한다.

유사하게 이런 주제에 관한 최초의 공간적으로 기인한 이론 중에서 Kenny(1989)는 음악치료를 '음악적 공간' 의 창조에서 나온 '놀이의 장(field of play)' 으로 묘사하였다. 그녀는 다음과 같이 이렇게 정의한다.

> 장(場)은 현실을 지각하거나 상상하게 하는 적당한 방식인 것 같다. 만약 경계선이 공간을 수용한다고 상상할 수 있다면, 우리는 감각적이며 정신적인 자극에 의해 공격받지 않는다. '장' 이라는 개념은 우리가 장 안에 있는 것과 그 공간에 수용되는 참여자 사이의 상황과 관계에 초점을 맞추고 이해하도록 한다(pp.72-73).……음악적 공간은 수용되는 공간이다. 그것은 치료사와 클라이언트 사이의 관계 속에서 창조된 친밀하고 사적인 공간이다. 그것은 잘 알려지고 안정적인 영역인 '본루(home base)' 로 인식되는 성스럽고 안전한 공간이다. 유아 발달에서 이것은 어머니와 아동 사이에 창조되는 공간과 유사하다(p.79).

나는 남성 치료사로서 음악적 공간을 창조하고 거기에 놀이의 장을 위치시키는 아이디어가 나의 의식을 다양한 경험적 공간으로 들어갔다 나왔다 하는 것과는 상당히 다른 것이라고 생각한다. 그것은 타인을 돕는 다양한 원형적 양식에서 나온 것처럼 보인다.

남성적 관점과 여성적 관점 간의 차이점을 지적하는 것이 남성 중심적 이론이 오직 남성 치료사나 남성 클라이언트에게만 옳거나 유익하고, 혹은 여성 중심적 이론이 오직 여성에게만 옳거나 유익하다는 의미는 결코 아니다. 또한 이 이론의 이런 주장이 다른 것보다 옳거나 유익한 것도 아니다. 나는 그런 의미에서 말하거나 제안하는 것이 아니다.

성별 지향을 탐구하고 받아들이는 것에는 세 가지 중요성이 있다. 첫째, 치료사 자신의 성별은 그 자신의 이론과 연구 프로젝트, 임상 실습에 무의식적으로 혹은 예기치 않게 오는 피할 수 없는 편견을 깨닫게 한다. 이는 한 성별(여성)이 거의 지배하고 있는 음악치료사와 같은 직업 내의 GIM 기법에서 특히 중요하다. 둘째, 클라이언트가 함께 작업할 치료사를 선택하는 데서 어떤 성별의 치료사가 좋을지 그 선택 기준을 이해하는 데 도움이 된다. 셋째, 반대 성(gender)의 관점에서 기능을 할 수 있는 치료사가 진실로 필요하다는 것을 지적한다. 남성 치료사는 자신의 여성적인 측면에 자유롭게 접근해야만 하고, 여성 치료사는 자신의 남성적 측면에 자유롭게 접근해야만 한다.

치료사의 자격

이 이론의 맥락에서 치료사는 잘 발달되었으면서도 융통성 있는 성 정체성을 가져야 한다는 것은 이미 명백해졌다. Jung 학파의 용어를 빌리자면, 남성 치료사는 적절하게 발달된 아니마(anima)가 필요하고 여성 치료사는 적절하게 발달된 아니무스(animus)가 필요하다.

앞부분에서 언급한 것처럼 이러한 방식으로 작업하는 치료사는 한 인간으로서 그리고 치료사로서, 명확하게 정의되었지만 융통성 있으며 침투 가능한 경계를 가질 필요가 있다. 어떤 순간에 치료사는 클라이언트와의 상호작용에서 명확한 신체적, 정서적 경계를 유지할 필요가 있을지 모른다. 그리고 어떤 순간에 그는 이러한 경계를 허물어야 할 필요가 있을지 모른다.

내가 중요하게 생각하는 또 다른 특질은 이것이냐 아니냐의 양극성을 초월하는 능력이다. 의식을 확장시키는 것의 총체적 아이디어는, 내가 이곳 아니면 저곳에 머물 필요가 있는 것이 아니라 그 구별짓는 것을 초월할 수 있는 것이다. 이것은 나의 경계에서 어려움을 해결하는 데 도움을 줄 뿐 아니라 그 순간 요구의 계속적 출현에 대해 나를 개방하게 한다.

예술로서 치료

치료는 클라이언트와 치료사의 창조성을 요구하는 예술로, 그리고 창조적인 과정 속에서 양자의 적극적인 참여로 종종 설명되어 왔다. 이것은 음악 같은 예술 형식이 치료양식으로 사용될 때 특히 그렇다.

현재의 이론에 비추어 볼 때 GIM은 음악을 통하여 의식을 탐구하는 예술이다. 따라서 GIM 치료사는 주치료사 혹은 협동 치료사로서 음악과 함께 클라이언트를 위하여 '그곳에 거하기' 위한 창조적 과정과 그의 창조성을 사용하는 의식의 '예술가'가 되어야만 한다.

단순한 복잡성

인간은 복잡한 유기체다. 우리는 한두 개의 차원으로 감소될 수 없고 결정론적인 용어로 설명될 수 없다. 우리를 한 종(種)으로 독특하게 구별되게 하는 것은 우리의 주관성과 우리 자신을 주체(subject)로 경험할 수 있는 우리의 능력이다. 인간의 필요 조건의 난제는 주관적인 경험의 복잡성을 완전하게 파악하는 것이다.

비록, 우리에게는 다른 방식으로 믿게 하는 내외적인 힘이 존재하지만 인생은 그렇게 간단하지 않다. 그리고 삶의 과정에서 우리가 직면하는 문제와 삶의 딜레마 해결책 또한 간단하지 않다. 우리는 심리치료의 복잡성을 부인하고 우리에게 부과된 책임감에 압도당하는 것을 회피하고 싶겠지만 심리치료는 그리 간단해질 수 없다.

우리가 각 클라이언트의 독특성을 파악하고 그 자신의 운명을 형상화하는 자유를 가진 주체로서 그를 이해한다면, 우리는 객체의 법칙을 초월하여 그의 정신의 헤아릴 수 없는 깊이로 접근하기를 시작해야 한다. 이를 위해 치료사인 우리는 용기와 겸손, 존경을 가지고 우리의 의식을 클라이언트의 세계와 한 인간으로서 우리 자신의 세계, 그리고 클라이언트와 치료사로서 우리 세계의 미지의 영역으로 이동할 준비를 해야만 한다.

이 이론은 이러한 영역을 통해 여행할 수 있는 몇 개의 길을 지도에 상세히 나타내려는 시도였다. 독자는 주의를 기울여야 한다. "지도는 영역이 아니다"(Grinder & Bandler, 1976, p. 4).

참고문헌

Alvin, J. (1978). *Music therapy for the autistic child*. New York: Oxford University Press.

Bonny, H. (1978). *Facilitating GIM sessions*. Salina, KS: Bonny Foundation.

Bruscia, K. (1991). Embracing life with AIDS: psychotherapy through Guided Imagery and Music(GIM) (pp. 581-602). In E. Bruscia (Ed.), *Case studies in music therapy*. Gilsum, NH: Barcelona Publishers.

Grinder, J., & Bandler, R. (1976). The structure of Magic II. Palo Alto, CA: Science and Behavior Books.

Kenny, C. (1989). *The field of play: A guide for the theory and practice of music therapy*. Atascadero, CA: Ridgeview Publishing.

Jung, C. (1933). *Modern man in search of a soul*. New York: Harcourt.

제23장

클라이언트의 심상을 재상상하는 것
— 유도된 심상과 음악에서 전이와 역전이 탐구 기법

Kenneth E. Bruscia

배 경

앞 장에서 나는 치료사로서 클라이언트를 위해 '그곳에 거하기(be there)' 위한 나의 노력을 설명한 자기 탐구를 제시하였다. 그 목적은 GIM에서 클라이언트의 경험과 관련하여 치료사가 자신의 의식을 이동시키는 다양한 방법을 해설하기 위한 이론을 발전시키는 것이었다.

그곳에 거하기 위해서 나는 세 가지의 경험적 공간, 즉 클라이언트 세계, 나 자신의 개인적 세계, 치료사로서 나의 세계와 관련해 계속적으로 나의 의식을 확장하고 집중시키며 이동시켜야만 한다는 것, 나아가 이 세계 속에서 나의 경험이 본질상 감각적, 정서적, 반영적, 그리고/혹은 직관적일 수 있다는 것을 제안하면서 그 연구를 시작하였다. 이와 같은 구성 요소가 적당한 것이었는지를 시험해 보기 위해, 나는 클라이언트를 위하여 다양한 다른 방법으로 그곳에 거하도록 나에게 요구한 하나의 특정한 GIM 세션의 사본 기록을 분석하였다.

첫 번째 부분을 분석하면서, 비록 이러한 초기의 구성 요소가 유용하기는 했지만 나는 이 세션과 나의 경험을 더욱 풍성하게 묘사하기 위해서 좀 더 많은 구성 요소가 필요하다는 것을 깨달았다. 그 후 나는 분석 시 필요한 때마다 여러 구성 요소를 첨가하기 시작하였다. 그 세션에서 명백하게 나타난 다양한 전이와 역전이 반응을 설명하기 위하여 내가 첨가한 구성 요소는 특별히 중요한 의미를 갖는다.

이 연구를 통하여 임상 작업을 분석하기 위한 새로운 형식의 반영적 자기 탐구가 발전되었으며, 이론의 발전을 위한 방법론이 나타났다. 또한 GIM에서 클라이언트를 위해 그곳에 거하는 것이 어떠한 의미인지에 관한 임상적 이론이 제안되었으며, 전이와 역전이 징후를 분류하기 위한 이론적 구성 요소가 제시되었다. 그렇지만 모든 연구가 그러하듯이 이 연구의 한계를 넘어서서 다루지 못한 많은 중요한 이슈가 나타났다.

나는 명백한 전이와 역전이 반응의 다양한 종류를 차별화하는 분류 시스템을 만들기는 하였지만 반응 자체를 심도 있게 탐구하지는 않았다. 또한 그것의 무의식적 기원을 구체적으로 밝히거나 분석하지 않았다. 이는 두 가지 이유에서다.

첫째, 이 연구의 목적은 무의식 단계에서 작동하는 전이와 역전이 이슈를 탐구하는 것이 아니라, 그곳에 거하는 과정을 탐구하기 위하여 전이와 역전이에 대해 내가 아는 모든 것을 활용하는 것이었기 때문이다. 나의 초점은 무의식에 내재된 자료보다 의식적인 정신 상태에 접근하기 쉬운 자료에 관한 것이었다. 둘째, 나는 더 깊이 들어가기 위해 필요한 데이터를 가지고 있지 않았기 때문이다. 내가 분석하였던 세션 사본은 오직 전이와 역전이가 어떻게 행동화되었는지에 관한 데이터만을 제공하였다. 그것의 무의식적 기원에 관한 정보는 거의 없었다. 따라서 내가 더 깊이 들어가기를 원했을지라도 제일 중요한 무의식 자료에 관한 충분한 데이터가 없었기 때문에 그럴 수 없었다.

이 장은 여러 측면에서 볼 때 앞 장의 후속 연구다. 첫째, 앞 장은 자기 탐구의 반영적 형식을 사용하였다(제6장 참조). 그러나 이 장은 앞 장과 연계하여 사용할 수 있는 경험적 형식을 제시한다. 둘째, 앞 장의 목적은 이미 의식에 접근한 자료를 분석한 것이었지만, 이 장은 무의식 자료를 파헤치고 분석한 것이다. 셋째, 앞 장은 클라이언트를 위해 그곳에 거하는 것에 관해 초점을 맞추었지만, 이 장은 그런 결과를 이끌어 내는 전이와 역전이 문제에 초점을 맞추었다. 이 연구는 또한 선행 연구에서 분석되었

던 동일한 클라이언트의 세션으로 돌아가 전이와 역전이를 분류하는 데 동일한 구성
요소를 적용하고 이론 개발을 위해 동일한 방법론을 택한다.

　이제 나는 이 연구의 목적을 기술하고자 한다. 선행 연구의 임상 자료, 구성 요소,
그리고 방법론을 기초로 한 이 연구의 목적은 GIM 경험 내에서 작용하고 있는 무의
식적 역동성을 파헤치기 위해 경험적 자기 탐구 형식을 개발하는 것과 이 자기 탐구
를 통해 내재된 전이와 역전이 자료를 분석하기 위한 절차를 고안하는 것이다.

재상상 기법의 개발

　GIM 치료사로서 내가 자주 심사숙고하는 질문 중 하나는 나의 클라이언트가 창조
해 온 어떤 심상은 왜 그렇게 생생하고 감동적이며 나의 기억에 남는지와 어떤 심상
은 왜 그렇지 않은가에 관한 것이다. 왜 나는 그의 이야기의 어떤 부분에는 그렇게 감
동을 받는가? 내 안의 어떤 반향이 있는가? GIM에서 나의 작업에 대해 저술하고 발
표하였던 내용을 회고해 볼 때, 나는 마치 그것들이 내가 풀어야 할 수수께끼나 내 삶
의 발전을 위해 꼭 해결해야만 하는 불가사의인 것처럼 느꼈고, 같은 양의 심상을 공
유하도록 선택해 왔다는 것을 깨닫는다. 선행 연구에서 공포에 질린 방관자가 관찰하
는 동안, 성난 폭도에 의해 돌로 쳐죽임을 당한 한 사나이인 톰의 심상을 통해 나는
무엇을 배워야만 하는가? 왜 이 이야기가 나의 많은 다른 클라이언트의 이야기처럼
계속적으로 나에게서 떠나지 않는가? 나는 왜 그 그 구성과 등장인물을 이토록 깊이
동일시하는가?

　물론 역전이가 함축되어 있지만 이런 깨달음은 이와 같은 질문에 별다른 통찰력을
제공하지 않는다. 내가 확신하는 한 가지는 모든 경우에 클라이언트와 나누었던 그
의 이야기가 실제로 또한 나 자신에 관한 이야기였음에 틀림없다는 것이다. 톰의 사
례에서 그의 심상은 나 자신의 개인적 GIM 작업에서 나타났을 법한 것이었다. 이러
한 깨달음으로 나는 내가 그의 이야기에 대한 나 자신의 버전을 이야기했거나, 그의
심상에 대해 나 자신의 심상을 창조했다면, 구체적인 관련성을 이해할 수 있었을 것
이라는 생각을 하게 되었다. 나아가 이야기의 많은 부분이 음악과 GIM 경험 여하에
달려 있기 때문에 나는 의식의 변형 상태에서 같은 음악을 사용하여 톰의 장면을 다

시 경험할 수 있었다. 즉, 나는 톰과 그의 심상에 초점을 맞춘 나 자신의 GIM 경험을 가질 수 있었다는 것이다.

독자들은 아마 왜 그런 일을 하는지, 클라이언트의 심상에 대한 치료사의 심상이 두 사람에 대해 어떤 것을 밝힐 수 있는지, 누구의 문제와 요구가 이런 절차를 통해 탐구되는지에 관해 질문할 것이다. GIM에 대한 나의 신념 몇 가지를 나누는 것이 아마 질문에 대한 대답이 될 수 있겠다. 나는 GIM의 목적이 비록 클라이언트의 무의식을 탐구하는 것일지라도 치료사의 무의식도 항상 함축되어 있다는 것을 믿는다. 변형된 의식 상태에서 클라이언트가 음악에 대해 상상할 때 치료사는 동일한 경험을 가진다. 치료사가 완전하게 참여하고 공감하며 지원하기 위해서는 클라이언트를 가이드할 때 클라이언트에게 집중하면서도 클라이언트와 치료사의 적절한 경계를 유지한 채 클라이언트 세계로 이동하고, 클라이언트가 상상하는 것을 상상하며, 클라이언트가 경험하고 있는 것에 맞춰 음악을 경험해야 한다. 또한 나는 클라이언트의 심상으로 들어가는 과정에서 치료사가 불가피하게 그 경험 내에서 무의식적 투사와 동일시를 한다고 믿는다. 즉, 치료사는 클라이언트의 삶과 그 자신의 삶의 중요한 사람들을 심상에 나타난 등장인물과 연결시키며, 특질을 그들의 탓으로 돌리고 그들에 대한 감정을 발전시킨다. 여기에 전이와 역전이를 파헤치는 중요한 단서가 있다. 이러한 무의식적 투사와 동일시는 치료사의 역전이의 기본적인 받침이다. 치료사는 그것들을 통해 클라이언트의 과거와 자신의 과거에서 나온 관계를 재현할 기회를 갖는 것이다.

그렇다면 과연 이것이 전이와 어떤 관계가 있는가? 그것은 바로 모든 것이다. 나는 의식, 무의식의 두 단계에서 치료사가 클라이언트의 전이를 이해하고 관계 맺는다고 믿는다. 따라서 비록 그것들이 클라이언트-치료사 관계에서 일어났기 때문에 치료사가 의식적으로 전이 반응을 관찰하고 분석할 수 있다 하더라도, 그는 또한 전이가 수반하는 것이 무엇인지에 대해 무의식적으로 지각한다. 선행 연구에서 나는 내가 톰을 가이드 하는 동안 관찰한 전이 반응을 분석하였다. 어떤 것은 표면화되어 있고 어떤 것은 잠재되어 있었지만 모든 것이 나의 의식에 접근할 수 있었다. 내가 건드릴 수 없었던 것은 무의식적 단계에서 지각하는 전이였다. 나는 이러한 무의식적 전이 지각이 역전이를 통해 가장 쉽게 접근될 수 있다고 믿는다. 이것은 특히 GIM 작업에서 그러하다. 왜 그러한가? GIM에서는 클라이언트의 무의식이 심상의 형태로 치료사의 무의식과 직접적으로 소통하고, 치료사는 클라이언트의 심상에 대한 그 자신의 무의식적 투사와 동일시를 통해 클라이언트의 무의식에 반응하기 때문이다.

이제 의식적으로 관찰되는 전이와 무의식적으로 지각되는 역전이 중 어떤 전이 지각이 정확한지에 관한 질문을 제기할 때다. 이 질문은 두 가지가 다 탐구되고 비교되기 전까지는 답할 수 없다. 치료사의 역전이가 이 관계 안에서 나타나고 있는 전이를 정확하게 관찰하는 것을 방해하거나, 지금-여기에 거하는 치료사의 임재가 그 자신의 무의식의 왜곡을 검사하지 못하게 할 수도 있다. 이것을 염두에 두면서 전이의 의식적이며 무의식적인 지각이 여전히 치료사의 구성물이라는 것을 알아야 한다. 이는 증명할 수 있는 사실이 아니다. 치료사가 지금-여기에서 관찰하고 분석하는 전이는 그가 무의식적으로 지각하고 있는 전이보다 더 정확하거나 객관적이지 않다. 그것은 모두 환상이나 왜곡일 수 있고, 그 사실성 또한 클라이언트가 확인해 줄 수 없다.

요약하면, 클라이언트의 심상을 재상상하는 것이 치료사의 역전이를 파헤치는 기법이며, 이는 결국 전이에 대한 그의 무의식적 지각을 밝히는 것이다. 그것을 치료사가 실행하고 무의식적으로 경험함에 따라 이런 절차를 통해 분석된 자료는 전이-역전이의 역동성을 설명하기 위한 기초를 제공한다.

재상상의 절차는 많은 이점을 가지고 있다.

- 클라이언트가 경험한 심상을 동일한 방법(즉, GIM)으로 발생시킴으로써 치료사는 더 많은 공감을 할 수 있다.
- 동일한 음악을 통해 동일한 심상 속으로 들어감으로써 치료사는 클라이언트의 딜레마를 깊이 있게 탐구할 기회를 가진다.
- 치료 상황의 밖에서 이 절차를 행함으로써 치료사는 클라이언트에 대한 그 어떤 책임감 없이 더 깊은 개인적 동기와 본능적 욕구를 자유롭게 나타낼 수 있다.

재상상의 경험을 계획하기 위해서는 몇 가지를 결정해야 했다. 나는 직관적으로 시간이 중요한 요소가 될 것이라는 걸 알았다. 나는 세션 전체를 통해 톰의 심상에 머물 수 없으리라는 것(음악 프로그램의 전체 시간 동안)과 내가 불가피하게 톰의 심상 장면에서 벗어나 나 자신의 세계로 들어갈 수도 있다는 것을 알았다. 그러므로 나는 톰의 심상의 중요 요소를 가장 잘 표현하였다고 느낀 음악 프로그램의 한 발췌곡을 선택하기로 하였다. 그 곡(Wagner의 'Siegfried's Idyll')을 들으면서 나는 그의 심상 속의 그 남자가 죽기를 기다릴 때 톰과 내가 어떻게 느끼고 있었는지를 가장 잘 표현한 마지막 8분을 발췌하였다.

나는 톰뿐만 아니라 다른 클라이언트들과도 강력한 세션을 경험하기 때문에 나는 그들의 심상에 대해서도 동일한 절차를 취하기로 결정했다. 그 결과 다섯 부분의 음악을 테이프에 녹음했는데, 각각의 부분은 6~10분간 지속되었다. 각 부분은 특별히 나에게 강력했던 클라이언트의 심상과 연관된 것이었다. 나는 난해한 것 사이에 긍정적이고 즐거운 심상을 배치하는 순서로 음악을 연결하였다. 직관적으로 주어진 시간 안에 한 클라이언트의 심상에서 다른 클라이언트의 것으로 이동하는 것이 각 부분에 대한 감정과 심상의 경계선을 제공하는 데 도움이 될 것이라는 것을 알았다.

나는 무슨 일이 일어날 것인지 예측할 수 없었고, 내가 어떻게 감정적으로 반응할지 조금 염려가 되었기 때문에, 나와 나의 작업을 잘 이해하고 이런 험난한 강물에서 안전하게 항해할 수 있도록 나를 도와줄 어떤 사람의 가이드를 받기를 원하였다. 나는 동료인 공인 GIM 치료사, Denise Erdonmex Grocke에게 나의 가이드가 되어 줄 것을 요청하였고, 그녀는 기꺼이 동의하였다.

세션 전에 나는 내가 만든 음악 테이프에 따라 정렬시킨 다섯 장면의 심상(한 클라이언트당 하나)의 설명을 준비하였다. 세션은 Denise가 나를 이완의 상태로 데려가는 것으로 시작되었고, 나는 첫 번째 장면으로 들어가도록 제시받았다. 각 작품의 마지막에서 Denise는 다음 장면으로 가기 위한 끝맺음을 하도록 나에게 시간을 주었고, 내가 준비되었다고 표시하였을 때 그녀는 다음 장면을 불러와 음악을 다시 틀었다.

심 상

다음에 이어지는 것은 동일한 심상 장면의 두 가지 버전이다. 첫째는 거의 2년간 나의 GIM 클라이언트였던 AIDS 바이러스로 고통받던 젊은 청년인 톰에 의해 창조된 심상의 요약이다. 이것은 그의 열 번째 세션이다. 두 번째 버전은 그의 심상에 대한 나의 심상 기록이다. 분석을 목적으로 나의 심상은 알파벳 순서에 따라 여러 부분으로 나누어졌다. 이렇게 여러 부분으로 나눈 이유는 토론 시 나의 심상의 구체적인 부분을 회고할 수 있도록 하기 위해서였다.

나는 이 세션의 다양한 버전을 내가 어떻게 구별하고 있는지에 대하여 순서대로 기록하였다. 앞 장에서는 톰이 그의 심상을 나에게 말한 대로, 그리고 내가 그의 보고에 반응한 대로 톰의 본래 심상 기록을 제공하였다. 앞으로 제시될 부분은 단지 기록을 요약한 것이다. 또한 앞 장에서 우리의 대화 동안 각 시간에 무엇을 경험하였는지를 묘사한 주석서를 제시하였다. 나는 기록에 대한 이 주석서가 의식의 수준에서 그와 나의 경험에 대한 나의 해석이라고 여긴다. 나는 앞으로 제시될 부분이 톰의 세션에 반응한 나의 무의식적 투사와 동일시에 관한 기록으로, 그의 심상에 대한 나의 심상을 포함한 것이라고 생각한다.

톰의 심상 요약

톰은 풀밭에 무릎을 꿇고 맨손으로 땅을 파며 다양한 모양과 크기의 뼈들을 발굴하는 것으로 그의 심상을 시작하였다. 그는 뼈들을 충분히 가졌을 때 그것을 땅 위에서 사람의 형태로 배열하기 시작했다. 이때 톰은 바로 그 장소에서 돌로 쳐죽임을 당했던 한 남자를 보게 된다. 그 남자가 어떻게 생겼는지를 질문받았을 때 톰은 "그는 나를 닮지 않았어요. 그러나 나는 그를 깊이 느껴요."라고 대답하였다. 그 후 톰은 "죽어, 이 나쁜 놈아."라고 외치며 그 남자에게 돌을 던지는 성난 폭도들을 목격하였다. 톰은 폭도들의 분노와 혼란, 그리고 그 남자의 고통을 느꼈다. 그 장면에 실제로 들어가 개입하는 것이 너무 위험하다고 느꼈기 때문에, 톰은 관찰자로 남았고 이에 머리가 깨질 듯한 두통을 느꼈다. 그가 할 수 있는 일이 있느냐는 질문에 그는 "나는 그에게 도망가라고 말하고 싶어요."라고 말하였다. 그 남자는 왜 폭도들이 그에게 돌을 던지는지에 대해 잘 알지 못하면서 그들에게 무조건적인 사랑과 용서를 베풀고 결국 죽었다. 톰은 흐느꼈고 폭도들 중 몇 명도 그의 슬픔에 동참하기 시작했다. 그 후 톰은 그 장면으로 들어가 폭도들에게 왜 그 남자를 돌로 쳤는지 물었다. 그들은 그가 죄가 있고 나쁘다고 대답했지만, 톰은 그가 그렇지 않다고 말했다. "그는 정직했어요. 그는 단지 다를 뿐이에요." 그 후 톰은 그 남자를 땅에 묻었고, 폭도들처럼 그의 손에도 피가 묻었다. 그는 그들과 그 자신을 위해 용서를 구했다. 톰은 자신을 용서하지 못한 것에 대해 죄책감을 느끼는 자신의 모습을 기억하기 위해 손에 피를 묻힌 채 떠났다.

톰의 심상에 대한 나의 심상

(A) 나는 왜 톰이 그곳에 들어가 무엇이라도 하지 않았는지 이해할 수 없다. 그의 뒤에서 "뭐라도 해 봐요! 당신의 삶 속으로 들어가 봐요!"라고 말하고 있다. 그는 뒤로 돌면서 울기 시작한다. "당신은 나를 죽음으로 밀어넣고 있어요! 내가 만약 삶 속으로 들어간다면 나는 돌에 맞아 죽을 거예요."…… (B) 그 남자가 무릎을 꿇었다. 나는 그에게 달려가 내 손과 몸으로 그의 얼굴을 껴안는다. 이제 그들이 나에게 돌을 던진다. 나는 그 남자와 함께 땅에 쓰러졌다. (C) 톰은 우리와 군중 사이로 들어와 돌을 던지는 사람들을 멈추게 했다. 나는 매우 놀란다. "왜 그렇게 하고 있지요?"라고 질문했다. 그는 "그들이 당신을 해치길 원하지 않아요. 이것이 나의 삶이에요."라고 대답한다. 그는 내가 그를 돌보기 위해 그 장면에 뛰어들었다는 것에 대해 놀란다. 이제 우리는 그 시체를 향해 무릎을 꿇고 있다. 그는 "당신은 여기 있을 필요가 없어요."라고 말하고 있다. 나는 "아니에요, 여기 있겠어요."라고 대답한다. (D) 우리는 그를 일으켜 언덕으로 데려가 군중에게서 멀어지게 한다. 우리는 숲을 지나 물가로 온다. ……우리는 그를 물 속에서 씻기기 시작한다. 이제 톰은 자기 자신을 인식할 수 있다. (E) 나는 이제 떠날 시간이라는 것을 느끼기 시작한다. 나는 톰에게 그와 함께 계속 있을 수 없다고 말한다. 나는 자리에서 일어나 톰이 물줄기의 중간에 앉아 그 시체를 껴안고 있는 모습을 본다. ……나는 그 장면을 차마 볼 수가 없다. 그는 그 시체를 봐 주고 있다. 나는 톰에게 "그는 이미 죽었어요. 괜찮아요. 봐 줄 수 있어요."라고 말하며 그를 위로하려고 한다. (F) 갑자기 나는 톰과 그 남자 모두 죽었다는 것을 깨닫는다. 나는 몸을 구부려 그 남자를 껴안고 있는 톰을 껴안기 시작한다. 그러나 톰의 빈 껍데기를 껴안고 있는 것처럼 느낀다. 나는 그의 손을 나의 심장에 놓아 그것이 뛰는 것을 그가 느낄 수 있도록 했다. 그는 뻣뻣하게 느낀다. 톰은 죽었다. 나는 완전히 지친다…….

역전이 분석

첫 번째 단계: 자신의 감정을 명료화하라

역전이를 분석하는 데서 첫 번째 단계는 나의 심상을 경험하는 동안 내가 경험한 감정을 명료화하고, 나의 경험이 나의 심상 속에서 톰의 경험과 얼마나 관련이 있는지를 설명하기 위해 앞 장에서 내가 발전시킨 범주를 적용하는 것이다. 이것은 내가 무의식적으로 톰의 세계 안에 있었던 그 장소에 나를 위치시키는 데 도움을 준다. 톰과 연합(fusing)할 때 나는 별다른 노력 없이도 톰의 경험을 나 자신의 경험과 동일하게 경험하게 된다. 내가 적응(accommodating)할 때 나는 나 자신의 준거 체계(準據體系)를 톰의 것 안에서 변경시킴으로써 톰의 경험을 공감할 수 있다. 동화(assimilating)할 때 나는 톰의 경험을 나 자신의 준거 체계에 혼합시킴으로써 그가 경험한 것을 나도 경험한다. 차별화(differentiating)할 때 나는 톰이 경험하는 것을 경험하지 않거나 경험할 수 없다. 객관적(being objectified)이 될 때 나는 톰의 행동과 감정의 수령인으로서 그의 경험 속에 존재한다. 그러나 이것이 나의 심상을 톰의 본래 심상과 비교하는 것이 아니라는 것을 기억해야 한다. 그보다 톰의 심상에 대한 나의 심상 속에서 나의 경험과 톰의 경험을 비교하는 것이다.

- A: 이 부분에서 나는 톰이 관찰자가 된 것에 대해 거의 모든 관심을 쏟은 것처럼 보인다. 학문적 범주의 용어를 빌리자면, 그의 세계에서 나 자신의 존재는 '차별화' 된다. 나는 그의 공포를 강조하지 않고, 그의 눈물에 반응하지 않으며, 그가 관찰자의 역할을 하는 것에 기뻐하지 않는다. 또한 나는 그 경험에서 그가 거리를 두는 것을 용납하지 않을 것이며, 그의 삶 속으로 들어가는 것이 죽음으로 가는 거라는 그의 해석을 거부한다. 톰은 물론 그에 대한 나의 차별화를 느끼며 그의 행동을 설명함으로써 나의 이해를 구하려 한다.

  되돌아보면, 나는 이 모든 상호작용에서 성난 폭도와 같이 행동하고 있다는 것을 인정해야만 한다. 범주의 용어로 설명하면, 나는 그 남자를 돌로 치고 있는 그 사람들과 '연합' 된다. 나는 동일한 분노를 느끼고 있지만, 거기에는 약간은 다른 중요한 점이 있다. 그들은 그 남자가 아무 일도 하고 있지 않는데도 그가 다르다는 것에 대해 그를 저주했다. 나는 그 남자의 다를 수 있는 권리를 지켜 주지 않고 그런 결과에서 그를 방어할 어떤 행동도 하지 않으며 그저 관찰자로 머물렀던 톰을 저주하고 있는 것이다. 톰은 자신을 그 폭도들과 동일시했고, 이런 측면에서 나 또한 톰의 이런 부분과 '연합'되었다는 것을 기억하는 것은 매우 중요하다.

- B: 여기서 나는 돌로 쳐죽임을 당하는 그 남자와 '연합'된다. 나는 다르다는 것에 대한 그의 고통과 혼란, 죄책감과 결백을 느끼고 있다. 톰과 내가 동일한 세계를 공유하는 것이 바로 이런 점에서다. 우리는 둘 다 이것이 우리가 가장 존중하는 것, 우리 자신 안에 있는 상처받기 쉽고 관대하며 사랑스러운 부분이지만 결국에 파괴될 부분이라는 것을 잘 알고 있다.

- C: 내가 그 장면에 끼어들어 그 남자를 보호하기 시작하자 톰은 행동을 취해 그 남자와 나를 지키기 시작한다. 따라서 내가 톰을 조정하는데도 톰과 나는 보호자의 역할로 연합된다.

- D: 우리가 그를 개울가로 옮길 때, 톰과 나는 또 다른 '연합'의 경험을 하고 있다. 이번에는 돌보는 사람의 역할이다. 이것은 마치 우리가 '작업 동맹'을 맺은 것처럼 동료나 동등한 관계로 느껴진다. 톰과 내가 이제 그 남자에게서 떠났다는 것을 지적하는 것은 매우 중요하다. 우리의 경험은 그의 경험과는 차별화된다. 그는 죽었고 우리는 적어도 그 순간에는 아직 살아 있다. 우리는 호된 시련에서 살아남았고 그 남자는 그렇지 않다.

- E: 나는 이 시점에서 톰의 슬픔과 연합되고 이런 공감적 연결은 우리를 거의 압도한다. 우리는 둘 다 그 남자와 우리 자신의 가장 사랑스러운 부분을 잃은 것에 대해 슬퍼하고 그것을 놓아 버리는 데 어려움을 겪고 있다. 그 고통이 내게 탈출하기를 원하도록 하였지만, 나는 톰을 떠나는 것에 대해 죄책감을 느낀다. 그래서 나는 나의 죄책감을 그에게 투사하고, 그 남자가 이미 죽었기 때문에 놓아 버리는 것은 괜찮다고 말함으로써 나의 투사에서 그를 풀어 주려 한다.

- F: 톰의 죽음은 나에게 완전한 경악이다. 사실 그 순간에 그가 죽었다는 것을 느끼지 못한다. 역설적으로 그는 계속 죽어 있었지만 내가 마치 그것을 느끼지 못

한 것 같은 느낌이 더 많이 든다. 이것은 톰과 나를 가장 극단적인 방법에서 차별화한다. 그는 죽었고 나는 살아 있다. 그러나 이상하게도 톰은 껍데기같이 되었고 나는 피로를 느낀다. 이것은 마치 내가 그의 공허감을 나의 생동감으로 동화시키고 있는 것 같은 느낌이다. 그 후 나는 개울가에서 그가 있는 장소로 이동해 그가 그 남자를 껴안고 있는 동일한 방법으로 그를 포용함으로써 톰과 다시 한 번 연합되고 정확하게 동일한 딜레마에 직면한다.

두 번째 단계: 역할을 확인하라

톰과 나는 다양한 역할을 경험하고 그 역할에 따른 감정을 경험하며 다양한 특질을 나타냄으로써 나의 심상 속에서 서로 관계를 맺고 있다. 우리는 종종 동일한 역할을 공유하였고 동일한 감정과 특질을 소유하였다. 우리는 또한 종종 그렇지 않았다. 따라서 두 번째 단계는 우리가 행한 다양한 역할의 이름을 붙이고, 앞의 분석을 토대로 하여 이미 확립된 범주에 따라 이러한 역할 안에서 우리의 경험과 특색을 이름 붙이는 것이다. 이 단계는 매우 중요한데, 그것은 이 단계가 불필요한 세부적 요소를 제거하고 우리의 관심사를 톰과 나 사이의 관계에 둘 수 있도록 돕기 때문이다.

역 할	우리 사이의 관계
정직한 남자	연합된
관찰자	차별화된
관대한 순교자	연합된
성난 폭도	연합된
침입자	차별화된, 객관화된
보호자	차별화된, 그 후 동화된
사랑을 주며 돌보는 자	연합된
슬퍼하는 자	연합된, 그 후 동화된
생존자	연합된, 동화된, 그 후 차별화된

세 번째 단계: 동일시의 근원을 분석하라

분석의 첫 번째 단계를 되돌아볼 때, 내가 미처 깨닫지 못했던 중요한 요소가 있음을 자각한다. 클라이언트의 세계 속에 존재하는 이런 역전이 동일시의 근원이나 입장은 무엇인가? 무엇이 나를 톰과 관련된 이러한 입장으로 이끌었는가? 나의 동일시 경험은 톰에게서 나온 것인가, 아니면 나에게서 나온 것인가, 그의 무의식에서, 아니면 나의 무의식에서, 혹은 그의 과거에서, 아니면 나의 과거에서 나온 것인가? 이러한 질문에 대한 대답 없이는 톰의 치료과정에 대한 통찰력 있는 나의 심상과 치료에 방해가 되는 나의 왜곡적인 심상을 구별할 수 없게 된다. 따라서 이런 질문은 분석에 필수적이다.

나의 심상 속 등장인물이나 행동 사이의 어떤 관련성을 부정할 수 있음을 피하기 위하여 나는 다음과 같은 세 가지 기본 가정을 가지고 시작하는 것이 현명하다는 것을 알았다. 첫째, 이러한 심상은 나의 과거와 톰의 과거 모두에서 나온 가족 드라마의 재생이다. 둘째, 각 등장인물은 나와 톰 모두를 대표한다. 셋째, 각 등장인물은 나와 톰의 삶 속의 중요한 인물의 내사(혹은 내적인 표상)를 대표한다. 이런 가정을 염두에 둘 때, 나는 분석의 단계에서 좀 더 자유롭게 필요한 작업을 할 수 있다. 이것은 과거와 현재의 내 삶과 톰의 삶에 관련하여 이 드라마에서 나타난 등장인물이 누구인지를 알아보는 것이다.

과거의 나 자신과 중요 인물에 관한 나의 지각은 바로 당시의 지각임을 밝히는 것이 중요하다. 다 알고 있듯이 어린 시절 우리의 지각은 타인을, 또한 그들이 우리와 어떻게 관계 맺었는지를 항상 정확하게 반영하는 것이 아니다. 또한 나는 어린 시절 나의 지각과 이런 지각에 대한 나의 기억이 나의 가족과 우리의 관계에 대해 어느 정도 왜곡되었다고 가정한다. 그렇지만 나의 가족의 사생활과 익명성을 보장하기 위해 나는 세 명의 가족 구성원을 대표하는 이니셜(N, D, L)을 사용한다.

결백한 남자   이 드라마의 주인공인 돌에 맞아 죽은 그 남자는 어린 시절의 나 자신을 생각나게 하였다. 나는 결백했지만 다르다는 이유로 D에게 받아들여지지 않았다. N과 L은 다르지 않았기에 그들은 D에게 받아들여졌다. 그래서 나는 저주받지만 결백한 아이로서 나의 딜레마 속에서 꽤 외로움을 느꼈다.

톰에게 그 결백한 남자는 그 자신과 그의 두 형제였다. 세 명은 모두 달랐으며 결백했고 죽음과 관련이 있었다. 그의 두 형제는 모두 자살했고, 나는 톰이 똑같은 일을 하기 위해 기다리고 있는 것을 두려워했다. 내가 알기로 톰의 부모는 이러한 상황이

나 특질을 공유하지 않았다.

두려워하는 관찰자   나의 가족 중 N과 L은 두려워하는 관찰자였다. 그들은 모두 D가 나에게 화를 냈을 때, 그들이 나를 사랑하는데도 개입하기를 꺼려하였다. 나는 그들의 딜레마를 이해할 수 있었기 때문에 그들을 비난하지 않았다. 나를 화나게 했던 것은 그들의 무기력함과 상처받기 쉬움이었다. 그들이 나를 돕기 위해 할 수 있는 그 어떤 것도 없었고, 그들이 나를 도왔다면 그들 또한 D의 분노를 유발하였을 것이다. 따라서 두려워하는 관찰자는 특별히 톰의 치료사 역할에서 내가 동일시하기를 원하지 않았던 나 자신의 내사로 구성되었다.

톰은 그 자신이 두려워하는 관찰자였다. 그는 두 형제의 자살에서 살아남았고, 그들을 구하기에는 너무 무기력했다.

관대한 순교자   N은 내가 나 자신이 되기 위한 모델을 제시한 내 삶의 관대한 순교자였다. 우리는 둘 다 D를 계속적으로 용서하는 순교자였다.

톰은 그의 형제와 공유했던 관대한 순교자 역할과 아주 동일시되었다. 톰의 형제는 AIDS와의 끔찍한 사투를 벌인 끝에 몇 년 전 자살하였다.

성난 폭도   나의 심상 속의 폭도는 내가 표준적인 기대에 못 미친다는 이유로 나의 다름을 저주하였던 그 사람, 바로 D 같다. D는 분노하고 비판적이며 자주 나와 N, L을 공격하였다.

톰의 심상에서 성난 폭도는 '이성애 중심적인(straight)' 사회, '윤리적 다수', 그리고 AIDS의 감염 경로 때문에 AIDS에 걸린 사람들을 저주하였던 그가 만났던 모든 사람들을 대표하는 것처럼 보였다. 죽음은 단지 그의 '죄'에 대한 처벌이었다.

침입자   나는 그 남자의 삶에 침입한 등장인물이었고 그를 성난 폭도에게서 구하려 하였다. 나는 D가 그 결과에서 나를 구하기 위해 N과의 관계에 침입하려 하였다고 믿는다.

나는 톰의 삶에서 침입자로 간주할 그 어떤 인물도 찾지 못했다. 톰은 그의 형제의 자살을 도왔고, 그것에 대해 톰이 어떻게 느끼느냐에 따라 톰은 그 자신을 삶과 죽음 속의 침입자로 여길 수도 있겠다. 나의 심상 속에서 톰은 당연히 나를 침입자적인 치료사로 인식하였다.

보호자 나는 이 등장인물을 나의 심상 속에서 창조하였다. 톰의 본래 심상에서는 그 누구도 그 남자를 구하려 하지 않은 것처럼 보였다. 그러므로 나는 보호자가 나 자신의 요구를 만족시킬 수 있는 무의식적 판타지를 대표한다고 결론지을 수밖에 없다. 흥미롭게도 유년 시절에 나는 D(N이나 L이 아닌)가 나의 보호자가 되기를 원하였다. 나는 N과 L 둘 다 너무 사랑스러웠지만 내 기억으로 그들은 무기력하고 상처받기 쉬웠기에 그들이 나를 지켜 주리라고는 정말 기대하지 않았다. D는 화를 낼 수 있는 능력을 가졌기에 이 세계의 잔혹한 비판에서 나를 방어해 줄 수 있는 오직 한 사람이었다. 그러므로 나의 심상 속에서 나는 비판적이며 분노하였고(D와 군중같이), 이것은 나에게 그 결백한 남자를 방어하고 보호하도록 하였다.

톰의 가족 중 그 누구도 인생의 흥망성쇠에 대항해 그를 보호해 줄 수 없는 것 같았다. 그의 부모는 둘 다 사랑을 주었다. 그들은 자녀의 운명과 불행에서 그들을 보호할 능력이 없었다. 그들의 자녀 중 둘은 청년기에 죽었고, 톰은 AIDS에 감염되었으며, 막내딸은 그녀 자신을 찾기 위해 고군분투하고 있었다. 따라서 톰은 그의 형제들 중 누구에게도 보호받을 수 없었다. 톰은 강력한 보호자에 대한 모델(혹은 내사)을 가지고 있지 않은 듯하였다. 이것은 아마도 그의 심상 속에서 그 자신이 이러한 역할을 할 수 없기 때문일 것이다. 그는 자신이 필요로 하는 능력을 가지지 못했다고 추측한 것 같았다.

애정 어린 돌보는 자 N, L, 그리고 D는 모두 나를 위해 사랑을 주며 돌보는 사람이었다. 나는 우리 가정의 막내였고, 여러모로 가장 상처받기 쉬웠다. 그러므로 그들이 무엇을 행하고 느꼈던 간에, 그들은 항상 내가 필요할 때 나를 잘 돌봐 주었다. 톰과의 관계에서 나는 그가 필요할 때 그를 위해 '그곳에 거하는' 사람, 그를 돌보는 사람인 것처럼 느꼈다.

톰의 부모는 그에게 사랑을 주며 돌보는 사람이었다. 무슨 상황에서도 그를 위해 '그곳에 거할' 것을 알기에 그는 항상 안전감을 느꼈다. 톰은 또한 그의 여동생에게 돌보는 사람이었다.

슬퍼하는 자   N은 내가 집을 떠났을 때 나를 잃는 것에 대해 슬퍼했고, D와 나는 N과 L의 죽음을 슬퍼하였다. 마지막으로 나는 D의 죽음을 슬퍼했다. 톰과 그의 부모는 톰의 남자 형제와 여자 형제의 죽음을 슬퍼했다. 결국 톰의 부모는 그의 사망을 슬퍼할 것이다.

생존자   인생에서 나는 내 가족 중의 생존자이며, 톰은 그의 여동생과 더불어 그의 가정에서 생존자다. 톰의 심상에서는, 오직 그의 일부분(두려워하는 관찰자)만이 성난 폭도 중에서 살아남았다. 그리고 이것은 그의 다른 부분인 결백한 그 남자의 죽음을 요구하였다. 나의 심상에서 살아남은 부분은 돌보는 사람의 부분이었지만, 나는 그가 톰을 구할 수 있는 능력이 없다는 것을 알았기 때문에 보호자 역할을 포기해야만 했다.

요약   다음은 각 역할에 부여된 내사의 요약이다.

역 할	나의 내사	톰의 내사
결백한 남자	자기	자기, 남자 형제, 여자 형제
관찰자	N, L	자기
관대한 순교자	자기, N	자기, 남자 형제
성난 폭도	D, 자기	사회
침입자	D	켄(치료사), 자기
보호자	D, 자기	켄
사랑을 주며 돌보는 자	N, L, D, 자기	부모, 자기
슬퍼하는 자	자기	부모, 자기
생존자	자기	자기, 부모

네 번째 단계: 심상을 비교하라

내가 분석의 첫 단계에서 나의 심상을 톰의 것과 비교하지 않았다는 것은 꽤 놀라운 일일 수 있다. 처음에는 그렇게 시도하였지만, 심상이 구체적인 주제를 가지기보다 표면적인 단계에서 심상 대 심상으로 비교된다면 세부 사항에 의해 압도되어 가장 중요한 연결을 놓칠 수 있는 위험이 있을 것이다. 전 단계에서 이루었던 명료화 작업에 기초하여 이제 우리는 우리의 심상을 등장인물과 그들의 특질, 그리고 그들의 운명에 관해 비교하는 데 초점을 맞출 수 있다.

각 심상의 세트에 출연한 등장인물이 어떤 사건에 대해 변화하고 반응함에 따라 그들은 다양한 역할을 수행하였고 다양한 특질을 나타냈다. 그중에서도 세 명의 주인공, 즉 그 남자, 관찰자, 군중은 필수적이다. 그러므로 톰이 말했던 이야기와 내가 말했던 이야기를 통해 각각의 등장인물을 추적하면서 비교를 시작하자.

그 남자   나의 심상 속에서 그 남자에 관한 이야기는 정확히 톰의 것과 일치한다. 그 결백한 남자는 단지 다르다는 이유로 성난 폭도에게 돌로 쳐죽임을 당했고 순교자같이 그들을 용서하였다.

관찰자   톰의 심상 속에서 관찰자에 관한 이야기는 나의 것과 매우 다르다. 톰의 심상 속의 두려워하는 관찰자는 폭도의 의지에 굴복하고 그 남자가 죽은 후에는 돌보는 사람의 역할을 한다. 결국 관찰자는 살아남고 그 남자의 죄와 용서를 상속한다. 나의 심상 속에서 톰과 나는 둘 다 관찰자에서 출발하지만, 톰은 두려워하고 나는 그렇지 않다. 그 후 나는 그 남자의 침입자적인 보호자가 되고 그 과정에서 톰이 똑같이 그렇게 되도록 그를 조정한다. 관찰자인 톰은 아주 짧은 시간 동안 살아남고 곧이어 죽는다. 나는 살아남은 오직 한 명의 관찰자지만 공허한 껍데기처럼 느껴진다.

폭도   톰과 나는 성난 폭도에 대한 우리의 경험에서 유사점과 차이점을 가진다. 우리는 둘 다 그 폭도를 비판적이며 증오스럽고 공정하지 못하며 흉악하다고 생각했다. 그들은 급진적인 '윤리적 다수'였다. 톰의 심상 속에서 폭도는 둘로 분리된다. 그 구성원 중 몇몇 사람은 그 남자에 대한 태도를 누그러뜨리고 마지막에는 그를 땅에 묻는 것을 도와주었다. 나의 심상 속에서 폭도는 마음을 바꾸지 않았다. 그들은 계속 분노하였고 그 어떤 자비도 보이지 않았다.

다섯 번째 단계: 역전이를 요약하라

이 책의 첫 부분에서 정의한 것처럼 역전이는 치료사의 그리고/혹은 클라이언트의 과거에서 기인한 관계의 반복이다. 일치적 동일시(concordant identification)에서는 치료사와 클라이언트가 반복된 관계 속에서 동일한 입장을 취하고 동일하거나 유사한 감정을 경험한다. 보완적 동일시(complementary identification)에서는 치료사와 클라이언트가 반복된 관계 속의 상반된 입장을 취하고 다른 감정을 경험한다. 이것을 염두에 두면서 나는 마지막 단계로 내가 재현하였던 관계를 해석하고 그것들을 일치적, 보완적 동일시에 맞춰 분석하고자 한다.

일치적 동일시　　나는 다른 두 명의 가족이 두려워하며 무기력한 방관자로 지켜보는 가운데 가족의 한 구성원에 의해 순교당하였다. 그리고 나 자신을 용서하기 전에 그 가해자를 먼저 용서하였던 결백한 아이로서 나 자신의 경험을 재생하고 있다. 나는 또한 상처받은 결백한 아이를 놓아 버리기 위해 나에게 필요한 과정인 나 자신의 슬픔과 생존을 재연하고 있다. 톰도 동일한 시나리오를 재연하고 있다.

그러므로 나의 인생 경험은 내가 결백, 순교, 상실, 생존, 자기 비난, 용서와 관련된 이슈에 대해서 톰과 일치적 동일시에 쉽게 빠져들게 한다. 내가 톰에게 가장 깊은 단계의 이해와 지원을 제공할 수 있는 것은 바로 이러한 이슈와 관련되어 있기 때문이다. 그러나 내가 톰에게 쉽게 동일시되고 감정에 의해 압도되며 나의 경계를 잃고 우리의 정체성을 혼란시키는 이유도 바로 그 이슈 때문이다.

보완적 동일시　　나 자신의 인생 경험은 톰과의 적절한 보완적 동일시를 발전시키는 데 상당한 어려움을 가져왔다. 내가 가장 정확하게 가정할 수 있는 한 가지 역할은 우리 둘의 가족이 꽤 아름답게 우리를 위해 하였던, 또 우리 둘 다 꽤 우리 자신에 대해 잘 학습했던 사랑을 주는 돌보는 사람에 관한 것이다. 그러나 몇 가지 이유 때문에 이것은 내게 충분하지 않다. 나는 치료사로서 톰에게 그가 이미 가졌던 것 이상의 것을 주어야만 한다고 느낀다. 언뜻 보기에는 톰이 필요하고 내가 제공할 수 있는 것이 보호인 것처럼 느껴진다. 여기서 나는 의심할 나위 없이 D가 나를 보호해 주기를, 그리고 다른 두 명의 가족 구성원이 어떤 형태로든 D의 분노와 처벌을 막아 주기 원하는 나의 바람을 채우고 있다. 어쨌든 나는 사랑과 보호를 침입과 동일시해야만 한다. 그리고 나는 침입이 이런 상황에서는 정당화된다고 느껴야 한다. 여기에 실제로 두 가지 환상이 존재한다.

첫째, 나는 D와 같이 강력해질 수 있지만 그 힘을 다른 사람을 공격하는 데 사용하는 대신에 나 자신과 나와 같은 다른 사람을 보호하기 위해 사용할 수 있다. 둘째, 치료사로서 나는 그의 문제에서 나의 클라이언트를 충분히 구해 줄 수 있다.

나는 D가 나에게 한 그대로 톰을 저주하고 판단하고 있다. 이 역할에서 나는 성난 폭도와 공감할 수 있다. 이것은 보완적 동일시지만, 나의 대상내사는 톰의 대상내사와 혼동된다. D는 나의 인생 속에 머무는 사람이지 톰의 인생 속에 머무는 것이 아니기 때문이다.

나는 두려워하며 무기력한 관찰자인 톰과 그의 부모 혹은 내게 개입할 수 없었던 나의 가족 구성원과 동일시할 수 없다. 이것은 톰이 바란 대로 그의 가족이 그렇게 한 것처럼 내가 단순히 옆에 서서 톰이 순교하는 것을 보고만 있을 수는 없다는 점에서 실패한 보완적 동일시다. 나는 또한 N과 L이 나와 함께 있던 방식으로 톰과 함께 있을 수는 없다.

전이 분석

첫 번째 단계: 치료사를 향한 클라이언트의 감정을 명료화하라

나의 심상 속의 톰은 나에 대해 세 가지 감정을 표현한다. A부분에서 지금 발생하고 있는 상황에 관여하도록 내가 강요하고 있기 때문에 톰은 나에게 화를 내고 눈물을 흘린다. 그는 사느냐 죽느냐의 문제에 대해 강요받기를 원하지 않는다. 그는 내가 방관자의 역할을 함으로써 그를 홀로 내버려 두기를 원한다. 여기서 메시지는 "우리 모두에게 해가 될 그 어떤 것을 하도록 나를 강요하지 말아요!"다. C부분에서 톰은 폭도가 나를 해치기를 원하지 않는다. 그래서 그는 나를 보호하기 위해 그 자신의 안전을 위태롭게 한다. 이것은 나를 위한 그의 돌봄의 표현이다. 여기서 메시지는 "나를 구하려 하지 말아요. 당신 자신만 다칠 뿐이에요. 그리고 난 그것을 원하지 않아요."다. C 부분에서 톰은 내가 그의 삶에 침입하고 있다는 것을 지적하고, 그것이 나의 책임이 아니며 내가 관여할 위치가 아니라는 것을 확실히 말한다. 여기서 난 톰이 나와 거리를 두기를 원하지만 동시에 나를 보호하길 원한다는 것을 느낀다. 여기서 메시지는 "떨어지세요! 당신은 나의 안락과 당신 자신의 이익을 위해 지나치게 가까이 다가오고 있어요."다.

두 번째 단계: 전이의 근원을 확인하라

전이의 근원을 확인하는 작업은 치료사의 반응을 불러일으킨 사람과 같이 클라이언트의 삶에서 반응을 유발한 중요한 사람을 확인하기 위해 선행 세션의 토론 기록과 심상 기록을 다시 살펴보는 것이 필요하다. 앞의 메시지와 관련해 누가 톰에게 해로운 어떤 것을 하도록 잠재적으로 강요하였는가? 누가 침입하였는가? 누가 자신의 안락을 위해 그에게 지나치게 가까이 갔는가? 누가 소극적이며, 누가 사랑을 베풀며, 비침입적이며, 무기력한가? 결국 누가 상처받았는가?

톰의 형제는 자신이 자살할 수 있도록 톰이 도와주기를 원했다. 나는 톰이 그에 대해 매우 복잡한 감정을 느꼈을 거라고 확신한다. 그가 어떻게 거절할 수 있었겠는가? 그는 자신의 형제가 더 이상 고통받는 것을 보고 싶지 않았지만 그를 죽이고 싶지도 않았다. 그 요청 자체가 예민한 형태의 압력이었다. 여기서 다시 톰은 어떤 길이든 생존의 희망이 거의 없이 삶과 죽음의 고통 속으로 뛰어들게 된다. 아마도 이것이 톰이 계속적으로 결백한 순교자에게 "그냥 포기하세요."라고 말했던 이유일 것이다. 단순히 그에게 포기하라고 격려하는 결백한 소극적 방관자로서 톰은 그가 형제에게 진정으로 반응하기를 원했던 방식대로 내가 그에게 반응하기를 원하였다고 나는 믿는다. 사실 이것이 내 심상 속에서 행한 것이다. 무의식적으로 나는 톰이 그의 형제를 도운 것에 대한 죄책감과 양가감정, 그리고 그런 감정을 나에게 쏟아 부은 그의 투사를 발견하였다.

톰은 그의 형제에게 싫다고 말할 수 없었고, 결국 그들을 죽음으로 이끌었다. 마찬가지로 톰은 다른 사람들에게 싫다고 말할 수 없었다. 그리고 이것은 결국 그 자신의 죽음을 초래하였다. 그가 과연 누구에게 싫다고 말할 수 있을까? 그 사람은 바로 톰에게 뭔가 해로운 일을 하라고 압력을 넣은, 톰의 세계에 침입해 안락을 위해 그와 함께 지나치게 가까이 있었던 그 사람이다. 그 사람은 바로 그에게 AIDS를 감염시킨 자다. 매우 유감스럽게도 톰은 나를 그 사람과 동일시하는 것 같았다. 비록, 내가 그것을 깨닫기를 원치 않았다 할지라도 그의 동일시에 대한 충분한 증거가 있다. 사실 이

책 속에는 두 가지의 명백한 예시가 들어 있다. 제18장에서 녹음기를 통한 이상한 목소리의 형태로 방해가 일어났을 때, 나는 톰이 그 음악에 잠재적 메시지를 삽입하였다고 나를 어떻게 비난하였는지를 묘사하였다. 나는 이것을 음악에 대한 그의 의심과 나에 대한 신체적 신중함 그리고 AIDS에 감염되는 것에 관한 공포로 해석하였다. 그 후 앞 장에서 내가 그에게 그의 목을 흔들며 신체적 편안함을 제공하였을 때 톰이 얼마나 주춤하였는지를 설명하였다. 나의 조치에 대한 반응으로 그의 몸이 뻣뻣해졌을 때, 나는 나의 심상 경험 중 하나인 D가 나를 껴안으려 하였을 때 나의 몸 전체가 나무같이 굳어지게 된 경험으로 빠져들었다. 내 심상의 이러한 침입은 오직 역전이 오염이라고 가정할 수 있다. 그러나 재상상의 경험을 마친 후 나는 톰이 그에게 AIDS를 감염시킨 그 사람 때문에 생긴 신체적 친밀함에 대한 공포와 독을 전염시킬 것에 대한 두려움을 다시 나와 함께 체험하고 있다는 것과 내가 그 전이의 대상이라는 것을 깨달을 수 있었다.

마지막으로 톰의 인생에서 무기력하고 사랑을 베풀며 비침입적인 사람은 바로 그의 부모였다. 그들은 아들과 딸의 죽음을 목격하였으며, 이제 톰의 AIDS와의 사투를 바라보고 있다. 이 모든 경우에서 그들은 사랑 외에는 자녀들을 지원할 그 어떤 것도 할 수 없었다. 이것이 톰이 나에게 바라는 것이다. 그의 옆에 서서 사랑을 베푸는 목격자가 되는 것⋯⋯.

세 번째 단계: 전이를 요약하라

이 모든 것을 종합하고 재상상에 기초해 볼 때, 나를 향한 톰의 전이에 관한 나의 무의식적 지각은 다음과 같다. "내 형제처럼 자신의 생과 사를 결정하도록 내게 강요하지 말아요. 나에게 AIDS를 감염시킨 그 사람처럼 나에게 너무 가까이 다가서지 말아요. 그냥 나의 부모처럼 나를 사랑해 주고 조용히 나의 옆에 있어 주세요. 나는 이와 같은 방식으로 당신을 사랑해요. 그리고 나는 당신이 다치는 걸 원하지 않아요."

치료 기법

일단 기본적인 전이와 역전이의 이슈가 밝혀지고 나면 치료사는 그것을 어떻게 다루어야 할지 결정해야 한다. 필수적인 질문은 어떤 측면을 격려하고 확장하고 수정하며, 그리고/혹은 자각의 수준으로 끌어올려야 하는가다. 다음 부분은 우리가 계속 작업하게 된다면 내가 톰의 치료에서 무엇을 촉진할 것인가에 관한 결론이다.

- 톰과 나는 결백, 순교, 상실, 생존, 자기 비난, 용서에 대해 많은 공통된 이슈를 가지고 있었다. 나는 나의 감정이나 톰의 것에 압도되지 않고 나 자신의 인생 경험으로 돌아가지 않은 채, 이러한 이슈에 대해 공감을 사용할 방법을 찾아야 한다. 이것은 그에 대한 나의 일치적 동일시와 나에 대한 그의 라포의 핵심이다. 우리 중 누구도 그것을 언어로 확인할 필요를 느끼지 않았다.
- 톰과 나는 사랑, 친밀함, 침입 사이의 경계와 부분적 중복을 협상해야 한다. 나는 침입이 사랑의 증거가 아니라는 것을, 그는 모든 친밀함이 침입이 아니라는 것을 배워야 할 것이다. 결국 나는 그에게 AIDS를 감염시킨 사람에 관한 톰의 감정에 대해 질문해야 할 것이다. 또한 우리는 일상적인 친밀한 애정관계에 대한 그의 감정을 파헤쳐야 할 것이다.
- 나는 치료 중 톰에게 압력을 넣지 않도록 매우 조심해야 한다. 톰은 자신이 이미 그 싸움을 포기했는지, 그리고 어떤 단계에서 자신이 이미 죽었는지에 대해 탐구해야 한다.
- 나는 톰을 보호하고 구하는 환상에서 벗어날 필요가 있다. 그러나 동시에 나는 희망의 언어를 건네야 할 것이다. 나와 톰이 소유한 능력을 그가 손상시키도록 할 수는 없지만, 나는 그를 제압하거나 우리 둘 중 누구도 상대방에게 그 힘을 사용하기를 원하지 않을 것이다.

결 론

재상상은 GIM 치료사가 클라이언트가 감상하였던 동일한 음악을 들으며 변형된 상태에서 클라이언트의 심상의 일부분으로 다시 방문하는 기법이다. 치료사는 클라이언트의 심상이 자유롭게 발전하도록 허용하면서 그 자신의 상상이 그 상황과 등장인물 속으로 깊이 들어가도록 한다. 이 기법은 전이와 역전이의 무의식 측면을 파헤치기 위해 개발되었다.

여기서 분석의 두 가지 방법, 즉 역전이를 위한 분석과 전이를 위한 분석이 제시되었다. 기본적 가정은 치료사의 역전이가 전이에 관한 치료사의 무의식적 지각을 파헤치는 데서 데이터의 일차적인 근원이라는 것이다.

역전이를 분석하는 기본 단계는 다음과 같다.

첫째, 자신의 감정을 명료화하고, 그것을 클라이언트의 감정과 비교하라.

둘째, 각 등장인물과 역할을 확인하고 그들의 특질을 묘사하라.

셋째, 등장인물이 자신과 클라이언트의 삶에서 누구를 대표하는지를 분석하라.

넷째, 등장인물, 역할, 특질에 초점을 맞추면서 클라이언트 본래의 심상과 치료사의 버전을 비교하라.

다섯째, 역전이를 요약하라.

전이를 분석하는 기본 단계는 다음과 같다.

첫째, 치료사의 심상 속에서 치료사를 향한 클라이언트의 감정을 명료화하라.

둘째, 감정이 향해 있는 인물과 관련하여 클라이언트 삶의 등장인물을 분석하라.

셋째, 전이를 요약하라.

일단 역전이-전이의 역동성을 해석하면 치료사는 이를 향상시키거나 피하거나 수정해야 하는 역동적 측면에 기초한 치료과정을 촉진하기 위한 기법을 결정하게 된다.

제24장
클라이언트의 심상을 재상상하는 것
– 투사적 동일시를 밝혀 내는 기법

Kenneth E. Bruscia

재상상 기법

앞 장에서 설명한 것과 마찬가지로 재상상은 GIM에서 클라이언트에 대한 치료사의 경험을 탐구하기 위해 내가 개발한 기법이다. 이 기법은 클라이언트가 창조해 낸 심상 장면에 초점을 맞춘 치료사의 짧은 GIM 경험과 관련되어 있다. 치료사는 가이드로 도움을 주는 동료와 함께 클라이언트가 경험하였던 동일한 음악을 사용해 그 심상이 진행되고 자유롭게 발전하도록 허용하면서, 변형된 의식 상태에서 클라이언트의 심상으로 재방문한다. 이 같은 아이디어는 치료사의 무의식이 클라이언트의 무의식을 탐구하고 이에 반응하도록 하는 것이다.

이 책은 세 가지 분석 방법, 즉 역전이, 전이, 투사적 동일시에 대한 분석 방법을 제시한다. 특히, 이 장에서는 클라이언트의 투사적 동일시를 밝혀 내는 과정을 제시한다. 이 방법은 정당화되지 않고 낯설고 클라이언트에 의해 유발된 생생하거나 강렬한 감정을 치료사가 소유할 때 가장 적절하게 이용할 수 있다. 여기서 우리는 언제 어떻게 이 방법을 사용할 것인지를 설명하기 위해 한 사례를 탐구할 것이다. 이에 먼저 클라이언트의 심상과 그에 대한 나의 최초의 반응을 살펴보고, 나아가 그의 심상에 대한 나의 심상과 반응을 알아볼 것이다.

사례 연구

49세의 동성애자인 릭은 나에게 GIM 치료를 받으러 왔을 때 이미 HIV 양성 반응으로 진단받은 상태였다. 릭은 총 12주에 걸쳐 6번의 세션을 받았다. 앞으로 소개될 심상은 그의 다섯 번째 세션에서 나타난 것이다. 음악은 Strauss의 'Ein Heldenleben'이었다.

릭의 심상 요약

나는 뉴저지 남쪽 바닷가에 앉아 있다. 그냥 손으로 모래를 가지고 놀면서 ……그 모래는 무언가를 만들기에 완벽하다. 나는 모래 인간을 만들려고 한다. 그의 머리부터 만들고 ……그의 몸통 ……그리고 이제는 그의 다리를 만들 것이다. 그는 이제 다 만들어졌다. 나는 일어나 그를 쳐다보고 싶다. 그는 아름답다! 세상에, 그는 살아 있다. 그는 일어서고 있다. 모래를 털면서 ……나를 바라본다. 그는 다른 보통의 모래 인간보다 훨씬 더 정제되어 보인다. 그러나 나는 그의 자세에서 어떤 문제가 있음을 알아차릴 수 있다. 그는 물의 끝머리와 마른 모래 사이의 좁은 길로만 걸어야 하는 운명에 처해 있다고 내게 말한다. 물에 너무 가까이 간다면 그의 몸은 무너져 파도가 그를 휩쓸어 갈 것이고, 반대로 물에서 멀어져 마른 모래가 있는 곳으로 간다면 그는 말라서 바람이 그를 날려 보낼 것이다. 그리고 그가 각각의 방향으로 너무 간다면 산산조각 나 죽을 것이다. 그래서 ……그가 지금 서 있는 그 좁은 길 위에 그는 생존하기 위해 ……안전하기 위해 ……살기 위해 ……남아 있어야 한다. 또한 그 무언가를 하기 위해 ……내가 원하는 그 어떤 것이 되기 위해 ……그곳은 그가 조각되고 형태화될 수 있는 유일한 장소다. 나는 그와 같이 걷기 시작한다. '……물이 모래를 무너뜨리지 못하는 그 길 ……그 어둡고 단단한 젖은 공간을 따라서. 여기는 그가 살아야만 하는 장소다. 이것이 그가 살아가야 하는 방식이다. 이것이 그의 인생의 딜레마다' ……아이러니 ……그가 파도와 마른 모래 사이의 젖은 공간에만 머문다면 저 끝 플로리다 동쪽 해변까지 걸어갈 수 있다. 그는 물이 모래를 허무는 곳으로는 갈 수 없다. 나는 이것이 무엇과 같은지를 정말 이해한다. ⋯⋯ 그리고 그는 이것을 알고 있다. 나는 나의 팔로 그를 감싸안아 그를 위로하려 한다. 그러나 나는 매우 조심해야 한다. ⋯⋯내가 너무 세게 잡으면 그는 무너지기 때문이다. 내가 나의 삶을 그와 공유한다면 나 자신을 그 젖은 공간에 가둬야 한다는 것을 우리 둘 다 알고 있다. 그것은 마치 살아 있는 회색지대(grayness)와 같다. 나는 그와 같이 느끼고 심한 두통이 시작된다. 그 또한 지쳐 가고 있다. 태양은 떠오르려 하고 나는 하늘 빛의 큰 고리를 볼 수 있다. 그는 모래에 누워 있고, 그것으로 다시 합체된다. 그는 다시 모래의 일부분이 된다. 여기가 그가 언제나 있어야 할 곳이다.

릭의 심상에 대한 나의 최초 반응

당시에 나는 이 세션에서 릭이 수행한 작업에 대해 매우 기뻤다. 지난 세션과 비교하였을 때 그는 좀 더 깊은 변형 상태로 들어가 음악과 나의 중재에 더 많이 반응하였다. 모래 인간의 심상은 그의 이전 심상보다 그의 인생의 딜레마에 대한 더욱 심층적인 은유인 것 같았다. 난 드디어 그가 HIV 양성 반응인 것에 대해 부정하고 무시해 왔던 감정을 깨닫기 시작했다고 느꼈다. 그리고 그가 그 감정을 나와 공유한 것에 대해 감동했다. 아마도 그는 나에 대해 좀 더 친밀하고 편안하게 느끼기 시작한 것 같았다. 나는 언제나 그에게서 어떤 신중함과 과묵함을 느껴왔다. 그는 내면의 영혼과 고통을 내게 보여 줄 만큼 치료사인 나에 대한 충분한 신뢰를 가지고 있는 것 같았다. 나는 전체 경험에 퍼져 있는 슬픔과 부서지기 쉬움에 매우 감동하였다. 나는 그것들을 깊이 느낄 수 있었고, 릭과 같이 나도 그 혹은 모래 인간을 도울 수 있는 방법이 거의 없다는 것을 느꼈다. 둘 다 내 손에서 산산조각 날 것이다.

릭의 심상에 대한 나의 심상

릭과 나는 뉴저지 남쪽이 아닌 뉴욕의 이스트햄턴 바닷가에 있다. 나는 좀 더 젊어졌다고 느낀다. 릭은 거기서 물가를 따라 혼자 놀고 있다. 그는 내가 오고 있는 것을 보고 친절하게 말하기 시작한다. 그는 단순히 수다를 떨고 있다. 이것은 그답지 않다. 나는 그가 이미 물 속에 들어간 것을 알아챌 수 있다. 머리카락은 그의 머리에 찰싹 붙어 있다. 그의 눈은 특히 맑고 파랗게 보인다. 그 전에는 그것을 알아챈 적이 없었다. 그 눈은 아주 부드럽게 보인다. 우리의 눈이 마주쳤는지 난 기억할 수 없다. 난 그가 이번에도 모래 인간을 만들기를 원한다고 생각하지 않는다. 그는 그냥 놀 것이다. 그는 나에게 모래를 던지기 시작한다. 그는 무엇을 하고 있는가? 왜 나에게 이런 일을 하는가? 난 이것이 싫다. 그는 웃고 있었고 나를 놀리려 하고 있다. …… 모래는 나의 몸에 풀같이 달라붙어 있고, 나는 그것으로 덮여 있다. 그는 정말 즐거운 시간, 아주 유쾌하고 사랑에 넘치는 시간을 보내는 것 같다. 나는 그의 그런 모습을 본 적이 없다. 이제 그는 물로 씻고 물에서 놀기 위해 나를 바다로 끌고 가고 있다. 나는 여전히 그가 하고 있는 것에 대해 놀란다. 나는 저항해도, 오직 내가 해야 하는 만큼 웃으며 그와 함께 들어간다. 그는 나를 물 속으로 집어넣으려 하고 이제 우리는 서로를 물 속으로 밀어넣으려 하기 시작한다. 결국 우리는 파도 속으로 넘어진다. 이것은 정말 근심 없는 행동인 것처럼 보이지만, 나는 그가 나를 이렇게 하도록 만들었음을 느낀다. 나는 그가 함께 놀 어떤 사람이 필요한가에 대해 궁금하게 여긴다. 나는 그에게 왜 모래 인간을 만들지 않느냐고 묻는다. 그는 "우리는 섬에 있어요. 그래서 내가 모래 인간을 만든다면, 그와 나는 많은 공간을 가질 수 없을 거예요. 이처럼 나의 모든 슬픔을 충분히 표현할 공간은 없을 거예요."라고 대답한다. 갑자기 나는 그의 슬픔이 얼마나 큰지를 깨닫고 그것을 느낀다. 그는 내게서 멀어지기 시작하고 나는 그를 좇는다. 나는 왜 그가 멀어져 가는지 이해하지 못한다. 그는 내가 혼란스럽다는 것을 알고 설명하려 한다. "내가 원하는 모든 것은 당신과 함께 웃는 것이에요. ……놀고 즐거워하는 것. 그러나 난 당신의 슬픔을 보았어요. ……그리고 난 그에 대해 당신을 도와줄 수 없어요." 나는 그가 한 말에 놀란다. 내가 무엇을 말했는가? 혹은 그가 그렇게 느끼도록 내가 무엇을 하였는가? 난 그가 내게서 슬픔을 봐서 유감이라고 말한다. 그는 이제 가 버렸다. 난 마치 내 몸에 여전히 모래가 있는 것처럼 느낀다. 나는 다시 물 속으로 들어가 모래를 씻어야 한다. 모든 사람이 이미 바닷가를 떠나 물 속에는 아무도 없다. 나는 혼자며 혼란스럽다.

나의 최초 반응

나의 재상상 경험 중 몇 가지 측면은 나를 놀라게 하였다. 그 장면에 관한 나의 심상은 내가 릭의 세션 후에 즉각적으로 가졌던 긍정적 반응과 완전하게 대비되는 것처럼 보였다. 나는 그의 작업에 대해 매우 기뻐하였는데, 지금의 내 심상은 좀 더 깊은 단계에서 릭은 나를 속였고 나를 위해 연극을 하였음을 지적하고 있다.

게다가 나의 재상상 경험 속에서 일어난 것 중 많은 부분은 마치 그가 진정한 그 자신이 아닌 것처럼, 내가 진정한 나 자신이 아닌 것처럼, 그리고 일어났던 일이 실제로 일어나지 않은 것처럼 그렇게 의심스러워 보였다. 그러나 역설적으로 이 모든 이야기가 꽤 그럴 듯하였고, 우리 중 누구도 아주 어색하게 행동하지 않았다. 또한 나의 경험은 꽤 생생하였다. 이 경험 중에 그리고 후에 나의 감정은 거의 초현실적 특징을 가진 것처럼 우열을 매길 수 없게 혼란스럽고 모순되었다. 표면적으로 심상은 유쾌하고 즐거우며 근심이 없는 것처럼 보였지만, 그 밑에 깔려 있는 감정은 불안하였다. 나는 이 경험에서 무엇을 얻었고 얻지 못하였는지를 알 수 없었다. 나의 심상에 관한 기록을 계속 살펴본 후에 나는 중요한 역전이 이슈가 나의 모든 감정을 릭이 행하였던 어떤 것의 탓으로 돌렸다는 데 있다는 것을 알 수 있었다. 그는 나에게 이런 것을 느끼도록 하였다. 나는 릭이 말했거나 행했던 것과 상관없이 자진하여 그것을 느낄 수는 없었을 것이다. 물론 심상 속의 나의 많은 반응을 나 자신만의 개인적 용어로 설명할 수 있기 때문에 이것이 완전히 옳은 것만은 아니다. 반면에 내가 릭의 탓으로 돌리는 것은 너무나 강력하고 완전하며 그 반응이 너무 생생하고 대립되기 때문에, 나는 역전이가 작용하고 있는 것이 오직 하나가 아니라는 것을 깨달았다. 이렇게 불안하고 모순되며 혼란스럽고 강렬한 감정은 치료사가 클라이언트의 투사적 동일시(클라이언트가 무의식적으로 용납할 수 없는 감정을 치료사에게 투사할 때, 클라이언트는 치료사가 그것을 경험하도록 유도하고 그런 치료사에 대해 공감을 유지한다)에 직면하였을 때 경험하는 매우 전형적인 것이다. 그러므로 나는 투사적 동일시를 밝혀 낼 방법을 찾기 위해 나의 재상상 경험을 분석하기로 하였다. 여기서 짚고 넘어가야 할 것은 역전이, 투사적 동일시, 전이의 복잡성, 그리고 클라이언트-치료사 관계 속에서 지속적이고 상호 관계적인 역동을 고려할 때, 이 모든 관점에서 재상상 경험을 동시에 분석하는 것은 불가능하다는 것이다. 그것은 너무 복잡하다. 내가 발견한 것은 내가 한 가지를 가지고 시작한다면 필연적으로 다른 두 가지를 발견할 것이라는 것이다. 그러므로 나는 이 장을 오직 투사적 동일시 역동을 탐구하는 것으로 제한하지만, 이것이 역전이와 전이 이슈가 이 사례에서 중요하지 않거나 연관되지 않는 것을 의미하는 것은 아니라는 점을 확실히 하고자 한다.

분석 방법

투사적 동일시를 위한 분석 방법은 다섯 단계를 거친다.

첫째, 치료사 자신의 경험을 명료화하라.
둘째, 경험 속의 다양한 생각과 감정을 상호 보완적 역할관계 속으로 쏟아 부어라.
셋째, 재연되고 있는 클라이언트 삶 속의 사건(들)을 확인하라.
넷째, 치료사가 동일시된 그 역할을 명료화하라.
다섯째, 치료 전략을 창조하라.

각 단계는 다음에서 자세히 설명할 것이다.

자기 경험을 명료화하라

클라이언트의 투사적 동일시를 분석하는 첫 번째 단계는 치료사가 자신의 경험 속에서 클라이언트가 생각하고 느끼고 있는 것을 상상하는 것과는 별개로 그 자신의 재상상의 경험을 확인하는 것이다. 투사적 동일시의 본질을 고려한다면 생각과 감정의 두 층은 반드시 발생할 것이다. 표면적 층은 재상상 경험 중 치료사에게 가장 명확하게 나타나고 그 경험 중에 치료사가 직접적으로 수행하였거나 표현한 모든 생각과 감정을 포함한다. 잠재된 층은 재상상 경험 후에 일상적인 의식 상태에서 기록을 살펴보면서 나타난 치료사 자신의 반응과 그 경험 안에 드러난 것의 기저에 깔린(종종 상반된) 모든 생각과 감정을 포함한다. 다음 부분은 내가 릭의 모래 인간 심상을 재상상하였을 때 가졌던 표면적이고 잠재적인 생각과 감정에 관한 묘사다.

표면화된 것

- 난 마치 릭이 우리가 함께하는 일에 대해 나의 인도를 따르기보다는 통제하고 있다고 느꼈다.

- 난 마치 그와 내가 클라이언트와 치료사라기보다 친구인 것처럼 그를 동료처럼 느꼈다.
- 나는 릭이 나를 진심으로 좋아한다고 느꼈는데, 이는 즐거운 놀라움이었다.
- 나는 진실로 우리 관계의 즐겁고 다정한 본질을 즐겼다.
- 나는 속은 것같이 느꼈다. 릭은 과거 작업에서 나의 작업 주제를 따라왔지만 실제로 우리가 함께 놀기를 원했다고 내게 느끼게 하였다. 진정으로 그가 나에게 원했던 것을 어떻게 그토록 깨닫지 못하였을까? 그가 나를 속이고 있다는 것을 어떻게 알지 못하였을까?
- 난 죄책감을 느꼈다. 이 모든 심상 장면이 마치 그와 함께한 과거 작업과 그가 모래 인간을 상상하였던 그 최초의 세션 그리고 내가 재상상 경험을 하였던 모든 것에서 내가 잘못한 것처럼 느끼게 하였다.

잠재된 것

- 난 침입당했음을 느낀다. 이스트햄턴은 내가 어렸을 때 휴가를 보내던 곳이다. 그곳은 그의 영역이 아닌 나의 개인적 영역이자 놀이 장소였다. 그는 자신의 삶의 대부분의 시간을 델라웨어에 위치한 리호보스 바닷가에 가서 지냈고, 내가 알기로는 그의 최초 심상 속에 나타난 뉴저지 남쪽 바닷가(내가 그와 작업할 당시 내가 자주 휴가차 머물렀던 곳)나 나의 재상상의 장소가 된 이스트햄턴에는 결코 자주 가지 않았다.
- 나는 유혹당함을 느꼈다. 이전에 나는 릭을 이렇게 멋있고 매력적으로 본 적이 없었다. 이내 그가 내게 멋있게 보이도록 노력하였다는 것을 알아차렸다. 그 심상 속에서 나는 육체적으로 이끌렸는데, 현실에서 나는 언제나 약간 거부당하는 것처럼 느꼈다. 또한 릭은 세션 동안 나를 향한 그 어떤 호감도 보인 적이 없었기에 이 새로운 태도는 내 마음을 끌었다.
- 난 버림받은 것같이 느꼈다. 릭은 모든 쓰레기를 내게 던지고 있었고 그것은 내게 달라붙고 있었다. 이것이 내가 그의 투사적 동일시를 경험하고 있다는 중요한 단서였다.
- 난 교활하게 공격받고 더러워진 것같이 느꼈다. 비록 릭이 웃고 있었으며 그것

을 게임이라고 하였지만, 그가 나에게 던지는 모래가 나의 피부를 찔렀다. 그는 진실로 나를 다치게 하였다. 나는 비록 게임의 즐겁고 다정한 기분을 이어가려 노력하였지만 그가 나를 놀리려고 한 것에 화가 났다. 또한 그가 계속 모래를 던져서 나는 완전히 축축하고 끈적끈적한 모래로 덮이게 되었다. 그는 나를 재미로 더럽히고 다치게 하고 있었다.

- 난 마치 어떤 성적인 것이 발생한 것같이 느꼈다. 릭이 나를 물 속으로 밀어넣어 빠뜨리려 할 때, 나는 이것이 성적인 의미를 가진 것이라고 느꼈다. 그것은 마치 우리가 '함께 즐기고 있는' 두 명의 소년이고, 친밀한 신체적 접촉이 용납되는 게임에 참여하여, 대부분의 소년이 하는 방식대로 성적인 욕구를 숨기고 있는 것 같았다.

- 난 의기소침함을 느꼈다. 릭에게 왜 모래 인간을 만들기를 원치 않느냐고 물었을 때, 그의 대답은 내가 멍청하고 무감각한 것같이 느끼도록 만들었다.

- 난 조종당함을 느꼈다. 릭이 나의 슬픔을 느꼈다고 말하였을 때 충격을 받았다. 나는 그에게 내가 슬프다고 생각하게 할 만한 그 어떤 것을 표현한 기억이 없다. 그런데도 내가 그런 적이 있다면, 난 그가 나의 슬픔을 알아챈 것이 그의 문제를 다루지 못하게 할 핑계거리는 아니라고 생각한다.

- 나는 릭이 나를 모래 인간으로 만든 것같이 느꼈다. 갑자기 나는 모래 인간과 동일한 특징을 가진 듯하였다. 슬프고 상처받기 쉽고 깨지기 쉬운, 그리고 릭의 모든 억압되고 수용할 수 없는 감정을 위한 용기라는 생각이 들었다.

생각과 감정을 상호 보완적인 역할 속에 쏟아 부어라

분석의 두 번째 단계는 재상상 속에서 경험한 모든 생각과 감정을 보완적인 등장인물의 역할 속에 쏟아 붓는 것이다. 다음 글은 유사한 주제에 따라 묶인, 앞의 자기 경험 속에서 내가 발견한 역할관계다.

- 리더/따르는 자, 통제하는 자/통제당하는 자
- 공격하는 자/공격받는 자, 더럽히는 자/더럽혀지는 자
- 비난하는 자/비난받는 자

- 조종하는 자/조종당하는 자
- 숙련된/초보의, 잘 아는/잘 속는, 성숙한/어린
- 유혹하는 자/유혹당하는 자, 사랑하는 자/사랑받는 자

클라이언트 삶 속의 사건이나 관계를 확인하라

자기 표현을 확인한 후에 나는 릭과 내가 재현하고 있는 인생의 사건과 경험이 무엇인지를 깨달았다. 릭은 12세 때 그보다 나이 많은 소년에게 성추행을 당한 적이 있었다. 난 이것을 그의 두 번째 세션에서 나타난 퇴행적 심상 경험을 통해 알았다. 그는 어릴 때 살았던 오래된 농장으로 돌아갔다. 그 심상 속에서 갑자기 존의 침실로 장면이 바뀌었고, 거기서 릭은 18세 된 존이라는 이웃 소년과 성채를 만들고 있었다. 릭은 존이 어떻게 자신을 유혹하였으며 그와 존이 성적으로 무엇을 하였는지에 대해 매우 사실적이고 태연하게 묘사하였다. 그 후 그는 "나는 놀랐습니다. 그러나 그것을 즐겼지요. 그는 성숙했어요. 그러나 나는 편안하지 않았습니다. 그는 그것에 몰두하라고 내게 말했어요."라고 언급하였다.

역할 부여를 명료화하라

상호 보완적 역할관계와 성추행 장면에서 릭이 존에 의해 부여받았던 역할을 살펴볼 때, 나는 릭이 존의 역할을 하면서 나를 그의 역할 속으로 어떻게 끌어들였는지를 알 수 있었다. 나의 생각과 감정을 회고해 볼 때, 릭이 자신의 성추행 경험에서 느낀 방식대로 내가 느끼도록 나를 이끈 것이 확실하다. 내가 그의 리드를 따랐던 얼마나 젊고 순진한 사람인지를 기억하라. 나는 조종당하고 유혹당하며 더럽혀진 존재였다. 반면에 릭은 나를 그것으로 이끈 성숙하고 경험 많은 사람이었다. 그는 조종자였고 유혹하는 자였다.

치료적 전략을 개발하라

나의 재상상 경험이 릭과 내가 그의 성추행 경험을 재연하고 그가 나를 공감적 혹은 일치적 동일시로 밀어넣고 있다는 사실을 밝힐 것이라고는 생각해 본 적이 없었다. 이런 깨달음을 가지고 과거를 돌아볼 때 나는 우리가 함께하였던 작업의 많은 측

면을 이해할 수 있게 되었다. 만약 이것을 우리의 작업이 끝난 후가 아닌 중간에 수행하였더라면, 나는 그와 함께 어떤 치료적인 입장을 발전시키기 위해 더 나은 기반을 마련하였을 수도 있었을 것이다. 다음 부분은 릭이 GIM 치료를 나와 함께 계속하였더라면 내가 개발하였을 수 있는 치료 전략에 관한 나의 생각이다.

릭을 계속적으로 치료하는 데 내게 가장 중요한 것은 투사적 동일시가 일어나는 동안 그것을 깨닫는 것이다. 앞의 경험은 그가 나를 유혹하는 방법을 가졌고, 내가 그의 성추행 경험을 재연하도록 나를 이끌었다는 것을 명백하게 보여 준다. 물론 나는 이런 방식으로 조종당하는 것을 피해야 한다. 그러기 위해서는 내가 언제 조종당하고 있는지를 알아야 한다. 그 본질상 조종은 속임수의 한 형태다.

나는 왜 그토록 쉽게 릭에 의해 조종과 속임을 당하였는가? 그 이유는 내가 경험이 없고 미숙하기 때문이 아니라 그가 그런 책략에 무척 능숙하기 때문이라고 생각한다. 그러므로 나는 그의 조종을 알아챌 수 있는 능력이 향상될 것인지에 관해 심각하게 의심해 본다. 게다가 치료사로서 나는 릭의 이러한 측면의 인간성에 대해 초점을 맞추고 싶어 하지 않을 것이다. 이러한 신중함은 릭과 나의 건강한 관계 발전에 기여하지 않을 것이기 때문이다. 또한 불신의 자세를 취하는 것은 오로지 타인(특히, 나)에 대한 릭 자신의 불신을 강화시킬 것이기 때문이다. 결국 그 불신은 릭이 나에게 투사하고, 내가 그에게 갖도록 하고 동일시한 감정이었다. 이러한 이유로 나는 투사적 동일시의 또 다른 표시를 찾는 것을 더 선호하게 될 것이다.

내가 재상상 경험 동안 가졌던 가장 강렬한 감정은 죄책감이었다. 사실 그것은 모든 부분에 깔려 있던 핵심적인 감정이었고, 릭이 내게서 가장 효과적으로 끄집어 냈던 감정이기도 하였다. 그러므로 나는 죄책감과 관련된 모든 종류의 감정이 투사적 동일시가 일어나고 있다는 것을 알려 주며, 내가 릭과 나 사이의 계속되는 역동으로 좀 더 깊이 들어가야 할 필요가 있다는 것을 말해 주는 가장 훌륭한 경고의 신호가 될 것이라고 생각한다. 죄책감은 나에게 수월하고 친근한 감정이며, 나는 릭의 조종보다 차라리 그 근원(예를 들어, 그의 과거나 나의 과거)에 초점을 맞출 것이다.

죄책감을 느끼고 투사적 동일시를 확인하기 위해 나는 적어도 두 가지 선택을 할 수 있게 된다. 첫 번째 선택은 죄책감으로 이끈 사건과 결심의 연결 고리를 살펴보고, 각 선택의 순간에 릭 그리고/혹은 내가 선택할 수 있는 다양한 가능성을 확인하는 것이다. 따라서 나의 심상 속에서 릭이 오직 나를 위해서 작업하였다는 대답에 의해 죄책감을 느꼈을 때, 나는 그에게 할 수 있는 다른 선택이 무엇인지 혹은 그가 왜 나의 소망에 순종하기를 선택하였는지를 물을 수 있을 것이다. 내가 바다에서 우리가 함께 놀던 것에 관해 죄책감을 느꼈을 때, 나는 나 자신에게 동일한 질문을 할 수 있을 것이다. 두 경우에 우리 각자는 상대방과 독립해서 우리가 내렸던 결정에 대해 좀 더 많은 책임감을 가짐으로써 우리 사이의 명확한 경계를 세우고 투사의 필요와 가능성을 감소시킬 것이다.

두 번째 선택은 내가 당시에 어떻게 느끼고 있었는지를 공유하고 릭을 그 토론에 참여시키는 것이다. 예를 들어, 릭이 그가 나를 위해 작업하였다고 말하였을 때, 나는 "그건 진실한 나의 의도가 아니었기 때문에 그런 말을 들으니 정말 놀랍네요. 무엇이 당신에게 그런 느낌을 주었나요?"라고 대답할 수 있을 것이다. 바다에서 놀고 있을 때 나는 "나는 지금 뭔가 별로 편안하지 않아요. 지금 일어나고 있는 일에 대한 당신의 감각은 어떤가요?"라고 물을 수도 있다.

두 가지 선택 모두 자기 반영을 요구하고, 우리의 관계 속에서 발생하고 있는 것에 대한 분석을 요구하며, 내가 릭을 위한 정직함과 솔직함의 모델이 되도록 요구한다는 것을 파악해야 한다. 여기에 두 번째 전략이 있다. 치료사로서 나는 일반적으로 투사적 동일시 속에서 손상된 그 특성을 모델링 해야 할 것이다. 릭을 다루기 위해 나는 속임수를 정직함으로, 통제를 책임감으로, 유혹을 자유 선택 등으로 대체해야만 할 것이다. 물론 이것은 오직 상황이 허락할 경우에만 행할 수 있다. 그러나 이러한 이슈가 릭의 작업에 매우 팽배해 있다면, 이런 모델링을 위한 풍부한 기회가 있을 것이라 장담한다.

마지막 전략은 릭에게 무조건적인 긍정적 감정(unconditioned positive regard)을 전달하는 것이다. 속임수와 유혹, 죄책감의 밑에는 수용을 바라는 진정한 마음이 존재한다. 나는 릭이 그의 부모에게서 그가 필요로 한 만큼의 사랑과 따스함을 받았다고 믿지 않는다. 따라서 치료 시 릭은 궁극적으로 긍정적인 양육 경험을 가져야 할 필요가 있다. 이것을 이루는 데 어려운 점은 릭이 이런 경험에 성적 특색을 부여하기 위해 모든 기회를 움켜쥘 것이라는 데 있다. 나는 릭이 그보다 나이 많은 성추행자를 자신을 아이로서 사랑하고 수용했던 사람 중의 한 명으로 지각했다고 믿는다. 따라서 릭에게 사랑과 성은 꽤 혼란스러운 것이다. 그러므로 나는 필수적으로 릭을 만지거나 가깝게 있는 것에 관해 매우 조심해야 하고, 신체적 접촉에 대해 명확한 경계를 확립하며, 그 경계를 지원할 신체언어를 사용해야만 할 것이다. 요약하면, 릭과 나는 협상해서 성에 의해 더럽혀지지 않는 보살펴 주고 수용하는 정직한 관계로 나아가야 할 것이다.

결 론

재상상 기법에서 GIM 치료사는 동일한 음악을 들으며 클라이언트가 이미 창조한 심상을 재방문하여 그 자신의 상상 속에서 그것이 발전되도록 한다. 릭을 위해 이 전략을 사용하면서 나는 놀랍고 부당하며 낯설어 보이는 강렬한 경험을 하였다. 그것은 마치 그런 감정을 릭이 불러일으킨 것 같았다. 그것이 투사적 동일시의 전형적 신호이기 때문에 그에 따라 자료를 분석하였다. 분석의 단계를 다시 한 번 정리하면 다음과 같다.

첫째, 치료사 자신의 경험을 명료화하라.
둘째, 경험 속의 다양한 생각과 감정을 상호 보완적 역할관계 속에 쏟아 부어라.
셋째, 재연되고 있는 클라이언트 삶 속의 사건(들)을 확인하라.
넷째, 치료사가 동일시된 그 역할을 명료화하라.
다섯째, 치료 전략을 창조하라.

찾아보기

인명

내용

편저자 소개

◈ Kenneth E. Bruscia

현재 템플 대학교 음악치료학과 교수

GIM fellow

Defining Music Therapy, Improvisational Models of Music Therapy를
비롯한 많은 책을 저술함

역자 소개

◈ **최병철**

남일리노이 대학교 음악학사 · 석사

캔자스 대학교 음악치료학 박사

메트로폴리탄 주립병원(정신과) 음악치료사

캔자스 대학교 임상실습 슈퍼바이저

현재 숙명여자대학교 음악치료대학원 주임교수

사단법인 한국음악치료학회 회장

미주공인음악치료사(MT-BC)

◈ **김영신**

서울대학교 기악과 졸업

템플 대학교 음악치료학 석사

캔자스 대학교 음악치료학 박사

Nordoff-Robbins 음악치료 전문가 과정 수료

한국어린이육영회 음악치료사

현재 숙명여자대학교 음악치료대학원 교수

킨더뮤직 교사 자격증

미주공인음악치료사(MT-BC)

Nordoff-Robbins 음악치료사(NRMT)

음악 심리치료의 역동성

The Dynamics of Music Psychotherapy

2006년 2월 15일 1판 1쇄 발행
2021년 9월 25일 1판 6쇄 발행

지은이 • Kenneth E. Bruscia
옮긴이 • 최병철 · 김영신
펴낸이 • 김 진 환
펴낸곳 • (주)**학지사**

04031 서울특별시 마포구 양화로 15길 20 마인드월드빌딩 5층
대표전화 • 02) 330-5114   팩스 • 02) 324-2345
등록번호 • 제313-2006-000265호
홈페이지 • http://www.hakjisa.co.kr
페이스북 • https://www.facebook.com/hakjisabook

ISBN 978-89-5891-274-3 93180

정가 22,000원

출판 · 교육 · 미디어기업 **학지사**

간호보건의학출판 **학지사메디컬** www.hakjisamd.co.kr
심리검사연구소 **인싸이트** www.inpsyt.co.kr
학술논문서비스 **뉴논문** www.newnonmun.com
원격교육연수원 **카운피아** www.counpia.com